兴宁年鉴

XINGNING NIANJIAN

2022

兴宁年鉴编纂委员会 编

方志出版社
Publishing House of Local Records

图书在版编目（CIP）数据

兴宁年鉴.2022 / 兴宁年鉴编纂委员会编. —北京：方志出版社，2022.12
ISBN 978-7-5144-5554-0

Ⅰ.①兴… Ⅱ.①兴… Ⅲ.①兴宁—2022—年鉴
Ⅳ.①Z526.54

中国版本图书馆CIP数据核字（2022）第247038号

责任编辑：罗滔
责任校对：刘玉霞
责任印制：梅中英
出 版 者：方志出版社
地　　址：北京市朝阳区潘家园东里9号（国家方志馆4层）
邮　　编：100021
网　　址：http://www.zgfzcb.cn
发　　行：方志出版社图书营销中心（010-67110500）
印　　刷：深圳市粤之彩印刷有限公司
开　　本：889毫米×1194毫米　1/16
印　　张：22.25
字　　数：655千字
版　　次：2022年12月第1版
印　　次：2022年12月第1次印刷
定　　价：180.00元

兴宁年鉴编纂委员会

顾　问： 宋才华

主　任： 洪国华

副主任： 罗丽平

委　员： （排名不分先后）

叶小雄　刘导文　刘学伟　李淡宗　杨洪亮

吴尚华　何群标　邹燕锋　张小海　张奎宏

陈伟东　陈思忠　陈媛媛　罗卫星　罗　平

罗光清　罗国强　钟绍红　郭远林　黄伟平

黄佑鹏　温会权

兴宁年鉴编辑部

主　　　编： 罗丽平

常务副主编： 陈媛媛

副　主　编： 沈远东

特约编审： 梁晓君

统　　　编： 何伟婷

编　　　辑： 秦建浩　曾永宏　郑桂元　李晨阳

黄志红　何伟婷　何淑芳

编辑说明

一、《兴宁年鉴》是中共兴宁市委、兴宁市人民政府主管，兴宁市地方志办公室主办，兴宁年鉴编纂委员会编纂的地方综合年鉴。《兴宁年鉴》以马克思列宁主义、毛泽东思想、邓小平理论、“三个代表”重要思想、科学发展观、习近平新时代中国特色社会主义思想为指导，坚持辩证唯物主义和历史唯物主义的立场、观点和方法。

二、《兴宁年鉴（2022）》（以下简称本年鉴）主要反映 2021 年兴宁市各项事业发展的基本情况。全书设兴宁概貌、大事记、年度关注、政治、经济、文化、社会生活、生态环境、镇（街道）、附录 10 个类目，约 65 万字。

三、本年鉴有计划地选取一批具有典型意义，能反映兴宁市新貌，能体现时代特征、地方特色、行业特色和年度亮点，有存史价值的彩色图片，图文并茂、形象直观地反映兴宁各方面的发展变化。

四、本年鉴为方便读者检索，采用类目、分目、次分目、条目 4 个层次的结构形式，不同层次的标题在字体、字号和版式上都有明显的区别。行文中简称的“省”指广东省，“市”指兴宁市。

五、本年鉴所用资料由各镇（街道）、市直各单位提供，并经所在单位领导审定，年鉴编辑部据以编纂成书。各单位撰稿人姓名、图片提供者源自来稿所注。

六、本年鉴中所用的统计数字，主要由供稿单位提供，由于文内统计口径不一，在使用时以兴宁市统计局公布的数字为准。图片专辑中的数据如与正文相关数据有出入的，以正文为准。

七、本年鉴绝大部分计量单位使用国家法定计量单位，但在某些特殊情况下，书中也使用一些其他的计量单位。文字、标点符号、数字用法均执行国家标准。

八、本年鉴配备双重检索系统，前有目录检索，后有按汉语拼音字母顺序排列的主题索引，方便读者检索。

兴宁名片

文化之乡

华侨之乡

商贸之乡

足球之乡

中央苏区县

客家山歌之乡

中国花灯之乡

中华诗词之乡

中国油茶之乡

中国围龙屋之乡

全国粮食生产先进县

中国民间艺术杯花舞之乡

数字兴宁 · 2021

土地面积 2104.85 平方千米

户籍人口 115.66 万人
常住人口 77.79 万人

地区生产总值 196.32 亿元
第一产业增加值 52.37 亿元
第二产业增加值 33.5 亿元
规模以上工业增加值 18.1 亿元
第三产业增加值 110.45 亿元

全体居民人均可支配收入 25461 元
城镇居民人均可支配收入 30434 元
农村居民人均可支配收入 21069 元

社会消费品零售总额 104.02 亿元

进出口贸易总额 6.60 亿元
实际利用外资直接投资 1029 万元

地方公共财政预算收入 10.65 亿元
地方公共财政预算支出 69.13 亿元

空气质量优良率 99.2%
森林覆盖率 67.1%

农业龙头企业 110 家

全社会用电量 15.26 亿千瓦时

货物周转量 18.66 亿吨千米
旅客周转量 8810 万人千米
邮电业务总量 1.23 亿元

接待旅客总数 271 万人次
旅游总收入 19.2 亿元

在校中小学生人数 108117 人
公办在职教职工 9687 人

卫生技术人员 3214 人
卫生床位数 3090 张

2021 年 1 月 27 日，中共兴宁市委十三届十二次全会在兴城会展中心召开 （刘海阳 摄）

2021 年 2 月 6 日，中国人民政治协商会议第十四届兴宁市委员会第六次会议在市会展中心召开 （刘海阳 摄）

2021 年 2 月 7 日，兴宁市第十五届人民代表大会第七次会议在市会展中心召开
（刘海阳　摄）

2021 年 10 月 26 日，中国共产党兴宁市第十四次代表大会召开　（刘海阳　摄）

2021 年 11 月 15 日，中国人民政治协商会议第十五届兴宁市委员会第一次会议在市会展中心召开（刘海阳　摄）

2021 年 11 月 16 日，兴宁市第十六届人民代表大会第一次会议在市会展中心召开（刘海阳　摄）

2021 年 1 月 6 日，兴宁市举办首个“中国人民警察节”暨 2021 兴宁公安警察开放日系列活动　　（市公安局提供）

2021 年 6 月 28 日，兴宁市党史教育馆在水口镇光夏村建成开馆　　（刘海阳　摄）

2021 年 7 月 30 日，兴宁市重点项目集中签约、动工、竣工活动在兴宁·天河创新产业园举行（刘海阳　摄）

2021 年 6 月 25 日，中共兴宁地方组织百年回顾图片展在兴宁市文化馆总馆三楼展厅举办（兴宁市文化馆提供）

2021 年 11 月，建设中的梅龙高铁兴宁段 （黄伟金 摄）

2021 年 11 月，建设中的兴宁市人民医院新院区 （ 刘海阳 摄）

2021 年，宁江公园　　（黄伟金　摄）

2021 年，兴宁城市夜景　　（黄伟金　摄）

2021 年，罗岗镇溪美“一河两岸”综合水利工程 （陈建军 摄）

2021 年，石马镇乡村振兴示范带 （刘海阳 摄）

2021 年，径南镇乡村振兴示范项目——新洲村史馆　　（兴宁市地方志办公室提供）

2021 年，径南镇东升村是自行车拉练比赛的举办地之一　　（黄伟金　摄）

合水水库
（丘远彬　摄）

阳天嶂
——兴宁最高峰
（罗浮镇政府提供）

坭陂镇黄垌村　　（黄伟金　摄）

罗浮镇澄联村　　（邱文先　摄）

2021年12月28日，由中国美术家协会、中共梅州市委宣传部主办，中国文联美术艺术中心、广东省美协、梅州市文联和兴宁市委、市政府承办的中国新兴版画运动90周年——全国版画作品展在线上开展。有258件作品入展，其中具备申请加入中国美协会员资格作品60件，入选作品198件。兴宁入展作品27件。以下是兴宁获入会资格版画作品。

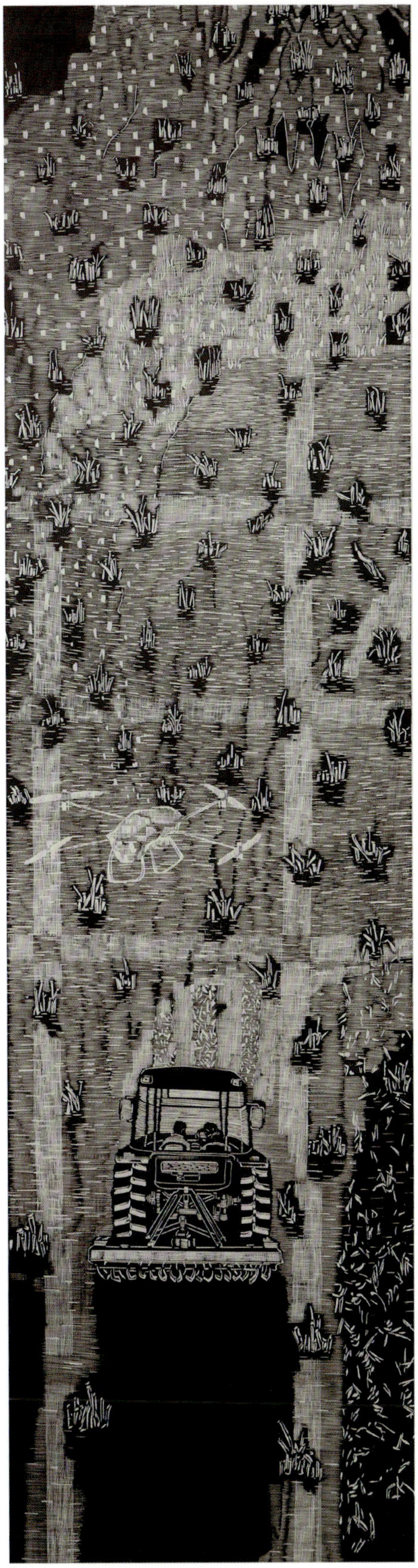

作品名称：授人以渔

作者：刁志坚

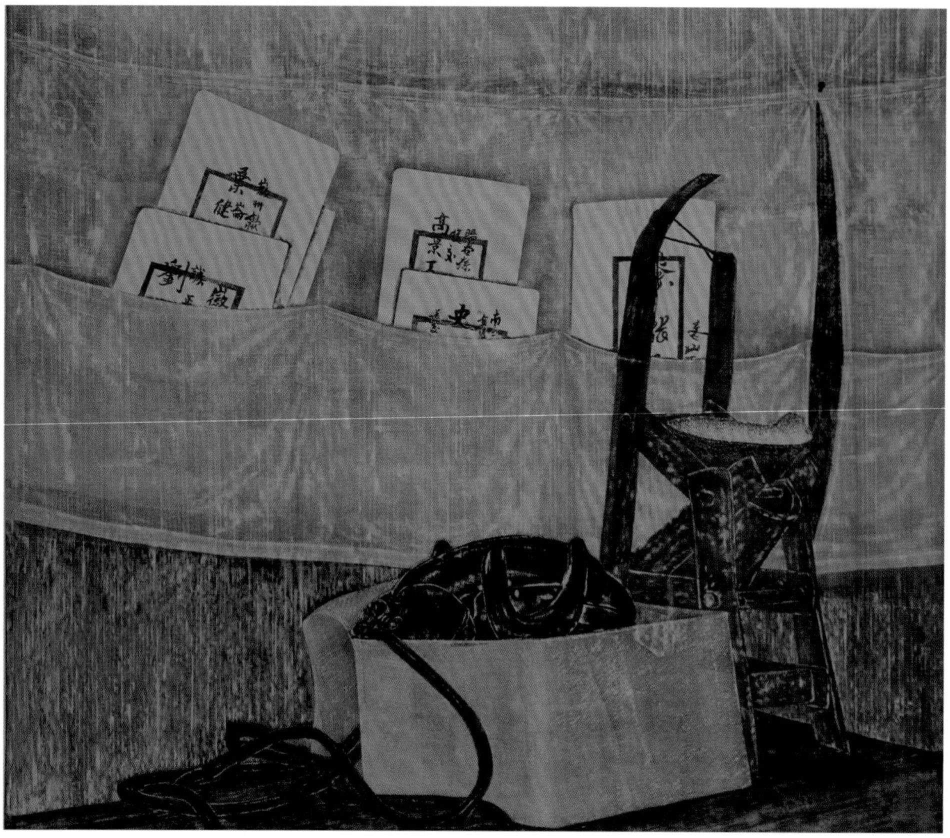

作品名称：时代印痕 1931
作者：吴浩镐

作品名称：稻香——幸福的含义
作者：陈远思

作品名称：鲲鹏击浪从兹始

作者：谢景文

作品名称：涅槃·相生

作者：陈浩

作品名称：追梦（三）

作者：杨颂阳

目录

兴宁概貌

大事记

年度关注

政 治

经 济

文 化

社会生活

生态环境

镇（街道）

附 录

兴宁概貌

■ 自然地理

【位置·面积】兴宁市位于广东省东北部，东江、韩江上游，东连梅县区，南邻丰顺，西接五华、龙川，北界平远、江西寻乌，总面积2104.85平方千米。

市委、市政府所在地兴城，位于302平方千米的宁江盆地中部宁江河畔，是粤、赣、闽三省陆路交通枢纽，粤东北主要商品集散地，梅州市次中心城市，兴宁政治、经济、文化中心。城市建成区面积30.5平方千米。兴城距广州市377千米，至汕头185千米、深圳347千米、江西寻乌128千米、福建龙岩282千米、梅州市57千米。

【地形·地势】兴宁市属东北山丘地带，受北东到南西走向的莲花山脉和罗浮山脉控制，高低差明显。最高峰阳天嶂海拔1017米，最低处水口圩海拔100米，高低差917米。地形总趋势是从北西至南东逐渐下降，而南部则由南向北递降。北起阳天嶂，南至铁牛牯峰（海拔998米），直线距离100千米，东西最宽处径心分水坳（海拔400米）至叶南筠竹坳（海拔300米），直线距离36千米。四周山岭绵亘，中为断陷盆地，地形狭长，整个县境形似扁舟。地貌类型分为平原、阶地、台地、丘陵、山地5类。平原、阶地、台地（海拔200米以下）占38.1%，丘陵（海拔200—400米）占49.6%，山地（海拔400—1000米）占12.3%。

【气候】兴宁市属海洋性季风气候，春季冷暖多变，低温阴雨多；夏季高温、湿润、多雨；秋季前期受台风热雷雨影响为主，后半期受冷空气影响为主；冬季寒冷少雨，日照多，有冰霜。总的气候特点是：光热充足，雨量较丰，温暖湿润，灾害性天气较多，光、温、水地域差异明显。

2021年，兴宁天气气候总体特征表现为：雨量偏少，气温偏高，平均气温和高温日数均创历史新高，无台风登陆，气象干旱阶段性发展。年平均气温22.9℃，较常年偏高1.8℃；高温日数84天，较常年偏多59天，4月1日出现年内首个高温，创高温最早记录。降水量1315毫米，比常年（1517.2毫米）偏少13.3%；年内全市出现4次较大范围的强降水过程。年日照时数2082.8小时，比历年偏多9%。

（兴宁市地方志办公室）

■ 资源

【矿产资源】兴宁市是广东省矿产资源开发利用较早的地区，矿产资源开发利用历史悠久。2021年，兴宁市探有煤、铁、黏土、稀土、铀、锰、钒、钛等39种矿产，其中通过地质勘查或储量检测有储量的矿产有煤、铁、石膏、水泥用灰岩、普通萤石、稀土、陶瓷土、建筑用花岗岩、冶金用白云岩、钒、钛、锡、铜、钴、矿泉水、地下热水、地下水17种。至年末，有持证矿山企业22家，水泥用灰岩2家，萤石矿2家，建筑用花岗岩11家，陶瓷土6家，矿泉水1家。

（兴宁市自然资源局）

【水资源】 兴宁市地处东江、韩江流域上游，属亚热带气候区，多年平均降雨量1517毫米，雨量多集中在6—9月，约占全年雨量的75%，多年平均水资源量16.04亿立方米（其中可利用地下水总量3.71亿立方米），人均水资源量为1416立方米，低于全国人均水平的2200米^3/人，属缺水地区。兴宁市主要河流有宁江、梅江（兴宁段）、罗浮河等，其中宁江是兴宁市水资源的主要来源，占67.6%。

（兴宁市水务局）

【动植物资源】兴宁市植被类型多样，主要有常绿阔叶林、常绿落叶阔叶混交林、针阔混交林、常绿针叶林、常绿灌丛、稀树草坡和人工植被等。2021年，全市有维管植物194科、630属、1187种，其中蕨类植物29科、52属、92种，裸子植物7科、7属、9种，被子植物158科、571属、1086种；野生动物85科、117属、224种。

（兴宁市林业局）

【旅游资源】2021年，兴宁市获评国家森林乡村5个（径南镇东升村、大坪镇金坑村、合水镇龙东村、罗浮镇新南村、新圩镇大村村），广东省文化和旅游特色村1个（叶塘镇鸭池村）、省级乡村旅游精品线路1条（神光山国家森林公园—慈恩庐乡村艺术酒店—叶南渔村—磐安围—合水水库—十二肩岭古驿道—罗屏汉故居）。有30多处旅游资源点，其中国家AAAA级旅游景区2家（神光山国家森林公园、熙和湾客乡文化旅游产业园）、国家AAA级旅游景区1家（径南月形山乡村旅游区）；红色景点有两海会馆、兴宁学宫、刘光夏革命烈士纪念馆、罗屏汉故居、红五十团旧址、明代十二肩岭等；旅游驿站3个，A级景区游客服务中心3个，旅游推荐单位11家，旅行社6家，旅行社营业部24家，星级饭店5家，星级农家乐8家，民宿7家（星级民宿3家），旅游厕所66座；有玖崇湖温泉度假区、明珠养生山城、鸿源温泉生态园、径南云山谷生态农业旅游区等旅游景点。

（兴宁市文化广电旅游体育局）

■ 建置和区划

【建置沿革】 兴宁建县于东晋咸和六年（331年），由古龙川县分治而立。县境广跨古兴宁江（今五华河）、右别溪（今琴江）、左别溪（今宁江）流域，包括今兴宁、五华两县全境和龙川县东部、紫金县东北部地区。县名由兴宁江而得。县治所在地设在今五华县华城镇雷公墩。

南朝齐永明元年（483年），分设兴宁、齐昌两县。齐昌县以今兴宁地为其辖境，县治设在古宁昌乡，即今城北1千米处的洪塘坪（又称枫林坪）。

南朝梁天监二年（503年），齐昌县并入兴宁县，县治迁至今龙川县佗城（古龙川城）。

唐武德五年（622年），复置齐昌县。

唐贞观元年（627年），撤齐昌县，置宁昌驿，隶属于兴宁县。天授二年（691年），兴宁县治由佗城迁至今龙川县境天羊山麓丫下圩。

五代南汉乾亨元年(917年)，又析兴宁县，并在原齐昌县境设齐昌府，府治设在洪塘坪，兴宁县为其属县。

北宋开宝四年（971年），废齐昌府。北宋天禧三年（1019年），兴宁县治由丫下圩迁回雷公墩，后再迁洪塘坪。北宋熙宁四年（1071年），从兴宁划出西南部地区设长乐县（今五华县）。此后，兴宁县境相对稳定。

明洪武二年（1369年），兴宁县治由洪塘坪迁至今兴宁兴城地。

1958年11月，平远县并入兴宁。1961年1月，兴宁、平远分县。

1994年6月，兴宁撤县设市，为县级市，由梅州市代管。

【行政区划】 2021年3月8日，兴宁市合水镇新成立一八、二三、四五3个行政村。至年末，兴宁市下辖17个镇、3个街道，有行政村458个、社区46个。

（兴宁市地方志办公室）

■ 历史文化

【物质文化遗产】 2021年，兴宁市有文物保护单位69处，其中广东省文物保护单位9处、梅州市文物保护单位17处、兴宁市（县）级文物保护单位43处。兴宁市有围龙屋2543座（2019

兴宁市 2021 年行政区划表

表 1　　　　单位：个

镇（街道）	数量	村（社区）名称
水口	39	村（38 个）：璜江、新坪、双成、森丰、坪畲、宋声、径下、下畲、茂兴、共寨、光夏、河口、松陂、教美、黎光、前锋、群兴、布头、博溪、先锋、井下、石下、官岭、东升、光华、洋槐、洋新、盐米、小丰、水洋、彭洞、英勤、达新、水东、益华、荷树、大坑、邹洞 社区（1 个）：水口
坭陂	32	村（31 个）：红卫、新岭、上笃陂、东联、陂新、陂宁、东红、南方、笃陂、丙塘、东方、新民、大新、将军、新湖、东山、理中、文德、东兴、文东、宣明、柑子、角塘、王村、官陂、合湖、汤一、汤二、黄垌、湖柏、河心 社区（1 个）：坭陂
宁中	24	村（23 个）：龙岗、和新、石岭、坪塘、和一、建民、新塘、凉新、土坑、邹陶、文一、大莹、陂丰、蔗塘、和山、古塘、星民、枫岭、竹一、丝光、丝新、鸭桥、鹅一 社区（1 个）：宁中
宁新	20	村（12 个）：黄岭、大岭、文星、水楼、横湖、横新、洋里、寨仔、大路、阳光、大圳、高陂 社区（8 个）：佛岭、洋岭、城南、东风、宁新、商业城、茶都、曙光
黄陂	29	村（28 个）：土墩、联丰、留陂、虎留、学士、振光、桥尾、五星、寺岗、黄石、春勤、樟坑、上翁、下翁、粒坑、三佳、龙溪、陶塘、后山、陶古、径口、径中、甘一、甘专、中心、浊水、大一、大二 社区（1 个）：黄陂
合水	23	村（21 个）：中官、石陂、明星、霞洞、洋田、罗英、下官、上官、白泡、龙东、罗陂、溪唇、富和、五联、湖岭、双溪、乐群、麻坑、一八、二三、四五 社区（2 个）：合水、龙北
大坪	38	村（37 个）：金坑、友联、大东、长坑、坪联、坪光、潭坑、小碰、龙塘、双红、吴田、岭东、岭河、布骆、佛坳、屏汉、新春、白云、胜利、祠堂、坪中、秋水、鸽池、黄坑、兰塘、咨洞、大福、将军、上河岭、下河岭、上大塘、下大塘、陶坑、兰亭、兰塘寨、朱坑、上黄坑 社区（1 个）：大坪
罗岗	31	村（30 个）：五五、白水、白群、柿子坪、蕉坑、蕉一、罗中、德丰、富强、福胜、徐坑、霞岚、红旗、红星、坳下、罗东、联兴、联东、官庄、高陂、源清、澄清、五福、溪联、溪庄、溪东、溪群、溪一、元潘、潘洞 社区（1 个）：罗岗
福兴	14	村（10 个）：大塘、新联、五里、高田、梅子、神光、锦华、黄畿、墨池、向阳 社区（4 个）：福兴、兴南、新城、锦绣
兴田	22	村（6 个）：鹅三、鹅湖、米寨、管岭、一联、洋岗 社区（16 个）：河背、兴田、西郊、南郊、东街、城东、宁江、城北、宝华、金源、官汕、大新、泰宁、永泰、明珠、怡兴
叶塘	42	村（41 个）：麻岭、上径、下中、黄竹、鸭池、莲池、�竹、西山、陂下、长丰、双涵、汤湖、富祝、下径、上中、河西、田心、龙坪、下洋、大路下、彭陂、岳桥、上岳、甘塘、大众、同众、北塘、群星、新生、留桥、建新、黎明、乌池、龙塘、洋陂、石新、教礼、三口塘、胜青、苏京、三变 社区（1 个）：叶塘
径南	25	村（24 个）：马山、胪声、新洲、李连、宝山、半径、圩下、宝兴、章峰、坪宫、官亭、黄坑、浊水、章印、柏塘、坪埔、陂蓬、太阳、珊田、白石、先锋、星耀、双梧、东升 社区（1 个）：径南
刁坊	23	村（22 个）：罗坝、圩东、周兴、长征、贵峰、新建、新坪塘、黄沙、联新、长段、河塘岭、郑江、荷慕、横江岭、三潭、新兴、瑶岗、建兴、红光、新光、金银、刁潭 社区（1 个）：刁坊
新圩	20	村（19 个）：民新、大村、茶星、步东、曹田、双头、官峰、寨塘、船添、新丰、新北、新里、鲤湖、崇上、石崖、莲塘、蓝布、蓝二、虎洞 社区（1 个）：新圩
罗浮	26	村（25 个）：浮中、高坑、浮北、浮西、塘社、勤光、浮美、岩前、罗栋、小佑、蕉坑、象湖、瑶兴、中和、新南、上下畲、中坑、浮东、东星、澄联、徐田、练优、浮南、岭南、浮塘 社区（1 个）：罗浮

续表 1

镇（街道）	数量	村（社区）名称
新陂	14	村（13 个）：先声、茅塘、福庆、福民、福丰、茶塘、乐仙、三新、新元、家庄、华新、新金、上长岭 社区（1 个）：新陂
永和	25	村（24 个）：大成、成鹊、沙坪、石陂、新中、永星、永生、华峰、华岭、廉峰、长安、蓝排、仁里、三枫、锦洞、长新、林场、湖尾、新寨、夜明、七层、板子、振兴、崇新 社区（1 个）：永和
石马	27	村（26 个）：石岌、上庄、下庄、三社、虎石、小水、秀水、大觉、三联、马上、马下、马石、新石、郑塘、新田、刁田、新群、陶背、向前、洋门、磜下、米渡、李塘、蕉联、宫前、公陂 社区（1 个）：石马
黄槐	13	村（12 个）：槐东、槐西、西埔一、禾村、双龙、双下、下宝龙、上宝龙、宝丰、新村、黄溪、西埔二 社区（1 个）：黄槐
龙田	17	村（16 个）：凉伞、金星、曲塘、坪见、龙盘、鸳塘、环陂、鸡公桥、蓼塘、五一、丽溪、碧园、羊岭、高陂、水陂、石壁 社区（1 个）：龙田

说明：2021 年 3 月 8 日，合水镇新成立一八、二三、四五 3 个行政村。至年底，兴宁市有行政村 458 个、社区 46 个

（兴宁市民政局提供）

年围龙屋普查数据），入选第一批梅州市客家围龙屋保护名录的围龙屋 4 处。兴宁市有历史文化名人 101 人，名人故居（旧居）84 处，列入各级文物保护单位的 10 处，其中省级文物保护单位 1 处；红色资源革命遗址 72 处。兴宁市十大古民居有磐安围、善述围、东升围、进士第、长兴围、大王屋、李和美屋、棣华围、馨梓围、大刘屋，其中属于文物保护单位的 6 处。

【非物质文化遗产】 2021 年，兴宁市有各级非物质文化遗产代表性项目 41 项。其中，国家级非物质文化遗产代表性项目 1 项（竹板歌），省级 4 项（杯花舞、兴宁罗家通书推算法、兴宁大坪布骆包子豆腐制作技艺、兴宁上灯习俗），梅州市级项目 16 项，县级项目 20 项。公布各级非物质文化遗产项目代表性传承人 64 人，包括省级传承人 6 人、梅州市级传承人 12 人、县级传承人 46 人。全市有综合性传习中心 1 个、传习所 6 个、非物质文化遗产乐园 1 个。

（兴宁市文化广电旅游体育局）

■ 人口和语言

【人口】 至 2021 年底，兴宁市户籍人口 115.66 万人。其中：男性 60.46 万人，占 52.3%；女性 55.2 万人，占 47.7%。城镇人口 47.55 万人，占 41.1%；乡村人口 68.11 万人，占 58.9%。0—17 岁人口 25.49 万人，占 22%；18—35 岁人口 26.97 万人，占 23.3%；36—60 岁人口 42.16 万人，占 36.5%；61 岁（含 61 岁）以上人口 21.04 万人，占 18.2%。2021 年，全市人口出生率 9.25‰，死亡率 4.07‰，自然增长率 5.18‰。常住人口 77.79 万人。

（兴宁市统计局）

【语言】 兴宁市居民的主要语言是客家方言。兴宁客家方言的声母有 25 个、舒声韵母有 24 个、入声韵母有 11 个，有阴平、阳平、上声、去声、阴入、阳入 6 个声调。入声大都带有塞音韵尾。语调较平板，且同音字多。

（兴宁市地方志办公室）

■ 民族和宗教

【民族】 2021 年，兴宁市内民族主要为汉族，占总人口的 99.9% 以上。

【宗教】 全市有佛教、道教、天主教和基督教 4 大宗教，宗教团体 4 个（市佛教协会、市道教协

会、市天主教爱国会、市基督教协会），依法登记的宗教活动场所 80 处，其中，佛教 33 处、道教 10 处、天主教 2 处、基督教 35 处，已备案宗教教职人员 135 人，有信教群众 3.5 万人。

（兴宁市民族宗教事务局）

■ 经济社会发展

【国民经济】 2021 年，兴宁市地区生产总值 196.32 亿元，比上年增长 8.8%。其中，第一产业增加值 52.37 亿元，增长 6.2%；第二产业增加值 33.5 亿元，增长 15.3%；第三产业增加值 110.45 亿元，增长 8.2%。社会消费品零售总额 104.02 亿元，增长 2.7%；固定资产投资下降 3.1%；一般公共预算收入 10.65 亿元，增长 3%。全年累计新增减税降费 1.02 亿元。

【农业】 2021 年，兴宁市粮食播种面积 4.31 万公顷，比上年增长 0.03%，总产量 29.35 万吨。其中，水稻播种面积 4.07 万公顷，总产 28.4 万吨；花生产量 4585 吨，增长 0.6%；蔬菜产量 81.83 万吨，增长 2.9%；茶叶产量 2794 吨，增长 1.9%；水果产量 17.86 万吨，增长 3.5%；沙田柚产量 8.0 万吨，增长 4.2%。

林业 2021 年，兴宁市林地面积 13.52 万公顷，生态公益林面积 6.89 万公顷，森林覆盖率 67.1%，林地绿化率 99.1%，活立木总蓄积量 734.3 万立方米，全市建成 12 个自然保护地（整合优化后），其中 7 个森林公园（1 个国家级、2 个市级、4 个县级），1 个湿地公园，4 个自然保护区（1 个省级、3 个市级）。

畜牧业 2021 年，兴宁市肉类总产 5.94 万吨，比上年增长 6.3%。其中肉猪出栏 50.65 万头，增长 28.4%；产出猪肉 3.68 万吨，增长 28.4%；出栏家禽 2470 万羽，增长 22.4%；禽肉产量 2.12 万吨，增长 5.7%。

水产业 2021 年，全市水产品产量 1.66 万吨，比上年下降 4.4%。

【工业】 2021 年，兴宁市完成规模以上工业总产值 71.43 亿元，比上年增长 28.3%，两年平均增长 16.3%；规模以上工业增加值 18.1 亿元，增长 26.8%，增速梅州第一。新增规模以上企业 6 家，总数 79 家；新培育产值亿元以上企业 4 家，总数 15 家。金雁电工成为梅州唯一入选省制造业 500 强的企业。引进合同项目 17 个，计划总投资 107.52 亿元，其中工业项目 11 个。

【工业园区建设】 2021 年，东莞石碣（兴宁）产业转移工业园有进园企业 80 家（包括 3 家非工业企业），其中，规模以上工业企业 29 家，已投（试）产企业 59 家、在建 13 家、筹建 5 家。2021 年，园区实现工业总产值 38 亿元，比上年增长 31.11%；规上工业增加值 9.2 亿元，增长 24%；税收 1.56 亿元，增长 39.2%。金雁电工产值 11 亿元，成为首家产值超 10 亿元的工业企业。重点项目建设扎实推进，全年争取资金项目 17 个、16.3 亿元。

【招商引资】 2021 年，兴宁市产业发展提质增效，总投资 112.5 亿元的 45 个项目集中签约、动工、竣工，总投资 17.62 亿元的 11 个工业项目集中签约，新签约合同项目 17 个，计划投资总额 107.52 亿元。全年完成规模以上工业总产值 71.43 亿元，比上年增长 28.3%。

【基础设施建设】 2021 年，兴宁市完成交通建设总投资约 4 亿元。“一江两岸”河堤公路建设工程项目完成投资 5.25 亿元。完成攻坚任务安全生命防护工程 403.89 千米。完成 21 千米乡村道路改造，项目进度完成 88.3%。锦绣大桥建成通车。

年内，兴宁市完成总投资 2.84 亿元的第二自来水厂扩建及取水点迁建工程、投资 1295.83 万元的 21#、24#、25# 区供水管网改造工程、投资 1.08 亿元的全域自然村集中供水工程。完成投资 500 万元的合水灌区东排沟横湖段清淤疏浚工程。完成投资 4184.8 万元的革命老区及原中央苏区崩岗治理一期工程及投资 3004.36 万元的大坪镇上大塘河生态清洁型小流域综合治理工程。

【城乡建设】 2021 年，兴宁市推进南部新城建设，加快建设梅龙高铁、“一江两岸”河堤公路、老旧小区改造、棚户区改造、宁江公园二区等工程。开展省县级文明城市、国家卫生城市创建工作，推动数字化城管建设。启动推进石壁水库增效扩容改造工程，完成第二自来水厂扩建及取水点迁建、宁江河碧道兴南大桥至兴宁大桥段工程建设。改造老旧小区5个，实施“三旧”改造7.6公顷。农房管控和乡村风貌提升工作全面推进，实施“千村示范、万村整治”项目100个，自然村集中供水实现全覆盖，列入省民生实事的15个自然村生活污水治理项目全面完成，农村生活垃圾无害化处理率100%，整治削坡建房风险点1812户。

【乡村发展】 2021年，兴宁市推进复耕复种工作，全面完成历史承诺垦造水田任务，粮食生产稳中有进。农业科技园区入选省农业科技园区建设名单，兴宁香米、兴宁鸽入选省特色农产品优势区。建成石马镇乡村振兴连片示范区，径南镇乡村振兴连片示范项目、罗屏汉红色教育基地扎实推进；100%村庄达到干净整洁村标准，农村无害化卫生户厕建设普及率100%，行政村通自来水实现全覆盖。

【旅游业】 2021年，兴宁市累计接待游客271.35万人次，旅游总收入19.2亿元，分别比上年增长28.4%、50.8%。熙和湾客乡文化旅游产业园通过国家AAAA级旅游景区质量等级考核，新增五星级民宿1家（月形山风情民宿）、三星级民宿2家（壹名美食农家庄、兴陇民宿馆），径南镇东升村月形山风情民宿入选广东省乡村民宿示范点。6座旅游厕所完成建设验收并录入百度地图。

【民生实事】 2021年，兴宁市民生支出60.82亿元，占一般公共预算支出的87.8%。十件民生实事23项具体任务全面完成，完成779个“我为群众办实事”项目。实施“粤菜师傅”“广东技工”“南粤家政”三项工程，带动就业创业3300人，城镇登记失业率控制在3.5%以内。兴宁市高级技工学校创建技师学院一期工程动工建设，新建兴宁市人民医院项目完成主体建设，创建全国基层中医药工作先进单位和建设紧密型县域医共体工作扎实推进。

【教育】 2021年，兴宁教育系统有各级各类学校395所，校外教育基（营）地7个。制定《兴宁市教育集团化办学实施方案（试行）》，以一所优质龙头学校为中心，以若干学校为纽带，组建5个教育集团，覆盖学前教育至高中教育全学段。完成锦绣学校二期、华南师范大学附属广梅园小学等7个新改扩建项目建设和20所镇（街）中心幼儿园独立建制工作。全市各级各类教育基金发放奖教助学资金551.85万元。其中，20个镇街发放奖教助学资金276.64万元。率先在梅州开展学校中层干部竞聘改革，全市共计825名教师参加697个中层干部岗位竞聘。

【文化】 2021年，兴宁市承办线上“中国新兴版画运动90周年——全国版画作品展”活动，兴宁竹板歌入选第五批国家级非物质文化遗产项目名录。兴宁版画、兴宁珍珠红酒酿造技艺入选第八批省级非物质文化遗产代表性项目名录推荐项目名单。邓逸凡故居、高陂明光楼入选第八批梅州市文物保护单位，龙田镇鸡公桥村龙和围等7处建筑物入选第九批兴宁市（县）级文物保护单位。《驿道行者》获广东省戏剧曲艺花会曲艺组金奖。完善县级文化馆、图书馆总分馆建设，建成20个文化馆分馆、60个文化馆分馆服务点，实现文化馆总分馆建设全覆盖；建成15个图书馆分馆、27个图书馆分馆服务点。兴宁市文化馆被评为国家一级馆。全年开展举办美术、版画、竹板歌等培训班104期，到农村（社区、学校）开展指导培训8场，举办美术、书法作品展览19场及文艺演出19场，开展少儿美术和书法公益培训48课时，推出线上全景观展3场。

【体育】 2021年，兴宁市举办第七届“市长杯”足球赛，开展“中国体育彩票杯”羽毛球、乒乓球、围棋等系列赛事。承办梅州市第十四届中学生运动会，有来自梅州市8个县（市、区）的代表团1315人参加。蹦床队（板上和网上）代表梅州市参加广东省青少年蹦床锦标赛获得3金2银2铜。兴宁市代表团参加梅州市第九届运动会获综合团体总分2477.25分，排名第三名。兴宁

▲2021 年 9 月 20 日，兴宁市志愿者在主要交通路口开展文明交通志愿服务（市文明办提供）

市业余体育学校被授予 2017—2020 年全国群众体育先进单位称号。兴宁红旗、跃速、新昌等体育产业累计产值约 4 亿元，税收约 2910 万元，带动就业人数 5137 人。

（兴宁市地方志办公室）

精神文明建设

【社会主义核心价值观建设】2021 年，兴宁市依托电视台、微信公众号等媒体平台，设置专题专栏常态化宣传阐释社会主义核心价值观。制作一批社会主义核心价值观主题餐巾纸盒、环保袋等公益宣传品和市民文明手册，并结合文明城市创建入户问卷调查派发宣传品。以志愿服务践行社会主义核心价值观，是年，全市有 19 人、10 个集体获评兴宁市学雷锋志愿服务先进典型，1 人、3 个集体获评梅州市学雷锋志愿服务先进典型，兴宁市善小助学协会获评广东省最佳志愿服务组织。发动全市干部职工在城区主要交通路口开展文明交通志愿服务。

【公民思想道德建设】2021 年，兴宁市广泛开展“身边好人”“道德模范”等先进典型评选宣传活动。是年，有 9 人获评“兴宁好人”，陈欣、罗新辉等 5 人获评“梅州好人”，陈建聪获评“广东好人”，王会珍、钟进英分别入围 4 月、9 月“中国好人榜”；钟进英、陈伟波分别获评第十届梅州市道德模范及提名奖；王宇健等 20 人获评兴宁市“新时代好少年”，其中 6 人获评梅州市“新时代好少年”。同时，在历史纪念馆、博物馆、图书馆、文化馆、少年宫等地打造兴宁市先进模范事迹专题展览、展板，免费向市民开放，营造好人好报、德行天下的浓厚氛围。

【群众性精神文明建设】2021 年，兴宁市推进群众性精神文明建设，开展文明城市创建、文明村镇创建、文明单位创建、文明家庭创建、文明校园创建工作。

文明城市创建　2021 年，兴宁市印发《兴宁市创建广东省县级文明城市（2021—2023 年创建周期）行动方案》等文件，召开全市创建省县级文明城市工作会议、培训会议 4 次，提高业务能力，进行全面部署；成立 12 个创建省县级文明城市工作部。邀请第三方测评机构于 5 月底对市辖区内创文实地考察点位进行综合测评，进一步巩固成果、补齐短板。

文明村镇创建　在全市达标创建梅州市文明镇街、文明村居实现全覆盖的基础上，推动文明村镇提质扩面，至年末，全市 8 个镇获评梅州市文明镇，其中龙田镇被评为广东省文明镇；34 个村获评梅州市文明村，石马镇新群村被评为全国文明村。龙田镇被评为梅州市“十佳乡风文明镇”，22 个村被评为梅州市“百家乡风文明村”。

文明单位创建　立足行业特点继续深化文明单位创建，至年末，全市 41 个组织获评梅州市文明单位称号，兴宁市纪委监委、市税务局、市检察院和叶塘社区 4 个单位被评为广东省文明单位。

文明家庭创建　树立一批“文明家庭”“优秀书香家庭”“孝

▲2021年11月16日，兴宁市新时代文明实践中心、市民政局在明珠文化广场开展移风易俗主题宣传活动（市文明办提供）

老敬亲好媳妇”等先进典型。刘建文家庭等10户家庭获评兴宁市“文明家庭”，古海平、何志文、罗文新3户家庭获评第五届“梅州市文明家庭”。

文明校园创建　加强未成年人思想道德建设，7月，在沐彬中学召开未成年人思想道德建设工作会议。是年，黄岭小学等3所学校获评第三届兴宁市文明校园，兴城中心小学等16所学校获评第五届梅州市文明校园，齐昌小学等3所学校当选2021—2023年创建广东省文明校园先进学校。

【新时代文明实践中心建设】2021年，兴宁市推进阵地建设，整合盘活革命遗址、围龙讲堂、文化祠堂等文化资源，拓宽文明实践场所建设。是年，全市建成新时代文明实践中心1个、文明实践所20个、文明实践站504个，覆盖率100%，实现“一镇（街道）一所”“一村（社区）一站”。强化示范带动，打造兴田街道、龙田镇2个省级新时代文明实践示范所，曲塘村、城北社区等60个省级新时代文明实践示范站，以示范点带动全市新时代文明实践所（站）建设全面铺开。以志愿服务为新时代文明实践主要活动方式，成立兴宁市志愿服务促进中心，组建兴宁市新时代文明实践志愿服务总队和“8+N”志愿服务队，建强志愿队伍，强化供需对接，加强业务培训，严格规范管理，打造志愿服务站点，面向全市开展新时代文明实践志愿服务。

（邓思源）

兴宁市2021年度获评道德模范情况一览表

表2

荣誉称号	类别	姓名	职业或职务
第十届梅州市道德模范	孝老爱亲	钟进英	兴宁市大坪镇坪光村村民
第十届梅州市道德模范提名奖	助人为乐	陈伟波	梅州市金绿现代农业发展有限公司总经理

（市文明办提供）

兴宁市2021年度获评广东、梅州、兴宁好人情况一览表

表3

荣誉称号	姓名	类别	时间	工作单位及职务
广东好人	陈建聪	敬业奉献	2021年第二季度	兴宁市第一中学体育组副组长
梅州好人	陈　欣	敬业奉献	2021年第一季度	兴宁市广电视台总编室主任
	罗新辉	敬业奉献	2021年第二季度	兴宁市润丰农业专业合作社理事长
	杨晋秋	助人为乐	2021年第三季度	兴宁市诚达物流公司工作人员

续表 3

荣誉称号	姓名	类别	时间	工作单位及职务
梅州好人	何军辉	敬业奉献	2021 年第三季度	兴宁市农业农村局二级主任科员
	张志飞	敬业奉献	2021 年第四季度	兴宁市邮政局刁坊分局投递员
兴宁好人	何炽才	助人为乐	2021 年度	兴宁市宁中镇和新村退休人员
	古　思	助人为乐	2021 年度	兴宁市下堡中心小学教导处副主任
	杨晋秋	助人为乐	2021 年度	诚达物流公司工作人员
	张志飞	敬业奉献	2021 年度	兴宁市邮政局刁坊分局投递员
	黄映秋	敬业奉献	2021 年度	兴宁市黄槐中心幼儿园园长
	肖文雄	敬业奉献	2021 年度	兴宁市齐昌中学教务处主任
	谢运宏	敬业奉献	2021 年度	兴宁市石马镇洋门村党支部书记、主任
	伍　新	敬业奉献	2021 年度	兴宁市人民法院民事审判一庭副庭长、一级法官
	罗运才	孝老爱亲	2021 年度	兴宁市刁坊镇河塘岭村村民

（市文明办提供）

兴宁市 2021 年度获评“文明家庭”一览表

表 4

荣誉称号	家庭名称	家庭地址
梅州市文明家庭	古海平家庭	兴宁市大坪镇大坪社区
	罗文新家庭	兴宁市龙田镇蓼塘村
	何志文家庭	兴宁市黄槐镇禾村
兴宁市文明家庭	刘建文家庭	兴宁市大坪镇黄坑村
	丘仕娜家庭	兴宁市大坪镇黄坑村
	古海平家庭	兴宁市大坪镇大坪社区
	朱新云家庭	兴宁市合水镇龙北社区
	罗思飞家庭	兴宁市罗岗镇焦一村
	袁燕燕家庭	兴宁市坭陂镇文东村
	李育明家庭	兴宁市新陂镇新元村
	罗利芳家庭	兴宁市宁中镇枫岭村
	黄利霞家庭	兴宁市坭陂镇汤二村
	罗慈红家庭	兴宁市坭陂镇坭陂社区

（市文明办提供）

兴宁市 2021 年度获评“新时代好少年”情况一览表

表 5

荣誉称号	姓名	学校
梅州市“新时代好少年”	王宇健	兴宁市第一中学
	刘梓翔	兴宁市齐昌中学
	黄鑫鑫	兴宁市大坪中学
	刘思桐	兴宁市汉芬小学
	刘宁达	兴宁市径心中心小学
	钟梓淇	兴宁市岗背中心小学
兴宁市“新时代好少年”	王宇健	兴宁市第一中学
	刘梓翔	兴宁市齐昌中学
	黄鑫鑫	兴宁市大坪中学
	刘思桐	兴宁市汉芬小学
	刘宁达	兴宁市径心中心小学
	钟梓淇	兴宁市岗背中心小学
	罗　凡	兴宁市大坪中心小学
	黄嘉乐	兴宁市新陂中心小学
	吴梓静	兴宁市第十小学
	刘珂玮	兴宁市齐昌小学
	蒋依燃	兴宁市第一小学
	邱娜然	兴宁市永和中心小学
	袁力宁	兴宁市兴城中心小学
	刘佳欣	兴宁市合水学校
	彭晓静	兴宁市新圩中学
	李　蕊	兴宁市黄岭小学
	石梓玲	兴宁市南新小学
	黄嘉希	兴宁市下堡中心小学
	黄润杰	兴宁市黄陂中心小学
	曾焓钰	兴宁市罗岗中心小学（四德小学）

（市文明办提供）

2021年兴宁市领导班子成员名单

中共兴宁市委员会

市委书记：余其豹（任至8月）
宋才华（8月任职）
市委副书记：洪国华
何志平（任至9月）
袁勇华（9月任职）
市委常委：余其豹（任至8月）
宋才华（8月任职）
洪国华
何志平（任至9月）
袁勇华
徐　甦（任至9月）
刘东峰（9月任职）
骆小锐
朱志勇
何小娟（任至9月）
杨裕瑜（9月任职）
冯　振（任至3月）
罗文波（3月任职）
邓　强（任至9月）
黄志勇（10月任职）
潘启东（9月任职）
蒋建青（任至11月）
蓝　蓝（任至7月）
蔡文健（11月任职）

兴宁市人大常委会

主　任：何建元（任至11月）
邓　强（11月任职）
副主任：李福泉
何伟忠
廖红彬
温建文
刘秋宏　（任至11月）
刘瑞灵
石秀芳　（11月任职）

兴宁市人民政府

市　长：洪国华
常务副市长：刘东峰（11月任职）
徐　甦（任至9月）
副市长：潘启东
罗丽平
黄伟军（9月任职）
陈君溢（9月任职）
谢明扬（9月任职）
吴思波（11月任职）
蓝　蓝（任至7月）
陈日新（任至11月）
曾招强（任至9月）
练胜红（任至11月）

政协兴宁市委员会

主　席：罗利娜（任至11月）
陈日新（11月任职）
副主席：罗苑铭
罗宇芳
练胜红（11月任职）
谢文航（任至11月）
郑　华
罗健辉（任至11月）
曾庆雄（任至11月）
陈思忠（11月任职）
李朝晖（11月任职）

中共兴宁市纪律检查委员会

书　记：冯　振（任至3月）
罗文波（3月任职）
副书记：陈远辉
袁望中
常　委：曾小苑
罗定权（任至4月）
曾世欣
刁勇辉
罗双祥（6月任职）

兴宁市监察委员会

主　任：冯　振（任至5月）
罗文波（5月任代主任，11月任主任）
副主任：陈远辉
袁望中
委　员：曾小苑
曾世欣
罗清清
黄伟平

2021 年兴宁市直和省、梅州属驻兴宁各单位及各镇（街道）领导干部名单

- 中共兴宁市纪律检查委员会机关

书　记：冯　振（任至 3 月）
　　　　罗文波（3 月任职）
副书记：陈远辉　袁望中
常　委：曾小苑　罗定权（任至 4 月）
　　　　曾世欣　刁勇辉
　　　　罗双祥（6 月任职）

- 兴宁市监察委员会

主　任：冯　振（任至 5 月）
　　　　罗文波（5 月任代主任，11 月任主任）
副主任：陈远辉　袁望中
委　员：曾小苑　曾世欣
　　　　罗清清　黄伟平

- 中共兴宁市委办公室

主　任：邓　强（任至 11 月）
　　　　黄志勇（11 月任职）
常务副主任：刘智丰（7 月任职）
副主任：刘智丰（任至 7 月）黄勇华（任至 6 月）
　　　　张奎宏　钟宇清

- 兴宁市人大常委会办公室

主　任：陈自渊（任至 7 月）
　　　　李淡宗（9 月任职）
副主任：巫东海（任至 9 月）　李淡宗（任至 9 月）
　　　　林远文

- 兴宁市人大常委会监察和司法工作委员会

主　任：陈志文
副主任：谢　慧

- 兴宁市人大常委会财经工作委员会

主　任：罗赞龙（任至 7 月）
　　　　邱文先（9 月任职）
副主任：张东红（任至 9 月）　陈尚文（9 月任职）

- 兴宁市人大常委会农业农村工作委员会

主　任：刘文忠
副主任：李东平

- 兴宁市人大常委会教育科学文化卫生工作委员会

主　任：罗勇辉（9 月任职）
副主任：薛　薇（5 月任职）

- 兴宁市人大常委会选举联络人事任免工作委员会

主　任：孙小龙（任至 7 月）
　　　　巫东海（9 月任职）
副主任：彭文芳

- 兴宁市人大常委会城乡建设环境与资源保护工作委员会

主　任：罗建新
副主任：王小波（任至 9 月）　张颂波（9 月任职）

- 兴宁市人大常委会社会建设工作委员会

主　任：童永忠
副主任：谢毅韬

- 兴宁市财政经济委员会

主任委员：邱文先（11 月任职）
副主任委员：陈尚文（11 月任职）
　　　　　　梁伟强（11 月任职）

- 兴宁市社会建设委员会

主任委员：童永忠（11 月任职）
副主任委员：谢毅韬（11 月任职）
　　　　　　刘　凌（11 月任职）

- 兴宁市人民政府办公室

主　任：彭伟洪
副主任：刘野青　石战宇
　　　　何森清　黄　辉（任至 3 月）

- 政协兴宁市委员会办公室

主　任：陈伟东
副主任：王洪尧　刘善君

- 政协兴宁市委员会农业和农村委员会

主　任：范圣权（任至 6 月）
　　　　黄任辉（7 月任职）
副主任：曾海青

- 政协兴宁市委员会港澳台侨外事和联络委员会

主　任：钟　青
副主任：曾育宏

- 政协兴宁市委员会科教卫体和文史资料委员会

主　任：陈志锋

副主任：练雄标

• **政协兴宁市委员会提案委员会**

主　任：钟胜良

副主任：陈志强

• **政协兴宁市委员会经济委员会**

主　任：刘小炎

副主任：钟建秀

• **政协兴宁市委员会社会法制和人口资源环境委员会**

主　任：陈伟林

副主任：胡萍萍

• **中共兴宁市委组织部**

部　长：骆小锐

常务副部长：谢振国（任至1月）

王小华（1月任职，任至6月）

孙伟权（6月任职）

副部长：张德辉（任至6月）叶小雄（6月任职）

张　标（1月任职）李顺新

王小华（任至1月）李广青

袁亮

• **中共兴宁市委宣传部**

部　长：何小娟（任至9月）

杨裕瑜（9月任职）

常务副部长：黄佑鹏

副部长：刘学伟（任至7月）

罗亮宏（7月任职）

刘思中（7月任职）

文明办专职副主任：罗　静

• **中共兴宁市委统一战线工作部**

部　长：袁勇华（任至9月）

朱志勇（9月任职）

常务副部长：温会权

副部长：邓超明　罗红娟

• **中共兴宁市委政法委员会**

书　记：朱志勇（任至9月）

袁勇华（9月任职）

常务副书记：钟绍红

副书记：肖浩文　张海荣

• **中共兴宁市委机构编制委员会办公室**

主　任：李广青

副主任：刘秋琼　薛　锋

邱文先（5月任职，任至9月）

• **中共兴宁市直属机关工作委员会**

书　记：吴新明（任至6月）

胡启宏（6月任职）

副书记：何森华（任至3月）罗　文（3月任职）

张永坚（3月任职）

• **中共兴宁市委老干部局**

局　长：袁　亮

副局长：赖望珍　杨锦茂

• **兴宁市人民法院**

院　长：周展明

副院长：张思东　何金盛

廖思谦（9月任职）

党组书记：周展明

党组副书记：（空缺）

纪检组组长：（空缺）

• **兴宁市人民检察院**

检察长：彭　宙

副检察长：赖建华　罗梅辉

石思强（7月任职）

党组书记：彭　宙

党组副书记：（空缺）

纪检组组长：（空缺）

• **兴宁市发展和改革局**

局　长：刘导文

副局长：罗建军（任至4月）李小波（任至7月）

钟月才（任至4月）刘苍山　范湘萍

李新旺（7月任职）

• **兴宁市教育局**

局　长：郭远林

副局长：曾洪生　陈春红（任至8月）

张新金　赖福腾（8月任职）

• **兴宁市科工商务局**

局　长：张小海

副局长：李宇浪　刘　伟

欧阳勇辉　丘　炜（任至3月）

黄启泉（任至3月）郭国栋（任至3月）

罗　文（任至3月）刘云辉（任至3月）

石俊雄（任至3月）

- **兴宁市公安局**

局　长：曾招强（任至 9 月）
　　　　黄伟军（9 月任职）
政　委：伍海波
常务副局长：（空缺）
副局长：曾振文（5 月任职）罗伟义（5 月任职）
　　　　张远平（2 月任职）陈胜涛（5 月任职）
　　　　罗伟航（任至 5 月）石天泉（任至 5 月）
　　　　张向东（任至 5 月）陈勇强（任至 2 月）

- **兴宁市民政局**

局　长：何群标
副局长：范耀新　刘科平　曾晓波

- **兴宁市司法局**

局　长：何伟洪
副局长：廖春芳　张远辉（任至 4 月）
　　　　杨　军　黄　琴（5 月任职）

- **兴宁市财政局**

局　长：陈思忠
副局长：张永坚（任至 3 月）刘海波（任至 3 月）
　　　　朱金炎　谢志勇（4 月任职）
　　　　陈　兵（4 月任职）

- **兴宁市人力资源和社会保障局**

局　长：李顺新
副局长：丘怀光（任至 8 月）罗龙章（任至 4 月）
　　　　刘伟明　曾　瑜

- **兴宁市自然资源局**

局　长：陈伟东
副局长：张俊杰　李清辉　钟伟崇

- **兴宁市住房和城乡建设局**

局　长：彭晓明
副局长：孙运辉（任至 4 月）翁戈飞
　　　　陈志彬　曾　然
总工程师：周振辉

- **兴宁市交通运输局**

局　长：吴尚华
副局长：谢志勇（任至 3 月）曾新胜（任至 8 月）
　　　　李伟斌（3 月任职）陈仕辉
总工程师：王　波

- **兴宁市水务局**

局　长：李坤明
副局长：陈毅光　李宇苑（1 月任职）
　　　　陈彦云（4 月任职）
　　　　赖超华（任至 4 月）
总工程师：李　聪

- **兴宁市农业农村局**

局　长：曾小芬（任至 8 月）
副局长：罗志高　李小文（任至 3 月）
　　　　曾宪尧　钟韬良（任至 3 月）
　　　　陈静标（任至 3 月）何军辉（任至 3 月）
　　　　林　斌　廖伟坤

- **兴宁市文化广电旅游体育局**

局　长：邹燕锋
副局长：张向东（5 月任职）黄法平
　　　　陈加鹏（4 月任职）潘伟明（任至 4 月）
　　　　彭尚东（任至 4 月）李永芳（任至 4 月）
　　　　陈永辉（任至 4 月）钟夏渊（任至 3 月）

- **兴宁市卫生健康局**

局　长：陈秋吾
副局长：罗小锋（任至 4 月）刘思佳（任至 4 月）
　　　　曾月辉（任至 8 月）钟剑伟
　　　　刘远彬（5 月任职）罗　丽（8 月任职）

- **兴宁市退役军人事务局**

局　长：刘尚方（任至 6 月）
　　　　黄启东（6 月任职）
副局长：陈　云（任至 8 月）罗燕丽
　　　　周小勇（8 月任职，任至 8 月）

- **兴宁市应急管理局**

局　长：陈志标
副局长：张淦清（任至 1 月）谢永红（任至 7 月）
　　　　练伟强　黄建辉
　　　　朱远平（8 月任职）

- **兴宁市消防救援大队**

大队长：吴增鑫
政治教导员：李建设

- **兴宁市审计局**

局　长：钟剑波
副局长：邱文先（任至 5 月）刘信昌（5 月任职）
　　　　潘志平

- **兴宁市市场监督管理局**

局　长：黄耀添（任至 8 月）

赖建文（8 月任职）
副局长：蒋泉桢（任至 4 月） 范伟华 刘宁平
陈春帆（任至 4 月） 袁素文（任至 4 月）
张永新 叶宏君（任至 5 月）

- **兴宁市统计局**

局 长：曾东球（任至 6 月）
罗卫星（6 月任职）
副局长：饶振旺 刘信昌（任至 5 月）
叶宏君（5 月任职）

- **兴宁市医疗保障局**

局 长：张伟兰
副局长：钟洪彬 罗春雄

- **兴宁市城市管理和综合执法局**

局 长：黄浩灵
副局长：陈小良 刘天华 李 永

- **兴宁市信访局**

局 长：黄启东（任至 6 月）
曾发茂（6 月任职）
副局长：罗小忠 张 炜

- **兴宁市政务服务数据管理局**

局 长：许振波
副局长：林汉辉 孙文冠

- **兴宁市林业局**

局 长：刘铭中（任至 3 月）
副局长：卢宝炎 黄小清（任至 4 月）
曾宪禹 陈兴无（4 月任职）

- **中共兴宁市委党校**

校 长：骆小锐
常务副校长：杨颂阳
副校长：黄日松（任至 3 月） 张 科（7 月任职）
刘松茂

- **中共兴宁市委党史研究室**

主 任：范益民
副主任：柯干雄（任至 7 月） 曾远红

- **兴宁市档案馆**

馆 长：刘智丰（任至 7 月）
刘学伟（7 月任职）
副馆长：罗思洪 李小利

- **兴宁市地方志办公室**

主 任：秦建浩（任至 7 月）
陈媛媛（7 月任职）
副主任：沈远东

- **兴宁市融媒体中心（兴宁市广播电视台）**

主 任（台长）：陈自立
副主任（副台长）：陈伟辉 李 冲 陈凯明
总编辑：廖勇平

- **兴宁市公路事务中心**

主 任：曾勇威（任至 10 月）
曾新胜（10 月任职）
副主任：黄科文 李春雄 马平平

- **兴宁市社会保险基金管理局**

局 长：黎伟新

- **兴宁市公共人才服务中心**

主 任：曾立洪
副主任：彭汝君 袁伟方

- **兴宁市供销合作社联合社**

主 任：廖裕导
副主任：李新利（任至 4 月） 罗 旋 凌 通

- **东莞石碣（兴宁）产业转移工业园管理委员会**

主 任：马志源
副主任：钟旅平 刘 杰 刘福标

- **梅州市住房公积金管理中心兴宁市经办业务分理处**

主 任：巫为民

- **兴宁市总工会**

主 席：刘瑞灵
常务副主席：杨 文（任至 6 月）
曾勇威（9 月任职）
副主席：陈飞泉 陈洁红

- **共青团兴宁市委员会**

书 记：王超宙
副书记：何文韬（7 月任职） 罗学宏（任至 7 月）
吴燕锋（任至 7 月）

- **兴宁市妇女联合会**

主 席：刘 凌
副主席：温玲玲 王玉芳

- **兴宁市科学技术协会**

主 席：黄志平
副主席：曾维添（3 月任职） 黄德强
黄任文（任至 3 月）

• 兴宁市归国华侨联合会

主　席：欧阳秋茹

副主席：薛 冰（任至 3 月） 罗晋导（7 月任职）
　　　　吴秋芳

• 兴宁市工商业联合会

党组书记、副主席：曾巨文

主　席：徐毅坚（任至 8 月）
　　　　杨亚文（8 月任职）

副主席：黄海珍　曾志嫦
　　　　叶柳春　廖飞虎（8 月任职）
　　　　罗敬东（8 月任职）　刘名远
　　　　叶学渊　陈小平
　　　　王建民（8 月任职）　张　弦
　　　　罗建雄　蔡幸丽
　　　　赖伟东　陈　勇
　　　　黄柏超（8 月任职）　温利连（8 月任职）
　　　　曾思林（8 月任职）　刘宇鹏（8 月任职）
　　　　吴宏丰（8 月任职）　刘宇璋（8 月任职）
　　　　张文东（任至 8 月）　陈焕新（任至 8 月）
　　　　李奕权（任至 8 月）　刘　勇（任至 8 月）
　　　　刘信辉（任至 8 月）　何柏东（任至 8 月）

秘书长：陈　莉

• 兴宁市文学艺术界联合会

主　席：廖润源

副主席：罗　琳　钟俏峰（8 月任职）
　　　　巫晶华（任至 7 月）

• 兴宁市残疾人联合会

理事长：王建平

副理事长：曾　思　曾维添（任至 3 月）
　　　　　黄任文（3 月任职）

• 兴宁市社会科学界联合会

主　席：黄　辉（3 月任职）

副主席：邓国新

• 中国国民党革命委员会兴宁市委员会

主　委：廖强栋

副主委：廖伟坤（任至 6 月）　曾庆浩
　　　　谢毅韬（6 月任）

• 中国民主同盟兴宁市委员会

主　委：张颂华

副主委：罗　高　农楚凤

• 中国民主建国会兴宁市委员会

主　委：黄任辉

副主委：练小辉（任至 6 月）　陈炯番

• 兴宁市齐昌供水有限公司

总经理：朱春强

• 梅州市生态环境局兴宁分局

局　长：黄伟文

副局长：罗远强（任至 4 月）　罗庆平
　　　　叶云星　黄育健（4 月任职）

• 国家税务总局兴宁市税务局

局　长：梁伟强（3 月任职）

副局长：罗　伟（任至 8 月）　韩远贵（8 月任职）
　　　　黄立权　丘碧华
　　　　张添华　孔　莹（12 月任职）

纪检组组长：赖铭学

• 兴宁市气象局

局　长：罗伟华

副局长：罗经权（1 月任职）

• 国家统计局兴宁调查队

队　长：彭　燕（任至 9 月）
　　　　廖创炜（9 月任职）

副队长：周进军

• 中国邮政集团有限公司广东省兴宁市分公司

总经理：陈清权（任至 6 月）
　　　　庞永忠（6 月任职）

副总经理：汤怀裕（任至 8 月）　陈　利
　　　　　邱裕洪

• 中国电信股份有限公司兴宁分公司

总经理：王　建（任至 12 月）
　　　　钟　明（12 月任职）

副总经理：华国威　邹文锋

• 中国移动通信集团广东有限公司兴宁分公司

总经理：孙宇翔（任至 1 月）
　　　　曾　淇（1 月任职）

副总经理：陈天湖　黄　鼎（11 月任职）

• 中国联合网络通信有限公司兴宁市分公司

总经理：汪成龙（任至 6 月）
　　　　林俊锋（7 月任职）

副总经理：陈　浩　陈东松（任至 9 月）
　　　　　陈卓铭（10 月任职）

· **广东电网有限责任公司梅州兴宁供电局**

党委书记：廖晓明

党委副书记、总经理：黄治勇

纪委书记：涂文权（7月任职）

副总经理：卓建丰　张达洄　李　杰

· **兴宁市烟草专卖局**

局长（经理）：李文辉

副经理：刘远涛

副局长：余云中

· **广东省盐业集团梅州有限公司兴宁分公司**

经理：曾伟强

· **中国人民银行兴宁市支行**

行　长：陈寿亮

副行长：王森浩　陈　荣（5月任职）

· **中国工商银行股份有限公司兴宁支行**

行　长：熊海昌

副行长：陈丽娟（任至1月）　黄新民
　　　　彭云标（1月任职）　王幸明（9月任职）

· **中国银行股份有限公司梅州兴宁支行**

行　长：江晓军（1月任职）

副行长：陈广森　黄艳红
　　　　罗拥军　巫武雅（任至2月）
　　　　李俊伟（8月任职）　刘静惠（9月任职）

· **中国建设银行股份有限公司兴宁支行**

行　长：邓瑞宏（任至4月）
　　　　刘国强（4月任职）

副行长：李其志（任至1月）　王永祥（2月任职）
　　　　黄　洪（4月任职）

· **中国农业银行股份有限公司兴宁市支行**

行　长：赖　鹏（任至8月）
　　　　吴国兴（8月任职）

纪委书记：朱钦州（任至5月）
　　　　　张拔剑（5月任职）

副行长：黄春泉　黎斯婷（任至4月）
　　　　廖　程（4月任职）　罗永都

· **中国农业发展银行兴宁市支行**

行　长：熊依添（2月任职）

副行长：王思彬

· **广发银行梅州兴宁支行**

行　长：罗远峰

· **广东兴宁农村商业银行股份有限公司**

董事长：杨　帆

行　长：李文彦

监事长：刘　颂

副行长：林全达　黄尚文　黄仕锐

· **中国人寿保险股份有限公司兴宁市支公司**

总经理助理：张宇辉（任至8月，主持工作）

副总经理：张宇辉（9月任职，主持工作）

· **中国人民财产保险股份有限公司兴宁支公司**

总经理：陈纪勇（任至3月）
　　　　刘雅明（4月任职）

· **兴田街道**

党工委书记：石秀芳

党工委副书记、办事处主任：杨秋阳

人大工委主任：邹强兵

党工委副书记：陈新淼
　　　　　　　黄迪锋（任至7月）
　　　　　　　吴燕锋（7月任职）

党工委委员、办事处副主任：曾小华

党工委委员：潘光辉
　　　　　　钟国炎（7月任职）
　　　　　　刘宇云（7月任职）
　　　　　　陈新茂（7月任职）
　　　　　　曾　涛
　　　　　　罗维维（7月任职）
　　　　　　黄慧梅（任至7月）
　　　　　　温利红（任至7月）
　　　　　　彭飞苑（任至7月）
　　　　　　陈伟礼（任至7月）
　　　　　　罗　誉（任至7月）
　　　　　　周志明（任至7月）

人大工委副主任：陈建彬

办事处副主任：周　宁（7月任职）
　　　　　　　黄爱中（7月任职）
　　　　　　　刘　婷
　　　　　　　刘俊煌（任至7月）
　　　　　　　刘文光（任至7月）

· **宁新街道**

党工委书记：吴思波

党工委副书记、办事处主任：何为

人大工委主任：凌万明
党工委副书记：陈小玲
曾云清
党工委委员、办事处副主任：袁　魏（任至7月）
陈天文（7月任职）
党工委委员：苏严松（任至7月）
许汉强（7月任职）
刘宇云（任至7月）
何东红（任至7月）
刘飞球　蒋美苑
刘东援　余　冰
黄慧梅（7月任职）
陈宇东（7月任职）
杨晓义（7月任职）
人大工委副主任：刘苑红（3月任职）
办事处副主任：刘苑红（任至3月）
何耿辉（任至7月）
刘国和
钟思婷（3月任职）
何晓辉（7月任职）

• **福兴街道**

党工委书记：童东平
党工委副书记、办事处主任：黄威灵
人大工委主任：李满红
党工委副书记：赖福腾（任至7月）
王绍雄（7月任职）
曾迪华
党工委委员、办事处副主任：刘作明
党工委委员：何丽娴（任至6月）
何晓辉（任至7月）
曾伟思（任至7月）
黄秋璇
温利红（7月任职）
何东红（7月任职）
林海彬
曾裕龙（7月任职）
刘科文（7月任职）
人大工委副主任：曾裕龙（任至7月）
林　莉（7月任职）
办事处副主任：刘艳琼　陈　平

• **宁中镇**

党委书记：罗　平
党委副书记、镇长：彭燕妮
人大主席：罗建新
党委副书记：袁利雅　罗海东
陈　勤（9月任职）
党委委员、副镇长：赖淼龙（任至7月）
刘海中（8月任职）
党委委员：陈子明　巫翠霞（任至7月）
钟国炎（任至7月）李子红（任至7月）
周　宁（任至7月）　钟华飞
曾志伟（8月任职）何博宇（8月任职）
人大副主席：黄豪（任至7月）潘伊利（9月任职）
副镇长：刘海中（任至7月）　刘裕春
袁倩景（9月任职）　钟　波（9月任职）
张燕花（9月任职）

• **刁坊镇**

党委书记：罗国强
党委副书记、镇长：刘舫斯
人大主席：陈伟洪
党委副书记：王健（9月任职）　何权辉
罗学宏（7月任职）
罗亮宏（任至7月）
党委委员、副镇长：陈伟东（7月任职）
钟俏锋（任至7月）
党委委员：丘曼莉（任至7月）
刁利妮（任至7月）
周山客
王新唐（任至7月）
肖　维（7月任职）
黎文怡（7月任职）
刘子兴（7月任职）
陈奔旺（任至7月）
人大副主席：罗坛标（任至7月）
王苑梅（7月任职）
副镇长：刁利妮（7月任职）　罗元伟（7月任职）
黄斯正（7月任职）　罗思强（7月任职）
王苑梅（任至7月）　罗勇辉（任至7月）

• **坭陂镇**

党委书记：邓利民

党委副书记、镇长：陈君辉
人大主席：陈远新（任至 7 月）
曾尚辉（9 月任职）
党委副书记：曾尚辉（任至 7 月）
刘金灵（7 月任职）
何浩泉（7 月任职）
何宏新（任至 2 月）
党委委员、副镇长：丘文勇
党委委员：何浩泉（任至 7 月）
王建军（8 月任职）
王小波（8 月任职）
王杏媚（8 月任职）
刘　智（8 月任职）
蓝小琼（任至 7 月）
李新梅（任至 8 月）
陈新茂（任至 7 月）
张艳辉（任至 7 月）
刘俊锋（任至 7 月）
陈　云（任至 7 月）
人大副主席：王建军（任至 7 月）
陈永文（9 月任职）
副镇长：陈永文（任至 7 月）　陈　云（9 月任职）
刘文光（9 月任职）　钟晓峰（9 月任职）
周志明（9 月任职）　王明霞（9 月任职）
杨梓旋（9 月任职）　王伟操（任至 7 月）
李峥嵘（任至 7 月）

• 龙田镇

党委书记：刘超华
党委副书记、镇长：彭立峰
人大主席：刘茂云
党委副书记：刘宇辉（任至 4 月）
李美容（7 月任职）
陈奔旺（7 月任职）
丘宇星（挂职，7 月任职）
党委委员、副镇长：杨文俊
党委委员：钟志雄　王　龙（任至 7 月）
苏彦明（任至 7 月）
高伟红（任至 7 月）　李小芳
伍永锋（8 月任职）李　艳（8 月任职）
人大副主席：廖强栋
副镇长：苏彦明（8 月任职）　高伟红（8 月任职）
罗辉红（8 月任职）　张榆源（9 月任职）
黄美丽（9 月任职）　李美容（任至 7 月）

• 合水镇

党委书记：赖建文（任至 6 月）
罗　辉（6 月任职）
党委副书记、镇长：罗　辉（任至 6 月）
彭文燕（9 月任职）
人大主席：杨伟连（任至 7 月）
马建春（9 月任职）
党委副书记：谢利香
马建春（任至 7 月）
刘永星（8 月任职）
党委委员、副镇长：陈晖辉（6 月任职）
党委委员：许汉强（任至 8 月）
曾碧辉（8 月任职）
苏　华（任至 8 月）
罗娟玲　丘振洪
罗小嫦（8 月任职）
刘永星（任至 7 月）
人大副主席：曾铁坚（任至 7 月）
张志伟（9 月任职）
副镇长：苏剑辉（任至 7 月）
罗小嫦（任至 7 月）
刘　伟（9 月任职）
曾森文（9 月任职）
王新唐（9 月任职）
刘　奔（9 月任职）

• 叶塘镇

党委书记：万耀明
党委副书记、镇长：练学伟
人大主席：罗志东
党委副书记：朱远平（任至 7 月）
肖雷鸣
石　宏（8 月任职）
王　宏（挂职，9 月任职）
党委委员、副镇长：刘　静（9 月任职）
党委委员：石　宏（任至7月）李伟浩（任至7月）
肖　滨　李友光（8 月任职）
蔡冬玲（8 月任职）黄　珂（8 月任职）

王文建（任至7月）何丽琼（任至7月）
彭百超（任至7月）李兴邦（任至3月）
人大副主席：王　忠（任至7月）
杨志浩（9月任职）
副镇长：黄映香　陈炯番　苏　华（9月任职）
罗小新（9月任职）　韩坚苑（9月任职）
曾　科（9月任职）　彭志光（任至7月）

• **新陂镇**

党委书记：李新强
党委副书记、镇长：陈媛媛（任至6月）
苏剑辉（6月任党委副书记、9月任镇长）
人大主席：宋博鹏（任至7月）
张建明（9月任职）
党委副书记：张祖波
张建明（任至7月）
曾环东（7月任职）
王新民（9月任职）
党委委员、副镇长：罗晋导（任至7月）
罗　滔（9月任职）
党委委员：罗　滔（8月任职）
陈　忠（任至7月）
刘可辉
罗小新（任至7月）
何伟强（任至7月）
邹建辉（任至7月）
陈宇威（8月任职）
游　凤（8月任职）
曾文杰（8月任职）

• **永和镇**

党委书记：胡启宏（任至6月）
曾　波（6月任职）
党委副书记、镇长：曾　波（任至6月）
黄勇华（9月任职）
人大主席：王英霞
党委副书记：李映华
李维坚
党委委员、副镇长：钟自红
党委委员：谢海明（任至9月）
李标明（任至9月）
黄国青（6月任职）
何凯锐（8月任职）
陈宇东（任至7月）
周维新　李国东
人大副主席：李标明（9月任职）
罗志波（任至9月）
副镇长：张金清（9月任职）　罗新辉（任至7月）
罗辉红（任至7月）　王君利（9月任职）
谢海明（9月任职）　幸超峰（9月任职）
邓于醉（9月任职）

• **径南镇**

党委书记：曾秋勇
党委副书记、镇长：罗汉新
人大主席：曾铭辉
党委副书记：廖胜光
赖海桂（8月任职）
党委委员、副镇长：幸志辉
党委委员：张建雄　范友良（任至7月）
钟晓峰（任至7月）蓝伟雄（任至7月）
赖海桂（任至7月）　黄平忠
黄祖常（8月任职）李　欢（8月任职）
人大副主席：张世良（任至7月）
李国强（9月任职）
副镇长：蓝伟雄（9月任职）　黄任辉（任至7月）
杨小娟　王伟杰（9月任职）
朱　威（9月任职）

• **新圩镇**

党委书记：陈　静
党委副书记、镇长：罗　超（任至6月）
罗文峰（9月任职）
人大主席：何颂文
党委副书记：罗文峰（6月任职）
张　芳（9月任职）
杨　斌（4月任职）
张宇东
党委委员、副镇长：周小勇（任至8月）
陈国新（8月任职）
党委委员：何苑威（任至8月）
曾繁清（任至8月）
彭文燕（任至6月）
范子明（任至8月）

罗新辉（8月任职）
陈紫枚（8月任职）
薛　欢（8月任职）
杨源辉
人大副主席：刘端贤（任至9月）
黄晓凤（9月任职）
副镇长：罗区元（任至8月）　范子明（9月任职）
彭百超（9月任职）　刘端贤（9月任职）
陈远辉（9月任职）　陈宇荣（9月任职）

- **水口镇**

党委书记：黄志勇
党委副书记、镇长：曾发茂（任至6月）
黄勇君（6月任党委副书记，9月任镇长）
人大主席：张苑龙
党委副书记：李宇苑（任至1月）
蓝广新
袁　魏（8月任职）
党委委员：黄勇君（任至6月）
陈天文（任至8月）
罗　丽（任至8月）
黄利清（任至8月）
陈海方（任至8月）
王　忠（8月任职）
陈静娴
廖科华（8月任职）
陈彬彬（8月任职）
李　瑾（8月任职）
人大副主席：王勇强（9月任职）
蓝志华（任至9月）
副镇长：谢秋莹（任至9月）　黄林坚
王文建（9月任职）　余炬鹏（9月任职）
曾繁清（9月任职）　邬思美（9月任职）

- **罗浮镇**

党委书记：曾　胜
党委副书记、镇长：陈凯平
人大主席：李伟斌（任至3月）
叶雄飞（3月任职）
党委副书记：刘阳辉（任至7月）
赖远辉
王　龙（7月任职）
党委委员、副镇长：叶庆辉
党委委员：刘新强（任至7月）　吴　威（8月任职）
刘会兰　丘兴浩（8月任职）
刘金灵
人大副主席：伍　东
副镇长：丘海洪　谢　安
陈　强（9月任职）　陈文龙（9月任职）
曾环星（9月任职）

- **罗岗镇**

党委书记：钟安胜
党委副书记、镇长：欧阳晓波
人大主席：周建平
党委副书记：陈伟忠　刘世泉
党委委员、副镇长：袁庆豪
党委委员：曾碧辉（任至7月）
钟松义（8月任职）
钟宇兵　黄　琴（任至5月）
张苑标（任至7月）
张幸华（8月任职）
黄晓静（8月任职）
巫海东（任至7月）
人大副主席：高绍廉（任至7月）
刘文海（9月任职）
副镇长：刘文海（任至7月）　温春祥
刘宁涛（9月任职）　何宇科（9月任职）
张建雄（9月任职）　刘嘉焕
杨伟区（9月任职）

- **黄槐镇**

党委书记：罗卫星（任至6月）
蓝　彬（6月任职）
党委副书记、镇长：蓝　彬（任至6月）
黄宇梁（9月任职）
人大主席：陈勇强（任至7月）
石文彬（9月任职）
党委副书记：曾新华（任至7月）
石文彬（任至7月）
李建波（7月任职）
魏燕玲（7月任职）
党委委员、副镇长：李建波（任至7月）
陈志强（9月任职）

党委委员：何文强（任至8月）刘成森（8月任职）
何海平 张 选（8月任职）
黄金兰（8月任职）
人大副主席：刘宇山
副镇长：何小青（任至8月） 何柳斌
潘裕洪（9月任职） 曾远东（9月任职）
林宇聪（9月任职）

- **黄陂镇**

党委书记：杨洪亮
党委副书记、镇长：袁作胜
人大主席：何宏新（2月任职）
党委副书记：黄伟光
练海峰（7月任职）
罗文峰（任至7月）
党委委员、副镇长：曾岳鹏（任至7月）
钟启文（7月任职）
党委委员：温聪兴 钟伟良（8月任职）
钟汉平（任至7月）
谢聪聪（8月任职） 邹晗媚
练达强（任至7月）黄祖常（任至7月）
张 科（任至7月）
人大副主席：钟森华（任至7月）
曾岳鹏（7月任职）
副镇长：练海峰（任至7月） 叶胜良
曾远东 何小青（7月任职）
叶玲玲（9月任职） 黄文静（9月任职）
李师哲（9月任职）

- **大坪镇**

党委书记：许杰浩
党委副书记、镇长：刘 渊
人大主席：朱碧锋（任至7月）
罗伟南（9月任职）
党委副书记：罗伟南（任至7月）
巫远清（任至7月）
曾令红（9月任职）
罗志雄（7月任职）
钟在明（7月任职）
党委委员、副镇长：刘 东（任至7月）
罗 云（8月任职）
党委委员：罗志雄（任至7月）
杨伟区（任至7月）
黄爱中（任至7月）
罗元伟（任至7月）
黄凯波
林 莉（任至7月）
陈 兵（任至3月）
廖锦均（8月任职）
何远兴（8月任职）
罗俏城（8月任职）
人大副主席：朱楚彬（任至7月）
刘仕芳（9月任职）
副镇长：钟在明（任至7月） 余彬朋（任至7月）
朱楚彬（9月任职） 罗区元（9月任职）
何文强（9月任职） 叶政平（9月任职）
陈宇都（9月任职） 彭婷婷（9月任职）

- **石马镇**

党委书记：孙伟权（任至6月）
罗 超（6月任职）
党委副书记、镇长：卢志煌
人大主席：邓 锋
党委副书记：刘仕伟（7月任职）
王绍雄（任至7月）
林文美
蓝 鑫（9月任职）
党委委员、副镇长：张颂波（任至7月）
陈侃彝（8月任职）
党委委员：王勇强（任至7月）
廖锦均（任至7月）
黄国青（任至7月）
伍永锋（任至7月）
何妙军（任至7月）
曾 玲（8月任职）
张 婷（8月任职）
曾金宾（8月任职）
张文君（8月任职）
人大副主席：潘裕洪（任至7月）
吴宇强（9月任职）
副镇长：陈侃彝（任至7月） 曾 玲（任至7月）
练达强（9月任职） 张森源（9月任职）
陈丹妮（9月任职） 钟胜强（9月任职）

大事记

1月

1日　兴宁市委副书记、市长洪国华到市公安局看望慰问执勤民警和一线公安民警，听取元旦期间兴宁市安保维稳工作和勤务安排等情况汇报。

2日　兴宁市水口商会揭牌成立，并选举产生兴宁市水口商会第一届理事会和监事会成员以及商会领导班子。

4日　兴宁市委副书记、市长洪国华主持召开紧急视频会议，对全市森林防灭火工作等进入再动员再部署。

5日　仲恺农业工程学院组织相关领域32名农村科技特派员组团到兴宁调研兴宁鸽产业发展情况，与“兴宁鸽”龙头企业梅州市金绿现代农业发展有限公司进行深度对接合作。

△兴宁市康养园举行医疗康复中心落成仪式，成为兴宁市首家“医养结合”老年公寓。

6日　兴宁市在明珠文化广场举行庆祝首个“中国人民警察节”暨2021年兴宁公安警察开放日活动。

7日　梅州市委书记陈敏到兴宁市调研电子商务进农村综合示范工作。

△梅州市委常委、兴宁市委书记余其豹率队到黄陂镇调研，强调围绕优先发展农业农村，统筹做好森林防火等岁末年初各项工作。

11日　兴宁市人才驿站揭牌仪式在市人才港举行，市人才驿站以“凝聚人才、对接产业、服务企业、推动发展”为宗旨，打造集高端人才服务、创新创业人才培训、休闲交流为一体的人才服务平台，是首个以“党建＋智库”为特色的县级人才驿站。

14日　农业农村部办公厅发出《关于推介第三批全国农村创业创新典型县的通知》，兴宁市被推介为第三批“全国农村创业创新典型县”。

15日　兴宁市叶塘镇鸭池村入选第二批广东省文化和旅游特色村名单。

18日　兴宁市获“全国计划生育优质服务先进单位”称号。

27日　中国共产党兴宁市第十三届委员会第十二次全体会议在市会展中心召开。全会审议通过《中共兴宁市委关于制定国民经济和社会发展第十四个五年规划和二〇三五年远景目标的建议》《2020年政治要件贯彻落实情况报告》《2020年抓党建工作情况报告》。

△兴宁市宁中镇新塘村、龙岗村等77个村获“广东省卫生村”称号。

29日　兴宁市在市招商和企业服务中心举行2021年首批项目集中签约仪式，5G精密热沉部件项目、广藿香种植和加工项目、逍遥谷康养文体旅游项目等8个项目集中签约，总投资79.1亿元。

2月

1日　兴宁市锦绣大桥试行通车。大桥位于兴宁南部新城中心区，是跨越宁江河，贯通兴宁大道和兴南大道的关键桥梁。

6—7日　中国人民政治协商会议第十四届兴宁市委员会第六

次会议在市会展中心召开。

7—8日 兴宁市第十五届人民代表大会第七次会议在市会展中心召开。大会表决通过关于市人民政府工作报告、市国民经济和社会发展第十四个五年规划和二〇三五年远景目标纲要、市2020年国民经济和社会发展计划执行情况与2021年计划、市2020年预算执行情况和2021年预算、市人大常委会工作报告、市人民法院工作报告、市人民检察院工作报告7个决议，票决产生兴宁市人民政府2021年度民生实事项目。大会依法选举周展明为兴宁市人民法院院长，彭宙为兴宁市人民检察院检察长，黄佑鹏、温会权、童永忠、王超宙、刘凌、杨亚文为市十五届人大常委会委员。

3月

2日 广东省军区政委王守信到兴宁市调研征兵工作。

△梅州市委副书记、市长张爱军率队到兴宁市深入企业、农村和革命烈士故居等地调研。

5日 兴宁市党史学习教育动员大会在市会展中心召开。

16日 2021年兴宁市南药和粮食基地春播启动现场会在宁中镇文一村举行。

25日 兴宁市代表梅州与中国美术家协会在市会展中心举行“中国新兴版画运动九十周年全国版画作品展”签约仪式。

△广东省自然资源厅副厅长屈家树到兴宁调研土地综合整治、生态修复工作情况。

26日 兴宁市人大常委会党组书记、主任何建元率队到兴田街道、福兴街道、宁新街道人大代表中心联络站和城北社区、宁新社区等部分村（社区）代表联络站调研指导街道人大工作。

31日 中国共产党兴宁市第十三届纪律检查委员会第六次全体会议召开。

4月

1日 广东省禁毒办在兴宁市大坪镇举行全省2021年度禁种铲毒踏查行动启动仪式。

7日 兴宁市在高级技工学校举办首届“南粤家政”技能大赛，大赛以“铸南粤匠心，展家政风采”为主题。

13日 兴宁市“反诈宣传日”启动仪式在市公安局举行。4月开始，将每月的13日设定为兴宁市“反诈宣传日”。

15—16日 兴宁市科级领导干部党史学习教育专题研讨班在市会展中心举办。

15—24日 第129届广交会在网上举办，兴宁组织14家外贸企业参展。

16日 国家重大革命历史题材影片《生死坚守》全国首映礼活动在梅城亮胜客家艺术中心举行。《生死坚守》主要讲述兴宁市革命英烈罗屏汉、张瑾瑜夫妇革命事迹。

17日 广东省老促会会长陈开枝率队到兴宁市就老区苏区振兴发展进行实地调研。

23日 国家重大革命历史题材影片《生死坚守》在全国各大影院上映。

29日 广东省举行天然气管网“县县通工程”首批项目韶关段、梅州段、清远段集中开工仪式，梅州—五华—兴宁项目开工仪式在兴宁水口镇梅州分会场举行。“县县通工程”是“十四五”期间国家管网集团在广东省投资的重大民心工程，项目投产后天然气主干管网将通达兴宁、平远、蕉岭、大埔、五华等地，实现天然气“县县通”。

△兴宁市乡镇领导班子换届工作会议召开，对乡镇领导班子换届工作进行动员部署。

5月

1日 兴宁市径南镇在东升村文化广场举办2021“茶果飘香 醉美径南”——径南镇第六届高山李文化旅游节、径南镇第五届茶文化旅游节、径南镇第一届乡村振兴成果展、径南镇乡村一日游精品路线启动仪式。

2日 兴宁市新圩镇教育发展基金会成立。

7日 梅州市农村工作会议暨实施乡村振兴战略现场推进会召开，梅州市委副书记、市长张爱军率领考察组到兴宁市石马镇“六村联动”乡村振兴示范基地以及万里碧道宁新、刁坊段参观考察。

12日 兴宁在市会展中心召开党史学习教育专题宣讲报告会，梅州市委宣讲团成员、中共梅州市委党校副校长、副教授李志春作专题辅导报告。

13日 兴宁市在明星公园举办"反诈宣传日""'5·17'电信日"暨兴田街道反诈主题公园揭幕仪式。兴田街道反诈主题公园是梅州首个反诈主题公园。

17日 梅州市委书记陈敏率队到兴宁市水口镇光夏村和小丰村调研、督导党史学习教育开展情况。

24日 兴宁竹板歌入选第五批国家级非物质文化遗产代表性项目名录。

26日 广东省国资委党委书记、主任李成率调研组和9家省属重点企业负责人到兴宁就深化地企合作、推动产业振兴和重大项目建设等事宜开展调研。

27日 兴宁第一个镇级消防所在水口镇设立。

28日 梅州市首个市级退役军人创业孵化基地签约暨揭牌仪式在兴宁市龙田镇举行。

6月

3日 梅州嘉应学院党委书记吴琦，党委副书记、校长杨洲率领嘉应学院调研组到兴宁市调研互联网产业园建设、工业园规划建设和企业发展运营等情况。

4日 兴宁市乡村振兴局挂牌成立。

13日 梅州市委副书记、市长张爱军率队到兴宁市罗浮蕉坑省际联合检查点，罗浮勤光村、渡田河、铁山嶂废弃矿区生态综合治理修复项目点进行调研。

17日 兴宁市召开创建"广东省全域旅游示范区"动员大会，全面启动"广东省全域旅游示范区"创建工作。

18日 中国民主建国会兴宁市第八次代表大会在市会展中心召开。会议听取和审议《民建工作报告》，民主选举产生民建兴宁市第八届委员会领导机构，黄任辉当选新一届主委。

19日 民革兴宁市第八次代表大会在市会展中心召开。会议听取和审议《民革兴宁市第七届委员会工作报告》，选举产生民革兴宁市第八届委员会领导机构，廖强栋当选新一届主委。

20日 民盟兴宁市委第九届全体成员大会在市会展中心召开。会议听取和审议《民盟兴宁市第八届委员会工作报告》，选举产生民盟兴宁市委第九届委员会新一届领导班子，张颂华当选主委。

23日 兴宁市老促会在市会展中心举行纪念中国共产党成立100周年座谈会，回顾中国共产党取得的巨大成就，缅怀革命先烈的丰功伟绩。会议通报市老促会2020年的工作情况，举行《兴宁市革命老区发展史》书籍赠送仪式。

25日 中共兴宁地方组织百年回顾图片展在兴城明珠文化广场举行开幕式，图片展以"追寻红色足迹·书写时代华章"为主题，全面展示中国共产党兴宁地方组织带领百万兴宁人民艰苦奋斗带来的巨大变化。

28日 兴宁市党史教育馆在水口镇光夏村揭牌。

7月

1日 兴宁市各界干部群众通过各种渠道收看收听庆祝中国共产党成立100周年大会直播。

△兴宁市委党校、开放大学建成投入使用。

5日 兴宁市在市会展中心召开学习贯彻习近平总书记在庆祝中国共产党成立100周年大会上重要讲话精神干部动员大会。

8日 兴宁市在市会展中心召开天河区·兴宁市乡村振兴驻镇帮镇扶村工作对接会。

12日 兴宁市合水革命烈士陵园入选第二批"梅州市中共党史教育基地"名单。

16日 梅州市委副书记、市长张爱军率队到兴宁合水镇和两海会馆调研推动油茶和茶叶产业高质量发展以及做好梅州市红色资源保护开发利用等工作。

19日 兴宁市作家协会成立暨第一次会员大会胜利召开，大会选举陈东霞为作协第一届理事会会长。

22日 梅州市第十四届中学生运动会在兴宁市齐昌中学体育馆开幕。运动会持续至8月1日，有来自梅州市八个县（市、区）的代表团共1315人参加，比赛项目设田径、足球、篮球、乒乓球、羽毛球、健美操6个大项74个小项。

29日 兴宁市在明珠文化广场艺术中心举办庆祝中国共产党成立100周年美术书法摄影作品

联展。

30日　梅州市委书记、梅州市人大常委会主任陈敏以人大代表身份到兴宁福兴街道新联村开展“更好发挥人大代表作用”主题活动。

△兴宁市在兴宁·天河创新产业园举行45个重点项目集中签约动工竣工活动，项目涵盖装备制造、电子信息、纺织服装、新能源、新材料、基础设施等领域，总投资112.51亿元。

8月

2日　兴宁姑娘陈清晨和队友贾一凡组成的国羽女双组合在东京奥运会羽毛球女子双打决赛获得银牌。

5日　兴宁市人大常委会办公室会同市委组织部、市委宣传部在市会展中心召开兴宁市市、镇两级人大换届选举工作会议，对人大换届选举工作进行动员部署。

13日　兴宁市润丰农业专业合作社被认定为省级“全程机械化+综合农事”服务联合体。

18日　兴宁市人民法院熙和湾旅游巡回法庭在熙和湾旅游景区挂牌成立。

△兴宁市“行政争议诉前调解中心”在兴宁法院挂牌成立。这是兴宁推进多元化矛盾纠纷化解机制的一次全新尝试。

20日　兴宁市在市会展中心组织开展新冠肺炎本地疫情应急处置综合演练，通过市镇（街道）联合、全流程全要素专业演练，进一步提升全市有效应对新冠肺炎疫情的应急处置能力。

23日　2021南国书香节暨第三届兴宁书展在新华书店启动。

24日　兴宁市宝宁农牧科技有限公司入选2021年广东省现代化美丽牧场名单。

30日　梅州市委副书记、市长马正勇率队到兴宁市神光山国家森林公园违建别墅整治点、合水镇铁山嶂废弃矿区生态修复治理点督导检查生态环境治理修复工作。

31日　兴宁市干部大会在市会展中心召开。会议宣布省委、梅州市委人事任免决定，梅州市委常委余其豹不再兼任兴宁市委书记，宋才华任兴宁市委书记。

△广东财经大学原党委书记黄晓波、广东财经大学党委副书记罗贤甲带队到石马镇开展乡村振兴驻镇帮镇扶村工作调研。

△兴宁市工商业联合会第十四次代表大会暨兴宁市总商会成立大会在会展中心召开。大会选举产生市工商联第十四届执行委员会和市总商会第一届执委和理事。

△兴宁市合水镇霞洞村、石马镇新群村、石马镇向前村、龙田镇高陂村、径南镇新洲村、新圩镇船添村、罗岗镇高陂村、大坪镇黄坑村、永和镇新寨村9个行政村入选2020年广东省森林乡村。

9月

2日　兴宁市委书记宋才华、市长洪国华率队到黄陂镇调研督导中央环保督察交办的信访案件整改落实、疫情防控和基层党建工作。

3日　兴宁市委书记宋才华率队到兴宁工业园区调研工业园区建设和企业发展工作。

4日　叶塘镇召开梅州市叶塘镇教育发展基金会成立暨表彰大会。

8日　中国共产党兴宁市第十三届委员会第十五次全体会议在市会展中心召开。

△兴宁市打造智慧司法“云”时代案例入选由中央网信办、农业农村部等部门编制的《数字乡村建设指南1.0》。

9日　兴宁市在市会展中心举行2021年教师节庆祝大会暨“范剑冰奖”颁发活动。

10日　刁坊镇召开教育发展基金会成立暨第37个教师节表彰大会。

11日　兴宁市大坪镇被认定为第三批省级“一镇一业”专业镇，合水镇下官村等17个村被认定为第二批省级“一村一品”专业村。

14日　大坪布骆包子豆腐制作技艺传习所揭牌成立，打造集布骆包子豆腐生产加工、美食体验和非遗文化展示、宣传、推广于一体的传习基地，推动非遗文化保护利用与乡村振兴发展有效衔接。

17日　广东省政协常委、民盟广东省委副主委汪华侨率队到兴宁市开展乡村振兴专项调研。

23日　兴宁市选民在市、镇两级人大代表换届选举日依法履行民主权利，在各自选区投票点投下选票。

26 日　兴宁市紫来酒店选手刘伟森代表广东队参加“2021 年全国行业职业技能竞赛——全国餐饮行业职业技能竞赛”，其制作的“珍珠红娘酒焗鸡”“香煎客家鱼饼”获金奖，这是兴宁乃至梅州客家菜首次在全国大赛获得金奖。

27 日　兴宁市政府向全市发布森林防火禁火令，从发布之日起至 2022 年 4 月 30 日，全市行政区域内的所有林区及距离林地边缘 30 米范围内禁止一切野外用火。

28 日　梅州市中小学生示范性综合实践基地在兴宁伟泓教育基地挂牌揭幕。

30 日　兴宁市 2021 年烈士纪念日活动在合水革命烈士陵园举行。

10月

8 日　广东丝苗米梅州市兴宁市绿粮品牌示范基地、广东丝苗米梅州市兴宁市金谷品牌示范基地、广东丝苗米梅州市兴宁市润丰品牌示范基地、广东丝苗米梅州市兴宁市泽源品牌示范基地 4 个基地入选“2021 年广东丝苗米品牌示范基地”。

11 日　梅州市委书记陈敏到兴宁市督查环保问题整改工作。

△中国共产党兴宁市第十三届纪律检查委员会第七次全体会议召开。

13 日　“中国新兴版画运动九十周年——全国版画作品展”复评工作会在广东省梅州兴宁市非物质文化遗产展示馆举办，共 258 件作品入选。

17 日　广东供销公共型农产品冷链物流基础设施骨干网建设兴宁、东源、台山项目落成仪式在兴宁市举行。位于兴宁的广东供销天兴冷链项目总投资 1.5 亿元，占地面积 3.35 公顷，总建筑面积 3.04 万平方米。

19 日　兴宁市学校大规模核酸检测暨新冠肺炎疫情防控应急处置演练在市第十小学开展。

19—21 日　广东省人大常委会副主任王衍诗率队到兴宁市调研县乡人大换届选举、巩固脱贫攻坚成果和推动乡村振兴，以及省人口与计划生育条例修改等工作。

20 日　兴宁市“双百工程”社会工作服务点挂牌仪式在坭陂镇汤二村举行。

25 日　兴宁市群众信访诉求综合服务中心揭牌。

26—28 日　中国共产党兴宁市第十四次代表大会召开，会议选举产生中共兴宁市委第十四届委员会委员、候补委员，中共兴宁市委第十四届纪律检查委员会委员和出席中国共产党梅州市第八次代表大会代表；审议通过《关于中国共产党兴宁市第十三届委员会工作报告的决议》和《关于中国共产党兴宁市第十三届纪律检查委员会工作报告的决议》。

28 日　中共兴宁市委第十四届委员会第一次全体会议召开。全会选举产生中共兴宁市委第十四届委员会常务委员会委员和书记、副书记。宋才华、洪国华、袁勇华、朱志勇、骆小锐、罗文波、刘东峰、潘启东、杨裕瑜、黄志勇当选为中共兴宁市委第十四届委员会常务委员会委员，宋才华当选为市委书记，洪国华、袁勇华当选为市委副书记。

△中共兴宁市第十四届纪律检查委员会第一次全体会议在市会展中心召开。大会选举罗文波、陈远辉、袁望中、曾小苑、曾世欣、刁勇辉、罗双祥 7 人为中共兴宁市第十四届纪律检查委员会常务委员会委员，罗文波当选为市纪委书记，陈远辉、袁望中当选为市纪委副书记。

△广东省卫健委二级巡视员李建中率队到兴宁市调研新建兴宁市人民医院医疗卫生重点项目建设情况。

30 日　广东省文化和旅游厅党组书记、厅长汪一洋到兴宁市调研文化和旅游工作。

11月

3 日　兴宁市举行“南粤家政”基层服务示范站揭牌仪式，是兴宁市首家“南粤家政”基层服务示范站。

10 日　广东省委外办主任陈秋彦率队到兴宁径南镇东升村、永和镇新寨村、熙和湾文化发展中心开展党性锤炼活动。

12 日　广东省医疗保障局党组书记、局长肖学，广东财经大学党委书记郑贤操，农行广东省分行党委委员、副行长贺春林等率领调研组到兴宁石马镇调研驻镇帮镇扶村工作。

15—17 日 中国人民政治协商会议第十五届兴宁市委员会第一次会议在市会展中心召开。陈日新当选为政协第十五届兴宁市委员会主席；罗苑铭、罗宇芳、练胜红、郑华、陈思忠、李朝晖 6 人当选为政协第十五届兴宁市委员会副主席；王令杰等 55 名委员当选为政协第十五届兴宁市委员会常务委员。

16—19 日 兴宁市第十六届人民代表大会第一次会议在市会展中心召开。邓强当选为兴宁市第十六届人大常委会主任；洪国华当选为兴宁市人民政府市长；罗文波当选为兴宁市监察委员会主任；周展明当选为兴宁市人民法院院长；彭宙当选为兴宁市人民检察院检察长。李福泉、何伟忠、廖红彬、温建文、刘瑞灵、石秀芳 6 人当选为兴宁市第十六届人大常委会副主任；刘东峰、潘启东、罗丽平、黄伟军、陈君溢、谢明扬、吴思波 7 人当选为兴宁市人民政府副市长；王建平等 32 人当选为兴宁市第十六届人大常委会委员。

19 日 兴宁市广东壹号创业孵化基地、兴宁市电商示范基地、梅州市金绿现代农业发展有限公司、广东晨露茶文化旅游产业园 4 个农村创业园区（基地）入选《全国农村创业创新园区（基地）目录（2021）》。

21 日 径南镇举行梅州市径南镇教育发展基金会成立大会。

22 日 兴宁市组织收看收听学习贯彻中共十九届六中全会精神中央宣讲团报告会暨广东省市厅级主要领导干部学习贯彻中共十九届六中全会精神专题研讨班电视电话会议。

12月

6 日 兴宁市举办学习贯彻中共十九届六中全会精神梅州市委宣讲团报告会暨兴宁市科级领导干部学习贯彻中共十九届六中全会精神专题研讨班。

8 日 广东省地方志办党组书记、主任陈华康率队到兴宁永和镇调研驻镇帮镇扶村工作。

10 日 兴宁市径南镇东升村月形山风情民宿上榜广东省乡村民宿示范点名单。

14 日 《兴宁市大坪镇志》终审座谈会在市政府举行。《兴宁市大坪镇志》通过终审验收。

△广东省退役军人事务厅厅长陈小山一行到兴宁开展乡村振兴、退役军人服务保障体系建设等工作。

15 日 广东省扶贫基金会副理事长翁永卫，碧桂园集团副总裁李静率队到兴宁径南镇新洲村考察乡村振兴工作。

16 日 广东省交通运输厅二级巡视员杨昌永率队到兴宁市调研农村物流服务品牌建设情况。

17 日 广东省药监局局长江效东率队到兴宁叶塘镇调研驻镇帮镇扶村工作。

23 日 广东省戒毒管理局党委书记、局长张友生率队到兴宁径南镇实地调研乡村振兴驻镇帮镇扶村工作。

27 日 由中国美术家协会、中共梅州市委宣传部主办，中国文联美术艺术中心、广东省美协、梅州市文联和兴宁市委、市政府承办的“中国新兴版画运动九十周年——全国版画作品展”在线上开幕。

28 日 兴宁市特色农产品“兴宁单丛茶”成功注册国家地理标志证明商标。

△兴宁市肉鸽产业园和“琴怀柚”广东柚冠诚种植基地分别入选 2021 年省级现代农业产业园建设名单和广东柚品牌示范基地名单。

29 日 广东省人大常委会副主任王衍诗率队到兴宁径南镇、宁新街道、工业园区等地调研乡村振兴、巩固和拓展脱贫攻坚成果等工作。

30 日 天河区委副书记、区长陈建荣率领党政代表团到兴宁市锦绣学校、兴宁·天河创新产业园、广东省新供销天兴冷链物流中心调研对口帮扶工作。

（兴宁市地方志办公室）

年度关注

党史学习教育

2021年，兴宁市成立党史学习教育领导小组，组建党史学习教育领导小组办公室，统筹协调推进全市党史学习教育。组织全市各级各部门征订《论中国共产党历史》《毛泽东、邓小平、江泽民、胡锦涛关于中国共产党历史论述摘编》《习近平新时代中国特色社会主义思想学习问答》《中国共产党简史》等学习资料，全年征订4.6万册。组织开展形式多样的学习研讨和宣传宣讲活动，全年全市各级共开展学习研讨929场，参加人数6000多人次；开展专题宣讲活动157场次，听众14741人次。

组织开展红色演出展览活动，举办兴宁市“永远跟党走·逐梦新时代”庆祝中国共产党成立100周年文艺晚会，组织庆祝中国共产党成立100周年主题美术书法摄影作品联展、红色经典——古元版画精品展、“追寻红色足迹·书写时代华章——中国共产党兴宁地方组织百年回顾图片展”等系列主题展览，深入推进庆祝中国共产党成立100周年优秀影片展映展播暨“看电影学党史”主题活动。把两海会馆、兴宁学宫、合水革命烈士纪念碑、罗屏汉故居、刘光夏革命烈士纪念馆（刘光夏故居）、兴宁市历史纪念馆6个场馆作为党史学习教育实践基地。2021年，全市红色革命场馆（遗址）接待人数300多批次、1万人次。

兴宁市1492个党支部全部召开专题组织生活会，均形成支部班子专题组织生活会检视材料，累计查摆出存在问题2527

▲2021年6月26日，兴宁市举办“永远跟党走·逐梦新时代”庆祝中国共产党成立100周年文艺晚会
（兴宁市文化馆提供）

条，各党支部在专题组织生活会后，制订整改计划，认真落实整改措施，并建立长效机制确保整改成效。

坚持把“我为群众办实事”作为党史学习教育“学”“做”结合的着力点，至12月底，兴宁市级11项重点民生实事项目全面完成，其中有4项进程超100%。市委、市政府领导牵头负责的49个“我为群众办实事”重点项目，市级102个“我为群众办实事”项目（含11项市重点民生实事），全市各镇街、市直各单位677个项目，均全面完成任务。

开设“学党史 悟思想 办实事 开新局”和“我为群众办实事”等专题专栏，集中展示党的百年历程和成就，报道各部门各单位党史学习教育开展情况。至年底，全市新闻媒体刊播党史学习教育新闻235篇，“兴宁发布”App发布党史教育新闻和学习内容196篇，发布本地学习党史新闻156条。

（中共兴宁市委宣传部）

中共兴宁地方组织百年回顾图片展

2021年6月25日至7月25日，中共兴宁地方组织百年回顾图片展在兴宁市文化馆总馆三楼展厅举办。

图片展以“追寻红色足迹·书写时代华章”为主题，以时间为脉络，从创建新政权、立足新起点、谋划新发展、追梦新时代和名人足迹5个方面，全面展示中国共产党兴宁地方组织带领百万兴宁人民艰苦奋斗带来的巨大变化，进一步凝聚全市人民继续前行的精神动力。

▲2021年6月25日，中共兴宁地方组织百年回顾图片展在兴宁市文化馆总馆三楼展厅举办　　（兴宁市文化馆提供）

（兴宁市地方志办公室）

推进乡村振兴发展

2021年，兴宁市坚持农业农村优先发展，挂牌成立市乡村振兴局，有序推进巩固拓展脱贫攻坚成果同乡村振兴有效衔接，20个驻镇帮镇扶村工作队全部进驻。推进复耕复种工作，完成撂荒土地复耕复种2600公顷、柚果扩种333.33公顷，全面完成346.2公顷历史承诺垦造水田任务，粮食生产稳中有进。率先在全省出台扶持肉鸽产业发展若干措施，兴宁肉鸽产业园建成投产并入选省级特色产业现代农业产业园，“兴宁单丛茶”获国家地理标志证明商标，农业科技园区入选省农业科技园区建设名单，兴宁香米、兴宁鸽入选省特色农产品优势区。推进乡村建设，“三清三拆三整治”任务全面完成，违法用地整治全部落实，建成石马镇乡村振兴连片示范区、径南镇乡村振兴连片示范项目；全部村庄达到干净整洁村标准，农村无害化卫生户厕建设普及率100%，行政村通自来水实现全覆盖。全面启动广东省全域旅游示范区创建，不断丰富“红色游”产品供给，全面升级生态“绿色游”，是年，兴宁市被推介为全国农村创业创新典型县。

（兴宁市地方志办公室）

广东供销天兴冷链项目落成并试运营

2021年10月17日，广东供销公共型农产品冷链物流基础设施骨干网建设兴宁、东源、台山项目落成仪式在兴宁市举行。

位于兴宁的广东供销天兴冷链项目于11月开始试运营，是粤东地区规模最大的冷链物流中心。该项目由广东新供销天业冷链集团与梅州市供销社、兴宁市供销社共同投资建设，是集农产品加工、预冷、冷藏、物流配送和销售于一体的区域智慧冷链平台，也是全省供销公共型农产品冷链物流基础设施骨干网工程的重点项目之一。

该项目位于广州天河（兴宁）产业转移工业园，总投资1.5亿元，占地面积3.33万平方米，总建筑面积2.5万平方米。分期建设1座低温冷库、2座仓库及1座综合服务办公楼，总库容约2万吨，在镇、村布局4个具有快速移动、预冷保鲜功能的田头仓储冷链物流基地；通过销地网提供中转、存储、快速配送处理等仓配一体化服务，与商超、生鲜电商农产品销售平台分工协作，业务互补，保障重要农产品有效供给，助力现代农业高质量发展。

（兴宁市地方志办公室）

兴宁竹板歌入选第五批国家级非遗项目名录

2021年5月，国务院公布第五批国家级非物质文化遗产代表性项目名录，曲艺“竹板歌”入选，实现兴宁市国家级非遗项目“零的突破”。9月，文化和旅游部办公厅公布第五批国家级非物质文化遗产代表性项目保护单位名单，兴宁市文化馆为国家级非遗项目“竹板歌”保护单位。

竹板歌，又称“五句板”，至今已有200多年的历史，清嘉庆年间由赣南于都的“古戏文”竹板歌嬗变而来。兴宁竹板歌是用客家方言说唱、以竹板为主要伴奏乐器的一种民间传统说唱艺术，是中国南方曲艺的经典代表。“四块竹板走天下，一张嘴巴唱古今”。兴宁竹板歌内容丰富，语言风趣，教化力强，人民喜闻乐见，受益人群广泛。

（兴宁市文化广电旅游体育局）

兴宁单丛茶获国家地理标志证明商标

2021年12月6日，国家知识产权局官网发布“兴宁单丛茶”国家地理标志证明商标核准注册公告，这是兴宁获得的第二个国家地理标志证明商标。

兴宁有悠久的种茶历史，据《兴宁县志》记载，明朝开始种茶，至今已有400年历史。兴宁自然条件优越，大部分山地属红壤偏酸性，富含硒、铁等微量元素，非常适宜茶树生长，茶业基础好。“兴宁单丛茶”，又称白叶单丛茶，滋味浓醇，鲜爽回甘，汤色清澈金黄，具有“山韵花蜜香气”，先后获得“广东省单丛名茶冠军”“农业部优质产品”等称号。

2021年，兴宁全市有茶园总面积2533.33公顷，年产成品茶4000多吨，“兴宁单丛茶”龙头企业近10家，茶叶专业合作社50多家，是广东省茶叶的主要产区之一。兴宁市茶叶品种丰富，主要以单丛、梅占、黄金桂、奇兰等为主，其中80%为名优品种。

（兴宁市地方志办公室）

兴宁市文化馆被评为国家一级馆

2021年12月，文化和旅游部公布第五次全国文化馆评估定级上等级文化馆名单，兴宁市文化馆被评为国家一级馆。

兴宁市文化馆成立于1950年，是为市民提供公共文化服务的公益性一类事业单位。主要工作职能是组织开展全市群众文化活动、群众文艺创作和交流、全民艺术普及、非物质文化遗产保护传承等工作；设有非物质文化遗产保护中心，国家级非遗竹板歌传习中心，省级非遗杯花舞传承基地，非遗传习所和艺术培训中心；有非遗展示馆、展览厅、音乐舞蹈培训厅、美术书法创作厅、版画制作室等9个现代化群文活动空间。

（兴宁市文化广电旅游体育局）

兴宁举办中国新兴版画运动九十周年——全国版画作品展

2021年12月28日，全国版画作品展在线上开展，是兴宁市首次举办规模大、规格高的全国性版画作品展览。

作品展自2021年4月启动征稿，截至8月20日，共收到来自全国报送的作品2344件。

▲图为中国新兴版画运动九十周年——全国版画作品展入展作品《春去夏犹清》 作者：梁侃

经初评、复评最终评选出258件作品入展，其中具备申请加入中国美协会员资格作品60件，入选作品198件。兴宁入展作品27件，其中获入会资格作品7件。

（兴宁市地方志办公室）

梅州市第十四届中学生运动会在兴宁市举行

2021年7月21日至8月1日，由梅州市教育局、梅州市体育局主办，兴宁市教育局、兴宁市文化广电旅游体育局承办的梅州市第十四届中学生运动会在兴宁市举行。

7月22日晚，运动会开幕式在兴宁市齐昌中学体育馆举行，有来自梅州市8个县（市、区）的代表团共1315人参加。运动会主题是“跟党走、逐梦想、最青春”，比赛项目设田径、足球、篮球、乒乓球、羽毛球、健美操6个大项74个小项。

8月1日下午，在兴宁市齐昌小学体育馆举行闭幕式，运动会产生72枚金牌、71枚银牌和70枚铜牌，丰顺县获得团体总分一等奖，梅县区、梅江区、蕉岭县获得团体总分二等奖，兴宁市、五华县、大埔县、平远县获得团体总分三等奖。

（兴宁市地方志办公室）

政 治

■ 中国共产党兴宁市委员会

综述

【概况】 2021年，中共兴宁市委员会坚持以习近平新时代中国特色社会主义思想为指导，全面贯彻落实党的十九大和十九届历次全会精神，深入学习贯彻习近平总书记对广东重要讲话、重要指示批示精神，认真落实省委“1+1+9”工作部署和梅州市委工作要求，统筹推进疫情防控和经济社会发展，扎实做好“六稳”工作，全面落实“六保”任务，完成既定目标任务，经济运行呈现新气象，高质量发展取得新成效，社会事业实现新进步，和谐稳定局面得到新巩固，“十四五”实现良好开局。

【主要会议】 中国共产党兴宁市第十四次代表大会　2021年10月26日，中共兴宁市委召开中国共产党兴宁市第十四次代表大会。大会以习近平新时代中国特色社会主义思想为指导，贯彻落实习近平总书记“七一”重要讲话和对广东系列重要讲话重要指示批示精神，回顾总结兴宁市第十三次党代会以来的发展成就，展望兴宁的发展前景，选举产生中国共产党兴宁市第十四届委员会和纪律检查委员会，动员全市各级党组织和党员干部，走好生态优先、绿色发展的道路，全面开启兴宁现代化建设新征程。

市委全会　2021年9月8日，中共兴宁市委召开十三届十五次全会。全会以习近平新时代中国特色社会主义思想为指导，深入学习贯彻习近平总书记“七一”重要讲话和对广东系列重要讲话、重要指示批示特别是关于横琴、前海开发开放的重要论述精神，贯彻落实省委十二届十四次全会、梅州市委七届十一次全会和全省推动老区苏区全面振兴发展工作会议的部署要求，总结上半年工作，安排下半年任务。

2021年10月26日，中共兴宁市委召开十四届一次全会。全会以习近平新时代中国特色社会主义思想为指导，深入贯彻落实习近平总书记“七一”重要讲话和对广东系列重要讲话重要指示批示精神，选举产生中共兴宁市第十四届委员会常务委员会委员和书记、副书记，通过中共兴宁市第十四届纪律检查委员会第一次全体会议选举结果。

2022年1月19日，中共兴宁市委召开十四届二次全会。全会坚持以习近平新时代中国特色社会主义思想为指导，深入学习贯彻党的十九届六中全会和中央经济工作会议精神，贯彻落实省委十二届十五次全会、梅州市第八次党代会和梅州市委八届二次全会精神，总结2021年工作，部署2022年工作，动员全市上下坚持发展第一、项目为王、激发动力、实干为先，奋力推动兴宁苏区加快振兴、共同富裕。

市委常委会会议　2021年，中共兴宁市委员会召开55次市委常委会会议（详见表6）。

市委书记专题工作会议　2021年，中共兴宁市委员会召开3次市委书记专题工作会议。

（黄　均）

2021 年兴宁市委常委会会议一览表

表 6

时间	届次	主要议题
1 月 8 日	十三届〔2021〕第 1 次常委会会议	传达学习贯彻习近平总书记在中央全面深化改革委员会第十七次会议等会上的重要讲话精神，及省委常委会会议等精神。学习贯彻《中共中央、国务院关于实现巩固拓展脱贫攻坚成果同乡村振兴有效衔接的意见》精神。学习贯彻《国务院联防联控机制综合组关于做好 2021 年元旦和春节期间新冠肺炎疫情防控工作的通知》精神；听取兴宁市近期疫情防控工作情况汇报，研究部署下一步工作。学习贯彻中共梅州市委、梅州市人民政府印发的《关于强化土地管理严格责任追究的意见》精神；听取兴宁市开展农村乱占耕地建房问题摸排工作情况汇报，研究部署下一步工作。研究春节前有关工作安排，审议召开市委十三届十二次全会、市人大十五届七次会议、市政协十四届六次会议有关事项。套开市安全生产委员会会议。听取市人大常委会、市政府、市政协党组年度工作情况报告。审议市委编办提交的议题：①审议党政机构改革部分单位“三定”规定或机构编制调整文件（修改稿）；②审议市交通运输局“三定”规定（送审稿）；③审议关于设置市委保密委员会专职副主任职数事项。研究干部人事任免事项
1 月 15 日	十三届〔2021〕第 2 次常委会会议	传达学习贯彻习近平总书记在省部级主要领导干部学习贯彻党的十九届五中全会精神专题研讨班开班式上的重要讲话，对政法工作的重要指示精神，以及省委常委会会议等精神。听取兴宁市常态化疫情防控工作情况汇报，研究部署下一步工作。传达学习中共中央印发的《法治社会建设实施纲要（2020—2025）》精神；听取兴宁市 2020 年法治政府建设年度报告。审议市政府常务会议提交的议题：①审议实施 2020 年兴宁市城镇老旧小区改造范围周边市政设施升级改造一期工程（标段二）相关事项；②审议实施兴宁市教师发展中心建设项目相关事项。研究干部人事任免事项
1 月 22 日	十三届〔2021〕第 3 次常委会会议	传达学习贯彻习近平总书记在中央农村工作会议上的重要讲话精神，及省委常委会会议等精神。学习贯彻《中共中央、国务院关于全面推进乡村振兴加快农业农村现代化的意见》《中共中央办公厅关于认真做好市县乡领导班子换届工作的通知》精神。审议《兴宁市农村集体经济组织选举暂行办法》稿、《兴宁市农村集体经济组织换届选举工作实施方案》稿。传达贯彻省委十二届十三次全会精神，梅州市委七届十次全会精神。套开 2021 年市统战工作领导小组第一次会议。传达梅州市精神文明建设表彰大会暨全国文明城市创建、国家卫生城市复审动员大会精神，通报兴宁市创文测评结果，研究部署兴宁市创文、创卫相关工作。审议市委十三届十二次全会、市人大十五届七次会议、市政协十四届六次会议有关文稿。听取加强党的基层组织建设三年行动计划完成情况报告。听取市法院、市检察院、市总工会、团市委、市妇联党组织 2020 年度工作情况报告。研究部署 2020 年度兴宁市民主生活会有关事项。研究干部人事工作
1 月 25 日	十三届〔2021〕第 4 次常委会会议	研究确定考察对象事项
1 月 27 日	十三届〔2021〕第 5 次常委会会议	听取市委十三届十二次全会关于分组会议讨论情况及对相关文件稿修改建议的汇总意见，审定拟提请全会表决的《中共兴宁市委关于制定国民经济和社会发展第十四个五年规划和二〇三五年远景目标的建议（稿）》及全会《决议（草案）》
1 月 28 日	十三届〔2021〕第 6 次常委会会议	学习贯彻习近平总书记在十九届中央纪委五次全会上的重要讲话精神和全会精神，及省委常委会会议等精神。深入学习贯彻习近平新时代中国特色社会主义思想（套开市领导班子民主生活会前专题学习研讨会）。传达贯彻省人大政协“两会”精神。传达贯彻李希在省委书记专题会议听取巡视综合情况汇报时的讲话精神，研究部署兴宁市整改落实工作。审议《兴宁市机关事业单位绩效考核方案（修订稿）》《2020 年度绩效考核奖金分配方案》等文件。审议《兴宁市 2019—2020 年全省脱贫攻坚突出贡献集体和个人拟推荐名单》稿。听取市纪委监委 2020 年工作情况和市纪委十三届六次全会准备工作情况汇报，研究部署 2021 年党风廉政建设和反腐败工作。听取 2020 年市委巡察工作情况报告

续表 6

时间	届次	主要议题
1月29日	十三届〔2021〕第7次常委会会议	传达学习贯彻习近平总书记关于巡视工作的重要论述精神。通报省委第十三巡视组巡视兴宁市反馈情况。审议兴宁市巡视反馈情况整改落实工作相关文件稿。研究部署兴宁市巡视反馈情况整改落实工作
2月5日	十三届〔2021〕第8次常委会会议	传达学习贯彻习近平总书记在中央政治局会议上的重要讲话精神，以及省委常委会会议等精神。传达贯彻李希在全省民族团结进步表彰大会上的讲话精神，省委、梅州市委政法工作会议精神，梅州市宣传部长会议精神。学习贯彻《广东省宗教活动场所2021年春节期间新冠肺炎防控工作方案》精神。传达《梅州市纪委监委关于镇（街）虚构、虚大工程项目套取公款问题的调研报告》精神。听取兴宁市近期疫情防控工作情况汇报，研究部署下一步工作。有关镇党委书记就森林防灭火工作作表态发言。传达梅州市委常委会会议决定事项通知精神；听取2020年市委党内法规制度建设情况和市委党校工作情况报告。审议市政府常务会议提交的议题：①审议有关文稿；②研究兴宁市叶塘安置区首期商铺资产处置事项。研究干部人事任免工作
2月8日	十三届〔2021〕第9次常委会会议	研究水口镇发生山火有关处理事项
2月18日	十三届〔2021〕第10次常委会会议	传达学习贯彻习近平总书记在中共中央、国务院春节团拜会上的重要讲话精神，及省委常委会会议等精神。听取兴宁市春节期间综合情况汇报。传达贯彻2月16日梅州市森林防灭火紧急电视电话会议精神，通报兴宁市近期森林防灭火情况，部署下一步工作。听取兴宁市常态化疫情防控工作情况汇报，研究部署下一步工作
3月3日	十三届〔2021〕第11次常委会会议	学习贯彻习近平总书记在党史学习教育动员大会上的重要讲话精神，及全省党史学习教育动员大会、省委常委会会议等精神。学习贯彻中央关于在全党开展党史学习教育的通知，省、梅州市关于开展党史学习教育的实施方案精神；审议兴宁市学习教育方案稿。学习贯彻《国务院关于新时代支持革命老区振兴发展的意见》精神（套开市委理论学习中心组专题学习会）。学习贯彻陈希在全国组织部长会议上的讲话精神，全省、梅州市组织部长会议暨老干部局长会议精神。传达贯彻全省、梅州市全国两会期间维稳安保工作会议精神；听取兴宁市维稳工作情况汇报，研究部署下一步工作。听取兴宁市发展壮大农村集体经济工作情况汇报，研究部署下一步工作。传达学习省委办公厅《关于“一刀切”、层层加码现象走访调研的情况报告》、梅州市委常委会会议决定事项通知精神
3月12日	十三届〔2021〕第12次常委会会议	学习贯彻习近平总书记在中央党校（国家行政学院）中青年干部培训班开班式上的重要讲话精神，及省巡视指导督导工作专题培训会议等有关精神。传达贯彻全国、全省、梅州市统战部长会议精神。学习贯彻《中国共产党统一战线工作条例》精神。套开市委政法队伍教育整顿工作领导小组会议。传达贯彻梅州市委副书记王庆利到兴宁调研创文工作讲话精神，听取兴宁市创文工作情况汇报，研究部署下一步相关工作。套开市委巡视反馈意见整改工作领导小组会议。研究干部人事工作
3月18日	十三届〔2021〕第13次常委会会议	学习贯彻习近平总书记在全国两会上参加部分代表团讨论时的重要讲话精神，及省委有关会议精神。传达贯彻全国“两会”及省贯彻大会精神。学习贯彻《中共广东省委办公厅关于印发〈广东省加强党的基层组织建设三年行动计划（2021—2023年）〉的通知》精神。听取村（社区）“两委”换届工作情况汇报（套开市村（社区）“两委”换届工作领导小组会议）。审议《兴宁市生态宜居美丽乡村建设三年行动方案》稿。套开市委巡视反馈意见整改工作领导小组会议。研究市招商和企业服务中心和市二轻集体企业联社成立党组事项。研究干部人事工作。听取关于十三届兴宁市委第九轮巡察情况的汇报

续表 6

时间	届次	主要议题
3月25日	十三届〔2021〕第14次常委会会议	研究干部纪律处分事项
3月30日	十三届〔2021〕第15次常委会会议	学习贯彻习近平总书记在中央财经委员会第九次会议上的重要讲话精神，及省委有关会议精神。传达贯彻十二届省纪委六次全会和梅州市纪委七届七次全会精神；听取兴宁市纪委十三届六次全会筹备工作情况汇报。传达贯彻省委、梅州市委党史学习教育领导小组会议精神，听取兴宁市党史学习教育工作情况汇报，研究部署下一步工作（套开市委党史学习教育领导小组会议）。传达贯彻全省新冠肺炎疫情防控指挥部办公室电视电话会议精神，研究部署全市下一步工作。听取兴宁市近期森林防灭火工作情况汇报，研究部署清明期间森林防火工作。套开市政法队伍教育整顿工作领导小组会议。审议《关于调整兴宁市创建省县级文明城市工作领导小组成员和成立12个创建工作部的方案》稿。传达梅州市人才工作领导小组会议、党政领导干部任职回避有关文件规定精神。研究干部纪律处分事项。研究市委组织部提交的议题：①审议个别市委委员辞去第十三届市委委员职务事项；②研究2020年度镇（街道）党（工）委书记及部分市直单位党（工）委书记抓基层党建述职评议考核等次事项；③审议兴宁市2020年度党费收缴使用情况及2021年度党费使用计划
4月8日	十三届〔2021〕第16次常委会会议	学习贯彻习近平总书记在中央政治局会议上的重要讲话精神，及省委有关会议精神。传达贯彻全省加强基层党组织建设工作会议、全省市县乡领导班子换届工作电视电话会议精神。传达贯彻中央、省委关于进一步解决形式主义问题做好2021年为基层减负工作的有关文件精神。听取兴宁市卫片违法用地整改和水田垦造耕种工作情况汇报，研究部署下一步工作。传达全国政法队伍教育整顿推进会精神，审议《兴宁市政法系统顽瘴痼疾专项整治方案》稿（套开市政法队伍教育整顿工作领导小组会议）。传达中共广东省委办公厅《关于2020年我省贯彻执行中央八项规定精神情况的报告》《关于持续解决形式主义问题深化拓展基层减负工作情况的报告》精神，和梅州市委常委会会议决定事项通知精神。套开市委巡视反馈意见整改工作领导小组会议。研究设置中共兴宁市委政策研究室事项。研究干部人事工作
4月14日	十三届〔2021〕第17次常委会会议	研究干部人事工作
4月20日	十三届〔2021〕第18次常委会会议	传达贯彻习近平总书记对深化东西部协作和定点帮扶等工作的重要指示精神；及省委常委会会议等精神。学习贯彻广东省委办公厅《关于认真做好市县乡领导班子换届工作的通知》精神。审议《兴宁市委常委会2021年度基层党建重点项目研判安排》稿。学习贯彻《中共梅州市委常委会2021年工作要点》精神，审议《中共兴宁市委常委会2021年工作要点》稿。听取兴宁市环保督察整改、污染防治攻坚战及省委巡视反馈意见整改相关工作情况汇报，研究部署下一步工作。传达学习《中共广东省委办公厅关于印发〈广东省乡镇党政领导干部选拔任用实施办法（试行）〉的通知》精神，听取2020年度发展党员工作及2021年度发展党员计划情况汇报。审议市政府常务会提交的议题：①研究实施2020年度梅州市兴宁市龙田镇丽溪村和鸡公桥村等3个垦造水田项目事宜；②审议《兴宁市正常离任村干部生活补助提标发放管理办法》稿。套开市委落实省委巡视反馈意见整改工作领导小组会议。审议《兴宁市关于进一步加强退出领导岗位干部管理的暂行办法》稿。研究干部人事工作

续表 6

时间	届次	主要议题
4 月 30 日	十三届〔2021〕第 19 次常委会会议	传达贯彻习近平总书记在清华大学考察时的重要讲话精神，以及省委有关会议精神。传达贯彻省委农村工作会议暨全省实施乡村振兴战略工作推进会精神。听取兴宁市第一季度经济工作情况汇报，分析研究当前经济形势，部署下一步工作。听取兴宁市政府存量隐性债务“清零”工作情况汇报，研究部署下一步工作。听取兴宁市安全生产工作情况汇报，研究部署下一步工作。听取兴宁市疫情防控工作情况汇报，研究部署下一步工作。传达习近平关于总体国家安全观重要论述、《中共广东省委 广东省人民政府关于全面推进乡村振兴加快农业农村现代化的实施意见》《中共广东省委 广东省人民政府关于实现巩固拓展脱贫攻坚成果同乡村振兴有效衔接的实施意见》精神，和梅州市加强基层党组织建设工作会议精神。审议市政府常务会议提交的议题：①研究解决兴宁市机关事业单位合同制职工（含聘用制干部）欠缴企业职工养老保险费单位缴费资金事宜；②审议兴宁市 2021 年第二批次国有建设用地使用权供应方案中有关国有建设用地使用权供应方案；③审议兴宁市 2021 年第三批次国有建设用地使用权供应方案中有关国有建设用地使用权供应方案；④研究实施兴宁市锦绣大桥下穿西堤公路工程事宜。审议《关于成立兴宁市委换届工作领导小组的方案》稿。审议《中共兴宁市委关于乡镇领导班子换届工作的实施方案》稿。研究兴宁市广东省、梅州市“两优一先”初步推荐对象名单。传达梅州市县镇领导班子换届工作会议精神
5 月 13 日	十三届〔2021〕第 20 次常委会会议	传达贯彻习近平总书记在广西考察时的重要讲话精神，以及省有关会议等精神。传达贯彻《中共中央办公厅、国务院办公厅关于坚决遏制“两高”项目盲目发展的通知》《中共中央办公厅关于印发〈党委（党组）网络意识形态工作责任制实施细则〉的通知》精神。审议《兴宁市数字乡村发展试点实施方案》稿（套开市委网信委会议）。审议《中共兴宁市委党的建设工作领导小组 2021 年工作要点》《兴宁市贯彻落实〈广东省加强党的基层组织建设三年行动计划（2021—2023）年〉工作方案》《关于巩固深化“不忘初心、牢记使命”主题教育成果的具体措施》稿（套开市委党的建设工作领导小组会议）。审议兴宁市 2021 年 4 月地方政府新增债券转贷资金安排事项（市政府常务会议提交议题）。传达梅州市委常委会会议决定事项通知精神。通报省驻点指导组到兴宁调研检查工作情况；听取兴宁市委政法队伍教育整顿查纠整改环节工作情况汇报，研究部署下一步工作（套开市政法队伍教育整顿工作领导小组会议）。审议《中共兴宁市委进一步落实全面从严治党主体责任清单》稿
5 月 14 日	十三届〔2021〕第 21 次常委会会议	研究确定考察对象事项
5 月 22 日	十三届〔2021〕第 22 次常委会会议	传达学习贯彻习近平总书记重要指示精神及省委、梅州市委有关会议精神。听取兴宁市常态化疫情防控工作情况汇报，研究部署下一步工作。市委书记小结讲话
5 月 27 日	十三届〔2021〕第 23 次常委会会议	传达贯彻习近平总书记在河南考察时的重要讲话精神。套开市党史学习教育领导小组会议。传达贯彻全省、梅州市信访工作联席会议精神，听取兴宁市信访工作情况汇报，研究部署下一步工作。听取兴宁市疫情防控工作情况汇报，研究部署下一步工作。传达贯彻梅州市未达标国家综合档案馆建设专题督办会精神，听取兴宁市档案馆建设情况汇报，研究部署下一步工作。听取兴宁市反电信诈骗工作情况汇报，研究部署下一步工作。听取兴宁市高考备考工作情况汇报，研究部署高考备考工作。套开市政法队伍教育整顿工作领导小组会议。审议市政府常务会议提交的议题：①审议兴宁市产业转移工业园投资开发有限公司有关事宜；②审议实施兴宁市坜陂中学迁建项目相关事宜。审议《各民主党派兴宁市委会领导班子换届人事安排方案》《兴宁市庆祝中国共产党成立 100 周年活动方案》稿。研究讨论有关机构编制事项。审议《兴宁市“两优一先”评选表彰方案》稿。研究 2020 年全市科级干部年度考核事项。传达学习全国巡视工作会议暨十九届中央第七轮巡视动员部署会精神

续表 6

时间	届次	主要议题
5月31日	十三届〔2021〕第24次常委会会议	研究市乡村振兴局挂牌事项
6月10日	十三届〔2021〕第25次常委会会议	传达贯彻习近平总书记在两院院士大会上的重要讲话精神，以及省有关会议等精神。学习贯彻《中共广东省委转发〈中共广东省人大常委会党组关于做好县乡两级人民代表大会换届选举工作的意见〉的通知》精神。传达贯彻上级有关疫情防控工作会议，及省领导有关批示精神；听取兴宁市疫情防控工作情况汇报，研究部署下一步相关工作。听取兴宁市林长制工作情况汇报，研究部署下一步相关工作。听取兴宁市防电信诈骗、禁毒工作情况汇报，研究部署下一步相关工作。听取化解隐性债务工作情况汇报，研究部署下一步工作。研究市委组织部提交的议题：①传达学习省委组织部《关于认真做好市县乡党委换届中代表和委员选举有关工作的通知》精神；②审议《兴宁市从“五方面人员”中选拔乡镇领导班子成员工作实施办法》《市委、市人大常委会、市政府、市政协、市纪委领导班子成员挂钩联系乡镇换届工作安排方案》稿；③研究干部人事工作
6月15日	十三届〔2021〕第26次常委会会议	学习贯彻习近平总书记关于安全生产的重要论述及重要指示精神。研究干部人事工作
6月25日	十三届〔2021〕第27次常委会会议	传达贯彻习近平总书记在青海考察时的重要讲话精神，以及省有关会议精神。传达贯彻全省乡村振兴驻镇帮镇扶村工作动员部署电视电话会议精神。传达贯彻上级有关疫情防控工作会议精神，听取兴宁市疫情防控工作情况汇报，研究部署下一步相关工作。听取上半年全市意识形态工作情况汇报，研究部署下一步工作。套开市文明委会议。审议市政府常务会议提交的议题：①审议实施水口镇等六镇圩镇人居环境提升项目事宜；②审议开展兴宁市合水水库水资源综合利用及保护PPP项目事宜；③听取签订“兴宁市叶塘镇、水口镇农村道路建设项目”《政府投资建设项目委托代建购买服务补充协议》的情况汇报。套开市委政法队伍教育整顿工作领导小组会议。研究市委组织部提交的议题：①学习贯彻中央、省关于严肃换届纪律、加强换届风气监督的有关文件精神；②审议《兴宁市“两优一先”拟表彰对象名单及市委表彰决定》稿；③审议17个镇召开镇党代会的请示；④审议《中共兴宁市委关于加强和改进城市基层党建工作三年行动计划实施方案（2021—2023）》《兴宁市开展“五方面人员”民主推荐、择优必选实施细则》稿
7月8日	十三届〔2021〕第28次常委会会议	传达贯彻习近平总书记在庆祝中国共产党成立100周年大会上的重要讲话精神，及省委常委会会议等精神。学习贯彻中央办公厅和省委、梅州市委关于认真学习贯彻习近平总书记在庆祝中国共产党成立100周年大会上的重要讲话精神的通知精神。通报兴宁市委主要负责人2020年度抓基层党建工作述职评议考核结果。传达贯彻《全国人民代表大会常务委员会关于修改〈中华人民共和国安全生产法〉的决定》精神；听取兴宁市第二季度安全生产工作情况汇报，研究部署下一步工作。传达贯彻省委领导在推进粮食生产视频会议上的讲话精神，听取兴宁市撂荒弃耕复耕复种工作情况汇报，研究部署下一步工作。套开市文明委会议。听取兴宁市创文创卫工作情况汇报，研究部署下一步工作。通报兴宁市“七一”期间安保维稳工作情况。审议市政府常务会议提交的议题：①研究实施兴宁市“刁坊、坭陂、新圩”三镇美丽乡村连片示范项目相关事宜；②研究海燕大桥至兴宁大道市政工程项目隐性债务化解相关事宜；③审议《兴宁市合水水库水资源综合利用及保护PPP项目实施方案》稿；④研究签订《兴宁市环境卫生管理所保洁服务BOT承包采购项目合同》补充协议相关事宜；⑤研究兴宁市2021年6月地方政府有关资金安排事宜；⑥研究购置兴宁市人民医院异地（整体）搬迁新建项目医疗设备事宜。研究市委统战部提交的议题：①传达贯彻省有关会议精神；②审议有关文件稿。审议《2021年市委常委会会议重要议题安排》稿。研究中国共产党兴宁市第十四次代表大会有关事项

续表 6

时间	届次	主要议题
7月20日	十三届〔2021〕第29次常委会会议	传达贯彻习近平总书记在中国共产党与世界政党领导人峰会上的重要讲话精神，及省委常委会会议等精神。学习贯彻《中共中央 国务院关于新时代加强和改进思想政治工作的意见》《中共中央关于加强对“一把手”和领导班子监督的意见》精神。听取兴宁市迎接国家环保督察准备工作情况汇报。听取兴宁市生态环境保护工作情况汇报，研究部署下一步工作。听取兴宁市重点项目建设工作情况汇报，研究部署下一步工作。听取梅州市第十四届中学生运动会筹备工作情况汇报。传达省、梅州市庆祝中国共产党成立100周年座谈会、梅州市统一战线庆祝中国共产党成立100周年座谈会等精神。传达贯彻中央督导组反馈意见整改工作推进会、梅州市委教育整顿领导小组办公室第八次主任会议精神，研究部署下一步工作（套开市政法队伍教育整顿工作领导小组会议）。研究干部人事工作
7月29日	十三届〔2021〕第30次常委会会议	学习贯彻习近平总书记在西藏考察时的重要讲话，对防汛救灾工作、深入推进农村厕所革命的重要指示精神，及省委常委会会议等有关精神。审议《关于成立中共兴宁市第十四次代表大会筹备工作领导小组方案》稿、《中共兴宁市第十四次代表大会代表选举工作方案》稿。研究干部人事工作
7月30日	十三届〔2021〕第31次常委会会议	进行换届考察动员部署
8月5日	十三届〔2021〕第32次常委会会议	深入学习贯彻习近平总书记在庆祝中国共产党成立100周年大会上的重要讲话精神（套开市委理论学习中心组专题学习会）。传达贯彻习近平总书记在中央政治局会议上的重要讲话精神，以及省有关会议精神。传达贯彻省委十二届十四次全会精神。传达贯彻《中央办公厅 国务院办公厅关于全国违建别墅问题清查整治专项行动工作情况的通报》精神。听取兴宁市驻镇帮镇扶村和巩固拓展脱贫攻坚成果同乡村振兴有效衔接工作情况汇报，研究部署下一步工作。传达贯彻省、梅州市关于2021年开展纪律教育学习月活动的有关文件精神。听取2021年上半年全市政法工作情况汇报；通报全市推进市域社会治理现代化工作情况。审议市政府常务会议提交的议题：①审议《兴宁市工业发展“十四五”规划》稿；②审议实施宁新东风村五号小区和九号小区城镇老旧小区改造及周边市政道路配套设施工程项目等五个老旧小区改造项目事宜；③审议实施福兴街道社区卫生服务中心（社区医院）整体搬迁建设项目事宜；④审议实施兴宁市全域自然村集中供水工程（农村供水保障工程）事宜；⑤审议《兴宁市全面推行林长制工作方案》稿。听取兴宁市2021年新增债券相关情况汇报。研究各镇党委换届党委委员和纪委委员候选人预备人选事项。研究干部纪律处分事项
8月11日	十三届〔2021〕第33次常委会会议	传达学习习近平总书记对档案工作的重要批示精神；及省委有关会议精神。传达贯彻中央办公厅《关于印发〈干部双重管理工作规定（试行）〉的通知》精神。传达贯彻《中央办公厅 国务院办公厅印发〈关于进一步减轻义务教育阶段学生作业负担和校外培训负担的意见〉的通知》精神。听取未成年人思想道德建设工作情况汇报。审议召开市委十三届十五次全会有关事宜。套开市生态环境保护委员会第一次会议
8月19日	十三届〔2021〕第34次常委会会议	学习贯彻习近平总书记在中央财经委员会第十次会议上的重要讲话精神，及省委有关会议等精神。传达贯彻梅州市委七届十一次全会精神。观看警示教育片《警钟长鸣》
8月23日	十三届〔2021〕第35次常委会会议	研究干部人事工作

续表 6

时间	届次	主要议题
8 月 27 日	十三届〔2021〕第 36 次常委会会议	学习贯彻习近平总书记致第五届中国—阿拉伯国家博览会贺信精神，及省委常委会会议精神。传达贯彻全省推动老区苏区全面振兴发展工作会议精神。传达贯彻全省机关党的建设工作暨深化模范机关创建工作推进会精神。审议市政府常务会议提交的议题：①审议实施兴宁市高级技工学校升级技师学院建设项目（一期项目）中区学生宿舍、高技能公共实训基地建设及配套工程事宜；②审议《兴宁市环境综合治理与修复项目 PPP 项目合同补充协议（文本）》；③审议《收回兴宁市叶塘圩镇兴宁市永业基础设施建设投资有限公司国有建设用地使用权方案》。审议市工商联换届有关事项。听取《关于十三届市委第十轮巡察情况的综合汇报》《关于十三届市委第二轮巡察“回头看”情况的综合报告》
8 月 27 日	十三届〔2021〕第 37 次常委会会议	研究确定考察对象事项
9 月 6 日	十三届〔2021〕第 38 次常委会会议	审议市委十三届十五次全会有关文稿。研究干部人事工作
9 月 8 日	十三届〔2021〕第 39 次常委会会议	审议《中国共产党兴宁市第十三届委员会第十五次全体会议决议（草案）》
9 月 16 日	十三届〔2021〕第 40 次常委会会议	学习贯彻习近平总书记在河北承德考察时的重要讲话精神，以及省委常委会会议等精神。传达贯彻省委、梅州市委党史学习教育有关会议精神，听取兴宁市相关情况汇报（套开市委党史学习教育领导小组会议）。传达贯彻省、梅州市领导干部党章党规党纪教育培训班精神。听取兴宁市疫情防控工作情况汇报，研究部署下一步相关工作。听取兴宁市创建省县级文明城市工作情况汇报，研究部署下一步相关工作。套开市生态环境保护委员会第二次会议。套开市委全面依法治市委员会第三次会议。听取兴宁市城市基层党建工作情况汇报。审议市政府常务会议提交的议题：①审议《兴宁市农村民居外立面改造提升奖补方案》稿；②审议实施兴宁市老城区供排水升级改造项目（第一期）事宜；③审议《2021 年市本级预算调整方案》稿；④审议全市 2021 年 8 月地方政府有关资金安排事宜。研究政协兴宁市十五届委员会委员名额事项。研究政协兴宁市十五届委员会港澳委员人选事项。审议《兴宁市推选梅州市第八次党代会代表工作方案》稿。研究干部人事工作
9 月 23 日	十三届〔2021〕第 41 次常委会会议	学习贯彻习近平总书记在中央党校（国家行政学院）中青年干部培训班开班式上的重要讲话精神，及省委常委会会议等精神。传达贯彻梅州市委组织部《关于全面推开农村发展党员违规违纪问题排查整顿工作的通知》精神。传达李希、李家祥、翟青在中央第四生态环境保护督察组督察广东省动员会上的讲话精神，及全省做好第一批政法队伍教育整顿“后半篇文章”工作推进会精神。套开市委审计委员会第四次全体会议。审议市委组织部提交的议题：①审议兴宁市出席中共梅州市第八次代表大会代表候选人初步人选名单；②审议 8 个选举单位出席中共兴宁市第十四次代表大会代表候选人预备人选名单；③研究确定市委委员、候补委员和市纪委委员候选人预备人选
9 月 30 日	十三届〔2021〕第 42 次常委会会议	学习贯彻习近平总书记在中央人才工作会议上的重要讲话精神，及省委常委会会议等精神。审议《关于政协兴宁市第十五届委员会人事安排的意见》稿。审议政协第八届梅州市委员会委员初步人选名单。研究兴宁市领导班子换届人事安排建议方案
10 月 13 日	十三届〔2021〕第 43 次常委会会议	学习贯彻习近平总书记在纪念辛亥革命 110 周年大会上的重要讲话精神，及省委常委会会议等精神。传达贯彻梅州市委换届工作领导小组会议精神。研究市人大、市政协换届有关事宜。研究市第十四次党代会有关工作。研究干部人事工作
10 月 18 日	十三届〔2021〕第 44 次常委会会议	学习贯彻习近平总书记在中央人大工作会议上的重要讲话精神，及省委常委会会议等精神。审议市政府常务会议提交的议题：①审议兴宁市城市投资发展有限公司受让有关股权事宜；②审议兴宁市城市投资发展有限公司和兴宁市兴东水务建设投资有限公司参与罗定市水资源综合利用及保护 PPP 项目（一期）投资相关事宜

续表 6

时间	届次	主要议题
10 月 22 日	十三届〔2021〕第 45 次常委会会议	学习贯彻习近平总书记在十九届中共中央政治局第三十四次集体学习上的重要讲话精神，以及省委党史学习教育工作推进会等会议精神。审议市人大、市政协换届会议有关文稿。审议市政府常务会议提交的议题：①审议启动收回兴宁市福兴街道神光山曾泗塘梅州融丰实业有限公司国有建设用地使用权事宜；②审议《兴宁市合水水库水资源综合利用及保护 PPP 项目国有土地使用权收回及划拨方案》稿；③审议变更兴宁合水水库加固扩建工程划拨国有建设用地使用权主体事宜；④审议实施兴宁市南部新城棚户区改造三期（宁新安置区 C 区）建设项目二期工程事宜。传达贯彻中共中央组织部《关于领导干部及时报告个人有关事项的通知》精神。研究整合设立兴宁市卫生健康发展中心事宜。研究调整市直机关工委领导职数设置事宜。研究讨论兴宁市公务员职位分类、职级设置及行政执法类公务员职级套转相关工作事项。研究拟提名为市十六届人大常委会组成人员候选人名单。研究政协第十五届兴宁市委员会委员建议人选名单、政协第十五届兴宁市委员会常务委员会委员建议人选名单
10 月 28 日	十四届〔2021〕第 1 次常委会会议	传达学习习近平总书记在深入推动黄河流域生态保护和高质量发展座谈会上的重要讲话精神，以及省委常委会会议、梅州市委常委会会议等精神。研究干部人事工作。研究新一届兴宁市委领导班子成员和相关领导分工
11 月 2 日	十四届〔2021〕第 2 次常委会会议	研究确定考察对象事项
11 月 5 日	十四届〔2021〕第 3 次常委会会议	传达学习习近平总书记在二十国集团领导人第十六次峰会上的重要讲话精神，以及省委常委会会议等精神。传达贯彻《中共广东省委组织部 中共广东省委农村工作领导小组办公室关于扎实开展抓党建促乡村振兴示范县创建工作的通知》精神。传达贯彻全省城市基层党建工作交流会精神。传达贯彻梅州市前三季度经济形势研判会暨重大工程建设项目总指挥部第二次会议精神，分析研究兴宁市当前经济形势，部署下一步相关工作。传达贯彻《梅州市委办公室 梅州市人民政府办公室关于进一步加强新形势下值班工作的通知》精神。听取深化乡镇街道体制改革完善基层治理体系工作情况汇报。召开市扫黑除恶专项斗争领导小组会议。研究设立兴宁市第十六届人民代表大会专门委员会及其组成人员建议人选事项
11 月 11 日	十四届〔2021〕第 4 次常委会会议	学习贯彻习近平总书记在第四届中国国际进口博览会开幕式上的重要讲话精神，以及省委常委会会议等精神。传达贯彻中共广东省委办公厅印发《关于常态化推进基层正风肃纪反腐的意见》的通知精神。套开市委党史学习教育领导小组会议。传达贯彻《中共梅州市委办公室印发〈关于梅州市当前意识形态领域情况的通报〉的通知》精神。传达贯彻上级疫情防控工作会议精神，听取兴宁市疫情防控工作情况汇报，研究部署下一步工作。召开市新冠肺炎防控领导小组（指挥部）会议。传达贯彻梅州市安全生产、消防、森林防灭火工作暨防范较大以上生产安全事故工作会议精神，听取兴宁市近期安全生产、消防、森林防灭火工作情况汇报，研究部署下一步工作。传达贯彻梅州市委常委刘晋生到兴宁调研精神；听取兴宁市 2021 年食品安全工作情况汇报。审议市政府常务会议提交的议题：①审议实施兴宁市产业转移工业园整体城镇化建设项目三期（标准厂房）工程事宜；②审议《兴宁市产业转移工业园标准厂房管理办法（修订稿）》事宜；③审议《兴宁市 60 周岁以上老人、中小学生、残疾人、现役军人、驻兴宁部队官兵家属等群体免费乘坐客运车辆实施方案（修订稿）》；④审议实施兴宁市城区垃圾清运及东区清扫保洁作业项目相关事宜；⑤审议提前回购“17 永业债”相关事宜；⑥审议宁新安置区一期工程 BT 项目融资利息和融资回报核算相关事宜；⑦审议实施广东省梅州市卫生职业技术学校建设项目（首期）第一期工程事宜；⑧审议《关于全面实施预算绩效管理的实施意见（送审稿）》
11 月 19 日	十四届〔2021〕第 5 次常委会会议	传达学习贯彻党的十九届六中全会精神及省、梅州市传达学习贯彻党的十九届六中全会精神干部大会精神。传达贯彻中央、省关于做好党的十九届六中全会精神学习宣传的通知精神。研究干部人事工作。研究市领导分工安排

续表 6

时间	届次	主要议题
11 月 26 日	十四届〔2021〕第 6 次常委会会议	审议《关于解除〈国有建设用地使用权出让合同〉及〈国有建设用地使用权出让合同变更协议〉实施方案》稿。审议《广东明珠集团城镇运营开发有限公司股权转让协议》稿。审议兴宁市齐昌供水有限公司国有股权划转事宜。审议兴宁市城市投资发展有限公司出资购买有关公司经营性资产包事宜
11 月 30 日	十四届〔2021〕第 7 次常委会会议	学习贯彻习近平总书记在中央全面深化改革委员会第二十二次会议上的重要讲话精神，及省委常委会会议等精神。传达贯彻习近平总书记关于城市建设相关重要批示精神及省有关会议精神。传达学习贯彻中国共产党梅州市第八次代表大会精神。传达贯彻中国共产党梅州市第八届委员会第一次全体会议精神。传达贯彻中国共产党梅州市第八届纪律检查委员会第一次全体会议精神。传达贯彻上级统战有关会议精神。研究干部人事工作
12 月 10 日	十四届〔2021〕第 8 次常委会会议	学习贯彻中央政治局会议精神，以及省委常委会会议等精神。传达贯彻《中共广东省委办公厅印发〈关于加强巡视巡察上下联动的实施方案〉的通知》精神。传达贯彻中央第十一督导第二批教育整顿督导意见反馈会、中央督导反馈意见整改工作推进会暨迎接“回头看”动员部署会、省委政法队伍教育整顿工作领导小组第八次会议和梅州市委政法队伍教育整顿工作领导小组会议精神。审议《对各镇（街道）2021 年度平安兴宁建设考评办法和标准》稿。套开市委人才工作领导小组会议。审议市政府常务会议提交的议题：①审议实施和山岩水库、和山水库清淤工程事宜；②审议《兴宁市镇（街道）经费保障实施方案（试行）》稿；③审议兴宁市 2021 年第六批次国有建设用地使用权供应方案中宗地测绘编号为 PM2021-15、PM2021-18 的 2 宗国有建设用地使用权出让方案；④审议启动兴宁市南部新城控规（兴宁市高级技工学校地块）规划道路调整事宜；⑤审议启动兴宁市老城区控制性详细规划兴将路马路下段道路调整事宜；⑥审议启动控规编号 7-01-14 地块用地性质及相关指标调整事宜；⑦审议启动控规编号 2-04-17 地块用地性质及相关指标调整事宜
12 月 17 日	十四届〔2021〕第 9 次常委会会议	学习贯彻习近平总书记在中央经济工作会议上的重要讲话精神，以及省委常委会会议等精神。传达贯彻全省领导干部大会精神。传达贯彻中央第四生态环境保护督察组督察广东省情况反馈会精神。套开市委党史学习教育领导小组会议。传达贯彻省信访工作联席会议第二次全体（扩大）会议暨治理重复信访、化解信访积案专项工作推进会、全国全省根治欠薪冬季专项行动动员部署会议精神。听取兴宁市常态化疫情防控工作情况汇报，研究部署下一阶段相关工作。套开市委全面深化改革委员会第七次会议
12 月 27 日	十四届〔2021〕第 10 次常委会会议	学习贯彻中央全面深化改革委员会第二十三次会议及省委常委会、梅州市委常委会会议等精神。传达贯彻省委十二届十五次全会、省纪委监委有关会议精神。听取 2021 年全市政治安全和社会稳定形势分析情况报告，研究部署下一步工作。听取 2021 年市委保密委工作情况报告；听取兴宁市开展《2019—2023 年全国党员教育培训工作规划》中期工作情况报告；听取 2021 年全市反邪教工作情况报告；传达制定巡视工作规划专题辅导会议精神；听取 2021 年全市反恐怖主义工作情况报告。审议市政府常务会议提交的议题：①审议调整变更兴宁市城市投资发展有限公司受让有关股权决议事项事宜；②审议拨付宁新安置区一期工程 BT 项目剩余工程款及融资利息、融资回报等资金事宜；③审议福兴安置区一期工程 BT（投资建设—移交）项目结算相关事宜；④审议神光山郊野公园工程 BT 项目融资利息和融资回报核算及资金拨付事宜；⑤审议《2021 年市本级第二次预算调整方案》；⑥审议签订扶贫资金投资工业园标准化厂房建设相关协议事宜；⑦审议拨付兴宁市神秀路（含神秀立交）工程 BT 建设项目余款和融资本金等资金事宜

【重要决策】

落实生态环境保护 2021年1月15日，兴宁市印发《生态环境保护责任暨污染防治攻坚战考核实施方案》。方案从落实生态环境责任、水污染防治、土壤固废污染防治、大气污染防治、环境监督管理等方面对全市各镇（街道）、市直相关部门进行考核，严格落实生态环境保护监督管理“一岗双责”制度。

人才培养 2021年3月29日，兴宁市印发关于《兴宁市“南粤家政”工程高质量发展实施方案》的通知。方案明确重点任务，从建设兴宁市“南粤家政”信用体系、建立兴宁市“南粤家政”标准体系、培育兴宁市“南粤家政”产业体系、健全兴宁市“南粤家政”保障体系等方面提出18项行动措施。

“十四五”规划制定 2021年5月10日，兴宁市印发《关于制定国民经济和社会发展第十四个五年规划和二〇三五年远景目标的建议》。围绕全面建设小康社会、“十四五”时期经济社会发展指导方针和主要目标、坚持创新驱动发展等14方面提出64条建议。

电信网络诈骗打击治理 2021年5月17日，兴宁市印发《2021年兴宁市打击治理电信网络诈骗犯罪专项工作总体方案》。方案明确工作目标、领导小组、成员单位职责、工作步骤、工作措施和要求。将治理电信网络诈骗犯罪专项工作纳入全市综治考核范围，推动公、检、法、司等部门协同配合，发挥公安机关主力军作用，对现案严厉打击，提高镇（街道）工作成效。

加强党的基层组织建设 2021年5月25日，兴宁市印发《贯彻落实〈广东省加强党的基层组织建设三年行动计划（2021—2023年）〉工作方案》。方案从总体要求、主要任务、组织领导三大方面提出29项工作措施，要求2021—2023年分别以“完善组织体系开启新征程”“提升党建引领基层治理效能”“高质量党建推动高质量发展”为主题，扩大基层党的组织覆盖和工作覆盖，提升基层党组织建设制度化、规范化、科学化水平，增强基层党组织的政治领导力、思想引领力、群众组织力、社会号召力。

全域旅游示范区创建 2021年6月22日，兴宁市印发《创建“广东省全域旅游示范区”实施方案》。方案从指导思想、创建目标、创建重点、推进步骤、保障措施五方面进行工作安排部署，深入贯彻落实广东省、梅州市关于开展“广东省全域旅游示范区”创建工作的部署要求。

乡村振兴帮扶 2021年7月21日，兴宁市印发《乡村振兴驻镇帮镇扶村工作方案》。方案从目标要求、帮扶方式、主要任务、保障措施4方面提出工作措施，贯彻落实省、梅州市的部署要求。

生态文明建设推进 2021年8月17日，兴宁市印发《兴宁市全面推行林长制工作方案》。方案从总体要求、组织体系、主要任务、保障措施四方面提出工作措施，深入践行习近平生态文明思想，贯彻落实中央《关于全面推行林长制的意见》和省委、省政府，梅州市委、市政府有关工作部署，落实森林资源保护发展目标责任制，建立持续、健康、长效的林业发展机制。

政府职能转变推进 2021年8月30日，兴宁市印发《兴宁市开展市直单位权责清单梳理编制工作实施方案》。加快推进政府职能转变，细化部门权责，全面梳理编制并公开权责清单，发挥权责清单制度在转变政府职能、深化简政放权、推动政府全面正确履职尽责方面的基础性制度作用。

乡村振兴建设推进 2021年9月7日，兴宁市印发《关于实现巩固拓展脱贫攻坚成果同乡村振兴有效衔接的实施方案》。方案从目标要求、建立健全长效机制、加强农村收入人口帮扶、全面推进乡村振兴、加大政策支持衔接力度、全面加强党的集中统一领导6个方面提出24项措施，建立农村低收入人口长效帮扶机制，健全乡村振兴领导体制和工作体系，推进乡村全面振兴。

供销合作社综合改革深化 2021年11月23日，兴宁市印发《进一步深化供销合作社综合改革打造为农服务生力军实施方案》。方案从总体要求、密切与农民的联结、促进农业社会化服务、提升供销合作改革发展效能、组织保障5个方面，围绕“三农”工作大局，贯彻习近平总书记关于供销合作社工作的重要指示精神以及省委、省政府和梅州市委、市政府各项决策部署，继续深化全市供销合作社综合改革，推动供销合作社成为服务农民生产生活的综合平台、党和政府密切联系农民群众的桥梁纽带。

新冠肺炎疫情防控 2021年12月7日，兴宁市印发关于调整《兴宁市防控新型冠状病毒感染的肺炎疫情指挥部工作方案》的通知。方案重新调整兴宁市新冠疫情防控指挥部组织机构和职责分工，要求贯彻落实党中央、国务院以及省委、省政府和梅州市委、市政府各项决策部署，抓好各项防控措施的落实，保护人民群众身体健康和生命安全。

（林巧赟）

【重要活动】

中共兴宁地方组织百年回顾图片展 2021年6月25日，中共兴宁地方组织百年回顾图片展在兴宁明珠文化广场开幕，图片展以“追寻红色足迹·书写时代华章”为主题，展示中国共产党兴宁地方组织带领百万兴宁人民艰苦奋斗带来的巨大变化。

45个重点项目集中签约动工竣工 2021年7月30日，兴宁市在兴宁·天河创新产业园举行45个重点项目集中签约动工竣工活动。该次集中签约动工竣工的项目涵盖装备制造、电子信息、纺织服装、新能源、新材料、基础设施等领域，总投资112.51亿元。

（钟新燕）

【深化改革】 2021年，兴宁市组织召开2次全面深化改革工作会议，推进重点领域和关键环节改革，统筹抓好10个领域67项重大改革事项和3项改革试点任务，完成镇（街道）体制改革和事业单位改革，推进全国市域社会治理现代化试点工作、新型农村集体经济专项改革试点工作、数字乡村发展试点县工作，营商环境、数字政府、乡村振兴等领域加速发展。

【办文办会】 2021年，中共兴宁市委办公室对接上级领导到兴宁调研30余次，组织市委主要领导各项工作调研活动40余次，做好与市四套班子领导、市直单位及各镇（街道）的日常服务、联络协调工作。制定《2021年市委（含市委办公室）文件制订计划》，全年审核印制市委文件103件、市委办文件123件；向梅州市委报送备案审查党内规范性文件39件，全部合法合规。印发兴发、兴委、兴市办、兴委办、兴市明（密）电等文件257件，实现全年文件审核、印发无差错。严格规范公文办理，收文9587件，流转平件2708件，流转密件6879件。接待领导嘉宾222批次5306人，组织各类会议857场次。

【督促检查】 2021年，中共兴宁市委督查室认真抓好市委全会的重点工作和重点项目建设的推进落实，全年督查60多次，涉及重点工作32项、重点项目58项，发出《重点项目进度报表》12期、《督查通报》5期。深入开展创文创卫、乡村振兴、疫情防控以及中央、省环保督察等方面的专项督查，承办梅州、兴宁市主要领导批示件122件，办结122件，办结率100%。

【新闻信息】 2021年，中共兴宁市委办公室发出稿件200多篇，其中在省级媒体刊登52篇，梅州电视台、《梅州日报》和《今日兴宁》等刊登146篇，“南方+”“掌上梅州”“网易新闻”等新媒体刊登180多篇，推送兴宁市开展党史学习教育相关报道150多篇，其中《7月10日，兴宁丝苗米“青香优19香”测产验收》新闻在中央电视台CCTV-13新闻频道《走进乡村看小康》现场直播，取得良好反响。接待到兴宁采访的各级新闻媒体记者40多人次。全年上报省委办公厅信息综合室《兴宁信息》47期，其中《兴宁市：“六个一”做大做强肉鸽产业》被省委办公厅采用；印发《兴宁政参》4期、《兴宁动态》12期，未出现紧急重大信息倒流或迟报漏报现象。

【政策研究】 2021年，中共兴宁市委办公室撰写市领导在学习贯彻落实《国务院关于新时代支持革命老区振兴发展的意见》、党史学习教育、党的十九届六中全会精神等各类培训班、党课、调研、座谈会以及创文创卫、制造业发展、工业项目集中签约活动等文稿材料220多篇，完成兴宁市委关于制定国民经济和社会发展第十四个五年规划和二〇三五年远景目标的建议、市委十三届十二次全会报告、市委十三届十五次全会报告、市第十四次党代会报告等重要文件、综合性文稿450多份。

【机要保密】 2021年，兴宁市保密部门配合梅州市有关部门到兴宁开展保密安全专项督查工作，制定印发《进一步加强“三密”文件管理的通知》《保密管理简明须知》，规范指导全市机关单位开展全面自查并整改落实。按时保质保量推进信创工作，及时更换新型密码设备和业务系统。全年收发明密电报1436份，书记批示件129份，实现“无差错、无错情、无事故”的“三无”工作目标。先后竖立大型国安教育宣传栏9块，利用各类媒体平台发布国家安全等信息、视频300余条次。

【档案管理】 2021年，中共兴宁市委办公室以“6•9”国际档案日为契机，整理编印《档案业务资料汇编》分发至各镇（街道）、市直单位。加强对扶贫档案收集和对第三方档案服务管理指导，完成全市精准扶贫档案移交进馆工作。全年到各镇（街道）、市直有关单位进行档案工作检查50余次，制定《档案工作检查情况表》。

（钟新燕）

组织

【概况】 2021年，中共兴宁市委组织部深入贯彻落实新时代党的建设总要求和新时代党的组织路线，全年新建、改建、扩建20多个村（社区）党群服务中心，建立33个小区、物业党支部，高标准建成市党史教育馆、市委党校和开放大学。全面加强党的理论武装，完成市、镇、村三级换届工作，选聘14名街道兼职委员和97名社区兼职委员，党建引领推动全市458个行政村村集体经济收入达5万元以上。通过“社区吹哨，党员报到”模式组织开展党员志愿服务活动，为群众办理“微实事”2400多件，深入实施“黄金八条”引进全职博士2人，培养“粤菜（客家菜）师傅”“广东技工”“南粤家政”三类人才4491人。

【党组织和党员情况】 2021年，兴宁市有基层党组织1482个。其中，党委101个［乡镇党委17个、村（社区）党委30个、市直机关党委33个、学校党委15个、“两新”组织党委6个］，党总支51个［村（社区）16个］，党支部1330个［村（社区）536个］。全市有45个党组，6个党工委（市直机关党工委1个、市教育党工委1个、“两新”组织党工委1个、街道党工委3个），“两新”组织党组织118个（非公有制企业党组织96个、社会组织党组织22个）。全市党员有48195人，其中在职党员12745人、农村党员25686人、离退休党员9764人。妇女党员13662人，占28%。年龄结构方面，35岁以下9074人，占18.8%；36岁至60岁21140人，占43.9%；61岁以上17981人，占37.3%。学历结构方面，初中及以下学历

2021年兴宁市党组织基本情况统计表

表7　　单位：个

基层党组织									党工委					“两新”组织党组织			
总数	党委						党总支	党支部	总数	市直机关党工委	市教育党工委	『两新』组织党工委	街道党工委	总数	非公有制企业党组织	社会组织党组织	党组
	总数	乡镇党委	村（社区）党委	市直机关党委	学校党委	『两新』组织党委											
1482	101	17	30	33	15	6	51	1330	6	1	1	1	3	118	96	22	45

2021 年兴宁市党员基本情况统计表

表 8　　　　　　　　　　　　　　　　　　　　　　　　　　　　单位：人

党员总数	妇女党员	职业分布			年龄结构			学历结构				
		在职党员	农村党员	离退休党员	35 岁以下	36 岁至 60 岁	61 岁以上	初中及以下	高中及中专	大专	大学本科	研究生
48195	13662	12745	25686	9764	9074	21140	17981	10687	16686	11907	8795	120

2021 年兴宁市新发展党员基本情况统计表

表 9　　　　　　　　　　　　　　　　　　　　　　　　　　　　单位：人

总数	城区党员	农村党员	性别		年龄	
			男性	女性	35 岁及以下	35 岁以上
503	286	217	282	221	104	399

10687 人，占 22.2%；高中及中专学历 16686 人，占 34.6%；大专学历 11907 人，占 24.7%；大学本科学历 8795 人，占 18.3%；研究生学历 120 人，占 0.2%。全年发展新党员 503 名，其中发展妇女党员 221 名，占新发展党员总数的 43.9%；农村党员 217 名，占新发展党员总数的 43.1%；35 岁及以下党员 104 名，占新发展党员总数的 20.7%。

【深入学习贯彻习近平新时代中国特色社会主义思想】 2021 年，中共兴宁市委组织部坚持把学习贯彻习近平新时代中国特色社会主义思想、习近平总书记在党史学习教育动员大会重要讲话精神、“七一”重要讲话精神、党的十九届六中全会精神和习近平总书记对广东重要讲话重要指示批示精神等作为党委（党组）会议、理论学习中心组和基层党组织“三会一课”（支部党员大会、支委会、党小组会和党课）的首要内容，纳入党员干部学习、教育、培训的核心内容，全面落实党委（党组）“第一议题”制度，全年开展市委理论学习中心组专题研讨 21 次，市党员领导、各级党组织书记带头到所在党支部、挂钩联系点上党课 3500 多场次，组织开展各级集中学习讨论 5500 多场次，召开民主生活会和组织生活会 3000 多场次，教育引导全市广大党员干部牢固树立“四个意识”、坚定“四个自信”、坚决做到“两个维护”。

【党史学习教育和中国共产党成立 100 周年系列活动】 2021 年，兴宁市建成市党史教育馆、对市委党校进行改造升级，打造 10 个兴宁市级镇街党校示范点，其中，兴田、水口、大坪、龙田 4 个镇街党校获评梅州市级镇街党校示范点。组织开展各级领导干部党史学习教育培训会 590 场次，培训人员 3.75 万人次。推行“党日活动 +X”制度，利用兴宁本地红色资源，组织党员开展革命传统教育 387 场 7 万多人次。开展精品党课评比、“红色信仰·时代之声”主题演讲活动、“忆红色岁月·惜兴旺安宁”红色教育线路宣传推介、走访慰问和“两优一先”表彰等活动。

【干部教育培训】 兴宁市加强干部教育阵地建设，构建以市委党校为主轴、以 20 个镇街党校为支撑、以 36 个现场教学点为节点的教育培训阵地，采用“请进来 + 走出去”“中间在外、两头在内”的模式，全面开展重点专题示范训、重要领域联合训、分

▲ 2021 年 5 月 18 日，兴宁市举行“红色信仰·时代之声”演讲比赛（林　清　摄）

级分层全面训。全年举办主体班 11 期、干部研讨班 45 期、培训班 220 期，培训干部近 5 万人次；组织乡村振兴建设、公文写作等其他类专题干部培训班 13 期，培训干部 10139 人次；选送领导干部参加上级培训 25 期 109 人次；组织全市党政干部、企业领导、事业单位领导和专业技术人员、村（居）委会干部等参加广东省干部网络学院在线学习 10390 人次。

【换届选举】 2021 年，兴宁市完成乡镇换届工作，选配 17 名“五方面人员”进入乡镇领导班子。新一届乡镇领导班子成员中，具有大学及以上学历占 73.1%，平均年龄 40.5 岁，35 岁以下年轻领导干部占 32.3%，其中 30 岁以下的占 10.3%。全面完成 2021 年村（社区）“两委”换届工作，492 个村（社区）党组织书记、村(居)委会主任实现“一肩挑”，占比 97.6%，其中 449 个村党组织书记实现“三个一肩挑”（由一人担任村党组织书记、村民委员会主任和村集体经济组织的理事长 3 个职位）。至年底，全市有“两委”干部 3250 人，“两委”成员交叉任职比例达 90%，“两委”班子结构进一步优化，“两委”班子年龄、学历实现“一降一升”。

【干部选拔任用】 2021 年，中共兴宁市委组织部任免市直单位党组（党委）成员 15 人；任免科级干部 532 人，属提拔或重用 164 人（其中年轻干部 90 人，女干部 27 人、党外干部 4 人），科级领导干部交流轮岗 130 人；任免股级干部 53 人。至年底，全市有在职公务员(含参照管理) 3221 人。全市全年市管干部晋升三级调研员 4 人、四级调研员 23 人、一级主任科员 143 人、二级主任科员 6 人、三级主任科员 203 人。

【党的基层组织建设】 2021 年，中共兴宁市委组织部制定《兴宁市加强党的基层组织建设三年行动计划 2021 年工作要点》，建立“市委书记—组织部部长—党委书记—组织委员—支部书记”五级抓党建责任体系。全年新建、改建、扩建 20 多个村（社区）党群服务中心。推行街道大工委、社区大党委和兼职委员制度，在住宅小区、物业公司、综治网格建立 33 个小区、物业党支部，从机关企事业单位党组织选聘 14 名街道兼职委员和 97 名社区兼职委员，全面推动资源整体融合，对 31 个老旧小区实行改造。印发《兴宁市发展壮大村级集体经济三年行动方案》，选派 20 个驻镇帮镇扶村工作队到各镇街驻镇帮扶，成立 20 个临时党支部，推动全市 458 个行政村村集体经济均达 5 万元以上。开展新一轮模范机关和基层党建示范点创建活动，持续开展党组织达标创优和党员评星定级，健全中小学校、医院党建工作体制机制，落实党委领导下的校长、院长负责制，实施国有企业“五强五化”示范党组织创建活动，选派 17 名党建指导员，到非公有制企业、社会组织，加强党建业务指导。是年，全市有“两新”组织(新经济组织和新社会组织)党组织 118 个（其中非公有制企业党组织 96 个、社会组织党组织 22 个），培育梅州市“两新”党组织工作示范点 1 个，“两新”党组织覆盖率达到 90% 以上。

▲ 2021 年，党员到兴宁市永泰社区开展“双报到”志愿服务

（永泰社区提供）

【实施“头雁工程”】 2021 年，中共兴宁市委组织部实施村（社区）“两委”干部能力素质提升行动，组织 120 多名村（社区）“两委”干部报读开放大学大专班，组织全市 504 个村（社区）党组织书记参加梅州市举办的村（社区）党组织书记任职培训班，依托镇街两级党校全覆盖对村（社区）党组织书记和“两委”干部进行培训。实施导师团队专项帮带工程，成立 504 个导师团队，对新任“两委”干部开展“扶上马、送一程”专项帮带工作，全面提升履职能力。对全市 504 个村（社区）党组织书记进行县级备案管理，在全市排查出 9 个软弱涣散村党组织，选派 9 名第一书记驻村进行整顿，从驻镇（街道）帮扶工作队中选派 37 名党员干部，安排到 20 个镇（街道）的重点村担任第一书记。

【党员先锋模范作用】 2021 年，中共兴宁市委组织部统筹安排 82 个市直单位到社区开展“双报到、双服务”，加强对 4300 多名报到党员的分类管理，实行“群众下单、社区派单、党员接单”服务模式，实施“我为群众办实事”实践项目 677 个，办“微实事”2400 多件，实现“微心愿”1300 多个。加强党员分类管理，规范做好发展党员工作，全年发展党员 503 名。完善出台《兴宁市党员扶助金使用管理办法》，全年向符合补助条件的 373 名困难党员和去世党员家属发放扶助金 38.22 万元。

【干部档案审核和考核】 2021 年，中共兴宁市委组织部升级改造干部信息中心，建立“日常审核 + 任前审核 + 专项审核”的常态化档案审核认定机制，全年审核干部档案 1017 卷，转入转出干部人事档案 54 卷、办理查借阅手续 935 次、接收归档材料 15266 份。全面完成 2020 年度全市科级干部及党群系统干部职工年度考核工作。全市 985 名科级干部参加年度考核，其中评为优秀等次 139 人。

【公务员招录与调动】 2021 年，中共兴宁市委组织部完成公务员招录、登记、调（转）任等工作，全年招录公务员 62 人，其中市直机关（含公安机关）37 人、乡镇 18 人、法院 5 人、检察院 2 人。办理公务员调动 260 人，其中调出（含遴选）兴宁市 66 人，从其他地区调入 19 人，市内调动 175 人。

【公务员薪资福利管理】 2021 年，根据国家、省有关建立绩效考核奖励制度文件精神，兴宁市进一步健全机关事业单位绩效考核机制，对 2020 年度单位工作绩效情况开展考核并运用考核结果进行激励约束。对考核评为三等奖以上机关事业单位的工作人员给予适当绩效考核奖励，2021 年兴宁市投入 19297.36 万元，为机关事业单位在职人员发放绩效考核奖金共 14319.76 万元；为离退休人员发放绩效慰问金共 4977.60 万元。

【人才队伍建设】 2021 年，兴宁市出台《关于兴宁市加快人才发展的实施意见》《兴宁市加快互联网产业发展的若干措施》《兴宁市实体经济扶持若干措

▲2021年9月17日，兴宁市在市人才驿站举办高层次人才座谈会
（刘伟东 摄）

施》等人才引育和创新创业扶持政策，设立人才工作专项资金1000万元，全年18个人才项目和45名国家级、省级行业领军人才、青年优秀人才、高技能人才等获得奖补276.5万元，深入实施“黄金八条”引进全职博士2人，实施急需紧缺人才引进计划，引进硕士研究生等紧缺人才12人，柔性引进博士4人，专家教授20人。选派驻村律师90人、农村支教教师62人、科技特派员147人助力乡村振兴，实施“粤菜（客家菜）师傅”“广东技工”“南粤家政”（以下简称“三类”）三项工程和本土人才培养计划，打造省级“粤菜师傅”烹饪基地和省级“粤菜师傅”大师工作室，培训三类人才4491人、高素质企业家250人（次）。1月，建成兴宁市人才驿站，建立高层次人才信息库、人才需求动态数据库和人才对接服务平台等“两库一平台”，组织开展各类交流活动30场次、人才政策宣传会2场，协助企业招聘100多人。

（黄永辉）

宣传

【概况】 2021年，中共兴宁市委宣传部深入学习贯彻党的十九届六中全会精神，做好常态化疫情防控工作，守牢意识形态阵地安全，推进全市理论武装、舆论宣传、文化事业、党史学习教育等宣传思想文化领域各项工作，为加快兴宁苏区振兴提供坚强思想保证和强大精神力量。

【意识形态责任落实】 2021年，中共兴宁市委宣传部组织全市101个市直机关单位落实党委（党组织）意识形态工作责任制要求。联合市委党校举办兴宁市学习贯彻《中国共产党宣传工作条例》暨意识形态工作培训班，组织各镇（街道）和市直有关单位分管领导等65人参加。参加十三届兴宁市委第十轮巡察，对市人民医院等8个单位党组织进行常规巡察，对市人力资源社会保障局等4个单位党组织开展巡察“回头看”，同时对十三届市委第九轮巡察发现涉及党委（党组）理论学习、意识形态工作等方面问题的4个单位党组织的整改情况进行督促检查。推进“扫黄打非”工作进基层，向全市567个“扫黄打非”站点发放检查记录本600多本、宣传折页1.3万多张、海报700多张。开展“正道”“新风”两大集中行动、“护苗2021”“净网2021”“固边2021”“清源2021”“秋风2021”五大专项行动。开展秋季中小学教辅材料出版发行、出版物市场（含网络发行）专项整治行动、非法地面卫星接收设施专项整治行动以及旅游景区及周边市场专项整治行动等。全年组织文化执法检查40余次，出动280余人次，检查经营单位330余家次，立案3宗，取缔出版物流商地摊2处，收缴非法出版物700余本（张、册）。

2021年，中共兴宁市委宣传部编发《兴宁舆情》12期、《舆情专报》1期。网络安全事件处置完成率100%。在涉政治、涉疫情、涉未成年人等方面开展“清朗”系列专项整治行动5次。在市一级网络平台开设专题专栏4个，各级刊发宣传标语、公益画报3800多条次，LED屏轮番播放宣传口号近50万条次。开展“网络安全为人民，网络安全靠人民”为主题的网络安全宣传周系列活动，转发相关海报、视频6000余次，发放宣传资料1000余份，采取线上或视频录播的形式播出网络安全课程10场，覆盖中小学师生5000余人次。推进广东省数字乡村试点工作，2021年径南镇陂蓬村智慧村居法律服务公共平台案例成功入选中央网信办《数字乡村试点指南1.0》。

【理论学习中心组学习研讨】2021年，中共兴宁市委宣传部制订并印发《兴宁市局以上单位党委（党组织）理论学习中心组2021年理论学习计划暨学习型党组织建设工作计划》《中共兴宁市委理论学习中心组2021年理论学习计划暨学习型党组织建设工作计划》。全年组织市委理论学习中心组开展19期集中学习会，学习习近平总书记关于“三新”、意识形态、风险防范、科技创新、乡村振兴等领域的系列重要讲话精神和会议精神。在专题学习的基础上，组织市委理论学习中心组开展7次专题研讨。编制《学习宣传贯彻党的十九届六中全会精神》口袋书1.1万册。成立兴宁市党委（党组）理论学习中心组学习列席旁听工作组，选取兴田街道党工委等4个单位理论学习中心组开展列席旁听工作试点。

【宣传报道】2021年，中共兴宁市委宣传部推进习近平总书记出席深圳特区建立40周年庆祝大会和视察广东重要讲话重要指示精神、庆祝中国共产党成立100周年、党的十九届六中全会精神的宣传工作，围绕开局“十四五”开启新征程等主题，挖掘兴宁乡村振兴工作亮点，开设《新头雁展望新任期》专栏，专访20多个村“一把手”，宣传报道脱贫攻坚成效。围绕梅龙高铁、工业园区建设等重点工作、重点项目建设，组织采写新闻100多篇。聚焦电信诈骗、疫情防控、疫苗接种等群众关心关注的热点难点痛点问题深入报道。向上级媒体推荐报送中国共产党成立100周年相关稿件100多篇。开设“学党史 悟思想 办实事 开新局”和“我为群众办实事”等专题专栏，集中展示中国共产党的百年历程和成就，报道各部门各单位党史学习教育开展情况。至年底，全市新闻媒体刊播党史学习教育新闻235篇，“兴宁发布”App发布党史教育新闻和学习内容196篇，发布本地学习党史新闻156条。

【文化发展】2021年，中共兴宁市委宣传部向上级申报修缮的项目中，宁中镇朱振汉故居、水口镇邓逸凡故居、罗岗镇红旗村红色革命交通站3个建设修缮和改陈布展项目通过广东省委宣传部审定并下拨资金。结合党史学习教育，将大坪镇罗屏汉故居、水口镇刘光夏纪念馆、合水革命烈士陵园等红色教育基地、爱国主义教育基地等纳入各级各类培训班次，设置党史学习教育课程。对接省媒“走进广东革命老区采访报道”活动。组织举办“中国新兴版画运动九十周年全国版画作品展”。组织开展重点文艺创作，组织编印《兴宁市革命老区发展史》《兴宁革命歌谣》《文峰》《中国共产党成立100周年特刊》等读物，创排庆祝中国共产党成立100周年专题情景晚会，创作红色革命传本《引蛇出洞“捣敌巢”》《妙计过险关》和山歌表演唱本《驿道行者》《叶帅指点柑园春》等红色文艺作品。开展庆祝中国共产党成立100周年优秀影片展映展播暨“看电影 学党史”主题活动，组织全市党员群众观看《开国大典》《我和我的祖国》《我和我的家乡》《生死坚守》等电影110场次，观看人数4.5万人次。开展重点红色歌曲传唱和红色革命传本演出，组织文艺工作者送戏下乡。全年组织相关文艺演出48场，观看人数1.8万人次。

【党史学习教育】2021年，兴宁市成立党史学习教育领导小组，组建党史学习教育领导小组办公室，统筹协调推进全市党史学习教育。组织全市各级各部门征订《论中国共产党历史》《习近平新时代中国特色社会主义思想学习问答》《毛泽东、邓小平、江泽民、胡锦涛关于中国共产党历史论述摘编》《中国共产党简史》等学习资料，全年征订4.6万册。把学习宣传贯彻习近平总书记“七一”重要讲话精神和党的十九届六中全会精神作为重要政治任务，精心组织开展形式多样的学习研讨和宣传宣讲活动，全年全市各级共开展学习研讨929场，参加人数超过6000人次。围绕以党史为重点的“四史”宣传教育、习近平总书记“七一”重要讲话精神、党的十九届六中全会精神，扎实开展宣讲活动，2021年，全市各级开展专题宣讲活动157场次，听众达1.47万人次。编写本级党史学习教育工作简报67期，向梅州报送稿件32份，被梅州采用16篇。

多渠道抓好活动开展。组织开展红色演出展览活动，举办兴宁市“永远跟党走•逐梦新时代”庆祝中国共产党成立100周年文艺晚会，组织庆祝中国共产党成立100周年主题美术书法摄影作品联展、红色经典——古元版画精品展、“追寻红色足迹•书写时代华章——中国共产党兴宁地方组织百年回顾图片展”等系列主题展览，深入推进庆祝中国共产党成立100周年优秀影片展映展播暨“看电影 学党史”主题活动。把两海会馆、兴宁学宫、合水革命烈士纪念碑、罗屏汉故居、刘光夏革命烈士纪念馆（刘光夏故居）、兴宁市历史纪念馆6个场馆作为党史学习教育实践基地。2021年，全市红色革命场馆（遗址）共接待超过300批次，1万人次。

全市1492个党支部全部召开专题组织生活会，均形成支部班子专题组织生活会检视材料，累计查摆出存在问题2527条，各党支部在开展专题组织生活会后，制订整改计划，认真落实整改措施，并建立长效机制确保整改成效。

坚持把“我为群众办实事”作为党史学习教育“学”“做”结合的着力点，至12月底，兴宁市级11项重点民生实事项目全面完成，其中有4项进程超100%。市委、市政府领导牵头负责的49个“我为群众办实事”重点项目，市级102个“我为群众办实事”项目（含11项市重点民生实事），全市各镇街、市直各单位677个项目，均全面完成任务。

（罗丹灵）

统一战线

【概况】 2021年，兴宁市委统战部把握大团结大联合主题，坚持构建大统战工作格局，推动市统一战线工作提质增效。开展党史学习教育，全年全市统战系统开展党史学习教育活动60余次。推动《中国共产党统一战线工作条例》贯彻落实，举办4期专题培训。完成民主党派和工商联换届选举工作。

【协商民主建设】 2021年，兴宁市委统战部加强党外干部队伍建设和教育培养，三大民主党派发展成员14名，其中民革2名，民建4名，民盟8人。是年，向兴宁市委组织部推荐，提拔1名党外干部担任副科职，2名党外干部担任正科职。协助民主党派做好换届工作。6月中下旬，民革兴宁市委、民盟兴宁市委、民建兴宁市委3个民主党派先后召开代表大会，顺利完成换届，选举产生新一届领导班子。是年，各民主党派提交政协提案42件、重点提案2件。是年，会同组织部门形成兴宁市十五届政协303名委员和55名常务委员的建议人选。

【党外代表人士工作】 2021年7月，兴宁市委统战部组织召开兴

▲2021年7月22日，兴宁市统一战线庆祝中国共产党成立100周年座谈会在市会展中心召开
（市委统战部提供）

宁市统一战线庆祝中国共产党成立 100 周年座谈会。11 月，在韶关市南雄红色文化教育基地开展 2021 年兴宁市党外干部及党外代表人士“同心向党·砥砺共进”专题培训班，培训为期 5 天，采用课堂教学、交流讨论、现场教学等形式，各民主党派、新的社会阶层代表人士、党外代表人士等 35 人参加培训。

【台港澳事务】2021 年 1 月 19 日，兴宁市委统战部组织慰问因新冠肺炎疫情在港兴宾馆隔离的港胞。1 月 28 日，陪同省委台办副主任陈升东一行，看望慰问台资企业新昌鞋业相关人员。是年，推荐港澳政协委员 33 名。办理“因公往返香港、澳门特别行政区通行证”1 批 3 人次，比上年减少 4 批 10 人次。争取梅州香港“摘星计划”助学金，兴宁市 9 名家庭经济相对困难的大学生，每人每年获得 6000 元助学金。

【侨务工作】2021 年，兴宁市委统战部接待来信来访人员 40 宗/次。依法确认归侨侨眷身份 2 人。是年，广东省侨心慈善基金会向兴宁市捐赠棉背心 2000 件。

【非公有制经济（新的社会阶层人士）工作】2021 年，兴宁市委统战部开展重要统战对象慰问、走访活动，慰问 50 多名非公有制经济代表人士。指导工商联换届和总商会成立工作。8 月，兴宁市工商联第十四次会员代表大会暨兴宁市总商会成立大会召开，选举产生以杨亚文为主席的市工商联（总商会）新一届领导机构和领导班子。是年，与市委组织部、市人民法院等 12 个评价部门联合，先后对 310 多名民营经济人士进行评价。指导兴宁市新的社会阶层人士联合会举办“建党百年·琴音向党”钢琴比赛、世界环境日线上主题活动、“学党史悟思想跟党走担使命”党史学习教育活动、爱心帮扶送温暖慰问等。

（曾　敏　刁　玲）

机构编制

【概况】2021 年，中共兴宁市委机构编制委员会办公室持续巩固深化机构改革成果，深化乡镇街道体制改革和事业单位改革，加强机构编制监督检查管理，推进各项工作落实。

【党政机构改革】2021 年 1 月，兴宁市印发《关于撤销市交通运输局综合行政执法局的通知》，撤销市交通运输局下设副科级机构市交通运输局综合行政执法局。6 月，印发《中共兴宁市委办公室兴宁市人民政府办公室关于调整扶贫工作机构设置的通知》，不再保留扶贫开发领导小组，将其职能并入市委农村工作领导小组（市委实施乡村振兴战略领导小组），将在兴宁市农业农村局加挂的牌子“兴宁市扶贫工作局”更名为“兴宁市乡村振兴局”。12 月，印发《兴宁市财政局职能配置、内设机构和人员编制规定》。有序推进群团组织改革，分别在 6 月和 12 月印发市文联、侨联和团市委、科协机关 4 个群团机关的“三定”规定。

【事业单位改革】2021 年 8 月，兴宁市收回 7 个事业单位空余事业编制 202 名，优化长期存在较大比例空缺编制或职能相对弱化的事业单位编制结构。

【乡镇街道体制改革】2021 年 3 月，兴宁市印发《兴宁市关于整合机构编制资源统筹建立乡镇街道统一指挥协调工作平台工作运行机制实施方案》，整合机构编制资源，统筹建立各镇（街道）应急管理委员会、公共服务委员会、规划建设委员会、综合治理委员会、综合行政执法委员会等统一指挥协调的工作平台工作运行机制，明确内部运行工作推进机制、平台之间工作联动机制、平台与市直部门之间工作协调机制。8 月，印发《关于明确乡镇街道综合性办事机构与市级职能部门职责对应关系的通知》，厘清县级政府及职能部门与乡镇街道的权责边界，明确乡镇街道综合性办事机构与上级机构的职责对应关系。8 月，根据兴宁市镇（街道）机构改革后职责和管理权限调整的情况，印发《关于简化镇（街道）所属事业单位人员调动程序的通知》，简化乡镇街道所属事业单位工作人员内部调配办理程序，赋予乡镇街道调配所属事业单位工作人员自主权，报市委组织部和市委编办备案，市委组织部、市委编办据此办理相关人事

▲2021 年 11 月 11 日，中共兴宁市委编办调研组到兴宁市宁中镇开展乡镇街道体制改革调研督查工作 （市委编办提供）

调动手续和开具《编制使用通知卡》。12 月，印发《兴宁市加强乡镇街道执法能力建设工作方案》，在 20 个乡镇街道综合行政执法办公室（综合行政执法队）内置 2—3 个中队（其中一中队加挂市场监督管理所牌子）和法制审查室，正股级。制定《乡镇街道党政机构工作职责》《乡镇街道五大委员会组织架构和工作职责制度》《各中队及法制审查室工作职责》等规定，规范权力运行机制。

【机构编制监督检查】 2021 年 2 月，兴宁市印发《关于转发中央机构编制委员会〈机构编制报告制度实施办法（试行）〉的通知》，要求各单位每年 1 月向市委编委报送上一年度机构编制有关情况。3—4 月，根据省委第十三巡视组巡视反馈意见和整改工作要求，兴宁市印发《兴宁市机关事业单位混编混岗专项治理工作方案》，在全市范围内开展机关事业单位混编混岗问题专项整治。采取单位自查、实地核查、查阅资料、走访座谈等形式，清理规范 7 个单位“混编混岗”人员 86 人。10 月，印发《兴宁市第二次机构编制核查工作实施方案》，明确核查范围、内容、时间、方法步骤和工作要求。印发《关于扎实做好兴宁市第二次机构编制核查工作的通知》《关于开展第二次机构编制核查实地核实和集中对账工作安排的通知》，由市委编办和市纪委监委、市委组织部、市委巡察办、市财政局、市人社局、市审计局等部门相关人员组成核查工作组，共核查机关事业单位 556 个，其中实地核实单位和集中对账单位 170 个。全年整改机构编制台账问题 34 个。

【机构编制管理】 2021 年 3 月，兴宁市核增 30 个市直部门行政编制 110 名和行政执法专项编制 27 名，推动解决因机构改革造成的人员超编和超职数配备干部的历史遗留问题。3 月，印发《兴宁市市直急需紧缺人才专项事业编制保障管理办法（试行）》，在深化市直事业单位改革收回的事业编制中，调剂 300 名事业编制，建立市直“急需紧缺人才用编周转池”制度，用于保障教育、科技、卫生等重点领域事业单位人才引进。人才专项事业编制实行单列管理、动态管理和实名制管理。8 月，印发《关于对使用后勤服务人员数新进机关人员实行政府购买服务有关问题的通知》，对使用后勤服务人员数新进机关的人员实行人员聘用、合同管理、政府购买服务的用人制度，推进机关后勤服务社会化，变“以费养人”为“以费养事”。

【权责清单梳理】 2021 年 8 月，兴宁市印发《兴宁市开展市直单位权责清单梳理编制工作实施方案》《关于做好权责清单梳理编制工作的通知》，对兴宁市 33 个单位权责清单进行全面梳理。

【机关群团、事业单位法人登记管理】 2021 年，中共兴宁市委机构编制委员会办公室办理机关群团变更业务 28 个，新设立登记事业单位 25 个，变更登记 116 个，注销登记 5 个。审核公示事业单位法人年度报告 272 个，报送率、公开率均为 100%。11 月 9—16 日，对新圩中学、市妇幼保健计划生育服务中心等 18 家事业单位的法人公示信息实地核查，发出事业单位登记管理事项整改通知书 9 份。

【政务和公益机构域名注册管理】 2021 年，中共兴宁市委机构编制委员会办公室为相关单位注册中文域名 26 个，注销中文域名 10 个，共办理续费 300 个。

（邓喜玉）

▲ 2021 年 8 月，“客都桑榆”宣讲团到兴宁市宁中镇离退休干部党支部作党史学习教育培训　（市委老干部局提供）

老干部工作

【概况】 2021 年，中共兴宁市委老干部局加强离退休干部政治建设，深化服务管理、丰富老干部精神文化生活，推动新时期老干部工作发展。加大离退休干部困难帮扶政策宣传力度，全年帮扶特困离退休干部 71 人，落实帮扶资金 12.45 万元；开展重大节日走访慰问，走访慰问离休干部 82 人，走访老领导 55 人、抗美援朝老干部 7 人、干部遗属 21 人。选拔优秀老干部加入梅州市老干部“客都桑榆”宣讲团，深入兴宁市部分市直单位、学校和基层乡镇离退休干部党支部为 200 多名离退休干部作党史学习教育培训。全市离休干部 104 人，其中机关 34 人、事业 47 人、企业 23 人，年龄最大的 98 岁，最小的 86 岁，平均年龄 92 岁；全市原五套班子老领导 42 人，其中离休干部 2 人。是年，市委老干部局被授予“广东省老干部工作先进集体”称号。

【老干部政治待遇落实】 2021 年，中共兴宁市委老干部局在原有兴宁市公安局、兴宁第一中学、市委老干部局离退休党支部“六有”试点的基础上，增设宁中镇离退休干部党支部为党建工作示范点。是年，为老干部阅览室、离退休干部党支部、离退休干部订阅党报党刊及《老干部政治理论读本》《秋光》《老人报》《学习参考》等资料 9000 多份。5 月，选拔退休老党员加入梅州市老干部“客都桑榆”宣讲团，分 4 期深入兴宁市部分市直单位、学校和基层乡镇离退休干部党支部，为 200 多名离退休干部作党史学习教育培训。10 月，举办兴宁市离退休干部党支部

▲ 2021 年 10 月，兴宁市委老干部局组织离退休干部党支部书记、离休干部代表现场参观石马镇乡村振兴连片示范区　（市委老干部局提供）

书记培训班，学习贯彻习近平总书记在庆祝中国共产党成立100周年大会上的重要讲话精神，离退休干部党支部书记、离休干部代表近100人参加培训会，会后组织离退休干部现场参观石马镇“六村联动”乡村振兴连片示范区。

【老干部生活待遇落实】2021年，中共兴宁市委老干部局完善离休干部走访慰问制度，做到重大节日必访、生病住院必访、出现特殊困难必访，去世对其家属必访，健全离休干部“一人一策”精准服务工作机制，日常走访慰问老干部52人次，在重大节日期间，走访慰问离休干部82人，走访老领导55人、抗美援朝老干部7人、干部遗属21人。市离休干部医疗服务办公室，每个月定期召开工作会议，审核离休干部医药费用，全年离休干部医疗费财政支出759万元，其中本地医疗费525万元，异地医疗费234万元。健全完善离退休干部困难帮扶机制，加强对重病、失能、家庭负担等有特殊困难的离退休干部的关怀力度，全年帮扶特困离退休干部71人，落实帮扶资金12.45万元。6月，增发离休干部2021年度生活补贴。截至6月底有离休干部124人，其中50名离休干部生活补贴由社保基金统筹解决，其余74名离休干部生活补贴24.07万元由市财政统筹解决。

【关心下一代工作】2021年，中共兴宁市委老干部局开展“传承红色基因，争做时代新人”、“爱心之家”、农村创业青年培训等工作。开展青少年教育活动，收集少年儿童践行社会主义核心价值观征文活动作品138篇，其中一等奖48篇、二等奖59篇、三等奖31篇。组织“党史教育进校园、红色基因代代传”校园巡回展，10月28日、11月3日，巡回展分别走进兴宁市齐昌小学、兴宁市坭陂中学和兴宁市实验学校，300多名师生参加活动。组织开展叶剑英基金助学金受助对象的调查摸底审核及发放工作，受资助学生28人，发放扶助金5.6万元。加强农村创业示范基地建设，开展农村创业青年培训工作，利用示范基地组织举办2场培训活动，参与人数120人。配合市禁毒办等部门做好青少年的禁毒宣传教育工作。

【广东省离退休干部服务管理系统上线使用】2021年，中共兴宁市委老干部局上线使用广东省离退休干部服务管理系统。至年底，全市老干部工作机构、工作人员用户信息架构基本完善，全市8541名离退休干部数据全部完成采集和录入，其中，离休干部104人，退休干部8437人（机关单位2194人、事业单位6203人、企业单位40人）。全市离退休干部党员5345人，占离退休干部总数的62.6%，其中，离休干部党员67人，退休干部党员5278人。

（邱文慧）

市直机关工委

【概况】中共兴宁市直属机关工作委员会坚持从严治党，组织市直单位开展进一步深化模范机关创建活动，全面加强市直单位党建工作。2021年，辖机关、企事业单位党委38个、党总支15个、党支部433个。全年规范收缴、上交党费192.26万元。

【党的组织建设】2021年，中共兴宁市直属机关工作委员会坚持按《中国共产党章程》要求，加强基层党组织领导班子建设，做好市直机关党组织规范设置，督促检查基层党组织做好换届选举工作。全年新设置机关党委1个，换届选举党委、党总支、支部班子41个。

【党务培训和党员培育】2021年12月14日，中共兴宁市直属机关工作委员会在市会展中心举办“2021年市直机关工委基层党组织书记和党务工作者培训班”，市直各单位的党务人员100多人参加培训。培训班邀请梅州市委党校、兴宁市委领导、市委组织部、市委宣传部和市委党校教师上专题辅导课，重点讲解习近平新时代中国特色社会主义思想、中共十九届六中全会精神、意识形态工作、党风党规党纪、深化模范机关创建等内容，工委领导重点讲解发展党员和教育管理方面的业务知识。

【发展党员工作】2021年，中共

▲ 2021 年 9 月 29 日，兴宁市直机关工委在市会展中心召开党员代表会议
（市直机关工委提供）

兴宁市直属机关工作委员会审批吸收预备党员 104 人，预备党员转正 80 人。举办 2 期党员发展对象培训班，培训各基层党组织党员发展对象 143 人。

【教育学习活动】2021 年 6 月，中共兴宁市直属机关工作委员会结合年度教育计划，组织市直单位 8700 多名党员和入党积极分子参加“2021 年兴宁市直机关党史学习教育知识竞赛”。组织各单位新党员 35 人前往大坪镇罗屏汉故居参加兴宁市党员教育工作现场会，举行新党员入党宣誓仪式并参观革命斗争史展览；组织党员发展对象到水口镇刘光夏革命烈士纪念馆现场学党史。

【机关武装工作】2021 年，中共兴宁市直属机关工作委员会协助市武装部组织民兵、预备役部队开展上级武装部组织的军事技能和体能训练。是年，协助市武装部加强轻舟五大队兴宁分队建设，组织冲锋舟实战演练。

（刘绍宏）

党校

【概况】2021 年，中共兴宁市委党校学习贯彻落实中共十九大精神及十九届一中、二中、三中、四中、五中、六中全会精神，坚持以习近平新时代中国特色社会主义思想为指导，深入贯彻《干部教育培训工作条例》《中国共产党党校（行政学院）工作条例》《中共中央关于加强和改进新形势下党校工作的意见》《中共广东省委关于加强和改进新形势下党校工作的实施意见》和《2019—2023 年全国党员教育培训工作规划》，结合全市干部教育培训工作实际，推进干部培训建设，完善干部教育培训体系。全年，举办主体班 12 班次、15 期，培训 6162 人次。

【宣讲活动】2021 年，中共兴宁市委党校组织骨干教师进行“习近平新时代中国特色社会主义思想”“乡村振兴战略”“百年党史”“新中国史”“改革开放史”“社会主义发展史”“学习贯彻习近平总书记在庆祝中

▲ 2021 年 7 月 1 日，兴宁党校教学科研楼落成并投入使用
（罗吉如　摄）

▲2021年4月10日，兴宁市委党校在市会展中心举行兴宁市公文写作专题培训班 （罗吉如 摄）

国共产党成立100周年大会上重要讲话精神”“党的十九届六中全会”等宣讲活动，深入市直部门、乡镇（街道）、农村、社区、学校、企业开展宣讲工作。全年宣讲52场次，培训干部群众3907人次。

【理论研究】 2021年，中共兴宁市委党校发表学术论文3篇。2篇论文在“学党史、悟思想、办实事、开新局”理论征文活动中分别获得三等奖、优秀奖。

【兴宁市公文写作专题培训班（2期）】 2021年4月，中共兴宁市委党校在市会展中心举办兴宁市公文写作专题培训班，组织学习习近平新时代中国特色社会主义思想、公文写作基础知识、档案管理基础知识及党史。各镇党委、街道党工委和市直各单位办公室工作人员100人参加培训。

【2021年梅州市村（社区）党组织书记任职市级培训班（兴宁分会场）】 2021年10月，中共兴宁市委党校在市会展中心举办2021年梅州市村（社区）党组织书记任职市级培训班（兴宁分会场），组织学习贯彻习近平总书记“七一”重要讲话精神、《中国共产党组织工作条例》、党风廉政教育及基层党务工作实操。全市村（社区）党组织书记200多人参加培训。

【兴宁市2021年新提拔副科职领导干部任职培训班】 2021年11月，中共兴宁市委党校举办兴宁市2021年新提拔副科职领导干部任职培训班，组织学习中共十九届六中全会精神、领导干部心理调适、中共兴宁市第十四次代表大会精神及“四史”。全市全年新提拔担任副科职领导干部118人参加培训。

（陈徇珠）

■兴宁市人民代表大会

综述

【概况】 2021年，兴宁市人民代表大会常务委员会坚持以习近平新时代中国特色社会主义思想为指导，依法履职行权，组织召开人民代表大会2次，完成市镇两级人大换届选举工作，市人大首次实施政府民生实事项目人大代表票决制，实现市镇两级人大覆盖。全年召开常委会党组会议32次、主任会议20次、常委会会议12次，听取审议各类工作报告17项，开展2次执法检查、7次专题视察、7项专题调研，组织开展党史学习教育，完成各项工作任务。

【决议决定】 2021年，兴宁市人民代表大会常务委员会依法作出《关于召开市十五届人大七次会议的决定》《关于列席和邀请列席市十五届人大七次会议人员的决定》《关于表彰2020年度兴宁市优秀人大代表的决定》《关于批准兴宁市2021年6月地方政府新增债券转贷资金安排的决议》《关于兴宁市市镇两级人民代表大会换届选举的决定》《关于设立兴宁市选举委员会的决定》《关于设立兴宁市各镇选举委员会的决定》《关于批准兴宁市2020年财政决算报告的决议》《关于批准兴宁市2021年市本级预算调整方案的决议》《关于批准兴宁市2021年8月地方政府新增债券转贷资

▲ 2021 年 12 月 14 日，兴宁市人大常委会组织视察全市食品安全监管工作情况（市人大常委会办公室提供）

金安排的决议》《关于批准兴宁市城市投资发展有限公司受让广东明珠集团股份有限公司、广东吐朋建设集团有限公司持有的广东明珠集团城镇运营开发有限公司全部股权的决议》《关于批准兴宁市城市投资发展有限公司和兴宁市兴东水务建设投资有限公司参与罗定市水资源综合利用及保护 PPP 项目（一期）投资的决议》《关于召开市十六届人大一次会议的决定》《关于列席和邀请列席市十六届人大一次会议人员的决定》《关于批准调整变更兴宁市城市投资发展有限公司受让广东明珠集团股份有限公司、广东旺朋建设集团有限公司持有的广东明珠集团城镇运营开发有限公司全部股权决议》决议决定 15 项。

【人事任免】 2021 年，兴宁市人民代表大会常务委员会坚持党管干部原则与人大依法行使选举权、任免权相统一。坚持组织拟任命干部进行任前法律知识考试，全面实施任前见面发言制度和宪法宣誓制度。全年任免国家机关工作人员 71 人次（其中任职 43 人次、免职 28 人次），接受辞职 7 人次，撤职 1 人次，补选梅州市第七届人大代表 4 名。

【监督工作】 2021 年，兴宁市人民代表大会常务委员会听取审议市政府关于计划执行、预算执行、财政决算、审计查出问题整改落实、合水水库灌区改造工程项目专项资金绩效评价整改等情况报告，依法加强对国有资产管理、政府性债务、财政专项资金使用等方面的监督，开展丝苗米产业发展等专题调研。是年，市人大常委会专题视察应急救援体系建设、饮用水源保护、食品安全监管等民生重点项目，开展“四好农村路”建设、垦造水田工作、社会足球场地建设等专题调研，听取和审议市政府关于十件民生实事办理、规范城区义务教育招生、退役军人事务管理等专项工作报告。是年，市人大常委会持续深入贯彻习近平生态文明思想、习近平法治思想，听取审议市政府关于生态环境保护工作情况报告，连续开展对合水水库、宁江河水质保护“回头看”视察活动；听取和审议市监委、市公安局、市法院、市检察院专项工作报告，开展传染病防治法、人民防空法等执法检查，专题视察市法院行政审判集中管辖工作，

▲ 2021 年 6 月 11 日，兴宁市人大常委会组织部分组成人员和市人大代表对合水水库水质保护专题询问审议意见落实情况进行“回头看”视察（市人大常委会办公室提供）

▲2021年9月23日，兴宁市统一进行市、镇两级人大代表换届选举投票。图为市政府大院投票点（市人大常委会办公室提供）

抓好民法典宣传贯彻实施情况的监督，加强规范性文件备案审查，全面落实宪法宣誓制度，开展宪法宣传。

【指导镇级人大工作】 2021年，兴宁市人民代表大会常务委员组织召开专题会议部署推进“巩固基础、强化履职”两年行动，进一步落实挂钩联系镇街人大工作制度，不断巩固提升人大工作和建设成果。是年，指导各镇人大全面实施民生实事项目人大代表票决制，督导镇街人大贯彻落实乡镇人大工作条例和人大街道工委工作条例，完善镇街人大组织建设，镇街人大全部配备专职主席（主任）、副主席（副主任），依法首次任命13名人大街道工委委员，强化制度建设，镇人大会议、监督、讨论决定重大事项、人事选举、代表联络站建设运行等工作依法规范开展。

【市镇人大换届选举】 2021年，兴宁市市、镇两级人大完成换届选举工作。依法选出市十六届人大代表364名、镇级人大代表1375名，依法选举产生新一届市人大常委会领导班子和组成人员，市人民政府领导班子，市监察委员会、市人民法院、市人民检察院主要负责人，以及82名梅州市第八届人大代表；全市17个镇依法选举产生新一届镇级人大和政府领导班子。

主要会议

【市人民代表大会】

兴宁市第十五届人民代表大会第七次会议 2021年2月7—8日，在兴宁市会展中心举行。会议听取和审议《政府工作报告》《兴宁市人大常委会工作报告》《兴宁市人民法院工作报告》《兴宁市人民检察院工作报告》；审查批准《兴宁市国民经济和社会发展第十四个五年规划和二〇三五年远景目标纲要》《兴宁市2020年国民经济和社会发展计划执行情况与2021年计划草案的报告》《兴宁市2020年预算执行情况和 2021年预算草案的报告》；依法选举周展明为兴宁市人民法院院长，彭宙为兴宁市人民检察院检察长，黄佑鹏、温会权、童永忠、王超宙、刘凌、杨亚文为兴宁市第十五届人大常委会委员；票决产生“深入实施‘粤菜（客家菜）师傅’‘广东技工’‘南粤家政’三项工程”“预防接种门诊整体搬迁项目”等10件2021年度兴宁市人民政府民生实事项目。

兴宁市第十六届人民代表大会第一次会议 2021年11月16—19日，在兴宁市会展中心举行。会议听取和审议《政府工作报告》《兴宁市人大常委会工作报告》《兴宁市人民法院工作报告》和《兴宁市人民检察院工作报告》；书面听取《兴宁市2021年上半年国民经济和社会发展计划执行情况报告》《兴宁市2021年上半年预算执行情况报告》；表决通过《关于设立兴宁市第十六届人民代表大会财政经济委员会和社会建设委员会的决定》《兴宁市第十六届人民代表大会财政经济委员会和社会建设委员会组成人员人选》；依法选举邓强为兴宁市第十六届人大常委会主任，洪国华为兴宁市人民政府市长，罗文波为兴宁市监察委员会主任，周展明为兴宁市人民法院院长，彭宙为兴宁市人民检察院检察长，李福泉、何伟忠、廖红彬、温建文、刘瑞灵、石秀芳6人为兴宁市第十六届人大常委会副主任，刘东峰、潘启东、罗丽平、黄伟军、陈君溢、谢明扬、吴思波7人为兴宁市人民政府副市长，王建平、王超宙、叶小雄、刘文忠、刘凌、刘智丰、孙小龙、巫东海、李宗杰、李淡宗、李满红、杨亚文、邱文先、邹强兵、张颂华、陈自渊、陈志文、陈尚文、林远文、罗建新、罗勇辉、胡启宏、钟绍红、凌万明、黄佑鹏、彭文芳、释耀伟、童永忠、曾勇威、温会权、谢毅韬、廖强栋32人为兴宁市第十六届人大常委会委员；选举王晖等82名出席梅州市第八届人民代表大会代表。

【市人大常委会会议】2021年，兴宁市人大常委会召开12次常委会会议（详见表10）。

人大代表工作

【代表履职平台建设】2021年，按省人大“全覆盖、标准化、常活动、见实效”要求，兴宁市20个镇街代表中心联络站、115个村（社区）代表联络站，全部按要求规范建设运行，全年接待选民群众1997人次，收集群众意见建议419件，推动解决问题307件。深化落实常委会组成人员联系代表、代表联系群众的“双联系”制度和代表列席人大常委会会议制度，全年邀请代表列席常委会会议36人次，组织人大代表拓宽代表知情知政渠道，更好地察民情、集民意、聚民智。

【代表履职活动】2021年，兴宁市、镇两级人大组织全市省、市、县、镇四级人大代表开展“更好发挥人大代表作用”主题活动，围绕全面推进健康广东建设开展视察调研、执法检查、走访群众、向选民述职、接待选民群众等活动148场次，参加活动的代表900多人次，实现市镇（街道）主题活动全覆盖，接待选民273人次，收集转办群众意见建议107条，推动解决一批群众“急难愁盼”问题。

【代表履职能力提升】2021年，兴宁市人大常委会深入推进人大代表述职工作，代表述职经验做法在广东省县乡人大工作动态刊发推广。指导各镇（街道）组织开展代表学习培训活动，市、镇两级人大换届后，组织新一届市、镇两级人大代表专题学习中共十九届六中全会精神、中央人大工作会议精神以及代表履职业务知识。

2021年兴宁市人大常委会会议一览表

表10

时间	届次	主要议题
1月4日	十五届第四十八次	补选梅州市第七届人民代表大会代表事项
1月19日	十五届第四十九次	听取和审议市科工商务局、市应急管理局、市审计局、市医保局、市城市管理和综合执法局、市政务服务数据管理局等六个政府组成部门的工作情况报告，并进行满意度测评；听取和审议《关于召开市十五届人大七次会议的决定（草案）》；听取和审议《关于列席和邀请列席市十五届人大七次会议人员的决定（草案）》；审议《关于部分兴宁市第十五届人大代表的代表资格审查报告》；听取和审议《关于表彰2020年度兴宁市优秀人大代表的决定（草案）》；听取和审议有关人事任免事项
1月29日	十五届第五十次	听取政府工作报告撰写情况说明；听取市政府《关于兴宁市国民经济和社会发展第十四个五年规划和二〇三五年远景目标纲要的起草说明》，审议《兴宁市国民经济和社会发展第十四个五年规划和二〇三五年远景目标纲要（草案）》；听取和审议市政府《关于兴宁市2020年国民经济和社会发展计划执行情况和2021年计划草案的报告》；听取和审议市政府《关于兴宁市2020年财政预算执行情况及2021年财政预算草案的报告》；审议《兴宁市人大常委会工作报告（稿）》；审议《兴宁市十五届人大七次会议主席团成员构成和秘书长名单（草案）》《兴宁市十五届人大七次会议议案审查委员会主任委员、副主任委员、委员名单（草案）》；审议兴宁市2021年十件民生实事候选项目

续表 10

时间	届次	主要议题
3 月 23 日	十五届 第五十一次	听取和测评市政府关于合水水库灌区改造工程项目专项资金绩效评价的整改情况报告；听取和审议市公安局关于兴宁市社会治安工作情况报告；听取和审议有关人事任免和辞职事项；表彰 2020 年工作评议优秀单位
5 月 25 日	十五届 第五十二次	听取和审议市政府关于兴宁市 2020 年度国有资产管理情况综合报告；听取和审议市政府关于兴宁市 2020 年政府债务情况报告；听取和审议市政府关于兴宁市 2019 年 7 月至 2020 年 6 月审计发现问题的整改情况报告；听取和审议市政府关于 2021 年 4 月新增债券转贷资金安排的议案；听取和审议市检察院关于开展公开听证工作情况的报告；听取和审议市人大常委会执法检查组关于开展《中华人民共和国人民防空法》执法检查情况的报告；听取和审议关于重新确定镇级人大代表名额的议案；听取市人大常委会兴田、福兴、宁新街道工委 2020 年工作情况和 2021 年工作计划的报告；听取和审议有关人事任免和辞职事项
7 月 29 日	十五届 第五十三次	听取和审议市政府关于兴宁市 2021 年上半年国民经济和社会发展计划执行情况报告；听取和审议市政府关于兴宁市 2021 年上半年预算执行情况报告；听取和审议关于兴宁市退役军人事务工作情况报告；听取和审议市人大常委会执法检查组关于开展《中华人民共和国传染病防治法》执法检查情况的报告；听取和审议关于兴宁市 2021 年 6 月地方政府新增债券转贷资金安排的议案；审议关于兴宁市市镇两级人民代表大会换届选举时间的决定、关于成立兴宁市选举委员会的决定、关于成立兴宁市各镇选举委员会的决定、兴宁市第十六届人大代表名额分配方案等有关市镇人大换届选举事项；听取和审议有关人事任免和辞职事项
9 月 17 日	十五届 第五十四次	听取和审议有关人事任免和辞职事项
9 月 28 日	十五届 第五十五次	听取和审议市政府关于兴宁市 2020 年财政决算报告；听取和审议市政府关于兴宁市 2020 年度市级预算执行和其他财政收支的审计工作报告；听取和审议市教育局关于全市城区义务教育招生规范工作情况报告；听取和审议兴宁市第十六届人民代表大会代表资格审查报告；听取和审议市政府关于 2021 年市本级预算调整方案的议案；听取和审议市政府关于 2021 年 8 月地方政府新增债券转贷资金安排的议案；听取和审议有关人事任免事项
10 月 18 日	十五届 第五十六次	听取和审议市政府关于兴宁市城市投资发展有限公司受让广东明珠集团股份有限公司、广东旺朋建设集团有限公司持有的广东明珠集团城镇运营开发有限公司全部股权的议案；听取和审议市政府关于兴宁市城市投资发展有限公司和兴宁市兴东水务建设投资有限公司参与罗定市水资源综合利用及保护 PPP 项目（一期）投资的议案
11 月 1 日	十五届 第五十七次	听取和审议关于召开市十六届人大一次会议的决定（草案）；听取和审议关于列席和邀请列席市十六届人大一次会议人员的决定（草案）；听取和审议市政府关于市十五届人大七次会议代表建议办理情况报告；听取《兴宁市人民政府工作报告》撰写情况说明；听取和审议市监察委员会关于开展扶贫领域腐败和作风问题专项治理工作情况报告；审议市十五届人大常委会代表资格审查委员会关于个别代表出缺的代表资格审查报告（草案）；审议《兴宁市人大常委会工作报告（稿）》；审议《市十六届人大一次会议主席团成员和秘书长名单（草案）》；审议《市十六届人大一次会议议案审查委员会主任委员、副主任委员、委员名单（草案）》
11 月 11 日	十五届 第五十八次	补选梅州市第七届人民代表大会代表事项
12 月 30 日	十六届 第一次	听取和审议市政府关于 2020 年 7 月至 2021 年 6 月审计发现问题的整改落实情况报告；听取和审议市政府关于 2021 年度生态环境保护工作情况报告；听取和审议市司法局关于《民法典》贯彻落实情况报告；书面听取关于兴宁市 2021 年规范性文件备案审查工作情况报告；听取和审议市政府关于提请审议调整变更兴宁市城市投资发展有限公司受让广东明珠集团股份有限公司、广东旺朋建设集团有限公司持有的广东明珠集团城镇运营开发有限公司全部股权决议事项的议案；听取和审议市政府关于提请审议 2021 年市本级第二次预算调整方案的议案；听取和审议关于设立兴宁市第十六届人大常委会代表资格审查委员会的议案；听取和审议有关人事免职事项

【代表建议办理】2021 年，兴宁市人大常委会交办市十五届人大七次会议和市十六届人大一次会议的代表建议 77 件，将《关于加大铁山嶂矿区地质灾害隐患治理力度》《关于加快农田水利建设进度》《关于加快‘四好农村路’建设》《关于完善水口镇农村公交线路的建议》等列为重点建议，落实政府部门的承办责任，加强跟踪督办，市十五届人大七次会议所有建议均依时办理答复完毕，代表对建议办理满意或基本满意率 100%。

（李宗龙）

■ 兴宁市人民政府

综述

【概况】2021 年，兴宁市人民政府坚持以习近平新时代中国特色社会主义思想为指导，坚决贯彻落实习近平总书记、党中央决策部署，认真按照上级和市委的部署要求，坚持稳中求进，全力统筹疫情防控和经济社会发展，狠抓“六稳”“六保”等工作，推动经济持续稳定发展，如期全面建成小康社会，实现“十四五”良好开局。

【市政府常务会议】2021 年，兴宁市人民政府召开 20 次市政府常务会议（详见表 11）。

【文稿服务】2021 年，兴宁市人民政府办公室组织撰写政府工作报告、领导讲话、各类会议材料等 200 多篇。聚焦乡村振兴、实体经济、民生实事等重要工作进行调研，撰写《推进兴宁市工业产业高质量发展的思考和建议》等调研材料 10 余篇，上报典型材料、经验材料 33 篇。

2021 年兴宁市政府常务会议一览表

表 11

时间	届次	主要议题
1 月 12 日	十五届第 85 次	研究实施兴宁市教师发展中心建设项目事宜；审议《兴宁市 2020 年（第 2 批）水库移民后期扶持资金项目计划》；研究实施兴宁市兴福花园公租房第 13 栋装修工程事宜；研究实施 2020 年兴宁市城镇老旧小区改造范围周边市政设施升级改造一期工程（标段二）事宜；研究关于市人民医院购置心脏外科专科医疗设备事宜；研究关于申报陈采衡、黄桂清、袁伟东为烈士事宜
1 月 20 日	十五届第 86 次	审议《兴宁市 2020 年国民经济和社会发展计划执行情况和 2021 年计划草案的报告（送审稿）》《兴宁市 2020 年预算执行情况和 2021 年预算草案的报告》《兴宁市国土空间规划委员会章程（送审稿）》《兴宁市 2021 年第一批次国有建设用地使用权供应方案》《广东省兴宁市万通工艺有限公司国有建设用地使用权收回（置换）方案》；审议兴宁市 2021 年十件民生实事候选项目；研究解决兴宁市东江流域水环境承载能力预警与评估和兴宁市生态环境保护“十四五”规划（含兴宁市东江源水生态环境保护规划）编制工作经费事宜
2 月 3 日	十五届第 87 次	审议《兴宁市国民经济和社会发展第十四个五年规划和二〇三五年远景目标纲要（送审稿）》；研究解决中国新兴版画运动九十周年全国版画作品展经费事宜；研究实施兴宁市大坪镇红色革命遗址保护及布展项目事宜；审议兴宁市互联网产业园项目《投资协议书（送审稿）》；审议电子玩具汽车等益智玩具的生产和销售项目《投资协议书（送审稿）》；审议《兴宁市产业转移工业园标准厂房管理办法（试行）（送审稿）》；研究兴宁市叶塘安置区首期商铺资产处置事宜
3 月 5 日	十五届第 88 次	审议《2021 年市政府重点工作责任分工方案（送审稿）》《2021 年市十件民生实事责任分工方案（送审稿）》《兴宁市新圩镇官峰矿区陶瓷土矿采矿权挂牌出让工作方案（送审稿）》《兴宁市新陂镇先声矿区建筑用花岗岩矿采矿权挂牌出让工作方案（送审稿）》《兴宁市 2020—2025 年梅州柚产业发展工作实施方案（送审稿）》；研究实施兴宁市福兴街道大塘村窑上等 3 个地质灾害工程治理（施工）项目事宜；研究解决兴宁市县、镇（街道）及面上村精准扶贫档案归档工作经费事宜；研究解决预防接种规范门诊整体搬迁项目经费事宜；研究解决疫情防控相关经费事宜；研究合水镇农场 4 个管理区设置为 3 个行政村事宜；研究修订兴宁市机关事业单位工作人员死亡后遗属生活困难补助标准事宜

续表 11

时间	届次	主要议题
3月26日	十五届第89次	审议兴宁市城镇土地定级与基准地价更新及标定地价、集体建设用地和农用地基准地价制定项目成果；审议《兴宁市人民政府关于实行镇街综合行政执法的公告（送审稿）》《兴宁市优秀运动员教练员和体育后备人才输送单位奖励办法（送审稿）》；研究拨付兴宁市参加梅州市第九届运动会经费事宜；研究锦绣新城（福兴安置区）一期部分商铺公开招租事宜；研究文峰新城一区、锦绣新城一期部分剩余未选店铺处置事宜；研究实施兴宁市石屐水库等5宗小型水库除险加固工程事宜；研究建设兴宁市北部中心消防站相关事宜；研究招录兴宁市应急综合救援队员事宜
4月9日	十五届第90次	审议《兴宁市畜禽养殖发展规划（2021—2025年）（送审稿）》《兴宁市正常离任村干部生活补助提标发放管理办法（送审稿）》；研究实施2020年度梅州市兴宁市龙田镇丽溪村和鸡公桥村等3个垦造水田项目事宜；研究实施兴宁市宁江中学学生宿舍食堂等建设项目事宜；研究实施兴宁市新陂、叶塘“两镇五村”乡村振兴示范项目亮化工程事宜；研究实施兴宁市卫健系统医疗电子票据管理平台项目事宜；研究解决兴宁市退役军人事务局相关工作经费事宜
4月30日	十五届第91次	研究解决兴宁市机关事业单位合同制职工（含聘用制干部）欠缴企业职工养老保险费单位缴费资金事宜；研究给予兴宁市粮食收储公司（原坪洋粮食管理所）划拨土地使用权补办出让及转让手续事宜；审议《兴宁市2021年第二批次国有建设用地使用权供应方案》《兴宁市2021年第三批次国有建设用地使用权供应方案》；研究实施兴宁市锦绣大桥下穿西堤公路工程事宜；研究实施兴宁市宁江公园公益宣传阵地项目事宜；研究兴宁市新陂、叶塘“两镇五村”乡村振兴连片示范项目养护管理移交相关事宜；研究解决兴宁市承办和参加梅州市第十四届中学生运动会经费事宜；研究实施新陂、叶塘“两镇五村”乡村振兴连片示范区“十里版画长廊”项目事宜
5月20日	十五届第92次	研究实施兴宁市石马镇敬老院改建项目事宜；研究实施公路治超非现场执法系统项目事宜；研究兴宁市财政局两处资产处置事宜；研究兴宁市2021年4月地方政府新增债券转贷资金安排事宜；研究“三室两库”正规化建设相关事宜
5月24日	十五届第93次	研究兴宁市产业转移工业园投资开发有限公司增持兴宁市农商银行股权事宜；研究实施兴宁市坜陂中学迁建项目相关事宜；审议《兴宁市2021年第四批次国有建设用地使用权供应方案》《兴宁市国有土地上房屋征收与补偿管理办法等文件（送审稿）》；研究解决梅州市生态环境局兴宁分局固定资产历史遗留问题事宜；研究购置大中小型水库主要防汛物资事宜；审议兴宁市大中型和小型水库移民后期扶持“十四五”规划报告事宜；研究建设兴宁市档案馆新馆智慧档案库房一体化管理系统事宜
6月22日	十五届第94次	研究开展兴宁市合水水库水资源综合利用及保护PPP项目事宜；研究实施兴宁市径南镇宝山河（新洲段支流）生态清洁型小流域综合治理工程事宜；审议《兴宁市河道采砂规划（2021—2025年）（送审稿）》《兴宁市2021年大中型水库移民后期扶持资金项目计划（第1批）》；研究解决党史学习教育工作经费事宜；研究解决大坪镇罗屏汉故居红色教育基地“苏区广场”和“屏汉大道”土地房屋征收补偿费用事宜；研究解决水口镇兴华高速、第五人民医院、S225线被征地农民养老保险缺口资金事宜；研究实施兴宁市水口镇综合保税区（兴宁区域）、梅州畲江铁路货运场（兴宁区域）和广梅园地块一、地块二清表工程事宜；研究实施水口镇等六镇圩镇人居环境提升项目事宜；研究实施尚御东岸周边市政配套工程和纺织路（经典名城段）市政道路工程事宜
7月6日	十五届第95次	审议《兴宁市合水水库水资源综合利用及保护PPP项目实施方案》《兴宁市公房租赁经营管理有限公司组建方案（送审稿）》《兴宁市紧密型县域医疗卫生共同体建设实施方案（送审稿）》《兴宁市人民政府关于公布规范性文件清理结果的公告（送审稿）》《兴宁市全面推行证明事项告知承诺制工作实施方案（送审稿）》；研究海燕大桥至兴宁大道市政工程项目隐性债务化解相关事宜；研究签订《兴宁市环境卫生管理所保洁服务BOT承包采购合同》变更协议相关事宜；研究解决2021年城市生活垃圾分类工作经费事宜；研究实施历史建筑测绘建档和历史文化名村规划修编工作事宜；研究实施兴宁市“刁坊、坭陂、新圩”三镇美丽乡村连片示范项目相关事宜；研究实施兴宁市2021年度21处中小型地质灾害隐患点综合治理项目事宜；研究兴宁市2021年6月地方政府新增债券转贷资金安排事宜；研究解决兴宁市镇（街道）疫情防控、安全生产、“三防”等工作经费事宜；研究解决打击治理电信网络新型违法犯罪专项工作经费事宜；研究购置兴宁市人民医院异地（整体）搬迁新建项目医疗设备事宜

续表 11

时间	届次	主要议题
8 月 5 日	十五届第 96 次	审议《兴宁市扶持肉鸽产业发展的若干措施（试行）（送审稿）》《兴宁市 2021 年第五批次国有建设用地使用权供应方案中 XY2021-05 出让地块及 HB2021-01 划拨地块供应方案》《兴宁市工业发展"十四五"规划（送审稿）》《兴宁市全面推行林长制工作方案（送审稿）》；研究实施兴宁市铁山嶂废弃矿山废水应急处理工程事宜；研究实施林长制管理平台建设事宜；研究实施宁新东风村五号小区和九号小区城镇老旧小区改造及周边市政道路配套设施工程项目事宜；研究实施 2020 年兴宁市城镇老旧小区改造范围周边市政设施升级改造一期工程（标段三）事宜；研究实施兴宁市宁新大岭片区（和平小区、文兴花园等小区）老旧小区改造及周边市政道路升级改造项目事宜；研究实施兴宁市委片区（市委宿舍、招待所宿舍等小区）老旧小区改造及周边市政道路升级改造项目事宜；研究实施兴宁市宁新紫金山片区（交通宿舍、税务宿舍等小区）老旧小区改造及周边市政基础设施升级改造项目事宜；研究实施兴宁市全域自然村集中供水工程（农村供水保障工程）事宜；研究实施福兴街道社区卫生服务中心（社区医院）整体搬迁建设项目事宜；研究拨付兴宁立讯技术有限公司 2020 年度专项性扶持资金事宜；研究拨付梅州市丰谷音响科技有限公司 2020 年度专项性扶持资金事宜；研究实施兴宁市产业转移工业园辰浩医疗南侧东段道路工程事宜；研究解决兴宁市供销合作社联合社参股建设广东供销放心农产品区域直供配送网络省级经营管理平台资金事宜
8 月 24 日	十五届第 97 次	审议《兴宁市环境综合治理与修复项目 PPP 项目合同补充协议（文本）》《收回兴宁市叶塘圩镇兴宁市永业基础设施建设投资有限公司国有建设用地使用权方案》《兴宁市罗岗镇桂发矿区制生石灰用石灰岩矿采矿权挂牌出让工作方案（送审稿）》《兴宁市实施"广东兜底民生服务社会工作双百工程"工作方案（送审稿）》；研究实施兴宁市铁山嶂废弃矿区泥石流监测工程事宜；研究实施兴宁市游客服务中心项目事宜；研究实施兴宁市高级技工学校升级技师学院建设项目（一期项目）中区学生宿舍、高技能公共实训基地建设及配套工程事宜
9 月 16 日	十五届第 98 次	研究解决疫情防控相关经费事宜；审议《兴宁市农村民居外立面改造提升奖补方案（送审稿）》《2021 年市本级预算调整方案》；研究实施 2021 年度梅州市兴宁市罗岗镇、大坪镇、石马镇和新陂镇 3 个高标准农田建设项目事宜；研究兴宁市 2021 年 8 月地方政府新增债券转贷资金安排事宜；研究安排 2021 年度市本级重大项目前期工作经费事宜；研究解决市纪委监委机关"信创"工程（政务内网）费用事宜；研究实施兴宁市森林火灾风险普查项目事宜；研究实施兴宁市第一中学校史馆改建项目事宜；研究继续实施兴宁市清洁维护城市"牛皮癣"专项清理服务项目事宜；研究实施兴宁市老城区供排水升级改造项目（第一期）事宜
10 月 14 日	十五届第 99 次	审议《兴宁市合水水库水资源综合利用及保护 PPP 项目国有建设用地使用权收回及划拨方案》《兴宁市镇（街）消防所创建工作方案（送审稿）》；研究变更兴宁合水水库加固扩建工程划拨国有建设用地使用权主体事宜；研究兴宁市城市投资发展有限公司受让广东明珠集团股份有限公司、广东旺朋建设集团有限公司持有的广东明珠集团城镇运营开发有限公司全部股权事宜；研究兴宁市城市投资发展有限公司和兴宁市兴东水务建设投资有限公司参与罗定市水资源综合利用及保护 PPP 项目（一期）投资相关事宜；研究启动收回兴宁市福兴街道神光山曾泗塘梅州融丰实业有限公司国有建设用地使用权事宜；研究实施兴宁市南部新城棚户区改造三期（宁新安置区 C 区）建设项目二期工程事宜；研究解决兴宁市大坪镇白云村土地开发整理项目种植费历史遗留问题事宜；研究实施广东省文物保护单位棣华围修缮工程（第一期）事宜；研究拨付义务教育阶段学校校内课后服务财政补贴经费事宜；研究解决兴宁市径南镇政府专职消防队开办经费事宜

续表 11

时间	届次	主要议题
11月4日	十五届第100次	研究宁新安置区一期工程BT项目融资利息和融资回报核算相关事宜；研究提前回购“17永业债”相关事宜；研究实施兴宁市城区垃圾清运及东区清扫保洁作业项目相关事宜；审议《关于全面实施预算绩效管理的实施意见（送审稿）》《兴宁市产业转移工业园标准厂房管理办法（修订稿）》《兴宁市60周岁以上老人、中小学生、残疾人、现役军人、驻兴部队官兵家属等群体免费乘坐客运车辆实施方案（修订稿）》；研究实施兴宁市产业转移工业园整体城镇化建设项目三期（标准厂房）工程事宜；研究解决兴宁市镇（街道）护林防火、疫情防控、安全生产等工作经费事宜；研究兴宁市公房租赁经营管理有限公司购买兴宁市纱线厂相关资产事宜；研究拨回市政工程款事宜；研究兴宁市城市投资发展有限公司租赁兴宁市金叶酒店事宜；研究实施兴宁市省道226线至屏汉村公路工程事宜；研究实施广东省梅州市卫生职业技术学校建设项目（首期）第一期工程事宜；研究给予兴宁市重性精神病患者特定门诊个人负担部分财政补助事宜；研究实施电子物证实验室建设事宜
11月24日	十六届第1次	审议《兴宁市2021年第六批次国有建设用地使用权供应方案》《兴宁市镇（街道）志、村志编修工作方案（送审稿））》《兴宁市镇（街道）经费保障实施方案（试行）（送审稿）》；研究实施和山岩水库、和山水库清淤工程事宜；研究解决兴宁市第一次全国自然灾害综合风险普查应急系统工作经费事宜；研究解决大规模核酸检测相关物资采购经费事宜；研究启动兴宁市南部新城控规（兴宁市高级技工学校地块）规划道路调整事宜；研究启动兴宁市老城区控制性详细规划兴将马路下段道路调整事宜；研究启动控规编号7-01-14地块用地性质及相关指标调整事宜；研究启动控规编号2-04-17地块用地性质及相关指标调整事宜；研究兴宁市公安局交警大队增加铁骑队队员及相关警用设备事宜；研究实施兴宁市黄陂镇敬老院改建项目事宜；研究实施兴宁市罗岗镇敬老院改建项目事宜
11月26日	十六届第2次	审议《关于解除〈国有建设用地使用权出让合同〉及〈国有建设用地使用权出让合同变更协议〉实施方案》《广东明珠集团城镇运营开发有限公司股权装让协议（送审稿）》；研究兴宁市齐昌供水有限公司国有股权划转事宜；关于兴宁市城市投资发展有限公司出资购买广东明珠珍珠红酒业有限公司经营性资产包事宜
12月16日	十六届第3次	研究实施兴宁市合水镇白泡废弃铁矿堆料场污染应急工程事宜；审议《铁山嶂废弃矿区生态综合治理修复工程项目（兴宁部分）勘察设计招标工作方案（送审稿）》《兴宁市鸿源花园南侧1宗国有建设用地使用权出让方案》《兴宁市新圩镇响水径矿区建设用花岗岩矿采矿权挂牌出让工作方案（送审稿）》《国家电子商务进农村综合示范县项目尾款500万元使用方案（送审稿）》《兴宁市镇（街道）消防委托执法试点工作实施方案（送审稿）》《兴宁市消防工作“十四五”规划（送审稿）》《兴宁市校外培训机构专项整治方案（送审稿）》；研究解决兴宁市山水林田湖草沙一体化保护和修复工程项目相关可行性研究报告、勘查报告编制和技术支持咨询服务经费事宜；研究调整变更兴宁市城市投资发展有限公司受让广东明珠集团股份有限公司、广东旺朋建设集团有限公司持有的广东明珠集团城镇运营开发有限公司全部股权决议事项事宜；研究解决2021年垦造水田水稻种植资金事宜；研究解决兴宁市耕地恢复潜力调查评价工作经费事宜；研究签订扶贫资金投资工业园标准化厂房建设相关协议事宜；研究拨付黄泥坑垃圾填埋场渗滤液外泄应急抢险工作经费事宜；研究解决兴宁市供销合作社联合社参股兴宁市供销放心农产品直供送子平台公司资金事宜；研究市中医医院购置壹台全数字化高端彩色多普勒超声诊断仪事宜；研究实施黎陂寨水库清淤工程事宜；审议明珠包装材料迁建扩产项目《投资协议书（送审稿）》；审议广东红禾朗电工有限公司插座、开关等电工产品的研发、生产和销售项目《投资协议书（送审稿）》
12月21日	十六届第4次	研究拨付兴宁市神秀路（含神秀立交）工程BT建设项目余款和融资本金等资金事宜；研究拨付宁新安置区一期工程BT项目剩余工程款及融资利息、融资回报等资金事宜；研究福兴安置区一期工程BT（投资建设—移交）项目结算相关事宜；研究拨付兴安置区一期工程BT（投资建设—移交）项目融资利息和融资回报资金相关事宜；研究神光山郊野公园工程BT项目融资利息和融资回报核算及资金拨付事宜；研究兴宁市神光山神光湖湿地公园景观工程项目隐性债务化解相关事宜；研究关于37、42号区置换地周边道路市政工程项目隐性债务化解相关事宜；研究调整兴宁市合水水库灌区水利工程农业供水价格相关事宜；审议《2021年本级第二次预算调整方案》；研究关于罗浮、坭陂、水口3个中心镇污水处理项目特许经营协议相关事宜

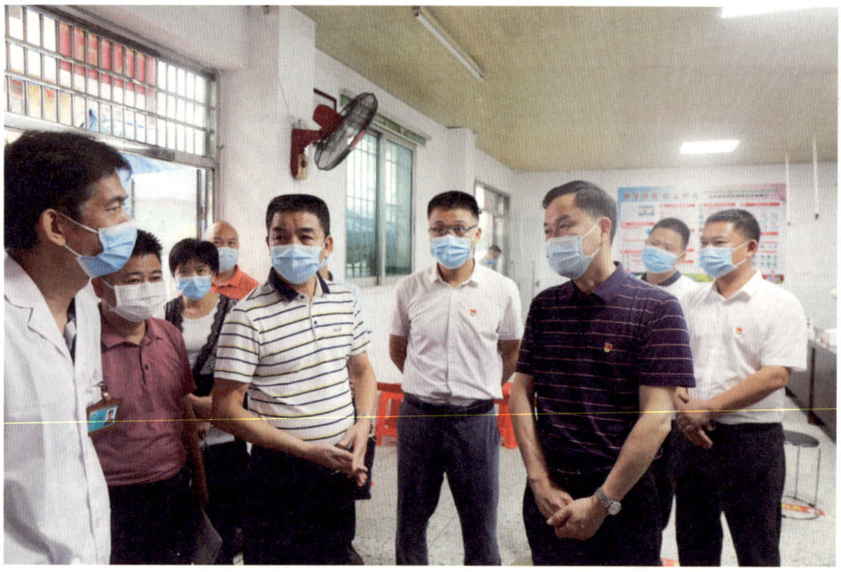

▲2021 年 6 月 23 日，兴宁市政府领导督导疫情防控工作

（市人民政府办公室提供）

【办文办会】 2021 年，兴宁市人民政府办公室制发各类文件、函件 448 件，处理明传电报、来文来函等公文约 9000 件。组织召开各类工作会议 376 场次，上级领导到兴宁检查、调研及主要领导调研等活动 70 场次。

【督查督办】 2021 年，兴宁市人民政府办公室对重点工作、民生实事、领导重要批示和交办事项等进行重点督办，全年处理督办事项 112 件，发出督办通报 12 期，市政府常务会议决定事项通知书 250 份；兴宁市 2021 年市政府十件民生实事 23 项具体任务和市政府工作报告确定的重点工作 8 项 76 件具体任务等列为督办工作重点，每月汇总通报，至年底全部完成。

【政务公开】 2021 年，兴宁市人民政府办公室严格落实意识形态各项工作，完善政务公开制度。市政府网站发布各类信息 15473 条。协调相关部门办理群众网络问政来信 1236 件、依申请公开政府信息 24 件、网民留言 14 件。是年，兴宁市在 2020 年度梅州市政府网站考评中获优秀，位列梅州各县（市、区）第一。

【建议提案办理】 2021 年，兴宁市人民政府办公室办理人大代表建议 32 件，政协委员提案 95 件，办复率 100%，满意率、基本满意率均 100%。其中 4 个建议和 10 个提案被确定为重点建议、重点提案。

【金融工作】 2021 年，兴宁市人民政府办公室加强金融协调服务，推动政银企对接合作，全年举办 3 场融资对接会、2 场金融联席会。至年底，全市存贷比 64%，比年初增长 1.1%。强化金融监管，加强小贷公司和典当行日常监管，开展涉众金融领域涉稳问题专项治理工作，化解上市公司退市风险，实现全年金融稳健运行。

【外事工作】 2021 年，兴宁市人民政府办公室完善因公出国审批制度和工作流程，履行统筹协调和审核把关职责，兴宁市因公出国人员和团组数为 0。做好在兴宁外籍人士服务管理和疫苗接种工作。为参与“一带一路”建设项目的兴宁市企业提供政策和信息上的有效帮助。

【政府建设】 2021 年，兴宁市人民政府办公室统筹推进全市政府职能转变和“放管服”改革，持续开展“疏堵行动”，加强数字政府建设，重点推进政务服务“跨地区通办”等工作。坚持依法行政，全年开展学法活动 4 次。

（谢至慧）

信访

【概况】 2021 年，兴宁市信访局受理群众来信 605 件，受理群众来访 432 批 1237 人次；受理上级系统交办件 899 件，均按相关规定转送、交办给相关责任单位，按时办结。市信访局按照《信访事项网上办理工作规程》规范办理信访事项，信访工作机构、有权处理信访事项的行政机关及时受理率均为 100%；信访事项按期答复率为 100%。5 月，兴宁市被国家信访局授予 2020 年度全国信访工作“三无”县称号。是年，兴宁市信访局从中山西路 3 号整体搬迁到兴南大道北 289 号。

【信访条例宣传】 2021 年，兴宁

▲ 2021 年 8 月，兴宁市信访局在会展中心开展全市信访业务培训
（李艳丽 摄）

市信访局采取发放资料宣传，利用兴宁电视台、网络媒体宣传，接访大厅视频播放等形式，宣传国务院《信访条例》和《广东省信访条例》，向社会广泛宣传信访工作制度改革的具体做法，为信访工作营造良好的社会氛围。

【信访业务培训】2021 年，兴宁市信访局组织各镇街、各单位信访业务人员进行业务培训，组织线下培训 2 场 85 人次，线上培训 2 场 79 人次，对初信初访、国家满意度件、重复信访案件、全省一体化信访信息系统等基础业务工作进行业务指导，通过开展信访知识业务培训，进一步提高信访干部的业务素质和专业化水平，推进信访工作基础业务规范化，最大限度地避免因信访业务的受理办理不规范而引起群众重复信访。

【群众信访诉求综合服务中心揭牌】2021 年 10 月，兴宁市群众信访诉求综合服务中心揭牌运行。服务中心设置安全检查、导访分流、接待调处和综合服务 4 个功能区域。接待调处区域由市委政法委、公安局、司法局、人社局、自然资源局、住建局等 15 个单位入驻，负责群众来访接待、诉求矛盾纠纷联合调处、信访事项受理转办督办、公共法律服务、心理服务、帮扶求助、信访形势研判、矛盾纠纷处置指挥等信访诉求综合服务。

【领导接访下访】2021 年，兴宁市信访局贯彻市镇两级党政领导干部接访下访包案工作制度。坚持每月 15 日、28 日由一名市党政领导到市信访局接待上访群众，市党政领导坚持每月至少一天到所挂点镇（街道）、挂点联系单位约访或下访。包案领导带案约访、下访信访人，强化责任担当，综合运用法律、政策、经济、行政等手段和教育、协商、调解、疏导等办法，解决好群众合理合法的诉求。全年市党政领导接待来访群众 241 批 470 人次。

【信访排查化解】2021 年，兴宁市信访局全面落实矛盾纠纷排查调处工作机制，坚持市每月排查一次，镇（街道）、市直单位每半月排查一次，村（社区）每周排查一次的信访矛盾纠纷排查制

▲ 2021 年 10 月，兴宁市群众信访诉求综合服务中心服务大厅揭牌运行
（王　海 摄）

度，要求各责任单位对排查出来的矛盾纠纷按照“属地管理、分级负责，谁主管、谁负责”的原则，落实领导包案。加强信息分析研判，每月定期召开信访分析研判会，对重要信访问题分析研判，探索解决途径，提出化解方式方法。

【信访矛盾攻坚】 2021 年，兴宁市信访局对中央信访联席办交兴宁市专项治理的重复信访案件，逐案进行梳理汇总、建立台账，实行分类动态管理；市包案领导通过开门接访、带案下案、深入一线、现场办公等方式，推动信访积案有效化解；市信访局对信访积案落实全员包案，对未按时办结信访积案开展上门督查指导，列出问题清单，提出化解措施和解决问题路径，限期办结。中央信访联席办交办兴宁市的第一批重复信访案件 110 件全部申报办结；至年底，交办的第二批案件 38 件，逐一落实市领导包案，通过广东省一体化信访信息系统交办给各责任单位。

【信访督查督办】 2021 年，兴宁市信访局围绕群众信访事项“件件有着落、事事有回音”和“事要解决”“案结事了”的要求，把督查督办工作作为解决信访问题的重要环节来抓，抓办理、抓落实，坚持按“三到位一处理”的原则，督促责任单位限期妥善处理群众的信访问题。对省委巡视组、中央生态环保督察组交办的信访事项逐一落实督办责任人，逐案督办。对初信初访件纳入全员督办包案，全力推动初信初访件的有效化解。按照广东省、梅州市信访局的工作部署，开展全员包案督办工作，通过广东省一体化信访信息系统线上督办及线下到实地督办等方式全力推动信访案件的化解。初信初访按期受理率、按期答复率、按期办结率均为 100%。

（何　苑）

政务服务数据管理

【概况】 2021 年，兴宁市政务服务数据管理局在市公共服务中心设立“工程建设项目联合审批”“跨省/跨城通办”“证照联办”等专窗，完善爱心驿站、文化驿站、母婴室、电子叫号排队系统、自助导航服务系统等便民设施，全年受理各类业务 22.69 万件，办结业务 22.62 万件，办结率为 99.7%。

【政务外网和政务云建设】 2021 年，兴宁市政务服务数据管理局稳步推进市、镇、村三级电子政务外网升级改造，完成兴宁市市直、党群和事业单位、镇（街道）机关和党群服务中心、村（社区）党群服务中心 647 条政务外网的升级改造。推进政务云建设，引导全市非涉密政务信息系统迁移部署到广东“数字政府”政务云梅州节点。“兴宁市惠民信息平台系统”上线正常运行，“兴宁市政府党群子站集群系统”等 3 个系统进行上云前安全测评；“兴宁市交通局 5G+ 智慧交通监管系统”等 3 个系统部署迁移上云。

【电子政务建设】 2021 年，兴宁市政务服务数据管理局推广电子证照和电子印章的应用，新增工程建设项目审批管理系统水电气单位电子印章制作申请，制作电子印章 217 个，使用次数 1.9

▲ 2021 年，兴宁市公共服务中心开展志愿者文明导引活动

（薛　花　摄）

▲2021年5月14日，刻章服务进驻兴宁市公共服务中心　（薛　花　摄）

万次；开通证照87类，配置营业执照调用功能事项58个，调用电子营业执照等电子证照2.1万次。

【政务服务能力第三方评估迎评迎检】2021年，兴宁市政务服务数据管理局做好第三方评估迎评迎检工作，做好证照免提交问题梳理、高频事项全流程网办提升、高频事项场景导办、政务服务事项申报易用度提高、政务服务事项办理项拆分、政务服务事项跨域通办等相关任务指标的调整。行政许可类事项“两减一即”数据稳步提升，时限压减率95.1%，平均跑动次数0.0024，即办件占比99.4%，依申请六类全流程网办率92.3%，综合受理率99.1%，预约办理率97.1%，跨域办率99.3%，政务服务事项拆分率38%。

【“数字政府”平台建设】2021年，兴宁市政务服务数据管理局推广“粤系列”平台应用。加大“粤省事”宣传推广力度，“粤省事”使用用户79.22万人，占梅州实名用户数比例21.9%，占本市户籍人数67%，在梅州各县（市、区）排名第二。通过涉企服务窗口引导、进店进户推广、工作群推送等方式，引导商事主体注册使用“粤商通”，注册用户3.89万户。推广使用“粤政易”，利用“粤政易”开展日常工作沟通、非涉密文件交换和办理等业务，开通账号1.3万人，活跃率76.1%。在全市村（社区）投放508台“粤智助”政府服务自助机，可供群众查询、打印各类便民服务事项195项，办理业务量7588件。

【政务事项改革】2021年，兴宁市政务服务数据管理局深化“一门式、一网式”“马上办”改革，将479项综合类业务集中到一个窗口通办，升级广东政务服务网兴宁分厅及梅州市统一申办受理平台。行政许可和服务事项承诺办结天数提速62.6%，事项申请材料精简37.5%，政务服务事项网上可办率72.2%，上线服务事项“零跑动”超过80%，“最多跑一次”事项100%。深化政务服务事项标准化建设，全面梳理分析政务服务事项实施清单，推动一批事项下沉镇（街道），进驻事项652项，“就近办”事项1662项，纳入实施政务服务事项2015项。推进乡镇街道体制改革下放政务服务事项工作，下放事项296项。

【惠民信息平台建设】2021年，兴宁市政务服务数据管理局升级改造惠民信息平台，推进惠民资金补贴“一卡通”监管平台建设，协助监管惠农惠民财政补贴资金工作，实现村级财务、村务、党务，农村资金、资源、资产的公示公开。

【政府网站建设】2021年，兴宁市政务服务数据管理局深化政府网站建设，细化栏目分工，严格审核发布信息，及时发布准确信息，营造良好的网络环境，全年在政府网站发布稿件14936篇。完成政府网站IPv6改造，强化安全漏洞监测，提高政府网站安全突发事件的应急处置能力，确保政府网站安全零事故。是年，在梅州市政府网站与政务新媒体考评中排名第三。

【监督平台与效能建设】2021年，兴宁市政务服务数据管理局推广线下窗口、线上平台政务服务“好差评”全覆盖，“好差评”办事

▲2021 年 7 月 26 日，兴宁市政务服务数据管理局到黄槐镇党群服务中心调研政务服务事项下放承接工作 （伍岳斌 摄）

评价覆盖度 99%；依托“12345”政府服务热线督促做好便民利企工作，工单按时办结率 100%，群众满意率 99.96%。在线监察纳入惠民信息平台的 54 项惠民事项及 20 个镇（街道）的 38 项村级村务、财务、“三资”等基层治理信息公开的更新发布、咨询和投诉的答复实施，发出网上督办信息 1469 次。“互联网＋监管”事项实施清单完成率 100%；监管事项覆盖率 77.6%，排名梅州各县（市、区）第一。

（杨颖明）

招商和企业服务

【概况】 2021 年，兴宁市招商和企业服务中心完成新签约合同项目 17 个，计划投资总额 107.52 亿元。其中，工业合同项目 11 个，计划投资额 12.32 亿元；超亿元合同项目 10 个、超亿元工业合同项目 4 个、超 10 亿元合同项目 4 个。2021 年 5 月，获评 2020 年度梅州市招商引资项目绩效管理专项核查“优秀等次”。

【招商引资】 2021 年，兴宁市招商和企业服务中心赴广州、惠州、东莞、深圳、佛山、北京等地开展招商考察活动 17 次，其中市委、市政府主要领导亲自带队外出 6 次。外出对接企业、商协会 58 家，接待到兴宁考察企业、商协会 150 多批次。组织各类商协会 1500 人次，举办 7 次专题招商座谈推介会（含 2 次梅州综合保税区专题招商座谈推介会），更新网站招商动态 74 条，发放投资指南、优惠政策等相关资料 5000 多册。牵头举办或参与筹备总投资 112.50 亿元的 45 个项目集中签约动工竣工活动和总投资 17.62 亿元的 11 个工业项目集中签约暨企业家座谈会等。起草修订《兴宁市招商引资绩效管理方案》《关于下达 2021 年度招商引资目标任务的通知》《兴宁市驻外专业招商队考核方案》。

【产业共建】 2021 年，兴宁市招商和企业服务中心推进兴宁·天河创新产业园建设。是年，根据《2020 年天河区·兴宁市对口帮扶工作党政联席会议纪要》精神，通过与广州天河区帮扶共建形式，共同建设兴宁市产业转移工业园整体城镇化建设项目三期（标准厂房）重要组成部分——广州天河·兴宁产业孵化中心（大厦），新引进裕晟照明、兴华玩具等产业共建项目 7 个，计划投资金额 26.7 亿元。

【企业服务】 2021 年，兴宁市招

▲2021 年 5 月 15 日，东莞市茶山青年企业家协会到兴宁考察投资环境 （兴宁市招商和企业服务中心提供）

商和企业服务中心为签约项目打造“一对一”跟踪服务模式。是年，组织20场协调推进会，为7家企业高管的子女16人办理入学或转学；协助6家企业办理工商注册、刻章、银行开户等项目落户前期手续，全年协助企业解决建设、生产和经营过程中的诉求51宗。是年，为兴宁立讯精密、丰谷音响2家企业办理2020年度专项性扶持资金340.36万元。

（罗祖媛）

■ 中国人民政治协商会议广东省兴宁市委员会

【概况】 2021年，中国人民政治协商会议广东省兴宁市委员会坚持以习近平新时代中国特色社会主义思想为指引，紧扣团结民主两大主题，认真履行三大职能。全年召开全体委员会会议2次，常务委员会会议5次，主席会议及党组（扩大）会议25次；开展专题调研视察23次，提交报告6篇；征集提案189件，立案181件；委员提交大会发言材料30份，反映社情民意信息74条。

2021年兴宁市招商引资项目基本情况统计表

表12　　单位：万元

项目名称	投资方名称	项目概况	计划投资额
5G数据线生产建设项目	深圳市宝鹏辉电子有限公司	项目主要生产数据线材产品，计划投资总额5000万元，其中固定资产投资总额约3000万元，意向购买东莞（石碣）兴宁产业转移工业园的标准化厂房8000平方米。项目建成后，预计年产值3000万元，预计年税收约150万元	5000
逍遥谷康养文体旅游项目	丘港生（惠州）	项目计划投资总额10亿元，意向选址位于兴宁市叶塘镇逍遥谷，规划用地约6000亩，规划建设温泉度假木屋、游客接待中心、温泉度假酒店、温泉瀑布游泳池，种子创新研发中心、远程医疗康复中心、智能数字中心及相关配套设施等，打造文化、旅游、康养一体的温泉度假康养小镇。项目建成后，预计年服务收入1.3亿元，预计年税收额1000万元	100000
广藿香的种植与加工提炼项目	梁艳颜（广州）	项目主要以“公司+基地+农户”的模式种植广藿香，并加工提炼广藿香挥发油、中药饮品。意向在兴宁市宁中镇、大坪镇等地种植广藿香。计划投资总额1.3亿元，预计固定投资0.62亿元，主要建设种植基地、挥发油加工提炼厂、中药饮片初加工厂。项目达产后预计年产值2.95亿元，年税收1500万元	13000
益智玩具生产和销售项目	东莞冠华玩具有限公司	项目主要从事电子玩具汽车等益智玩具的生产和销售，产品由进口原材料进行生产，全部出口欧洲。项目计划总投资为1.8亿元，其中固定资产计划投资为1.1亿元。项目意向选址位于东莞石碣（兴宁）产业转移工业园，拟用地28亩。项目达产后预计年产值1.5亿元，年税收约500万元	18000
兴宁市工业园区建筑物屋顶光伏发电项目	张智霖	项目计划投资总额4.5亿元，总装机容量100兆瓦，其中首期计划投资1.35亿元，规划利用东莞石碣（兴宁）产业转移工业园区内建筑物屋顶安装光伏发电设备，装机容量30兆瓦。项目建成后年均收入6000万元，预计年税收1044万元	45000
中骏城市综合体项目	深圳中骏和信置业有限公司	项目主要从事建设高品质居住花园小区；建设集大型购物中心、主题街区、大型超市、高品质居住区为一体的城市商业综合体。项目首期用地位于兴旺大桥两岸，用地93亩。二期意向选址兴宁市南部新城，拟用地约330亩。项目计划投资总额58亿元。首期计划投资约18亿元，主要建设御景湾高品质居住花园小区；二期计划投资约40亿元，主要建设大型购物中心、主题街区、大型超市、高品质居住区为一体的城市商业综合体	580000

续表 12　　单位：万元

项目名称	投资方名称	项目概况	计划投资额
新能源汽车和5G用高端精密沉部件制造项目	东莞烽泰五金塑胶有限公司	项目计划投资总额1.2亿元，其中固定资产投资总额0.8亿元。意向先租后买东莞（石碣）兴宁产业转移工业园的标准化厂房约1.4万平方米。项目建成后，预计年产值1.5亿元，预计年税收约610万元	12000
体育智能用品的研发、生产和销售项目	兴宁市兴丰体育科技有限公司	项目主要从事鞋面用料研发、加工。计划总投资额5000万元，租赁东莞石碣（兴宁）产业转移工业园内企业厂房，面积约7000平方米。项目建成后，预计年产值约5000万元，年税收约80万元	5000
鞋类运动用品的研发生产和销售项目	梅州市利鸿运动用品有限公司	项目主要从事针织品、鞋面用料研发、加工、销售。计划总投资额5000万元，意向选址东莞石碣（兴宁）产业转移工业园（南区）内企业厂房。项目建成后，预计年产值约5000万元，年税收约60万元	5000
正兴商住小区项目	兴宁市融地房地产开发有限公司	项目主要建设商住楼小区，计划投资总额10亿元，拟选址位于兴宁市兴宁大道西侧、南环大道北侧	100000
紫盛国际酒店管理项目	广东紫盛国际酒店管理有限公司	项目主要从事酒店管理服务、酒店投资、旅馆业（酒店）、餐饮服务、物业管理、会务服务等。计划总投资额1.2亿元，拟选址位于兴宁市凤英长廊中段鼎盛花园第一栋	12000
现代高效农业“一体化”项目	梅州市盛之源实业有限公司	项目主要建设丝苗米种植基地、中药种植基地。计划总投资额约6亿元，拟选址兴宁市新圩镇寨塘村	60000
磁性电子元器件制造项目	梅州市一磁磁业有限公司	项目主要从事磁性材料、电子变压器、充电器、电子元器件制造、销售。计划总投资额0.5亿元，其中首期拟租赁厂房生产，计划投资额约2000万元，拟选址兴宁市东莞石碣（兴宁）产业转移工业园。项目建成后，预计年产值约1亿元，预计年税收约150万元	5000
鞋品研发生产项目	莱斯科鞋业（兴宁）有限公司	项目主要从事鞋及鞋材、皮革制品、服装制造、销售。计划总投资额约5000万元，拟选址兴宁市东莞石碣（兴宁）产业转移工业。项目建成后，预计年产值约1亿元，预计年税收约100万元	5000
智能柜生产制造项目	梅州嘉科智能制造有限公司	项目主要从事金属制品、机械产品、机电设备、充电桩、换电柜、智能包裹柜、一体化机柜、自动售货机、智能自助设备、电子设备整机等制造、销售。计划总投资额约5200万元，其中首期拟租赁厂房生产，计划投资额约2000万元，项目拟选址位于兴宁市东莞石碣（兴宁）产业转移园	5200
电路板生产基地项目	国旭科技（梅州）有限公司	项目主要从事电子元器件等产品制造、销售。计划总投资额约5000万元，其中首期拟租赁厂房生产，计划投资额约2000万元，项目拟选址兴宁市东莞石碣（兴宁）产业转移工业园。项目建成后，预计年产值约8000万元，预计年税收约100万元	5000
广东熙和湾万紫御园项目	广东万紫御园文化旅游产业有限公司	项目计划投资总额10亿元，建设国际高端皇家御园，模拟航天科普教育，太空育种农业和太空长廊与3D灯光秀的综合旅游，观赏，休闲，康养胜地。项目意向选址位于永和镇熙和湾客乡文化旅游产业园侧，规划用地约1500亩	100000

【重要会议】

市政协全会　2021年，中国人民政治协商会议广东省兴宁市委员会全年召开2次全体会议。2月6—7日，政协第十四届兴宁市委员会第六次会议在市会展中心举行。会议应到委员332人，实到会262人。会议听取审议通过《政协常委会工作报告》《提案工作情况报告》。全体委员列席兴宁市第十五届人民代表大会第七次会议，听取讨论《政府工作报告》及其他报告，讨论《兴宁市国民经济和社会发展第十四个五年规划和二〇三五年远景目标纲要（草案）》。11月15—17日，政协第十五届兴宁市委员会第一次会议在市会展中心举行。会议应到委员303人，实到297人。会议听取审议通过《政协常委会工作报告》《提案工作情况报告》。全体委员列席兴宁市第十六届人民代表大会第一次会议，听取讨论《政府工作报告》及其他报告。会议选举产生政协第十五届兴宁市委员会主席、副主席和常务委员。

市政协常委会会议　2021年，中国人民政治协商会议广东省兴宁市委员会召开5次常委会会议。1月22日，市政协召开十四届第20次常委会会议。会议听取和审议《政府工作报告（征求意见稿）》，听取政府工作报告起草情况说明，在城市建设、民生实事、招商引资、乡村振兴和实体经济发展等方面提出协商讨论意见。会议审议通过《政协常委会工作报告（草案）》和《提案工作情况报告（草案）》，审议通过辞退、撤销和增补十四届政协委员名单，审议通过市十四届政协六次会议正、副秘书长建议名单和十四届政协六次会议邀请出席、列席决定和人员名单，协商决定《政协常委会工作报告》《提案工作情况报告》的报告人。会议决定，政协第十四届兴宁市委员会第六次会议将于2月6日至7日在兴城召开。2月7日，市政协召开十四届第21次常委会会议。会议通过提交大会部分常委的辞职请求；听取审议市政协十四届六次全会决议（草案）。5月6日，市政协召开十四届第22次常委会会议。会议审议通过《政协兴宁市委员会规章制度汇编》，传达学习习近平总书记近期有关重要讲话精神。10月25日，市政协召开十四届第23次常委会会议。会议传达学习习近平总书记近期有关重要讲话精神，协商讨论《政府工作报告（征求意见稿）》。会议审议通过十四届市政协常委会工作报告（草案）和提案工作情况的报告（草案）。宣读关于表彰先进工作组、优秀委员、优秀提案、提案办理先进单位和先进工作者的决定。会议审议通过市政协十五届委员会委员名单303人，市政协十五届提案审查委员会委员建议名单，市政协十五届委员会第一次会议议程和日程安排，邀请出席和列席市政协十五届一次会议人员的决定及名单，市政协十五届一次会议正、副秘书长，《政协十四届常委会工作报告》和《政协十四届提案工作情况报告》的报告人。会议决定政协兴宁市第十五届委员会第一次会议于11月15日召开。11月17日，市政协召开十五届第一次常委会会议。会议审议通过市政协各工作组正、副组长人选。

【调研视察】2021年，中国人民政治协商会议广东省兴宁市委员会围绕“持续改善兴宁营商环境、推动兴宁工业发展、助力加快乡村振兴发展、推进兴宁市社会治理工作、加强森林防火工作、丰富和活跃群众文化活动”等精选课题，组织开展调研、视察23次，提交调研视察考察报告6篇，提出意见建议50多条，得到市党政领导的重视和批示，部分意见建议转化为有关职能部门的具体工作措施。

【提案办理】2021年，中国人民政治协商会议广东省兴宁市委员会在十四届六次会议期间收到58件提案，审查立案55件，立案率95%，至8月底全部办复完毕，委员满意率100%；市政协在十五届一次会议期间收到131件提案，审查立案126件，立案率96%。在两次全会立案提案中，挑选13件关系经济社会发展重大问题或人民群众普遍关注的难点热点问题提案列为重点提案，市政协多次组织部分市政协委员对重点提案进行现场视察督办，督促承办单位落实提案办理。

【协商监督】2021年，中国人民政治协商会议广东省兴宁市委员会围绕巩固拓展脱贫攻坚成

▲ 2021 年 12 月 15 日，省政协提案工作研究会到兴宁市围绕“提案办理成果，征集相关提案线索”开展考察调研活动　（市政协办公室提供）

果同乡村振兴有效衔接、加快社会主义新农村建设等工作，召开专题议政性常委会会议协商；围绕加强基层卫生队伍建设、做好森林防火工作等进行对口协商；围绕完善城市基础设施、加快文峰学校建设、美丽乡村建设等进行重点提案办理协商。是年，组织委员围绕乡村振兴、农村人居环境整治、国家卫生城市创建、省县级卫生城市创建等开展民主监督。

【社情民意】 2021 年，中国人民政治协商会议广东省兴宁市委员会报送 74 条社情民意信息。宝华路存在卫生死角问题、新兴雅苑小区门口路边存在车辆停放不规范问题、兴田二路灌水塘段存在坑洼路面问题等“急难愁盼”问题得到解决。

【委员工作室】 2021 年，中国人民政治协商会议广东省兴宁市委员会委员工作室结合“我为群众办实事”活动，协助群众解决生产生活困难 300 多件。组织委员分别就推进教育人才建设工作、探索基层社会治理新模式、促进中小微民营企业发展等 14 个专题，进行调查研究。全年提交集体提案 21 件。

【联谊交流】 2021 年，中国人民政治协商会议广东省兴宁市委员会接待梅州市、河源市、清远市、连南瑶族自治县、源城区、梅江区、大埔县政协调研考察团。组织机关干部到大埔政协交流学习，考察乡村振兴工作。

【公益慈善】 2021 年，中国人民政治协商会议广东省兴宁市委员会发动委员以产业帮扶、智力扶持、推荐就业、捐资公益等形式，积极投身脱贫攻坚、乡村振兴和社会公益事业等，委员为民办好事实事 500 多件。组织委员开展“送文化、送科技、送医疗、送法律、送教育”下乡活动 35 场次，倡导委员开展善款募集和社会救助活动，为各镇（街道）乡村振兴建设、教育基金会成立、基础设施完善等捐款 500 多万元。

（罗远文）

纪检监察

【概况】 2021 年，兴宁市纪委监委深入贯彻上级纪委全会部署，坚持稳中求进工作总基调，立足新发展阶段，贯彻新发展理念，构建新发展格局，以推动高质量发展为主题，坚定不移推进全面从严治党，围绕现代化建设大局发挥监督保障执行、促进完善发展作用，一体推进不敢腐、不能腐、不想腐。

【重要会议】

中国共产党兴宁市第十三届纪律检查委员会第六次全体会议 2021 年 3 月 31 日在兴城召开。梅州市委常委、兴宁市委书记余其豹出席会议并讲话，市委副书记、市长洪国华传达习近平总书记在十九届中央纪委五次全会上的重要讲话精神，十九届中央纪委五次全会、十二届省纪委六次全会、七届梅州市纪委七次全会精神，市委常委、市纪委书记、市监委主任冯振代表市纪委常委会作《把准政治方向　坚守职责定位　以高质量的纪检监察工作为兴宁开局“十四五”提供坚强保障》工作报告。

中国共产党兴宁市第十三届纪律检查委员会第七次全体会议 2021 年 10 月 11 日在兴城召开，市委常委、市纪委书记、市监委代主任罗文波主持会议。会议表

▲ 2021 年 3 月 31 日，中国共产党兴宁市第十三届纪律检查委员会第六次全体会议在兴城召开（市纪委监委提供）

决通过《中国共产党兴宁市第十三届纪律检查委员会工作报告（讨论稿）》《中国共产党兴宁市第十四次代表大会关于市十三届纪律检查委员会工作报告的决议（草案）（讨论稿）》。

中国共产党兴宁市第十四届纪律检查委员会第一次全体会议 2021 年 10 月 28 日在兴城召开，受中共兴宁市第十四次代表大会主席团的指定，市委常委、市纪委书记、市监委代主任罗文波主持会议。大会选举罗文波、陈远辉、袁望中、曾小苑、曾世欣、刁勇辉、罗双祥等 7 人为中共兴宁市第十四届纪律检查委员会常务委员会委员，罗文波当选为市纪委书记，陈远辉、袁望中当选为市纪委副书记。

兴宁市领导干部党章党规党纪教育培训班 2021 年 9 月 17 日在兴城召开，市委常委、市纪委书记、市监委代主任罗文波主持会议。与会人员观看省纪委监委拍摄的警示教育片《政商之鉴》和梅州市纪委监委拍摄的警示教育片《特权之蚀》，兴宁市委书记宋才华出席培训班并作动员讲话，兴宁市委副书记、市长洪国华传达省、梅州市领导干部党章党规党纪教育培训班精神。

【践行“两个维护”】 2021 年，兴宁市纪委监委坚持把学习贯彻习近平新时代中国特色社会主义思想作为首要政治任务，市纪委常委会坚持“第一议题”制度，带头开展政治理论学习 29 场次。开展党史学习教育，班子成员讲专题党课 16 场次，组织党员干部开展集中学习研讨 88 场次，参观革命教育基地 450 人次。加强对落实习近平总书记重要讲话、重要指示批示精神，以及党中央和省部署的整治违建别墅、违法占用耕地、耕地撂荒、环保督察反馈问题监督执纪执法工作，约谈责任单位一把手 13 人，督促拆除违法建筑 3 宗，追责问责 38 人。严肃换届纪律，市纪委监委主要负责人与全市 17 个镇的党政“一把手”开展谈心谈话，对乡镇换届涉及的 181 名科级干部开展集中任前廉政谈话；全程监督县、镇、村三级换届，处理苗头性倾向性问题 22 个，立案查处 3 人。配合开展政法队伍教育整顿，立案审查调查违纪违法干警 26 人。

【反腐倡廉】 2021 年，兴宁市纪委监委受理信访举报 741 件，立

▲ 2021 年 9 月 17 日，兴宁市领导干部党章党规党纪教育培训班在兴城举行（市纪委监委提供）

▲ 2021 年 8 月 24 日，省纪委监委驻省委办公厅纪检监察组到大坪镇兰亭村调研检查工作（市纪委监委提供）

案 322 件，给予党纪政务处分 320 人，挽回经济损失 450.39 万元，审查调查保持“双安全”“零事故”。重点查处市商业集团公司原总经理温某某虚套公款吃请送礼、市林业局原局长刘某某违规从事营利活动和市城乡规划编制研究中心原主任陈某某利用职权违规收受他人财物等违纪违法问题。

【日常监督】 2021 年，兴宁市纪委监委贯彻落实党中央《关于加强对“一把手”和领导班子监督的意见》，对新任市管“一把手”发送廉政提醒函 13 份，组织 8 名市管党委（党组）书记向纪委全会述责述廉。全年开展谈话函询 25 件次，委托党委（党组）“一把手”谈话 4 人次，督促各级党组织开展谈话提醒 2848 人次；组织暗访 100 批次，发现纠正问题 17 个、责任追究 9 人；运用“四种形态”批评教育帮助和处理 756 人次，其中第一、二、三、四种形态分别占比 57.3%、36.8%、4.1%、1.8%；问责党组织 4 个、党员领导干部 33 人。各派驻（出）机构全年发现并纠正问题 125 个，谈话提醒 205 人。建立健全疫情防控监督常态化机制，成立交通运输、农贸市场和进口冷链食品、校园等 7 个监督常态化专班，联合有关部门对重点场所进行专项督查 90 批次，对发现的接种疫苗滞后、信息登记和体温检测流于形式、场所消毒不规范、防控人员配备不够等问题及时督促整改。

【“四风”纠治】 2021 年，兴宁市纪委监委聚焦贯彻党中央决策部署只表态不落实、维护群众利益不担当不作为、困扰基层的形式主义、官僚主义问题，全年立案查处 19 宗，给予党纪政务处分 40 人。重点整治干部公款吃喝、机关食堂浪费严重、公务接待中“吃公函”等问题，全年立案查处享乐主义、奢靡之风问题 41 宗，给予党纪政务处分 79 人，通报曝光典型案例 3 起，督促各单位修订完善一批公务接待制度和管理办法。

【基层正风反腐】 2021 年，兴宁市纪委监委扎实抓好“我为群众办实事”活动，推进实施“三个一批”“一组一专项”“志愿服务我先行”项目，围绕疫情防控、创文创卫、反电信诈骗、“一盔一带”文明安全出行开展志愿服务活动 22 场次。深入整治教育医疗、养老社保、生态环保、安全生产、食品药品安全、执法司法等领域腐败和作风问题；紧紧围绕巩固拓展脱贫攻坚成果同乡村振兴有效衔接，加强对各类惠民资金、项目、政策落实情况的监督，保障惠农政策落实到位。全年立案查处群众身边腐败和作风问题 77 宗，给予党纪政务处分 150 人。探索“大数据 + 公开”监督模式，借助惠民信息平台数据筛查比对，对违规向死亡人员发放惠民补贴问题进行追责问责，立案查处 4 人、批评教育 54 人，追缴违规发放资金 204.68 万元。

【“三不”一体推进】 2021 年，兴宁市纪委监委加强常态化纪律教育和警示教育，举办纪律教育学习月活动，摄制并组织党员干部观看《玩“水”自溺的水务局长》《被“梗”住的人生》警示教育片，协助建设市党史教育馆廉洁故事版块、市委党校党风廉政建设展厅，组织党员干部参观。推进以案促改、以案促治，针对监督检查、审查调查中发现的突出问题，指导督促相关案发单位召开警示教育专题民主生活会 7 场次，发出纪检监察建议书 17 份，对 2020 年度受处分的 334 名党员干部进行回访。

【巡察“全覆盖”完成】2021年，兴宁市组织开展市委第十轮巡察和巡察“回头看”，十三届兴宁市委完成对85个镇（街道）和市直单位、491个村（社区）党组织的巡察全覆盖，发现问题7167个、问题线索460条，推动立案审查调查379人；巡察反馈问题整改7093个，整改完成率98.9%；针对巡察发现的问题，向被巡察单位发出提醒函45份、谈话提醒12人、推动完善制度1900项，向市委呈报巡察专题报告16份。开展村（社区）“两委”换届巡察监督，保障全市501个村（社区）平稳顺利完成换届选举。

【纪检监察队伍建设】2021年，兴宁市纪委监委完成市纪委和各镇纪委换届选举，选好配强市、镇两级纪委领导班子。落实宪法和监察法规定，市监委围绕扶贫领域腐败和作风问题专项治理情况，首次向市人大常委会报告专项工作，落实市人大常委会审议意见，自觉接受人大监督。开展全员培训强化能力建设，全年组织集中专题培训11期。

（罗双辉　王春霞）

■ 民主党派

民革兴宁市委员会

【概况】2021年，中国国民党革命委员会兴宁市委员会有基层支部4个，成员80人。其中，具有中高级职称73人，占91.3%；大专以上文化程度74人，占92.5%；成员中有兴宁市人大常委会副主任、副局长、市人大社工委副主任、镇人大副主席、副镇长各1人；梅州市人大代表2人、政协委员1人；兴宁市特邀监察员1人，兴宁市人大代表2人，其中常委2人，兴宁市政协委员15人，其中常委4人。

【参政议政】2021年，民革兴宁市委员会的人大代表、政协委员在“两会”期间开展“一人一议”“一支部一议”活动，提交政协提案20件。

是年，民革兴宁市委员会的人大代表、政协委员、特约监察员履行协商、监督职责，利用人大视察、政协视察、议案提案办理会、大会发言等形式开展民主协商与监督。6月30日，廖强栋主委，廖伟坤、曾庆浩副主委参加市委统战部组织各民主党派领导到两镇三村开展围绕“实施乡村振兴战略”的联合调研活动。9月17日，廖强栋主委，廖伟坤、曾庆浩副主委参加中共兴宁市委组织召开的党外代表人士座谈会，提出意见建议，助推兴宁苏区振兴发展。4月2日、9月25日，龚秀红委员分别参加市政协组织的对兴宁市脱贫攻坚战情况调研活动和对“关于加速推进兴宁市第二自来水厂扩建工程”重点提案进行专题协商活动。

【组织建设】2021年6月19日，民革兴宁市委员会根据《民革广东省委员会关于做好2021年地方组织换届工作的意见》，结合兴宁市实际，召开民革兴宁市第八次党员代表大会。大会选举产生廖强栋、曾庆浩、谢毅韬、罗文立、陈天良、罗晓丽、何宇科、伍映平、罗文东9名委员。同日召开民革兴宁市第八届委员会第一次会议，廖强栋当选主任委员，曾庆浩、谢毅韬当选副主任委员。

（龚秀红）

▲2021年6月19日，民革兴宁市第八次代表大会召开

（民革兴宁市委员会提供）

民盟兴宁市委员会

【概况】2021年，民盟兴宁市委员会有基层支部8个，盟员206人，其中具有中高级职称的178人，占91%；大专以上文化程度188人，占94%，盟员的整体素质较高。担任市县人大代表、政协委员的有25人，其中张颂华主委任梅州市人大代表、兴宁市人大常委，罗高、农楚凤、何颂婷、刘文高、钟昭君为兴宁市政协常委，张颂华担任兴民中学工会副主席，李勇担任兴宁人民医院副院长。

【参政议政】2021年，民盟兴宁市委员会在3月和11月的“两会”期间，提交提案和议案13件，其中民盟兴宁市委员会提出的《关于整合资源促进原中央苏区红色旅游产业发展的建议》被评为优秀提案。调研报告《整合全域红色资源 加快苏区振兴建设》成为政协大会发言材料。

【组织建设】2021年6月20日，民盟兴宁市委员会根据《民盟广东省委员会关于做好2021年地方组织换届工作的意见》，结合兴宁市实际，召开民盟兴宁市第九次盟员（代表）大会，大会选举产生张颂华、罗高、农楚凤、谢艳红、温福辉、罗伟光、张立伟、何颂婷、何裕京9名委员组成的民盟兴宁市第九届委员会。同日，召开民盟兴宁市第九届委员会第一次会议，张颂华当选为主任委员，罗高、农楚凤当选为副主任委员。全年，民盟兴宁市委组织10次主委会议、9次委员（扩大）会议，通过学习、座谈、交流等形式，加强班子队伍建设。

【社会服务】2021年，民盟兴宁市委员会盟员谢艳红到法院、检察院、党校等开展“职场压力管理和心理调适”心理健康知识讲座。盟员朱柳青到兴宁市第一中学等11所学校进行不同主题的心理健康教育调研帮扶活动。盟员廖飞虎为梅州市连心桥捐款2万元，范剑冰教育基金捐款10万元，新圩镇修路修桥捐款20万元。盟员刘文高向兴宁坭陂镇陂宁村修村道捐款5万元。

（农楚凤）

民建兴宁市委员会

【概况】2021年，中国民主建国会兴宁市委员会有会员115人，主委1人、副主委1人、委员9人，下设4个支部、1个企业家工作委员会。有广东省人大代表1人，梅州市人大代表1人，梅州市政协委员3人，兴宁市人大代表3人（其中常委2人），兴宁市政协委员16人（其中常委5人）。

【参政议政】2021年，民建兴宁市委员会在3月和11月“两会”期间提交集体提案5篇、个人提案16篇。其中：民建《关于进一步发展工业经济，着力培育支柱龙头企业的建议》被评为市委书记重点督办提案，《关于加强基层卫生队伍建设，完善公共卫生体系的建议》被评为市政协重点督办提案。民建《关于进一步发展工业经济，着力培育支柱龙头企业的建议》被评为优秀集体提案，黄任辉主委《关于进一步推进乡村振兴建设的建议》被评为优秀提案。全年完成3个调研报告，分别是《增强文旅产业建设，推进全域旅游发展》《打造生态宜居美丽乡村，助力乡村振兴发展》《关于加快推进基层社会治理现代化的调研报告》。

【组织建设】2021年6月18日，民建兴宁市委第八次代表大会在市会展中心召开，大会民主选举产生民建兴宁市委员会新一届领导班子，黄任辉当选主委。全年发展新会员5人。

【社会服务】2021年5月，民建兴宁市委与兴宁市残疾人联合会联合主办“预防残疾·点亮光明”白内障复明活动，发动会员捐款4万元；11月，为径南镇奖教奖学助学基金会捐款3万元。全年，民建会员在各项公益事业活动中捐款40多万元。

（练小辉）

■ 群众团体

兴宁市总工会

【概况】2021年，兴宁市有基层工会组织405个，工会会员5.54万人，其中农民工会员9560人。

全年新增“粤工惠”App实名认证会员8900人，录入工会组织311个，导入会员3.13万人，实名认证工会会员2.7万人，实名率88.4%。全年完成税务代收工会经费60.2万元，产业上缴工会经费9.66万元。是年，招录20名社会化工会工作者挂点各镇街协助做好各项工会工作。

【服务中心工作】 2021年，兴宁市总工会拨出专项资金10万元用于防疫抗疫援企稳岗，免征全市小微企业工会经费20万元。投入2.5万元支持挂钩镇村做实乡村扶贫工作，发动会员采购扶贫产品1500万元。与20个镇（街道）工委会签订《工会劳动领域维护政治安全工作责任书》，详细排查72家企业，未发生有重大影响涉稳涉政治事件。拨出6万元经费用于禁毒宣传，举办2场300人以上大型禁毒宣传活动，发放禁毒宣传手册1.2万份。开展“安全生产月”“119消防宣传月”活动，联合举行“我为安全生产献力量”万人签名活动。

【工会组建和规范化建设】 2021年，兴宁市新组建工会组织25家（100人以上企业建会5家），新入会员1143人。其中非公有制企业建会10家，农民工入会755人；党政、事业单位建会12家，国有企业3家。“三新”领域建会3家，发展会员593人。对任期届满的13个单位发出换届改选通知书，协调指导基层做好换届改选工作，其中25人以上非公有制企业工会换届有7家，党政机关、事业单位15家，国有企业2家，全面完成换届选举工作的工会23家，补选工会委员、主席27家，办理工会法人证书91家。全年下拨资金16万元，在事业单位和非公有制企业建成省模范“职工之家”4家，分别是南新小学、龙北小学、兴宁市龙江建材实业有限公司、梅州市丰谷音响科技有限公司；另有兴宁市福兴街道私营企业工会联合会过审获评省模范“职工之家”；兴宁市客运公司镇通村工会小组获评省模范“职工小家”；推荐申报广东新川万环境工程有限公司工会、兴宁市客运公司工会为省便利型职工阅读站点配书示范点。

【帮扶慰问活动】 2021年，兴宁市总工会筹集资金156万元，慰问救济困难企业35家，受益职工3800人，登门慰问特困职工（含农民工）380人，慰问孤寡、病残和离退休职工104人次。慰问患重大疾病职工77人，为80名重症职工发放慰问金16万元。慰问困难劳模14人，慰问各级劳模25人次，金额27.8万元。走访5名农民工劳模，发放慰问金7200元。投入53.35万元帮扶困难职工148人次。先后为68名在档困难职工发放帮扶资金37.35万元。开展“情暖农民工·留粤过大年”新春慰问活动，为留兴过年的异地务工人员160多人送上价值3.2万元慰问礼包。开展夏季“送清凉”等活动，向企业赠送一批凉茶价值9.5万元，惠及户外一线职工约2500人。投入2万元，对大坝里检疫检查站和疫苗接种点42名执勤干警、抗疫一线医务人员进行慰问。投入1.5万元，为外卖员、网约车司机等300多名新业态从业人员送去慰问品。“三八”妇女节前慰问特困女职工40人。“六一”儿童节期间慰问困难留守儿童21人。开展“金秋助学”

▲2021年1月22日，兴宁市总工会在市工业园区开展“情暖农民工·留粤过大年”新春慰问活动 （市总工会提供）

▲ 2021 年 12 月 3 日，兴宁市总工会在全市开展“工会进万家·新就业形态劳动者温暖行动”服务月活动　（市总工会提供）

活动，筹集资金 21.55 万元，解决 33 名困难职工和困难农民工子女上学问题。

【职工权益维护】 2021 年，兴宁市总工会聘请 5 名律师担任 10 家企业常年法律顾问，协助调处劳动争议案件 1 件，追讨欠薪 12.69 万元。处理职工来信、来访、来电 17 次，回复网络舆情 9 宗。

【服务职工】 2021 年，兴宁市总工会联合多部门举办 6 场线上线下招聘活动，为失业人员、退役军人提供 3920 个就业岗位。对 240 人开展职业技能培训，带动 211 人就业。投入 3 万元举办“送万福、进万家”书法公益活动，为 50 家企业 800 多名职工送去 1000 幅春节对联。是年，组织 37 名全国和省级劳模、先进工作者进行健康检查。为 6 家非公有制企业赠送 3 万元书刊 1122 册。开展 3 场工会业务知识培训，380 人次参与。全年新办、续办职工医疗甲险种 1261 人，女职工安康险 1840 人，在职职工住院医疗综合保障险 16809 人、住院津贴补助 1937 人，理赔 675 人次，理赔 119.1 万元。

【职工文体活动】 2021 年，兴宁市总工会组织全市基层工会 2 个羽毛球代表队 18 名运动员参加梅州市首届“嘉元杯”职工羽毛球赛。组织庆“五一”乒乓球赛，全市 63 个单位 252 名运动员参赛。开展 6 场“送书法进校园”活动，200 多人参与。在“粤工惠”上举行党史知识抢答赠话费活动，3300 人次参加；参加梅州市“我心向党”红色经典职工线上诵读活动，兴宁市提供诵读稿件 274 篇，展播近 200 篇，投稿、展播量均居梅州市首位。

【劳模先进评选】 2021 年，兴宁市第一中学教研处副主任、高级教师陈建聪获全国五一劳动奖章。兴宁市龙江建材实业有限公司工会副主席曾思林获“广东省优秀工会工作者”称号。培育创建罗浮中学“刘胜荣工匠人才创新工作室”，获梅州市总工会命名。

▲ 2021 年 4 月 19 日，兴宁市总工会举办“中国梦·劳动美”庆“五一”职工乒乓球比赛　（市总工会提供）

【劳动竞赛】 2021年，兴宁市总工会征订下发1500份“安康杯”参赛试卷，组织18家单位企业员工参加“全国职工安全健康意识与应急技能知识普及竞赛活动”。是年，全市有4项技术革新，发明创造2项，获得专利2项，总结推广先进操作法2项。推选优秀选手参加第三届广东省中小学青年教师教学能力大赛，在广东省级决赛中，兴宁市技工学校有1人获一等奖，2人获二等奖，3人获三等奖。兴宁市选手刘燕飞参加2021年广东省数控机床装调维修工职业技能大赛暨第七届全国职工职业技能大赛选拔赛获得“优胜奖”；兴宁市代表队参加2021年梅州市基本公共卫生服务职业技能竞赛市级竞赛活动获团体一等奖；紫来酒店黄志雄组参加2021年粤菜师傅职工技能大赛，获得金牌奖。

【企业民主管理】 2021年，兴宁市已贯标认证单位9家全部完成复检。至12月底，已建会企业签订集体合同56份（其中100人以上企业全年签订3份，50人以上企业39份，区域性合同14份；行业工资集体协议3份）覆盖职工31276人，占职工总数的83.6%；覆盖企业365家，占所有企业的94.8%。全市确定新培育集体协商重点企业3家，分别是兴宁市帅锋建筑装饰有限公司、兴宁市兴安发展公司和兴宁市兴业人力资源服务中心。举行集体协商工作培训会，对100多名来自乡镇（街道）、非公有制企业工会干部进行培训。

（陈红苑）

共青团兴宁市委员会

【概况】 2021年，共青团兴宁市委员会有团组织1406个，其中团（工）委70个、团总支3个，团支部1333个，团干部1929人，团员26214人，全年新发展团员1295人。

【共青团组织建设】 2021年，共青团兴宁市委员会举办学习贯彻习近平总书记“七一”重要讲话精神暨团务知识培训会，组织全市60多名团干参加培训。推动全市17个镇458个村与46个社区基层团组织换届。召开中国少年先锋队兴宁市第三次代表大会，选举产生中国少年先锋队兴宁市第三届工作委员会。成立兴宁市少先队名师工作室、兴宁市中学共青团名师工作室。命名9家兴宁市少先队校外实践教育营地（基地），聘请16名少先队校外辅导员。推动兴宁市13个“两新”组织成立团组织。响应“智慧团建”业务申请1232笔，转出毕业班团员数5306个。开展“‘青春引擎助力乡村振兴’我为家乡代言，遇见最美兴宁”活动，系列视频总点击量35.8万次。开展兴宁市“五四”奖章、红领巾奖章评选，全市有711名个人和168个集体获奖。

【青少年思想道德建设】2021年，共青团兴宁市委员会召开共青团兴宁市第十六届委员会第五次全体（扩大）会议暨党史学习教育动员大会，组织全市基层团组织开展5次专题党史学习会，活动覆盖团员青年数17.03万人次。组织全市团员青年参与“青年大学习·一起学党史”网上主题团课，全年开展34期，学习人数近45万人次。结合

▲2021年12月18日，中国少年先锋队兴宁市第三次代表大会在市齐昌小学召开 （团市委提供）

“五四”“六一”“七一”“国庆”等重要节点，开展“传承红色基因，弘扬革命精神”爱国主义教育活动、“兴宁市少先队献礼建党 100 周年红色儿童剧目评比活动”、“兴宁市纪念少先队建队 72 周年主题活动”、“传承红色基因 灯塔领航青春”少先队员离队入团仪式和“请党放心，强国有我”主题团队日活动。挑选优秀青年讲师 10 名组建兴宁市青年讲师团，围绕习近平总书记“七一”重要讲话精神、“请党放心，强国有我”“赓续精神血脉 传承红色基因”等主题，深入基层一线开展宣讲活动 28 场。组织 100 多名贫困青少年参与“两帮两促”健康成长行动，在 2 所乡村学校建立梅州青联“希望小屋”。

【青年志愿服务】 2021 年，共青团兴宁市委员会成立兴宁市青年志愿突击队。组织青年开展“争当护河志愿者、保护兴宁河更清”河小青巡河护河、“拾分美丽”青少年助力垃圾分类、植树造林、森林防火宣传值守等志愿服务活动，全年开展乡村振兴和生态文明建设相关志愿活动 1500 多场次，参与志愿者 2 万多人次。助力常态化疫情防控工作，发动全市广大青年持续参与疫苗接种、核酸检测等疫情防控志愿服务活动，组织开展疫情防控志愿服务 200 多场，服务群众 1.2 万人次。组织青年参与基层社会治理，持续做好禁毒、反诈宣传志愿服务工作。对接高校毕业生志愿服务乡村振兴行动，19 名广东高校毕业生到 17 个镇开展志愿服务乡村振兴。“山区计划”有 62 名大学生志愿者奔赴边远山区学校支教。

【青少年创业就业】 2021 年，共青团兴宁市委员会召开兴宁市中长期青年发展规划实施工作联席会议第一次全体会议，结合兴宁市青年创业就业实际，制定兴宁市贯彻落实《梅州市青年发展规划（2021—2025 年）》实施方案。依靠“12355”青少年服务热线，开展兴宁“青少年维权岗”创建活动，解决青年就业需求、权益维护和心理咨询服务等问题。设立兴宁市团代表联络站，全市 44 名市、县级团代表进驻，服务联系 46 个团组织。深入实施“广东技工”“粤菜师傅”“南粤家政”工程，开展“粤菜（客家菜）师傅”培训 353 人，围绕汽车美容、电子商务、养老护理等开展职业技能培训 3167 人次，组织“南粤家政”培训 955 人次。深入实施“领头雁”农村青年创业培育计划，为 40 名农村青年致富带头人提供线上专业技能培训。对接广东财经大学和仲恺农业工程学院实施“圆梦计划”，助力 27 名新生代产业工人圆梦大学。深化实施“展翅计划”大学生就业能力提升行动，提供优质岗位 150 个。成功申报为梅州市就业见习基地，为 4 名大学毕业生提供见习岗位。持续推进实施“助星圆梦”计划，全年联系资助贫困大学生 38 人 28.8 万元。

【公益组织建设】 2021 年，兴宁市获评团中央、中国青年志愿者协会颁发的第十三届中国青年志愿者优秀个人奖 1 人，获评广东省最佳志愿服务组织 1 个，

▲ 2021 年 12 月 9 日，兴宁市在市会展中心召开中长期青年发展规划实施工作联席会议第一次全体会议 （团市委提供）

获评梅州市最佳志愿服务项目1个、最美志愿服务社区1个、最佳志愿服务组织1个、最美志愿者1人，兴宁市三星志愿者资质认证15人。开展“青年云支教”“七彩假期”“城市支教”“心乡汇”“三下乡”等志愿服务活动66场次，服务志愿时长1280小时，惠及青少年学生4200多人。至年底，全市注册志愿者4.1万人，志愿服务组织和团体383个，开展志愿活动数7372个，服务时长90.71万小时。

（曾骏夫）

兴宁市妇女联合会

【概况】 2021年，兴宁市妇女联合会推进镇（街道）、村（社区）妇联换届，其中村（社区）妇联与村（社区）“两委”同步换届，新建社区成立妇联组织，选举产生镇（街道）妇联执委512人，村（社区）妇联执委5577人。

【妇女创业就业服务】 2021年，兴宁市妇女联合会发放妇女小额贴息贷款130万元，帮助13名创业妇女发展生产；开展“我为群众办实事 科技服务惠万家”活动，培训现代农业经营主体负责人、女创业大户、女致富带头人及农村妇女群众4500人次。举办家政技能培训班10期，惠及550多名妇女群众。是年，获评全国“巾帼新农人”创业典型1人，获评广东省三八红旗手称号1人，广东省巾帼创业基地1个，广东省粮食安全宣传教育基地1个，获评梅州市级重点培育提升创业创新巾帼企业、“巾帼文明岗”、“我心中的三八红旗手（集体）”等称号7个（人）。

【妇儿权益保护】 2021年，兴宁市妇女联合会全年受理妇女来信来电来访259宗，服务296人次。常态化开展普法宣传，举办“法治新征程 巾帼在行动”、“三八”维权周、“6•26”禁毒宣传日、“反电信网络诈骗宣传”、“11•25”反家暴宣传等主题宣传活动，全年开展户外宣传、教育讲座、民生座谈会、线上有奖答题等普法宣传教育活动37场次，服务人数近万人次。

【家庭文明建设】 2021年，兴宁市妇女联合会创建梅州市家风家教实践基地1个、村（社区）示范性家长学校1个，获评梅州市“十大最美家庭”1户、“十大优秀书香家庭”1户、“孝老敬亲好媳妇”4名、“自强不息好少年”3名，选出兴宁市“最美家庭”10户、兴宁市“优秀书香家庭”5户。推进“美丽家园”建设，投入10万元支持各镇（街道）20个项目点建设。是年，创建梅州市“美丽家园”示范村2个，示范户4户，兴宁市第二批“美丽家园”示范村5个，示范户10户。以“巾帼建功新时代 志愿服务暖人心”为主题，全市各级妇联组织围绕扶弱帮困、婚姻调适、家庭教育、纠纷调解、助老助残等服务内容，开展志愿服务1200场次。

【家庭教育服务】 2021年，兴宁市妇女联合会选聘21名有家庭教育相关理论学习研究和教育实践工作经验的专业人士为第二批兴宁市家庭教育讲师团成员。联合市教育局、民政局印发《兴宁市关于加强家长学校规范化建设的意见》，就如何规范化建设家长学校组织镇村妇联干部进行培训。在社区家长学校开展20场“书韵飘香 童心向党”亲子阅读系列活动。联合教育局邀请专家学者举办“智慧父母课堂”家庭教育讲座。

▲2021年9月29日，兴宁市妇女联合会在福兴街道锦绣社区开展“传家规 立家训 扬家风”主题宣讲 （市妇联提供）

【帮扶关爱行动】 2021年，兴宁市妇女联合会开展“她健康 家越美”关爱女性公益保险项目，为2万名妇女送健康福利；开展“她健康 粤幸福”、“两癌”（乳腺癌和宫颈癌）救助保险公益活动，为8800名妇女赠送“两癌”健康保险；为18名患病妇女争取“两癌”妇女“博爱基金”行动和“农村贫困母亲关爱工程”项目17万元资助款；通过“爱心大联盟”、叶剑英基金会资助、节日慰问等形式，争取各级资金28万多元，帮扶困难妇女儿童230人次；开展“救心行动”项目，全市筛查疑似患儿13人，免费做手术5人。

【妇联组织建设】 2021年3月，兴宁市妇女联合会在兴宁市彩虹妇女儿童服务中心、互联网协会等社会组织新建妇女组织，在兴宁市维娜教育学苑成立梅州市首个县级妇联执委工作室。是年12月联合市委组织部在党校举办“基层妇联干部能力提升培训班”，全市各镇（街道）、各村（社区）妇联干部524人分3期参加培训。

（杨　凌）

兴宁市科学技术协会

【概况】 2021年，兴宁市科学技术协会下属镇级科协20个。全市有市级科普示范基地11个，县级科普示范基地2个；市级科普示范社区3个；县级科普教育基地3个；市级科学教育特色学校3个；科普中国e站4个。是年，获评2021年广东省全国科普日优秀组织单位。

▲2021年7月9日，兴宁市妇联执委工作室（维娜教育站）举办亲子阅读活动　（市妇联提供）

【首批县级科普基地创建】 2021年，兴宁市开展首批县级科普示范（教育）基地创建工作。梅州市月形山旅游区、广东神光山国家森林公园管理中心、兴宁市径南镇天然赐养家庭农场、兴宁市思农种养有限公司、兴宁神光眼科医院有限公司5家企业经申报评审，被授予2021年度兴宁市科普示范（教育）基地称号。

【青少年科普】 2021年，兴宁市科学技术协会组织眼科专家、医师分别在兴宁市一小、新陂中心小学、锦绣学校开展青少年近视防控科普知识讲座。与市教育局组织科技专家、教育工作者和科普志愿者在齐昌小学举办科技节活动，开展科学实验、航模表演、机器人表演、实践能力挑战赛等活动项目，近2000名师生参加。联合市教育局以“童心向党，绘编未来”为主题，举办兴宁市小学人工智能编程进校园公益活动，免费为全市小学生提供线上编程学习和线下公益科技训练营活动，全市2000多名学生参加。联合梅州市科协，以“弘扬科学精神、提升科学素质”为主题，分别在罗浮中心小学、兴宁市第一小学开展科普进校园活动。组织学生参加省、市青少年科技竞赛活动，全市中小学获得广东省级二等奖1项、三等奖1项，梅州市级一等奖2项、二等奖7项、三等奖17项、优秀奖1项，其他奖项9项。全年举办青少年科普活动7场，发放科普挂图、资料（折页）5000多张（份），参与活动1.1万多人次。

【科普进农村、进社区】 2021年，兴宁市科学技术协会启动“科技进步活动月”和“科技文化卫生三下乡”活动，组织基层科协、科普基地等相关单位，

▲ 2021 年 9 月 24 日，兴宁市科协组织科普志愿者在罗浮中心小学开展科普进校园活动 （市科协提供）

在全市 20 个镇街开展“预防残疾，点亮光明”白内障复明科普活动，现场开展医疗咨询、专家义诊，发放宣传资料 3000 余份，参与群众 2500 多人，诊治 1000 余名白内障患者。开展“科技活动周”和“防灾减灾宣传周”活动，通过专家咨询、现场教学、科普展板，向群众普及生活常识、灾害风险知识和自救互救技能。举办“全国科普日”和科技下乡宣传活动，联合基层科协，开展红火蚁、白蚁防控技术培训班，普及红火蚁白蚁识别、监测和防控知识。全年开展科普进农村、进社区活动 23 场，发放科普挂图、资料（折页）4800 多张（页），参与活动 3000 多人（次）。

（胡　珊）

▲ 2021 年 5 月 25 日，兴宁市科协开展“全国科技活动周”科普进社区活动 （市科协提供）

兴宁市归国华侨联合会

【概况】 2021 年，兴宁市归国华侨联合会坚持“以侨为本，为侨服务”的宗旨，有序推进侨联各项工作。按照“外防输入”的原则，做好侨界疫情防控工作。至年底，全市有 4 个基层侨联组织。

【联情联谊】 2021 年，兴宁市归国华侨联合会因新冠肺炎疫情防控影响，通过微信群、电话等各种网络平台开展海外联谊。做好联情联谊工作，引导华侨支持家乡建设。利用涉侨招商平台，为兴宁市企业“走出去”提供服务，推动企业与国内侨企、海外侨商的交流合作。

【侨界民生】 2021 年，兴宁市归国华侨联合会开展以困难归侨侨眷为主体的走访慰问活动，推进困难归侨帮扶工作。全年走访慰问困难归侨侨眷 45 人，发放慰问金及物品合计 1 万多元。帮扶纳入低保困难归侨 10 人次，帮扶临时困难归侨 45 人次，发放帮扶金 13.35 万元。

【维护侨益】 2021 年，兴宁市归国华侨联合会接到群众来信来访及领导交办信访件 7 件，涉访人数 13 人次，对来信来访所反映的问题，工作人员在规定时间内对信访问题进行答复，切实维护好信访人的合法权益。是年，市侨联与兴宁市人民法院联合签发《关于开展涉侨纠纷多元化解工作的方案》。

【参政议政】2021 年，兴宁市归国华侨联合会参与协商和推选侨联界人大和政协委员。是年，以联谊交流、召开座谈会等形式，与侨界人大代表和政协委员畅通联络渠道，广泛听取意见和建议，发出侨界声音。

（王　佳）

兴宁市工商业联合会

【概况】 2021 年，兴宁市工商业联合会吸收企业会员 56 个，获评 2020—2021 年全国“五好”县级工商联殊荣和 2021 年度“广东省工商联法律服务示范点”称号。

【参政议政】 2021 年，兴宁市工商业联合会 53 名会员企业家在市人大、市政协换届中当选人大代表或政协委员。其中担任省人大代表 2 名，梅州市人大代表 2 名，兴宁各级人大代表 13 名、政协委员 40 名。提交议案、提案 35 份，重点提案 5 人次 4 件。12 月，杨亚文被中国民主建国会广东省委员会评为民建广东省委会 2021 年度社会服务工作优秀个人，梅州日报 - 掌上梅州发表文章《省人大代表杨亚文：分批对农贸市场进行升级改造》、广东人大微信公众号上发表文章《【代表风采】省人大代表杨亚文：为人民群众解难题是本分》、南方杂志公众号和广东人大公众号上共同发表文章《群众急愁难盼，人大代表时刻关注丨我从一线来》；广东人大会议期间接受广东电视台关于《加快发展乡村产业，促进乡村振兴》的采访。梅州市人大代表、工商联会员罗新辉被评为“全国粮食生产先进个人”“兴宁市第八批有突出贡献奖的专业技术拔尖人才”。

【工商业调研】 2021 年，兴宁市工商业联合会开展民营企业营商环境等工商联系统 9 大专题的云上问卷调查以及市委、市政协调研活动 20 多场次，参与企业 300 家次。

【评比表彰】 2021 年，兴宁市精维进电子有限公司获评 2021—2023 年广东省高新技术企业；梅州市卓越建设工程有限公司获评“广东扶贫济困红棉杯”铜杯和 2021 年度梅州市文明单位；广东纵横融通控股集团有限公司、梅州市卓越建设工程有限公司获评梅州市乡村振兴“万企兴万村”示范企业；兴宁市精维进电子有限公司、兴宁市腊香园食品有限公司获评年度广东省抗击新冠肺炎疫情突出贡献民营企业。市工商联副主席曾思林获“广东省优秀工会工作者”称号，获广东省五一劳动奖章。兴宁市现代名峰生态发展有限公司获粤港大湾区菜篮子种植基地和粤港澳大亚湾菜篮子加工企业称号。

【公益事业】 2021 年，兴宁市工商业联合会会员参与乡村振兴、扶贫捐款、奖教奖学金、敬老助学等各项公益捐款。其中，卓越建筑捐赠黄陂镇 200 多万元、纵横融通捐赠叶塘镇 60 多万元、方圆房地产罗岗镇 40 多万元、永华百货捐赠罗岗镇 20 多万元等；在“万企兴万村”行动中，兴宁市工商业联合会会员企业对接 200 多个行政村，捐赠金额 4741.04 万元，用于发展当地产业、支持村民就业创业和保障子女教育等事业，帮扶 2 万多人。

【社会服务】 2021 年，兴宁市工商业联合会开展系列理论学习、专题讲座、政策宣讲会议 36 场次、印发邮寄学习资料 3000 多份，群发宣传短信（微信）1500 多条次，张贴标语横幅 12 条。引领会员在疫情防控、创文创卫森林防火、万企帮万村、植树造林做到宣传率全覆盖。

【兴宁市总商会成立】 2021 年 8 月 31 日，兴宁市工商业联合会第十四次代表大会暨兴宁市总商会成立大会在市会展中心召开。选举产生市工商联第十四届执行委员会和市总商会第一届理事。广东纵横融通控股集团有限公司总裁杨亚文任新一届工商联（总商会）主席（会长）。聘请范伟担任兴宁市总商会荣誉会长，聘请叶远新、钟坚、黄镜芳、陈如兵、黄小辉、何显辉、张远华、罗鹰翔、王新中、肖永文、高远雄等 11 名异地兴宁商会会长分别担任兴宁市总商会名誉会长。

（陈　莉）

兴宁市文学艺术界联合会

【概况】2021 年，兴宁市文学艺术界联合会履行“团结引导、联络协调、服务管理、自律维权”职能，围绕举旗帜、聚民心、育新人、兴文化、展形象的使命任务，开展“深入生活、扎根人民”活动，弘扬社会主义核心价值观，传承和弘扬客家优秀传统文化，举办“中国新兴版画运动九十周年——全国版画作品展”。市文联实行团体会员制，属下有作家协会、美术家协会、书法家协会、摄影家协会、音乐家协会、戏剧家协会、民间文艺家协会、山歌协会、收藏协会和兴宁风采社、宁江诗社、清桢版画会、楹联学会 10 个协会和 4 个社团。全年文艺惠民活动开展 10 多场次，文艺交流活动 10 多场次，庆祝中国共产党成立 100 周年主题作品创作 400 余篇（幅）。是年，市文联所属文艺家协会会员有 1396 人。其中国家级会员 41 人、省级会员 141 人、梅州市会员 331 人。

▲ 2021 年 10 月 28 日，兴宁市文联举行版画进校园志愿服务活动
（刘导然 摄）

【文艺创作成果】2021 年，兴宁市文艺创作获国家级（含发表、展览、演出等）荣誉作品有 39 幅（篇）。其中，美术类 30 件：在中国新兴版画运动九十周年——全国版画作品展中展出《涅槃·相生》（作者：陈浩）、《浓浓血肉战友情》（作者：陈其伟）、《授人于渔》（作者：刁志坚）、《时代印痕 1931》（作者：吴浩镐）、《鲲鹏击浪从兹始》（作者：谢景文）、《追梦三》（作者：杨颂阳）、《稻香——幸福的含义》（作者：陈远思）等 27 件；在第二十四届全国版画作品展展出 3 件，分别为：《逐梦潜行》（作者：谢景文）、《中国故事》（作者：吴浩镐）、《围屋逸史》（作者：陈苑璇）。

摄影类 5 件：兴宁市摄影家协会会员罗新梅作品《速度与激情》《闹春田》在第四届“影像中国梦·摄影中国行”全国摄影大赛中获优秀奖。兴宁市摄影家协会会员陈狄青作品《菠萝交易市场》2 张作品在“人民日报海外版”刊登，作品《春天的收获》在“人民网”刊登。

文学类 2 件：宁江诗社社员黄向欣诗词《立秋偶寄》《鹧鸪天·咏墙头草》在《中华辞赋》

▲ 2021 年 10 月 18 日，兴宁市举行“益苗计划－繁星计划”——广东汉剧走进齐昌中学活动
（刘导然 摄）

（2021 年第三期）发表。

书法类 1 件：兴宁市书法家协会会员谢利兰作品入展 2021“书圣故里·中国临沂”中国书法临书大会。

音乐类 1 件：兴宁市音乐家协会会员刘玉润作曲《百年风华新天地》发表于《人民日报》电子版栏目。

【文艺惠民活动】 2021 年，兴宁市文学艺术界联合会在春节前组织20多名书法家在永泰社区、刁坊镇、柑子村等部分镇（街道）、村、社区、企业开展挥春送福活动，送“福”千余个、春联千余幅。3 月 20 日，市民协在市图书馆少儿区举办“兴宁市少儿硬笔书法公益讲座班”；4 月 27 日，由兴宁市文联指导，兴宁市作协主办，兴宁大坪中学承办的国学经典进校园——弟子规诵读比赛在大坪中学举行；4 月 28 日，由兴宁市文联主办，宁江诗社承办的“新时代文明实践活动——社会主义核心价值观进校园”宣讲活动在叶塘中学举行；5 月 1 日，市山歌协会在山歌亭举办“我们的中国梦”文化进万家系列活动——兴宁市庆“五一”文艺会演；10 月 18 日，市文联在市齐昌中学开展益苗计划·繁星计划——广东汉剧培训活动；10 月 28 日，兴宁市版画进校园志愿服务活动在市一小开展。

【文艺交流培训】 2021 年 3 月 8 日，大埔县文联组织部分文艺家到兴宁市交流，分别前往磐安围、罗映球故居、艺林斋等地了解兴宁版画文化。4 月 24 日，由兴宁市文联主办、兴宁市人才驿站协办、兴宁市美协承办的“中国新兴版画运动九十周年——全国版画作品展”情况通报暨创作动员大会，在兴宁市人才驿站举行，兴宁市版画家、版画爱好者、人才驿站人员等 60 多人参加，本次活动对如何丰富作品的精神内涵，如何赋予版画时代精神进行研讨。4 月、11 月，市摄影家协会举办“摄影艺术讲座”。12 月 18 日，“美丽兴田，舞动时代”主题舞蹈培训在兴田街道新时代文明实践所开展。

▲ 2021 年 3 月 25 日，中国新兴版画运动九十周年——全国版画作品展签约 （刘导然摄）

【文艺展演活动】 2021 年，兴宁市文学艺术界联合会组织所属文艺家协会开展文艺展演活动 20 余场。5 月 19 日，“红色经典——古元版画精品展”暨“古元美术馆艺术家作品展”在文化馆展厅展出。6 月 30 日，庆祝中国共产党成立 100 周年——“百年礼赞 盛世丹青”兴宁市美术作品在线开展；7 月 29 日，庆祝中国共产党成立 100 周年——兴宁市美术书法摄影作品联展在文化馆展厅开幕；9 月 29 日，庆祝国庆“双美”同贺——兴宁市美术作品、美石藏品联展在兴宁市祝枝山书画院举行；10 月 21 日，兴宁市重阳老年书画作品展在文化馆举行；11 月 28 日，纪念新兴木刻运动九十周年——喻涛教授师生版画作品展文化馆展厅开幕。是年，市文联所属文艺家协会在线上开展 10 余场文艺创作展演活动。

【中国新兴版画运动九十周年——全国版画作品展】 2021 年 12 月 28 日，由中国美术家协会、中共梅州市委宣传部主办，中国文联美术艺术中心、广东省美协、梅州市文联和兴宁市委、市政府承办的“中国新兴版画运动九十周年——全国版画作品展”开展，此次展览集中展示全国各地版画家 258 幅作品，其中具备申请加入中国美协会员资格作品 60 件，入选作品 198 件。

（刘导然）

兴宁市残疾人联合会

【概况】2021年，兴宁市残疾人联合会核发第二代、第三代残疾人证2049本。至年底，有持证残疾人28132人，持证率41.4%；为5802名残疾人提供各项精准康复服务和辅具适配，服务率100%；免费抢救性康复训练全年在训残疾儿童59人（其中：智力残疾29人、听力残疾11人、肢体残疾19人）；按比例安排残疾人就业227人，有366家单位征收残疾人就业保障金703万元；是年，完成235例困难白内障患者复明手术；完成50户困难重度残疾人家庭无障碍改造工作；上门为312户行动不便重度残疾人和疑似精神障碍患者办理残疾人证；为符合条件的持证精神残疾人163人发放门诊基本药物治疗和住院治疗补助8.15万元；新建宁中社区、罗浮浮西村、福兴高田村、大坪上河岭村4个村（社区）康园中心。

【残疾人康复服务】2021年，兴宁市建成残疾人社区康园中心25个，提供日间照料、康复训练等服务，有会员581人、工作人员129人。市残联不定期对全市社区康园中心运行情况进行检查，落实社区康园中心服务规范管理和安全生产工作；做好0—6周岁残疾儿童免费抢救性康复训练工作，为59名残疾儿童进行免费康复训练和购买意外伤害综合保险；为异地康复18名残疾儿童发放补助金额30多万元；投入2.32万元为全市129名0—6周岁持证残疾儿童购买保尚保；认真做好残疾人精准康复服务工作，完成精准康复服务人数5802人，精准康复服务率100%，辅具适配率100%；做好残疾人辅助器具服务工作，发放儿童轮椅、成人轮椅等辅具1200多件；为108名低视力残疾人适配辅具。

【残疾人基本民生保障】2021年，兴宁市残疾人联合会按照残疾人证办理管理规定，严格执行办证标准，采取集中办证、上门办证等方式，提供灵活便利的服务，做到应办尽办，从11月起换发第三代智能卡残疾人证。至年底，持有第二、三代残疾人证28132人，其中重度残疾人13932人；持证率41.4%；全年完成核发残疾人证2049本；为6591名符合条件的重度残疾人、精神和智力残疾人缴纳城乡居民养老保险费79.09万元；为13774名持证重度残疾人缴交城乡居民医疗保险440.77万元；认真做好追缴2013年至2016年核查违规发放“重度残疾人护理补贴”和“困难残疾人生活补贴”有关惠民补贴，至年底，收回200人次33.32万元；依法开展残疾人就业保障金年审征收工作，安排残疾人就业227人，366家单位征收残疾人就业保障金703万元；完成2.7万名残疾人基本服务状况和需求信息数据动态更新工作；371名残疾人及部分家属参加残疾人农村实用技术秀珍菇菌培训班；为11名符合条件的残疾大学生申请南粤扶残助学金；认真做好扶贫建档立卡贫困人口与残联部门信息比对工作，将扶贫部门返回的名单与持证残疾人名单及享受“两补”数据进行比对，对建档立卡防止返贫残疾人（36户49人）的情况进行动态监测和帮扶；做好残疾人文化体育工作，组织11名运动员参加梅州市第八届残运会，获1枚金牌、4枚银牌、1枚铜牌和“道德风尚奖”“组织奖”。

【扶残助残宣传】2021年3月3日，兴宁市残疾人联合会开展“人人享有听力健康”为主题的全国第22次全国“爱耳日”宣传教育活动，向群众普及保护听力健康的科学知识；开展主题为“巩固残疾人脱贫成果，提高残疾人生活质量”第三十一次全国助残日活动，5月16日联合民建兴宁市委员会、梅州华南康复医院等单位在市会展中心广场举行全国助残日宣传活动暨2021年“预防残疾·点亮光明”白内障复明活动启动仪式；开展第30个“国际残疾人日”活动，12月2日联合广东狮子会齐昌服务队、兴宁市肢残人协会等单位组织残疾人到水口镇上门慰问5户贫困残疾人家庭。

【残疾人信访维权】2021年，兴宁市残疾人联合会接待来电来访群众12人次，未发生集体上访、重复上访、越级上访等残疾人涉法问题。

（张子东）

■ 法治

政法委与综治

【概况】 2021年，兴宁市政法系统坚持以做好中国共产党成立100周年维稳安保工作和深入推进政法队伍教育整顿为契机，全力以赴战疫情、防风险、保安全、护稳定、强队伍、促发展，持续推动政法各项工作不断取得新成效，为兴宁市经济社会发展创造和谐稳定的社会环境、公平正义的法治环境和优质高效的服务环境。

【社会稳定维护】 2021年，兴宁市圆满完成全国两会、广东省两会、中国共产党成立100周年、中华人民共和国成立72周年、中共十九届六中全会等重要节点的维稳安保任务，深入排查化解社会矛盾风险隐患，突出以防范化解"邻避"项目、问题楼盘、劳资纠纷等涉稳风险为重点，全面加强对涉征地拆迁、经济领域涉众型利益受损人员等不稳定因素动态排查掌握，做好调处、化解、稳控等工作。依托政法综治系统在基层社会治理方面职能优势，发挥市"三人领导小组"和镇（街道）村（社区）"三人小组"的牵头带动作用，落实重点人员落地核实，全覆盖推进社区疫情摸排，全方位展开社区重点对象服务管理。推进公共安全隐患排查治理，强化党政机关、学校、医院等重点部位防控，

▲ 2021年8月13日，兴宁市委政法委到径南镇调研基层社会治理工作（黄伟金 摄）

全面排查安全隐患，严密防范自然灾害事故。

【社会治理现代化建设】 2021年，兴宁市强化突出问题治理，以常态化开展扫黑除恶斗争为抓手，深入推进重点行业领域乱象治理，持续加大对电信网络、暴力伤害、"黄赌毒"等突出违法犯罪的打击整治力度。全年共立案查处涉黑涉恶腐败和"保护伞"问题7件13人；破刑事案件737件，抓获犯罪嫌疑人645人，打掉涉恶团伙20个；批准逮捕359人、起诉577人；审结刑事案件412件，电信诈骗警情数、立案数和财产损失分别比上年下降24.9%、14%、8.2%，实现涉诈人员数退出全国百名之外的工作目标。是年，全市镇村两级综治视联网硬件设备和网络专线完成安装验收，投入使用，市、镇、村三级建成社会心理服务中心（站）525个，发动群众家庭安装运用治安视频监控，全市盗窃警情持续2年下降超30%。全市开展"平安之乡"实践创新项目37个，其中2020年度兴宁市上报4个创新项目，至年底，全部顺利通过梅州市委政法委考核验收，其中市委政法委和宁新街道共同推进的"智慧网格"建设、检察院建立的公开听证制度和司法局的公共法律服务"智慧司法云"建设3个项目获评为优秀等次。

【政法队伍建设】 2021年，兴宁市组织开展政治教育1000多场次、警示教育350多场次、英模教育近400场次。推进查纠整改，坚持层层深化谈心谈话，以"自查从宽"引导，以"被查从严"倒逼，达到教育大多数、惩处极少数的目的。强化成果转化，坚持把党史学习教育作为教育整顿的重要内容，坚持以开展"我为群众办实事"活动检验教育整顿成效，全市政法机关推

出便民利民措施35项、开展为民服务活动200多场次。是年，市法院的收案数、结案率及市公安局的“梅安2021”考核成绩，均居梅州各县（市、区）之首；市检察院先后获评“全国检察机关文明接待室”“全省新时代‘五好’基层院建设先进单位”，市司法局打造“智慧司法云”时代案例，入选全国《数字乡村建设指南》。全市政法干警获得省级以上荣誉26项，梅州市级荣誉62项。

（刘伟林　马秋玲）

法治政府建设

【概况】 2021年，兴宁市推动重点工作重点项目实施，统筹协调、推动落实全市各镇街、单位关于法治建设工作决策部署工作，做好司法体制改革工作。

【依法治市】 2021年，兴宁市开展党政主要负责人向市委全面依法治市委员会专题述法，宁新街道办和城综局主要负责人在依法治市委员会第三次会议进行书面述法，达到以述法促履职。完成常务会议学法活动4次。

是年，开展审批服务事项的材料精简和承诺时限压缩工作，事项申请材料精简37.5%，承诺办理时限提速62.6%。推进工程建设项目“一网通办”，工建项目全流程审批时限压缩到90个工作日以内，实现用一张网统一审批、一个系统全网通办。推进政务服务“跨省通办、省内通办”，与广州市天河区签订政务服务“跨域通办”协议，推动实现更多的事项与天河区互通互办，真正实现企业和群众异地办事“马上办、网上办、就近办、一地办”。强化“粤省事”推广应用，引导商事主体注册使用“粤商通”平台，实现企业办事“一站式”“免证办”“营商通”“掌上办”。

是年，成立兴宁市知识产权保护工作领导小组和兴宁市知识产权纠纷人民调解委员会，制定《兴宁市关于强化知识产权保护的实施方案》，开展商标、重点产业、重点专业市场的知识产权保护、知识产权代理及地标保护产品的监督，做好“兴宁鸽”地理标志证明商标申报工作，国家知识产权局正式受理“兴宁鸽”地理标志商标申请。加强知识产权保护的“两法衔接”，开展“铁拳”专项行动，严厉打击非正常申请专利、恶意抢注商标违法行为，全年查处商标侵权案件20件，起诉19人，发出23份侵犯知识产权刑事案件权利人诉讼权利义务告知书。

是年，兴宁市坚持以“一统筹、四统一”为主线，全面统筹镇街综合行政执法改革。印发《兴宁市人民政府关于印发镇街综合行政执法的公告》，明确兴宁市第一批由镇街实施的职权目录519项，依法赋予乡镇街道行政执法权。出台《关于建立乡镇街道综合行政执法会商机制》，协调市委编办出台配套文件5个，统筹《镇街综合行政执法委员会工作细则》《镇街综合行政执法队工作职责、制度》等。全市20个镇街均新组建综合行政执法办公室，设置综合行政执法大队，至年底，全市镇（街道）执法队行政编制核定数149名，行政执法专项编制核定数224名，实有人数199名；广东省行政执法证持证人数456人，其中镇（街道）新证申领人数277人。组织全市20个镇街执法人员专项业务培训3场次，426人次参加；综合法律知识培训2场次，190人次参加。

是年，出台《“四类案件”监督管理若干规定》，规范院庭长监督职责，推进类案同判体系建设，出台类案检索实施办法。形成“1名员额法官+1名法官助理+1名书记员”的审判团队配置模式。推进民事诉讼程序繁简分流和民事速裁工作，完善司法确认程序、小额诉讼程序和简易程序。健全数字化科技法庭建设，推进审判辅助系统智能化。全面提升执行指挥中心功能，开展网络查控、远程指挥等执行工作。实现电子卷宗随案同步生成。

是年，与梅州市生态环境局兴宁分局联合签订《关于建立办理环境保护领域公益诉讼案件协作机制实施意见》，建立“林长+检察长”协作机制，持续开展“公益诉讼守护美好生活”专项监督，聘请第三方检测机构对兴宁市41处湖库水质进行检测，督促相关职能部门整改不达标问题，守护水质安全。全年办理生态环境和资源保护领域公益诉讼案件30

件。开展“携手守护公益 传承红色基因”专项监督，与相关职能部门建立联动协作机制，形成专题调研报告，全年立案27件，推动红色资源保护47处。

（吴宇戈）

【司法体制改革】 2021年，兴宁市推进公安机关、检察机关、审判机关、司法行政机关等跨部门大数据协同办案，实现政法部门信息系统的资源共享和信息优化。着力深化司法责任制综合配套改革，深化审判委员会、检察委员会改革，健全法官、检察官员额管理制度，解决法院、检察院系统司法辅助人员配备问题。规范公正文明执法司法，健全司法权运行监督制约体系，全面推行行政执法公示制度、执法全过程记录制度、重大执法决定法制审核等制度，完善行政执法程序规范，执行领导干部干预司法活动、司法机关内部人员过问案件的记录、通报和问责制度，完善涉法涉诉信访制度，规范涉法涉诉信访案件办理，推进政法公共服务体系建设。

（刘伟林　马秋玲）

公安

【概况】 2021年，兴宁市公安局以中国共产党成立100周年维稳安保工作为主线，推进“飓风”“梅安”等系列专项行动。“梅安2021”专项行动考核在梅州各县（市、区）中排名第一，“飓风2021”专项行动考核排名第三；全年立各类刑事案件1361件，破获刑事案件737件，刑事拘留犯罪嫌疑人645人，提请逮捕611人，移送起诉656人，追回逃犯98人。

【维护政治稳定】 2021年，兴宁市公安局把防范抵御政治风险置于首位，加强国保阵地建设，深化严打严防暴恐“深源”行动，防范打击非法宗教渗透和邪教组织活动。发挥公安排查、预警、协同化解等职能，健全完善应急处突预案，提升预防预测预警能力和水平，确保全国两会、中国共产党成立100周年、广交会、党的十九届六中全会等重大活动节点平安稳定。做好疫情联防联控各项工作，年内核查境外和国内中高风险地区到兴宁返兴宁人员11675人次。

【违法犯罪惩治】 2021年，兴宁市公安局开展常态化扫黑除恶专项斗争，核查涉黑恶线索66条，移送起诉涉黑恶嫌疑人225人。开展“飓风”“梅安”等专项行动，打击涉盗抢骗、涉黄赌、涉严重暴力、涉经济、涉毒品、涉走私、涉网络、涉野生动物等违法犯罪，刑事打击实现“三升一全破”（刑事拘留人数比上年上升18.6%、提请逮捕人员上升29.2%、移送起诉人数上升23.8%，现发命案全破）。开展“团圆护苗”行动，帮助13名被拐卖或走失人员与家人团圆。开展打击治理电信网络诈骗犯罪专项行动，发动群众安装反诈App软件近40万人，年内接报涉电诈警情503起，下降24.9%；立电诈刑事案件447件，下降14%；财产损失2851.98万元，减少255.26万元，兴宁籍涉电诈被抓获人员全国排名从2020年底的第71名下降到第127名，实现涉电诈警情、立案、财损同比“三下降”，涉诈人数排名退出全国百名之外的目标。

【社会治安防控】 2021年，兴宁市公安局落实“1、3、5分钟”快速反应机制，街路面巡防警力实行高峰勤务、错时巡防，新增14辆铁骑和22名铁骑队员，提升巡逻防范、先期处警、应急处突、服务群众等能力。开展“五合一”行动，强化枪爆物品管理、寄递物流管理、出租屋和流动人口管理、在兴外国人管理和“三非”外国人治理等工作，排查整改各类安全隐患，收缴各类管制违禁物品，依法查处各类违法犯罪人员。行政处罚旅馆业12家、娱乐场所8家、按摩场所11家、刻印业1家，收缴社会面非法枪支88支。开展四轮校园安全排查专项整治行动，落实“高峰勤务”和“护学岗”机制，落实见警察、见警车、见警灯的“三见”措施，全市校园实现封闭式管理、视频安防监控、保安员配备、物防措施“4个100%”。

【执法办案规范】 2021年，兴宁市公安局推进“法治公安行动计划”，建成智能执法办案管理

▲ 2021 年 10 月 25 日，兴宁公安举行认亲仪式，群众送锦旗表谢意（市公安局提供）

中心。制定《兴宁市公安局民警依法履职免责实施办法》《兴宁市公安局主办民警执法责任制规定》《兴宁市公安局刑事司法权力监督管理指引办法》等，健全刑事司法权力的监督制约，加强对重点执法环节的监督管理。围绕提升执法基础、办案质量和执法监督的目标，每月对办案单位移送的案卷以“一案一表”的形式进行考评，向办案单位反馈存在问题，限期进行整改。

【基层基础建设】 2021 年，兴宁市公安局开展“枫桥式公安派出所”创建工作，新建刑事科学技术电子物证室，推进龙田派出所新址建设，福兴派出所新城警务室命名为“岭南标杆警务室”，水口、永和、大坪派出所被命名为首批梅州市红色“枫桥式公安派出所”。

【道路交通管理】 2021 年，兴宁市公安局开展“减量控大 2021”、系统防范化解道路交通安全风险、摩电安全整治和城区停车秩序专项整治，做好道路交通事故预防、路面交通秩序整治、道路交通安全隐患排查和交通安全宣传等工作，提高路面见警率和管理率。年内排查道路交通安全隐患 240 处，查扣假牌套牌汽车 131 辆、假牌套牌摩托车 1426 辆，查处醉驾、酒驾、不戴安全头盔等交通违法行为 26006 起。交通事故四项指数分别比上年下降 6.1%、32%、5.3%、15.7%。

【便民服务建设】 2021 年，兴宁市公安局开展“我为群众办实事”实践活动，推出摩托车带牌销售、摩托车驾驶证送考下乡、优化老年人办事服务、开辟 DNA 寻亲绿色通道、“护校安园”等举措。深化公安“放管服”改革，应用智慧新警务建设成效，通过数据共享、调取电子证照、口头告知承诺等方式，减少、取消不需要的证明材料、审批流程，推进“无证办”“跨省通办”。在网站、微信公众号、微博等媒体平台开通“局长信箱”，搭建互动渠道，集纳社情民意，掌握群众对社会治安和公安工作的关注热点。做好“12345”热线的调查、反馈、回复等工作，全年接收处理工单 788 条。

▲ 2021 年 10 月 3 日，兴宁市公安局开展国庆安保巡逻（市公安局提供）

【爱警暖警举措】 2021年，兴宁市公安局推动落实公安机关执法勤务和警务技术职务序列改革政策，做好表彰奖励、典型选树等工作，组织开展全市优秀基层单位和优秀人民警察评选活动、“红色教育”“勇担青春使命、献礼百年华诞”等主题活动，提升民警的荣誉感、使命感。刑侦大队被评为全国“扫黑除恶专项斗争成绩突出集体”，14个集体、96人次受到上级表彰奖励，106名党员获“光荣在党50年”纪念章。做好优抚工作，慰问因公受伤、因病住院、家中变故民警，为患重大疾病等困难民警申报省、市医疗救助金及省重大疾病保险金。

（何旭东）

检察

【概况】 2021年，兴宁市人民检察院落实《中共中央关于加强新时代检察机关法律监督工作的意见》，忠实履行法律监督职能。全年办理各类案件1067件，其中审查逮捕案件396件，审查起诉案件466件，刑事、民事、行政申诉案件40件，公益诉讼案件108件，诉讼活动违法监督案件57件。是年，市检察院获评“全国检察机关文明接待室”“全省新时代‘五好’基层院建设先进单位”，7个集体和19名个人获梅州市级以上表彰奖励。

【服务中心工作】 2021年，兴宁市人民检察院依法起诉扰乱市场秩序、侵犯知识产权等侵害企业合法权益犯罪34人，办理梅州市首例非法出售“微信外挂”软件犯罪案件。审慎办理涉民企案件，依法不批捕4人、变更强制措施2人，督促公安机关清理“挂案”4件。促进企业合规守法经营，通过检察建议推动成品油市场综合整治，58家民营加油站完善相关管理制度、补缴税款。加强与企业的沟通联络，通过走访调研、送法进企业等方式，主动问需解难。起诉破坏环境资源保护犯罪7人，办理生态环境和资源保护领域公益诉讼案件41件。起诉严重暴力、多发性侵财犯罪175人，开展禁毒、扫黑除恶专项斗争、电信诈骗等普法宣传15场次。将司法救助融入巩固拓展脱贫攻坚成果，为20名受害当事人发放救助金24万元，跟进落实社会救助、帮扶措施。依托“一镇一检察官”服务保障“两委”换届选举，纠正制止被剥夺政治权利人员参与换届选举3人。强化监检衔接，起诉职务犯罪4人，追赃挽损397万元。

【社会稳定维护】 2021年，兴宁市人民检察院健全扫黑除恶斗争常态化运行机制，保持标准不

链接：市公安局破获梅州首宗微信外挂案

2021年4月21日，市公安局在“净网2021”专项行动中，组织多警种合成作战，首次发起较大规模的黑客类案件收网行动，打掉一个在淘宝、微信等互联网平台上出售“微商必备”工具的黑灰产团伙，抓获涉嫌违法犯罪人员16人，查封涉案窝点2个，有效净化网络生态空间。

2021年3月，市公安局在对本地网络公司的日常管理工作过程中，发现位于兴宁毅德城的一家未办营业执照的网络公司24小时运营，形迹非常可疑。通过进一步调查，发现该公司涉嫌在互联网平台贩卖大量正规App的外挂、盗版Office软件激活码等产品。经鉴定，这些外挂司法确认均对正版App有侵入和控制功能。这些工具常被电信诈骗、网络赌博等团伙用于违法犯罪活动。

市公安局抽调精干警力成立专案组对此展开深入侦查。经过分析研判，逐一抽丝剥茧挖出线上线下16名犯罪嫌疑人，查清团伙网上售卖的46款非法App外挂的情况，并掌握该团伙还涉嫌贩卖盗版软件、售假等违法犯罪行为，为收网工作奠定坚实基础。4月21日上午，市公安局组织50多名警力，在深圳宝安、兴宁两地开展集中统一收网行动，抓获涉嫌提供侵入、控制计算机信息系统工具罪和侵犯知识产权罪等人员16人，查封涉案窝点2个，清查公司1间，依法扣押一大批涉案手机、电脑、银行卡。

降、态势不减。吴某焱等20人涉黑一案，引导补充证据材料36册，依法增加认定6名被告人构成非法拘禁等罪，追诉漏犯6人，不认定5名被告人构成开设赌场等罪。深挖黑财线索7条，向相关部门移送“保护伞”等线索20条。针对行业监管隐患问题，依法发出2份检察建议，督促建章立制、堵塞漏洞。坚持检察长接访、带案下访制度，落实群众来信“两个100%”要求，办理各类信访251件，化解重复信访7件。建成检察听证室，探索简易公开听证，应听尽听17场次，促进案结事了人和，公开听证工作获梅州市“平安之乡”实践创新项目优秀等次。对认罪认罚案件相对不起诉犯罪嫌疑人探索开展前置化教育，引导增强法治观念，降低再犯罪可能性。主动延伸检察职能，提出7份社会治理检察建议，推动加强交通安全综合治理经验做法被省检察院推广。

▲2021年9月29日，兴宁市人民检察院开展检察长接访活动
（兴宁市人民检察院提供）

【刑事检察】 2021年，兴宁市人民检察院批准逮捕各类刑事犯罪386人、起诉611人，比上年分别增加24%、16.5%。不批捕193人、不捕率33.3%，不起诉40人、不诉率6.1%；决定和建议变更强制措施16人。监督立案1件、撤案9件，纠正漏捕13人、漏诉4人，纠正侦查、审判活动违法13件，成功抗诉2件。探索控辩协商同步录音录像制度，适用认罪认罚从宽制度566人，适用率86.9%，量刑建议采纳率94.4%。强化刑事执行监督，纠正刑罚执行和监管活动违法84件，移送违规违法减刑、假释、暂予监外执行案件线索21条。

【民事行政检察】 2021年，兴宁市人民检察院受理民事监督案件35件，发出检察建议7份，移送执行人员违法违纪线索2条。对审查认为正确的，依法不支持监督申请24件，同步做好释法说理，引导当事人服判息诉。开展支持起诉诉前调解工作，助力市齐昌供水有限公司依法维权，挽回国有财产损失37万元。开展终结本次执行程序专项监督活动，提出检察建议4件，纠正标准不严、违法简化程序等问题。持续推进虚假诉讼监督专项活动，依职权审查虚假诉讼案件4件。受理行政诉讼监督案件15件，发出检察建议9份。常态化开展行政争议实质性化解，综合运用领导包案、监督纠正、公开听证等方式化解行政争议，推动案结事了人和政和。宋某钦、宋某南非法占用土地行政非诉执行监督一案入选最高检“土地执法查处领域行政非诉执行监督”专项活动优秀案件、省检察院第一批检察听证典型案例。

【公益诉讼检察】 2021年，兴宁市人民检察院立案办理公益诉讼案件108件，发出诉前检察建议61份、磋商函14份，提起刑事附带民事公益诉讼2件，挽回国有财产损失10万余元。围绕生态发展区定位，建立“林长+检察长”协作机制，督促职能部门对城区扬尘污染、森林火灾等问题开展专项整治。持续开展“公益诉讼守护美好生活”专项监督，聘请第三方机构对41处湖库水质进行检测，督促整改不达标问题，守护水质安全。拓展公益诉讼案件范围，开展“携手守护公益 传承红色基因”专项监督，建立联动协作机制，立案27件，推动红色资源保护

47 处。

【未成年人检察】 2021 年，兴宁市人民检察院开展“检爱同行、共护未来”法律监督专项行动。对侵害未成年人犯罪零容忍，批准逮捕 45 人、起诉 73 人。对涉罪未成年人坚持宽容不纵容，不批捕 34 人、不起诉 6 人，附条件不起诉 7 人，精准帮教 52 人次，封存犯罪记录 46 人。开展 12 场次法治讲座、模拟法庭、法治情景剧活动。发出梅州首份《督促监护令》，建立家庭教育工作联动机制，联合启动“团暖童心，法护成长”关爱困境青少年暖冬行动，加大向未成年人出售烟酒、娱乐场所违规接纳未成年人以及校外培训、托管机构不规范等问题的监督。

【检察体制建设】 2021 年，兴宁市人民检察院运用以“案件比”为核心的案件质效评价指标体系，一体推进业务数据分析研判、案件质量评查、流程监控，完善《不捕、不诉、羁押必要性案件办理指引》等规定，刑事“案件比”降至 1 ∶ 1.07。发挥领导干部带头办案示范引领作用，入额院领导人均办案 21.86 件。落实防止干预司法“三个规定”，填报重大事项 98 件，比上年增长 96%。完善考核机制，将考评结果与干部选拔任用、检察官选升晋升挂钩。

（郑晓燕）

法院

【概况】 2021 年，兴宁市人民法院开展“五个提升年”活动，打造“天平红 • 齐昌兴”党建品牌，全年受理各类案件 7770 件，结案 7675 件，结案率 98.8%，名列梅州法院第一。

▲ 2021 年 9 月 7 日，兴宁市人民检察院在齐昌中学举行“检爱同行、共护未来”法治进校园活动 （兴宁市人民检察院提供）

【刑事审判】 2021 年，兴宁市人民法院审结刑事案件 421 件，判处罪犯 622 人，重刑率 8.7%。推动扫黑除恶工作常态化，审结吴某焱等 20 人涉黑案件，依法对 16 名罪犯判处五年以上有期徒刑，对 1 人判处没收个人全部财产，判处财产刑金额 502.7 万元。审结故意伤害、强奸、抢劫、盗窃等犯罪案件 152 件。审结危险驾驶、失火等犯罪案件 114 件。惩治“黄赌毒”“食药环”犯罪案件 77 件，审结罗某东等 9 人组织卖淫、杨某青等 14 人开设赌场、张某荣等 14 人生产销售伪劣产品案。严打网络电信诈骗、非法传销、帮助信息网络犯罪活动等犯罪案件 41 件。全年依法为 298 名被告人指定辩护。

【民事审判】 2021 年，兴宁市人民法院审结民商事案件 4255 件，标的金额 13.77 亿元。审结婚姻家庭、遗产继承等家事案件 843 件。审结教育就业、医疗住房、社会保障等纠纷案件 885 件。审结征地补偿、农业土地流转等涉农案件 29 件。审结涉民营企业案件 706 件，解决争议金额 1.77 亿元。审结借款、保险、信用卡等案件 1718 件。深化供给侧结构性改革，审结兴宁市纱线厂、广东省地方铁路总公司梅龙铁路公司破产案件。审结互联网、特色农业等案件 46 件。调处群体性维权案件 336 件。

【行政审判】 2021 年，兴宁市人民法院审结行政诉讼案件 380 件、行政非诉执行案件 330 件。

▲ 2021 年 9 月 23 日，兴宁市人民法院开庭审理吴某焱等 20 人涉黑犯罪案件
（兴宁市人民法院提供）

坚持“诉前、诉中、诉后”全程协调解纷，设立行政争议诉前调解中心和行政案件诉前联调工作室，推动行政争议实质化解，诉讼案件和解撤诉 125 件，撤诉率 32.9%，比上年上升 61.2%。行政诉讼全程协调解纷机制入选广东法院“抓示范促改革惠民生”改革培育计划。推进行政机关负责人出庭应诉常态化，行政机关负责人出庭应诉率 57.1%，上升 28.2%。全年组织开展领导干部旁听庭审 165 人次。

【执行工作】 2021 年，兴宁市人民法院执结案件 2289 件，执行到位金额 1.06 亿元；有财产可供执行案件法定期限内实际执结率 99.4%，终本案件合格率 100%，赴京信访办结率 100%。开展“南粤执行风暴”“根治欠薪”等专项行动，有效执结陈某华、龚某华、曾某华、曾某娟等一批长期无法解决的执行信访难案，获赠锦旗和感谢信 20 多次。执结抚养赡养、追索劳动报酬、交通事故赔偿等案件 354 件。采取“活封活扣”、执行和解等措施案件 1495 件。创新执行工作机制，优化执行案款支付流程，执行款划转周期平均用时 4 天。实施信用惩戒，纳入失信名单 896 人，曝光失信被执行人 185 人，限制高消费 1216 人，司法拘留 17 人。

【司法为民】 2021 年，兴宁市人民法院扎实推进《中华人民共和国民法典》学习宣传教育，确保《中华人民共和国民法典》正确实施，1 宗意外伤害保险纠纷案件入选全省法院“民法典百场庭审直播”。发布涉老年人权益保障、反家庭暴力、生态环境保护等典型案例 6 个，适用自甘风险等规则破解道德和法律风险。全年为经济困难当事人办理缓、减、免交诉讼费 11.49 万元，发放司法救助金 104 万元。推行诉讼服务“网上办”，网上立案 1183 件，跨域立案 3 件，线上开庭、调解 570 次，司法网拍成交 437.56 万元。创新发展“枫桥经验”，向行业综合治理延伸，与市总工会、市侨联、人行兴宁支行、市金融工作局分别建立纠纷多元化解工作机制，诉前联调案件 434 件。向基层源头治理延伸，在未设立法庭的 16 个镇（街道）司法所设立诉讼服务站、法官联络点，开展诉讼指引 169 人次，诉

▲ 2021 年 8 月 18 日，兴宁市人民法院诉前调解一起行政争议案件
（兴宁市人民法院提供）

前调处纠纷 216 件次，解答群众咨询 342 人次。

【司法改革】 2021 年，兴宁市人民法院健全审判权力运行机制，修订审判权力和责任清单，明确院庭长、审判组织、审判人员的权限和责任，规范审判权力行使。深化审判监督管理平台的运用，出台长期未结诉讼案件和“四类案件”监督管理规定等制度，构建多层闭环监管体系。推行类案检索报告制度，审判委员会、专业法官会议研究讨论案件 171 件。推进繁简分流改革，审结认罪认罚从宽案件 378 件，刑事速裁案件 96 件，民事案件适用简易程序和小额诉讼程序占比 83.4%。加强跟踪督办，一年以上长期未结案件为 0。

【司法公开】 2021 年，兴宁市人民法院持续深化司法公开，审判流程信息公开率 100%，网络庭审直播 1138 件，38.17 万人次点击观看。落实“谁执法谁普法”责任制，举办普法活动 22 次，播出新闻、专题 35 条，在各类媒体平台刊发普法文章、工作动态 821 篇。常态化开展代表委员联络工作，邀请代表委员视察工作、旁听庭审、见证执行等 59 人次，走访代表委员 82 人次。全面落实人民陪审制度，人民陪审员参审案件 1129 件。自觉接受群众监督，全年受理群众来信 125 件，来访 157 人次，召开信访听证会 15 次。

（江育娇）

司法行政

【概况】 2021 年，兴宁市司法局推进平安兴宁、法治兴宁建设，开展党史学习教育和政法队伍教育整顿，强化司法行政队伍建设。是年，全市有人民调解委员会 584 个，人民调解员 2746 名；有村（社区）法律顾问 99 名，担任常年法律顾问的律师事务所 50 家。全年接受法律咨询 5265 人次，提供法律援助 12 件，受理各类公证案件 1795 件。审查全市各类法律文件 145 件；出具法律意见 47 件。收到各类行政复议申请 55 件。

【普法宣传】 2021 年，兴宁市司法局严格落实“谁执法谁普法”责任制，召开市委全面依法治市委员会守法普法协调小组第二次会议；起草全市“八五”普法规划征求意见稿和普法工作要点清单；组织开展 2021 年兴宁市国家机关“谁执法谁普法”履职报告评议活动。联合相关部门开展《中华人民共和国宪法》、《中华人民共和国民法典》、“4•15”国家安全日、“6•26”国际禁毒日、“12•4”国家宪法宣传日、电信网络新型违法犯罪等专题宣传。兴宁市普法办公室被中央宣传部、司法部、全国普法办评为 2016—2020 年“全国依法治理创建活动先进单位”。利用网站、“兴宁普法”微信公众号等政务新媒体推送普法资讯；至年底，制作的“民法典小动漫”在 2021 年“广东普法新媒体精品”评选活动中获评“优秀奖”；单位干部自编自导自演普法小品《讨薪》被选送至广东省法治宣传文化节参加评选。全年制作更换 126 块宣传栏，循环展播 960 多条法治宣传视频、标语；向辖区群众发送法治建设和普法教育类短信 46 万条，受教育群众 21 万人次。落实国家工作人员学法用法各项制度，健全完善党委（党组）中心组学法、法治教育培训、依法决策等制度；落实以案释法制度；开展法治宣传教育活动；开展

▲ 2021 年 5 月 20 日，兴宁市司法局在会展中心 3 号会议室召开兴宁市镇街职权下放体制改革综合行政执法培训班（刘怡 摄）

“身边的法律”“美好生活·民法典相伴”“防控疫情 法治同行”等宣传活动。开展“法律七进”活动，印制“民法典”、防电信诈骗手册等法治宣传资料、宣传物品等15万份，举办法治宣传活动43场次、各类法治讲座103场次。

【法律服务】2021年，兴宁市有1个县级市公共法律服务中心，20个镇级公共法律服务工作站（其中省示范性乡镇公共法律服务工作站7个），62个村级公共法律服务工作室（其中省示范性村公共法律服务工作室61个）。至年底，完成128个“智慧司法云”点的建设工作，智慧司法“云”时代案例入选由中央网信办等部门编制的《数字乡村建设指南1.0》。全市村（社区）法律顾问提供法律服务8265次，其中法律咨询5265次，开展法治宣传活动2057场次，出具法律意见47件，调解纠纷85件，提供法律援助12件，其他服务799件。担任常年法律顾问的律师事务所办理刑事辩护431件（包括刑事辩护全覆盖），民事诉讼代理834件，行政诉讼代理67件。是年，安排8名公职律师参与市领导信访接访工作，协助市领导接访20次，协助接访1800人次；参与化解涉法涉诉信访接访、研判和听证8次，参与信访复查3次。是年，兴宁市公证处实行“一次性告知”制度，精简办理公证事项证明材料清单，缩短办证周期、全面推行“最多跑一次”，推行公证暖心服务，对涉及老弱病残等特殊群体的公证事项，采取预约受理、上门办证等便民措施，受理各类公证案件1795件，其中国内公证1644件、涉外公证151件。

▲2021年11月9日，兴宁市司法局在广东省青少年法治教育实践基地华侨中学开展系列“法治宣传教育实践”活动　　（市司法局提供）

【法律援助】2021年，兴宁市司法局实施刑事案件律师辩护全覆盖及律师值班制度，指派本市8名执业律师轮流到法院、检察院、看守所驻点法律援助工作站值班，做好刑事法律援助工作和认罪认罚案件、速裁案件法律帮助工作。为异地务工人员、下岗失业人员、残疾人等弱势群体提供法律帮助和维权指南，引导群众依法表达合理诉求。至年底，全市受理法律援助案件356件，其中刑事案件315件，民事案件42件；接待来电来访658人次，解答法律咨询627人次。

【人民调解】2021年，兴宁市司法局联合市法院在未设立法庭的16个镇（街道）司法所设立诉讼服务站，构建集诉讼服务、诉前调解、司法辅助、巡回审判、法治宣传等一体推进“一站式”多元解纷和诉讼服务体系。完善市、镇（街道）、村（社区）三级调解组织和专业性、行业性调解组织全网络，围绕征收补偿、劳资关系等社会热点难点问题和婚姻家庭、邻里关系、土地权属等易发多发领域，开展矛盾纠纷排查化解工作，至年底，全市调解矛盾纠纷3103件，调解成功3093件，调解成功率99.6%；排查纠纷1248次，预防纠纷590件，无矛盾激化情况发生。宁中镇人民调解委员会炽昌工作室、龙田镇人民调解委员会获评“客都先进人民调解委员会”，刘美财、欧阳雄杰、邹挂廉、黄飞标、李志浩5人获评“客都先进人民调解员”。

【社区矫正】2021年，兴宁市司法局落实社区矫正各项管理制度，加强协调联动，联合检察院开展突击检查和专项工作检查，采取集中点名、训诫谈话、检查工作台账等方式，完善社区矫正日常监管工作机制；运用司法行政远程会见系统，全年接收办理服刑（强戒）人员家属成功会见739例，有效解决家属“会见难”问题；探索社会力量参与社区矫正工作，通过政府购买服务，引入社会工作服务中心为社区矫正对象提供心理矫治、参与公益志愿服务。联合机关、企业、社工组织等做好安置工作，确保“出来有人接，接回有人管，就业有人扶，困难有人助”。至年底，全市有在册社区矫正对象234人（其中缓刑226人，假释6人，暂予监外执行2人），2021年解除社区矫正222人，执行地变更12人，无脱管、漏管现象发生。

【安置帮教】 2021年度，兴宁市司法局接收刑释解矫人员675人。安置帮教期限5年内刑释人员2101人，3年内解矫人员880人。刑释解矫人员安置率100%、帮教率100%，帮助1人由低保转为五保户，帮助1人落实低保，对17名困难人员进行慰问。

【规范性文件审查】 2021年，兴宁市司法局审查各镇及市直部门报送的各类文件145件，其中审查决策性文件138件（含一般政策性文件和重大行政决策）、市政府规范性文件7件；办理省、市等上级法律、法规、规章、规范性文件征求意见稿102件。全年对现行有效的市人民政府（含市政府办公室）制定、发布的75件文件进行清理，征求各职能部门意见并提交审议。

【行政复议和行政诉讼】 2021年，兴宁市司法局印发《兴宁市行政复议体制改革实施方案》。在市公共法律服务中心设置行政复议受理窗口，依托全市20个镇（街道）司法所设立行政复议咨询受理点，在兴宁市信访局设置便民服务点，联合兴宁市人民法院在诉讼服务中心设立行政争议诉前调解中心。加强行政复议案件和解、调解工作，至年底，收到向本级人民政府申请行政复议的案件55件，其中立案受理48件，不予受理6件，告知1件。审结案件37件（上年度结转2件），其中维持原行政机关作出的具体行政行为的（含驳回、维持）10件，终止结案20件（含和解、调解及被申请人改变具体行政行为后申请人撤回申请），直接纠正行政机关决定（含确认违法、撤销、变更、责令履行）7件。通过和解、调解最终申请人主动撤回行政复议申请的案件17件，占审结案件的45.9%。应诉案件16件，其中经过复议后应诉的案件5件，占应诉案件总数的31.3%；未经本级复议后应诉的案件11件，占应诉案件总数的68.7%。

【行政执法案卷评查】 2021年，兴宁市司法局将“三项制度”落实情况纳入执法单位法治政府考核、年度绩效考核指标体系，推广广东省行政执法“两平台”，将市场监督管理局列为试点单位。组织举办兴宁市镇街综合行政执法工作协调会和综合行政执法培训班，举办2场次行政执法人员综合法律知识网上考试，至年底，全市各镇街持有执法证人员457人，审核、办理367张新执法证。开展行政执法案卷评查工作，从全市各镇（街道）和市有关单位抽取行政执法案卷122份。

（吴宇戈）

仲裁

【概况】 2021年，兴宁市劳动人事争议调解仲裁院加强劳动人事争议处理效能建设，以加强劳动人事争议处理效能建设为主线，继续完善制度、提升调解能力为目标，持续加强调解仲裁规范化、标准化、专业化和信息化建设，依法公正及时处理争议、化解风险。

【劳动人事仲裁管理】 2021年，兴宁市劳动人事争议调解仲裁院完善仲裁员管理，严格落实各项规章制度，完善办案程序。受理各种劳动人事争议仲裁案件，依法办案。抓好群体性突发事件预防处理等重点，把集体劳动争议案件化解在萌芽状态。做好政策法规的宣传，利用各种途径积极宣传劳动争议处理流程，让劳动者清楚劳动争议处理途径、程序，扩大劳动仲裁工作影响，正确引导劳动者通过法律途径解决劳动争议。加强劳动人事争议仲裁机构和基层调解网络建设，促进劳动人事争议处理工作健康发展。完善微信小程序办案流程。完善自身监督，加强劳动人事争议仲裁效能建设，提高劳动人事争议处理效率，法定时效内结案率 100 %。全年受理劳动人事争议案件 185 件，其中工伤待遇赔偿 5 件，解除劳动关系经济补偿 83 件，确认劳动关系 5 件，拖欠工资 91 件，恢复劳动关系 1 件。仲裁结案 143 件、调解结案 43 件，涉及金额标的 1000 多万元，法定时限内结案率 100%。不予受理 16 件。接待来信、来电、来访单位与群众 300 多人次。

（刘福旺）

■ 军事

人民武装

【概况】2021 年，兴宁市人民武装部（以下简称市人武部）坚持以强军目标为引领，坚决贯彻习近平主席和中央军委决策部署，着眼有效履行新时代国防动员使命任务，按照“抓班子带队伍，抓实训强战备，抓融合尽职责，抓规范正秩序、抓安全打基础”的思路抓建部队，扎实开展以国防动员为中心的各项工作，完成上级赋予的各项任务，全面建设形势呈现稳步发展的良好势头。

【战备建设】2021 年，市人武部始终把备战打仗作为党委班子的主责主业，持续抓好节日期间等日常战备工作落实，组织干部、职工和民兵进行战备拉动演练；通过上级组训、本级自训、军地共训的方式，突出民兵应急分队和专业技术分队的演训演练，提升民兵应急应战能力。

【正规化建设】2021 年，市人武部贯彻依法治军、从严治军理念，持续规范“四个秩序”，不断夯实全面建设根基。根据《基层武装部规范化建设指导手册》，对 20 个镇（街道）进行调研，结合实际，协调市委、市政府加大对基层武装部建设的投入，在刁坊镇、永和镇为试点基础上，进一步规范基层武装部和民兵连建设标准，并逐步向全市基层武装部拓展。

【国防教育工作】2021 年，市人武部依托红色资源、红色景点、红色名片，按照“国防法规进班子、国防教育进学校、国防知识进社区、国防宣传进家庭”的工作思路，认真抓好全民国防教育落实，不断推动全民国防教育深入发展；征兵期间，悬挂横幅标语、张贴海报、发放宣传册，协调市融媒体中心、各官方微信公众号、三大运营商以及电影院、神光山风景区等开展征兵宣传。

【党管武装】2021 年，兴宁市按照广东省委、省政府、省军区联合出台的《关于加强和改进新形势下党管武装工作的意见》，始终把武装作为重点工作来抓，加大党管武装力度；始终按要求落实双向兼职、党管武装述职，坚持经常性议军议武，增强爱武装、管武装、建武装的自觉性和主动性，切实扛起政治责任。严格落实党管武装各项制度，坚持部队和地方“两套班子”一起建、国防和经济“两项建设”一起抓、强军和富民“两副担子”一起挑，以上率下，带动形成上行下效、齐抓共管的局面。

【综合保障】2021 年，市人武部贯彻落实服务意识，把经费使用、资源利用向备战打仗倾斜。深化后勤重点行业领域整肃治理，认真开展资产大清查，按照规定格式和指标要素采集原始账拉单列表、逐项清查，开展实物盘点工作。突出抓好经费管控、物资采购和审计监督，实行财务定期公开制度和主官双签字制度，健全基层风气监督员制度，按规结算日常开支，按时上缴结余经费，引入物业、绿化社会化保障，后勤重点行业领域情况良好。

【双拥工作】2021 年，市人武部充分发挥军地桥梁和纽带作用，协调地方政府为驻兴宁部队官兵办实事、办好事；部队官兵积极参与乡村振兴和双拥共建活动。广泛开展走访慰问军烈属、老党员、困难退伍军人、困难群众、退休民兵等，为立功受奖官兵送喜报。协调市委、市政府安置随军家属进入机关事业单位，协调市教育局统筹安排驻兴宁官兵子女就近入学，联合司法局进行“送法进军营”等活动；为罗浮镇浮西村筹划解决主干道路灯、老人康复中心基础设施配套建设，帮助水口镇红军小学教室安装窗帘，开展“全军十大英模”挂像进红军校园活动。

（杨宝明）

武警

【概况】2021 年，武警梅州支队兴宁中队（以下简称武警兴宁中队）在上级党委和兴宁市委、市政府的正确领导和关心支持下，围绕践行强军目标要求，狠抓执勤教育训练管理。年内，武警兴宁中队被评为“四铁”先进单位，获记集体三等功。1 人被支队表彰为“四有”优秀警官，1 人获个人三等功，1 人被武警广东省总队评为“十佳”政治教员。

【执勤训练】2021 年，武警兴宁中队牢固树立“执勤就是主责主业，训练就是支撑保障”的理念，着力提升打赢能力。严格落实“三班四哨”和执勤八项制度，组织官兵学习执勤规定及执勤方案，每天作战勤务交班时组织进行执勤录像回放，纠治执勤“常见病”“多发病”。组织抗洪抢险专项演练，加强与驻地公安和应急管理局的信息互通。是年，组织官兵深刻汲取执勤教训，排查安全隐患，排查各类执勤隐患 5 处。以信息化平台为依托，录制《执勤安全监控员行为规范》视频录像，组织官兵观看学习并在全支队推广。以中队长之家为载体，在支队指导下对执勤工作进行统一规范，实现连续 41 年安全无事故。

【军事训练】2021 年，武警兴宁中队落实训练制度，抓好基础性科目训练。对照疫情防控期间军事训练指示，按纲施训，科学组训，遵循客观规律，单兵专业训练突出擒敌术、单兵战术等科目，狠抓基础体能、器械体操等科目；分队训练重点抓好应急班的建设和训练。抓好实战化训练，突出中队长、排长、班长三级指挥员，加强现场指挥、协同指挥和应变指挥能力训练。汛期期间，严格对照训练要求并结合周边汛情及地理位置进行专项演练；重视训练中安全工作，对重难点课目，严格按照由简到繁、由易到难的步骤展开，坚决做到主官不到场不训练、身体活动不开不训练、保护措施不到位不训练。注重军事职业教育和学历升级工作，坚持每周灵活开展 2 个课时军职教育，引导官兵加强军事、科技、管理等军人职业共性知识的学习；倡导官兵学历升级，全年中队完成学历升级 7 人（均为中专升大专），正在学历升级 7 人（3 人中专升大专，4 人大专升本科）。

【后勤保障】2021 年，武警兴宁中队坚持把后勤人员的选拔作为建强后勤队伍的突破口，坚决做到个人自愿、群众评议、组织把关，把思想好、能吃苦和有技能的士兵充实到后勤岗位上来；制定后勤训练计划表，每周按照训练计划开展训练。利用休息日将炊事员送至地方餐馆酒店参观见学、技能锻炼，规范伙食管理，从严筛选副食品配送商，每半月落实市场价格调查和保障质量评议反馈，确保配送价低于市场零售价 10% 以上。在伙食费上调后，中队合理调剂食谱，对照“早餐蛋奶加肉菜、牛羊水产天天换、谷物果蔬品种多”要求，确保每周牛羊肉常见于桌。加强战备建设，制定完善应急保障方案，储备战备食品，完善给养器材，组织单兵野战食品适应性训练、应急保障紧急出动演练。每月开展卫生常识教育，每周督促战士清洗、晾晒个人物品和储藏室公用物资；联系卫生防疫单位每月对营区进行环境消杀，卫生员每周 3 次对营区、班排消毒，降低疫情传播风险。注重开源节流，利用休息日挖土平地、施肥浇水、改良土壤，聘请驻地菜农指导，年均产蔬菜 2000 多公斤。定期对营产营具进行检查维护，在营产营具维护方面节约经费数千元。

（郑广斌）

人民防空

【概况】2021 年，兴宁市增装 2 台警报设施，于 9 月 18 日进行警报试鸣活动，实现广播、电视同步传递警报信号，城区鸣响率和覆盖率均达到100%；按照国防动员人民防空专业动员任务要求，做好抢险抢修、医疗救护、消防专业、通信保障、交通运输、治安等7个人防专业队伍整组及训练工作；通过重要节日、重要活动集中开展宣传教育。

【人防工程安全管理】2021年，兴宁市指导人防工程管理单位做好已开发利用人防工程土建、排水排涝、环境卫生等日常维护管理工作。坚持日常检查与重点抽查相结合，每季度对人防通风设备、防护设备的安全及运转等进行全面检查1次以上；加强防空地下室日常巡查、保养、维护、检修，做好值班巡查记录。全年检查人防地下室47次，发出检查整改通知书25份。

【人防队伍建设】2021年，兴宁市完成抢险抢修、医疗救护、消防专业、通信保障、交通运输、治安等7个人防专业队伍的整组及岗位训练，落实《人民防空训练规定》和《人民防空训练及考核大纲》，严格按纲组织训练，强化主责担当，注重效果评估，实现作战和训练一体化。

【人防宣传教育】2021年，兴宁市通过国防教育日、安全生产月咨询活动、年度警报试鸣活动等重要节日、重要活动集中开展宣传教育活动，向市民发放宣传手册，受教育群众30万人次以上；制作人防宣传横幅60多条，悬挂于人防地下室主次出入口或社区公共活动场所。

（廖秀莲）

退役军人事务

【概况】2021年，兴宁市退役军人事务局开展“思想政治工作年”“老兵永远跟党走”系列活动，教育引导退役军人“听党话、感党恩、跟党走”，多渠道、立体化宣传解读《中华人民共和国退役军人保障法》，推动保障法贯彻落实。

【双拥工作】2021年，兴宁市退役军人事务局做好拥军支前保障工作，及时解决驻训部队交通、医疗、军需物品等需求。春节、“八一”期间，走访慰问驻军官兵，落实军地需求“双清单”，解决官兵生活用水难问题，安置随军家属，发放未就业随军家属生活补助金，解决现役军人及退役军人的子女入学入托问题。走访慰问困难重点优抚对象200人、抗日战争或抗美援朝老兵67人、烈属16人。

【优抚工作】2021年，兴宁市退役军人事务局落实优抚政策，提高标准、足额发放退役军人及其他优抚对象补助及义务兵优待金，重点优抚对象生活难、住房难、看病难“三难”问题得到解决。是年，组织清明祭扫英烈、“9•30”烈士公祭等活动。对新陂革命烈士纪念碑和福兴闽粤赣边纵队六团纪念碑进行维护修缮。开展烈士寻亲工作，受理烈士家属寻亲申请3人次，完成寻亲数量2人。合水革命烈士陵园于6月被中共梅州市委党史研究室评为梅州市中共党史教育基地；9月5

▲2021年5月28日，梅州首个市级退役军人创业孵化基地签约暨揭牌仪式在兴宁市龙田镇举行　（市退役军人事务局提供）

日，梅州市人民政府批准其为第一批设区的市级烈士纪念设施。是年，落实省星级示范退役军人服务站奖补激励。8个镇级服务站、8个村（社区）服务站通过全国示范型服务站的检查验收。宣传省退役军人应急救助资金政策，获批省应急救助43宗。开展常态化联系退役军人和“六送”活动（送政策、送岗位、送技能、送帮扶、送保障、送尊崇）。全市参与结对帮扶退役军人党员的单位（含团体、企业）23个、干部职工259人，结对帮扶271人。

【接收安置】2021年，兴宁市退役军人事务局做好接收退役士兵工作和社保接续工作。全市多家企业单位入库退役军人职业技能承训机构目录，多名退役士兵参加中式烹饪、汽车美容、网商运营、电子商务等短期技能培训。举办退役军人专场招聘会，多人现场达成就业意向。与梅州市金绿现代农业发展有限公司合作建立首个（梅州）市级退役军人创业孵化基地，为退役军人提供创业孵化服务，带动退役军人就业。

【军休工作】2021年，兴宁市退役军人事务局落实军休人员政治和经济“两个待遇”，推进军休所星级创建。为5名军休人员发放“光荣在党50年”纪念章，与公立医院签订医疗保障协议，强化新冠肺炎疫情防控，为军休人员定期提供健康检查、心理慰藉等医疗服务。

【军转干部管理】2021年，兴宁市退役军人事务局按政策做好部分困难企业军转干部生活困难补助核发、调增工作，其中退休的按上年度月补助额提高5%，为1名在职的调增月生活补贴500元。每月发放困难企业军转干部生活困难补助款，发放22名患有严重疾病人员的特殊生活困难补助。做好部分困难企业军转干部及自主择业军转干部节日慰问及体检补助发放工作，全年发放慰问金70多万元，发放体检补助18万元。按政策规定及时落实自主择业军转干部住房补贴暨住房维修与物业管理补贴。做好军转干部信息采集、审核、维护工作，做好困难企业军转干部及自主择业军转干部的年审、政策宣传、权益维护及其他日常工作。

（林伟彬）

经 济

■ 经济管理

宏观经济管理

【概况】 2021年，兴宁市储备原中央苏区振兴发展重大项目181个，实施89个；国家重大项目库项目158个，实施106个。全年争取中央预算内投资和专项债券资金项目17个，下达资金16.3亿元；完成27个梅州市重点正式项目投资34.63亿元，完成率100.1%；完成6个省重点项目投资16.16亿元，完成率190.2%。开展成品油市场专项整治行动，追补缴税款1100万元。2020年粮食安全考核获评优秀等次。兴宁市齐昌粮油储备管理有限公司改制挂牌。

【规划编制】 2021年，《兴宁市国民经济和社会发展第十四个五年规划和二〇三五年远景目标纲要》经市十五届人大七次会议审议通过并下达实施，“十四五”期间地区生产总值（GDP）预期目标为年均增长6.5%，规划建设重点项目310项，总投资1348.50亿元，“十四五”期间投资899.94亿元。《兴宁市2020年国民经济和社会发展计划执行情况和2021年计划草案的报告》经市十五届人大七次会议审议通过并下达实施，2021年全市国民经济和社会发展计划运行顺利，全市地区生产总值196.32亿元，比上年增长8.8%。

【项目储备管理】 2021年，兴宁市储备原中央苏区振兴发展重大项目181个，总投资1334亿元，其中推动实施89个，总投资436.7亿元；国家重大项目库储备和在建项目158个，总投资452.3亿元，其中储备项目52个、在建项目106个。谋划储备梅州市2021年重大项目17个，总投资62.55亿元；谋划梅州市“十四五”时期重大工程项目92个，计划总投资651.13亿元（其中省级规划项目17个，计划总投资275.27亿元）。

【重点项目建设】 2021年，兴宁市列入梅州市重点项目44个，总投资300.72亿元。其中正式项目27个，总投资170.86亿元，

▲2021年，兴宁市省市重点项目：广东省天然气“县县通”（梅州—五华—兴宁）项目开工现场图 （兴宁市发展和改革局提供）

年度投资计划34.59亿元；预备项目17个，总投资129.86亿元。列入省重点项目11个，总投资153.95亿元，其中正式项目6个，年度投资计划8.5亿元，预备项目5个。是年，27个梅州市重点正式项目完成投资34.63亿元，占年度投资计划的100.1%；6个省重点项目完成投资16.16亿元，占年度投资计划的190.2%。

【项目资金争取】2021年，兴宁市争取中央预算内投资和债券等资金项目17个，下达资金16.3亿元。其中，中央资金项目8个，下达资金1.1亿元；专项债项目7个，下达资金14.4亿元；一般债项目2个，下达资金7862万元。至年末，全市资金支付6.42亿元，支付率39.4%。谋划2022年资金项目25个，申报金额35.71亿元；其中，中央预算内投资正式申报项目5个，总投资4.39亿元，申报金额2.15亿元；专项债券正式申报项目13个，总投资117.4亿元，申报金额30.1亿元；申请省级配套资金6个，总投资18.66亿元，申报金额3.46亿元。

【项目投资管理】2021年，兴宁市发展和改革局审批、核准和登记备案建设项目共274个，总投资400.98亿元，比上年增长66.2%。其中基础设施项目58个，工业产业项目144个，民生保障项目42个，其他项目30个。全年核准招标项目115宗，其中公开招标110宗。全年概算审查项目48个，总投资23.22亿元，核减概算金额9337.45万元。

【苏区振兴发展】2021年，兴宁市成立老区苏区振兴发展工作专班，研读对接落实《关于新时代支持革命老区振兴发展的意见》13方面77个具体政策事项，研提拟纳入国家“十四五”支持革命老区巩固脱贫攻坚成果重大项目44个、基础设施建设重大项目15个。谋划建设粤闽赣苏区改革开放创新发展试验区（兴宁片区），规划片区总面积308平方千米，启动区面积24平方千米。

【价格收费管理】2021年，兴宁市发展和改革局牵头推进农业水价综合改革，开展调整定价工作，完成合水水库灌区水利工程农业供水价格调整拟订工作；制定和调整镇级自来水价格，完成水口、坭陂、新陂、叶塘等镇5家自来水企业价格制定、调整拟订程序。开展新冠肺炎疫情防控应急价格监测工作，全年巡查290人次，每天报送粮、油等8大类80多个“菜篮子”商品价格。开展农产品成本调查工作，完成2021年早晚稻、茶叶等成本数据报送，早晚稻总成本同期对比下降7.6%，茶叶总成本下降3.7%。推送市场价格动态信息36条。开展新能源出租车、华润燃气公司等8家民生价格成本监审，出具监审报告7家。开展价格认定工作，鉴定评估案件347件，涉案总金额2558.29万元。

【粮食安全管理】2021年，兴宁市发展和改革局加强仓储监督管理、维护粮食市场秩序、确保粮食质量安全、提升粮食监管能力，完成年度县级储备粮轮换。开展粮食购销领域腐败问题专项整治，自查发现问题4个，完成整改1项，3项取得阶段性成效。开展以“科技助力节粮减损，创新保障优粮供给”为主题的2021年全国粮食和物资科技活动周及主题为“发展粮食产业，助力乡村振兴”的世界粮食日和粮食安全宣传活动。开展2021年春秋两季粮油安全普查，全年检查仓库56座。全年开展粮食安全生产检查23次，103人次参与，签订承诺书7份，排查安全隐患36项。开展“等级粮库”评定申报工作，全年申报2家，其中广东辰丰谷物有限公司获2021年广东省AAA“等级粮库”称号。开展2021年政策性粮油库存检查及4月末乡村居民户存粮专项调查工作，全市全年政策性粮食、食用植物油足额储备，乡村居民户存粮充足。做好疫情防控及粮食市场价格监测工作，制订储备粮应急预案。做好疫情防控救灾物资后勤保障，全年发放帐篷等应急物资758件，总价值44.97万元。

【能源安全管理】2021年，兴宁市发展和改革局推动落实节能政策措施，全市全年完成10家以上用能单位的节能监察任务，完成全市291家公共机构2020年度能源资源消费统计。完成2020年度节能考核。牵头开展依法整治虚拟货币“挖矿”活动，完成8家重点名单清零工作。推动新能源发展，至年末，全市分布式光伏发电建成项目1092个（总装机容量146兆瓦），集中式光伏发电在建、储备项目24个（总装机容量3305兆瓦）。统筹推进塑料污染治理，成立市塑料污染治理工作班。推进公共机构生活垃圾分类重点工作，制订兴宁市城市生活垃圾分类工作2021年工作任务方案。推动能源项目建设，配合推进省天然气管网“县县通工程”项目，至年末，基本完成全程39千米放线，进入兴宁分输站、水口阀室征地环节。统筹协调推进黄槐镇雉鸡潭自供区农电体制改革。开展广东省电力市场一般用户的申报工作，降低企业用电成本，全年申报7家，批复7家，变更2家。开展电力执法检查5次，发现并整改6处。开展加油站安全生产检查，全年检查94家，发现并整改一般隐患21处。全市94家加油站完成2020年度的年检工作。联合开展成品油市场综合整治执法行动22次，拆除非法储油罐2座，移送公安交警查处黑加油车1辆。开展成品油市场专项整治行动，发现并整改加油站制度管理等问题58个，发现并整改一般安全隐患2处，发现并查处违规行为1个；召开民营加油站税收管理约谈会和加油站行业协会约谈会，约谈65人次，发现并追补缴税款1100万元，涉及民营加油站共58家。

【优化营商环境】2021年，兴宁市发展和改革局推进优化营商环境综合改革，开展与《优化营商环境条例》不符合、不衔接、不适应的行政规范性文件等专项清理工作。全市实现投资审批事项线上并联办理，优化审批流程，企业备案、变更手续全部可通过广东省在线监管平台办理。维护招投标和政府采购领域公平竞争秩序。实行行政事业性收费、政府定价经营服务性收费目录清单制度，更新《兴宁市政府定价的经营服务性收费目录清单》。

【社会信用体系建设】2021年，兴宁市发展和改革局推进社会信用体系建设，全年全市信用信息“双公示”公示行政许可3.51万条、行政处罚2468条。组织开展“6•14”信用记录关爱日线上宣传活动，助力创文工作。推进全面建立信用承诺制度，全市制订政务信用承诺书单位30家，制订业务信用承诺书12家。加快推进政务诚信建设，做好公务员录用、调任人选社会信用记录查询工作，至年末，申请查询单位28个，查询公务员信用记录85人次。在全国383个县级市城市信用监测排名中，兴宁市排名第179位。

（陈　彬）

兴宁市2021年广东省重点建设项目表

表13

序号	项目名称	建设起止年限	总投资（万元）	2021年投资计划（万元）	1—12月完成投资（万元）	占比（%）
合计：11项			1539518	85000	161645	190.2
一	正式项目（6项）		912112	85000	161645	190.2
1	兴宁市产业转移工业园整体城镇化项目	2019—2022	120672	15000	35000	233.3
2	兴宁市明珠养生山城项目	2013—2022	380000	10000	1255	12.6
3	兴宁市纺织面料运动鞋加工生产项目	2020—2022	110000	15000	16242	108.3
4	兴宁市静脉产业园项目（一期工程）	2019—2021	56440	15000	34148	227.7
5	兴宁市人民医院异地（整体）搬迁新建项目	2018—2022	155000	20000	50000	250.0
6	兴宁广弘农牧发展有限公司年出栏30万头生猪养殖项目	2021—2022	90000	10000	25000	250.0

续表 13

序号	项目名称	建设起止年限	总投资（万元）	2021 年投资计划（万元）	1—12 月完成投资（万元）	占比（%）
二	预备项目（5 项）		627406	0		
1	省道 226 线兴宁市罗浮（省界）至新陂段改建工程	2022—2026	131520	0		
2	兴宁市城乡一体化水资源配置——石壁水库增效扩容改造工程	2021—2024	126886	0		
3	兴宁市高铁干线路网及站前综合广场和配套工程	2021—2024	311000	0		
4	兴宁市泰歌油库铁路专用线	2021—2022	30000	0		
5	兴宁市高级技工学校升级技师学院建设项目	2021—2024	28000	0		

兴宁市 2021 年梅州市重点建设项目表

表 14

序号	项目名称	建设起止年限	总投资（万元）	2021 年投资计划（万元）	1—12 月完成投资（万元）	占比（%）
	合计：44 项		3007192	345947	346337	100.1
一	正式项目（27 项）		1708612	345947	346337	100.1
1	兴宁市产业转移工业园整体城镇化项目	2019—2022	120672	30000	35000	116.7
2	兴宁市产业转移工业园叶塘安置区城市棚户区改造二期项目	2018—2022	50070	10000	10300	103.0
3	兴宁市裕晟 LED 照明灯具、灯杆加工生产	2021—2023	12000	5000	3600	72.0
4	兴宁市供销天兴冷链物流中心	2020—2022	15003	5000	5000	100.0
5	兴宁市辰浩医疗二级医疗器械、保健器械制造项目	2021—2022	20000	5000	5000	100.0
6	兴宁市年屠宰 1500 万只肉鸽加工产业一体化项目	2020—2025	11400	5000	5000	100.0
7	兴宁市泰歌成品油仓储、分销油库及配套设施建设项目	2017—2022	40000	3000	3350	111.7
8	兴宁市互联网产业园	2020—2023	55000	15000	15000	100.0
9	兴宁市跃速自行车及运动服装生产基地	2020—2023	45000	15000	15000	100.0
10	兴宁市纺织面料运动鞋加工生产项目	2020—2022	110000	15000	16242	108.3
11	兴宁市垦造水田	2017—2022	41000	5000	9500	190.0
12	兴宁市垦造水田（高标农田试点）	2021—2022	10000	6000	6000	100.0
13	兴宁市南部新城棚户区改造三期（宁新安置区 C 区）建设项目	2018—2027	351607	25000	23837	95.3
14	兴宁市南部新城棚户区改造三期（福兴安置区三期）建设项目	2018—2025	212282	15000	6787	45.2

续表 14

序号	项目名称	建设起止年限	总投资（万元）	2021 年投资计划（万元）	1—12 月完成投资（万元）	占比（%）
15	兴宁市城镇老旧小区（宁新东风村 3 号、4 号和 6 号小区）改造及周边市政设施升级改造工程	2020—2021	8000	2800	3300	117.9
16	兴宁市 5 个老旧小区改造项目（5 号、9 号、22 号、宁新大岭片区、紫金山片区、市委片区）	2021—2022	21315	5000	9000	180.0
17	河惠莞高速公路麻布岗互通出口至兴宁市罗浮连接线公路工程（兴宁段）	2020—2022	25905	13299	6000	45.1
18	兴宁市乡村振兴发展旅游公路（兴宁市宁江桥至合水旅游景区一江两岸河堤公路建设工程）	2019—2021	52800	12700	12700	100.0
19	华南师范大学附属广梅园小学	2020—2021	14800	8000	13800	172.5
20	兴宁市静脉产业园项目（一期工程）	2019—2021	56440	34148	34148	100.0
21	兴宁市人民医院异地（整体）搬迁新建项目	2018—2022	155000	50000	50000	100.0
22	兴宁广弘农牧发展有限公司年出栏 30 万头生猪养殖项目	2021—2022	90000	30000	25000	83.3
23	兴宁市宝宁农牧科技有限公司官陂村鸽产业一体化科技园建设项目	2021—2023	11600	5000	5017	100.3
24	兴宁市第二自来水厂扩建工程	2020—2022	23894	5000	7904	158.1
25	兴宁市全域自然村集中供水工程（农村供水保障工程）	2021—2022	10852	6000	10852	180.9
26	兴宁市老城区供排水升级改造项目	2021—2026	115972	10000	4000	40.0
27	兴宁市高级技工学校升级技师学院建设项目	2021—2024	28000	5000	5000	100.0
二	预备项目（17 项）		1298580	0		
1	兴宁市东莞石碣（兴宁）产业转移工业园基础设施项目	2021—2025	15000	0		
2	兴宁市苏区产业园综合配套项目	2021—2025	28000	0		
3	梅州市乾晨新能源科技－工业园区建筑物屋顶光伏发电项目	2021—2025	45000	0		
4	兴宁市兴华玩具（广东）有限公司年产 1000 万辆／玩具汽车生产线新建项目	2021—2023	10000	0		
5	华润电力（兴宁）有限公司－光伏储能一体化项目（首期）	2021—2022	230000	0		
6	国家电投兴宁叶塘 100 兆瓦农光互补复合发电项目	2021—2022	40000	0		
7	省道 226 线兴宁市罗浮（省界）至新陂段改建工程	2022—2026	131520	0		
8	兴宁市省道 228 线兴宁市龙田至径南太平段	2021—2022	138309	0		
9	兴宁市高铁干线路网及站前综合广场和配套工程	2021—2024	311000	0		

续表 14

序号	项目名称	建设起止年限	总投资（万元）	2021 年投资计划（万元）	1—12 月完成投资（万元）	占比（%）
10	兴宁市泰歌油库铁路专用线	2021—2022	30000	0		
11	兴宁市高铁南站站房工程	2020—2024	16069	0		
12	兴宁市鸿利丰生物科技有限公司年产 1000 吨牛大力（中药材）加工项目	2021—2026	10000	0		
13	兴宁市文峰学校建设项目	2021—2025	20000	0		
14	梅州市卫生职业技术学校建设项目	2021—2025	21796	0		
15	兴宁市城乡一体化水资源配置——石壁水库增效扩容改造工程	2021—2024	126886	0		
16	兴宁市慢性病防治院整体搬迁建设项目	2021—2023	25000	0		
17	兴宁市鸿惠医院（民营）建设项目	2021—2022	100000	0		

（陈　彬）

审计

【概况】 2021 年，兴宁市审计局履行审计监督职责，深化政策落实情况跟踪审计和财政、民生、经济责任、固定资产投资等各领域审计，完成审计项目 17 个（其中：政策跟踪审计项目 5 个，财政审计项目 4 个，民生审计项目 1 个，领导干部经济责任审计项目 4 个，资源环境审计项目 1 个，固定资产投资审计项目 2 个），查出主要问题金额 5.7 亿元。其中：违规金额 1187 万元，管理不规范金额 5.6 亿元；审计作出处理应上缴财政资金 1178.8 万元，应归还原渠道资金 8 万元，应调账处理金额 743 万元。出具审计报告、整改函、审计结果报告 27 篇，提出审计建议 46 条，被审计单位采纳 46 条。

【财政审计】 2021 年，兴宁市审计局以“四本预算”（一般公共预算、政府性基金预算、国有资本经营预算、社会保险基金预算）全口径审计监督为基础，对本级政府 61 个市直一级预算单位进行 2020 年度本级财政预算执行、决算草案和其他财政收支情况进行审计，重点抽查 7 个单位的 2020 年度部门预算执行和其他财政收支情况；对水口镇光夏村“红色村”党建示范工程扶持经费使用情况、兴宁市 2020 年度社保基金预算执行情况进行审计。从财政预算安排的合理性、财政资金分配的公正性、财政资金使用的公益性、财政转移支付的科学性等方面提出审计整改建议，推动积极财政政策发挥作用。9 月，受兴宁市政府委托，向兴宁市人大常委会作《关于兴宁市 2020 年度市级预算执行和其他财政收支的审计工作报告》。在兴宁市政府网站重点领域信息公开专栏和兴宁市审计局门户网站审计结果公告栏公开《关于兴宁市 2020 年度市级预算执行和其他财政收支的审计工作报告》，增强审计工作透明度和公信力。

【重大政策落实情况跟踪审计】 2021 年，兴宁市审计局对新增财政资金直达市县基层直接惠企利民情况、2020 年促进就业优先政策落实情况、禁食野生动物清退补偿政策落实情况进行跟踪审计。重点关注减税降费、推进乡村振兴战略、支持实体经济发展、重点领域改革推进等国家和省重大经济政策措施和决策部署的贯彻落实情况、“三促进”落实情况、新增财政资金直达市县基层直接惠企利民情况。针对审计发现的问题，提出加强政策督促落实、政策性资金管理的审计建议，督促相关部门做好整改工作，推动各项政策措施落到实处。

【重点民生项目审计】 2021年，兴宁市审计局开展兴宁市2019年困难群众基本生活保障政策落实情况审计，重点关注民政部门和集中供养机构监督管理、困难群众保障、困难群众救助工作开展情况及困难群众救助资金收支合规性、完整性等方面存在的问题，提出审计意见建议，促进困难群众基本生活保障政策落实到位。

【领导干部履行经济责任情况审计】 2021年，兴宁市审计局贯彻执行《党政主要领导干部和国有企事业单位主要领导人员经济责任审计规定》，加大任中审计力度，全面开展乡镇党政领导同步审计，受中共兴宁市委组织部委托，对兴宁市交通运输局、新陂镇等4个单位的6名领导干部进行经济责任审计，并将自然资源资产、精准扶贫、乡村振兴事项列入经济责任审计的范围。重点关注领导干部贯彻执行中央及省、梅州、兴宁市重大经济方针政策、决策部署情况，推动经济高质量发展情况，揭露领导干部在经济社会管理和权力行使中存在的违法违规和管理不规范、制度不完善等问题，推动从严治党落实和促进党风廉政建设。

【公共投资审计】 2021年，兴宁市审计局加强对政府投资的重大公共基础设施工程的审计监督，促进提高公共投资绩效，对2个单位的工程竣工决算进行审计。重点紧盯政府投资项目立项审批和计划下达、在建项目推进进度、工程建设招投标、资金使用和项目管理情况。对审计中发现的问题提出意见，督促项目单位进行整改，发挥项目资金的使用效益。

【自然资源资产审计】 2021年，兴宁市审计局对兴宁市合水镇党政主要领导干部开展任期自然资源资产审计。重点关注资源环境领域存在的重大违法违纪问题、严重损毁自然资源资产和重大生态破坏环境污染典型问题，促进自然资源资产方面的政策措施和决策部署的贯彻落实，规范自然资源资产专项资金管理，提升资源、资产、资金使用效益。

【其他审计任务】 2021年，兴宁市审计局抽调6人次参加广东省审计厅组织的潮州市社会保险基金审计和梅州市审计局组织的梅州市国有资产资源利用情况审计调查、2018年度至2020年度乡村振兴相关政策和资金审计等审计项目。抽调1名审计人员参加市委巡察工作。与市财政局和市人力资源社会保障局联合组成财务调查组，对兴宁市房产服务中心等12个公益三类事业单位和兴宁市广播电视台2020年度的财务收支及资产、负债情况进行审计调查，摸清各单位的财务收支状况和资产、负债情况，揭示存在问题，提出审计意见和建议，为兴宁市委、市政府顺利完成对公益三类事业单位的改革决策提供依据。

【审计整改】 2021年，兴宁市审计局组织开展审计整改督查2次，对2020年7月至2021年6月完成的审计项目的整改情况进行督查，指导相关单位做好审计署、广东省审计厅、梅州市审计局审计反馈问题的整改工作。至2021年12月底，审计促进整改落实有关问题资金2.98亿元，其中：上缴财政资金1500.69万元，归还原渠道资金9.03万元，调账处理2.80亿元。促使被审计单位制定整改措施67项，其中有10个单位重新修订完善单位内控制度10项。12月，受兴宁市政府委托，向市人大常委会作《关于兴宁市2020年7月至2021年6月审计发现问题的整改情况报告》。通过督促被审计单位对各级审计机关审计发现的问题进行整改、完善管理制度，推动审计整改落实工作，实现“审计一次、规范一块、教育一片”的效果。

（曾浩文）

市场监督管理

【概况】 2021年，兴宁市市场监督管理局统筹做好常态化疫情防控和市场监管各项工作，全年未出现食品、药品、特种设备、产品质量安全事故。在2021年梅州市对各县（市、区）考核中，兴宁市市场监督管理局获评市场监管重点工作考核第一名，质量工作考核第二名，知识产权保护工作考核第二名，食品安全评议考核第三名。

是年，全市持证食品生产加工单位68家，食品加工小作坊100家。食品经营者6826家，其中大型商超2家［梅州欧尚超市有限公司（大润发）、广东天和商贸集团有限公司梅州兴宁分公司］。餐饮服务单位2829家，其中学校（含托幼机构）食堂235家，职工食堂83家，养老机构食堂50家，工地及其他食堂10家，餐饮管理企业7家，大型餐馆12家，中型餐馆95家，小型餐馆801家，小餐饮985家，饮品店281家，糕点店270家。药品生产企业2家，药品批发企业10家，药品连锁总部2家，药品零售企业347家，医疗器械生产企业4家，医疗器械经营企业438家，化妆品经营企业约1500家。

【营商环境优化】 2021年，兴宁市市场监督管理局继续推行企业名称自主申报，压缩商事登记环节，审批流程实行“一审一核制”，全面提升市场准入便利化水平。自主设计推出微信公众号“注册帮手”,将营业执照办理、经营范围查询等业务分门别类，通过文字、图片、视频等方式，为企业解答商事登记业务方面的疑问。持续做好无费市工作，为企业免费提供营业执照邮寄、材料复印服务，为新开办企业免费提供印章刻章服务，受惠企业1468户，受惠金额22.02万元。是年，兴宁市新设立各类商事主体6336户，办理特种设备使用登记473笔，共1099台（套）；特种设备作业人员考核515笔；特种设备施工告知216笔；第二类医疗器械经营备案（批发、批零兼营、零售）80笔，第三类医疗器械经营许可（批发、批零兼营、零售）23笔；食品生产许可30笔。全市商事主体6.5万户。

【企业监督管理】 2021年，兴宁市市场监督管理局开展2020年度市场主体年报公示工作。全市应报企业7970家，完成年报7690家，年报率96.5%；应报个体户5.14万家，完成年报4.49万家，年报率87.4%；应报农民专业合作社775家，完成年报666家，年报率85.9%。对长期停业未经营企业进行清理，吊销69户长期停业未经营企业的营业执照，结案率100%。推进“双随机、一公开”监管，全年完成单部门抽查32次，抽查市场主体2253户，其中企业558户次，抽查比例7%；个体户1667家，抽查比例3.3%，农民专业合作社28家，抽查比例3.6%。牵头开展联合抽查4次，抽查企业16户。通过抽查，发现无法联系的企业71家，公示信息隐瞒真实情况企业29户，将其列入经营异常名录。完成年度抽查计划和抽查事项全覆盖，抽查检查结果全部在国家企业信用信息公示系统和梅州市商事主体综合信息平台向社会公示。

【市场监管执法】 2021年，兴宁市市场监督管理局加大对反不正当竞争、食品药品安全的执法工作力度，开展电线电缆质量安全“联查联打联治”专项行动、2021年民生领域案件查办“铁拳”行动（全年查办民生领域案件34件）、农村假冒伪劣食品专项执法行动（此次专项行动查办农村假冒伪劣食品案件137件）、打击市场销售长江流域非法捕捞渔获物专项行动。

是年，兴宁市市场监督管理局立案查处各类违法案件367件（其中食品案件240件，药品案件63件，化妆品案件1件，医疗器械案件2件，知识产权案件20件，质量案件15件，登记案件1件，广告案件13件，特设案件2件，计量案件6件，其他案件4件），涉案金额118.06万元，罚没金额102.79万元。移送公安机关处理案件4件。食品案件数占比65.4%，药品案件占比17.2%。涉案货值5万元以上案件3件，涉案金额74.36万元。

【重点领域监管】

食品安全监管 2021年，兴宁市市场监督管理局全面摸底排查，建立“一照三证”档案，依托食品安全协管员等群众队伍，形成市、镇、村三级食品安全监管网络，确保食品小作坊登记“全覆盖、无死角”。按照分级分类管理办法对全市68家生产企业，100家小作坊开展食品安全监督检查，检查食品生产加工单位300多家次。开展风险防控和排查，制定风险清单、措施清单、责任清单，完成年度风险分析报告。落实食品销售风险分级管理

▲2021年9月18日，兴宁市领导率队到好润万家超市开展食品检查（兴宁市市场监督管理局提供）

线上评级，完成5902家评级工作。开展校园及其周边食品安全专项整治等行动，针对风险隐患点，强化监管措施，严厉查处无照无证、销售“三无”食品和过期食品等违法经营行为，督促经营者落实食品进货查验记录和销售记录等食品安全制度。推进“互联网+明厨亮灶”工作，全市大型餐饮正常营业12家，接入10家，完成83.3%；全市235家学校食堂“互联网+明厨亮灶”100%启用。落实餐饮服务食品安全量化分级管理，完成2829家量化分级评定。开展春秋季校园食品安全和疫情防控专项整治，开学前由市场监督管理局会同相关部门成立联合检查组，对全市235家学校疫情防控、食品安全等环节进行全方位、全覆盖检查。

药械化安全监管　2021年，兴宁市市场监督管理局开展中药饮片专项整治、药品网络销售违法违规行为、第二类精神药品经营、儿童化妆品等专项检查，会同兴宁市卫生健康局、兴宁市医疗保障局对违法购销药品行为开展联合惩戒，严厉打击“两品一械”（药品、化妆品和医疗器械）违法违规行为，规范“两品一械”经营市场秩序。全年检查药品零售企业1030家次，疫苗接种点85家次，医疗机构243家次，化妆品经营企业533家次；医疗器械经营企业205家次。完成药品抽检40批次，化妆品抽检12批次，医疗器械抽检5批次。11月，开展兴宁市药品安全事件（Ⅳ级）应急演练。

特种设备安全监管　2021年，兴宁市市场监督管理局加强特种设备安全监管工作，全年检查生产（安装、维修）、使用、经营单位和检测机构及人员216家次，发出特种设备安全监察指令书21份，发现重大安全隐患21个，一般安全隐患218个，立案查处2件特种设备违法案件，跟踪整改97家存在安全隐患的单位，全部整改完毕。2021年新增电梯577台，均办理“特种设备使用登记证”，购买公众责任保险。推进气瓶安全监管改革，至年底，兴宁市在用气瓶29.71万只，其中在用液化石油气瓶28.58万只，录入云数据库气瓶27.34万只，比上年增长32.5%；气瓶涂敷数量25.58万只，涂敷率89.5%，增长24.7%。6月，在兴宁市苏林湾水上乐园开展大型游乐设施事故应急救援演练。

产品质量安全监管　2021年，兴宁市市场监督管理局开展计量器具的强制检定与校准工作，覆盖所有计量行政检查事项，对全市20家基层医疗卫生单位和25个集贸市场在用强检计量器具开展强制检定工作。加强产品监督抽检，针对群众关切的日用消费品和工业产品，组织开展157批次的产品质量抽检，其中成品油抽检109批次。

民生实事　2021年，兴宁市市场监督管理局按照食品抽检每千人5批次4010批次的任务要求，完成食品抽检4030批次，完成率100.4%，不合格128批次，不合格率3.2%，其中食用农产品抽检814批次，不合格34批，不合格率4.2%。完成对全市农贸市场食用农产品快检任务数2.68万批次，其中兴宁市农贸市场快检任务计划2.52万批次，实际完成2.58万批次。梅州市覆盖市场计划1020批次，实际完成1020批次。对不合格产品严格按要求进行处理，做到抽检结果公示率和不合格产品处理率“两个100%”。继续推进农贸市场综合治理工作，曾学路和高华市场完成升级改造。

【知识产权保护】 2021年，兴宁市市场监督管理局指导兴宁市肉鸽协会向国家知识产权局提交申请注册“兴宁鸽”地理标志证明商标。12月，国家知识产权局核准“兴宁单丛茶”国家地理标志商标，兴宁市茶叶协会获得兴宁市政府发放新注册“兴宁单丛茶”地理标志证明商标奖励金15万元。1—10月，全市专利申请量925件，比上年增长8.2%；授权量645件，增长152%，其中授权发明专利数增长500%，居全梅州市各县区前列。指导梅州市绿粮农业科技有限公司和广东红旗体育用品有限公司通过知识产权管理规范体系认证（简称贯标认证），至年末，全市有4家企业获得知识产权贯标认证证书。组织梅州市客家天地酒业有限公司、兴宁市龙江建材实业有限公司和广东红旗体育用品有限公司等企业参加上级部门的金融创新大会，为企业提供知识产权质押融资各种信息和申办渠道。

【消费者权益维护】 2021年，兴宁市市场监督管理局畅通维权渠道，进一步完善消费维权监管体系，提升维权工作的效能，严格执行专人值守制度，充分运用“12315”平台和“12345”等政务服务热线，及时受理群众咨询、投诉、举报。全年受理消费投诉举报2784件，调处办结2784件，调解成功率100%，为消费者挽回经济损失77.43万元，接受消费者来人、来电咨询408人次。编写消费维权案例4篇。

▲2021年11月16日，兴宁市市场监督管理局召开进口冷链食品疫情防控应急演练工作会议 （兴宁市市场监督管理局提供）

【进口冷冻肉制品和水产品疫情防控】 2021年，兴宁市市场监督管理局成立疫情防控工作领导小组和农贸市场疫情防控工作专班，开展进口冷冻肉制品和水产品疫情防控工作，督促相关单位严格落实农贸市场“一人一场”制度、家禽经营市场“1110”制度。全市111个冷库全部纳入“冷库通”应用系统，冷库企业加入率100%，进口产品上报率100%；录入进口冷链食品入库信息682批次，出库信息8346批次。已录入的进口肉产品、水产品和果蔬均在线可追溯查询，实现闭环监管。全年累计完成进口冷链食品从业人员、产品、环境核酸检测1.3万份，结果均为阴性。全年排查涉疫食品6次，核酸检测212份，结果均为阴性。11月，组织兴宁市农贸市场和进口冷链食品疫情防控工作专班开展进口冷链食品监管培训和应急演练。

（王志鸿）

统计

【概况】 2021年，兴宁市统计局完成兴宁市2021年度地区生产总值核算工作，编印《兴宁市统计年鉴（2021）》，组织实施1%人口抽样调查工作，开展全市农村农统计调查基层基础调研，对“四上”企业（规模以上工业企业、资质等级建筑业企业、限额以上批零住餐企业、国家重点服务业企业）进行统计执法检查和“双随机、一公开”，开展《中华人民共和国统计法》宣传等工作，提高有关人员的统计法律意识和统计数据质量。

链接：“双随机、一公开”

“双随机、一公开”是国务院办公厅于2015年8月发布的《国务院办公厅关于推广随机抽查规范事中事后监管的通知》中要求在全国全面推行的一种监管模式，即在监管过程中随机抽取检查对象，随机选派执法检查人员，抽查情况及查处结果及时向社会公开。

【地区生产总值核算】 2021年，兴宁市统计局研判经济形势，完成全市2020年地区生产总值年报及2021年季度地区生产总值核算工作。围绕市委、市政府的中心工作，做好数据提供者的角色，监测经济+指标运行情况，提供相关预测数据和分析文章；加强与梅州市统计局、兴宁市财政局、兴宁市科工商务局、东莞石碣（兴宁）产业转移工业园管理委员会等部门的沟通协调工作，及时掌握指标情况，及时发现基础数据中存在的差距和问题，提升上报数据质量，夯实各专业、各部门核算基础数据；加强与各网报企业的沟通联系，提高上报数据的及时性、真实性、准确性。密切关注相关经济数据变化情况，通过召开专业人员季度经济预计专题会和走访企业等形式，开展经济形势调研、分析和研判，为兴宁市委、市政府正确决策提供参考资料。

【统计服务】 2021年，兴宁市统计局在兴宁统计政务信息网，通过开设的“新闻中心”“数据发布”“信息公开”“政务服务”等栏目，发布信息72条，其中工作动态50条、统计数据15条、通知公告5条、预决算及“三公”经费公开2条；强化月度、季度、年度统计主要数据指标、统计公报、普查和政务公开信息的发布。是年，兴宁市统计局加强对月报、季报、年报的数据质量把控。落实固定资产投资联系制度，加强对重点项目的实地督查指导；重点加强对规模以上企业的能耗数据的审核评估，使企业的能源消耗和产值数据相匹配。编纂《兴宁市统计年鉴（2021）》，总结概括2020年全市经济运行情况；编制《兴宁统计月报》小册子11期，重点对国民生产总值、规模以上工业增加值、固定资产投资、社会消费品零售总额等全市综合经济指标的总量和增速的变动趋势，深入分析研究，撰写统计分析材料，为兴宁市委、市政府领导研判经济运行情况提供数据支撑。

【农村统计基础调研】 2021年9月，兴宁市统计局开展全市农村统计调查基层基础调研工作，抽取8个镇和部分村，实地查看基层统计办公场所、统计基础建设和统计方法制度执行情况，查看基层统计台账和统计报表，详细询问基层统计站长以及相关业务人员在统计数据采集、审核上报、质量溯源和数据发布等方面情况，推进兴宁市统计“双基”建设，加大对兴宁市统计“双基”建设示范点的保障力度。增强“四上”企业统计基础工作，夯实统计基础，增强统计工作的整体水平。促进统计站建设规范化、持续化，健全全市各镇（街道）统计站的人员配置、机构设置、办公场所、办公设备等基础建设。

【统计法治工作】 2021年6月，兴宁市统计局落实行政执法“三项制度”，成立检查组，配合梅州市统计局对辖区内12家企业进行统计执法检查，并对1家企业发出整改通知书。8月31日，与兴宁市市场监督管理局对辖区内3家企业联合进行“双随机、一公开”联合执法检查，在执法过程中，注重说理式、“柔性”执法，向被检查企业发放《统计法律法规及案件选编》宣传页，

▲2021年9月27日，兴宁市统计局到新圩镇开展农村统计调查基层基础调研工作 （兴宁市统计局提供）

落实“谁执法谁普法”普法责任制，并将执法检查结果在梅州市商事主体综合信息管理平台公示。推荐工作人员参加广东省行政执法综合法律知识考试和统计执法证考试。制定《兴宁市统计局2021年普法工作计划》，开展“4·15”全民国家安全教育日法治宣传教育，推动“八五”普法［是指中央宣传部、司法部关于在公民中开展法治宣传教育的第八个五年规划（2021—2025年）］工作，加强对突发事件应对、疫病防治、野生动物保护、公共卫生安全等方面法律法规宣传教育。开展主题为“深入学习贯彻习近平法治思想，加快推进新时代法治建设”的《中华人民共和国统计法》宣传活动，向市民发放《统计法和实施条例》手册及宣传彩页300余份。

【统计宣传】 2021年7月21日，兴宁市统计局到兴宁市融媒体中心广播部《行风热线》直播室，向市民介绍有关地区生产总值核算工作、统计服务、统计执法检查等方面工作及部门职能分工、业务内容，全程回答主持人和群众提问15个。

（叶幸林）

统计调查

【概况】 2021年，国家统计局兴宁调查队先后针对“十三五”专题、广东农村疫情防控风险点、春耕备耕、延迟退休、广东居民消费意向、农业龙头企业带动农民工就业、耕地规模化经营与农业社会化服务、居民消费难点、农民工回流等专题，以参与国家统计局广东调查总队调研、自主开展调研等形式，开展18次社会统计调查，撰写《兴宁调查》专刊20期，其中被国家统计局广东调查总队网页采用2篇，兴宁市府领导批示3篇。统筹做实新冠肺炎疫情防控和住户调查、住户监测、农业调查、农村调查、劳动力调查、消费价格调查等常规统计调查和各专项调查工作。

【调查业务管理】 2021年，国家统计局兴宁调查队夯实调查专业基础，提高居民收支调查（含住户收支与生活状况调查、农户固定资产投资调查等）、住户监测调查（含农民工监测调查、农民工市民化进程动态监测调查等）、农业调查（含农作物播种面积和产量调查、农产品价格调查、农产品农村集贸市场价格调查等）、农村和经济调查（主要畜禽监测等）、劳动力调查、居民消费价格调查等各项专业数据质量，规范数据采集、审核、报送等工作流程，增强数据代表性；实行统计监督，坚决防范和惩治统计造假、弄虚作假，加强统计法治和统计执法检查；持续发挥国家调查“轻骑兵”优势，加强民生指标的解读预判和分析研究，做好统计调查监测服务。

【调查服务】 2021年，国家统计局兴宁调查队编辑完成《兴宁调查》刊物、政务信息等调查产品，与兴宁市统计局共同编辑完成统计产品——2021年统计年鉴、统计公报，完成兴宁市地方志办公室《兴宁年鉴（2021）》组稿工作，对外发布统计数据资料、工作动态。不定期依托《今日兴宁》、兴宁电视台等新闻媒体，对外宣传发布城乡居民人均可支配收入和居民消费价格指标等统计数据信息。建立完善快速调查工作机制，聚焦国家统计局广东调查总队、国家统计局梅州调查队及兴宁市委、市政府关心关注的领域和问题，在“十三五”居民收入、乡村振兴产业兴旺、稳就业保就业等社会经济民生相关专题开展统计调查和分析研究，将静态的统计数据转化为动态的观点和对策建议，发挥统计调查资政服务作用。加强数据咨询服务，先后向中共兴宁市委办公室、兴宁市人民政府办公室、兴田街道办事处等单位，提供城乡居民人均可支配收入数据和居民消费价格指数查询及相关服务。

【统计调查法治建设】 2021年，国家统计局兴宁调查队修订完善《国家统计局兴宁调查队督促检查工作办法》《国家统计局兴宁调查队地方统计调查项目管理办法》《国家统计局兴宁调查队辅助调查员管理办法》等工作制度和《国家统计局兴宁调查队2021年综合统计工作要点》《国家统计局兴宁调查队2021年统计法治工作要点》《国家统计局兴宁调查队2021年度普法工作计划》等工作方案；完善《领导干部违规干预统计工作记录台账》《统计从业人员统计信用档

▲2021年9月16日，国家统计局兴宁调查队到径南镇章峰村开展第十二届统计开放日宣传活动（罗宇涛 摄）

案》，规范执法操作流程；加强统计监督，向统计调查单位发放统计法律事务告知书，开展常态化数据质量检查和"双随机"统计执法检查，严肃处理统计违法行为；配合国家统计局广东调查总队、国家统计局梅州调查队检查，并自主开展统计执法检查；以党建活动、辅调员业务培训会议、各专业季（年）报会、下乡入户等为契机，开展统计法律法规专题党课和法治培训，提高辅调员业务素养和工作水平；支持干部参与统计执法证考试，至年底，持有国家统计局颁发的统计执法证的人员有3人。

【统计调查服务与宣传】2021年，国家统计局兴宁调查队落实"谁执法谁普法"工作责任制，向调查对象和社会公众宣传统计法律法规知识，推动统计普法宣传教育融入日常调查和业务管理。抓住中国统计开放日、国家宪法日和《中华人民共和国统计法》颁布纪念日等重要时点以及业务培训会议、数据质量检查、专题调研、走访慰问等契机，向基层统计人员、调查对象和社会公众深入宣传统计法律法规，普及调查业务知识，扩大统计影响力。9月16日，到径南镇章峰村举办主题为"赓续红色血脉，奋进统计未来"的"第十二届统计开放日"宣传活动；12月2日，联合市司法局等10余家机关单位在兴宁市明珠文化广场举行以"深入学习宣传习近平法治思想，大力弘扬宪法精神"为主题的国家宪法日宣传活动，进行形式多样的统计法治宣传教育活动，现场派发《中华人民共和国宪法》《统计法律规章汇编》《致统计调查参与对象的一封信》等统计部门法律法规宣传单页及小册子300余份、统计调查宣传环保袋200余个。

（周进军　卓丽丽）

自然资源管理

【概况】2021年，兴宁市收储土地75.53公顷，供应土地19宗22.58公顷，成交土地出让金总额5.97亿元；挂牌出让扩大矿区范围采矿权3宗，保障矿产资源供应；加快推进县、镇两级国土空间规划编制，完成两轮"三区三线"试划成果；开展龙田镇五一村、刁坊镇罗坝村、水口镇前锋村等11个村村庄规划调整方案编制；向自然资源部报备形成347.49公顷水田指标，完成垦造水田任务；通过"三旧"（旧城镇、旧厂房、旧村庄）改造、批而未供土地"去库存"、闲置土地处置、低效产业用地盘活、拆旧复垦等措施，推动存量建设用地盘活，提高土地利用效率；加强对关闭矿山的监督巡查，创建绿色矿山3个；申请安排资金3200多万元，落实3个大型和21个中小型地质灾害隐患点综合治理，加强兴宁市铁山嶂废弃矿区泥石流监测；全年登记发放不动产权证书证明7.6万本，完成名仕首府、锦绣银湾2个项目的"交房即交证"。是年，全市违法用地面积82.94公顷，其中新增违法占用耕地面积20.52公顷，通过整改核减

链接："三区三线"

"三区"是指城镇空间、农业空间、生态空间三种类型的国土空间。"三线"分别对应在城镇空间、农业空间、生态空间划定的城镇开发边界、永久基本农田、生态保护红线三条控制线。

新增违法占用耕地面积 16.65 公顷，新增违法占用耕地比例下降至 6.2%。

【项目用地保障】 2021 年，兴宁市争取新增建设用地计划指标 103.73 公顷，其中使用国家配置指标 102 公顷，使用省级专项指标 1.73 公顷；获批用地 121.64 公顷，主要用于保障叶塘富农肉鸡产业园、梅龙高铁项目、国际无水港松棚铁路物流基地项目、保障性安居工程、国防教育及其他公共服务类民生用地。推进 19 个地块 121.39 公顷的征地拆迁工作，收储土地 75.53 公顷；供应土地 18 宗 22.58 公顷，成交土地出让金总额 5.97 亿元，保障叶塘安置区和宁新安置区 C 区建设、兴南幼儿园扩建、坜陂中学迁建、产业项目建设等用地需求。

【国土空间规划编制】 2021 年，兴宁市同步推进县、镇两级国土空间总体规划编制，按照永久基本农田、生态保护红线、城镇开发边界的优先序统筹划定“三区三线”，开展“城镇开发边界”试划专题调研，完成“三区三线”两轮试划工作，划定永久基本农田保护面积 223 平方千米、生态保护红线面积 480.6 平方千米、城镇开发边界面积 122.04 平方千米。将省天然气管网“县县通工程”兴宁—和平—连平项目(兴宁段)、2021 年度七个批次城镇建设用地等项目纳入国土空间规划，同步开展《粤北华南教育历史研学基地（兴宁市）重要节点详细规划》《兴宁市“三旧”改造专项规划(2021—2025 年)》等专项规划编制工作；完成《兴宁市国土空间总体规划（2020—2035 年）》初步成果，于 2021 年 11 月 4 日通过专家评审。

▲ 2021 年 12 月 2 日，兴宁市龙田镇鸡公桥村垦造水田项目施工现场图（兴宁市自然资源局提供）

【村庄规划全面优化提升】 2021 年，兴宁市落实村庄规划全面优化提升三年行动计划，在开展全市村庄规划评估和大坪镇金坑等 5 个村的村庄规划优化提升试点的基础上，将现行村庄规划按照重新编制、规划调整、通则管理、详规覆盖等分成 4 类，形成村庄规划提升工作任务台账。完善重点项目的用地规划要点出具、土地出让用地手续等，通过编制村庄规划调整推进地块规划条件论证工作，委托相关技术单位开展包括龙田镇五一村、刁坊镇罗坝村、水口镇前锋村等 11 个村村庄规划调整方案编制，为乡村振兴发展提供规划指引。

【水田垦造】 2021 年，兴宁市垦造水田任务 346.2 公顷，全年完成市级竣工验收项目 54 个、面积 354.73 公顷，按要求落实水稻种植管护、信息报备，向自然资源部报备形成水田指标 347.49 公顷。承接省划转兴宁市垦造水田任务 59.47 公顷，完成选址立项项目 3 个，施工中标方进场施工 3 个，基本完成土地平整，动工面积约 60 公顷。上级分解下达兴宁市 2021 年垦造水田任务 66.67 公顷，完成选址立项项目 4 个，至年末，完成项目招标，兴宁市提前开展权属人、权利面积核实以及青苗清点造册。

【存量建设用地盘活】 2021 年，兴宁市编制完成《兴宁市“三旧”改造专项规划（2021—2025 年）》，完成上报新增实施改造任务10.93公顷，完成改造任务7.6公顷。开展“净地”出让专项行动，规范项目用地审批，加大批而未供和闲置土地处置力度，完成20.11公顷批而未供土地“去库存”，完成9.25公顷闲置土地处置并在广东省监管系统上报，收回1宗低效产业用地1.53公顷。完成4个往年立项拆旧复垦项目16公顷验收，完成12.81公顷往年立项拆旧复垦指标交易，成交金额812.82万元。

链接：“净地”

“净地”是指土地及地上附着物、建（构）筑权属清楚，补偿安置落实到位，没有法律经济纠纷，规划条件明确，具备动工开发所必需的基本条件。

【地质灾害防治】 2021年，兴宁市全面巡查排查37处地质灾害隐患点情况，加强地质灾害隐患点群测群防人员培训，印发“5·12”防灾减灾日宣传资料1200份，安装完善隐患点信息牌、警示牌各37块。申请省级专项资金2279.31万元，推进福兴街道大塘村窑上、刁坊镇贵峰村杨窝里、大坪镇水口3个大型地质灾害综合治理项目；安排本级财政资金930多万元，落实21个中小型地质灾害隐患点治理项目，开展工程治理项目14个，监测项目6处，自然核销1处。投入100多万元，重新安装监测设备，加强兴宁市铁山嶂废弃矿区泥石流监测。

【矿产资源保护利用】 2021年，兴宁市加强对全市非煤矿山企业的依法规范开采利用日常监管，加大对黄槐、罗浮、罗岗、大坪等镇关闭矿山和非法偷采稀土矿点监督巡查。开展非煤矿山安全生产打非治违专项执法检查大检查，落实国务院安委会督导检查发现问题隐患整改，压实矿山地质环境保护、治理、恢复、监测和土地复垦的主体责任，落实年度复绿治理任务，督促矿山边生产边治理，提升矿山整体环境水平，兴宁市下堡镇山塘尾石场等3个矿山创建为绿色矿山。是年，兴宁市挂牌出让坭陂镇新湖矿区建筑用花岗岩、新陂镇先声矿区建筑用花岗岩、新圩镇官峰矿区陶瓷土矿3宗采矿权。

【土地执法监管】 2021年，兴宁市加强土地执法工作人员的业务培训，印制宣传海报1.5万份，实现镇村宣传全覆盖。开展卫片执法工作，核查图斑2155个，梳理整改任务清单，并成立督查组同步开展违法用地整治工作，打击新增违法占用耕地行为，完成2020年度梅州市下达不超过4.67公顷违法占耕面积的指标任务。开展农村乱占耕地建房专项整治，完成2020年11月至2021年9月的139个乱占耕地建房图斑的核查举证上报工作。拆除整治水口镇小丰村、石马镇向前村等5宗10栋农村乱占耕地建房。

【生态修复】 2021年，兴宁市组织开展历史遗留矿山及生产矿山核查工作，查明全市历史遗留矿山分布、存在的主要生态问题、拟修复方向及全市生产矿山分布及其影响范围内的损毁土地面积等情况，为谋划和实施兴宁市矿山生态修复工作提供数据支撑。申报国家山水林田湖草沙一体化保护和修复项目。根据广东南岭山区韩江中上游（原中央苏区）山水林田湖草沙一体化保护和修复工作方案，涉及兴宁市的子项目7个，资金预算约9亿元，2021年度下拨兴宁市中央资金4545.8万元，分别由兴宁市自然资源局、梅州市生态环境局兴宁分局、兴宁市水务局等部门负责组织实施。至年末，5个子项目处于实施准备阶段；兴宁市径南镇宝山河（新洲段支流）生态清洁型小流域综合治理工程项目进入开工建设阶段。

【不动产登记】 2021年，兴宁市创新服务手段，分类优化登记审批流程；为特殊群体提供预约上门服务，实行登记办证容缺受理，以特事特办助力企业复工复产；启用不动产登记“虚拟窗口”和预购商品房预告登记自动审核，推行“不动产登记+金融服务”总对总模式和“不动产登记+民生服务”。推动“问题楼盘”专项治理，研究制定《兴宁市加快解决不动产登记若干历史遗留问题的实施意见》。是年，兴宁市登记发放不动产权证书证明7.6万本；完成碧桂园名仕首府、奥园锦绣银湾2个项目的“交房即交证”。推进房地一体农村不动产登记发证，完成对全市20个镇（街道）的457个村（社区）

▲2021年7月15日，兴宁市在碧桂园·名仕首府举行“交房即交证”首发仪式　　（兴宁市自然资源局提供）

的农村宅基地和集体建设用地的外业调查、数据测绘、上图建库、首轮公示等工作，对1987年前建成的313户的申请材料进行审核，对其中符合条件公告无异议的50多户进行登簿。

【南粤古驿道活化推广利用】 2021年，兴宁市以“寻乌调查红色之旅”为主题，延续兴宁古驿道历史走线，在完成大坪十二肩岭古驿道巩固提升工程的基础上，再投入资金700万元，启动实施大坪十二肩岭古驿道活化推广利用工程，开展沿线环境整治、配套服务设施建设、重要景观节点和线路延伸建设、生态修复等，加强对红色遗存的保护利用，推动南粤古驿道活化利用由“线”到“面”转化。划转大坪镇专项资金6万元，委托其对十二肩岭南粤古驿道进行日常管养维护。

（王多盛）

■财政·税收

财政

【概况】 2021年，兴宁市完成地方一般公共预算收入10.65亿元，财政收入保持持续增长；提高民生保障水平，做好“六稳”工作、落实“六保”任务；把“三农”作为财政支出的优先方向，巩固脱贫攻坚成果同乡村振兴有效衔接；深化财政制度改革，推进“数字财政”系统建设和乡镇街道财政体制改革；强化财政监督管理，优化营商环境，加大支持经济发展力度，全市经济社会平稳健康发展。

【公共财政收支】 2021年，兴宁市一般公共预算收入10.65亿元，比上年增收0.31亿元。其中，税收收入完成6.05亿元，比上年增加0.01亿元，占一般公共预算收入的56.8%；非税收入完成4.6亿元，增加0.3亿元，占一般公共预算收入的43.2%。全市一般公共预算总收入95.42亿元（快报数），增加16.92亿元。

是年，兴宁市一般公共预算支出69.28亿元，比上年减少2.65亿元；上解上级支出2.05亿元；债务还本支出24.03亿元。年终滚存结余0.06亿元，其中结转下年支出0.06亿元。

【政府性基金收支】 2021年，兴宁市政府性基金预算本级收入7.52亿元，其中：国有土地使用权出让金收入6.57亿元，城市基础设施配套费收入0.67亿元，污水处理费收入0.22亿元，彩票公益金收入0.06亿元；补助收入0.86亿元（快报数）；债务转贷收入19.91亿元。政府性基金预算总收入28.29亿元。是年，兴宁市政府性基金预算总支出27.89亿元，其中：社会保障和就业支出0.43亿元，城乡社区事务支出6.3亿元，其他支出14.49亿元（含新增专项债券支出14.4亿元），债务还本付息支出6.65亿元，债务发行费用支出0.02亿元。年终滚存结余0.4亿元，其中结转下年支出0.4亿元。

【社会保险基金收支】 2021年，兴宁市社会保险基金预算收入10.25亿元，实际收入9.92亿元，完成预算的96.8%；预算支出10.4亿元，实际支出10.26亿元，完成预算的98.7%；当年结余-0.34亿元，年末滚存结余4.94亿元。

【财政收支管理】 2021年，兴宁市财政局盘活财政存量资金，收回存量资金1.26亿元，统筹用于急需资金的其他重点建设项目及民生项目。坚持厉行节约过紧日子，从紧从严控制支出，压减一般性支出，在2021年预算已压减额度的基础上，按照“可压尽压、应压尽压”的原则，进一步加大预算执行过程中的非重点、非刚性支出压减力度，以腾出更多资金用于“三保”支出、乡村振兴、基础设施领域补短板、绿色产业发展、改善民生等重大战略、重大改革和重点领域。

【财政管理】 完善政府采购管理机制，兴宁市政府采购宗数1936次，实际采购规模19.11亿元，比采购预算19.14亿元节约资金324.94万元。加强政府投资项目评审，推动财政投资评审改革，借助社会中介机构力量参与结算审核，通过公开招标第三方聘请9家中介公司参与市重点建设财政投资资金项目结算审核，提升监管水平和服务效能。加强村级财务管理，举办行政事业单位财务人员能力提升培训班和村级财务管理专题培训，对全市263个行政事业单位、20个镇（街道）2088名财务人员进行培训。

【地方政府债务管理】 2021年，兴宁市地方政府债务限额90.41亿元，比上年新增30.47亿元。其中：一般债务限额47.12亿元，专项债务限额43.29亿元。是年，兴宁市地方政府债务余额90.10亿元，控制在债务限额以内。

【政府资产管理】 2021年，兴宁市国有资本经营预算收入0.14亿元，比上年增长42.8%；预算支出0.14亿元，收支平衡。加快推进国企改革步伐，落实国有企业公司制改制工作，2月，兴宁市齐昌土地储备管理有限公司、兴宁市金叶投资运营有限公司等11家国有企业全部完成改制工作。

▲2021年5月26日，兴宁市举办2021年度行政事业单位财务人员能力提升培训班 （庄素琴 摄）

【财政监督】 2021年，兴宁市财政局组织财政监督检查工作，对坭陂镇、叶塘镇等12个部门及单位2017年至2020年公务接待费、公务用车使用管理、国有资产出租、领导工作经费使用情况进行专项检查；对各预算单位的2018年度决算、2019年度预算和决算、2020年度预算公开情况进行集中检查，并开展政府采购代理机构监督评价工作、粮食购销领域监督检查、代理记账机构会计监督检查、会计信息质量检查等工作，严肃财经纪律。

【助力经济建设】 2021年，兴宁市实施更加积极的财政政策，用足用好原中央苏区振兴发展、减税降费、扶持实体经济发展等方面的政策和措施，支持企业技术改造，促进产业结构优化调整和转型升级。争取、使用地方政府债券资金，全年发行地方政府新增专项债券14.4亿元、一般债券7862万元，为兴宁市产业转移工业园整体城镇化建设项目、兴宁市人民医院异地（整体）搬迁新建项目、广东省梅州市兴宁市老城区供排水升级改造及智慧供水建设项目等重点项目建设提供财力支持，促进兴宁市经济社会发展。

【民生保障】 2021年，兴宁市教育、科学技术、文化旅游体育与传媒、社会保障和就业、卫生健康、节能环保、交通运输、城乡社区事务、商业服务等、自

▲ 2021 年 3 月 11 日，兴宁市召开“数字政府”公共财政综合管理平台上线动员会 （庄素琴 摄）

然资源海洋气象等、农林水、住房保障、粮油物资储备 13 类民生支出 60.82 亿元，占一般公共预算支出的 87.8%。其中，低保资金 1.12 亿元，五保资金 4893.41 万元，医疗救助补助资金 4125.02 万元，城乡居民医疗保险补助资金 4.58 亿元，残疾人生活津贴和重度残疾人护理补贴 6928.98 万元，孤儿供养资金 1118.98 万元，教育支出 15.77 亿元，疫情防控资金支出 2578.11 万元。

【乡村振兴推动】 2021 年，兴宁市把“三农”作为财政支出的优先方向，安排资金 7.5 亿元用于支持农、林、水利、扶贫等各项农村事业发展，比上年增加 13.3%，占一般公共预算支出的 10.8%。其中，农业生产发展类资金 5263.6 万元，农村人居环境整治资金 9552.39 万元，生态林业建设类资金 1092.02 万元，农业农村基础设施建设资金 4811.87 万元，乡村振兴驻镇帮镇扶村资金 1900 万元，惠民补贴类资金 6008 万元，推动各项支农惠农政策落实落地、支持现代农业生产发展、农田水利基础设施建设、农村人居生态环境改善、宜居宜业的美丽乡村建设。

【财政改革创新】 2021 年，兴宁市财政局与各预算单位、人民银行、代理银行密切沟通、高效协作、整体推进，推进“数字政府”公共财政综合管理平台系统建设。4 月，兴宁市率先在梅州完成首笔实拨业务绿灯测试，“数字财政”系统顺利上线；开展“数字财政”系统操作培训及预算域、绩效管理业务培训，并为预算单位提供上门指导服务。开展乡镇街道财政体制改革调研，了解镇（街）收支运行存在困难和问题，结合兴宁市实际，制订《兴宁市镇（街道）经费保障实施方案（试行）》，促进全市镇（街道）财政体制改革。

【涉农资金统筹整合改革】 2021 年，兴宁市持续推进涉农资金统筹整合改革，重点围绕省对市县考核事项任务目标清单、非考核硬指标和乡村振兴目标任务安排涉农项目和资金投入，全年实施涉农项目 79 个，安排 2021 年省级涉农资金支出 5.23 亿元。

【预算绩效管理】 2021 年，兴宁市推进预算绩效管理，完善预算绩效管理制度建设，印发《兴宁市财政支出绩效评价实施办法》《兴宁市市级财政绩效评估指南》等文件，初步建立绩效评价指标体系；开展绩效评价工作，考核资金支出效率和综合效果，督促相关主管部门和用款单位规范项目资金管理，提高财政资金使用效益。

（庄素琴）

税务

【概况】 2021 年，国家税务总局兴宁市税务局组织税费收入 37.83 亿元，比上年增长 9.9%。其中：组织税收收入 17.39 亿元，增长 5.8%；组织社会保险费收入 18.1 亿元，增长 14.7%；组织其他费金收入 2.34 亿元，增长 5.1%。

【减税降费】 2021 年，国家税务总局兴宁市税务局落实税费优惠政策，及时帮助广大纳税人缴费人准确掌握和适用相关政策，全市累计新增减税降费 1.2 亿元，为 149 户符合条件的制造业中小微企业办理缓缴税款 2116 万元，最大限度缓解兴宁市制造业中小微企业资金困难和经营压力，服务地方经济发展大局和社会民生发展。

【税收征管改革】 2021 年，国家税务总局兴宁市税务局将贯彻落实税收征管改革作为全年工作主线，成立落实领导小组、落实领导小组办公室，推进税务执法、服务和监管的理念方式手段变革，确定 7 大方面 28 类重点任务 133 项贯彻落实措施，对标对表细化责任分工，推进各项改革措施，并在梅州范围内率先建立并实施“政府主导、财政牵头、部门参与”的涉财税源数据共享机制。

▲ 2021 年 10 月 12 日，国家税务总局兴宁市税务局到广东南丰电气自动化有限公司辅导企业准确享受研发费用加计扣除政策
（国家税务总局兴宁市税务局提供）

【税收法治】 2021 年，国家税务总局兴宁市税务局及时更新执法公示平台，跟踪管理，完善更新权责清单信息，保障执法信息及时有效准确公布。推行执法全过程记录制度，规范使用税务约谈室。组织干部参加兴宁市全民国家安全宣传日、法制宣传日活动，落实“谁执法谁普法”履职评议工作，并按照上级要求编制信息公开标准目录和撰写信息公开报告，及时对外公开。

【优化纳税服务】 2021 年，国家税务总局兴宁市税务局贯彻落实关于优化税收营商环境的要求，提高纳税人缴费人满意度和获得感。通过办税事项再梳理、流程标准再明确、承诺时限再压缩、服务方式再优化等系列举措，推广“非接触式办税（费）”，最大限度方便纳税人缴费人。落实便民利企政策，拟定“我为纳税人缴费人办实事暨便民办税春风行动”10 方面 30 项的便民措施，提升企业开办和注销便利度，受理 2114 户“套餐式”服务，电子办税率保持在 94% 以上，辅导 6 户纳税人办理延期缴纳税款，缓缴税款 1.06 亿元。

【税法宣传辅导】 2021 年，国家税务总局兴宁市税务局结合便民办税春风行动和税收宣传月主题活动，开展各类税收宣传活动，抓住重点、热点，拓宽税法宣传渠道，扩大税收宣传辅导面，营造良好的宣传氛围。在省级媒体以上发表量增长 35%，在《中国税务报》、中国网等国家级媒体上发表新闻 4 篇，在中新网广东站等省级媒体上发表新闻 11 篇，在《梅州日报》、“南方+”等市级媒体上发表新闻 44 篇，举办各类业务辅导培训 65 场次，参加人员 8000 余人次。

2021 年兴宁市税务纳税额前十名企业一览表

表 15　　单位：万元

纳税人名称	2021 年纳税额
广东兴宁农村商业银行股份有限公司	10214.60
兴宁鸿隆物流城有限公司	7041.41
广东明珠集团股份有限公司	5829.51

续表 15

纳税人名称	2021 年纳税额
广东明珠集团城镇运营开发有限公司	5147.82
广东创盈房地产开发有限公司	5034.92
广东明珠集团置地有限公司	4934.71
广东烟草梅州市有限公司兴宁市分公司	4904.70
兴宁市新昌鞋业有限公司	2964.18
梅州市深澳房地产开发有限公司	2815.59
广东省兴宁市第二建筑工程有限公司	2707.05

（罗金辉）

■ 金融

银行业

【概况】 2021 年，中国人民银行兴宁市支行全面落实稳健的货币政策和灵活适度的工作要求，深化民营和小微企业金融服务，加大投放力度，支持实体经济的高质量发展，防范和化解金融风险。至年末，兴宁市有银行 9 家，银行机构营业网点 96 个。全市人民币各项存款余额399.01亿元，比上年增长 5.2%；全市人民币各项贷款余额 255.24 亿元，增长 7.0%，存贷比 64.0%，增长 1.1 个百分点。

【货币政策】 2021 年，中国人民银行兴宁市支行落实货币信贷支持政策，加大对县域实体经济的支持力度。落实两项直达政策工具（普惠小微企业贷款延期支持工具和普惠小微企业信用贷款支持计划），引导金融机构加大对小微企业、个体工商户等重点领域的支持，提升市场主体对两项直达政策工具的获得感。全年共发放延期激励金 341.91 万元，引导地方法人金融机构为 3.42 亿元到期普惠小微贷款办理延期，惠及 256 户个体工商户和小微企业主；发放 4048.4 万元信用贷款支持额度，惠及 119 户个体工商户和小微企业主。

【支农支小再贷款政策落实】 2021 年，中国人民银行兴宁市支行突出货币政策导向，运用支农支小再贷款政策，引导辖区银行业金融机构，特别是涉农银行机构有针对性地对农户进行融资授信，给予优惠利率贷款支持。组织开展“贷动小生意，服务大民生”活动，解决小微企业和个体工商户生产经营融资难题。全年发放支小再贷款 1.27 亿元，惠及 52 户个体工商户和小微企业主；发放 3935 万元支农再贷款，惠及 37 户农户和小微企业主。

【金融稳定】 2021 年，中国人民银行兴宁市支行加强金融监管与风险预警，维护辖区金融稳定。加强日常非现场监管，强化对相关数据的跟踪监测，推进高风险金融机构风险化解，加强对商业银行窗口指导和督导，对商业银行执行信贷政策及风险进行约谈，定期通过电话、现场座谈等方式了解各金融机构风险化解最新动态和工作进展。把执法检查作为依法履职的有力抓手，强化执法主体地位，整合执法检查资源，规范执法检查程序，加强执法队伍建设，探索执法检查工作新途径，发挥执法检查在加强管理、促进履职中的作用。全年对地方法人银行机构开展资产质量核查、再贷款核查等核查工作 5 次，开展存款保险标识巡查、发行纪念币巡查等巡查 50 余次，实现 9 家银行机构全覆盖。

【征信服务】 2021 年，中国人民银行兴宁市支行持续做好征信服务，优化中小微企业融资环

▲ 2021 年 3 月 11 日，中国人民银行兴宁市支行联合相关金融机构开展“3·15”金融消费者权益保护宣传活动

（中国人民银行兴宁市支行提供）

境。实施中小微企业金融服务能力提升工程，开展金融支持个体工商户专项行动，用好“粤信融稳企业保就业”平台对接重点企业，促成融资 1.85 亿元，线上“政采贷”在中国工商银行股份有限公司兴宁支行落地。是年，兴宁市查询企业征信报告 505 笔，个人信用报告 2.2 万笔。发挥“农融通”平台作用，扩大农户建档评定覆盖范围，实施信用支持乡村振兴工程，评定信用村 439 个，信用村镇建设在县域的覆盖率 100%。

链接：政采贷

政府采购合同线上信用融资，简称“政采贷”，是指有融资需求的中小微企业，凭借政府采购中标（成交）通知书和签订的政府采购合同，直接向银行提出申请并获取该采购项目的融资服务。

【金融知识宣传】 2021 年，中国人民银行兴宁市支行组织辖区金融机构开展以“权利·责任·风险”和“普及金融知识，守住钱袋子”金融消费者权益保护宣传教育活动；联合兴宁市金融工作局、各金融机构等通过多种方式和渠道开展“金融知识普及月、金融知识进万家、争做理性投资者、争做金融好网民”联合宣传教育活动月活动，普及金融知识，增强公众风险防范意识，提升社会公众金融素养，营造清朗金融网络环境。利用基层央行“在群众家门口开展金融知识宣传教育”的优势，推进金融知识入镇、入村、入户，组织开展存款保险、征信、消费者权益保护、国债等金融知识宣传活动，增强农村广大群众对金融知识的认知能力。至年末，金融宣传覆盖村镇 100 余个，覆盖群众 12 万余人。

（刘丹丹）

【广东兴宁农村商业银行股份有限公司】 2021 年，广东兴宁农村商业银行股份有限公司有营业网点 43 个，资产总额 178.76 亿元，各项存款余额 146.69 亿元、市场份额 36.7%，各项贷款余额 91.38 亿元、市场份额 41.4%，存贷款市场份额持续居全市金融机构首位。

“政银”合作平台搭建 是年，广东兴宁农村商业银行股份有限公司探索搭建“政银”合作平台，向全辖 20 个行政村派驻“金融特派员”20 名，建立“金融特派员”定期驻村办公机制，在村委设立金融特派员办公室，把“金融超市”开在农户家门口，打通农村金融服务“最后一公里”。推进“普惠金融户户通”，通过“金融特派员”下沉服务，深入基层一线，奔走田间地头，为农户“送信息、送服务、送资

▲ 2021 年 8 月 23 日，广东兴宁农村商业银行股份有限公司“金融特派员”在田间向农户派发宣传折页宣传惠农政策

（广东兴宁农村商业银行股份有限公司提供）

金”，将金融毛细血管与全市、镇村和千家万户连接在一起，实现“政务通、信用通、信贷通、理财通、销售通”。至年底，走访建档农户1.1万户，个体工商户及小微企业信息走访建档953户，授信970户，授信金额1.21亿元。

“整村授信”工程　是年，广东兴宁农村商业银行股份有限公司加强与各级政府、村（居）委联系，推进“整村授信”工程，以“试点先行”的方式，选取大坪镇潭坑村、龙田镇碧园村等20个产业集中、特点突出的行政村开展整村授信试点工作，通过“集中评定、批量获客、整体授信”的方式，畅通办贷渠道，为农户解决资金周转难题，推动县域乡村振兴战略实施。至年底，该行对100个授信村授信产业35个、授信金额10.5亿元，贷款金额9513万元。

“粤智助”政府服务自助机推广　是年，广东兴宁农村商业银行股份有限公司推动“政务+金融”服务向基层延伸，打通基层政务服务“最后一公里”，向辖内所有行政村（社区）投放集合各项行政业务办理、信息查询、预约挂号、银行卡余额查询、社保医保明细查询等118项服务功能的“粤智助”政府服务自助机508台，为群众提供“就近办、自助办、安全办”一站式体验。

（张建锋）

【中国工商银行股份有限公司兴宁支行】　2021年，中国工商银行股份有限公司兴宁支行辖属支行营业室、兴宁高华支行、兴宁曙光支行、兴宁兴南大道支行4个营业网点，设有北门、宁江新城、机场3个离行式自动柜员机。是年，中国工商银行股份有限公司兴宁支行人民币各项存款余额34.97亿元，比年初增加4.31亿元；各项贷款总额26.57亿元；实现经营收入1.37亿元，拨备前利润9759万元。

金融服务助力地方经济发展　2021年，中国工商银行股份有限公司兴宁支行通过对工业园区企业进行调查分析，锁定重点客户营销目标，并结合重点客户与上下游企业的业务和结算方式，设计融资产品，重点推介“税易通”“结算贷”等普惠金融产品，满足不同经营实体及小、微、创客群的融资需求。丰富普惠金融产品，全年发放“政采贷”业务2笔，解决小微企业融资难问题。做好乡村经济服务和普惠金融服务，于7月30日发放首笔“e企快贷”业务，投放金额445万元。至年末，该行普惠贷款余额1.15亿元，比年初增加593万元，并将普惠资金全部投放于当地实体经济行业，为企业的转型发展注入动力。拓展个人信贷业务市场，重点发展个人消费贷款、个人经营贷款，至年末，该行个贷业务余额11亿元，比年初增加1.52亿元，为资产业务可持续发展夯实基础。

资产质量管控　2021年，中国工商银行股份有限公司兴宁支行做好信贷业务的风险防范工作，重点组织隐性关联和涉房贷款的排查清理，把好新增贷款准入、存量贷款管理和不良贷款清收处置3个关口，确保信贷资产质量安全。2021年，该行资产质量保持良好，不良贷款87.64万元，不良率0.3‰。

（周永辉）

【中国建设银行股份有限公司兴宁支行】　2021年，中国建设银行股份有限公司兴宁支行辖属支行营业室、曙光支行、鸿源支行、兴南支行（兴华支行于9月迁址装修并更名为兴南支行）4个营业网点，另设宁江新城离行式自动柜员机（营业至9月，后撤销）、商都酒店离行式自动柜员机。

至年末，中国建设银行股份有限公司兴宁支行一般性存款余额30.99亿元，其中：对公存款余额7.74亿元，比年初减少6.53亿元；个人存款余额23.25亿元，比年初新增2.29亿元，新增四行占比30.8%，新增四大行排名第一位。各项贷款余额24.04亿元，比年初新增2.74亿元，新增市场占比35%，新增四大行排名第二位。存贷比77.6%。

“普惠金融、住房租赁、金融科技”三大战略　2021年，中国建设银行股份有限公司兴宁支行推进普惠金融战略，采取免抵押信用贷、云税贷、税易贷等融资模式，实现全线上流程办理，着力解决地方实体企业、中小企业融资难问题；推进住房租赁战略，推进租赁业务平台上线房源、在线签约、客户端注册，推行住房租赁支持贷，落实推动住房租赁业务发展；推进金融科技战略，将物理渠道建设成为智慧型建行窗口，把金融服务渗透至校园、乡村、社区等领域，为各类客群提供支付、缴费等便利。

助力乡村振兴发展 2021年，中国建设银行股份有限公司兴宁支行推行县域振兴贷、供应链融资、账户云贷、农担贷等融资模式，提供金融服务，助力乡村振兴发展。同时，派驻专人到龙田镇开展驻镇帮镇扶村工作。其中，全年发放农担贷11笔，2750万元。

“劳动者港湾”品牌优势发挥 2021年，中国建设银行股份有限公司兴宁支行利用4个“劳动者港湾”服务点为社会公众提供饮水休息、手机充电、老花镜、轮椅、微波炉等便民服务；连续2年高考、中考期间到部分学校，为教师、考生、家长、警察送矿泉水、雨伞、纸巾等，提供惠民服务，向社会传递爱和温暖。

案件防控 2021年，中国建设银行股份有限公司兴宁支行推进“合规平安年”工作，强化合规经营，落实监管部门案防工作意见，加强反洗钱工作，打击治理电信网络新型违法犯罪，做好业务风险排查、员工行为排查工作，加强案防宣传教育，强化案件防范工作，实现全年安全运营无事故。

（蒋晓峰）

【中国银行股份有限公司梅州兴宁支行】 2021年，中国银行股份有限公司梅州兴宁支行辖属支行营业部、兴江路支行、天誉花园支行、兴城支行4个营业网点；在东莞石碣（兴宁）产业转移工业园区内设立离行式自助银行1个。至年末，中国银行股份有限公司梅州兴宁支行人民币各项存款余额34.81亿元，比上年增加0.16亿元，其中，储蓄存款余额28.59亿元，增加1.85亿元；对公存款余额6.22亿元，减少1.69亿元。人民币各项贷款余额19.77亿元，新投放5.74亿元。全年国际结算业务量4924万美元。全年完成跨境人民币结算765万元。全年实现营业收入1.01亿元。

经营管理 2021年，中国银行股份有限公司梅州兴宁支行加强经营管理，坚持依法合规经营；加大信贷投放，强化普惠金融服务；进校园入社区到乡村开展防假反假宣传活动，普惠金融知识；压实反诈联动，提高防诈、反诈成效；开展反洗钱宣传，提高社会公众对反洗钱、非法集资危害性的认识。

安全运营 2021年，中国银行股份有限公司梅州兴宁支行加强内控案防执行力，下沉把控风险重点和敏感点，强化基层机构管控工作，提升运营内控能力建设；强化员工管理，规范员工“八小时以外”的日常管理；落实安保工作，为业务发展提供保障。全年“零事故”“零案件”。

（罗远文）

【中国农业银行股份有限公司兴宁市支行】 2021年，中国农业银行股份有限公司兴宁市支行下设支行营业部、宁中支行、东岳宫支行、兴福支行、兴田支行、教育路支行、兴南支行、碧桂园支行、坭陂支行9个营业网点；龙田镇1个金融服务点，在各乡镇布设“惠农通”助农取款服务点134个。至年末，中国农业银行股份有限公司兴宁市支行各项存款余额43.55亿元，比年初增加1.19亿元；各项贷款余额

▲2021年11月16日，中国农业银行股份有限公司广东省分行派驻石马镇金融助理与中国农业银行股份有限公司兴宁市支行客户经理上门为养猪农户办理惠农e贷业务，以信用方式授信25.9万元

（中国农业银行股份有限公司兴宁市支行提供）

39.53亿元，增加6.51亿元；存贷比为90.8%，增长12.9个百分点。

金融支持地方经济发展　2021年，中国农业银行股份有限公司兴宁市支行加大重点项目建设支持力度，重点从支持实体发展、民生发展、提升服务质效、普及金融知识等多方面持续发力，充分发挥信贷核心引擎，支持地方经济发展。对接省市重点项目9个，全年发放项目贷款7.6亿元；发放惠农e贷885笔1.83亿元；普惠贷款增量0.75亿元。

金融风险防控　2021年，中国农业银行股份有限公司兴宁市支行配合公安机关，推动“平安兴宁”建设。结合“3·15”消费者权益日、“断卡”行动、创文创卫等活动开展普及金融知识活动；开展打击治理电信网络诈骗，强化账户风险防控；组织员工拍摄《银行防电信诈骗三句半》宣传视频进行反诈宣传。全年排查存量账户12.3万户，发现异常账户0.9万户，并对异常账户进行管控。

（何　东）

【广发银行股份有限公司梅州兴宁支行】　2021年，广发银行股份有限公司梅州兴宁支行支持行业龙头企业发展，发挥“快融通”“税银通”等小微信贷产品优势，对优质客户实行定价、额度差异化营销策略，利用服务、效率优势吸引优质客户。个人贷款方面，加强与地方主要楼盘开发商、房地产销售公司、市市场监督管理局和个私协会的合作，主推“抵押易”贷款业务，对存量按揭、生意红优质客户进行挖掘转化，做大个人经营性贷款业务。坚持“以客户为中心”，抓好消费者保障服务的全流程管理，提升客户满意度。重视合规内控和案防工作，持续安全稳健运营，保持多年贷款不良率为零。

至年底，广发银行股份有限公司梅州兴宁支行各项存款余额9.9亿元，比年初下跌0.2亿元；贷款业务发展较好，总贷款比年初增长1.7亿元，其中对公贷款增长1.1亿元，个人贷款增长0.6亿元，支行在服务“六稳”“六保”普惠金融指标、民营企业信贷指标等13个指标全部超额完成。

（周　鹏）

【中国农业发展银行兴宁市支行】　2021年，中国农业发展银行兴宁市支行助推乡村振兴和地方经济发展，投放涉农贷款1.44亿元。至年底，各项涉农贷款余额8.79亿元，各项存款余额1.19亿元，实现利润2120.92万元。

保障粮食收购资金供应　是年，中国农业发展银行兴宁市支行及时足额供应2021年县级储备粮轮换资金；适应粮食储备动态管理变化，向当地发放省级储备粮及粮油购销流动资金贷款，解决企业粮食收购资金需求，进一步擦亮“粮食银行”品牌；加强粮食风险基金管理，协调粮食风险基金及时足额到位。

支持农业农村基础设施建设　是年，中国农业发展银行兴宁市支行支持辖内棚户区改造项目建设，发挥“当先导、补短板、逆周期”作用，服务地方经济发展，全年为兴宁市棚户区改造项目注入政策性资金9923.8万元；支持兴宁市村村通自来水项目建设，持续做优“水利银行”品牌，助力群众用上放心水。

金融服务　是年，中国农业发展银行兴宁市支行坚持“以客户为中心”的金融服务理念，巩固和拓宽网银业务，启动手机银行，为客户打造全新、安全、稳定的线上服务渠道；服务国家政策，通过减费让利等政策支持小微企业发展。

（中国农业发展银行兴宁市支行）

保险业

【中国人寿保险股份有限公司兴宁市支公司】　2021年，中国人寿保险股份有限公司兴宁市支公司下设有29个镇级营销服务部，开办疾病保险、医疗保险、意外伤害保险、教育保险、年金保险、基金险等300多个险种。全年总保费1.35亿元，其中主要保险金数目如下：退保金1145.19万元；死亡给付531.85万元；医疗给付538.46万元；满期给付2016.62万元；年金给付613.09万元；赔款支出397.44万元；伤残给付4.5万元。全年配合市民政局推进“银龄安康行动”，承保60岁以上老人19.5万人，投保覆盖率达到100%。

（中国人寿保险股份有限公司兴宁市支公司）

【中国人民财产保险股份有限公司兴宁支公司】 2021年，中国人民财产保险股份有限公司兴宁支公司全险种保费收入1.35亿元，比上年增长29.2%。其中车险保费收入5024.7万元，增长8.4%；商非保费收入2999.6万元，增长85.1%；农险保费收入5430.5万元，增长30.5%。

是年，中国人民财产保险股份有限公司兴宁支公司重点拓展行业性政府业务，有食品安全责任险、农村住房保险、应急救援费用保险、二级以上医院的医责险、自然灾害公众责任险、安责险、校园方责任险、精神病监护人责任险等统保项目；针对政府对应急救援费用的出口难痛点，探索“保险+”模式，出具应急救援费用保费的首张保单，保险金额1250万元；加强与市农业农村局、市林业局、市财政局联系，共同推动农业保险高质量发展；协助农业部门做好疫情防控工作，购置抽水机200多台发放给农户（农企）；及时对全市报损的早晚造水稻进行查勘、核损及跟踪收集资料，全年赔付水稻保险1370多万元。

（中国人民财产保险股份有限公司兴宁支公司）

城乡建设

住房和城乡建设

【概况】2021年，兴宁市完成“两镇五村”改造提升工程、削坡建房年度任务、农村房屋安全隐患排查、宁新东风村3号、4号、6号小区城镇老旧小区改造工程、农村危房改造90户、宁新安置区C区一期（7栋）和福兴安置区三期（12栋）主体工程；发放低收入住房困难家庭租赁补贴152户（发放金额26.33万元）；开工建设刁坊、坭陂、新圩三镇美丽乡村连片示范项目、实施美丽圩镇建设；稳步推进宁江公园二区、四馆一场等重点项目建设；做好建筑业及房地产业管理、工程建设项目审批制度改革、房屋征收等职能工作。

【村镇建设】

“两镇五村”改造提升工程 2021年，兴宁市按AAAA级景区标准改造提升“两镇五村”示范片区（麻岭河岸樱花项目、亮化工程），投入81.36万元，在麻岭河乡村驿站至风雨廊桥两岸种植广州樱花约180株；投入109.98万元完成亮化工程，主要安装6米高低双臂路灯130套、8米单臂路灯15套。

“刁坊、坭陂、新圩”三镇美丽乡村连片示范项目 项目于2021年9月开工建设，至年底，新圩段挡土墙、管道、广场部分进入施工阶段，坭陂、刁坊段完成部分清表工作。

削坡建房风险点整治 2020年至2021年度兴宁市农村削坡建房风险点整治任务数1812户，广东省下拨资金1846.8万元。至2021年末，全市开工1812户，开工率100%；竣工1812户，竣工率100%；拨付资金1846.8万元，拨付率100%。

农村房屋安全隐患排查 2021年6月，兴宁市完成全市农村房屋排查15.76万栋，其中用作经营的自建房4235栋，未用作经营的农村自建房15.30万栋，非自建房405栋，初步判断存在安全隐患1304栋（其中：用作经营的自建房1栋，未用作经营的自建房1303栋）。

【污水处理设施建设】 2021年，兴宁市住房和城乡建设局完成东排沟黑臭水体整治工作；完成1个镇级污水处理厂、1个镇级污水管网、13个村级污水处理站及配套污水管网建设，铺设污水管网73.68千米，其中城区、镇级主管网全部铺设完成。

【美丽圩镇建设】 2021年，兴宁市实施美丽圩镇建设，率先将水口镇、坭陂镇2个中心镇和叶塘镇、石马镇等4个重点镇创建“美丽圩镇”，计划投资4167万元对圩镇的人居环境、生活垃圾、污水处理、市政道路、公园绿地、停车场等公共设施进行升级改造，将乡镇建设成为服务农民的区域中心。至年底，6个镇完成立项、招标工作，进入动工建设。

是年，17个乡镇稳步推进美丽圩镇建设，全市清理积存垃圾352处、224.8吨；清理房前屋后、街巷、老旧居民区、农贸市场等区域乱堆乱放杂物、垃圾436处；清理河道、池塘、沟渠等水域漂浮物和障碍物162处；拆除沿街破旧雨棚、遮阳棚等破旧附属设施373处；拆除非法违规商业广告、招牌60处，拆除

▲ 2021 年，宁江公园建设情况　　（王　思　摄）

面积 312.32 平方米；拆除乱搭乱建、违法建筑 22 处，拆除面积 602 平方米；整治占道经营乱摆卖行为 310 处；整治公共空间乱贴画 214 处；整治车辆乱停乱放 570 处。

【重点项目建设】

宁江公园二区项目　2021 年，宁江公园完成总体进度的 59%。至年底，沿河挡土墙全部完成，沿江步道基础土方平整完成至 95%，建成公厕主体 3 座。

城镇老旧小区改造项目　2021 年，兴宁市完成城镇老旧小区（宁新东风村 3 号、4 号、6 号小区）改造及周边市政设施升级改造工程，并通过竣工验收；完成城镇老旧小区改造范围周边市政设施升级改造一期工程的标段一、二，完成标段三工程总量的 85%；完成宁新东风村 5 号小区和 9 号小区城镇老旧小区改造及周边市政道路配套设施工程的 75%；均完成兴宁市宁新大岭片区升级改造项目、兴宁市宁新紫金山片区升级改造项目、兴宁市市委片区升级改造项目工程质量的 70%。

四馆一场项目　兴宁市新中心城区文化体育设施建设项目（四馆一场）项目：先行建设兴宁图书档案馆和兴宁美术馆，2021 年，图书档案馆完成总体进度的 58%。

【审批制度改革】　2021 年，兴宁市依托梅州市工程建设项目审批系统，通过优化审批流程、规范审批事项、精简审批材料、印发施工许可申请办事材料清单及办事指南，建筑项目施工许可的申请实行施工许可证核发与质量安全监督手续并联审批，对接施工图数字化管理平台、电子签章、电子证照数据等，实行申请项目全流程、全覆盖线上办理等举措，实现工程建设项目全流程审批服务“在线办”“并联办”“透明办”，解决企业群众同一事项“多头跑、跑多次”的问题。推进一网通办，实现“一张表单、一套材料、全省通办”，全年在线受理相关施工许可事项 116 项，发出施工许可电子证 33 张。

【依法治建】　2021 年，各办案单位报审一般程序案件 4 件，兴宁市住房和城乡建设局核审并下发处罚决定书 4 件，罚没款 26.55 万元，无因行政强制、行政处罚引起的听证、行政复议和行政诉讼案件。主动接受市人大、市政协监督，执行市人大及其常委会的决议，坚持重大事项向人大常委会报告、向市政协通报制度，自觉接受人大、政协和新闻媒体以及社会监督，办理人大代表议

▲ 2021 年，改造后的兴宁市城镇老旧小区　　（林德军　摄）

案4件，政协委员提案7件。做好催缴工作，制作并送达催缴文书7份，整合多次催缴仍未缴清人防易地建设费欠费的1宗、报建欠费1宗材料向法院申请行政强制执行，通过向法院确认主动执行和电话催缴的方式，追缴欠款215.6万元。梳理下放管理职权，并选派业务骨干参与政务服务数据管理局、司法局统一组织的对镇街工作人员的业务培训，全年梳理下放事项37项。

【建筑业管理】

日常监管审批 2021年，兴宁市工程建设招投标备案项目28项；完成工程消防设计审核项目36个，消防验收备案项目43个，发出消防验收意见书25份，行政处罚1宗消防违法行为案件；完成工程竣工验收备案46宗，验收总面积154.66万平方米，工程竣工验收合格率100%；全年新受监工程34项（其中私人建筑2项），面积99.8万平方米。

建筑施工安全专项整治 2021年，兴宁市以“安全生产月”为契机，委托第三方检测机构对全市119台塔吊、100台人货梯开展起重机械专项抽查工作，抽查比例为30%，重点抽查使用年限较久、日常监督发现问题较多的机械；全年对预拌混凝土生产过程监督检查20次，抽查水泥、砂、石各17组，砼试块16组，发出整改通知书12份，行政处罚1家预拌混凝土生产企业；全年发出216份整改通知书，19份暂停施工整改通知书，63次对施工、监理单位及其163人次相关人员进行动态扣分，对8家项目管理混乱施工单位及相关责任主体和其相关人员进行警示谈话。

房屋市政工程欠薪治理 2021年，在全市范围重点建筑工地开展农民工工资支付情况专项排查，排查在建施工项目20个，涉及施工企业15家、农民工1520人，对执行不力的施工企业要求限期整改，对奥园悦江府项目用人单位欠薪造成农民工集体上访作出行政处罚通报。

建设工程造价管理 2021年，兴宁市住房和城乡建设局发布《兴宁市工程造价信息》，向政府职能部门和各企事业单位发放造价信息书600本，书内新增关于造价动态管理咨询问题解答和调整的相关政策文件29篇；按《广东省建设工程造价管理规定》要求，对应当招标的建筑工程招标最高投标限价进行备案，全年备案5宗，备案造价金额1.58亿元；加强对工程造价咨询企业的管理，完善兴宁市工程造价监管机制，开展工程造价咨询“双随机、一公开”执法检查，检查工程造价咨询企业13家。

【房地产业管理】 2021年，兴宁市房地产开发企业完成投资35.5亿元，比上年增长30.3%。至年末，新批准预售商品房面积91.64万平方米，减少21.9%，新批准预售商品房套数7576套，减少22.4%。新建商品房销售面积64.81万平方米，增长4.1%；销售套数5203套，增长1.2%；销售金额43.062亿元，减少5.4%。全市商品房平均成交价格为6644.66元/平方米，下降10%。

【房屋征收】 2021年，兴宁市住房和城乡建设局登记丈量房屋174户，比上年减少53%；签订房屋征收补偿安置协议174份（户），减少30%；拆除房屋266座，减少23%。牵头起草印发《兴宁市国有土地上房屋征收与补偿管理办法》，完善相关法律依据。全市各项征收数据减少，主要原因在于大部分征收项目已完成或接近尾声，且未有新开项目。

【“问题楼盘”专项治理】2021年，兴宁市调整兴宁市“问题楼盘”专项治理工作领导小组，制定《兴宁市“问题楼盘”专项治理工作方案》，落实“一楼一策、一专班、一市领导负责”制度；组织召开12次协调会部署推进工作，约谈有关企业负责人45人次，发出整改通知书、处罚决定书等28份，作出行政处罚520.6万元。至年底，完成商业城1号、2号停车场、华侨新苑等5个“问题楼盘”的整改；明确海润花园、鸿莱花园等9个“问题楼盘”的规划条件；完成赞鸿花园、泰和雅居B区等10个项目的竣工验收备案以及建兴大厦项目排污沟清淤工程。

（邹紫明）

乡村振兴

【概况】 2021年，兴宁市坚持农业农村优先发展，按照产业兴旺、生态宜居、乡风文明、治理有效、生活富裕的要求，挖掘客家文化底蕴，整合文化资源、山水资源，做好脱贫攻坚成果水平提升、镇村公共基础设施水平提升、镇域公共服务能力提升、乡村产业发展水平提升、抓党建促乡村振兴水平提升。

【驻镇帮镇扶村】 2021年，广东省将巩固脱贫攻坚成果与实施乡村振兴有效衔接，启动实施乡村振兴驻镇帮镇扶村行动。7月，20个驻镇（街道）帮扶工作队100名队员进驻兴宁市各镇（街道）。12月，广东省下拨兴宁市驻镇帮镇扶村资金1.87亿元。是年，兴宁市做好帮镇扶村项目的入库工作，根据镇域相关规划，择优推进实施项目224个，总额1.98亿万元。

【防止返贫监测帮扶】 2021年，兴宁市有原建档卡脱贫人口1.08万户、2.67万人，返贫致贫风险监测对象84户335人，其中边缘户35户136人，脱贫不稳定户41户169人，突发严重困难户8户30人。

就业帮扶 举办职业技能培训，输出一批有劳力贫困户到珠三角等地务工，拓展公益性岗位吸纳脱贫劳动力就业458人。至年底，全市建档立卡有劳力脱贫人口中有务工收入的占比为82.8%，其家庭务工年收入平均为3.5万元。

“三保障”和兜底帮扶 2021年秋季，全市有脱贫户子女2489人申请国家学生资助，落实发放国家学生补助资金135.04万元；全额资助建档立卡脱贫人口2.69万人购买2022年农村合作医疗保险；全额资助16—59岁（不含在校生）原建档立卡脱贫人口1.43万人购买养老保险。按照规定对全市符合条件的无劳力脱贫人口，全部纳入农村低保或特困人员救助供养。

托底帮扶 全年筹集资金263万元，为建档立卡5372户有劳力脱贫户购买防返贫救助责任保险，为建档立卡8644人整户无劳力脱贫人口、边缘易致贫人口、脱贫不稳定人口、突发严重困难户人口购买“保尚保”医疗补充保险。

资产收益帮扶 制订出台系列扶贫资产管理文件，指导各镇（街道）做好登记确权。全年完成扶贫资产项目登记1173个，资产3.9亿元，其中经营类扶贫项目408个，资产2.73亿元，每年资产收益1600万元。

▲石马镇乡村振兴示范带——新群村风貌图 （市委农办提供）

【农村人居环境整治】 2021年，兴宁市全面完成“三清三拆三整治”和行政村环境基础整治任务，全市村庄100%达到干净整洁村标准，60%以上村庄达到美丽宜居村标准，建成特色精品村115个。全年实施“千村示范 万村整治”美丽村屋、美丽村道项目100个，投入奖补资金2000万元，撬动社会资金约3000万元。完成1379座农村公厕建设任务，农村无害化卫生户厕普及率100%。是年，建成石马“六村联动”乡村振兴示范带，包括洋门村、向前村、陶背村、新群村、刁田村、新石村。建设径南“十村联动”乡村振兴示范带，包括双梧村、东升村、官亭村、圩村下、胪声村、新洲村、宝山村、黄坑村、章印村、浊水村。

（李晨阳）

城市综合管理

【概况】 2021年，兴宁市城市管理和综合执法局健全城市管理长效机制，推进城市精细化管理，改善城市环境、提升城区品质，投入772万元建设数字化城管平台，于6月设立兴宁市数字化城市管理中心，12月开始试运行。是年，兴宁市管辖绿化养护面积60.94万平方米，行道树1.94万株。管理供电线路260千米，各种LED路灯约8700盏，路灯专用变压器17台，路灯亮灯率96%以上，设施设备完好率98%以上。管理城区街道清扫保洁面积369.23万平方米（比上年增加6.89万平方米），公厕29座（一类公厕1座、二类公厕17座、三类公厕11座）、垃圾转运站9座（分体式压缩转运站6座，连体式压缩转运站3座）、生活垃圾无害化Ⅱ级填埋场1座。全年无害化处理全市生活垃圾18.27万吨（其中填埋处理量12.66万吨、焚烧处理量5.61万吨），日均无害化处理全市生活垃圾500.59吨，城区生活垃圾实现全收集、全封闭压缩转运，无害化处理率100%。

【市容秩序管理】 2021年，兴宁市开展建筑工地、校园周边、餐饮档、市场周边等专项治理工作，清理横幅600多条、太阳伞100多把，设置工地围挡3600多平方米；发放宣传资料6.65万份，纠正劝导6500多人次，设置公益广告画布6800多平方米，取缔拆除违规广告招牌60多块，约835平方米。是年，加大对占道经营、乱丢倒垃圾、破坏环卫设施和运输车辆“抛洒滴漏”污染城市道路违法行为的查处力度，取缔占道经营摊点700多个，依法查处乱丢倒垃圾和占道经营549宗，罚款1.79万元，查处“抛洒滴漏”污染路面行为9宗，罚款3.75万元。抓好城区监管审批工作，全年审批城市建筑垃圾准运证16宗，城市建筑垃圾排放证24宗；审批门店招牌3块，大型地面广告1块，F牌2块，墙体广告3块，T形户外广告置换画面1块。

【规划建设管理】 2021年，兴宁市落实即查即拆工作机制，对新发现的在建违法建设，依法依规采取制止施工、断水、断电和即查即拆等措施，全年断水断电23批次，暂扣施工工具一批。开展集中清拆行动，做到“拆除一处、震慑一片、教育一方”，约谈违法建设户12户，拆除或局部拆除新增及存量违法建设93宗次，面积1.37万平方米，处理违法建设案件22件，罚款2.3万元，没收非法实物1宗。

【环境卫生管理】 2021年，兴宁市城市管理和综合执法局对兴宁市环卫设施建设与管理进行系统规划，组织《兴宁市城乡环卫设施专项规划（2020—2035）》编制工作。落实每天“两大扫、一保洁、一收集”的清扫作业制度，城区主街道全天16小时巡回保洁作业；城区生活垃圾收集运输做到全封闭、全压缩，防止垃圾运输途中抛洒滴漏造成“二次污染”，生活垃圾日产日清日处理。全年无害化处理全市生活垃圾约18.27万吨，日均无害化处理全市生活垃圾500.59吨，城区生活垃圾实现全收集、全封闭压缩转运，无害化处理率100%。是年，投入近50万元在兴旺大桥北边桥底地面新建环卫作业保障点，解决城区环卫作业车辆停放、大件垃圾临时堆放及环卫设施设备清洗等问题。安排专人督查环卫企业严格按照定人定点不间断管理的要求做好公厕日常保洁工作，同时在城区体育公园、兴南大道、官汕二路、官汕三路、兴城加油站门口、东岳宫门口、机场路口等人流量较大的地方安装75块公厕指示牌。

2021年8月20日，兴宁市静脉产业园生活垃圾焚烧发电项目正式投入运营后，黄泥坑生活垃圾填埋场逐步封场。对黄泥坑生活垃圾填埋场全场垃圾堆体进行降坡覆膜处理，消除垃圾堆体边坡过陡的安全隐患，同时加强填埋场排水系统管理，清理、完善全场排水设施，保持排水畅通，避免沟内雨水进入堆体，减少渗滤液产生量。在保障场内渗滤液处理能力基础上，将调节池内渗滤液运送消纳处理，场内积存渗滤液逐步减少，调节池水位确保控制在安全范围内；新安装1台日处理能力300吨的渗滤液处理设备，增加场内渗滤液处理能力，现场内渗滤液处理能力达日处理500吨。

【城市绿化管理】 2021年，兴宁市投入100多万元，在城区范围内对空缺、枯死行道树补种约80株；对绿化带补种袋苗约20万袋；对各主要公共场所被践踏破坏的草皮补种 1.2 万平方米。对全城主干道、窗口地段、公共场所等 1.5 万株行道树进行涂白，保障行道树安全越冬和强化病虫害防治。是年，做好新陂、叶塘“两镇五村”乡村振兴连片示范项目养护管理移交接管，接管绿化面积约 10 万平方米、行道树 2919 株、公厕 2 座。组织实施兴宁大道（含东环大道）绿化带所有花池端口及部分花带中间增加种植节日莳花约 1300 平方米；投入约 198 万元，组织实施人民大道、兴南大道和兴宁大道绿化提升改造工程。春节、“五一”、国庆期间，投入 70 多万元，实施城区主要公共场所及绿化节点应节莳花种植。

▲ 2021 年 9 月 24 日，兴宁市城市管理和综合执法局到兴宁市东顺燃气发展有限公司瓶装配送中心检查燃气安全 （吴 丹 摄）

【城市亮化管理】 2021 年，兴宁市加强路灯设施设备日常管理维护业务工作，对路灯故障的灯具、管线、设施设备及时安排维修。实施安装东城路横街鸿源幼儿园入口 9 盏 120 瓦 LED 壁挂灯、环城北一横街宁江社区门口 5 盏 50 瓦 LED 壁挂灯；实施更换改造人民大道欧尚对面的路灯专用变压器及其高压线 T 接口至跌落式开关引线、望江党校对面等 4 处的残旧配电箱、体育公园小圆盘内 8 座路灯、大坝里老旧残线路、凤英长廊人社局门口高杆灯；实施茶都路灯线路改造及加装 LED 灯具、兴旺大桥架设外线转为地埋线、官汕四路与机场路口路灯杆离高压线近隐患整改；及时校正倾斜的路灯杆 8 条，交通肇事等更换安装灯杆 9 条。全年共维修故障路灯 900 多盏、维修线路故障 220 多处，亮灯率 96% 以上，设施设备完好率 98% 以上。

【市政工程管理】 2021 年，兴宁市投入 500 多万元完成下水道清淤约 6000 立方米，更换雨污井盖约 170 个，沥青路面维护 21.9 万平方米，路面、人行道维修约 1000 平方米、交通护栏更换 200 多米（交通事故处理的除外）；投入 713 万元组织实施永泰路人行道工程、市实验学校周边路灯改造工程、三联街雨污沟改造工程、宁江中学周边道路沥青路面工程、锦绣大道道路隔离栏工程、尚御东岸周边市政配套工程等市政基础设施建设。全年审批临时性占用城市道路行政许可 55 宗，审批占用、挖掘城市道路行政许可 18 宗。

【安全生产监督管理】 2021 年，兴宁市加强对环卫设施设备的安全隐患排查，做好环卫设施设备的日常维修保养；做好户外广告安全检查、路树安全隐患排查和城区路灯设施管理维护等工作。实施燃气设施安全评价和事故应急预案体系建设，组织开展安全生产事故和灾害警示教育活动宣传，以及燃气安全应急演练，强化燃气应急救援能力体系建设。做好燃气安全生产监督管理工作，结合城镇燃气“双随机、一公开”，组织开展节前燃气行业安全生产大检查，以及对城市燃气设施地下管网、镇（街）机关食堂用气场所安装浓度报警装置的检查。加强安全隐患的排查和整改治理，规范燃气经营行为，完成 5 家液化石油气企业燃气经营许可证延续核发。全年排查安全隐患 157 项，发出限期整改通知书 28 份，均全部整改完毕。

【兴宁市数字化城市管理中心】 兴宁市数字化城市管理信息系统项目于 2021 年 3 月开始实施建

▲ 2021 年，兴宁市静脉产业园项目一期工程航拍图　　（杨永强 摄）

设，于 12 月 1 日开始试运行，投入资金 772 万元（含项目建设费、监理费、三年运营费），项目建设包括城区 26 平方千米部件数据普查（划分为 5 个网格）、数字化城市管理信息系统建设、25 路视频监控、指挥中心大厅、机房建设等。6 月，成立兴宁市数字化城市管理中心，并初步完善人员配置和机构建设。在 12 月 1—31 日试运行期间，数字城管中心通过数字城市管理信息系统派单处置涉及城市管理问题 52 宗，按时办结 52 宗，按时办结率 100%。

【兴宁市静脉产业园】 兴宁市静脉产业园项目位于兴宁市新陂镇茅塘村，规划用地约 758 亩，估算总投资 7.2 亿元，采用 PPP 建设模式，运营年限为 30 年（含 2 年建设期）。建设项目分 2 期实施，一期项目于 2021 年 6 月 28 日进行点火调试运行，8 月 20 日正式开始焚烧垃圾发电上网，已列入广东省重点项目，其中包含生活垃圾焚烧发电厂、污泥处理厂、粪便处理厂。二期项目餐厨垃圾处理厂在实施中。至年末，静脉产业园一期项目焚烧处理全市生活垃圾 5.63 万吨、渗滤液处理量 3721.2 吨、上网电量 1042.65 万千瓦时、炉渣处理量 5455.92 吨、飞灰处理量 1901.4 吨。

（陈梦婵）

供水

【概况】 2021 年 1 月 25 日，兴宁市自来水总公司更名为兴宁市齐昌供水有限公司，承担兴宁城区和附城 11 个镇街居民的生活、生产用水的责任，全年企业供水设计能力 15 万吨 / 日，用水户 12.5 万户，服务人口 40 多万人。

【管网维护】 2021 年，兴宁市齐昌供水有限公司组织管网测压 57 次，对城区管网进行分区分片进行测漏，全年测出漏点 1384 处，受理报漏 5541 次、维修阀门 360 处、大小漏点 3059 处。查处私自拆表、无表用水、私接消防栓等违章用水及损坏管网行为 126 单，追回费用 9.26 万元。

【智能水表应用】 2021 年，兴宁市齐昌供水有限公司推进智能水表的应用，合水、龙田、叶塘等较边远村镇更换卡式智能水表 1.2 万只，刁坊、永和、坭陂等镇更换 NB 智能水表 9000 只。安装智能水表后可以省去人工抄表的成本，水表精度高，减少偷水损失。

【供水设施建设与改造】 2021 年，兴宁市齐昌供水有限公司做好梅州市重点项目兴宁市第二自来水厂产能扩建工程项目建设的监管

▲ 2021 年梅州市重点项目兴宁市第二自来水厂制水生产线
（兴宁市齐昌供水有限公司提供）

工作。兴宁市第二自来水厂水处理构建筑物已试运行、输水管道建设已经运营，项目建设资金投入1.91亿元，年度工程形象完成102%。该项目建成后，可以增加产水量5万吨/日，总设计生产能力达到15万吨/日，能解决供水水量和输水能力不足及安全问题。惠及用水人口约50万人。

2021年，按照兴宁市委、兴宁市政府部署要求，兴宁市老城区供排水升级改造项目(一期)于2021年12月31日开工建设，改造范围包括文化广场、永泰路朝天围及团结路家炳3个片区的城市排水、排污以及供水问题。项目估算总投资3.37亿元。

【供水便民服务】 2021年，兴宁市齐昌供水有限公司受理投诉1237次，信访业务342件，满意率98%以上；筹集资金2816.62万元用于老旧管网改造，受益人口5万多人。

（彭　瑜　李小珍）

供电

【概况】2021年，兴宁市境内有35千伏及以上变电站19座，其中220千伏变电站2座、110千伏变电站9座、35千伏变电站8座。供电面积2105平方千米，用户44.54万户。实现电网连续安全稳定运行超过24年。完成庆祝中国共产党成立100周年系列活动等重要保供电任务，全年全社会用电量15.26亿千瓦时，比上年增长13.8%；售电量14.66亿千瓦时，增长14.0%，增速居梅州市第二。实现营业收入7.56亿元，增长7.0%。线损率4.0%，比上年下降0.2个百分点。低压客户平均停电时间3.93小时/户，下降32.5%；中压客户平均停电时间4.08小时/户，下降29.0%。

【电网建设】 2021年，兴宁市扩建220千伏叶塘变电站2#主变，开工建设500千伏五华（敬州）变电站兴宁市境内220千伏配套输电线路。修编完善“十四五”配电网规划项目库，完成配网总投资1.6亿元、171个项目建设，新建配变容量28.97兆伏安、低压线路1603千米，兴宁城区网架工程入选兴宁市政府十件民生实事。投资0.91亿元建设现代化农村电网，完成黄槐电网改造任务，助力实施乡村振兴战略。按期投产35千伏静脉园PPP项目接入系统工程，新增新能源并网2.43万千瓦，实现公共充电桩乡镇全覆盖。

【供电服务】 2021年，兴宁市持续优化电力营商环境，打造现代供电服务体系。建立用电报装全方位管控机制，中、低压客户全流程接电时间分别压减至37天、3.05天，下降23.3%、1.7%。实行160千瓦及以下小微企业用电报装采用低压供电，实现用电报装“零投资”。转供电137次、线路带电作业326次、发电车保电172车次，客户平均停电时间下降26.6%。推广南网在线等互联网应用渠道，客户办理22项用电业务“一次都不跑”。落实国家电价改革政策，推进电网企业代理购电工作。推广10项增值服务产品，帮助企业获得电费融资126万元。落实“多快好省”

▲2021年，广东电网有限责任公司梅州兴宁供电局为梅龙高铁建设提供电力支持现场图　（广东电网有限责任公司梅州兴宁供电局提供）

服务模式，完成主网3处、配网32处迁改，确保梅龙高铁37个用电点、3.56万千伏安用电报装快速接入、施工无障碍。

（钟钦华）

■ 交通运输

交通建设与管理

【概况】 2021年，兴宁市交通运输局各类项目投资总额3.95亿元。“一江两岸”河堤公路建设工程项目完成投资5.25亿元，完成路基25.4千米，完成路面22.5千米；2021年省级涉农资金项目，分配交通项目补助资金8233.01万元，至年底完成项目投资建设；完成387千米“四好农村路”生命安全防护工程。梅州市重点项目锦绣大桥位于兴宁市南部新城中心区，贯穿兴宁大道和兴南大道，仅用时8个月完成建设，于2月试行通车；投资1200万元在刁坊、永和、新圩建设3个超限检测点（即治超卸货场），项目基本覆盖全市主要交通要道，至年底完成施工招标；推动兴宁市高铁干线路网及站前综合广场和配套工程，并争取将其列入省、梅州重点项目，至年底完成工可、立项等前期工作。全年投入资金2300万元养护管养道路，其中清理涵洞420座，整修路肩530千米，补增各种标志800多块，消除道路安全隐患，保障道路安全畅通。全年投入资金600多万元，对兴宁市各县道实施绿化美化，种植香樟树、大红花、红继木等各类乔灌木4.5万株。砍伐清理县道公路边80多棵存在安全隐患的路树、枯死树木。

▲2021年2月1日，兴宁市锦绣大桥试行通车（兴宁市交通运输局提供）

【交通运输与管理】 2021年，兴宁市交通运输局查处各类违法案件533件，罚款总额109.23万元。开展货运行业乱象专项整治、客运市场专项整治、路域环境综合整治等专项行动。对超限超载违法行为作出处罚，立案185宗。联合兴宁市住房城乡建设局、兴宁市自然资源局等督促相关企业严格履行源头治超责任，促成22家企业签订系统建设合同，22家企业安装完工进入调试，10家企业完成接入省厅监管系统正式启用；全年追查源头52次，发出抄告函4份，回复函57份；在全市开展路域环境大整治工作，查处扬洒案件18件，处罚1.8万元，污染公路案件80件，处罚4万元；配合相关职能部门开展扫黑除恶、驾培市场整治、违法调运生猪、打假打私、成品油治理、网约车违规经营等专项整治行动。

是年，兴宁市投入2000万元推动落实特定群体免费乘车民生实事惠民政策，城乡享受该项福利人数500万人次；构建县镇村三级物流体系，解决制约农村产业发展的突出问题，加快推进农村物流网络节点建设，提升农村物流运营效率和服务水平，日平均派件约2万件。

客货运输

【城乡公交一体化】 2021年，兴宁市有客车215辆，其中县际以上客车96辆（含包车客运），农村客运119辆（含镇通村）；有33条市际线路，26条农村客运线路。

【公交运输】 2021年，兴宁市公交线路18条，新能源公交车

294 辆，新能源出租车 6 辆。全年完成客运量 783 万人次。9 月，兴宁市开通 7 条校园专线，其中宁江中学学生专线 3 条，锦绣学校、华侨中学、新陂中学、新陂小学学生专线各 1 条。10 月，兴宁市 294 辆公交车全面安装卫星定位自动报站器、乘车码系统。

【货物运输】 2021 年，兴宁市有货运营运车辆 2355 辆，危货运输车辆 55 辆，完成货运量 1.46 亿吨。

铁路运输

【概况】 2021 年，兴宁市建成通车铁路运营线路 1 条——漳龙铁路（原广梅汕铁路）。路线长 32.3 千米，于 1994 年 12 月开通运营。起于新陂镇，止于水口镇，下设兴宁火车站（客运）和兴宁西站（货运），有开往广州、深圳、东莞、汕头、武昌等方向客运列车。

【兴宁火车站】 兴宁火车站隶属于中国铁路广州局集团有限公司，为广梅汕铁路的一座客货四等站；车站建于 1994 年。1994 年 10 月开通货运，12 月 28 日开通客运。至 2021 年底，兴宁火车站占地约 2000 平方米，主要办理铁路客运业务。有开往广州、深圳、东莞、汕头、武昌等方向列车。2021 年，旅客发送 34.65 万人，开行旅客列车 15 列；货运装车 6269 车、卸车 1821 车。

（钟蔓婷）

公路事务

【概况】 2021 年，兴宁市有省养公路总里程 253.55 千米，覆盖全市 20 个镇（街）。其中：国道 3 条、59.91 千米，省道 4 条、193.64 千米；二级以上公路 152.51 千米。

【公路建设】 2021 年，兴宁市公路事务中心投入工程建设资金 496 万元。省道 225 线兴宁市火车站至水口段公路改建工程（二期工程），全长 1.07 千米，工程总投资 2196 万元，2020 年度完成投资 1700 万元，2021 年度完成 496 万元。至年底，该工程全面完成，整体项目在进行工程结算和收集整理资料。

【公路养护】 2021 年，兴宁市公路事务中心投入养护资金 3400.41 万元，养护里程 253.55 千米，平均好路率 90%，优等路里程 152 千米。投入日常养护资金 2115.04 万元，做好辖养公路的路面挖补、灌缝、水沟清理等日常养护管理工作。投入绿化养护资金 83.12 万元，在国道 205 线、省道 225 线等路段种植各类苗木，打造优美的绿色景观长廊。投入资金 606.21 万元，完成国道 205 线兴宁市金龟嘴桥、省道 226 线兴宁市鸭麻桥等 4 座危桥加固改建。投入资金 125.73 万元完成生命安全防护工程，其中，投入资金 82.25 万元，在国道 205 线、省道 225 线、226 线等路段安装黄闪灯和爆闪灯 48 盏，修复更换钢护栏损坏 21 处 980 米、标志牌 151 块、隔离栅 36 处 520 米、防撞桶 161 个、铁马 3200 米；投入资金 43.48 万元，完成省道 225 线 K70+000—K72+000 段公路安全提升工程。投入资金 283.61 万元，完成梅州兴宁市国道 205 线 K2628+250—K2628+390 段水毁修复工程。投入资金 186.7 万

▲ 2021 年 6 月 8 日，兴宁市公路事务中心基层养护职工在国道 205 线兴宁永和段进行应急抢险（兴宁市公路事务中心提供）

元，完成省道225线K109+900处龙北服务区建设。

【公路巡查】 2021年，兴宁市加强公路巡查，重点对在公路上加水洗车、摆摊设点等违法行为进行整治。是年，兴宁市公路事务中心联合相关部门开展较大型的整治大行动14次，整治污染公路车辆89部；清理在公路上加水洗车点15处、乱摆卖摊点105处；拆除违章招牌721块（条），面积1783平方米；清除路障杂物237处，1421立方米；清除路肩种植农作物229平方米，收回侵占路产（公路用地）620多平方米。

（朱辉焱）

■ 邮政·通信

邮政

【概况】 2021年，兴宁市有29个邮政普遍服务网点覆盖城乡20个镇（街道）。全市设立投递站23个，投递邮路73条，邮政储蓄网点24个；全市504个村（社区）实现村村通邮，通邮率100%。

2021年，中国邮政集团有限公司广东省兴宁市分公司累计收入1.33亿元，比上年增长7.2%。其中，非寄递类实现累计收入1.21亿元，增长6.5%；寄递事业部（B+C账）实现累计收入1179.8万元，增长14.8%。累计完成利润（含寄递事业部）6303.61万元，完成年度计划的98.4%。

【业务管理】 2021年，兴宁市代理金融累计实现收入1.13亿元，完成进度100.03%，比上年增长7.7%，实现5年来增长最快；1—12月，月日均余额新增5.98亿元，利差收入9387.04万元；持续加大价值存款占比，压降定期三年期存款8000万元，提升利差收入同比增幅；兴宁邮政保险业务发展取得突破，新单保费、中邮长期期交、终身险和健康险4项指标任务提前3个月完成。

是年，兴宁市全年累计实现寄递业务收入1176万元，增长15.5%，全市排名第三。邮务类业务的传统函件实现收入238.2万元，增长36.9%；报刊实现收入278.83万元，增长16.9%；集邮实现收入138.7万元，增长10.6%。邮政农村电商业务实现分销业绩268.88万元，增长336.1%。惠农项目实现市（县）镇两级政企对接，全市791家合作社走访全覆盖，发展农户会员7800人。完成梅州市分公司下达的推荐惠农一级白名单、融资E新增贷款、惠农寄递收入、农产品销售等任务目标。协同拓展电商市场，实现寄递收入46.9万元。

【基础建设】

邮件处理能力提升 2021年，兴宁市重点推进自提点和自提直投中心建设，建成52个自提点，营业网点自提开办率100%，居全梅州市前三。建成有独立机构号的区域自提直投中心1个，实现11个自提点邮件直运。宁新邮件处理中心新增设龙门架对进口卸车、出口装车邮件进行扫描勾核，提升现场管理，实现流水化作业，减轻人工劳动成本。

网点基础能力提升 2021年，兴宁市利用省级财政均等化资金10万元完成对枫岭邮政所进行场地改造及设备设施的更新；投入18万元完成对全市6个邮务类网点包括店招、时间铭牌和灯箱在内的内外部环境改造。

县乡村三级物流能力提升 2021年，兴宁市建成宁新邮政县级仓配处理中心，建立新圩镇寄递共配中心，下辖新圩、水口2个镇56个村级综合便民服务站；通过“甩点直投”，提高投递员投递效率，工作量更均衡，人工成本更低。

【邮政服务】 2021年，兴宁邮政普服网点营业时间达标率、乡镇普服网点覆盖率、邮件全程时限达标率、建制村直接通邮率、城市党政机关《人民日报》当日见报率、机要通信安全率均达100%。普通给据邮件丢损率万分之0.15，达到省分公司目标要求；条码平信丢损率0，报刊短缺率0。国网有责申诉率百万分之0.05，问题邮件一次及时解决率92%，均达到广东省、梅州市分公司要求。全市政务邮件省内互寄次日递率达到99.9%。

【邮政管理】 2021年，兴宁市通

过管控资费、提高一联电子面单使用率、推进集包等措施，收寄环节件均成本 1.32 元 / 件，低于梅州市公分司管控目标 0.13 元；通过加大邮件自提点和区域自提中心建设，加快薪酬分配绩效改革和推行计件工资，优化计件薪酬结构，投递件均成本下降 11.3%。压减行政办公经费支出，优化寄递二、三线人员结构，管理与支撑环节成本下降 17.5%。

是年，兴宁市进一步严明资金收缴纪律，全面推广电子渠道收款，重点对寄递业务开展欠费清理工作。五项指标均达到梅州市分公司的管控目标，其中，综合资金回笼率 95.0%，比上年提升 1.2 个百分点；应收账款周转率 11.8 次，比上年增加 0.76 次；寄递业务收入欠费率 7.5%，下降 3.2 个百分点；集邮库存周转率 10.43 次，比上年增加 7.05 次；分销商品周转率 1078.56 次。资产管理方面，实现房产出租收入 35.12 万元，比上年增长 2.9%。

（曾祥波）

电信

【概况】 2021 年，中国电信股份有限公司兴宁分公司推进数字乡村之“三级联防”、智慧城市之明厨亮灶、智慧城市之智慧燃气 3 项民生工程；落实云改数转，深化划小承包体系改革，提升服务水平；完成年度收入 R2 目标完成率 100.1%，比上年增长 10.4%。

▲ 2021 年 3 月 19 日，中国电信股份有限公司广东分公司领导到兴宁市宁中镇调研，当地群众在手机上展示平安乡村监控画面（中国电信股份有限公司兴宁分公司提供）

【业务管理】 2021 年，兴宁市平安乡村签约村累计 504 个，签约率 100%，在梅州各县区分公司列第一位；达标村累计 223 个，达标率 46%，全市 2 万多户家庭安装“平安万家”摄像头；服务“乡村振兴”，依托“数字乡村平台”，将径南东升村打造成为广东省第一个“数字乡村”示范村；配合兴宁市政府推进社会餐饮单位“互联网 + 明厨亮灶”建设，完成 200 多个政府单位、300 多家门店厨房接入平台，为兴宁食品安全管理能力和风险管控水平提供保障；搭建智慧燃气云网平台，联合华润燃气逐步对全市所有燃气用户纳入平台进行管理，完成 400 多户燃气用户的改造，提升燃气使用安全；至 12 月底，移动市场份额提升到 20%。

【网络建设】 2021 年，电信兴宁分公司持续加强网络建设，提升服务支撑能力。全年新建光宽端口 1936 个，至年底，兴宁光宽端口总数 25.17 万个，端口占用率 45.7%；宽带出口带宽达 240G，ITV 带宽为 100G，入口方向最大利用率 21.5%，出口方向利用率 7.2%，其中枢纽局出口 280G，ITV 为 80G，入口方向最大利用率 17.9%，出口方向利用率 5.6%，流量无拥塞；按政府“四线融合、多杆合一”的要求完成城区电力新村等老旧小区线路改造，惠及 400 多户用户；完成 120 多个区域的“三线”交叉整治，整改杆程 63 千米、皮线光缆 3600 条；2021 年 OLT 汇聚交换机、OLT 设备运行平稳。

【基础建设】 2021 年，兴宁市新建 5G 站点 88 个，4G 基站补点 4 个。至年底，4G 基站 424 个，小区下带直放站 178 个，5G 基站 112 个；城区 4G 信号覆盖率

100%，各乡镇行政村4G覆盖率100%，20户以上的自然村覆盖率80%。优化和补充移动室分87个，新建小区地下停车场、电梯移动信号覆盖率60%。

（曾　卉）

移动通信

【概况】 2021年，中国移动通信集团广东有限公司兴宁分公司加大投资进行基础网络管线建设，提升光纤网络的深度覆盖能力，推进网络提速降费。新增5G基站195座，累计建设5G基站266座；新建4G站点41个（包含老旧站点置换），完成19室分网络的开通，累计建设4G基站1576座；加快5G客户发展，用户超11万户；开展“宽带普惠”行动，降低宽带资费，光纤接入用户累计13万户。

【网络建设】 2021年，中国移动通信集团广东有限公司兴宁分公司加大投资进行基础网络管线建设。无线方面，全年重点建设5G基站，完成700M和2.6G站点开通195个，初步实现兴宁城区重点区域及乡镇镇区连片覆盖；有线光网络方面，全面建设兴宁各乡镇自然村主干延伸项目，全年完成光纤皮长487.3千米。基础设施方面，完成4个传输机房的投产，为5G网络及千兆光网络全面升级创造基础承载条件。新建4G站点41个（包含老旧站点置换），完成19室分网络的开通。至年底，全市建成4G基站1576个，4G基本实现县城、乡镇、行政村网络全覆盖。落实“网络强国”战略，重点加快乡镇农村光纤网络覆盖建设，至年底，全市行政村光纤到达覆盖率100%，20户以上自然村光纤到达覆盖率超95%。光纤端口数29万个，覆盖用户数39万户。做好物资装备配置，将应急物资下沉到乡镇一线。全年完成应急通信保障12次，出动应急通信保障人员126人次，出动应急通信车5辆次。

【市场营销服务】 2021年，中国移动通信集团广东有限公司兴宁分公司加快5G客户发展，至年底5G流量客户增长250%、5G终端客户增长168%、5G套包客户增长211%，客户规模均位居梅州各县前列。开展“宽带普惠”行动，进一步降低宽带资费。光纤宽带用户数13.5万，100M宽带占比超过90%。推进移动看家、全屋Wi-Fi、大屏电视业务发展，打造“数智乡村”标杆。联合兴宁市消安委下发《关于“三小”场所、出租屋（群租房）等场所安装联网型感烟探测报警器的通知》，鼓励居民自建住宅、未安装火灾自动报警系统的住宅小区、酒店、KTV、饭店、学校、养老服务机构等场所安装，推广移动烟感、燃气报警方案，全年安装联网型感烟探测报警器和燃气报警器500多个。

【客户服务】 2021年，中国移动通信集团广东有限公司兴宁分公司持续开展“为民服务创先争优”总经理接待日活动，现场解答客户在使用各项业务过程中的疑难问题、听取客户意见建议、征求客户对公司服务等。持续落实开展“携号转网”工作，提升用户服务水平、维护公平竞争秩序、保障用户合法权益等。加强“平安乡村”建设，平安监控增加超1600路。对兴宁市集约化协同办公OA平台进行升级改造，建成覆盖市政府、行局机关、各镇街等三级政府的一体化协同办公平台，为政府数字化管理提供支撑。助力智慧医疗数字门诊建设，推行“数字化接种”。协助兴宁市卫生健康局建成基层卫生院数字化门诊20家，推动兴宁市基层医疗机构智慧化管理，规范疫苗接种工作流程，实现接种门诊标准化建设和数字化管理，提高预防接种服务质量和水平。通过呼叫系统、排队一体机、疫苗接种核验终端等智能设备的应用提升新冠疫苗接种效率。协助兴宁市减灾办、兴宁市应急管理局建设兴宁市5G大喇叭多维应急通知广播系统，在各镇、村（居委）等499个单位各设立1套，快速打通街道社区和乡镇农村信息传达的“最后一千米”。

（黄玉梅）

联通通信

【概况】 2021年，中国联合网络通信有限公司兴宁市分公司加快本地信息基础设施建设，推进“双千兆”发展，打造千兆5G、千兆宽带，全年完成通信基础设

▲ 2021 年 5 月 14 日，中国联合网络通信有限公司兴宁市分公司在明星公园举办反诈主题宣传活动

（中国联合网络通信有限公司兴宁市分公司提供）

施、网络覆盖补强投资 2948 万元；以中国联合网络通信有限公司广东分公司驻镇帮扶永和镇为契机，加强数字乡村信息基础设施建设；通过自行开发的本地话务模型系统加强监控，助力打击治理电信网络新型违法犯罪。

【网络建设】 2021 年，中国联合网络通信有限公司兴宁市分公司完成通信基础设施、网络覆盖补强投资 2948 万元，重点在 5G 扩大覆盖、重点区域补强网络覆盖、国标小区光纤到户等方面建设。加强永和镇数字乡村信息基础设施建设，新增投建 8 个基站，以镇区为中心，在镇政府内投建机房，助力镇政府建设“数字永和”，在镇区和沙坪村、永星村等周边重要乡镇，落实光纤到户，满足群众接入千兆光纤网络需求。克服疫情防控期间人财物资源紧张等困难，完成疫情检疫点、防控点、网络保障任务，同时完成党建百年、两会等网络重保任务。

【客户服务】 2021 年，中国联合网络通信有限公司兴宁市分公司开展“百倍用心，10 分满意”活动，快速实现一升一降，投诉率降 30%、满意率提升 40%；对外承诺“一屏速办”（查得准、办得顺、教得快、服务全），对内聚焦办理不成功痛点，开展“大起底”行动，校验前置，APP 办理成功率探针等举措，快速降低办理不成功业务投诉；工信部用户满意度测评（NPS）连续 2 个（二、三）季度行业第一。

【助力打击治理电信网络诈骗】 2021 年，中国联合网络通信有限公司兴宁市分公司通过自行开发的本地话务模型系统加强监控，采用语音筛查模型、短信筛查模型、短信信令高频数据监控，通过制定详细的监控标准，系统会自动检测不良号码，本地每天专人跟进号码使用动态，对异常号码及时进行溯源关停，全年沃猎网系统检出关停 45 户，通话异常关停 59 户，高频发短信 52 户。3 月 7 日，将一宗疑似倒买电话卡线索的案件内容向市反诈中心申请立案侦查，并对其名下的电话卡进行溯源关停 1 户，垃圾短信举报量控制在指标内；对考核不合格的 4 个代理商暂停合作整改、3 个渠道责任人予以警告处理；发送防诈公益短信 155.55 万条，发放反诈单张 6 万张、海报 1800 张。5 月 14 日，联合兴田街道办等单位举办反诈主题宣传公园活动，现场发放反诈定制宣传口罩 3000 个、雨衣 92 套、矿泉水 480 瓶、反诈蛋 500 个，为保护人民群众“钱袋子”贡献力量。

（黄苑兰）

■ 农业·水利

农业综述

【概况】 2021 年，兴宁市农林牧渔总产值 83.23 亿元，比上年增长 8.3%；农村居民人均可支配收入 21069 元，增长 9.5%。全市粮食生产面积 4.31 万公顷，总产量 29.35 万吨，其中水稻播种面积 4.03 万公顷，总产 28.40 万吨。

【农业产业化】

富民产业发展 2021 年，兴

宁市龙田镇入选全国农业产业强镇建设名单，径南、新陂、龙田、黄陂、大坪5个镇入选省“一村一品、一镇一业”专业镇，龙田镇碧园村入选全国“一村一品”示范村。广东富农入选“农业产业化国家重点龙头企业”，“兴宁茶油”“兴宁单丛茶”国家地理标志证明商标正式启用。

农业经营主体培育 2021年，兴宁市各级农业龙头企业110家，其中国家级1家，省级23家，梅州市级45家，兴宁市级41家。其中新培育各级农业龙头企业16家（省级2家、梅州市级4家、县级10家）、农民专业合作社60家、家庭农场23家。

农产品品牌培育 2021年，兴宁市有“粤字号”农业品牌41个，国家名特优新农产品1个，省名特优新农产品14个，省“菜篮子”基地19个，粤港澳大湾区“菜篮子”生产基地和加工企业29家，农业特色专业村47个，其中龙田镇羊岭村被评为国家级示范村，形成“新陂丝苗米”“龙田肉鸽”“径南茶叶”“黄陂油茶”“大坪丝苗米”5个农业特色专业镇和“兴宁鸽”“兴宁丝苗香米”2个区域公用品牌。2020年“一村一品、一镇一业”项目实施已完成项目入库，遴选出28个专业村实施农业特色产业。全市“三品”（无公害农产品、绿色食品、有机农产品）认证有效期内的企业有18家，其中无公害农产品认证14家（15个产品），绿色食品认证4家（5个产品），2021年新获绿色食品认证2家（3个产品）。

现代化“新农人”培育 2021年，兴宁市培育160名有文化、懂技术、善经营、会管理的高素质农民，遴选出8家科技示范基地和10家农业科技示范主体。全市55名在农业生产经营一线、应用技能突出的人员被广东省农业农村厅认定为2021年度广东省农村乡土专家。罗新辉被农业农村部评为2021年度“百优保供先锋”，张玲被广东省农业农村厅授予2021年度“广东农技推广能手”称号。

▲2021年7月29日，兴宁市高端丝苗香稻新品种示范片验收现场
（王丽华 摄）

展销平台搭建 2021年，兴宁市完善县镇村三级农村物流体系，完成田头小型仓储保鲜冷链设施建设任务，改造提升农村寄递物流基础设施。整合邮政、供销社、农村淘宝等资源，构建县镇村三级电商物流服务体系。是年，建成县级电商物流公共服务中心，开展“兴宁·天河”农产品产销对接活动，拓展消费帮扶。设立线上线下帮扶产品专柜专区11个，农产品批发市场专设脱贫地区产品销售展区3个，销售农产品3820万元。申报建设兴宁市益农信息社县级运营中心1家、益农信息社示范社4家、益农信息社（含A类、B类社）388家。推进“广东省数字乡村发展试点县”工作，制定数字乡村发展试点工作实施方案，完成相关建设内容。

第十六批兴宁市农业龙头企业 2021年，兴宁市认定寻味农业发展（梅州）有限公司、广东米粒农业发展有限公司、广东省利兴养殖服务有限公司、梅州市太成农牧有限公司、兴宁市宇锋农牧有限公司、梅州市田野阳光雨露生态农业发展有限公司、梅州市鑫鸿生态农业发展有限公司、天下粮仓（广东省）农业科技有限公司、广东大鹏湾现代农业科技有限公司、兴宁市坪洋湖生态旅游开发有限公司10家企业为第十六批兴宁市农业龙头企业。

【省级现代农业产业园建设】 2021年，兴宁市肉鸽省级现代农业产业园成功入选2021年广东省第一批现代农业产业园。是年，兴宁市丝苗米省级现代农业产业园31个子项目全部完工，总投资2.30亿元，其中省级财政资金5000万元，地方政府配套资金1.03亿元，企业自筹资金投入7675.09万元。6月，通过县级验收和市级审核；11月，通过省农业农村厅验收组验收。

【农产品供给】 2021年，兴宁市粮食播种面积4.31万公顷，总产量29.35万吨，其中水稻播种面积4.03万公顷，总产量28.40万吨。全市肉类总产量5.94万吨。其中全年肉猪出栏50.65万头，产出猪肉3.68万吨；出栏家禽2470万羽，禽肉产量2.12万吨。出栏牛2600头、羊8500只。

【惠农政策改革】 2021年，兴宁市落实农机购置和报废补贴中央资金103万元，耕地地力补贴3143.51万元，离岗老兽医补助443人、393.60万元。

【土地流转与复耕复种】 2021年，兴宁市承包地总面积2.50万公顷，全年流转1.09万公顷，流转率43.7%，复耕复种面积3035.89公顷（含零散农户复耕复种面积）。扶持农户开展双季稻复耕复种，承担双季稻轮作的镇（街道）与参加轮作的农户或新型经营主体签订轮作协议，扶持2020年早造实施复耕复种的农户。完成“兴宁市2020年耕地轮作项目”2021年开展扶持复耕复种双季稻轮作482.73公顷，“兴宁市2021年双季稻轮作试点项目”双季稻轮作试点面积633.33公顷。推进梅州柚扩种工作，全年发放柚苗9000株，完成扩种备耕面积533.33公顷，规划建设5个千亩以上柚果园区。

【农村集体资产清产核资】 2021年，兴宁市农村集体土地总面积17.53万公顷（经济联合社1.08万公顷，经济社16.45万公顷），包括农用地总面积16.61万公顷，其中耕地2.98万公顷（经联社388.07公顷，经济社2.94万公顷），园地3783.27公顷，林地12.88万公顷，草地755.07公顷，农田水利设施用地（沟渠）357公顷，养殖水面（坑塘水面）1480.47公顷，其他1136.67公顷。建设用地面积7620.60公顷。未利用地1548.20公顷。全年经营性资产核实数31421.88万元；非经营性资产核实数59389.26万元。全年账面现金25262.69万元。

【农产品质量安全检测】 2021年，兴宁市重点对种养企业、合作社、农户等进行农产品抽检，抽检362家受检单位，抽检农产品1132批次，合格率98.5%。按照“双随机”抽样要求，将小农户纳入监测范围，抽检产品365批次，占比32.2%。围绕使用禁限用、停用药物及非法添加物以及农兽药残留超标等农产品质量安全问题开展县级监督抽查345批次，占比30.5%。节前专项抽查126批次，占比11.1%。专项抽检涉及茶叶、稻谷、食用菌和特色水果等食用农产品190项，占比16.8%。联合省、市级检测机构对兴宁农贸市场、基地蔬菜全年例行检测8次，执法检查4次。兴宁市农产品质检中心对全市所有种植业基地不定期进行蔬菜、水果、茶叶抽样检测，每月大约检测200个样品，全年抽样检测2006批次，农药残留超标7批次，合格率99.7%。

【农业安全生产监督】 2021年，兴宁市农业农村局开展各项执法检查工作456余次，出动执法人员1368人次，检查经营场所250余个，全年受理案件举报10余次，办理案件6件，涉案人员7人。2021年办结案件4件，其中一般程序4件（渔政案件1件，农产品安全案件2件，畜牧案件1件）；协助公安机关、水务、环保等单位开展涉嫌非法捕捞活动1次。全年处罚款4638元，增殖放流鱼苗24万余尾，收缴非法渔具68张（套）。

【农业污染专项整治】 2021年，兴宁市继续推进落实《兴宁市水域滩涂养殖规划（2018—2030年）》，制订《兴宁市畜禽水产养殖污染防治攻坚战工作方案》《兴宁市受污染耕地实施安全利用与治理修复（2019—2020年）工作方案》。

水产养殖　2021年，兴宁市对20个镇（街道）所辖区域开展水产养殖污染排查及网格化管理工作。

畜牧屠宰行业污染整治　2021年，兴宁市20个屠宰场压减至7个，其中6个屠宰场均对车间噪声进行密闭处理，7个屠宰企业完成污水处理设施建设。全年畜禽粪污产生总量123.57万吨，资源化利用量100.5万吨，综合利用率81.3%，规模养殖场粪污处理设施装备配套率95%，均达到广东省市级畜禽养殖废弃物综合利用年度目标要求。

农药减量增效　2021年，兴宁市农药使用量为1064.88吨，比上年减少0.2%，其中水稻病虫害损失率2.1%，完成省植保总站病虫损失控制在5%以下的目标要求。

耕地安全利用与治理修复措施落实　2021年，兴宁市对2624.55公顷受污染耕地，其中安全利用类（二类）2466.42公顷、严格管控类（三类）158.13公顷进行种植现状踏勘排查，安全利用类（二类）治理修复面积267.5公顷，采用施用土壤调理剂+有机肥土壤改良技术；严格管控类（三类）158.13公顷完成种植结构调整或休耕。受污染耕地安全利用率95.5%，受污染耕地安全利用措施到位率100%，严格管控措施到位率100%。

种植业

【概况】　2021年，兴宁市粮食播种面积4.31万公顷，总产量29.35万吨，其中水稻播种面积4.03万公顷，总产量28.40万吨，玉米种植面积818.60公顷，总产量3192吨。

【农作物良种良法应用推广】　2021年，兴宁市提高农民科学种植水平和农业生产科技贡献率，推进优质稻新品种（组合）有：美香占2号、象牙香占、19香、Y两优911、深两优1978等；实施耕地安全利用技术示范区，设置3块技术模式探索区，坚持开展杂交稻新组合的试验示种。

【种子管理】　2021年，兴宁市农业农村局审核通过全市20个镇街120多家种子门店备案单565份。根据备案依据，有270多个水稻品种和多个蔬菜品种在全市种子市场流通。是年，梅州市种子质量抽检检测结果100%合格。

【蔬菜产业】　2021年，兴宁市有规模以上蔬菜种植基地7个，其中认定为广东省菜篮子基地的有1个，认定为粤港澳大湾区“菜篮子”基地的有4个，广东梅一客农业科技有限责任公司种植的板栗南瓜被评为“粤字号”农业品牌。全年蔬菜产量81.83万吨，比上年增长2.9%。

【病虫害综合防治】　2021年，兴宁市农业农村局发出病虫情报9期，全市农作物病虫鼠草螺发生面积20.88万公顷次，防治面积23.23万公顷次，其中水稻种植面积4.08万公顷，病虫害发生面积8.10万公顷次，防治面积9.40万公顷次，挽回稻谷损失7.52万吨，实际损失0.58万吨，损失率2.1%，实现省植保总站5%以下的病虫损失控制目标要求。全年水稻病虫统防统治面积4.04万公顷次，水稻病虫统防统治覆盖率43%，全市农药使用量比上年减少0.2%，实现农药使用量零增长。

水产业

【概况】　2021年，兴宁市水产养殖面积2074.33公顷。水产品总产量1.66万吨，其中鱼类产量1.60万吨、贝类产量384吨、虾蟹类产量212吨、其他37吨，虽受新型冠状病毒疫情影响，与上年相比产量无明显变化。

【水产养殖污染防治和修复】　2021年，兴宁市农业农村局联合各镇（街道）多次开展工作，对全市20个镇（街道）420家0.33公顷以上水产养殖场开展污染监管网格化管理，水产养殖生产、用药、销售三项记录台账登记完善，养殖投入品管理有序，养殖过程中使用的饲料和药品均符合国家认定的无公害养殖标准。水产养殖企业对尾水达标排放，符合养殖标准，未发现水产养殖污染问题。2021年，兴宁市实施水域滩涂养殖证制度，推进全市水域滩涂养殖发证登记工作，制订《2020年兴宁市水域滩涂养殖发证登记工作方案》。全年兴宁市国有水域养殖证发证率为90%以上。

畜牧业

【概况】 2021年，全市生猪饲养量84.37万头，比上年增长6.7%；禽类饲养量1849.17万羽（不含鸽类），增长5.2%；肉类总产值6.29万吨，增长3.3%；全市未发生重大畜产品安全事件。

【养殖监管与兽医管理】 2021年7月8日，兴宁市开展《中华人民共和国动物防疫法》学习培训暨动物疫病防控业务会，培训内容为业务培训、行业监管法律法规、防疫检疫业务等。

【生猪定点屠宰】 2021年，兴宁市农业农村局根据《关于呈报2020—2025年兴宁市生猪定点屠宰场的规划设置方案》开展工作，全市分为5个片区，设置5个屠宰点。东部片区设置宁塘屠宰场为屠宰点，覆盖永和、宁中、宁新、石马、径南5个镇(街道)；北部片区设置黄陂屠宰场为屠宰点，覆盖黄陂、黄槐、罗岗、罗浮4个镇；中部片区设置刁坊屠宰场为屠宰点，覆盖刁坊、福兴、兴田3个镇（街道）；西部片区设置新陂屠宰场为屠宰点，覆盖新陂、叶塘、大坪、龙田、合水5个镇；南部片区设置坭陂屠宰场为屠宰点，覆盖坭陂、水口、新圩3个镇。全年兴宁市正常生产经营的生猪屠宰场7个，仍有北部片区、东部片区未完成压减。

【畜禽养殖减排】 2021年，兴宁市畜禽粪污综合利用率81.3%，规模养殖场粪污处理设施装备配套率95%以上，大型规模养殖场粪污处理设施装备配套率100%，达到年度目标要求。全市规模养殖场安装固液分离机58台，沼气池容积20.91万立方米，堆粪场6.56万立方米，污水沼液贮存池容积22.78万立方米，鱼塘、生化塘147.53公顷，配套农、林业消纳面积9.88万公顷，利用沼气发电的养殖场6家，利用猪粪制作有机肥（自用）的养殖场4家，养殖废水处理后回用的养殖场1家，污水处理系统的养殖场3家，异位发酵床的养殖场1家。全年在直联直报系统备案的108家规模养殖场均按照环保规范要求配备粪污处理设施设备，粪污处理方式主要为干湿分离、固体堆粪还田、液体肥水还田浇灌、制作有机肥、沼气发电等。2021年，兴宁市出动1000多人次下乡检查畜禽养殖场粪污处理情况。

【动物防疫检疫】 2021年，兴宁市农业农村局开展非洲猪瘟等重大动物疫病防控工作，加强生猪调运监管，做好屠宰做好生猪运输车辆备案登记审核工作，全市审核备案生猪运输车辆145辆。全年开展非洲猪瘟紧急排查，排查养殖场5.05万场次，排查生猪821.06万头，排查屠宰场2985场次，排查猪22.80万头，排查结果全部正常。开展产地检疫，全年检查猪53.26万头、禽1403.21万羽、鸽383.02万羽。开展生猪定点屠宰检查，全年检查猪20.58万头。全市未发生重大动物疫情和重大畜产品安全事件。

【动物卫生监督】 2021年，兴宁市监测样品2558份，其中禽流感H5血清学样品550份，禽流感H7血清学样品330份，禽流感H9血清学样品80份，新城疫血清学样品280份，牲畜口蹄疫血清学样品385份，小反刍兽疫血清学样品60份，布鲁氏菌病血清学样品873份。送至梅州市样品800份，其中拭子390份，血清280份，猪全血样品50份，生猪产品80份。打击各类违法违规用药和非法添加行为，以屠宰场、养殖场（户）、散养户为重点对象，严格执行休药期规定，禁止销售残留超标的畜禽产品。全市检测盐酸克伦特罗5130份，莱克多巴胺5130份，沙丁胺醇5130份。牛、羊药物残留专项监测样品200份，结果全部阴性。

农机管理

【农机总动力】 2021年，兴宁市农机总动力31.51万千瓦，全市水稻生产“耕、种、收”综合机械化水平76.7%，比上年增长1.8%。全市拖拉机拥有量6056台（套），本地联合收割机552台，外省跨区兴宁联合收割机作业452台，全市拥有机种机械144台（套），其中插秧机总台数100台（高速插秧52台，手扶插秧机48台），直播机5台，钵苗机5台，农业无人机30台，育秧播种成套设备6条。谷物烘干机装机容量939.50台，全年烘干总量约3万吨。全市水稻生产全程机械化服务或经营面积13.33公顷以上的组织有25个（其中服务面积千亩以上的有16个）。

【农机技术推广应用】 2021年，兴宁市通过水稻生产机插秧项目建设新增高速插秧机22台，全市推广应用插秧机100台。推进省试点县机插秧作业补助项目建设。全年水稻机插秧、机直播补贴公顷数1013.33公顷，补贴76万元，比上年增加16万元，补贴金额154.50万元，补贴2060公顷。落实中央农机购置补贴103万元，其中农机购置补贴资金90万元；农机报废补贴资金13万元。受益农户92户，补贴机具95台，带动农户投入购机资金343万元。7月，兴宁农业农村部门在新圩镇崇上村举办“兴宁2021年水稻机械化收获减损技术现场培训会”，以会代培242人；12月，在坭陂镇文体广场举办“兴宁市2021年水稻机插秧项目交机仪式暨农业无人推广现场观摩演示会”，现场移交高速插秧机18台，参加高速插秧机和农业无人机培训约100人。

【农机监理】 2021年，兴宁市农业农村局开展日常拖拉机、联合收割机驾驶员培训考试工作，10月，在刁坊镇红光村委组织手扶拖拉机驾驶员考试，经考试合格61人。12月，组织联合收割机驾驶员培训考试48人，两项培训109人。指导田间、生产场院、合作社、粮食加工企业等经营单位日常安全监督检查，开展“安全生产月”“安全生产宣传咨询日”等活动，全年开展拖拉机道路交通安全专项整治行动17次，出动农机监理人员68人次，教育农机驾驶员78人，检查拖拉机108台，交警部门实施行政处罚25宗，查处变型拖拉机9台，手扶拖拉机16台，农机监理部门与公安交警大队联合署名悬挂的农机安全宣传横幅26条，发放各类宣传资料895份。

▲2021年8月20日，兴宁市肉鸽产业园申报现场　（王丽华 摄）

特色农业

【概况】 2021年，兴宁市评选28个村入选2021年“一村一品、一镇一业”项目，实施“产业兴村、产业强镇”，组织合水镇申报全国“产业强镇”和龙田镇洋岭村申报全国“一村一品”示范村；组织农业企业申报广东金柚优势特色产业集群建设。牵头出台《兴宁市扶持肉鸽产业发展的若干措施（试行）》，大力发展“兴宁鸽”特色产业。

【“兴宁鸽”产业】 2021年，兴宁市肉鸽产业园肉鸽年出栏量1500万羽，肉鸽上市量占全省总量15%，占梅州地区总量68%；主导产业综合产值21.50亿元，第二、三产业占产业园总产值比例为52%。8月，经省农业农村厅审核确认，兴宁市“兴宁鸽”特色农产品优势区入选2021年省特色农产品优势区，是广东首个肉鸽产业优势区。9月，经省农业农村厅发布，兴宁肉鸽产业园入选2021年第一批省级特色产业现代农业产业园建设推荐名单。兴宁“陈小鸽”香辣鸽获“2021年中国安徽名优农产品暨农业产业化交易会”参展产品金奖。12月28日，兴宁市肉鸽产业园获得省农业农村厅批复，兴宁肉鸽省级现代农业产业园入选2021年广东省第一批现代农业产业园。是年，“兴宁鸽”预制菜品牌“陈小鸽”获得粤字号农业品牌称号。

【丝苗米产业】 2021年，兴宁市丝苗米产业园人均增收1799元，实现联农带农4200户。其中，紧密型251户、松散型1876户、辐射型2073户。产业园内农民人均可支配收入23381元，高于全市农民人均可支配收入11%。

【茶叶产业】 2021年，兴宁市有茶叶类示范合作社53家，家庭农场100多家，其中国家级示范社1家，省级示范合作社4家，规模以上的茶叶企业20多家，省级龙头企业2家。全年茶叶产量2794吨。

（陈芳芳 李晨阳 袁兆瑞）

林业

【概况】 2021年，兴宁市林业局以生态文明建设为主线，以林长制改革为契机，加强森林资源管护，强化特色林业建设，挖掘森林生态资源潜力，打造青山绿水。是年，兴宁市林地面积13.5万公顷，其中生态公益林面积6.89万公顷，森林覆盖率67.1%，林地绿化率99.1%，活立木总蓄积量734.3万立方米，全市建成12个自然保护地（整合优化后），其中7个森林公园（1个国家级、2个市级、4个县级），1个湿地公园，4个自然保护区（1个省级、3个市级）。

【林长制改革】 2021年，兴宁市成立林长制专项工作领导小组，抽调业务骨干成立工作专班，推进林长制工作。制定印发《兴宁市全面推行林长制工作方案》，推进林长制管理平台建设（智慧林长）。印发全面推行林长制的工作文件，要求各镇（街道）和市直有关单位全面启动推行林长制工作，明确各级、各相关部门的工作职责。

【林业生态建设】 2021年，兴宁市实施382.2公顷高质量水源林造林，2516.26公顷高质量水源林新造林抚育，1.20万公顷中央森林抚育和333.33公顷大径材培育项目。推进1个绿美古树乡村（径南镇双梧村）和广东省2021年南岭山地森林及生物多样性保护项目——南粤古驿道（兴宁段）造林绿化项目建设。

【森林资源管理】

林政资源管理 2021年，兴宁市加强林木采伐限额管理，核发林木采伐许可证167份，采伐面积1352.52公顷，严格林地用途管制，上报梅州市林业局征占用林地审批项目18宗，面积89.27公顷。

生态公益林管理 2021年，兴宁市林业局按规定将生态公益林损失性补偿标准提高至每亩28.8元，全年发放补偿金2977.06万元；对全市6.89万公顷省级以上生态公益林进行完善落界；推进3.02万公顷天然林的核定落界，其中保护重点区域面积0.4万公顷。

自然保护地管理 2021，兴宁市启动自然保护地整合优化项目，对广东神光山国家森林自然公园、梅州兴宁宝山地方级森林自然公园等4个自然保护地开展勘界立标、综合科学考察、编制总体规划工作。

【森林资源保护】

森林防火 2021年，兴宁市林业局投入20多万元印制森林防火宣传资料；投入5万多元在兴华高速竖立大型森林防火宣传牌；投入870多万元采取“以奖代补”的方式支持鼓励乡镇开设、维护1280千米防火隔离林带。推进森林火灾风险普查工作。

森林病虫害防治 是年，兴宁市林业局完成对全市5.6万公顷松林的春季虫害普查监测工作；完成苗圃地150万株苗木检验检疫工作；实施2020—2021年松材线虫防治项目，开展松材线虫病应急除治；编制《兴宁市松材线虫病疫情防控五年攻坚行动方案（2021—2025年）》。

【行政执法】 2021年，兴宁市林业局做好行政执法下放工作，将“盗伐林木行为的处罚”“对擅改变林地用途行为的处罚”等26项行政执法职权下放至镇街实施，加强指导培训工作，指定专人收集下放的林业执法事项有关的权责清单信息，按照《中华人民共和国行政处罚法》《中华人民共和国森林法》等法律法规规章并结合案卷实例制作课件，按照课程安排为镇街综合行政执法人员培训执法业务知识，重点强调案件事实调查认定清楚、适用法律正确和执法程序合法等重点内容。

【林业产业发展】 2021年，兴宁市林业局落实省资金1273.5万元，实施2020年0.2万公顷油茶低产低效油茶林改造项目，对广东鸿利丰生物科技有限公司等规模较大的20家油茶企业、合作社基地开展改造工作，该项目于6月完成。推荐保仪生态科技（广东）有限公司申报国家林业重点龙头企业。

【野生动物保护】 2021年，兴宁市林业局加大对全国人大常委会通过的决定、《中华人民共和国野生动物保护法》《广东省野生动物保护管理条例》宣传力度。组织开展“5·22”国际生物多样性日宣传活动，发放野生动物保护宣传册页3万份。联合梅州市生态环境局兴宁分局、森林警察大队开展野生动物监督检查行动，革除滥食野生动物陋习。做好野生动物放生、移交工作，登记造册，完善信息，全年接收放生野生动物蛇类47条、鸟类12只、蛙类64只、蜥蜴类2只。

【林下经济示范基地建设】 2021年，兴宁市林业局开展省级林下经济示范基地申报和发展监测工作，组织广东鸿利丰生物科技有限公司、广东神石生态农科股份有限公司、广东兴东生态农林发展有限公司、梅州市三县峰农林牧生态科技发展有限公司、兴宁市斯源现代农业有限公司做好监测相关工作并提交监测材料，经兴宁市林业局初审后提交到梅州市林业局。

兴宁市各镇（街道）古树情况表

表16

镇（街道）	村（社区）	树种	估测树龄（年）	古树保护等级
福兴街道	梅子村	雅榕	960	一级
径南镇	双梧村	白桂木	800	一级
合水镇	双溪村	马甲子	600	一级
福兴街道	梅子村	榕树	500	一级
罗浮镇	浮中村	雅榕	500	一级
大坪镇	朱坑村	雅榕	420	二级
石马镇	石岌村	雅榕	420	二级
径南镇	圩下村	雅榕	400	二级
石马镇	上庄村	樟	400	二级
石马镇	蕉联村	山牡荆	400	二级
大坪镇	布骆村	雅榕	380	二级
福兴街道	梅子村	豺皮樟	350	二级
刁坊镇	刁坊社区	细柄蕈树	350	二级
刁坊镇	刁坊社区	细柄蕈树	350	二级
刁坊镇	刁坊社区	细柄蕈树	350	二级
罗浮镇	蕉坑村	杉木	350	二级
黄槐镇	槐东村	雅榕	350	二级
大坪镇	兰亭村	雅榕	340	二级
坭陂镇	理中村	木荷	300	二级
罗浮镇	罗栋村	枫香树	300	二级

说明：至2021年末，全市登记在册古树有363株，此表仅罗列一级、二级古树

▲2021 年 5 月 22 日，兴宁市林业局及相关单位干部职工在明珠文化广场开展“5·22”国际生物多样性日主题宣传活动（刘宏益 摄）

【国家森林城市建设】 2021 年，兴宁市推进国家森林城市建设工作，至年底完成对全市各镇及相关单位的实地调研和资料收集，编制《广东省兴宁市国家森林城市建设总体规划（初稿）》。

【森林文化周活动】 2021 年 11 月 26 日，第三届广东省森林文化周兴宁分会场活动在神光山国家森林公园举行，兴宁市林业局全体干部职工、志愿者 70 多人参加活动启动仪式，并开展以“走进多彩森林 推动绿色发展”为主题的徒步活动，以自然林道为主路线，回归大自然的怀抱，体验大自然之美，近距离感受兴宁市爱绿、植绿、护绿带来的生机，营造创建国家森林城市的氛围。

（刘宏益）

水利水务

【概况】 2021 年，兴宁市有大、中、小型水库 143 宗，其中：大（二）型水库 1 宗（合水水库）、中型水库 3 宗（和山岩、石壁、温公水库）、小（一）型水库 39 宗、小（二）型水库 100 宗；大小河流 121 条，山塘 1044 宗，水电站 175 宗，大中型水闸 3 宗，机电排灌工程 44 宗，重点中型灌区 1 宗（合水水库灌区），灌溉面积 9113.33 公顷；一般中型灌区 4 宗，灌溉面积 4360 公顷。

2021 年，兴宁市完成水利投资 3.62 亿元，办理行政许可审批 59 宗，实施水库移民基础设施（美丽家园）建设项目 55 宗，持续推进河长制工作。

【重点水利工程建设】 2021 年，兴宁市完成投资 5.03 亿元的市第二自来水厂扩建项目及取水点迁建、城区 3 个小区供水管网改造、全域自然村集中供水、革命老区及原中央苏区崩岗治理一期、大坪镇上大塘河生态清洁型小流域综合治理、宁江河碧道兴南大桥至兴宁大桥段、宁江河 3 个固床陂修复、5 宗小型水库除险加固等工程；投资 2973.73 万元的径南镇宝山河（新洲段支流）生态清洁型小流域综合治理工程完成 21%；投资 5534.91 万元的 5 宗中小河流治理工程完成 15%；投资 2984.61 万元的水土保持科技示范园建设项目年度任务（600 万元）于 10 月底开工；投资 1000 万元的宁江河碧道兴宁大桥至米寨大桥段工程于 11 月开工。

【水资源保护利用】 2021 年 3 月，兴宁市水务局组织开展主题为“深入贯彻新发展理念，推进水资源集约安全利用”的徒步巡河巡库活动，在文化广场开展“世界水日”“中国水周”宣传活动，向群众宣传节水、治河政策，增强公众的科学用水、节水意识；开展取用水管理专项整治，完成 18 宗取水项目整改；常态化巡查监管 26 个饮用水源保护区，保护饮用水源水质；科学调度韩江流域兴宁区域水生态流量，完善兴宁市生态流量监控体系，确保下游动植物、人类活动不受影响。

【水旱灾害防御】 2021 年，兴宁市开展防汛安全检查和山区防灾安全隐患排查、整改工作，推进在建水利工程安全度汛工作，完善各类防汛应急预案；投入 176.58 万元加强防汛物资的储备和保养，实行汛期 24 小时值班和领导带班制度，全面开展水旱灾害风险普查工作；加强业务知识培训，提高各级防汛责任人防御指挥决策水平和应急处置能

▲2021年12月23日，广东省人大调研组到兴宁市调研农村集中供水全覆盖工作（兴宁市水务局提供）

力，减少灾害损失。针对连续干旱造成水源性缺水严重的问题，兴宁市水务局会同相关镇通过接驳市自来水管道、启用备用水源、新打机井等措施，保障群众生活用水。

【水库安全管理】2021年，兴宁市水务局配合广东省水利厅、梅州市水务局完成3宗中型水库、59宗小型水库大坝安全鉴定评审工作；完成8宗小型水库安全监测设施安装，完成117宗小型水库维修养护及标准化建设工作，完成小型水库标准化建设验收，落实水库“三级责任人”“三个责任人”及“三个重点环节”。

【水利安全生产】2021年，兴宁市水务局围绕水利工程建设、病险水库、小水电站、河道采砂等主要涉水安全问题，开展“安全生产月”“安全生产万里行”和专项整治行动等活动，加强领导、明确责任、强化监管，全年组织3次全市范围拉网式水利安全生产和消防隐患排查活动，排查出一般事故隐患15宗，消除15宗。

【水行政执法】2021年，兴宁市水务局结合扫黑除恶专项斗争工作，对全市侵占江河湖泊违法违规建设及重要河湖范围内乱占、乱采、乱堆、乱建等河湖“四乱”问题开展专项清理整治行动；按照《兴宁市水务局打击“蚂蚁搬家”式非法采砂工作方案》，联合属地镇人民政府开展多次专项行动，全年取缔人力挖砂点3处；强化水行政执法能力，全年组织执法巡查39次，出动执法人员183人次，执法车辆43辆次，船只2航次；现场制止违法水事行为17起；发出《水行政责令停止违法行为通知书》10份，立案2宗，作出水行政处罚1宗；开展合水水库、和山岩水库禁渔禁钓禁游等污染水质联合执法专项行动，进行常态化陆域和水域巡查；收取水资源费108.28万元。

【河长制推行】2021年，兴宁市各级河长巡河发现问题并整改47个，整改率100%；办结公众投诉问题35宗，办结率100%；持续推进河湖“清四乱”“清漂”规范化、常态化，完成水利部交办河湖“四乱”问题6宗，清理水面漂浮物3.3万吨，清理河道892.6千米，水域面积41.38平方千米；完成2021年度河湖管理范围和水利工程管理与保护范围划定任务，包括大型灌区主灌沟4条，排涝泵站3座，水闸4座；3月，兴宁市河长办组织9个工作组完成对20个镇（街）全面推行河长制工作考核，其中3个镇（街）考核结果为优秀；在2021年梅州市对各县（市区）开展2020年度全面推行河长制湖长制考核中，兴宁市获评“优秀”等次。

（李宇珊）

■ 工业

综述

【概况】 2021年，兴宁市规模以上工业企业数量和规模以上工业总产值均创历史新高。规模以上工业企业79家，实现规模以上工业总产值71.43亿元，比上年增长28.3%；规模以上工业增加值18.1亿元，增长26.8%；完成工业投资比上年下降47.2%，技改投资增长18.3%，新开展技术改造企业12家；新增“小升规”

企业6家、“专精特新”企业2家，年产值亿元以上企业15家；广东金雁电工科技股份有限公司成为兴宁市首家年产值超十亿元的工业企业，是梅州市唯一上榜2021年广东省制造业500强的企业，名列第297位。

【工业经济发展】 2021年，兴宁市科工商务局牵头拟写《兴宁市工业发展“十四五”规划》，提请兴宁市人民政府印发；强化经济运行监测分析，重点加强全市79家规模以上工业企业监测分析。是年，完成规模以上工业总产值71.43亿元、比上年增长28.3%；实现规模以上工业增加值18.1亿元、增长26.8%，增速在梅州各县（市、区）排第一，完成梅州市下达增速7%的年度目标任务。培育“小升规”企业，建立“小升规”重点企业培育库，加强对培育企业的跟踪服务和上规辅导统计。全年新增兴宁阳星太阳能发电有限公司、广东辰丰谷物有限公司、兴宁市宁建混凝土有限公司、广东诺驰化工有限公司、兴宁市瑞丰木业有限公司、兴宁市磁力电子科技有限公司等“小升规”企业6家，超额完成梅州市下达年度目标任务。抓好增资扩产项目建设服务，加强与兴宁市发展和改革局等部门的沟通协调，做好科学纳统工作，解决项目建设问题困难，完成工业投资比上年下降42.7%，增速在梅州各县（市、区）排第八。

【行业管理】 2021年，兴宁市科工商务局制定印发《关于进一步落实安全生产“一岗双责”完善党政齐抓共管工作机制实施意见的通知》《消防安全大检查工作方案》《关于开展民爆行业安全生产专项整治工作方案》等文件，强化民爆、水泥、稀土等制造行业监管，实现安全生产零事故。全年出动88人次开展安全生产检查，检查企业34家，查出一般安全隐患3个，完成整改3个；配合广东省工业和信息化厅民爆处及相关专家开展省市县三级“双随机、一公开”安全检查，查出问题18个，完成整改18个。加强非法改装货车整治力度，牵头联合相关单位开展专项督查检查2次，排查机动车检验检测机构5家、汽车维修企业45家，全市没有货车生产企业，不存在非法改装汽车行为。联合相关单位印发《关于开展严防“地条钢”死灰复燃全面排查核查工作的通知》，对梅州市新升科技实业有限公司等6家正常生产的中频炉使用企业开展排查，未发现有生产不锈钢、工模具钢现象。推动服务型制造业发展，组织保仪生态科技（广东）有限公司等5家企业参加省食品工业诚信体系建设专题研修班，增强食品企业诚信经营责任意识。鼓励工业企业绿色转型发展，推动开展企业清洁生产审核1家。

【信息化建设】 2021年，兴宁市推进新型基础设施建设，实现4G网络在城区、镇、行政村和20户以上自然村全覆盖；新增5G基站266个，累计建成5G基站457个。推动企业数字化转型发展，鼓励企业“上云上平台”，

2021年兴宁市规模以上工业企业主要行业情况一览表

表17

行业名称	规模以上工业企业数量（个）	规模以上工业总产值（亿元）	同比增速（±%）	占规模以上工业总产值比重（%）
装备制造业	19	24.33	40	34.1
生态特色食品产业	9	10.02	-5.3	14
现代轻工纺织产业	18	9.97	22.5	14
生物医药与健康产业	6	5.27	127.5	7.4
新一代电子信息产业	8	9.54	145.3	13.4
新材料产业	16	10.48	0.5	14.7
新能源产业	2	1.09	199.4	1.5
其他	1	0.72	0.4	1
合计	79	71.43	28.3	100

▲ 2021 年 11 月 24 日，兴宁市科工商务局陪同梅州市工业和信息化局局领导到保仪生态科技（广东）有限公司调研第四季度工业经济平稳运行情况 （陈　玮　摄）

联合嘉应学院等相关单位开展数字化转型升级调研，提升企业设备的数控化和联网程度，促进工业化与信息化深度融合，全市 23 家规模以上工业企业完成数字化转型升级改造；10 家企业通过上云认证，2 家企业上云；意向实施 5G+ 工业互联网标杆示范项目 1 个；接入工业互联网标识解析体系的工业企业 5 家。

【工业短板】 2021 年，兴宁市有规模以上工业企业 79 家，仅占梅州市的 15.6%；规模以上工业增加值 18.1 亿元，占梅州市的 6.7%；年产值亿元以上的企业 15 家，数量少且规模小，没有发展迅速、带动强劲、龙头引领的工业企业。产业发展规模不大，全市年产值最大的产业为装备制造业，实现规模以上总产值 24.33 亿元，占全市规模以上工业总产值的 40%，作为主导产业在支撑全市工业经济发展上力度不足。项目投资后劲不强，工业投资、技改投资均未完成梅州下达目标任务，其中完成工业投资占梅州市的 12.6%；完成技改投资占梅州市的 7.1%；完成年度投资亿元以上的项目 3 个，投资不足直接影响后续工业经济的稳定增长。

（李敏芝　陈　玮）

东莞石碣（兴宁）产业转移工业园

【概况】 2021 年，东莞石碣（兴宁）产业转移工业园规划面积 10.39 平方千米，开发面积 3.53 平方千米；新签约企业 13 家（含 7 家亿元项目），新动工企业 11 家，新投产 6 家，有 4 家企业实现“当年签约、当年动工、当年建设、当年投产”。

7 月 30 日，兴宁市重点项目集中签约动工竣工活动在兴宁·天河创新产业园举行，45 个项目集中签约、动工、竣工，涵盖装备制造、电子信息、纺织服装、新能源、新材料、基础设施等领域。其中，签约工业项目 10 个，计划总投资 38.83 亿元，达产后预计年产值 34.6 亿元、年税收 1 亿元；动工项目 14 个，计划总投资 19.97 亿元；竣工项

▲ 2021 年 7 月 30 日，兴宁市举行重点项目集中签约、动工、竣工活动 ［东莞石碣（兴宁）产业转移工业园管理委员会提供］

▲2021年，兴宁市叶塘安置区城市棚户区改造二期项目　（陈鹏飞　摄）

目21个，总投资53.71亿元。

【园区工业经济】2021年，东莞石碣（兴宁）产业转移工业园实现工业总产值38亿元，比上年增长31.1%；规上工业增加值9.2亿元，增长24%；税收1.56亿元，增长39.2%。至年底，园区有进园企业80家，其中，规模以上工业企业29家，已投（试）产企业59家、在建13家、筹建5家；兴宁市金雁电工科技股份有限公司产值达11亿元，实现园区单体企业产值超10亿元"零的突破"。

【基础设施建设】2021年，东莞石碣（兴宁）产业转移工业园累计建成兴宁·天河创新产业园首期、二期的标准厂房23.6万平方米并投入使用；入园企业建成23.04万平方米的各类型厂房；叶塘安置区城市棚户区改造二期项目完成工程总量的70%；叶塘镇、水口镇农村道路建设项目二期进度不断加快；三期兴合线园区段完成验收，金绿现代农业西侧道路扩宽工程建成通车，园区"六横六纵"路网建设不断完善。

【项目引进与建设】2021年，东莞石碣（兴宁）产业转移工业园新签约红禾朗智能电工（广东）有限公司、兴华玩具（广东）有限公司、广东惠天下光电有限公司等13家企业，计划总投资20.15亿元；新动工辰浩医疗科技（广东）有限公司、梅州裕晟照明有限公司、广东热导精密科技有限公司等11个项目，计划投资10.8亿元；新投产广东天兴冷链物流有限公司、梅州市金绿现代农业发展有限公司等6个项目，计划投资5.29亿元。其中，兴宁宝鹏辉电子有限公司、兴华玩具（广东）有限公司等4家企业实现"当年签约、当年动工、当年建设、当年投产"。

【安全生产和环境保护】2021年，东莞石碣（兴宁）产业转移工业园围绕兴宁市安全生产专项整治行动三年实施计划，结合岁末年初、夏季汛期、国庆中秋、全国两会等重点时段深入开展安全生产大检查，并与消防、应急、公安、科工等部门开展地毯式全覆盖消防安全生产专项检查，对指出问题全部完成整改。完成园区环保应急预案的编制备案、落实污水厂污泥处理经费，完善园区污水管网建设，园区污水处理厂负载率由31.8%提升到42.6%，全年处理污水136.5万吨。结合中央环保督察活动，督促兴宁市誉辉实业有限公司投入5万元，完成除尘、沉淀池等环保设施的整改。先后协助8家企业完成环境评估。园区没有发生生产安全、环境污染事故。

（陈鹏飞　廖志彬）

暖企服务

【政策扶持】2021年，兴宁市科工商务局加强政策扶持，利用门户网站、微信企业工作群、"惠企兴宁"微信订阅号、"兴宁市中小企业服务中心"抖音号等媒体工具，宣传援企惠企政策，指导协助企业争取各级资金支持，打通政策落地的"最后一公里"，全年帮助兴宁市53家企业争取技术改造、科技创新、外资外贸等项目资金1277.66万元。

【金融扶持】2021年，兴宁市科工商务局加大政银企沟通力度，联合多家金融机构搭建政银企合作交流平台，全年举办政银企融资对接活动4场，拓宽企业融资贷款渠道，针对性解决企业与银行信息不对称造成的融资难题；用好用活兴宁市中小微企业信贷

▲2021 年 11 月 26 日，兴宁市科工商务局联合中国邮政储蓄银行兴宁支行举办“助力实体经济发展”融资对接活动　　（钟萍萍　摄）

风险补偿基金，引导银行增信和放大贷款，全年为 22 家企业发放增信贷款 3515 万元。

【中小微企业服务】2021 年，兴宁市科工商务局深化暖企服务，牵头制定《兴宁工业“七个一”工作实施方案》，成立主导产业轻骑服务队，挂点服务全市规模以上工业企业和高新技术企业，掌握企业诉求，帮助企业协调解决问题。全年走访指导服务企业 1600 家次，开展企业技术培训、政策宣讲会、中小微企业服务机构座谈会 10 场。加强项目申报指导力度，推动兴宁市南药规模化种植基地、兴宁市巴戟天产业化种植基地、5000 亩牛大力产业化种植基地 3 个项目获批第二批广东省中药材产业化基地。完善服务体系建设，发挥兴宁市中小企业服务中心作为国家级中小企业公共服务示范平台的作用，整合财税服务、金融机构、法律事务所等 70 多家服务机构资源，为企业提供信息咨询等服务，全年举办信息服务会 4 场；开展会计实务、科技创新、电子商务、运行监测、人才继续教育等各类培训活动 33 场，培训各类技术人才 3000 人次，服务企业 1.06 万家次。

工业企业选介

【广东金雁电工科技股份有限公司】 广东金雁电工科技股份有限公司是梅州市属国有企业广东金雁工业集团有限公司的下属企业。主要产品包含电工圆铜线，以及各种热级、多种型号的中高端漆包铜圆绕组线和漆包铜扁绕组线；占地面积 3.33 公顷，注册资本 1.6 亿元。2021 年有员工 300 多人。该公司开发一批具有自主知识产权的高新技术产品，获得国家发明专利 2 项、实用新型专利 21 项、省级科研成果 1 项、省级科技进步奖 1 项、市级科技进步奖 4 项等，先后获得中国机械 500 强、中国电气工业 500 强、中国自主创新百强企业、国家高新技术企业等多项荣誉。产品主要销往广东省内的各大城市及周边福建、江西等省份，拥有客户 120 多家。2021 年，该公司实现产值 10.96 亿元，比上年增长 48%；税收 836.62 万元，增长 445%，实现园区单体企业产值超 10 亿元“零的突破”。

【广东海思智能装备有限公司】广东海思智能装备有限公司成立于 2018 年，是一家专业从事数控机床、工业自动化及精密机械加工模具机械产品的研发、生

▲2021 年，广东金雁电工科技股份有限公司生产车间　　（陈鹏飞　摄）

产、销售和售后服务的高新技术企业。该公司研发出线轨排刀数床系列、线轨刀塔数控车床系列、重载线轨刀塔数控车床系列、车铣复合中心系列。2019年租用东莞石碣（兴宁）产业转移工业园内的广东鑫飞钢艺科技有限公司厂房进行生产，实现“当年进园、当年投产、当年上规”。2021年，该公司投资新建厂房，至年底，首期厂房建成并投入使用；实现产值1.66亿元，比上年增长103.7%；缴纳税收829.99万元，增长274%。

（陈鹏飞 廖志彬）

【兴宁市奥浦合金工业有限公司】成立于2000年，是一家专门从事精密金属零配件和机械零件设计研发、铸造加工的国家高新技术企业。2021年，该公司有员工200余人，其中高级工程师5人，中级职称11人；产品符合国标、美标、欧标、德标、日标等不同材质标准的生产要求，取得德国莱茵ISO 9001、欧盟压力设备（PED）、DNV.GL等专业认证，适用于航空航天、船舶潜艇、工程机械、医疗器械、食品器械、水处理、石油化工、五金、建筑等行业，主要出口欧洲、北美、日本等多个国家和地区。2021年，实现产值7523万元，比上年增长3.9%，缴纳税收531.46万元。

【兴宁市创强混凝土有限公司】成立于2009年，是一家生产商品混凝土为主的企业。2021年，该公司有在册员工90多人，其中中级以上工程技术人员3人；选用知名商标“丰江牌”水泥，采用科学工艺配方，生产制造出抗压、抗渗、膨胀、防水、早强等各种使用性能优等的混凝土，其产品“丰江商砼”适用并畅销于工业、民用建筑、道路桥梁、机场跑道、水电大坝、房地产公共设施、美丽乡村等工程建设；拥有2条2×HZS180混凝土生产线，年生产商品混凝土120万立方米，拥有搅拌运输车、泵车及车载泵车61辆。2021年，实现产值1.65亿元，比上年增长11.9%，缴纳税收517.45万元。

【兴宁新球工艺制品有限公司】成立于2005年，是一家主要从事工艺品生产和销售的企业。2021年，该公司有各类专业技术人员30人；通过利用本地丰富的藤、竹、木、草等资源，采用传统工艺，每年新设计工艺品2000多种，产品全部出口欧美市场，与70多家外商建立技术和贸易合作关系；采用“公司+加工网点+农户”的经营模式，带动新圩、坭陂、水口、梅县畲江等6个镇2万多人从事工艺品的生产加工。2021年，实现产值5990万元，比上年增长4%，缴纳税收786.21万元。

（李敏芝 陈 玮）

■ 商贸流通

商业贸易

【概况】2021年，兴宁市完成外贸进出口总额6.6亿元、比上年增长9.3%；实际利用外资1029万元、增长918.8%；完成社会消费品零售总额104.02亿元、增长2.7%；新增限上商贸流通企业6家；完成电商交易总额58.79亿元、增长30.9%。

【外资外贸】2021年，兴宁市科工商务局新增办理对外贸易经营者备案登记企业18家，指导符合条件的18家外贸企业完成短期出口贸易信用保险投保。支持企业开拓国际市场，组织53家次企业参加广交会、中小企业博览会等专业展会，助力企业抓订单、稳份额、促增量。落实各级惠企政策，为13家次外资外贸企业争取扶持资金137.18万元，推动外资外贸回稳向好发展。是年，兴宁市完成外贸进出口总额6.6亿元、比上年增长9.3%，增速在梅州各县（市、区）中排名第二，完成梅州市下达全年目标任务的103.6%；实际利用外资1029万元、增长918.8%，完成梅州市下达全年目标任务的102.9%。

【商贸服务】2021年，兴宁市科工商务局加强商超、餐饮、家政、酒店宾馆、美容美发、洗浴沐浴足浴等重点行业管理，督促指导企业兼顾做好疫情防控和稳定经营，推动商贸消费回暖发展。强化餐饮品牌建设，指导兴宁市餐饮酒店申报“粤菜名店”“粤菜名品”“文明餐厅”等项目，其中紫来酒店获评为“粤菜名店”，万紫园中园获评为“粤菜名品”、省级“文明餐厅”，兴宁联康威尔思国际酒店、紫来酒店获评2021年度梅州市文明餐饮店。开展消费升级行动，鼓励大润发等商贸流通企业举办主题促销活动，引导梅州市晟成汽车贸易有限公司、梅州市达信二手车经营管理有限公司等企业开展汽车促销活动，促进商贸经济增长。是年，兴宁市完成社会消费品零售总额104.02亿元、比上年增长2.7%，增速在梅州各县（市、区）中排名第五；新增限上商贸流通企业6家。

【电子商务】2021年，兴宁市科工商务局推动国家级电子商务进农村综合示范项目建设，加强电商公共服务中心等功能主体的国有资产管理和日常监管，制定出台支持农村物流基础设施建设、农产品上行奖补等方面的支持政策。挖掘“宅消费”潜力，组织电商企业参加各类展销会，引导企业入驻抖音、淘宝等电商平台，拓展直播带货新模式新业态，推介兴宁丝苗米、兴宁单枞茶、“兴宁鸽”、兴宁茶油四大公共品牌产品，实现农特产品上行。加强电商人才培育力度，构建县（市）级有专业管理队伍、镇级有专业管理人才、村级有专业管理干部的“三有”电商人才管理服务体系，全年培训各类群体1.3万人次，吸引720名外出务工人员回乡创业，壮大“网军”队伍。是年，兴宁市电商交易总额58.79亿元，比上年增长30.9%，增速在梅州各县（市、区）中排名第三；国家级电子商务进农村综合示范项目通过商务部、广东省商务厅组织的绩效评价和复评，获得优秀等次。

（李敏芝　陈玮）

商品供销

【概况】2021年，兴宁市供销合作社联合社完成生产、供销、信用“三位一体”综合合作试点的基层社1个；新增基层社社员600人；改造升级薄弱基层社1个；土地全托管1666.67公顷，农业社会化服务面积1000公顷；建设农民专业合作社联合社1个、村级供销社5个，与梅州市共建特色农产品全产业链服务示范基地1个；创建省级农民专业合作社4个；新增培育农民专业合作社7个；与兴宁市人力资源和社会保障局、兴宁市技工学校合作，开展多场“粤菜师傅”培训班，培训268人次；建设农业产业化联合体7个。

【助农服务示范体系建设】2021年，兴宁市供销合作社联合社加快构建新型乡村助农服务体系，推动小农户和现代农业发展有机衔接，完善县域助农服务平台1个；建设镇级助农服务中心15个；筹建省市县放心农产品直供配送区域子平台1个，“供销农场”农产品示范基地1个。集成农资农技、冷链物流配送、农产品购销、农村电商等核心服务功能，初步实现农产品“产前、产中、产后”全覆盖。

【冷链物流骨干网建设】2021年，兴宁市供销合作社联合社加快冷链物流骨干网示范市建设，推进省市县共建的广东天兴冷链物流有限公司冷链基地建设。该基地项目分期建设1座低温冷库、2座仓库及1座综合服务办公楼，总库容约2万吨，总投资1.5亿

▲2021年11月，广东天兴冷链物流有限公司冷链基地落成，进入试运营　（兴宁市供销合作社联合社提供）

元，占地面积 3.33 万平方米，总建筑面积 2.5 万平方米；于 11 月开始试运营，成为粤东地区规模最大的冷链物流中心，可补齐梅州市冷链短板，为当地提供大量就业岗位，带动农户增收 10% 以上。在镇、村布局 4 个具有快速移动、预冷保鲜功能的田头仓储冷链物流基地；通过销地网提供中转、存储、快速配送处理等仓配一体化服务，与商超、生鲜电商农产品销售平台分工协作，业务互补，保障重要农产品有效供给。

（凌　通　何永青）

烟草专卖

【概况】2021 年，兴宁市烟草专卖局（分公司）实现卷烟销售 15.09 亿支，销售收入 10.98 亿元；实现毛利 3.31 亿元，实现上缴税费 5062 万元。查获涉烟案件 104 件，查获涉案卷烟 859.04 万支，案值 524.81 万元；5 万元或 5 万支以上案件 33 件，15 万元以上真烟案件 5 件；移送公安机关处理案件 4 件，移送市场监管部门处理案件 6 件。

【专卖管理】2021 年，兴宁市烟草专卖局（分公司）通过开展情报线索收集，深入排查梳理涉烟违法犯罪线索；加强与公安、市场监管等部门的协调联系，坚决打击各类涉烟违法犯罪活动，维护卷烟市场良好秩序、消费者利益和未成年人身心健康。进一步规范卷烟市场的经营，查获违法违规卖烟大户案件 33 件，对涉案零售户采取暂停供货、降级降档等处理，其中 1 户零售户经劝诫主动申请注销。加强证件管理，全年新办许可证 226 份、注销 34 份、歇业 161 份、变更 21 份、延续 362 份、停业 15 份、收回 1 份、复业 14 份、补办 4 份。是年，兴宁市持证零售户 3294 户；因历史遗留，兴宁市中小学校、幼儿园 50 米范围内零售户尚有 118 户。加大对非梅州籍零售户监管，查处涉及福建籍、浙江籍零售户案件 6 件（包括“2021·1·7”销售、仓储假烟、私烟大要案件）。是年，兴宁市有非梅州籍零售户 198 户，占全市持证户的 6.0%。在非梅州籍零售户中，福建籍、浙江籍零售户 53 户，占比 26.5%。

【卷烟营销】2021 年，兴宁市烟草专卖局（分公司）重点推广第三方支付和聚合支付，提升零售客户支付体验。是年第三方支付客户 739 户，比上年增加 726 户；发展聚合支付 48 户。持续推进 20 支网络建设工作，至年底，辖区内有直营店 1 间，加盟店 2 间，合作店 10 间。推进“易灵通”店铺管家系统上线工作，至年底，辖区有 197 户零售客户安装使用“易灵通”店铺管家系统，其中有 110 户被评上 1 星，7 户被评上 2 星。夯实农网建设基础，进行“农网盲点空白点摸底排查”，对盲点、空白点的卷烟消费现状进行调查统计，选取两家卷烟零售店升级 20 支合作店，通过不同商圈样板带动整个市场形成链接型标杆效应。

（刘颖丹）

食盐经营

【概况】2021 年，广东省盐业集团梅州有限公司兴宁分公司做好食盐市场供应和质量安全工作，全年食盐市场有序供应、价格平稳，销售食盐 2682 吨，碘盐合格率 100%，碘盐覆盖率 99.6%。

【食盐营销】2021 年，广东省盐业集团梅州有限公司兴宁分公司合理布局季节性用盐的供应，保证群众从合法渠道购进盐产品；做好食盐价格监测点选定，掌握食盐价格动态，防止囤积居奇，哄抬盐价行为，保障边远地区食盐价格平稳和合格碘盐供应；做好食盐电子追溯系统建设，完成食盐产品来源可追溯、去向可查证、责任可追究的食盐安全可追溯体系。

【盐政宣传】2021 年，广东省盐业集团梅州有限公司兴宁分公司参与兴宁市政府部门开展的“3·15”消费者权益日宣传活动和 5 月 14 日“科学补碘，健康一生”防治碘缺乏病日主题宣传活动，接受现场咨询 298 次，发放宣传资料 2521 份，张贴海报 50 张；利用各新闻媒体渠道和食盐安全知识宣传活动，倡导科学用盐，让食盐经销商及消费者对食盐安全有积极、正面的认识。

（叶家宁）

文化

教育·科技

教育综述

【概况】 2021年，兴宁市有各类学校395所，校外教育基（营）地7个。其中，法人单位258个，包括高完中11所、中职学校1所，初中19所、九年一贯制学校11所（含1所民办），城区直属小学8所、中心小学27所，直属幼儿园4所、镇（街道）中心幼儿园20所、民办幼儿园153所，教师发展中心、开放大学、特殊教育学校和少年宫各1所；非法人单位137个，包括面上完全小学28所、教学点80个、附属幼儿园29所。2021年，全市有全日制学生157498人，其中，普通高中学生16122人、中职学生3074人（不含技工学校）、初中学生33431人、小学生74686人、特殊教育学校学生163人、在园幼儿30022人。

【教育体制改革】 2021年，兴宁市制定《兴宁市教育集团化办学实施方案（试行）》，以一所优质龙头学校为中心，以若干学校为纽带，组建5个教育集团，即兴宁市第一中学教育集团、兴宁市实验学校教育集团、兴宁市第一小学教育集团、兴宁市齐昌幼儿园教育集团以及兴宁市第一幼儿园教育集团，覆盖学前教育至高中教育全学段。通过“名校带新校”“名校带薄弱学校”，使集团内学校之间实行管理互通、资源共享、研训齐动、质量同进、文化联建、特色发展，扩大全市优质教育资源覆盖面、受益面。是年，全面实施中小学校中层干部竞聘上岗，全市825名教师参加697个中层干部岗位竞聘。通过竞聘，学校中层干部的平均年龄从48.5周岁下降到45周岁。

【督导评估】 至2021年底，兴宁市拥有国家级示范性高中1所，国家级重点职业技术学校1所，广东省一级学校3所（含幼儿园），广东省义务教育标准化学校176所，梅州市一级学校33所（含幼儿园），兴宁市一级幼儿园33所，兴宁市规范化幼儿园156所。

【办学条件】 2021年，兴宁市学校占地面积421.95万平方米，校舍建筑面积164.96万平方米，拥有独立的科学馆或综合楼36座，实验室378个，多媒体电教室1545个，语言实验室47个，计算机室216个，电脑10280台（不含办公电脑），所有学校均建成校园网。

【教育惠民】 2021年，兴宁市落实城乡义务教育阶段学生免费政策，全年为108117名（初中33431人，小学74686人）学生免收书杂费，共免收金额15461.41万元。为义务教育阶段家庭经济困难学生发放生活费补助19330人次，总金额562.86万元；为普通高中学生2915人次发放国家助学金，补助金额291.5万元；为兴宁户籍建档立卡贫困户子女4551人次发放生活费补助，金额783.85万元。严格做好申请受理、条件审核、合同签订、数据汇总、开行审批、贷款资金划拨、利息清缴等生源地信用助学贷款各项工作，全年为1150名学生办理生源地信用助学贷款，贷出金额1098.56万元。

【平安文明校园构建】 2021年，兴宁市完善人防、物防、技防“三防”建设，市财政下拨680多万元用于聘请专职专业保安员，全市学校实现“四个100%”目标（封闭式管理、“一键报警装置”安装、校园视频监控全覆盖和监控存盘时间达标、配备持证上岗的专职保安员均100%）。联合相关部门开展校园安全及周边环境综合治理专项行动。至2021年底，创建广东省文明校园先进学校3所，广东省安全文明校园5所，广东省“书香校园”5所，梅州市“文明校园”39所。

【足球特色学校建设】 2021年，兴宁市有全国校园足球特色学校32所、全国足球特色幼儿园9所，广东省足球传统项目学校1所、广东省足球推广学校33所，梅州市足球传统项目学校4所、梅州市校园足球示范学校3所、梅州市校园足球特色学校19所、梅州市足球推广学校44所。在梅州市“市长杯”校园足球联赛市级决赛中，兴宁市代表队获得高中男子组第三名、高中女子组第四名、初中男子组第三名、初中女子组第四名、小学男子组第二名、小学女子组第三名。7月21日至8月1日，由梅州市教育局、梅州市体育局主办，兴宁市教育局、兴宁市文化广电旅游体育局承办的梅州市第十四届中

▲2021年7月22日，梅州市第十四届中学生运动会在兴宁市举行。图为运动会开幕式
（陈卫东 摄）

学生运动会在兴宁市举行。运动会设田径、足球、篮球、乒乓球、羽毛球和健美操6个大项74个小项，1785人参与其中。

【学校营养改善计划实施】 2021年，兴宁市实施营养改善计划学校13所，其中农村中学7所、农村小学5所、特殊学校1所，共惠及学生2924人（春季学期1376人、秋季学期1548人）；广东省下达营养改善计划专项资金73.1万元，配套支出本级资金73.1万元，2021年度实际支出资金146.2万元。

【学校艺术】 2021年，兴宁市中小学执行国家课程计划要求，开齐开足艺术课程，全市学校艺术开课率100%，并以“艺术特色学校”创建为抓手，不断深化学校艺术教育改革。兴宁市宁新中心小学被评为“第四批省级中小学艺术教育特色学校”。同时，举办兴宁市2021年中小学生文艺会演活动、兴宁市教育系统庆祝中国共产党成立100周年文艺演出、兴宁市教育系统庆祝2021年“六一”儿童节文艺演出、兴宁市2021年中小学生艺术实践工作坊比赛、兴宁市2021年中小学生艺术作品大赛、兴宁市2021年中小学美育改革创新优秀案例比赛等多项艺术活动。

【校外实践教育平台建设】 2021年，兴宁市持续发挥少年宫校外培训教育作用，为中小学生学习、活动、教育、素质拓展等活动提供服务，培养中小学生特长发展。推进中小学生综合实践活动教育基地建设，全年组织8.62万名中小学生参加实践活动，培养学生实践能力、创新精神和社会责任感。伟泓教育基地被梅州市教育局授予“梅州市中小学生劳动教育实践基地”与“梅州市中小学生示范性综合实践教育基地”称号。开展中小学生研学实践活动，组织义务教育阶段五年级和

八年级学生自愿到研学实践教育基（营）地开展为期1天的研学实践教育活动，全市约2万名学生参加。

普通教育

【学前教育】 2021年，兴宁市完成田家炳幼儿园改造项目、兴南幼儿园扩建项目，增加540个学位；全面完成全市20个镇（街道）中心园独立建制工作，并加大投入做大做强乡镇中心园，完善中心园硬件措施，改善办学条件，增加学位589个。全市有合格幼儿园206所，有2家幼儿园创建梅州市一级幼儿园，3家幼儿园创建兴宁市一级幼儿园，156所幼儿园被评为“广东省规范化幼儿园”，学前三年教育入园率98.3%。

【义务教育】 2021年，兴宁市推动义务教育均衡发展，制定《兴宁市推进义务教育优质均衡发展工作方案》《兴宁市义务教育“学校结对帮扶”活动实施方案（2021—2025年）》，缩小义务教育差距，“广东省义务教育标准化学校”覆盖率100%。全市小学适龄儿童入学率100%，初中阶段毛入学率104%；义务教育辍学率为0；小学五年巩固率97.75%，初中三年巩固率110.8%。

【普通高中教育】 2021年，兴宁市建设高中阶段学情分析平台，发挥“互联网+教育”作用，提高复习效率。全市普通高考考生5273人，比上年少544人；总分600分以上64人，增加15人，居梅州各县（市、区）首位，1人被北京大学录取。特殊类型控制线上线人数占比13.2%，比上年增长1.8%；本科上线人数占比40.1%，增长2.9%。全市11所完中连续实现本科全覆盖，兴宁市第一中学特控率首次突破“4”、本科考取率94.6%，6所农村中学本科上线人数超10人的有4所。

【民办教育】 2021年，兴宁市制订《2021年兴宁市民办学校义务教育阶段招生入学工作实施方案》，为推动民办义务教育发展提供政策依据，完善民办义务教育招生工作，促进民办义务教育发展。2021年度招生人数523人，比上年增加459人，累计有970人在民办学校就读。

【德育教育】 2021年，兴宁市坚持以社会主义核心价值观、爱国主义教育和培育民族精神为主线，深入贯彻落实习近平总书记重要讲话精神，坚持立德树人根本任务，把未成年人思想道德建设贯穿于学校教育教学全过程，落实在德育教育的各个环节，纳入学生日常行为习惯和道德品质全过程，形成全员育人、全程育人、全方位育人的德育工作格局。是年，学生获得“广东省优秀学生”称号3人，最美南粤少年称号1人；梅州市三好学生180人，梅州市“新时代好少年”6人；获得“广东省优秀共青团员”称号1人，“梅州市优秀共青团员”22人。

职业与成人教育

【概况】 2021年，兴宁市有中等职业学校2所，学生6686人。其中教育部门办1所，人社部门办1所，无民办中职学校。全市中职教育基本实现规模化办学。

（刘伟平）

【梅州市卫生职业技术学校】 2021年，梅州市卫生职业技术学校有全日制中专学生3074人；教职工145人，其中在岗在编83人，临聘62人；专任教师111人，研究生3人，双师型教师比例66%以上。与广东药科大学、广东医科大学等高校合作举办成人教育班，有学生687人；与惠卫职院和肇庆医专的百万高职扩招基层医务人员学历提升大专招生442人。9月，与惠卫职院联合办学，开设全日制大专护理专业班，招生57人，至年底，学校招收全日制大专生152人。

2021年，学校教师指导、参加梅州、广东省技能竞赛、教师教学能力大赛等活动30多人次，获得县级以上荣誉46人次，李幸欢老师获广东省中小学青年教师教学能力大赛二等奖，彭晓老师获评广东省南粤优秀教师，赖文东老师获评广东省最美志愿者称号，罗晓红老师获广东省第一届“南粤家政”技能大赛医疗护理员项目优秀奖，王坤老师获评梅州市优秀班主任称号；刘苑芬老师获2021年兴宁市“范剑冰奖”，罗晓红和钟玉芬老师分别获广东省护理技能大赛指导老师三等奖等。是年，学生获县级以上荣誉53人次，其中杨瑜、苏焱和李秀文3名同学获中等职业教育国家奖学金，幸梓如获评广东省优秀学生，温宇洵等7人获评梅州市“三好学生”，陈田丽等21人获评兴宁市“三好学生”，陈杨霞等9人获评兴宁市“优秀团员”，赖莉贞和黎梦茹获广东省护理技能大赛学生组三等奖。

【兴宁市高级技工学校】2021年，兴宁市高级技工学校有全日制中、高级技工班学生1186人，有全日制在校生3511人，与广东轻工职业学院、江门幼儿教育专科学校共同招收全日制学历大专班学生110人；学校在编教职工184人，其中南粤优秀教师3人，广东省技术能手1人，梅州市专业技术拔尖人才1人，嘉应名师4人，叶剑英基金奖优秀教师4人，梅州市“五一劳动奖章”2人。有电商实训基地、省级粤菜师傅培训基地、广东省粤菜师傅大师工作室和汽车检测与维修实训中心、省级示范性创业孵化基地、国家级众创空间，是集技工学历教育、职业技能培训、技能鉴定、就业服务和创业孵化于一体的区域性职业教育基地。

基础建设　2021年，学校争取到地方政府专项债券资金1亿元，启动升级技师学院一期建设项目，新建高技能公共实训基地大楼1栋、中区、学生宿舍楼1栋，采购一批实训设备。争取省人力资源和社会保障厅技工教育特色专业建设专项资金150万元，高标准建成护理实训室4个；争取省人力资源和社会保障厅农村电商创业就业和培训基地建设资金200万元，完善电商基地软硬件建设；通过校企合作方式，新建幼师专业实训场室1个、企业投入机电一体化专业机器人设备一批。新增购置学生桌子400张，学生凳480张，双层铁架床110张。

教学教研　2021年，学校开展各类听评课活动130多场次，举办新入职员工培训班1期，新班主任业务培训2期；承办兴宁市2021年第三届“客家菜”师傅技能大赛，有8名老师获评中级职称，3名老师获评高级职称；在2021年广东省新职业技术技能大赛互联网营销师项目有1名老师获得职工组优胜奖，有1名老师获得广东省技能能手称号，学生组1个二等奖，1个三等奖。在广东省第三届青年教师教学能力大赛（梅州赛区）中获梅州赛区8个一等奖，1个二等奖；在省赛中获得1个一等奖、1个二等奖、3个三等奖。

教学育人　2021年，学校开展男、女生青春期心理健康知识专题讲座4场，举行消防演练活动，举办法治进校园、预防艾滋、远离毒品宣传讲座。有3名学生获国家奖学金，每人6000元；有3名学生获评“校园之星”称号。

合作交流　2021年，学校与广东轻工职业学院、江门幼儿师范高等专科学校联合办学招收全日制大专学生，与兴宁市叶塘工业园区、东莞南园教育集团、梅州市电子商务协会、广东海思智能装备有限公司开展校企合作。

三项工程　2021年，学校承办兴宁市2021年第三届客家菜师傅技能大赛和兴宁市首届“南粤家政”技能大赛，开展客家菜专项能力培训、医疗护理培训、在职人员继续教育、农村电商、企业新型学徒制班、退役军人等培训班25期次（79场）累计培训1840人次。学校烹饪大师工作室主持人郭华群带领工作室成员与叶南渔村合作创新研发出渔村漉菜、客家白切鸡和客家糟汁腌牛百叶3种客家新菜品以及兴技八宝粽、咸蛋鲜肉粽、兴宁鸽子粽和兴宁鸽蛋粽4种粽子。

培训鉴定　2021年，学校开展职业技能（含等级认定）和专项能力鉴定71场次，合计2076人次。协助市应急管理局、市农业农村局等部门开展安全管理培训13场，培训902人。

创新创业　2021年，学校入驻企业和创新团队在梅州市第五届创新创业大赛总决赛中学校共获3个奖项，其中“乐育酷思人工智能外语教学平台”项目和“粮食快速干燥工程车”项目分别获得总决赛银奖和铜奖，“乐育酷思人工智能外语教学平台”项目获得战疫贡献奖，实现在梅州创新创业大赛企业组获奖“零的突破”；在省“青创杯”创新创业大赛复赛中获优秀项目奖。

（赖亦环）

【兴宁开放大学】 兴宁开放大学办学类别属于成人高等院校，主要业务是开展学历教育和非学历教育。2021年，学校开设本、专科共27个专业，在籍本专科学生人数1126人。在职在编教师14人，其中副高职称3人、中级职称8人、初级职称1人、专职管理岗位2人，临聘人员8人，兼职外聘教师30多人。

新校区建设 学校自筹资金1625万元，与中共兴宁市委党校联合建设“教学科研大楼”。2021年，学校整体搬迁到新校区与中共兴宁市委党校合署办公。教学科研大楼五、六楼自用，建筑面积约2200平方米，设有会议室1个、课室8间、办公室12间、学生桌椅240套、图书阅览室1个、有多媒体教室8个、计算机室2个共80台计算机，设有网络中心、考试监控机房等设备，网络连接采用电信（300M）网络专线、移动网络专线（400M）2套，配备教学专用SQL服务器8台、EOD点播系统等现代远程教学设备设施。

教学实践基地建设 2021年，学校联合大坪镇党委、政府在罗屏汉故居开展共建思想政治理论课教学实践基地，挂牌设立“兴宁开放大学思想政治理论课教学实践基地”，打造思想政治教育“第二课堂”，突出思想政治教育亮点，创新教学形式，出资70万元建设罗屏汉故居“党员学习培训厅”，推进兴宁红色资源的共建共享，整合思想政治实践教学资源，丰富新时代高校思想政治课程教学实践载体，拓展教育方式、创新课程教学模式改革、丰富教学内容。

招生办学 2021年，学校新增专业13个，全年招生452人、毕业387人，本专科学历教育在籍学生1126人。投入60多万元改造老校址（紫金山路69号）为社区大学、老年大学城区教学点，年底启动社区教育与老年教育招生办学，依托上级开放大学资源优势，统筹共享社区教育与老年教育资源，提供“网上社区教育、老年教育”优质教育资源和教育手段，服务全民学习，拓展多元办学。启动村“两委”干部学历提升“千人计划”。学校坚持面向基层、面向行业、面向社区、面向企业、面向农村办学，联合中共兴宁市委组织部启动村“两委”干部学历提升“千人计划”方案，计划三年内（2021—2023年）培养大学生“村官”1000人，大专以上学历“村官”占比提升至40%，学费减免120万元。全年招收入学村干部126人。

教育管理

【教师队伍建设】 2021年，兴宁市公办教职工9687人，普通高中教职工1405人、初中3099人、小学4696人、幼儿园279人、其他208人；具有高级职称的1914人（占20.1%）、具有中级职称的6387人（占67.1%），幼儿园、小学、初中、高中阶段教师高一级学历比例分别为70.2%、97.3%、90.6%、1.5%。同时，招聘124名新教师到相关缺编学校任教，通过梅州市引进急需紧缺人才招聘活动引进硕士研究生2人、公开招聘硕士研究生1人、安排华南师范大学定向培养硕士研究生2人。

是年，全市评选出广东省“中小学特级教师”3人、“南粤优秀教师”8人，梅州市“优秀教师”15人、“优秀班主任”8人、“优秀教育工作者”21人、“教学工作先进个人”10人，兴宁市“教育先进集体”10个、“优秀校长”10人、“优秀教师”173人、“优秀班主任”135人、“优秀教育工作者”45人、“教学工作先进教师”35人、“图音体信息技术优秀教师”10人。评选表彰“范剑冰突出贡献奖”2人、“范剑冰优秀奖”55人。

【教育教研】 2021年，兴宁市推进教研体系改革创新，分别设立高中、初中、小学、学前教育4个阶段的教学研究基地。同时，在高中阶段各学科备考中心组、中小学学科中心教研组的基础上，成立40个中小学学科教研工作室，其中，高中17个、初中14个、小学8个和特殊教育1个，每个工作室由1个主持人和5个入室成员组成，发挥优秀教师的专业示范引领作用，着力抓教研促教学，推动教育教学质量提升。2021学年度，组织举行分片教研活动36场（其中高中4场、初中14场、小学18场）。组织教师做好课题立项工作，其中3个项目获“十三五”规划2021年度中小学教师教育科研能力提升计划省级立项，1

个项目获广东省青少年校园足球暨学生体质提升专项课题立项，43 项梅州市第十一届教育科研课题和 312 项兴宁市 2021 年度课题成功立项。组织教师踊跃参加各级教学比赛、论文评选，获广东省二等奖 3 人，获梅州市一等奖 32 人、梅州市二等奖 53 人。

【“双减”工作】 2021 年，兴宁市出台《兴宁市校外培训机构专项整治方案》，开展校外培训机构专项治理工作，建立由发改、教育、人社、民政、市监、公安等相关部门组成的校外培训机构专项治理工作领导小组，形成“教育牵头、部门协同、家校联动、社会参与”疏堵结合、齐抓共管的长效机制。全市证照齐全的校外培训机构有 29 家，实施风险管控工作，已审批的 29 家培训机构全部按规定缴纳风险保证金，有效预防“退费难”等问题发生。全面开展、规范课后托管服务，制定《兴宁市义务教育校内课后服务工作实施方案》，建立“兴宁市义务教育课后服务管理平台”，并坚持以学校为主、第三方机构为有益补充的模式，各校按照《兴宁市义务教育校内课后服务工作指南（试行）》的要求，由学生家长自愿选择是否参与，规范开展课后服务工作。全市课后服务工作已实现两个“全覆盖”，即义务教育学校全覆盖、有需求学生全覆盖，总计参托学生 7.6 万人次，约占总人数的 70%。出台《兴宁市教育局关于进一步落实“五项管理”工作的通知》，全市各中小学校在上级文件的基础上根据自身实际实行“一校一策”，将加强“五项管理”（手机、作业、睡眠、体质、读物的管理）工作作为首要任务部署实施，推进落实以“三增三减”为重点的减负行动。

▲ 2021 年 9 月 9 日，兴宁市举行教师节庆祝大会暨“范剑冰奖”颁发活动

（陈卫东 摄）

【奖教助学】 2021 年，兴宁市推进奖教助学工作，全年全市各级各类教育基金发放奖教助学资金近 750 万元。其中，张庆华教育基金、范剑冰奖教基金、曾浩仁慈善基金会 3 个县级教育基金会共发放资金 275.22 万元；20 个镇街共发放奖教助学资金 276.64 万元；其他项目奖教助学资金 190 万元。

（刘伟平）

学校选介

【兴宁市第一中学】 2021 年，兴宁市第一中学在校学生 4221 人，其中高中生 3526 人，初中生 695 人；有教学班 86 个，其中高中教学班 72 个，初中教学班 14 个。在职教职工 416 人，正高级教师 3 人，特级教师 6 人，广东省名师工作室主持人 2 人，国家级荣誉获得者 2 人，省级荣誉获得者 17 人，国家级骨干教师 3 人，省级骨干教师 14 人，梅州“嘉应名师”14 人；研究生学历教师 12 人，高级教师 193 人。

学校管理　该校推动集团化办学模式，2015 年 5 月牵头成立“兴宁市第一中学教育集团”。优化干部队伍管理机制，进行中层干部竞聘，成立妇女委员会，改选新一届团委，增补工会管理人员。定期开展安全隐患排查，完成安保设施检查、预防未成年人沉迷网络宣传教育检查等各类专项检查。2021 年被评为“兴宁市消防安全示范学校”。出版校志《砥砺奋进》和画册《迎 115 华诞掠影》。12 月 19 日，在该校礼堂举办建校 115 周年庆

▲ 2021 年，兴宁市第一中学校园一角　（兴宁市第一中学提供）

祝大会，通过网络同步直播，同时筹集三年奖教金近 500 万元。

扶困助学　该校关爱贫困学生，协助发放“国家助学金”等上级扶助金 611 人次，“叶剑英助学金”10 人，“张庆华教育基金”“兴宁市阳光义工助学金”等社会扶助金 154 人次，学校资助、义务教育生活费补助和减免学费 296 人次。

教学教研　2021 年，该校 2 项梅州市级课题、10 项兴宁市级课题顺利开题；188 名中青年教师顺利完成梅州市“聚焦课堂评比活动”，中青年教师参加各级教学技能大赛，获 2 项梅州市级一等奖、3 项二等奖及 2 项兴宁市级奖励。教师发表论文国家级 3 篇，省级 2 篇，市县级 8 篇；获奖论文国家级 5 篇，省级 11 篇，市县级 16 篇。

办学成果　2021 年，该校有 1435 人参加高考，1 人考取北京大学，7 人单科满分，63 人 600 分以上，上特控线 594 人（含地方专项 147 人，不含艺术生），占比 41.4%；本科入围率 94.6%。2021 年首届中考，联盟班 82 人全部考入兴宁一中，其中 4 人进入兴宁前 10 名，35 人进入兴宁前 100 名；普通班电脑派位学生 193 人，上兴宁一中线 68 人，上兴宁一中入围率 35.23%，文化科平均分、总分平均分均居全市第一。学生参加高中物理、生物、数学、化学科全国中学生学科竞赛，每科分别有 1 人获全国三等奖。学生舞蹈节目《军魂》获得兴宁市一等奖、梅州市二等奖、广东省三等奖。学生被评为广东省“三好学生”1 人，被评为梅州市“三好学生”24 人；获广东省宋庆龄奖学金 2 人，获“叶剑英品学兼优奖”6 人。

（廖　辉）

【兴宁市沐彬中学】　2021 年，兴宁市沐彬中学有教学班 86 个，学生 5000 人，在编在岗教职工 366 人，其中中学高级教师 162 人，研究生学历 3 人，南粤优秀教师 4 人，省级名校长培养对象 1 人，省级骨干教师培养对象 2 人，梅州“嘉应名师”6 人。

书香校园建设　2021 年，该校擦亮“广东省书香校园”品牌，联合新华书店在“沐苑书吧”举行“世界读书日之‘阅读·悦读’——经典诵读分享会”；举行“诵读红色经典，赓续奋斗精神”朗诵比赛；邀请兴宁市教师发展中心的高中语文教研员刘月玲老师讲授《红楼梦》阅读指导课；9 月 18 日，举行“勿忘国耻，吾辈自强”纪念“九一八”事变 90 周年朗诵比赛；9 月 28 日，举行“迎国庆”现场书写比赛；举办“阅读，遇见更好的自己”读书分享会。

教学开放周　2021 年 4 月 12—16 日，该校举行首届“教学开放周”活动，开出 36 节课，涵盖全部学科。13 所兄弟学校、210 名教师和兴宁市温佛君名教师工作室团队的 30 多名教师到校观摩。

教学教研　2021 年，该校有 3 个省级课题开题，分别是德育课题“家校融合的教育实践与探索”、数学课题“中学数学概念教学方式方法研究”、语文课题“聚焦核心素养的高中语文读写共生教学实践研究”。是年，教师获奖论文 62 篇，其中省级以上 6 篇，梅州市级 31 篇，兴宁市级 25 篇。

名师送教　2021 年 9 月 16 日，吉林省图们市第二高级中学校长、吉林省教育科研型名师、正高级教师谢明茹到兴宁市沐彬中学开展高效课堂培训活动。12月20—21日，广东省何勇名校长工作室主持人、广州市执信中学校长何勇带领骨干教师一行6人到市沐彬中学开展送教活动。

体育竞技成果　2021年，兴宁市沐彬中学获兴宁市“中国体彩杯”中小学生乒乓球比赛男子甲组团体第一名、女子甲组团体第二名；教工男篮队获兴宁市“钟声杯”教职工篮球比赛（高中、中职组）第四名。

办学成果　2021年中考，兴宁市沐彬中学有20人进入兴宁市总分前100名，其中2人进入梅州市前10名。高考达优先投档线39人，本科上线率32.9%（首次突破30%），同比增长8个百分点。在2021年1月期末联考中，七、八年级获“教学质量优秀奖”。

（曾志强）

【兴宁市齐昌中学】　创办于2017年9月，是一所全日制公办完全中学，是梅州市高中阶段第一批招生学校，高中部实行全寄宿封闭式管理。2021年，该校占地14.6公顷，建筑面积8.3万平方米。拥有功能齐全的教学楼、综合楼、图书馆、实验楼、学术报告厅、体育馆、标准化运动场、风雨操场及师生宿舍楼等。该校秉持“办内涵学校，塑智慧教师，育文明学生”办学理念，以“创一流名校，育一流人才”为目标，恪守“厚德博学、励志笃行”校训，打造“团结奋进、求真感恩”校风、“敬业务实、善导创新”教风和“乐学善思、勤勉合作”学风。该校有84个班，其中初中54个班，高中30个班，学生4600多人；有教职工326人，其中研究生8人，全国优秀教师、广东省特级教师2人，南粤优秀教师4人，嘉应名师等梅州市级以上荣誉的优秀教师34人，兴宁市拔尖人才2人，兴宁市学科带头人20人，兴宁市骨干教师87人等。

教学教研　2021年，该校初中语文吴颂平、初中数学陈凰、初中历史罗晓平、初中美术李君、高中英语肖文雄、高中历史曾志平、高中地理罗增均7名教师被兴宁市教师发展中心遴选为学科教研工作室主持人。在广东省第三届中小学青年教师教学能力大赛中，该校7名教师均获得梅州市第一名，并代表梅州参加省赛，其中罗颖以第七名的成绩获高中组体育科二等奖，罗艳利、黄嘉宁分别获高中组物理、地理科三等奖，罗晓平、管萍萍、梁国仲、张晓分别获初中组历史、地理、美术、体育科三等奖。12月15日，兴宁市教育局在齐昌中学举行教学研究基地揭牌仪式。学校依托兴宁市初中教研基地，投入400多万元将9号大楼打造成设备设施较完善，多功能、多场室的教学研究基地。

体育赛事　2021年7月21日至8月1日，梅州市第十四届中学生运动会在兴宁市举行，齐昌中学负责所有运动员、教练员食住，并承担开幕式、提供比赛场地和志愿服务。齐昌中学健美操队勇夺健美操竞技三人、花球舞蹈啦啦操和团体总分3项第一。12月2—3日，该校举办第五届田径运动会。是年，获得2021年梅州市“市长杯”青少年校园足球联赛（初中组）第三名，获兴宁市教育系统“钟声杯”教职工篮球赛第三名。

文艺交流活动　2021年10月18日，广东汉剧到齐昌中学举办专场演出活动。国家一级演

▲2021年齐昌中学全景图

（陈建军 摄）

员，中国戏剧家协会会员，广东汉剧传承研究院党委书记、院长张广武亲授《戏曲行当与舞台艺术》，演员们现场展现生、旦、丑、公、婆、红净、乌净七大行当。12月30日，梅州书画文艺志愿者走进齐昌中学举行书画教学笔会。10多名志愿者与在场的师生进行书画传承与交流，并现场创作书画作品。

办学成果　2021年高考，高分优秀生57人，最高分608分，596分有2人，580分以上5人。本科线以上355人，比上年增加157人，本科率62.7%，增加30个百分点。体艺类双上线37人，本科率86.1%。体育类500分以上14人，有3人进入全省前100名。2021年中考，700分以上73人，最高分773分，兴宁一中补录线以上182人，齐昌中学入围分数线以上359人，单科满分人数122人次。

首届学生成人典礼　2021年4月30日，该校首届学生成人典礼暨纪念五四运动102周年活动在体育馆举行。参加学生有507人，家长650人，主要有八项议程：奏唱国歌、配乐诗朗诵《今天，我们十八岁》、校长温鸿葵致辞、家长代表罗杏红发言、学生代表高二（10）班李宇佳发言、成人宣誓、向父母表达感恩、穿越成人门。

第二届科技文化艺术节举办　2021年4月25—27日，学校举办以“科技·人文·成长”为主题的第二届科技文化艺术节。活动项目包括校园歌手大赛、美术作品展示赛、最美校园摄影大赛、自制“地理模型”大赛、“创生命之美”生物创意大赛、“学以致用”物理作品大赛、“迎五四颂党恩 强信念”朗诵比赛、“水火箭”制作比赛和趣味化学比赛等9项，有1000多人参加活动，收到作品400件，韩佳锐、李梓佳等50人获一等奖，刘梓翔、丘朵晴和邓海等80人获二等奖，肖宏源、丘小意和李珂等100人获三等奖。

（王柳萍）

【兴宁市田家炳学校】　2021年，兴宁市田家炳学校占地面积4.4万平方米，校舍建筑面积3.1万平方米。开办之初是一所完全中学，2004年7月撤销初中为普通高中，2017年9月复招七年级学生，2019年9月改制为“九年一贯制学校”。2021年，有教学班62个，学生3577人，教职工254人。其中高级职称教师83人、中级职称教师142人。

德育教育　2021年，该校秉承“立德树人”育人理念，加强学生思想道德建设，常态化举办丰富多彩的德育活动，抓好未成年人思想道德建设。如国旗下的讲话、班队会、党日活动、志愿服务、实践活动、传统节日及文体活动等。全年开展道德大讲堂——全校性主题班会观摩课2次、班主任论坛1次、应急演练9次、主题教育班会10次，其他大型活动7次。承办由共青团兴宁市委员会主办的离队入团仪式暨十四岁集体生日的活动，举办“传承田家炳精神，争做时代新人”的演讲比赛，协助兴宁市教育局等单位举办“市长杯”足球赛和梅州市中学生运动会。

教研教学　该校推进师资队伍培训和教学科研力度，发挥科组备课组和班主任两条主线的关键作用，使转制后的教师

▲2021年5月17日，兴宁市田家炳学校承办“传承红色基因，灯塔领航青春”2021年兴宁市少先队员离队、入团仪式暨14岁集体生日示范性活动

（兴宁市田家炳学校提供）

能迅速熟悉业务，开展教育教学工作。利用2021年暑假组织小学部班级主任音乐技能培训，举办市级专家讲座1场，收看吕羡平教授有关构建高效课堂的讲座。开展一人一期一堂公开课活动和全市分片教研活动，全面提高教师教学教研能力。发挥“黄春兰名教师工作室”示范、引领和指导作用，推动学校教学教研和改革工作，促进教师专业化发展。

办学成果　2021年，该校中考学生高分人数占兴宁市前100名的比率位居全市第四，达兴宁一中最低录取控制线(638.3分）以上的上线率22.7%。学校八年级期末全市统考获“教学质量优秀奖”，在全市“互看互比互学”评比活动中获初中组三等奖，获梅州市第十四届中学生运动会“优秀组织单位”。学校被评为“广东省中学生志愿服务示范校”“广东省健康促进学校”。

（刘向东）

【兴宁市实验学校】 2021年，兴宁市实验学校占地面积5.72万平方米，建筑面积2.89万平方米。有学生7771人、教职工463人，其中高级职称67人。

学校教育集团成立　2021年5月24日，成立兴宁市实验学校教育集团，由实验学校校长朱明辉担任理事长。设实验学校校本部、宁江中学校区、汉芬小学校区，宋声学校、水西学校为集团结对帮扶学校。兴宁市实验学校教育集团的成立，目的是优化兴宁城区北部教育资源均衡配置，提高管理效益，整体提升全市基础教育发展的平衡性和协调性，推动兴宁城区北部基础教育高质量发展，让每个孩子享有更加公平更高质量的教育。

名师工作室　2021年9月，兴宁市教育局在学校成立2个名师工作室，分别是“兴宁市初中生物陈玉玲教研工作室”“兴宁市小学道德与法治黄清文教研工作室”。10月，成立兴宁市“李怡少先队名师工作室”。

德育和安全工作　该校始终把德育工作放在第一位，根据“我们的节日”要求，通过国旗下的讲话、主题班会等形式，开展“学雷锋志愿活动”“扫黄打非”“禁毒教育”“宪法晨读”等系列主题教育活动。把思政课教育课建设成学校立德树人的第一课堂，开展兴宁市纪念少先队建队72周年“请党放心强国有我”主题活动、开学第一课、校长思政第一课、扣好人生第一粒扣子等活动。重视安全和疫情防控工作，进行新冠病毒防控知识教育及传染性疾病预防教育、紧急情况下撤离疏散逃生、交通安全、消防安全、防溺水安全、饮食卫生安全、用电安全、实验和社会实践活动安全、校内及户外运动安全、防地震、防雷雨大风等自然灾害和特殊天气的安全、网络安全、防中暑、防煤气中毒的安全、心理健康、突发疾病救治常识、扫黄打非、防毒品安全等安全教育。

特色教育　“德育礼仪”特色。该校坚持“德育为首”，多样化开展养成教育、行为规范教育、礼仪教育、感恩教育、体验教育、安全教育和法治教育等，全面提高学生德育素质。“实验风格”教研特色。坚持走“科研促教、特色强校”之路，做好市内交流、省内互动、国内校际合作和课题研究等工作，促进教研水平提高。“体艺”特色。学校坚持开发多元兴趣课程，搭建能力展示平台，培养学生多种兴趣爱好。每年分别举办体育节和艺术节，组织多种形式的培训和竞赛活动；积极参加上级举办的足球、篮球、乒乓球、三棋、书画、文艺等项目比赛。“现代教育技术”特色。学校现代教育技术设施设备先进，形成现代教育办学思想、理念和体系，着力培养既符合社会要求又重视个性张扬的复合型人才。组织学生参加电脑制作比赛，获奖200多人次，学校连续10年获中小学电脑制作比赛梅州市最佳组织奖、广东省优秀组织奖。是国家“十五”“十一五”“十二五”规划课题优秀实验学校。

办学成果　2021年中考，学生达兴宁一中录取分数线以上人数、重点中学录取率连续12年稳居兴宁第一；获2021年兴宁市“范剑冰教学质量奖”；小学六年级毕业班质检居兴宁市前列；2021年度第一学期，四年级、六年级、七年级、八年级均获兴宁市“教学质量综合奖”；第二学期期末综合检测中，六年级、七年级获“教学质量优秀奖”；三、五、八年级期末“四统一”

质量检测中，获“教学质量优秀奖”。该校被评为“广东省健康促进学校”；兴宁市教育工作先进集体；参加梅州市第九届运动会，获“优秀组织单位”；梅州市第十四届中学生运动会获优秀组织单位；第一学期中小学核心素养能力知识问答活动，评为“先进单位”；兴宁市“体彩杯中小学生乒乓球比赛”男子丙组团体第一名；女子乙组团体第二名；在兴宁市2021年中小学文艺会演活动中，所送节目获2个二等奖、2个三等奖；兴宁市“市长杯”足球赛暨“满天星”训练营联赛小学男子组获第四名；兴宁市“南丰杯”小学足球赛获第二名；兴宁市“钟声杯”教工篮球赛获第三名；兴宁市第十一届“体彩杯”少年儿童围棋比赛获小学组团体第二名。

（李　怡）

▲2021年6月17日，兴宁市卓越中英文学校举办以“点燃读书激情，共建书香校园”为主题的阅读分享会（兴宁市卓越中英文学校提供）

【兴宁市卓越中英文学校】成立于2019年，前身为兴宁市第三中学，是兴宁市第一所民办学校。2021年，占地面积1.47万平方米，建筑面积9350平方米，可容纳1300名学生就读。有一年级至八年级30个班，学生971人；有教职工110人，其中专任教师66人，本科学历56人，学历达标率100%；高级职称教师2人。

设备设施　2021年7月，该校购入39台75寸智慧黑板用于班级教学；8月，购入10P10T空气能一体机用于学生宿舍；同月，购入25.5平方米的户外显示屏用于学校一月一主题德育文艺活动；购入100台戴尔电脑用于教师教学办公使用。

教师培训　2021年，兴宁市卓越中英文学校教师参加市教育行政部门组织的教师培训、教学研讨、名家专题讲座和分片教研等活动120人次。

教学科研　2021年10月29日，兴宁市卓越中英文学校举办“青蓝工程，师徒结对薪火相传”大会。11月5日，举行初中片区公开课教研活动，有沐彬中学、锦绣学校、水西学校、坭陂中学、陂西中学等学校的老师参加活动。11月26日，举行促成长仪式，开展“导师伴我成长”目标管理导师制拜师仪式。全年教师参加梅州市级论文获奖3人次，学生参加核心素养大赛初中语文获一等奖1人、初中数学获三等奖1人。

文体活动　2021年6月17日，该校举办以“点燃读书激情，

▲2021年12月25日，“美好家园、幸福生活、畅想未来”兴宁市卓越中英文学校校园文化艺术节学生投稿作品展示

（兴宁市卓越中英文学校提供）

共建书香校园”为主题的读书成果汇报展示活动，并评出一等奖1名、二等奖2名、三等奖3名。10月20日，举行由全校学生参与的大型广播操比赛，并评出每个年级表现突出的班级各1个。12月7日，举办第三届校园体育节，评出优秀组织奖1名、道德风尚奖1名，并首次以直播的形式向外界展示卓越运动健儿的风采。12月25日举办“美好家园、幸福生活、畅想未来”的校园文化艺术节，全校有971名学生参加，展出学生作品100多幅，有书法、手抄报、陶艺、动漫等板块。

办学成果 2021年，该校先后获“广东省小学语文教学研究先进学校”“梅州市文明校园”“中共兴宁市先进基层党组织”等称号，在兴宁市教育局期末抽测中，四、五、七年级均获得“教学质量优秀奖”。

（曾飞苑 邓 远）

▲2021年11月25日，兴宁市锦绣学校举行“兴宁市锦绣学校第二届科技体育艺术节”（兴宁市锦绣学校提供）

【兴宁市锦绣学校】 2021年9月，兴宁市锦绣学校二期工程完工并投入使用，各项设施设备进一步完善，初中部七年级开始招生，办学规模达到7个年级，30个教学班，1505名学生，教师95人，其中中共党员36人。

办学成绩 2021年，兴宁市锦绣学校加入“科学+”教育联盟，成为联盟的第二批成员学校；获评“全国青少年校园足球特色学校”“广东省依法治校达标学校”、梅州市“双减”和“五项管理”试点校、兴宁市信息技术2.0能力提升工程和“5G+运用”示范校、兴宁市教育云平台建设应用优秀组织单位、第三届兴宁市文明校园等称号；获梅州市第一届中小学大课间体育活动评比三等奖、兴宁市2021年中小学文艺会演片区赛二等奖、兴宁市教学质量优秀奖、四年级全市第八名、兴宁市中小学幼儿园2021年度“互看互比互学”活动初中组二等奖、兴宁市教育系统2021年度宣传工作先进集体一等奖；有梅州市级英语课题和兴宁市级语文、数学课题等3项课题。

结对帮扶 2021年1月，兴宁市锦绣学校与广州市南国学校建立结对帮扶关系，两校通过建立QQ交流群、视频会议定期开展线上交流活动10次（含讲座8次、送教2节）；开展实地交流活动2次。

▲2021年10月25日，兴宁市锦绣学校举办“诵千古诗词，展锦绣风采”古诗词朗诵比赛（兴宁市锦绣学校提供）

“科学+”活动　2021年11月，该校举行“兴宁市锦绣学校第二届科技体育艺术节”。12月，校长罗虹参加深圳宝中实验学校举行的2021年“科学+”教育联盟第四届年会暨宝安中学（集团）实验学校科创教育展示活动；中华儿慈会“科技筑梦”和博睿星科教育团队暨中科院先进院“博士课堂·同一堂课”走进校园，给学生们带来全新的博士课堂，让学生感受科学的魅力。

“阅读+”活动　2021年，该校举办“品读经典，书香锦绣”“阅读点亮童年，好书润泽人生”等阅读分享会。举办“诵千古诗词，展锦绣风采”古诗词朗诵比赛和“览古今雅韵，书百卷风华”读书笔记展览活动等。全年师生参与阅读相关的各类竞赛获省、市级奖项54人次，其中学生曾科霖获得广东省第十四届中小学“暑假读一本好书”读后感比赛三等奖，方幸超等3人获得广东省第六届中小学“寒假读一本好书”比赛“阅读之星”称号，邵欣悦等学生获得兴宁市级阅读比赛一、二、三等奖共28人次；教师张艳妮、曾红苑等32人次获得各级优秀指导奖。

（刁阳菁）

▲ 2021年，兴宁市第一小学校园　（兴宁市第一小学提供）

【兴宁市第一小学】　2021年，兴宁市第一小学是兴宁市教育局直属学校，是兴宁教育的示范单位、窗口学校。该校占地面积24568平方米，建筑面积19562平方米。学校坚持“管理有特色、教学有特点、学生有特长”的办学理念，以“以人为本、良性竞争”为管理模式，以“加强师德建设和教育教研”为工作主线，以“全面发展、学有所长”为培养目标，通过“六齐抓”（抓师德、抓常规、抓重点、抓活动、抓安全、抓养成）、“三管理”（民主管理、制度管理、全员管理），形成“三园”（书香校园、艺术校园、平安校园）联创的一小办学特色。有学生6180人，设教学班99个，教职工344人，小学高级教师29人。

德育工作　2021年，兴宁市第一小学利用广播站、宣传栏、黑板报、《新蕾》校刊等宣传阵地，对身边的优秀师生、好人好事进行表扬；利用法治教育讲座、思政课、班队课、国旗下讲话等形式进行法治安全教育；通过观看相关视频、举办青春期生理知识和心理健康讲座、心理拓展活动等对学生进行心理健康教育，对有心理问题、心理障碍的学生，针对实际情况，进行个别谈话和心理辅导修通工作100余人次。组织开展德育系列主题活动，其中包括庆祝中国共产党成立100周年系列活动、研学实践教育活动及科普进校园活动。学校不断创新德育形式，将班会主题化，如安全教育、爱国主义教育、理想前途教育、感恩教育、劳动教育、禁毒教育、健康人格教育、新冠肺炎疫情防控教育等，并且结合形势、时令、教学实际灵活变换主题；不定时进行校园安全排查专项行动，对学生带零食、管制刀具等违禁品进校园进行突击检查20次，组织消防应急演练2次。是年，熊银娟老师获心理健康优质课评比梅州市一等奖、吴冠萍老师获自编心理情景剧梅州市一等奖、范红苑老师获梅州市“学党史、颂党恩、跟党走”微党课评选活动二等奖；黄玉寿校长被评为梅州市优秀共产党员；赖明怡老师被评为梅州市优秀共青团员；赖子媚老师被评为兴宁市优秀共青团员；朱晓玲、范红苑和罗颂平老师被评为兴宁市优秀共青团干部。

教育教研 2021年，兴宁市第一小学参加课堂教学竞赛梅州市级获奖2人次，兴宁市级获奖1人次；梅州市级论文获奖7人次。2021年结题课题有广东省级2个、梅州市级3个、兴宁市级3个；在研课题有广东省级1个、梅州市级4个、兴宁市级10个。是年，学校老师发表相关论文2篇，其中国家级刊物1篇、省级刊物1篇；获评广东省特级教师1人、广东省小语会先进工作者2人，梅州市优秀教师1人、梅州市优秀教育工作者2人、梅州市优秀班主任1人，兴宁市优秀教师4人、兴宁市优秀班主任2人、优秀教育工作者1人、教学工作先进教师2人、图音体信息技术优秀教师1人；265位学生在省、市、县级各类学艺竞赛中获奖，58位教师获相应的优秀指导奖。

体艺竞技成果 2021年，兴宁市第一小学男足获兴宁市“市长杯”季军、兴宁市“南丰杯”冠军；女足获兴宁市“市长杯”亚军、兴宁市“南丰杯”冠军；师生参加梅州市第一届中小学体育大课间比赛获一等奖，《快乐足球 阳光少年》在中小学足球主题大课间展示活动中获广东省二等奖、梅州市一等奖。学校上送节目获广东省第七届中小学生艺术展演三等奖、梅州市第二届中小学生艺术展演一等奖，兴宁市少先队献礼中国共产党成立100周年红色儿童剧目比赛优秀奖、兴宁市中小学生文艺比赛一等奖。参加梅州市小学师生古诗词诵读大赛（小组赛）获一等奖。在2021年兴宁市少年宫现场书画大赛中被评为“优秀组织单位”。获评“优秀指导教师奖”19个；获奖作品12个，其中梅州市一等奖1个、梅州市二等奖2个、梅州市三等奖3个、兴宁市一等奖2个、兴宁市二等奖2个、兴宁市三等奖2个。

设施设备 2021年，该校投入8万元购置储备口罩、体温枪、防护服、消毒液等防疫物资一批，投入45.6万元购置空调7台、风扇60台、教师办公电脑2台、智能平板1台，更换学生电脑室电脑62台。

办学成果 2021年，该校被评为第三批全国中小学中华优秀传统文化传承学校、广东省小语会成立40周年纪念表彰活动“先进学校”、广东省小学语文教学研究“先进学校”和创建广东省文明校园“先进学校”，学校少先队被评为“广东省红旗大队”和“梅州市红旗大队”、梅州市第三届小学语文教师专业素养展示活动“优秀组织奖”、梅州市第七届小学生英语口语展示活动“最佳组织奖”，学校被授予兴宁市第十二届中小学生现场书画大赛“优秀组织单位”称号、2020—2021学年度第一学期四至六年级期末测试分别获“教学质量优秀奖”、兴宁市教育系统“互看互比互学”评比活动一等奖。学生彭博被评为广东省优秀少先队员；学生郭李臻、赖小瑞被评为梅州市优秀少先队员。

（谢燕红）

【兴宁市黄岭小学】 2021年，兴宁市黄岭小学是由原宁新黄岭小学和枫二小学合并的一所新学校，占地面积1.54万平方米。学校小学部有22个班，学生992人，附属幼儿园5个班，在园幼儿151人；教职工81人，专任教师学历达标率100%，其中，本科率86.6%，广东省特级教师1人，小学高级教师9人。8月，六年级102个学生参与城里中部区域电脑派位，分别派到沐彬中学、兴民中学、家炳学校、华侨中学就读。

校园建设 2021年，该校新建的六层教学楼启用，占地面积1070平方米，建筑面积6050平方米，总投入3303.63万元，新增标准教室30个，增加学位1350个。新增功能场室16个，新建标准七人制足球场1个、25米露天游泳池1个、篮球场1个、羽毛球场4个，学校功能齐全、设施完备。

师资建设 2021年8月，该校新招聘应届本科毕业生13人，市内招考教师7人，城内调入4人（其中广东省特级教师1人），外镇调入教辅人员6人，比上年增加教师34人，师资队伍老中青年龄结构比例合理。

德育安全 2021年，该校结合“我们的节日”、重要时机节点开展一系列活动。组织学生观看红色电影4场，唱红歌5首，上思政课6节，童心向党书法和手抄报比赛各2次，讲红色故事会3次，红色经典诵读分享5次，共4960人次参与党史学习教育。组织全体学生开展新冠肺炎疫情

▲ 2021 年 9 月 30 日，兴宁市黄岭小学改扩建工程全面竣工。图为学校鸟瞰图（兴宁市黄岭小学提供）

防控知识讲座 8 次，交通安全教育宣传 10 场次，各类应急演练 8 次，珍惜生命，远离毒品宣传 2 次，预防校园欺凌、防性侵宣传教育 6 次，管制刀具排查 3 次，防溺水安全教育 6 次，预防电信诈骗教育 4 次，心理健康教育 3 次，校园电视台开播 6 次，收看人数 6438 人。

教学教研　该校教务处严格落实"双减"政策，转变教学理念，全面"减负、提质、增效"。13 对新、老教师进行师徒结对，传功助教；聚焦课堂教学变革，构建科学评价体系，加强校内外教研交流。2021 年，校内外、线上开展教研活动 82 次，派出教师培训 35 人次，教学常规工作检查 4 次，学校行政听课、评课 41 节，特级教师杨文苑上示范课 3 次，新教师业务培训 4 次。教师获得兴宁市优秀指导奖的老师有 16 人次；教师发表论文有 4 篇，其中国家级 2 篇、梅州市级 1 篇、兴宁市级 1 篇；教师个人获得国家、省、市荣誉的有 10 人，其中国家级荣誉 1 人、省级荣誉 1 人、梅州市级有 1 人、兴宁市级 7 人。

办学特色　2021 年，该校为传承客家文化，邀请广州学园设计有限公司对学校文化建设进行系统设计，设计方案以客家元素为主题贯穿整个校园；客家童谣校本教材 3 册正在编印中，分高、中、低年级，每天大课间时间全体同学做客家童谣手语操，每天下午上课前吟诵客家童谣，体育课渗入客家游戏，学校舞蹈队排练客家舞蹈。

教育集团化办学　2021 年 6 月 18 日，兴宁市第一小学和兴宁市黄岭小学成立兴宁市第一小学教育集团。实施"名校带动工程"，建设互动共赢学校发展共同体。

（温清祥）

▲ 2021 年 10 月 26 日，梅州市游泳安全教育进校园活动防溺水安全讲座首站走进黄岭小学（兴宁市黄岭小学提供）

【兴宁市第一幼儿园】　2021 年，兴宁市第一幼儿园开办第一家分园——兴宁市第一幼儿园田家炳园区。田家炳园区是由兴宁市委、市政府盘活兴宁市田家炳学校的闲置食堂和教工宿舍，以及原兴宁市教育局部分办公楼，按照广东省一级幼儿园标准对其进行改、扩建，总投入1600多万元，办学规模12个班，可招收学前适龄儿童360人，于8月挂牌为“兴宁市第一幼儿园田家炳园区”。12月，“兴宁市学前教研基地”在总园挂牌。总园（环城东路园区）有教学班23个，在园幼儿777人，教职工100人；田家炳园区有教学班8个，在园幼儿264人，教职工36人。教职工学历和专业合格率100%。其中，副高级教师10人，一级教师32人，二级教师30人。是年，幼儿园被中华全国妇女联合会授予“全国巾帼文明岗”称号，被评为“全国足球特色幼儿园示范园”试点幼儿园；在兴宁市教育系统“互看互比互学”评比活动中获一等奖。

园所活动 2021年，兴宁市第一幼儿园在中国共产党成立100周年之际开展“童心向党”为主题的庆祝活动，在每个活动室设立红色教育区域，举办国旗下唱红歌、党员家长宣讲红色文化、战场模拟游戏、“看电影学党史”、夜探幼儿园等活动。举行“传唱客家童谣 传承客家文化”客家童谣大赛、“庆元旦•迎新年”文艺会演暨联欢活动。由幼师创编的舞蹈节目《听妈妈讲那过去的故事》在兴宁市2021年中小学生文艺会演中获城区片一等奖、总决赛三等奖。是年，幼儿园组织开展读原著、学原文，师德师风教育，参观红色教育基地，国旗下唱红歌，“童心向党”系列活动，党员志愿者活动等教育活动36次。

教育教研 2021年，该幼儿园开展首届青年教师教学技能大赛、教研员示范课展示活动、青年教师全科优秀课比赛、每月两次全园大教研和两次级组小教研等活动，并以“青蓝组合”的形式，营造“比、学、赶、帮、超”良好氛围。为科学实现“幼小衔接”，制订与小学联合教研制度，通过实施幼儿园入学准备和小学入学适应教育，为孩子搭建从幼儿园到小学过渡的阶梯，帮助孩子顺利实现幼小衔接。广东省学前教育“新课程”科学保教示范项目《快乐体育客家传承——客家文化传承下的幼儿武术融合》被省教育厅立项，新立项的梅州市级课题1个、兴宁市级课题2个。组织骨干教师到佛岭幼儿园、叶塘中心幼儿园等6所公办园开展“帮扶送教送培”活动。

▲2021年3月26日，兴宁市第一幼儿园举行“传唱客家童谣 传承客家文化”客家童谣大赛
（兴宁市第一幼儿园提供）

教师成长 2021年，该幼儿园园长黄柳平被广东省教育厅聘为广东省学前教育专家委员会委员；毛芳老师获“南粤优秀教师”称号；曾红荣老师获“梅州市优秀教育工作者”称号；陈海苑老师参加梅州市教师教学能力大赛获一等奖、代表梅州参加广东省教师教学能力大赛获三等奖；刘晓芳老师创编的顺口溜《爱眼小卫嘟有话说》获梅州市首届中小学爱眼文化节一等奖；刘杏兰老师的论文《陪伴幼儿的三大合作》在梅州市教育年会2021年学术年会论文评选活动中获二等奖；王欢、曾红荣、冯艳红等9名老师的论文分别在不同期刊上发表；曾利华等5名教师制作的微课获全国幼儿园优秀微课评选活动一等奖。

（王倩倩）

科学技术

【概况】 2021年，兴宁市实施创新驱动发展战略，强化产学研合作，培育创新主体，申报科技项目，抓好科技服务，获批建设广东省农业科技园区，科技创新能力得到提升。是年，全市完成技改投资2.42亿元、比上年增长18.3%，新开展技术改造企业12家；新增国家高新技术企业5家，新认定科技型中小企业14家，新增梅州市工程技术研究中心4家；获批立项2021年度广东省科技创新战略专项资金项目10个、2021年广州市农村科技特派员项目1个；省级农村特派员陈伟波获评广东省优秀农村科技特派员称号。

【科技创新发展】 2021年，兴宁市科工商务局强化科技项目实施，组织企业申报广东省科技创新战略专项资金（“大专项+任务清单”管理模式）等科技项目62项，推荐申报广东省生产力促进协会科技创新促进奖、叶剑英基金科学技术进步奖等科技奖项项目10个，协助完成科技成果鉴定4项。2021年度广东省科技创新战略专项资金项目立项10个，获得科研经费200万元；2021年广州市农村科技特派员项目立项1个，获得科研经费10万元。强化创新主体平台建设，积极培育国家高新技术企业、科技型中小企业等创新主体，推进企业建设研发机构，着力提升企业科技创新能力。是年，全市新增国家高新技术企业5家，存量29家；新认定科技型中小企业14家，存量42家；新增梅州市工程技术研究中心4家，存量省级9家、梅州市级30家；规模以上工业企业设立研发机构占比40.5%。

【企业技术改造】 2021年，兴宁市引导工业企业开展数字化、网络化、智能化和绿色化技术改造，定期深入企业了解技改投资意向，科学指导企业做好项目谋划包装、立项备案，加强与发改、统计等部门的沟通协调，解决项目纳统、建设施工等问题，推动更多投资项目落地形成实物量，助力工业经济稳定增长。是年，全市完成技改投资比增18.3%，增速在梅州各县（市、区）排第四；新开展技术改造企业12家；新备案技改项目15个，计划总投资1.3亿元。

【科技服务】 2021年，兴宁市科工商务局做好科技服务驻镇帮镇扶村工作，全面摸清全市农业农村科技需求，实施“一对一”精准帮扶，推动科技服务同乡村振兴有效衔接。加强农村科技特派员队伍建设，挖掘推荐专业技术人才申报农村科技特派员，大力宣传农村科技特派员先进工作事迹；举办全市农村科技特派员培训会、农村科技特派员工作会议，表彰先进典型，发挥示范引领作用，提高农村科技特派员工作服务能力。是年，省级农村特派员陈伟波获评广东省优秀农村科技特派员称号；全市新增梅州市农村科技特派员21人，累计省级农村科技特派员129人、梅州市级农村科技特派员57人，省级农村科技特派员工作站6个。

（李敏芝　陈　玮）

气象

【气候概况】 2021年，兴宁市平均气温22.9℃，较常年偏高1.8℃；高温日数84天，较常年偏多59天，4月1日出现年内首个高温，创高温最早记录。降水量1315.0毫米，比常年（1517.2毫米）偏少13.3%；年内全市出现4次较大范围的强降水过程，分别是：5月31日，全市平均雨量44.5毫米，最大降水量出现在合水水库88.5毫米；6月22—23日，全市平均雨量50.5毫米，最大降水量出现在兴田113.1毫米；9月22—23日，全市平均雨量59.7毫米，最大降水量出现在合水水库132.6毫米；12月21日，全市平均雨量53.7毫米，最大降水量出现在黄陂76.3毫米。5月12日，出现一次局地强降水，水口镇出现大暴雨，3小时降水量162毫米。年内有3个台风环流影响兴宁。年日照时数2082.8小时，比历年偏多9%。

全年气候总体特征表现为：雨量偏少，气温偏高，平均气温和高温日数均创历史新高，无台风登陆，气象干旱阶段性发展。

【气象服务】 2021年，兴宁市气象局发布各类气象预警信号130次，发布重大气象信息快报44期，专报6期；为缓解气象干旱，实施人工增雨作业3次。

【气象现代化建设】 2021年，兴宁市气象局推动现代化建设和气象防灾减灾工作，加强气象预测预报系统建设。地面观测场标准化改造项目完成建设并通过专家组验收，完成罗岗坪田水库人工影响天气作业点建设，推进“十四五”兴宁气象重点项目，完善气象防灾减灾机制体制。

（黎非凡）

■ 公共文化

文化管理

【概况】2021 年，兴宁市提升公共文化服务效能，加强文化遗产保护利用，丰富群众精神文化生活，推进客家文化（梅州）生态保护实验区建设。

【基层文化设施建设】 2021 年，兴宁市推进基层公共文化设施建设，完善县级文化馆、图书馆总分馆建设，建成文化馆分馆 20 个、文化馆分馆服务点 60 个，实现文化馆总分馆建设全覆盖；建成图书馆分馆 15 个、图书馆分馆服务点 27 个。兴宁市文化馆被评为国家一级馆。推进“两中心融合”和“粤书吧”建设，在径南镇、叶塘镇分别设立“东升村文化和旅游融合服务中心”“鸭池村文化和旅游融合服务中心”，建成兴宁市熙和湾客乡粤书吧、兴宁市月形山风情民宿粤书吧。全面落实“三馆一站一中心”［图书馆、文化馆、博物馆、综合文化站、村（社区）综合性文化服务中心］免费开放，完成 172 个村（社区）综合性文化服务中心的提质增效达标建设任务。

【群众文化活动】 2021 年，兴宁市文化广电旅游体育局围绕“宁江风情”“我们的中国梦•文化进万家”品牌系列活动、“我们的节日”等主题活动开展群众性活动。全年开展举办美术、版画、竹板歌等培训班 104 期，选派文艺骨干到农村（社区、学校）开展指导培训 8 场，举办美术、书法作品展览 19 场，文艺演出 19 场，开展少儿美术和书法公益培训 48 课时，推出线上全景观展 3 场。举办《中国共产党简史》等图片展览，组织开展“醉美田园”兴宁市新农村建设摄影大赛获奖作品展、“翰墨飘香•丹心颂党”兴宁市线上女子美术展等线上展览。在广东省第十四届“百歌颂中华”歌咏活动（梅州）选拔赛中，兴宁市独唱、小组唱、大合唱均获得优秀奖。

【群众文艺创作】 2021 年，兴宁市促进群众文艺创作繁荣。山歌表演唱《驿道行者》获广东省群众艺术花会（戏剧曲艺）曲艺组金奖。创作分别以刘光夏、罗屏汉为原型的竹板歌传本《妙计过险关》《“引蛇出洞”捣敌巢》，出版印刷《兴宁革命歌谣》2000 册。举办各类研讨班、讲座、培训等 19 场次。小戏《紫藤花开》、歌曲《碧水情歌》获 2020 年度广东省群众文艺作品评选三等奖；音乐《巨龙魂》、小戏《紫藤花开》获 2020 年度梅州市群众文艺作品评选一等奖，歌曲《碧水情歌》、舞蹈《大雁南飞》获二等奖，另有舞蹈、戏剧曲艺作品 5 件获三等奖；兴宁市文化广电旅游体育局获优秀组织奖。

【物质文化遗产传承保护】 2021 年，兴宁市文化广电旅游体育局加强文化遗产保护利用，完成善述围抢险加固工程和修缮勘察设计方案编制工作，推进玉成围修缮工程，邓逸凡故居、高陂明光楼公布为第八批梅州市文物保护单位，龙田镇鸡公桥村龙和围等 7 处建筑物公布为第九批兴宁市文物保护单位，何天炯旧居、恒云楼入选第十批广东省文物保护单位名单，宁中镇墩仔下屋、坭陂镇将军村宜庐等 4 个围龙屋入选第一批梅州市客家围龙屋保护名录，完成棣华围修缮工程（一期）立项工作，对东征军指挥部旧址黄粤兴屋划定保护范围和建设控制地带，发放《梅州市红色资源保护条例》宣传册 1000 多份，开发“兴宁文保”小程序。在两海会馆安排讲解员，组织志愿者队伍，提供讲解服务，接待 165 个单位团体 5800 人。

【非物质文化遗产活化利用】 2021 年，兴宁市推进客家文化（梅州）生态保护实验区建设，推动非物质文化遗产保护传承。非遗项目《竹板歌》入选第五批国家级非物质文化遗产项目名录，兴宁市文化馆被列为第五批国家级非物质文化遗产代表性项目保护单位。完成 5 项省级项目、6 项兴宁市（县）级项目、9 个市级传承人的申报。李家教拳、兴宁版画、兴宁珍珠红酒酿造技艺入选第八批省级非物质文化遗产代表性项目名录推荐项目名单。开展竹板歌、杯花舞、客家锣鼓、烙画、版画等“非遗”进校园、进乡村、进社区培训活动50期；杯花舞、竹板歌、大声古“非遗”艺术团以轻骑兵的形式开展“非遗”项目展演交流活动60多场次，接待群众“非遗”体验活动20多场次；协助、组织拍摄梅州电视台“非遗”纪录片8集、兴宁上灯系列小视频3集。依托明珠养生山城项目建设兴宁市“非遗”乐园，依托新陂、叶塘两镇五村乡村振兴连片示范区建设“十里版画长廊”，新增1个综合性传习中心（竹板歌）、2个传习所（兴宁上灯习俗、兴宁大坪布骆包子豆腐制作技艺）。强化客家文化（梅州）生态保护实验区宣传力度，在各景区景点、交通要道悬挂横幅378条、海报4200张、T型广告牌2块，景观小品10个，公交车和出租车车身广告125幅，发放倡议书6万余份。

【行业监管】 2021年，兴宁市文化广电旅游体育局优化行政审批，全年换发许可证件（年审）企业3家，新批娱乐场所1家、高危体育项目（游泳池）1家；组织出动执法人员2214人次，检查各类经营场所542家次，收缴各类非法出版物710多册

兴宁市各级文物保护单位一览表

表18

名称	级别	年代	类别	所在地	公布登记日期
兴宁学宫	省级	明	古建筑	兴田街道办事处司前街兴民中学内	第三批，1989年6月
两海会馆	省级	清	古建筑	兴田街道办事处西沿江南路2号	第四批，2002年7月
磐安围	省级	清	古建筑	叶塘镇河西村	第六批，2010年5月
文峰塔	省级	清嘉庆十九年（1814年）	古建筑	宁新街道办文星村长陂岭	第七批，2012年10月
兴宁古城墙	省级	明成化三年（1467年）	古建筑	兴田街道环城东路与石光街交叉口西南100米	第七批，2012年10月
善述围	省级	清光绪十年（1884年）	古建筑	罗岗镇柿子坪村	第七批，2012年10月
棣华围	省级	民国3年（1914年）	近现代重要史迹及代表性建筑	刁坊镇周兴村	第七批，2012年10月
玉成围	省级	民国11年（1922年）	近现代重要史迹及代表性建筑	合水镇霞洞村	第八批，2015年12月
李和美屋	省级	清光绪七年（1881年）	古建筑	宁新街道佛岭居委	第八批，2015年12月
五里大黄屋	市级	明正德十六年（1521年）	古建筑	福兴街道办事处五里村	第二批，2014年1月
进士第	市级	清乾隆二十五年（1760年）	古建筑	坭陂镇汤一村	第二批，2014年1月
何天炯故居	市级	民国9年（1920年）	古建筑	石马镇新群村	第二批，2014年1月
文蔚第	市级	清	古建筑	永和镇永生村双塘片	第三批，2015年2月
崇德围	市级	清嘉庆九年（1804年）	古建筑	径南镇坪宫村大王屋	第三批，2015年2月
耀堃第	市级	民国21年（1932年）	传统民居	径南镇胪声村云湘	第三批，2015年2月
光绍庐	市级	民国14年（1925年）	传统民居	径南镇星耀村	第三批，2015年2月

续表 18

名称	级别	年代	类别	所在地	公布登记日期
恒云楼	市级	民国 17 年（1928 年）	传统民居	径南镇星耀村	第三批，2015 年 2 月
拙庐	市级	中华民国	近现代重要史迹及代表性建筑	径南镇星耀村	第四批，2016 年 6 月
荆荣第	市级	清	古建筑	径南镇星耀村	第四批，2016 年 6 月
罗永兴屋	市级	清	古建筑	刁坊镇长征村洋岭上	第四批，2016 年 6 月
下走马岗罗屋	市级	清	古建筑	宁中镇丝新村	第四批，2016 年 6 月
万安围	市级	明	古建筑	叶塘镇群星村	第五批，2017 年 3 月
坪里龙田世基	市级	明	古建筑	龙田镇五一村坪里	第五批，2017 年 3 月
五里黄粤兴屋	市级	清	古建筑	福兴街道五里村	第七批，2020 年 3 月
邓逸凡故居	市级	清道光十年（1830 年）	古建筑	水口镇小丰村	第八批，2021 年 12 月
高陂明光楼	市级	民国 20 年（1931 年）	近现代重要史迹及代表性建筑	龙田镇高陂村	第八批，2021 年 12 月
墨池寺	县级	宋	古建筑	福兴街道办墨池村神光山南端	第一批，1980 年 10 月
合水革命烈士纪念碑	县级	1959 年	近现代重要史迹及代表性建筑	合水镇合水水库西岸山巅	第一批，1980 年 10 月
瑶兴石拱桥	县级	清	古建筑	罗浮镇瑶兴村	第四批，2009 年 12 月
金子甲石拱桥	县级	清	古建筑	罗浮镇中和村	第四批，2009 年 12 月
合水古塔	县级	明末	古建筑	合水镇合水水库湖心岛	第四批，2009 年 12 月
长兴围	县级	明崇祯八年（1635 年）	古建筑	宁新街道办大圳村花罗墩	第四批，2009 年 12 月
刘氏总祠	县级	始建清康熙三十九年（1700 年），2008 年重建	近现代重要史迹及代表性建筑	黄陂镇联丰村榕树下	第五批，2010 年 12 月
刘氏始祖开七公墓	县级	南宋嘉定十七年（1224 年）	古墓群	黄陂镇土墩村蚌湖头	第六批，2014 年 8 月
明始祖讳鄷幸公墓	县级	明洪武二十三年（1390 年）	古墓群	径南镇圩下村旺生塘	第六批，2014 年 8 月
永泰关	县级	清	古建筑	兴田街道办事处西郊居委	第六批，2014 年 8 月
莲塘背肖屋	县级	清	古建筑	叶塘镇大路下村莲塘背	第六批，2014 年 8 月
报福寺	县级	明嘉靖二十七年（1548 年）	古建筑	叶塘镇大众村前丰	第六批，2014 年 8 月
桂安围	县级	清道光二十年（1840 年）	古建筑	大坪镇朱坑村	第六批，2014 年 8 月
磐石围祠堂	县级	明	古建筑	龙田镇龙盘村	第六批，2014 年 8 月
龙兴围	县级	清	古建筑	龙田镇金星村三样片	第六批，2014 年 8 月

续表 18

名称	级别	年代	类别	所在地	公布登记日期
何子渊故居	县级	民国 20 年（1930 年）	名人故居	石马镇马下村	第六批，2014 年 8 月
继述围	县级	民国元年（1912 年）	传统民居	合水镇湖岭村	第六批，2014 年 8 月
南阳世居	县级	清	古建筑	合水镇溪唇村永茂	第六批，2014 年 8 月
文魁屋	县级	明末	古建筑	合水镇富和村老屋	第六批，2014 年 8 月
新宝丰昌张屋	县级	民国 36 年（1947 年）	近现代重要史迹及代表性建筑	宁中镇	第六批，2014 年 8 月
和山寺	县级	明正德十二年（1517 年）	古建筑	宁中镇和山村和山岩	第六批，2014 年 8 月
灵化寺	县级	宋末	古建筑	永和镇锦洞村鸡鸣山顶	第六批，2014 年 8 月
刘氏大夫第	县级	清	古建筑	叶塘镇河西村	第七批，2015 年 12 月
龙岭围	县级	清	古建筑	龙田镇金星村	第七批，2015 年 12 月
大宾公祠	县级	明	古建筑	黄陂镇龙溪村	第八批，2017 年 9 月
石禾坪屋	县级	明	古建筑	宁中镇和一村	第八批，2017 年 9 月
泰和围	县级	明末清初	古建筑	黄陂镇中心村	第八批，2017 年 9 月
叶池罗屋	县级	清	古建筑	刁坊镇河塘岭村	第八批，2017 年 9 月
五翰堂	县级	清	古建筑	叶塘镇下洋村	第八批，2017 年 9 月
祥安围	县级	清	古建筑	叶塘镇彭陂村	第八批，2017 年 9 月
胜公围	县级	清	古建筑	叶塘镇汤湖村	第八批，2017 年 9 月
龙安围	县级	清	古建筑	龙田镇鸡公桥村	第八批，2017 年 9 月
鸡公桥龙兴围	县级	清	古建筑	龙田镇鸡公桥村	第八批，2017 年 9 月
炽昌楼	县级	中华民国	近现代重要史迹及代表性建筑	合水镇白泡村	第八批，2017 年 9 月
鑑光庐	县级	中华民国	近现代重要史迹及代表性建筑	宁中镇古塘村	第八批，2017 年 9 月
宝善围	县级	中华民国	近现代重要史迹及代表性建筑	径南镇宝山村	第八批，2017 年 9 月
龙和围	县级	清	古建筑	龙田镇鸡公桥村	第九批，2021 年 12 月
墩仔下屋	县级	明天顺五年（1461 年）	古建筑	宁中镇和新村	第九批，2021 年 12 月
将军宜庐	县级	民国 27 年（1938 年）	近现代重要史迹及代表性建筑	坭陂镇将军村	第九批，2021 年 12 月
将军老李屋	县级	清嘉庆十三年（1808 年）	古建筑	坭陂镇将军村	第九批，2021 年 12 月

续表 18

名称	级别	年代	类别	所在地	公布登记日期
罗屏汉故居	县级	清	古建筑	大坪镇屏汉村	第九批，2021 年 12 月
红旗村红色交通站	县级	中华民国	近现代重要史迹及代表性建筑	罗岗镇红旗村	第九批，2021 年 12 月
洋门三眼桥	县级	明	古建筑	石马镇洋门村	第九批，2021 年 12 月

说明：2021 年，兴宁市有各级文物保护单位 69 处，其中省级文物保护单位 9 处、市级文物保护单位 17 处、县级文物保护单位 43 处 （兴宁市文化广电旅游体育局提供）

兴宁市各级非物质文化遗产代表性项目一览表

表 19

级别	项目类别	项目名称	公布时间	保护单位
国家级	曲艺	竹板歌	2021 年 5 月	兴宁市文化馆
省级	传统舞蹈	杯花舞	2007 年 6 月	兴宁市文化馆
省级	民俗	兴宁罗家通书推算法	2012 年 2 月	兴宁市文化馆
省级	民俗	兴宁上灯习俗	2018 年 5 月	兴宁市文化馆
省级	传统技艺	兴宁大坪布骆包子豆腐制作技艺	2018 年 5 月	兴宁市大坪镇文旅教体服务中心
市级	传统美术	兴宁版画	2009 年 3 月	兴宁市文化馆
市级	传统音乐	兴宁客家山歌	2011 年 4 月	兴宁市文化馆
市级	传统舞蹈	马灯舞	2011 年 4 月	兴宁市大坪镇文旅教体服务中心
市级	传统技艺	罗岗镇高山茶油制作工艺	2011 年 4 月	兴宁市罗岗镇文旅教体服务中心
市级	传统技艺	兴宁老酒酿制工艺	2011 年 4 月	兴宁市兴田街道文旅教体服务中心
市级	传统技艺	墨烟张墨条制作技艺	2012 年 7 月	兴宁市文化馆
市级	传统美术	兴宁花灯	2013 年 7 月	兴宁市文化馆
市级	传统技艺	兴宁黄粄制作技艺	2014 年 8 月	兴宁市文化馆
市级	传统技艺	新陂乐仙腐竹制作技艺	2014 年 8 月	兴宁市文化馆
市级	传统技艺	兴宁珍珠红酒酿造技艺	2016 年 8 月	广东明珠珍珠红酒业有限公司
市级	传统体育游艺与杂技	李家教拳	2016 年 8 月	兴宁市文化馆
市级	传统技艺	陈华记凉茶制作技艺	2019 年 1 月	兴宁市文化馆
市级	传统技艺	兴宁根雕技艺	2019 年 1 月	兴宁市文化馆

续表 19

级别	项目类别	项目名称	公布时间	保护单位
市级	传统体育游艺与杂技	刁家教拳	2019 年 1 月	兴宁市文化馆
市级	传统美术	兴宁烙画	2020 年 12 月	兴宁市文化馆
市级	传统技艺	兴宁藤编技艺	2020 年 12 月	兴宁市文化馆
县级	传统音乐	水口山歌	2007 年 3 月	兴宁市文化馆
县级	传统音乐	石马山歌	2007 年 3 月	兴宁市文化馆
县级	传统音乐	罗岗山歌	2007 年 3 月	兴宁市文化馆
县级	传统技艺	客家围龙屋	2007 年 3 月	兴宁市文化馆
县级	传统技艺	编织	2007 年 3 月	兴宁市文化馆
县级	传统医药	雄狮牌八宝惊风散	2008 年 3 月	兴宁市明珠医药公司
县级	传统医药	雄狮牌人参卫生丸	2008 年 3 月	兴宁市明珠医药公司
县级	传统医药	雄狮牌湿热片	2008 年 3 月	兴宁市明珠医药公司
县级	传统医药	雄狮牌解表追风丸	2008 年 3 月	兴宁市明珠医药公司
县级	传统医药	雄狮牌健身安胎丸	2008 年 3 月	兴宁市明珠医药公司
县级	民俗	火把节	2009 年 10 月	兴宁市文化馆
县级	民俗	关帝出行	2009 年 10 月	兴宁市文化馆
县级	传统技艺	管岭打铁工艺	2010 年 6 月	兴宁市文化馆
县级	传统技艺	宁中镇毛笔制作工艺	2010 年 12 月	兴宁市文化馆
县级	传统技艺	黄陂镇煎堆制作工艺	2010 年 12 月	兴宁市文化馆
县级	传统技艺	客家黄酒	2013 年 3 月	兴宁市文化馆
县级	传统音乐	兴宁客家锣鼓	2019 年 4 月	兴宁市文化馆
县级	传统舞蹈	梳妆舞	2019 年 4 月	兴宁市文化馆
县级	民间文学	兴宁革命歌谣	2020 年 6 月	兴宁市文化馆
县级	传统体育游艺与杂技	铙钹花	2020 年 6 月	兴宁市文化馆

说明：2021 年，兴宁市有各级非物质文化遗产代表性项目 41 项，其中国家级非物质文化遗产代表性项目 1 项、省级非物质文化遗产代表性项目 4 项、市级项目 16 项、县级项目 20 项

（兴宁市文化馆提供）

（张），发出责令改正通知书25份，责令停业整顿2家，查处取缔无证经营娱乐场所2家，发现整改安全隐患31处，立案查处行政处罚案件5件。开展文旅市场扫黄打非、校园周边专项整治、上网服务场所专项整治等各类专项整治行动，深化线索摸排，常态化开展扫黑除恶斗争，强化安全生产排查整治，加强安全宣传培训教育，督促文旅体企业落实常态化疫情防控措施，筑牢疫情防控防线。推动出台《兴宁市人民政府办公室关于印发兴宁市旅游景区玻璃桥等高风险项目安全管理工作方案（试行）的通知》。全年没有发生安全生产事故。加强有线电视“小片网”监管、非法卫星电视接收设施整治。

（彭子欢　吴梓苑）

文化场馆

【博物馆】　2021年，兴宁市博物馆有馆藏文物3959件（套），其中：一级文物（编钟）6件（套）（兴宁新圩出土），二级文物9件（套），三级文物194件（套），级外文物3750件（套）。博物馆长年对外开放的展览有《客家民俗生产生活用具》《馆藏历代陶瓷》。是年，兴宁市博物馆被列为兴宁市少先队校外实践教育营地（基地）。鼓励罗汉民兄妹捐献其父罗忠（原中国人民解放军闽粤赣边纵直属第三团侦查排排长）遗物一批（含作战命令、毕业证书等）。

宣传教育　2021年，兴宁市博物馆推进文物博物事业发展，举办《寻找梅州的时代记忆》图片展，与兴宁市文化馆共同推出《兴宁市非物质文化遗产代表性项目》图片展，推出《海底奇葩——珊瑚花》《从黄埔潮到珠江潮——庆祝中国共产党成立100周年特展》《风雨同行——鲁迅与共产党人专题展览》《红色热土、不朽丰碑——中国共产党领导广东新民主主义革命历史图片展》等内容丰富的宣传展览活动。在中国共产党建党100周年之际，博物馆践行“我为群众办实事”，发挥爱国主义教育基地作用，开展《光辉历程、红色记忆——庆祝中国共产党成立100周年电影海报展》送展进校园、进社区活动，惠及乡村群众和青少年6000多人。

安全工作　2021年，兴宁市博物馆完善安全提示、安全出口等安全设施，更换馆内主线路老旧电线，维修保护文物展厅，定期邀请市消防大队官兵到馆进行消防安全培训和应急演练。全年进行消防安全培训2次，参加人员14人次，参加培训率100%。

（罗爱萍）

【图书馆】　2021年，兴宁市图书馆拥有藏书38万多册、电子图书5万多册、古籍6000多册，地方文献收集《祝枝山手写兴宁县志稿本》（复印件、明代）、《客家流源考》；收藏科举书院试卷5份、晚清八股文范文601份、地契71份、执照1份、1952年土地使用证1份等；兴宁各姓氏族谱及乡镇志、部门志3000册。全年进馆人数38万多人次，年服务人次31万多人次，持有效借书证读者19511人，年文献借阅量44.89万册次。

阅读活动　2021年，兴宁市图书馆推进阅读推广活动，倡导全民阅读。举办“阅百年历程、传精神力量”线下诵读比赛活动2场，组织《党的光辉历程》《永远跟党走》等图片展8次，开展“4·23”世界读书日系列活动10场，如“南国书香节——你选书·我买单”活动、“共读半小时”阅读党史活动、“红色耀中华，党在我心中”红色诗词线上展览等。开展“书香伴我成长——践行社会主义核心价值观”等未成年人思想道德建设活动3场。助力党史学习教育，设置“党史图书专柜”，有图书100多册，包括《习近平谈治国理政》《中国共产党党史》《党史可以这样讲》等。

（廖群峰）

【文化馆】　2021年，兴宁市文化馆被评为国家一级馆。是年，举办线上线下舞蹈、美术、书法、摄影、声乐、非遗项目等各类公益培训班104期，公益讲座8场，文艺演出30场，展览22场，选派辅导干部到社区、农村、学校开展辅导活动22场，组织群文、非遗研讨会12场，文化志愿服务活动22个；组织文艺节目参加省、市级比赛2个；组织群众文艺作品15件上送省、市参评；入选国家级非遗项目1项，推荐申报省级非遗项目5项（入选公

▲2021年9月29日，兴宁市图书馆开展“书香伴我成长——践行社会主义核心价值观”活动（兴宁市图书馆提供）

示3项），推荐申报市级非遗传承人9人，完成调研拟申报县级项目6项。

群众文艺创作活动 2021年，兴宁市文化馆坚持以人民为中心的创作导向，推动群众文艺创作活动，促进文艺精品创作生产。10月，组织创排山歌表演唱《驿道行者》获2021广东省群众艺术花会（戏剧曲艺）曲艺组金奖；4月，由广东省文化和旅游厅公布2020年度全省群众文艺作品评选结果，戏剧类小戏《紫藤花开》、音乐类歌曲《碧水情歌》获三等奖；8月，由梅州市文化广电旅游局公布梅州市2020年度群众文艺作品评选结果，戏剧类小戏《紫藤花开》，音乐类歌曲《碧水情歌》获一等奖；音乐类歌曲《碧水情歌》，舞蹈类《大雁南飞》获二等奖；舞蹈类《一堂芭蕾舞课》，戏剧类小戏《密林深处》、小品《谁来服侍妈》、小品《深夜两点半》，曲艺类山歌表演唱《驿道行者》获三等奖；5月，选送独唱、小组唱、大合唱参加由梅州市“百歌颂中华”活动组委会举办的广东省第十四届“百歌颂中华”歌咏活动（梅州）选拔赛，均获优秀奖。组织召开群文座谈、研讨会9场，召开群文创作表彰会、评选颁奖会2次；邀请各门类专家授课，组织群文作者参加广东省公共文化服务“三百工程”进基层讲座、男高音歌唱家唐彪老师声乐讲座等5场；由文化馆收集辅导、上送戏剧曲艺作品8件，音乐作品6件，舞蹈作品1件参加梅州市2021年度群众文艺作品评选，其中，由梅州市推荐兴宁市群文作品5件（音乐类歌曲《屹立》《围屋情思》、戏剧类小戏《我爱北京天安门》、曲艺类客家方言快板《精准扶贫的贴心人》、舞蹈类《心路》）上送广东省参评。编辑出版内部刊物（年刊）2020年度《宁江文艺》700本。7月，由兴宁市文化广电旅游体育局主办、兴宁市文化馆总馆及各镇分馆承办的“庆祝中国共产党成立100周年”群众文艺作品征集评选活动结果公布，征集戏剧曲艺类作品19件，音乐类作品31件，评出一等奖3件、二等奖6件、三等奖9件、创作奖3件。

文化惠民活动 2021年，为庆祝中国共产党成立100周年，兴宁市文化馆总馆和各分馆联动，以“宁江风情”“我们的中国梦·文化进万家”品牌系列活动，结合“我们的节日”“文化和自然遗产日”“弘扬客家文化·唱响客家山歌”“新时代文明实践活动”等主题，举办“永远跟党走、逐梦新时代”2021年兴宁市庆祝中国共产党成立100周年文艺晚会、庆“五一”文艺会演、戏曲进校园·竹板歌教学展演、老人节文体项目展演等线上线下各类文艺演出30场，其中线上文艺演出6场；文化馆利用场馆设施、学校等阵地组织举办兴宁烙画传承活动走进司城中学、杯花舞传承活动走进司城中学、梅州市老年摄影家协会主席林佛全摄影讲座等公益性文化艺术讲座5场，举办2021年广东省公共文化服务“三百工程”进基层讲座2场；在文化馆展览厅和数字化服务平台举办兴宁市非物质文化遗产图片展、中共兴宁地方组织百年回顾图片展、红色经典·古元艺术精品展、纪念新兴木刻运动90周年——喻涛教授师生版画作品展、中国新兴版画运动九十周年全国版画展部分作品观摩交流会等线上线下各类型展览22场，其中线上展览

▲2021年3月15日，兴宁市文化馆兴田街道分馆组织文艺骨干在朝天围表演“非遗”项目“梳妆舞”

（邓 威 摄）

10场，利用VR技术，推出线上全景观展5场，为广大群众搭建文化艺术学习、交流的平台和艺术展示空间。

文艺培训 2021年，兴宁市文化馆结合总分馆制建设在全市范围推动开展公益培训活动，按照新冠疫情防控工作要求，通过增加班次、削减每班学员等方式推动培训安全开展，在文化馆艺术培训中心、各镇分馆、城乡中小学，同时联合社会培训机构，举办各类公益培训104期，其中少儿美术、舞蹈、音乐、客家山歌、小古文、经典朗读、书法、器乐等未成年人公益培训班53期，服务各年龄段青少年2000余人次；举办成人及社区中老年人舞蹈、声乐、古筝公益舞蹈培训51期，培训社区、乡镇各年龄段人员1800余人次；结合数字化服务建设，开展线上培训活动，通过数字文化馆向广大市民长期免费提供慕课鉴赏服务，并录制美术鉴赏、少儿美术、竹板歌、杯花舞教学视频10期，上线微信公众平台供市民学习交流。

文化志愿者活动 2021年，兴宁市文化馆在文艺演出、公益培训、宣传推广等方面组织志愿者协助演出、培训、比赛的举行，完成“弘扬劳动精神，建设美丽兴宁”文化馆志愿服务活动、“营造美丽环境 党群同迎华诞”志愿服务活动、兴宁城区文明交通志愿服务活动等22个，组织2名文化馆干部参加在梅州市举行的为期7天的2021广东省群众艺术花会（戏剧曲艺）志愿服务活动。

庆祝中国共产党成立100周年系列活动 在兴宁市文化馆举办、组织开展一系列主题活动，包括“永远跟党走 逐梦新时代”2021年兴宁市庆祝中国共产党成立100周年文艺晚会、兴宁市“百年风华 群心向党”——广东省群众艺术广场舞推广活动等专题演出展示活动12个，经典歌曲传唱培训活动15期，《党的光辉历程》大型图片展、寻红色足迹·书写时代华章——中国共产党兴宁组织百年回顾图片展、庆祝中国共产党成立100周年——兴宁市美术书法摄影作品联展等专题图片展5场，专题群众文艺作品征集评选活动1个，专题群文研讨会1个，志愿服务活动2个。

宣传载体创新 2021年3月，兴宁市文化馆在抖音App开设账号“兴宁非遗”，在微信视频号开设账号“兴宁市文化馆”，年内发布视频32篇次。10月，兴宁市文化馆开设账号入驻文化在线——广东公共数字文化联盟平台，具备信息发布、活动预约、培训报名、慕课培训、数字展馆等6个数字化服务类型；2021年，兴宁市文化馆微信公众号浏览量16.66万人次。

（杨佳妮）

【兴宁市历史纪念馆】 2021年，兴宁市历史纪念馆聚焦中国共产党成立100周年伟大历史节点，发挥爱国主义教育基地功能，持续免费开馆，全年接待游客1.5万人，新开设展览2处，创新纪念活动1次，开办党史宣教活动36场，受教育人数超4000人次。协助各单位、社团在清明时节、“5•18”兴宁解放纪念日、“七一”中国共产党成立纪念日、抗战胜利纪念日、“10•1”国庆纪念日等重要日期，在解放纪念碑前举办入党、入团、军警宣誓，重温入党誓词等仪式。是年，兴宁市历史纪念馆被兴宁市委宣传部列为兴宁市党史教育实践基地，被共青团兴宁市委员会列为兴宁市少先队校外实践教育基地。

百年回顾图片展　2021年10月，兴宁市历史纪念馆展出“追寻红色足迹•书写时代华章——中共兴宁地方组织百年回顾图片展”。该展陈列于馆内一楼，展现在中国共产党的领导下一百年来兴宁人民走过的艰辛历程和取得的辉煌成就，参观人数2000多人。

兴宁市先进模范先进事迹专题展览　2021年10月，为助推兴宁创建文明城市，兴宁市历史纪念馆开设“兴宁市先进模范先进事迹专题展览”，展出兴宁助人为乐、诚实守信、敬业奉献、孝老爱亲、见义勇为5个方面26名模范人物的先进事迹。

“小小讲解员”实践活动　2021年4月始，兴宁市历史纪念馆策划开展“传承红色基因•讲好党的故事”，争做“小小讲解员”实践体验活动，从全市各种演讲比赛中挑选出9位优秀的选手聘请为纪念馆的首批小小讲解员，组织举办展厅讲解培训和志愿讲解活动。

党史宣教活动　2021年，兴宁市历史纪念馆利用纪念馆爱国主义教育阵地，采取“请进来”的形式，先后为梅州市生态环境保护局、中共兴宁市委统战部、兴宁市教育局、兴田派出所、兴宁农商银行等单位团体，在馆内开展以红色历史为主要内容的革命传统、爱国主义教育等党史学习专题活动31场，受教育人数超3500人次。应中国共产党成立100周年伟大历史节点，结合展厅展陈内容，编写出兴宁革命史和革命英烈有关的党史课件，采取“走出去”的形式，组织干部到宁新街道办事处横新小学、刁坊镇长征村、新陂镇新金村等地开办兴宁地方党史专题宣讲5场，受教育人数超400人次。

未成年人爱国主义教育　2021年，兴宁市历史纪念馆发挥梅州市爱国主义教育基地作用，向市内中小学和幼儿园宣传爱国主义精神，在兴宁市爱兴幼儿园、宁中小学、兴宁市第一中学等8所学校开展宣讲活动。

（沈钰汛）

▲2021年3月30日，兴宁市历史纪念馆在抗日记忆展厅为兴宁市爱兴幼儿园幼儿举行未成年人爱国主义教育活动　（叶杨波　摄）

党史研究

【概况】　2021年，中共兴宁市委党史研究室聚焦中国共产党成立100周年的历史节点，有序推进党史和文献征研工作，出版广东红色系列丛书1部，推进专题史初稿撰写1部，初校图册2部；新开设展览2处，拍摄及协助拍摄影音史料2部，协助红色资源保护利用3处；协助建设党史教育基地1处，打造红色长廊1处。

【党史文献征编】　2021年6月，中共兴宁市委党史研究室编著的《广东中央苏区兴宁革命简史》由广东人民出版社公开出版，同时入选红色广东系列丛书。全书126页，正文10.4万字，讲述兴宁自党组织创建初期到解放战争时期的革命历史。8月，完成图册《追寻红色足迹·书写时代华章——中共兴宁地方组织百年回顾》编纂稿，图册以时间为脉络，围绕创建新政权、立足新起点、谋划新发展、追梦新时代和亲切关怀5部分内容展开，收录图片188张。12月，完成《兴宁市革命遗址通览》编纂稿，该书收录2010年和2019年两次兴宁市革命遗址普查结果，包含72处广东省收录的红色革命遗址，涉及重要历史事件和重要机构旧址、重要历史事件发生地和人物活动纪念地、革命领导人故居、烈士墓、纪念设施5类遗址旧址类型。

【党史纪念展览】 2021年6月，由中共兴宁市委员会、兴宁市人民政府主办，中共兴宁市委党史研究室承办的“追寻红色足迹•书写时代华章——中共兴宁地方组织百年回顾图片展”在兴宁市文化馆和兴宁市历史纪念馆先后展出，有83个单位组织党员干部4000多人参观图片展。7月，中共兴宁市委党史研究室协同中共兴宁市委党校完成党校党史馆中国共产党兴宁历史大事记第二部分布展工作，展出内容分为“新民主主义革命时期”“社会主义革命和建设时期”“改革开放和社会主义现代化建设时期”以及“中国特色社会主义新时代”4部分。

【党史宣教活动】 2021年，中共兴宁市委党史研究室联合下属单位兴宁市历史纪念馆完成编写党史课件5篇：《赤色的土地，不变的情怀》《红色的记忆——重温中央苏区兴宁革命史》《缅怀英烈学党史，巾帼逐梦绽芳华》《学习百年党史 汲取奋进力量》《缅怀先烈学党史 勿忘初心勇担当》。开展中国共产党成立100周年党史宣讲活动，组织干部到市直单位、街道办、社区、学校、镇村等地举行党史专题讲座25场，受教育人数3000多人。

【党史专题片拍摄】 2021年6月，兴宁地方党史专题片《兴宁红色记忆》在兴宁市党史教育馆内循环播出。该片分为叙事篇和访谈篇两集，叙事篇以革命活动地点为轴讲述自1925年东征时期至1949年兴梅起义时期的革命历史，访谈片以冯宪章侄子、伍晋南女儿等革命后代口吻叙述先烈革命事迹。7月，中共兴宁市委党史研究室协助梅州市广播电视台拍摄制作的党史专题片《红色印记·光辉历程》兴宁篇开播，包含《革命伉俪生死坚守，血火洗礼苏区兴宁》《兴宁志士破危局，“九三”暴动撼人心》《周恩来宣扬革命真理，风云涌兴宁薪火相传》3集，片中记录兴宁市承载红色传统和革命精神的纪念地、标志物，以及重要党史人物，向观众讲述党的光辉历程，让干部群众切身感受中国共产党百年历史的辉煌成就。

【党史阵地建设】 2021年6月28日，由中共兴宁党史研究室负责编撰展陈内容的兴宁市党史教育馆正式开馆，馆内展陈内容有“永远的旗帜——中国共产党一大到十九大专题展”和“红色的记忆——中央苏区兴宁革命史专题展（1924.1—1949.9）”两部分。6月，负责编写打造的红色故事长廊开放参观，长廊内容取材于新民主主义革命期间兴宁发生的30个红色故事，以图文结合的方式绘制在兴宁市党史教育馆周边围墙上，打造成红色故事

▲2021年1月14日，中共兴宁市委党史研究室干部到罗岗镇红旗村红色交通站取信点现场调研
（黄春红 摄）

长廊景观。

【红色资源保护利用】 2021年，兴宁市推进红色革命遗址、名人故居修缮保护工作，中共兴宁市委党史研究室为水口镇“邓逸凡故居”、宁中镇“朱振汉故居”、罗岗镇“红旗村红色交通站遗址”等项目申报提供史料和审核申报书，获批省级红色革命遗址保护利用经费，推动红色革命遗址、名人故居保护修缮工作与乡村振兴、红色旅游相结合。

（沈钰汎）

地方志事业

【概况】2021年，兴宁市地方志办公室申报的3个项目（第三轮市志修纂、镇村志修纂、历代旧志整理）被列入《兴宁市国民经济和社会发展第十四个五年规划和二〇三五年远景目标纲要》。起草的《兴宁市镇村志编修工作方案》通过市政府常务会议审议，由市政府办公室发文实施。《兴宁市大坪镇志》通过终审。公开出版《兴宁年鉴(2021)》，组织拍摄《广东印记》省情系列微视频3集。

【《兴宁年鉴（2021）》编纂出版】 2021年，兴宁市地方志办公室对年鉴框架进行适度调整，增加“年度关注”等内容，新设“抗疫专题”“兴宁版画”图片专辑。聘请专业人员对年鉴进行版式设计，优化版面。至年底，《兴宁年鉴（2021）》由方志出版社公开出版。全书333页，字数63.7万字。设13个类目，19个分目，141个次分目，884个条目，用图226幅。

【镇、村志编修指导】 2021年，兴宁市地方志办公室加强对各镇、村志编纂的指导和管理。《潭坑村志》编印发行。聘请专家对《兴宁市大坪镇志》进行审稿验收。提请市委办公室、市政府办公室联合发文成立兴宁市镇（街道）志审查验收委员会。12月，组织完成《兴宁市大坪镇志》终审验收工作。起草的《兴宁市镇村志编修工作方案》通过市政府常务会议审议，由市政府办公室发文实施，全面启动镇（街道）志的编修工作。

【地方志资源开发利用】 2021年，兴宁市地方志办公室完成《兴宁学宫》《兴宁版画》《磐安围》3个《广东印记》省情系列微视频拍摄项目，并在省、市平台播出。参与编纂的《兴宁市革命老区发展史》出版。协助市委宣传部、市委党史研究室等部门，完成《兴宁市革命历史陈列馆布展大纲》、中共兴宁地方组织百年回顾图片展、市级爱国主义教育基地兴宁学宫布展等党史学习宣传教育资料的样稿审核工作。推进《祝允明岭南诗文辑注》《兴宁县山志》《兴宁乡土志》《晚清民国报刊兴宁史料辑录》等项目的前期工作。

【地方志数字化建设】 2021年，兴宁市地方志办公室完成志书、年鉴、地情书共19本6300多页的扫描、校对、审核和上传省情数据库工作。争取专项资金，完成75本兴宁市第一轮部门志（行业志）扫描、PDF格式电子版制作工作，完成2015—2017年和2020年《兴宁年鉴》的数据化并上传省情数据库。

【“方志兴宁”公众号建设】 2021年，兴宁市地方志办公室在“方志兴宁”公众号发表文

▲2021年12月14日，兴宁举办《兴宁市大坪镇志》终审会议

（市地方志办提供）

章、视频 50 期，被《梅州日报》《侨乡月报》等报纸和“侨乡梅州”“方志梅州”等公众号转发文章和视频 30 多篇，总点击量超 10 万次。

【地情研究】 2021 年，兴宁市地方志办公室在《梅州日报》等报纸杂志上发表文章 12 篇，《兴宁特色民居“朝天围”“上下一心屋”文化溯源》在嘉应学院《客家研究辑刊》上刊出；关于“程乡茧”土绸的文章引起省非遗专家密切关注。文章《兴宁两海会馆壁画背后的盐业与布业》在微信公众号“方志广东”的“粤故事”栏目刊登。

（何伟婷）

档案事业

【概况】 2021 年，兴宁市档案馆新接收扶贫档案 723 卷又 31267 件，扶贫照片 4339 张，光盘 199 张，疫情防控档案 3015 件；接待到馆查阅利用档案人员 263 人（次），查阅利用档案 860 卷又 86 件。

【档案收集整理与保管保护】 2021 年，兴宁市档案馆把档案安全保管保密放在档案工作首位，贯彻“以防为主，防治结合”工作原则，做好做实做细档案资料的保管保护保密工作。健全完善档案资料管理规章制度，对馆藏档案、资料按门类、载体、系统等进行分库存放，排列有序；认真做好“十防”（防火、防潮、防尘、防鼠、防盗、防光、防虫、防水、防高温、防污染）工作，定期更换防虫药，用多功能档案杀虫机进行消毒杀虫；加强档案安全检查，定期对馆藏档案资料进行翻动、抽查，对重点全宗的档案进行数字化备份，确保档案实体的完整与安全。全年数字化扫描国家重点档案 72773 页，整理 1339 卷，装订换盒 329 盒。加强档案库房管理，做好温湿度记录，按标准控制好库房温湿度；安装视频监控设备，对查阅档案全过程进行监控。加强档案信息安全管理，加强网络安全防护水平，对网络安全、数据安全开展全面自查，对所使用的数字化档案管理系统的安全性以及数据进行检查和备份操作，确保数据安全，防止数据丢失。

（张　瑜）

融媒体工作

【概况】 2021 年，兴宁市融媒体中心制作播出时政新闻 1352 条，《城乡一线》热点民情 1120 条，“兴宁发布”公众号发布新闻 1352 条，总阅读量 160 万次；“兴宁广播电视”公众号发布新闻 1420 条，总阅读量 130 万次；“兴宁发布”App 发布新闻 5300 条，总阅读量 2600 万次；抖音号、微视号等平台发布 3230 条，总阅读量 5000 万次。安排播出电视连续剧 30 部、1100 多集；消防安全宣传 61 条，防疫宣传 69 条，国家安全宣传 38 条，征兵宣传 28 条，公益标语 211 条，其他各类公益广告 208 条。原创摄制庆祝中国共产党成立 100 周年活动《书记话丰收》《丰收兴宁》《乡村振兴，大美兴宁》《红色兴宁》等系列宣传短片 5 条，防疫宣传片 5 条、聚焦党代会短片 5 条、聚焦两会短片 7 条，其他公益宣传片 5 条。

【时政报道】 2021 年，兴宁市融媒体中心采写编播《我市收听收看省新型冠状病毒肺炎疫情防控》《洪国华：安全生产、疫情防控两手抓两手硬，确保人民群众生命安全和身体健康》《市疾控中心提醒：中秋国庆仍需做好疫情防控工作》等防疫新闻 110 条，涵盖领导政务活动、防控一线等工作。组织采写《总投资 112.51 亿元！兴宁 45 个重点项目集中签约动工竣工》《宋才华到大坪镇调研：“四抓四提升”激活红色基因，赋能乡村振兴》《洪国华主持召开全市重点项目和地方政府债券项目工作推进会》《市政协委员视察我市乡村振兴和重点项目建设成果》《点赞！村民主动腾空房屋，支持重点项目征地拆迁工作》《我市坚定不移加快构建现代产业体系》等重点项目新闻 100 多篇。做好兴宁市委十四次党代会、兴宁市十六届人大一次会议、兴宁市政协十五届一次会议等重要会议宣传报道，进一步宣传党和政府的路线、方针、政策。采写刊发《兴宁：修缮将军故居，打造红色旅游精品线路》《我市 40% 以上村庄达到美丽宜居村标准》《宝宁农牧科技有限公司：

打造鸽产业一体化现代生态农牧企业，助力兴宁乡村振兴》《我市召开天河区·兴宁市乡村振兴驻镇帮镇扶村工作对接会》《巩固脱贫攻坚成果，全面推进乡村振兴》等有关乡村振兴新闻95条。

【专题宣传】 2021年，兴宁市在疫情防控宣传中，每天发布2条以上关于新冠肺炎疫情的最新信息或者知识。在党史学习教育宣传工作中，“兴宁发布”App开设专题《奋斗百年路，启航新征程》，内容涉及党史知识、“我为群众办实事”等内容，每天更新1条以上；开设《三农资讯》，重点推出国家对农业农村发展的最新要求、新发新规，各地农业动态等信息，方便农民咨询浏览；开设《深入学习贯彻党的十九届六中全会》专题宣传。

【融媒体中心建设】 2021年，兴宁市融媒体中心推进传统媒体和新媒体在内容、渠道、技术、平台、经营管理等方面的深度融合，建立并完善以平面媒体为基础，广播电视媒体为依托，微博、微信、抖音号、手机客户端为生力军的全媒体宣传平台，积极讲述兴宁好故事、传播兴宁好声音、树立兴宁好形象、传递兴宁正能量，发挥主流舆论阵地、综合服务平台、社区信息枢纽的重要作用。是年，投入建设资金46万元，购置一批高清非线性编辑系统、升级改造调频广播电台设备配套系统、4K超高清摄像机等采编设备，实现“一次采集、多种生成、多元传播”的全媒体内容生产分发。

【有线电视网络建设】 2021年，兴宁市广播电视台处理各类型机线故障12861次，新装用户（含增装、迁移）1002户。完成福兴碧桂园名仕首府、敏捷奥园锦绣银湾、敏捷翰林府、碧桂园凤悦台、敏捷奥园珑玥府等新建小区的有线电视网络规划、设计、建设，铺设光缆21千米、设置光节点80个。完成广发花园、三号小区、六号小区等辖区的有线电视老旧线路光改设计、建设，铺设光缆5千米、设置光分节点19个，无源光接收终端261个。维修乡镇相关设备1560台（套），抢修乡镇光缆89次。

【便民惠民服务】 2021年，“兴宁广播电视”公众号便民服务平台缴纳收视维护费用户1310人次，比上年增长15%。为36个五保户、2212个低保户、62名军残对象、611名优抚对象办理收视维护费减（全）免手续，惠民金额33.93万元。

（何建强）

■ 旅游

【概况】 2021年，兴宁市夯实旅游产业发展基础、加快文旅项目建设、开发旅游精品线路、开展旅游推广活动，启动广东省全域旅游示范区创建。兴宁市全年接待游客271.35万人次，旅游总收入19.2亿元。

【旅游业态发展】 2021年，兴宁市新建6座旅游厕所并录入百度地图，新增五星级民宿1家（月形山风情民宿）、三星级民宿2家（壹名美食农家庄、兴陇民宿馆）。径南镇东升村月形山风情民宿入选广东省乡村民宿示范点。指导径南宝山寨、珍珠红诚意酒城旅游区、云山谷旅游区完善旅游基础设施。熙和湾客乡文化旅游产业园通过国家AAAA级旅游景区质量等级考核。大美客家“熙和湾客乡文化旅游产业园—两海会馆—集福酒楼（午餐）—神光山国家森林公园—两镇五村连片示范区—磐安围—李洁之故居”等6条线路入选梅州黄金旅游线路。神光普照入选“梅州十景”、生死坚守——罗屏汉张瑾瑜烈士纪念馆和故居入选“梅州红十景”、兴宁学宫入选“梅州文十景”。完成兴宁市旅游集散中心（兴宁市游客服务中心）项目选址、方案设计。

【旅游项目建设】 2021年，兴宁市强化项目跟踪服务，推进文旅重点项目建设。熙和湾客乡文化旅游产业园、玖崇湖温泉度假小镇等7个文旅重点项目，全年完成投资6.86亿元。

【旅游宣传】 2021年，兴宁市文化广电旅游体育局组织文化旅游志愿者在明珠文化广场开展“绿色发展·美好生活”2021年中国旅游日兴宁市文明旅游志愿服务活动，发放各类宣传资料、纪念品5000份，接待参观群众1000多人；9月10—12日，组织熙和湾客乡文化旅游产业园、月形山乡村旅游区、梅州市金绿现代农业发展有限公司等重点企业参加广东国际旅游产业博览会。开通“兴宁文旅体”微信公众号。

（彭子欢　吴梓苑）

■ 体育

【概况】 2021 年，兴宁市落实全民健身国家战略，开展国民体质监测，加强体育场地设施建设，培养体育后备人才，推动体育产业发展，提升群众体育服务水平。

【体育产业】 2021 年，兴宁市加强体育彩票的销售管理。全市在线销售网点 57 个，各体育彩票销售网点的销售金额 3662 万元。红旗、跃速、新昌等体育产业累计产值约 4 亿元，税收约 2910 万元，带动就业人数 5137 人。

【体育项目建设】 2021 年，兴宁市文化广电旅游体育局加强对体育设施的日常管理，完善明珠体育公园的健身路径，完成两镇五村体育公园、福兴社区体育公园建设。4 月 30 日，大坝里体育场升级改造项目竣工启用活动在兴宁市大坝里体育场举行。

【群众体育】 2021 年，兴宁市举办兴宁市第七届“市长杯”足球赛、“中国体育彩票杯”羽毛球、乒乓球、围棋等系列赛事 13 个，参与活动人数 3000 人。

【竞技体育】 2021 年，兴宁市参加梅州市第九届运动会代表团获综合团体总分 2477.25 分，排名第三名。蹦床队（板上和网上）代表梅州市参加广东省青少年蹦床锦标赛获 3 金 2 银 2 铜的成绩，罗柳欣获女子乙组单跳个人第一名、罗海涛获男子乙组单跳团体第一名和男子乙组单跳个人第一名。

链接：兴宁籍运动员陈清晨获得 2021 年羽毛球世锦赛女双冠军

2021 年 12 月 19 日晚，2021 年羽毛球世锦赛女双决赛收官，中国组合陈清晨 / 贾一凡 2 ∶ 0 战胜韩国组合李绍希 / 申昇瓒，成功夺得冠军，时隔 4 年再次捧杯。

【足球事业发展】 2021 年，兴宁市顺利举办兴宁市第七届“市长杯”足球赛，组建 2 个足球队代表兴宁参加梅州市足球联赛。会同市教育局举办兴宁市第三十五届“南丰杯”小学生足球比赛。育新足球俱乐部代表梅州在 2021 年广东省足球协会室内五人制足球锦标赛中勇夺青少年组冠军。

（彭子欢　吴梓苑）

【业余体育】 2021 年，兴宁市以培养输送高水平体育后备人才为主要任务，以蹦床、足球项目为重点，着力抓好篮球、乒乓球、羽毛球、排球、游泳、跆拳道等训练项目，并根据各训练项目对年龄阶段的要求，注重梯队建设。在训练方式上以体校为主线，学校为依托，社会办班为补充，不断拓宽训练渠道。兴宁市业余体校与育新足球俱乐部开展合作，共建 5 个年龄梯队（2008—2009 年龄段、2010 年龄段、2011 年龄段、2012 年龄段、2013—2014 年龄段）的男子足球训练队伍，共同推进足球训练教育。是年，兴宁市业余体育学校新增学生 150 人，新增国家一级运动员 4 人，国家二级运动员 2 人。兴宁市业余体育学校被国家体育总局授予 2017—2020 年度全国群众体育先进单位称号。

（刘　瑜）

社会生活

■ 民政事务

【概况】 2021年，兴宁市坚持人民至上，增进民生福祉，持续保障和改善民生，不断完善服务、改进管理，统筹推进基层基础社会事务。

【基层政权和社区建设】 2021年，兴宁市开展全市村（居）委会换届选举工作。兴宁市民政局做好换届选举信访答复、证书发放及资料归档等相关工作，开展全市村监委成员业务技能培训；开展“万能章”治理为社区减负增效；协助做好正常离任村干部补贴认定工作，开展新一轮正常离任村（社区）干部信息采集工作；完成全国基层政权建设和社区治理信息系统信息录入；完成水口镇光夏村红色村城乡社区治理示范项目建设、宁新街道宁新社区和福兴街道锦绣社区城乡社区养老等综合设施示范项目建设，并及时复制推广有效经验。

【社会组织管理】 2021年，兴宁市民政局办理社会组织成立登记20家，其中，社会团体6家、民办非企业单位14家。至年底，全市登记在册社会组织301家，其中，社会团体92家、民办非企业单位209家；办理慈善组织认定的社会团体3家。投入9万元打造社会组织党建示范点9个。落实“党建入章”工作，在册登记的301家社会组织在章程中明确载入坚持中国共产党的全面领导的相关表述。开展社会组织党史学习教育，各社会组织发挥自身优势开展“我为群众办实事”活动。积极引导社会组织参与等级评估，兴宁市慈善会获评AAAA级社会组织。规范8家行业协会商会收费标准。打击整治非法社会组织，劝散中华练氏宗亲联谊总会。

【社会工作】 2021年，兴宁市实施“广东兜底民生服务社会工作双百工程”，建设镇（街道）社会工作服务站20个，社工点47个，实现全市社会工作服务站100%全覆盖。5月，建立兴宁市实施“广东兜底民生服务社会工作双百工程”联席会议制度，推进“双百工程”落实落细到位。

【民政信访】 2021年，兴宁市强化工作职责，进一步畅通信访渠道，做好政策解释和群众思想工作，实现有序回访和依法治访。全年受理群众来电来访436批次478人次，受理群众来信46件，所有信访件均按程序依时、依法办结。

【婚姻登记】 2021年，兴宁市推进婚姻方面的移风易俗改革，提倡婚事新办、简办。6月1日，实行婚姻登记“跨省通办”，实现婚姻登记信息全国联网；6月21日，实施“全城通办”。全年办理结婚登记4774对，离婚登记1037对，补领婚姻登记证2064对，登记合格率100%。

【殡葬管理】 2021年，兴宁市加强殡葬管理服务，开展殡葬业价格秩序、安葬（放）设施建设经营专项整治，做好清明节祭扫场所疫情防控、安全管理和服务保障。全年火化遗体6928具，节地安葬（放）3750具，市殡仪馆馆内办丧处理遗体2118具，免除七项基本殡葬服务费用857.87万元，受益群众6599户（次）。

【区划地名】 2021年，兴宁市做好路牌街牌设置及地名的确认，规范建筑物、住宅小区、街道等命名、更名管理规定，完善办理建筑物、住宅小区、街道等命名、更名办事流程。加强对兴宁城区街道路牌现场定位拍照巡查、组织维护和修缮。加强行政区域界线的管理，开展梅—河线第四轮行政区域界线联合检查及梅—河线3号、4号界碑更新。

人力资源

【概况】 2021年，兴宁市推动就业与再就业工作，完善公共就业服务机制和社会保障体系，努力构建和谐劳动关系，优化人才发展环境，推进“粤菜师傅”“广东技工”“南粤家政”三项工程。

【就业与再就业】 2021年，兴宁市城镇新增就业4050人，失业人员再就业2830人，就业困难人员实现就业213人，城镇登记失业率低于3.5%。加大政策宣传力度，开展“职业指导下基层”“社保惠企就业暖民”等宣传活动。全年开展政策宣讲活动48场次，派发宣传资料2万余份。营造“大众创业、万众创新”氛围。全年促进创业405人，创业带动就业1620人。开展线上线下各类就业招聘会60场。全年

▲2021年5月12日，“‘职’在民企 ‘就’有未来”招聘会在兴宁市明珠文化广场举行 （兴宁市人力资源和社会保障局提供）

使用中央和省就业创业专项资金1638.96万元；全年发放小额担保贷款7笔125万元，发放贴息137.9万元。落实失业保险待遇。全年发放失业保险金7140人次918.11万元，发放失业补助金4634人次211.43万元，为6家企业办理失业保险费稳岗返还补贴17.9万元。全年开展各类职业技能提升培训3174人。持续做好常态化疫情防控下稳定劳动关系，加大就业形势监测研判，防范应对失业风险。全市未发生规模性裁员、因裁员和失业引发的群体性事件发生。

【专业技术人员管理】 2021年底，兴宁市事业单位各级各类专业技术人员12935人，其中正高职称36人、副高级专业技术职称人员2615人、中级专业技术职称人员7119人、助理级2490人、员级675人。全年审核发放初、中级专业技术资格证书270份，完成26名“乡村工匠”专业人才的职称审核推荐申报。

【退休人员管理】 2021年底，兴宁市有纳入机关事业单位养老保险制度退休人员11473人，企业职工退休人员67424人。全年为547名机关事业单位干部职工办理退休审批手续；审批企业职工退休8896人，其中审批企业职工提前退休9人，企业、机关早期离开人员81人。做好国有企业退休人员档案托管工作，全年接收国有企业退休人员社会化管理档案9份（广铁集团6份、中国邮政公司3份）。加强退休职工档案资料管理，全年接收退休职工档案1169份，接待退休人员咨询860人次，查阅档案1500人次，出具相关证明（复印）资料89份。

【工资福利】 2021年，兴宁市工资统发单位223个，每月统发1.07万人，其中教育系统离休32人。1月起为事业单位15948

人增加一个薪级工资，人均增资83元。调整部分人员乡镇工作补贴，乡镇工作年限计算至2018年12月，凡满5年、满10年、满15年、满20年、满25年、满30年以上的1473人，向上调整一个档次标准，人均增资每月50元。会同组织、财政部门制定《兴宁市机关事业单位绩效考核方案（试行）》和《兴宁市机关事业单位绩效考核奖金及离退休人员慰问金发放办法(试行)》，并在2021年6月审批发放。会同组织、财政部门制定《关于修订机关事业单位工作人员死亡后遗属生活困难补助问题的通知》，遗属生活困难补助标准，按遗属户籍所在地政府确定的城乡居民最低生活保障线的100%执行，并随当地最低生活保障线标准的调整相应进行调整，2021年4月起执行。审核2021年新进事业人员档案，进行信息采集，核定新参加工作人员的工资发放。审批机关事业单位抚恤金人数25人，遗属生活困难补助44户。审批2020年度考核优秀人员2392人，标准为每人一次性1500元。

【人力资源管理】 2021年底，兴宁市事业单位380家，有管理人员、专业技术人员、工勤技能人员15692人，其中：管理人员1988人、专业技术人员12935人、在管理岗位工作的专业技术人员（即“双肩挑”人员）585人、工勤技能人员1354人。机关单位的工勤人员361人。是年，兴宁市人力资源和社会保障局新批准设立人力资源服务机构3家（兴宁市奇艺网络科技有限公司、广东壹号投资集团有限公司、广东中恩信息科技有限公司）；组织事业单位公开招聘405人，引进急需紧缺人才14人；接收派遣到兴宁市的“三支一扶”人员28人，并做好2019届服务期满人员21人的考核和就业推荐工作。做好事业单位人员调配、岗位设置、人员聘用和年度考核的审核备案工作，以及增人计划卡的管理使用，稳步推进事业单位管理岗位职员等级晋升制度相关工作。全年发放增人计划卡778张；办理岗位聘用手续6683人；办理事、企业单位人员调动62人，随军家属政策性安置6人，订单定向毕业生安置16人；发出商调干部函105份，审核商调干部档案62份。开展劳务中介专项整治行动，维护人力资源市场良好秩序和健康有序发展。全市劳务派遣企业13家，全年开展劳务派遣236人。

【公共人才服务】 2021年底，兴宁市公共人才服务中心保管各类人事档案50922份，其中当年接收大中专毕业生和流动人员人事档案4793份。全年办理大中专毕业生人事代理7人；办理人事代理人员转正定级，正常晋升档案工资123人次，年度考核68人次；为人事代理人员、档案保管人员出具各类证明、政审、工作鉴定268人次。全年接收高校毕业生报到1362人，改派185人；发出各类人员调档函、商调函108份，转递大中专毕业生档案1155份；对750名离校未就业高校毕业生进行“一人一档”电话跟踪服务；对22名困难高校毕业生“一人一策”进行9次精准对接服务，实现100%就业；举办高校毕业生专场招聘暨就业创业政策宣传会1场及网络招聘会3场。发挥人才驿站作用，建立驿站网站和公众号，收集1875名高层次人才信息，举办学术交流、人才座谈、人才培训、人才调研等活动30多场。落实高校毕业生就业创业补贴政策。发放《兴宁市人社局高校毕业生申请就业创业专项资金补贴知识手册》《促进就业九条》等各类就业创业政策宣传资料1万份，办理5名高校毕业生一次性创业资助、8名高校毕业生租金补贴、123名高校毕业生岗位补贴、67名到基层就业补贴、2名高校毕业生社保补贴审批手续，共补贴资金67.81万元。落实青年就业见习计划，完成13个就业见习基地“三年一考核”任务，取消3个不合格就业见习基地，新增团市委、兴业人力资源服务中心、教师发展中心3个就业见习基地，扩大招募就业见习人员35人。

【人才培训教育】 2021年，兴宁市组织全市专业技术人员通过广东省专业技术人员继续教育管理系统，完成2021年度继续教育公需科目的免费学习。督促指导各级行业主管部门和用人单位，组织开展专业技术人员2021年度继续教育专业科目和选修科目培训。对2011名确定为“2020

年度优秀”的机关事业单位人员继续教育完成情况进行年度验证。引导广大异地务工人员、贫困人员、企业职工参加职工适岗培训、以工代训、创业培训、新型学徒制培训、农村电商等技能培训。是年，全市培育各类劳动力3174人，其中职工适岗培训490人，企业新型学徒制培训254人，农村电商培训268人，客家菜师傅培训467人，南粤家政培训955人，其他培训250人，乡村工匠培训490人，累计补贴资金704.2万元。开展职业技能鉴定1075人，为高级技工学校、8家民办职业培训学校分别增设医护能力工种、专项能力工种。引导帮扶贫困家庭学生就读技工院校，在读市内技工院校学生生活费补助发放率100%。对兴宁市户籍技工院校建档立卡贫困家庭学生2020年秋季、2021年春季在校生进行核实。2020年秋季，符合条件申领生活费补助的建档立卡贫困家庭技校学生372人，发放补助55.8万元；2021年春季，符合条件申领生活费补助的建档立卡贫困家庭技校学生347人，发放补助52.05万元。

▲2021年4月7日，兴宁首届“南粤家政”技能大赛中，家政从业人员进行现场展示（兴宁市人力资源和社会保障局提供）

【“三项工程”推进】 2021年，兴宁市出台《兴宁市“南粤家政”工程高质量发展实施方案》和《关于推动兴宁市“粤菜师傅”工程高质量发展的实施方案》，推动“三项工程”（“南粤家政”工程、“粤菜师傅”工程、“广东技工”工程）落实。全年开展“三项工程”培训3174人，带动就业创业3300人。成立兴宁首个“南粤家政”基层服务示范站；建立兴宁市“粤菜师傅”工程展示馆和鸿都酒店粤菜（客家菜）大师工作室；紫来酒店在第四届粤港澳大湾区“粤菜师傅”技能大赛暨粤菜产业文化交流活动中获评2021年度粤菜名店。组织研究制定《客家菜　兴宁酿豆腐烹饪工艺规范》等6个菜品团体标准；市高级技工学校与当地企业共同研发推出渔村漉菜等3种新菜品；紫来酒店创新研发制作的“珍珠红娘酒焗鸡”“香煎客家鱼饼”在“2021年全国行业职业技能竞赛——全国餐饮行业职业技能竞赛”中式烹饪赛项目中获得金奖。研究制订“兴宁鸽”养殖和美食烹饪技术标准以及产业链扶持发展政策。建设“广东技工”主阵地，稳步推进创建技师学院建设工作，兴宁市高级技工学校获得1亿元地方政府专项债券支持。举办首届“南粤家政”技能大赛、第三届客家菜师傅技能大赛、第五届“客家月嫂节”活动。在2021年广东省第一届“南粤家政”技能大赛中，兴宁2名选手分别获得家政服务项目三等奖、医疗护理员项目优秀奖。

【劳动保障监察】 2021年，兴宁市加强工资支付专项检查、隐患排查，以及根治欠薪冬季专项行动，从源头上预防化解劳资纠纷。全年通过进工地、送法入企、门户网站和电视台等方式，开展法律法规宣传活动23批次，发放各类宣传材料8900余份，接受群众咨询3500余人次。开展日常巡回监察用人单位235家（次），涉及员工1.8万人。协调处理群众投诉案件135件，立案办结各类劳动违法案件42件，其中移送公安机关立案处理案件4件，申请法院强制执行7件，为522名劳动者追回拖欠工资等待遇991.9万元，法定时效结案率100%。监察督促各类企业补签、完善劳动合同1600份，发出限期改正指令书39份、行政处理决定书25份、行政处罚决定书2份。推进劳动合同签订，全年签订劳动合同企业453户，劳动合同签订率98.6%。2021年，兴宁市高温津贴标准为每人每月300元，如按照规定需按天数折算高温津贴的，每人每天13.8元；12月起，兴宁市企业职工最低工资标准由原来的1410元调整为每月1620元，非全日制职工小时最低工资标准由原来每小时12元调整为16.1元。加强对企业执行劳动保障法律法规情况的监督，引导企业建立和完善用工管理台账，动态掌握企业的用工状态，规范企业用工行为，要求各用人单位做好高温津贴发放工作。做好薪酬调查工作和企业人工成本监测工作，在住宿和餐饮业、制造业、批发和零售业、电力、热力、燃气及水生产和供应业等18个行业门类的单位中确定样本企业。

【工伤认定】 2021年，兴宁市受理劳动事故伤害案件431件。其中，工伤认定127件，结案127件，劳动能力鉴定124件，其他咨询解答及协议调处180件。

（邓心平）

■社会保障

社会保险

【概况】 2021年，兴宁市养老保险参保人数50.2万人，其中，企业职工养老保险参保人数9.1万人，机关事业单位养老保险参保人数2万人，城乡居民养老保险参保人数39.1万人；失业保险参保人数5.3万人，工伤保险参保人数6.6万人。全年各险种共征收基金14.7亿元，其中企业职工养老保险7.94亿元，失业保险1340万元，工伤保险492万元，城乡居民基本养老保险3557万元，机关事业单位养老保险3.56亿元，职业年金2.67亿元。全年足额支付各项待遇24.15亿元。

【职工养老保险】 2021年，兴宁市职工养老保险（含企业职工养老保险和机关事业单位养老保险）参保人数11.1万人，征收职工养老保险基金11.5亿元，其中企业职工养老保险7.94亿元，机关事业单位养老保险3.56亿元。推进企业职工养老保险过渡性养老金计发办法和信息校核工作，按时保质完成3批共2.4万人的待遇计发重核调整。全面推广社保卡应用，新增退休人员用卡率达100%，清理回收滞留社保卡6.2万张；做好退役士兵养老保险补缴工作。开展退役军人社保关系接续清查。推进兴宁市机关事业单位养老保险新办法待遇计发工作，开展机关事业单位保险制度改革前的合同制工人（含聘用制干部）欠费清查，共补缴2889人；对1618名退休“中人”（2014年10月1日后退休的人员）进行新办法计发待遇，对850名改革后有职务升降的退休“中人”进行养老待遇重新核定。

【城乡居民基本养老保险】 2021年，兴宁市城乡居民养老保险参保人数39.1万人，征收城乡居民基本养老保险基金3557万元。落实困难群体城乡居保最低缴费标准全额代缴养老保险费政策，为1.4万名建档立卡贫困人员和3076名重度残疾人、精神和智力残疾人员以及1.1万名低保对象、特困群体人员办理代缴城乡居民养老保险；为符合条件的1.6万人发放城乡居民养老保险待遇。

【失业保险】 2021年，兴宁市失业保险参保人数5.3万人，全年核准认定享受按月领取失业保险金人员共784人，累计发放失业保险金7140人次918.11万元；缴纳职工医保费7140人次243.72万元；发放求职补贴3065人次99.06万元；审核认定发放失业补助金4634人次211.43万元；发放技能提升补贴6人0.77万元。

【工伤保险】 2021年，兴宁市工伤保险参保人数6.6万人，支付工伤保险待遇203人1038万元，其中支付医疗伤残待遇143人581万元，工亡待遇4人348万元。落实单位从业的超过法定退休年龄劳动者等特定人员参加工伤保险相关政策，将从业单位工作的超过法定退休年龄人员、实习学生、单位见习人员、村（社区）“两委”人员、提供网约车外卖快递劳务等新业态从业人员、在

▲2021 年 4 月，兴宁市医疗保障局举行“宣传贯彻条例　加强基金监管”为主题的集中宣传月活动　　（兴宁市医疗保障局提供）

家政服务机构从业的家政服务人员、已享受一级至四级工伤伤残津贴或病残津贴人员、依法组建的志愿服务组织招募从事特定公益活动的志愿者等八类特定人员纳入工伤保险参保范围，推进村（社区）“两委”干部参加工伤保险工作，全市 20 个镇（街道）的村（社区）“两委”干部全员参加工伤保险。

（张　怡）

【医疗保险】　2021 年，兴宁市职工医保参保人数 85201 人，城乡居民医保参保人数 86 万人。全市各项医保基金征收收入 6.18 亿元，其中职工医疗保险基金征收收入 3.50 亿元，征收城乡居民医疗保险基金 2.57 亿元，职工补充医疗保险基金 1091.34 万元。各级财政补助收入 4.95 亿元，其中城乡居民医疗保险基金收入 4.58 亿元，医疗救助基金收入 3710 万元。支付各项医保待遇 4.05 亿元，其中支付职工医疗保险待遇 5374.84 万元，支付城乡居民医疗保险待遇 3.40 亿元，职工补充医保待遇 1157.97 万元。推动由梅州市政府主导的为完善多层次医疗保障体系的补充保险“保尚保”的参保工作，兴宁参保人数 11 万人。

【医保基金监管】　2021 年，兴宁市制定《兴宁市医保基金监管“护金行动”工作方案》，在全市开展“护金行动”专项检查，对 28 家定点医疗机构执行医保政策情况进行全覆盖专项检查，收回违规使用医保基金 1470 多万元。对广东省审计发现的医保基金监管专项治理疑点数据问题金额进行整改，并追回医疗保障基金 166.78 万元。采取随机抽查及暗访检查方式检查公立医疗机构 26 家，私立定点医疗机构 3 家，医保定点零售药店 242 家，加大打击欺诈骗保力度，规范医保医疗服务行为，推进医疗保障反欺诈体系建设，维护医保基金安全运行。4 月，市医保局举办以“宣传贯彻《医疗保障基金使用监督管理条例》加强基金监管”为主题的集中宣传月活动；5 月，组织举办《医疗保障基金使用监督管理条例》宣讲辅导会，全市 29 家定点医疗机构、242 家定点药店代表共 120 多人参加。

【医药服务管理】　2021 年，兴宁市 26 家公立医疗机构药品线上采购率达 98% 以上。落实国家组织药品集中采购工作，有多个批次的多个品种采购率达 500% 以上，个别品种达 1000% 以上，有利于降低药品价格、减轻参保人负担。规范医用耗材采购，对医用耗材采购进行专项监管。建立医用耗材采购工作进行通报制度，并列入医疗机构服务考核评价体系。对执行医用耗材采购政策落实不到位、线下采购率达 70% 以上的医院进行约谈。发挥平台价格优势，推进医用耗材集中带量采购，特别是高值耗材采购。如心脏支架执行带量集中采购后从原来的 1.2 万多元降至 700 多元。建立医疗服务价格动态调整机制和新增医疗服务价格项目受理审核工作，规范基层医疗机构医疗服务价格。经过集中采购，三轮大幅降低核酸检测价格，单人单检、多人混检每人份价格分别降至不高于 40 元和 10 元。

【医保服务能力建设】　2021 年 3

月，兴宁市医疗保障事业管理中心挂牌，全面理顺医保行政部门与经办机构的关系。4月，顺利上线国家医保信息系统。落实医保三大目录贯标落地，提升医保工作标准化水平。门诊费用实现纳入省内异地就医直接结算。城乡居民参保登记、异地就医备案等高频服务事项实现网上办理。全市共有近10万人开通医保电子凭证，方便群众就医。开通“基本医疗保险+大病保险+医疗救助+二次救助”的“一站式”结算，困难群众在市内就医可实现基本医保、大病保险、医疗救助和二次救助4项待遇定点医疗机构即时结算。

（赖清平）

【社保基金监督】 2021年，兴宁市开展“清数”“筑墙”行动，清理历史数据、修正疑点信息、发现制度漏洞，针对性加强信息系统、财务管理等方面风险防控体制机制建设；开展社保基金安全“警示教育月”活动，打击欺诈骗保、侵占社保基金违法行为，共举行专题讲座、教育培训等5场；发挥稽核内控部门的职能作用，做好经办业务内控监督检查，严格按政策、法规经办。

【社保经办服务】 2021年，兴宁市社会保险基金管理局推进“放管服”改革工作，在广东政务服务网上线100个公共服务事项，其中96项可以在线申办；落实梅州市85项市内高频服务事项“全市通办”业务，月定期养老待遇核定等5项业务实现“省内通办”。对115个公共服务事项经办所需材料进行“清减压”；利用“粤省事”“广东人社”App等线上载体开展基本养老保险待遇领取资格认证工作，以“网上办”“掌上办”“自助办”等方式满足群众在疫情防控下“不见面”服务需求。实施“社保服务快办行动”，5个事项实现提速办理，设立“死亡待遇打包办”窗口和“企业退休打包办”窗口，推进业务一站式“打包办”；与税务部门沟通协调，从2021年12月起，市税务局在市社保局设立社保减员和终止扣费手续业务专窗，减少群众跑腿次数。

（张　怡）

▲2021年12月5日，兴宁市社保局在文化广场开展社会保险志愿服务宣传活动　（兴宁市社会保险基金管理局提供）

社会救助

【概况】 2021年，兴宁市以保障和改善民生为主题，着力完善“大救助”工作体系，努力构建标准科学、对象准确、评议公正、进出有序的社会救助工作格局，维护困难群众基本生活权益。全年支出低保资金1.12亿元、特困人员供养资金4893.41万元、临时救助资金226.56万元。

【最低生活保障】 2021年，兴宁市在册低保对象13879户28383人，其中农村低保12887户26771人、城市低保992户1612人。全年支出低保资金1.12亿元。低保标准由2020年每人每月的城市772元、农村532元分别提高到城市800元、农村551元；全面提高低保对象的月人均补差水平，由2020年的每人每月城市609元、农村285元分别提高至城市631元、农村286元。

【特困人员救助供养】 2021年，兴宁市在册特困供养对象3589人，其中城市特困供养对象149人、农村特困供养对象3440人。全年支出特困人员供养资金合计4893.41万元。特困人员供养标准由 2020 年的每人每月城市 1236 元、农村 860 元提高到城市 1280 元、农村 890 元。

【临时救助】 2021 年，兴宁市民政局对低保家庭、低保边缘家庭的特殊性、暂时性、突发性生活困难给予救助，临时救助群众 3152 次，支出 226.56 万元（其中一般救助 532 人次，支出 152.11 万元；紧急救助 14 人次，支出 6.98 万元；春节期间困难群众物资款 2606 人次，支出 67.47 万元）。加强与乡村振兴等相关部门信息比对，对返贫风险较高的已脱贫人口、边缘易致贫返贫人口以及其他特殊困难群体进行摸底排查，符合条件的及时纳入救助范围，巩固脱贫攻坚成果。是年，全市无劳动能力建档立卡对象 5625 户 8250 人，其中纳入低保 5521 人，纳入特困供养 2472 人，纳入事实无人抚养儿童及孤儿 257 人，无劳动能力 100% 纳入兜底保障。

【流浪乞讨救助】 2021 年，兴宁市运用人脸识别、DNA 数据比对等方式，提高流浪乞讨滞留人员救治、寻亲返乡的精准度和工作效率。全年救助 118 人次，其中，站内救助 65 人次，站外救助 53 人次，协助返乡 25 人次，送医 5 人次，寻亲成功 4 人（其中滞留人员寻亲成功 2 人）。超过 3 个月无法查明身份信息的滞留人员，落户 8 人；滞留 1 个月以上未满 3 个月的 1 人，等待送返原户籍地。

（陈杏婷）

【医疗救助】 2021 年，兴宁市利用医疗救助资金为全市 60775 名特殊人员参加 2021 年度城乡居民医疗保险，做到贫困人员个人缴费 100% 得到全额资助。全市医疗救助基金收入 3710 万元，符合医疗救助特殊人群 49928 人次，救助金额 2865.9 万元；因病致贫符合医疗救助的 397 人次，救助金额 363.99 万元。

（赖清平）

社会福利

【概况】 2021 年，兴宁市推进社会福利事业发展，组织实施老年人、残疾人和孤儿等特殊群体权益保护，指导福利职业职能建设工作，推动落实全市儿童福利机构和未成年人救助保护机构相关工作，指导和监督养老服务、老年人福利、特困人员供养服务机构管理工作，营造社会福利事业发展的良好环境。

【老年人福利】 2021 年，兴宁市累计发放 80—99 周岁高龄补（津）贴 579.16 万元、百岁长寿保健金 48.18 万元。利用福彩公益金项目资金，加强公办敬老院设施设备建设和消防工程改造，巩固绿化、美化、亮化、净化“四化”建设成果。推动 13 家公办敬老院取得消防审验备案；通过消防验收的民办养老机构 29 家，剩余 1 家养老机构在整改申领中。投入 21 万元完成 70 户分散特困供养家庭老年人居家适老化改造。组织养老机构护理人员参与线上培训 244 人次，完成全市 385 家社区养老服务机构信息。至年底，有 3 家民办养老机构和 1 家公办敬老院通过星级评定，全市有 15 家省定星级养老机构。

【儿童福利】 2021 年，兴宁市发放孤儿基本生活保障金 156.51 万元、事实无人抚养儿童生活保障金 962.47 万元。提高孤儿基本生活最低养育标准，集中供养孤儿由 2020 年的每人每月 1820 元提高到 1883 元，社会散居孤儿由 2020 年的每人每月 1110 元提高到 1227 元，事实无人抚养儿童由 2020 年的每人每月 1110 元提高到 1227 元。成立兴宁市未成年人保护工作领导小组，统筹协调全市未成年人保护工作。筹措 38 万多元购买 5 家社会组织和 1 家督导机构开展全市留守儿童的信息摸排、建立一人一档以及进行未成年人保护政策的宣传，充分利用社工人员的专业水平对困境留守儿童开展心理关怀和疏导。筹措 40 多万元资金购买保温杯、文具等关爱物资，对全市 8210 名农村留守儿童开展慰问。

【残疾人福利】 2021 年，兴宁市全年累计发放残疾人“两项补贴”（困难残疾人生活补贴和重度残疾人护理补贴）6928.98 万元，为 6591 名符合条件的重度残疾人、精神和智力残疾人缴纳城乡居民养老保险费 79.09 万元；为 13774 名持证重度残疾人缴交城乡居民医疗保险 440.77 万元。

免费抢救性康复训练全年在训残疾儿童 59 人（其中：智力残疾 29 人、听力残疾 11 人、肢体残疾 19 人）；完成 235 例困难白内障患者复明手术；完成 50 户困难重度残疾人家庭无障碍改造工作。

（张子东）

【福利彩票】 2021 年，兴宁市加强彩票市场管理，有序开展营销促销活动，投注站即开票展示率 100%；新增福利彩票投注站 10 间，其中公司加盟开设福彩投注站 8 间。销售福利彩票 3003.1 万元，筹措福彩公益金 141.13 万元。

（陈杏婷）

慈善事业

【概况】 2021 年，兴宁市民政局利用"全国扶贫日""中华慈善日""国际志愿者日""广东扶贫济困日"等重要时间节点，开展形式多样的慈善宣传活动，营造浓厚慈善氛围。做好慈善会捐赠拨付工作，加强慈善款物依法依规使用，完善应急突发事件中款物接收调配机制。

【广东扶贫济困日活动】 2021 年，兴宁市举办"广东扶贫济困日"活动暨"千企帮千镇""万企兴万村"启动仪式，动员社会爱心企业、爱心人士积极参与"帮镇兴村"行动，巩固拓展脱贫攻坚成果，衔接乡村振兴，展现兴宁人乐善好施、热心公益的良好形象。与村镇银行、广发银行和建设银行协商开设"绿色通道"，专门设立接收捐赠款窗口，全年收到捐款 1803.79 万元，拨付捐赠资金 1789.97 万元。

（陈杏婷）

住房保障

【概况】 2021 年，兴宁市做好政府公有房产、政府投资建设的廉租房管理工作。全年发放低收入住房困难家庭租赁补贴 152 户，发放金额 26.33 万元。完成新兴豪庭地下车库办证，福宁大厦地下室测量，敏捷珑玥府预测，都晟酒店、锦绣雅苑实测等测量工作，完成福兴安置区、宁新安置区等新建房屋白蚁预防施工。

【公房管理】 2021 年，兴宁市公房管理部门开发推广"智慧房管"微信公众号，逐步实现租户房租可微信缴交，公房信息可手机查看；按照市政府要求，依规购买兴宁市纱线厂位于兴宁市南街 29 号、31 号、33 号的 3 处房产；加强危旧公房的维修养护工作，全年完成危旧房屋安全普查 150 多处，完成小青瓦屋面改造 19 宗，改造面积 1900 平方米，完成公房中修维修工程 12 宗、小修维修工程 200 多宗。

【直管公房稽查】 2021 年，兴宁市公房稽查部门对公房资产基数进行汇总统计，与 2500 多户租赁户重新签订租赁合同，完善租赁户信息；开展对兴福花园廉租房 1 栋的确权工作和城东巷 18 号公房交换工作，及时更新资产、租金和租赁户的变动。

【房地产测绘】 2021 年，兴宁市房产测绘队完成新兴豪庭地下车库办证，福宁大厦地下室测量，敏捷珑玥府预测，都晟酒店、锦绣雅苑、荣华大厦实测等测量工作，合计建筑面积 19 万平方米。

【白蚁防治】 2021 年，兴宁白蚁防治公司完成福兴安置区、宁新安置区、永和安置区、兴宁市图书档案馆、水口龙谷林农科研所、福兴碧桂园、宁江新城八期等新建房屋白蚁预防施工面积合计 15 万平方米。

（彭晓芳）

【农村危房改造】 2021 年，兴宁市农村危房改造任务数为 90 户，90 户均已开工、竣工。验收合格拨款 87 户，其余 3 户因验收不合格不给予拨款。

【棚户区改造】 2021 年，兴宁市继续推进南部新城棚户区改造三期（宁新安置区 C 区）建设项目，先行实施宁新安置区 C 区一期（7 栋）工程，主体工程已 100% 完工，总工程量约完成 58%。兴宁市南部新城棚户区改造三期（福兴安置区三期）建设项目的先行 8 栋及后续 4 栋，主体工程已 100% 完工，总工程量约完成 60%。

（邹紫明）

【住房公积金归集支取业务】 2021 年，兴宁市全年归集缴存总额5.38亿元，办理购房、还贷、退休、下岗失业、调动、离职等支取住房公积金55989人次，购房、还贷、离职等支取3.87亿元。

【住房公积金贷款业务】 2021年，兴宁市全年放贷1030户、放贷金额2.32亿元，完成存贷比71.8%。收回贷款1.11亿元。累计总放贷18.72亿元、总放贷10661户。

【公积金便民服务】 2021年，兴宁市住房公积金管理部门继续深化“放管服”改革，推进审批服务便民化，推动减环节、减材料，实现贷款只跑一次，提取免收复印件等；按照梅州市出台的《关于审议通过扩大租房提取范围、提高租房提取额度事项的通知》，加大对职工租住住房的支持力度；在兴宁城区广发银行兴宁支行、交通银行兴宁支行增设服务网点，方便缴存单位和职工办理住房公积金业务，拓宽群众办事渠道。

（钟文彬）

■卫生健康

综述

【概况】 2021年，兴宁市牢固树立“生命至上、以人民健康为中心”理念，全力做好新冠肺炎疫情常态化防控工作，加快医疗卫生重点项目建设进度，提升医疗卫生服务水平，推进中医药事业发展，统筹推进卫健各项工作。

【新冠肺炎疫情常态化防控】 2021年，兴宁市按照国家、省和梅州市新冠疫情防控相关文件要求，做好疫情防控常态化各项措施。突出抓好高、中风险地区来兴返兴人员监测、筛查、隔离医学观察工作，储备17间集中隔离场所，储备房间数1698间，满足20间/万人的标准要求。举行兴宁市新冠肺炎本地疫情应急处置（大规模核酸检测）演练，组织集中隔离场所工作人员进行培训演练，累计培训219人次。加大宣传力度，普及常态化疫情防控宣传教育，至年底，回复信访113件，办结率100%；网站发布1548条，微信公众号推送1336条，印制发放宣传资料2万多份。

核酸检测 兴宁市人民医院、市第三人民医院和市疾病预防控制中心PCR实验室投入使用，提升核酸检测能力，完成129715人次医护人员（含后勤、临工）、219544人次患者及陪护人员核酸检测工作，结果均为阴性；为方便重点地区来（返）兴人员“三天两检”，做到核酸检测在属地设立的临时核酸检测采样点进行采样，全市设立26个核酸采样点（城区6个、乡镇20个），共采集21750人次；对重点场所、重点人群做到核酸检测全覆盖，重点场所环境监测2442份，重点食品监测2449份，从业人员核酸检测5881人次，结果均为阴性。

监督检查 兴宁市卫生健康局组织市疾控中心和市卫生监督所对各医疗卫生机构的新冠肺炎疫情防控工作进行巡回监督检查，严守院感红线，全年监督检查各类医疗卫生机构1500余家次，发出卫生监督意见书1500余份（其中限期整改意见书550余份），责令6间个体诊所停业整顿。

疫苗接种 规范设置日常接种点23个（市人民医院、市三院、鸿惠医院及20个基层医疗卫生单位）、大型临时接种点2个（影剧院大型临时接种点、文化广场大型临时接种点），开展进企业、进社区、进校园活动，提供疫苗接种服务。

【医药卫生体制改革】 2021年，兴宁市26家公立医疗机构药品线上采购率保持在2020年底以来的较高水平，达99.4%以上。为进一步理顺全市公立医疗机构基本医疗服务价格体系，杜绝医疗服务价格乱收费问题，围绕《梅州市基本医疗服务项目价格汇总表（2021年版）》规定，督促各医疗机构及时执行新的价格项目编码和目录，各医疗机构于2021年8月15日执行新的医疗服务价格。

【医疗卫生重点项目建设】 2021年，总投资14.55亿元的兴宁市人民医院异地（整体）搬迁新建项目，已投入建设资金8.73亿元，整体项目建设完成80%，完成传染科楼、南区地下室、行政综合楼、高压氧舱楼、门急诊医技综合楼和核医学门厅的主体建设；福兴街道社区卫生服务中心整体搬迁项目总投资7944.76万元，规划建设用地 0.67 公顷，总建筑面积 8500 平方米（根据实际分两期建设，一期建设 6000 平方米，二期建设 2500 平方米），完成项目一期工程招标工作。

【老龄工作】 2021 年，兴宁市投入经费 236.74 万元，为全市 195992 名 60 周岁（含）以上老年人加入老年意外伤害综合保险。推进医养结合工作，兴宁市康寿园老年公寓设立医疗室，按规定完成备案，实现医养结合机构零的突破。

【卫生监督执法】 2021 年，兴宁市出动监督员 5500 余人次，督查各类监管场所 3500 多间次，制作各类监督文书 3500 多份（其中限期整改意见书 800 多份），作出行政处罚 45 宗（公共场所 11 宗、医疗机构 30 宗、职业卫生 3 宗、饮用水卫生 1 宗），罚款 11.55 万元，已办结 44 宗，涉嫌非法行医犯罪移送公安机关 1 宗；共受理群众投诉 30 件，均已按信访工作要求办结。

【卫生健康宣传与教育】 2021 年，兴宁市围绕“健康兴宁”建设，疫情防控知识、疫苗接种、开放三孩政策、深化医改、卫生医疗重点工程等开展主题宣传，先后在广东卫生信息、“南方+”、《梅州日报》、兴宁广播电视台等主流媒体或行业媒体刊播。通过兴宁市卫健局官方网站、“兴宁卫健”公众号集中推送，及时发布市疫情防控指挥部下发的通知通告和疫情通报。全年发布网站信息 1548 条，其中含新闻动态 846 条，通知通告 199 条，视频 17 条；微信公众号发布推送 1336 条；共发放疫情防控知识宣传资料 2 万份。

【卫生健康惠民】 2021 年，兴宁市印发《关于进一步做好慢性病患者特殊门诊有关工作的通知》，引导慢性病患者优先到基层医疗卫生机构就诊，并通过提供家庭医生签约服务和国家基本公共卫生服务提升患者就医获得感。

（曾梦雨）

医疗卫生

【概况】 2021 年，兴宁市卫生健康系统有医疗卫生机构 684 个，其中公立医院 6 个，镇级卫生院 17 个，社区卫生服务中心 3 个，社区卫生服务站 2 个，村卫生站 513 间；民营医院 3 间（鸿惠医院、神光眼科医院、网雨大医院），个体诊所 133 间，门诊部 4 个，卫生所（医务室）2 间。二级甲等医院有市人民医院、市中医医院、市妇幼保健院。全市年门诊量 3121348 人次，住院 63445 人次。全市医疗卫生机构共有病床 3090 张，平均每千人拥有病床 3.96 张。全市公立医疗卫生机构共有现职卫生工作人员 3845 人（其中专业技术人员 3214 人，占 83.6%）。

【医疗卫生服务和管理】 2021 年，兴宁市全面落实 14 项国家基本公共卫生服务项目和 15 项重大公共卫生服务项目，继续推进家庭医生签约服务，规范居民健康档案和强化特殊人群管理，提高居民的健康素养，提升基层医疗服务能力和公共卫生服务水平。

【预防接种服务】 2021 年，兴宁市开展 5 轮免疫规划工作日常督导，督导人次数 160 多人次；全市累计接种免疫规划疫苗（不含新冠疫苗）16.15 万剂次，非免疫规划疫苗 7.63 万剂次，全市免疫规划疫苗接种率均达 99% 以上，无接种安全事故；保障新冠疫苗接种工作安全、规范、有序进行；做好异常反应监测工作，全年报告疑似预防接种异常反应个案 81 例，其中一般反应 48 例、异常反应 12 例、偶合症 14 例、心因性反应 7 例。

【妇幼保健】 2021 年，兴宁市开展城乡妇女“两癌”（宫颈癌和乳腺癌）免费检查项目，全年检查任务数 8703 人，完成筛查 8731 人，超额完成任务。

【公共卫生服务】 2021 年，兴宁市开展高血压、糖尿病日宣传活动，组织相关专业人员为现场群众义诊，设立医学知识宣传栏，提高群众知晓率，发放防治知识宣传资料 1000 份，给群众免费测血压、血糖 600 余人，接受现场咨询 500 余人。

【中医药事业】 2021 年，兴宁市卫生健康局组织相关工作人员赴丰顺县学习创建全国基层中医药工作先进单位先进经验，并举办卫健系统创建全国基层中医药工作先进单位常态化工作培训班、兴宁市基层中医药适宜技术培训班，开展基本公共卫生服务中医药健康管理项目专项督导20场次，组织中医医院业务骨干到各乡镇卫生院开展中医适宜技术指导培训班共20场次。全年印发《关于建立创建全国基层中医药工作先进单位常态化工作机制的通知》《兴宁市创建全国基层中医药工作先进单位常态化工作台账清单（基层医疗卫生机构专用）》等文件，建立基层医疗卫生机构常态化台账报送制度，落细落小各项任务，压紧压实各方责任。

（曾梦雨）

疾病预防控制

【概况】 2021年，兴宁市疾病预防控制中心以预防控制新冠肺炎疫情、提升疾控工作服务水平为重点，围绕传染病监测、重大疾病防治、免疫规划、卫生监测、地方病防治等工作目标要求开展各类传染病的预防与控制工作。

【新冠肺炎疫情防控】 2021年，兴宁市强化能力建设，充实流调力量。成立肺炎疫情防控工作领导小组，明确流调组、检验检测组、消杀组、信息组、后勤保障组的成员及任务。加强流调溯源能力建设，抽调镇卫生院、街道社区卫生服务中心应急人员，组建市镇医疗卫生流调溯源队伍。围绕新型冠状病毒感染的肺炎防控方案、个案调查表、实验室检测方案、采样送检、消毒技术方案、实验室生物安全知识等内容开展专题培训。组织开展疫情全流程全要素综合演练、全员核酸检测、看守所发生新冠肺炎聚集性疫情应急、梅州市卫生应急队伍联合演练、兴宁市学校核酸检测等应急演练。加强疫情监测报告，及时对重点风险人群进行筛查。是年，处理协查事件81起，开展流调803人次，含密接管理12人，次密接540人、红码7人、黄码1人等；累计核酸检测36182人，检测结果均为阴性。加强物资储备，按要求备足30天所需应急物资、核酸检测试剂和耗材，建立防护用品、检测试剂等防疫物资进货、消耗、库存台账。全力做好复工复产复学疫情防控，建立应急预案，对厂矿企业派出工作人员专项指导，做好返校前准备和强化返校后管理，派出健康副校长、工作人员对学校“点对点”包干指导，加强校外托管机构、培训机构新冠肺炎疫情常态化防控工作的督查、指导及培训。制订疫情防控方案，做好重要会议、大型活动疫情防控保障。加强新型冠状病毒日常监测，完成重点场所、重点人群、进口冷冻肉制品和水产品的监测，监测覆盖率100%。

【疾病预防和控制】 2021年，兴宁市审核传染病报告卡5287张，其中报告乙、丙类传染4684病例，总发病率532.12/10万；审核死亡报告卡8861张，死亡率780.56/10万；核实处理各类预警信息84起，报告突发公共卫生事件4起。法定传染病报告质量和管理现状调查，报告率95.9%、报告及时率100%。全年共处置常见传染病疫情22起，其中学校腹泻疫情7起、布鲁氏菌病疫情7起、学校水痘疫情8起。做好艾滋病防治，随访管理当地HIV/艾滋病病例121例，随访率100%，随访CD4检测率98.35%(119/121)，抗病毒治疗率为97.52%(118/121)；开展自愿咨询检测人数共28人，HIV抗体检测结果均为阴性。开展法定传染病和突发公共卫生事件报告管理质量调查，现场抽查法定传染病病例590例，平均报告率97%。开展死因监测工作质量评价，抽查死亡病例78例，报告率100%。

【免疫规划】 2021年，兴宁市累计接种免疫规划疫苗（不含新冠疫苗）16.15万剂次，非免疫规划疫苗7.63万剂次，免疫规划疫苗接种率99%以上，无接种安全事故。加强流动人口管理，计免适龄儿童的免疫接种全面落实，儿童入托、入园、入学预防接种证查验率100%、补种率90%以上。

【地方病防治与病媒生物控制】 2021年，兴宁市抽取福兴街道、石马镇、水口镇、新陂镇和黄陂镇为碘盐监测点，监测结果显示合格碘盐覆盖率100%。对饮水型地方性氟中毒监测。对4个镇

20个村属于地氟病区进行调查，采集水样水氟含量均达到控制标准；对地氟病区村出生并居住的196名8—12岁儿童进行氟斑牙检查，20个病区村氟斑牙患病率均低于30%，达到控制标准。加强伊蚊密度和环境类型滋生率监测，设幼虫密度监测点（布雷图指数法BI）720个，设成蚊密度监测点（诱蚊诱卵器指数法MOI）45个，布雷图指数2.28（符合防控要求），诱蚊诱卵器指数3.4（符合防控要求）。9—11月，在金叶酒店、港兴迎宾馆隔离场所内和周边区域的居民区和非居民区进行蚊媒密度（布雷图指数法）、按蚊种群（诱蚊灯法）监测，捕获蚊子357只，均为库蚊，监测结果符合防控要求。对城镇居民区、农村居民区、重点行业开展鼠密度监测，监测结果显示，农村居民区、重点行业鼠密度仍处于较高水平。鼠类病原分子生物学监测，结果全部阴性。

【重点寄生虫病预防控制和职业病防治】 2021年，兴宁市加强消除疟疾项目媒介监测，5—10月，在监测点捕获蚊子161只，其中中华按蚊占20.5%，库蚊占79.5%。完成消除疟疾“三热”病人血检完成率100%，阴性400人。完成尘肺病病人随访，随访职业性尘肺病人525例，生存157例，死亡293例，失访75例，调查率85.71%。加强重点行业、重点人群的职业病监测，体检1336人，疑似职业病1人，职业禁忌证72人。开展工作场所职业病危害因素监测。对11家用人单位中的7家进行定期检测，粉尘岗位数超标14.3%，粉尘工作场所超标21.8%；噪声岗位超标15.1%；噪声工作场所超标40%；接触粉尘128人，体检率62.5%；接触噪声74人，体检率85.1%。

【水质检测和慢性非传染性疾病监测】 2021年，兴宁市开展全市活饮用水水质监测，监测点涵盖城区和辖区所有乡镇，主要包括城乡饮用水卫生监测、广东省用户水龙头水质监测、对自来水厂进行定期、每月抽查巡检监测、国家“双随机”监督抽查、疫情防控期间学校开学前、高考考场和住宿地生活饮用水水质监测，以及农村饮水安全工程实施前水源水检测。全年监测集中式供水单位29家，采样515份，合格率54.8%。开展伤害监测，全年报告伤害病例29269例。开展肿瘤随访登记，接报肿瘤新发病例1878例。

【公共场所监测】 2021年，兴宁市抽检监测公共场所38间，监测项目数234项，合格234项，合格率100%。加强消毒监测，监测直属医疗单位5家、乡镇卫生院20家、血站1家、其他医疗机构2家，采集样品总数597份，合格数521份。加强食品安全风险监测，食源性疾病监测覆盖率100%。全年审核报告食源性疾病病例174例，处理聚集性食源性疾病事件4起、食源性疾病暴发事件7起。

（谢俊辉）

慢性病防治

【概况】 2021年，兴宁市慢性病防治院管理高血压人数44368人，规范管理人数38518人，规范管理率86.8%，血压达标人数41240人，高血压控制率93%。全年管理糖尿病人数18868人，规范管理人数16258人，规范管理率86.2%，血糖达标人数12352人，血糖控制率65.5%。65岁以上老年人数99380人，接受健康管理人数65287人，老年人健康管理率65.7%。居民健康电子建档92.39万份，电子建档率93%，电子健康档案动态记录档案28.51万份，动态使用率29.9%。

【结核病防治】 2021年，兴宁市慢性病防治院完成新登记管治病人319例，发病率32.1/10万，同期辖区内肺结核病人成功治愈率94.6%；耐多药肺结核高危人群筛查率100%；病原学阳性肺结核患者耐药筛查率100%；肺结核患者密切接触者筛查率100%；肺结核病人艾滋病病毒感染者检查率100%；肺结核患者病原检查阳性率58.3%；痰涂片检查阴性的肺结核患者开展分子生物学检测率100%；基层医疗卫生机构肺结核患者规范管理率100%；耐多药肺结核患者纳入治疗率50%。

结核病归口管制 兴宁市直各综合医院网络直报肺结核及疑似肺结核病人655例（重报病例除外），其中转诊到位48例，转诊到位率7.3%；追踪到位546例，追踪到位率83.4%；其他到位1例，总体到位率92.1%。接收兴宁市人民医院转诊数16例、鸿惠医院转诊数7例、兴宁市第三人民医院转诊数17例、兴宁市中医院转诊数7例、梅州市人民医院转诊数28例。

学校结核病防治　2021年，兴宁市发现学校肺结核12例，均落实管理治疗和密切接触者筛查，其中发现学生12例，病原学检查阴性6例，病原学阳性检查6例。全年学校结核病密切接触者筛查人数1084人，均对密切接触者进行心理辅导，按规定做休学、复学管理，对校医进行肺结核防治工作的业务指导和对师生进行结核病防治知识的培训。对全市幼儿园、中小学、中等职业学校等开展新生入学结核病检查，全市幼儿园、中小学、中等职业学校新生入学总人数约3.75万人，发现学生肺结核病人1例；筛查发现结核菌素试验强阳性学生207人。全市新生入学结核病筛查率93.6%。

【性病和麻风病防治】　2021年，兴宁市通过网络直报报告各类性病627例，其中梅毒215例，淋病59例，尖锐湿疣110例，生殖器疱疹52例，生殖道沙眼衣原体191例，高危人群干预2216例。完成麻风可疑症状监测507例。加强对市直6间医院督导检查，对5种性病报病要求填报准确、不重报。

【精神障碍患者管理治疗】　2021年，兴宁市录入并管理严重精神障碍患者6564例，报病率6.6‰。严重精神障碍患者管理率93%，规范管理率91.8%，服药率92.9%，规律服药率83.2%；精神分裂症患者服药率92.8%，规律服药率82.8%，年面访率89.5%。贫困精神病患者门诊每季免费发药2071人。

【慢病预防培训和教育】2021年，兴宁市慢性病防治院在齐昌中学向学校师生开展学校结核病防治知识宣传讲座并发放宣传资料；以“性病宣传周暨世界艾滋病日”为宣传主题，走进校园进行性病、艾滋病防治知识宣传，提高学生们预防性病艾滋病和自我健康保护意识。

（陈　倩）

计划生育

【概况】　2021年，兴宁市围绕年初工作目标和上级关于计划生育工作要求，夯实基层基础工作，做好计划生育奖扶发放工作，推进信息化建设，强化日常工作督查，提升人口和计划生育工作管理水平。

【计划生育奖扶】　2021年，兴宁市累计发放农村部分计划生育家庭奖励27065人，共计325万元；计划生育独生子女死亡或伤、病残家庭特别扶助57402人，共计107.34万元，城市居民独生子女父母奖励57402人，共计738.49万元。

【优生优育】　2021年，兴宁为全市5200名孕妇免费提供地中海贫血、唐氏综合征、严重致死致残结构畸形的产前筛查，为全市6500名新生儿免费提供先天性甲状腺功能减低症、G6PD缺乏症（蚕豆病）、苯丙酮尿症、先天性肾上腺皮质增生症和新生儿听力筛查，均超额完成任务。

（曾梦雨）

主要医院

【兴宁市人民医院】　2021年，兴宁市人民医院编制总床位800张，实际开放床位800张。设有门诊部、急诊科、内外科、儿科、五官科、妇产科、麻醉手术科、ICU等29个临床专科；设有放射科、病理科、检验科、功能科等7个医技药剂科室和18个职能科室。全院干部职工1106人，含各类专业技术人员1018人，其中高级专业职称人才192人、中级专业职称人才337人、初级专业职称人才489人。

2021年，该院完成门诊诊疗病人47万人次、住院病人2.97万人次，施行大中小手术1.02万台次，业务总收入4.77亿元。

医疗业务　2021年，全院危重病人抢救成功率平均79.4%，出院患者平均住院日7.35天，病床使用率69.9%，开展三、四级手术4950台，占比48.5%。全年完成心脏介入手术近1000

▲ 2021 年兴宁市人民医院新院区一角　　（兴宁市人民医院提供）

台、外周介入手术 65 例；神经介入手术 126 例；主动脉夹层支架植入术 11 例，体外循环下升主动脉 + 主动脉弓人工血管置换 + 胸降主动脉象鼻支架植入，体外循环下心脏二尖瓣置换术，主动脉夹层、动脉瘤介入手术等 30 余例；完成 B 超引导下乳腺结节粗针穿刺、甲状腺结节细针穿刺和周围性肺结节穿刺活检。

医院专科建设　2021 年，该院开设新专科，成立血液净化中心，开设夜班透析治疗，月平均透析治疗 2500 人次，最高达 2700 人次。成立消化内镜中心，拆分原内分泌、呼吸内科一区，设置内分泌科、呼吸一科分开独立运行。儿科开展新生儿颅脑超声检查、儿童生长激素激发试验和性激素激发实验。心血管内科开展有首例三维心脏射频消融术等多项新技术的手术。

医疗综合改革　2021 年，该院经上级决定成为医共体总院，市直公立医院、17 个乡镇卫生院和 3 个社区卫生服务中心为分院。成立医共体总院工作领导小组和医共体建设专班。至年底，完成“六个职能中心”的挂牌试行；完成急救中心、胸痛中心、孕产妇救助中心、医学影像诊断中心、远程心电诊断中心的初步建设工作。

新医院建设　该院异地（整体）搬迁新建医院进展顺利，项目除后勤食堂楼、发热门诊外，其余全部完成主体结构施工，进入全面的装修、机电安装、室外绿化、美化、亮化和配套设施建设阶段。

（戴春嫦）

【兴宁市第三人民医院】 2021 年，兴宁市第三人民医院占地面积 2900.3 平方米，建筑面积 10790 平方米，是一所设备、人员、技术较完备的兴宁市直综合性公立医院。有编制床位 250 张，全院总人数 289 人，其中专业技术人员 236 人，在卫生专业技术人员中有中级职称 58 人、高级职称

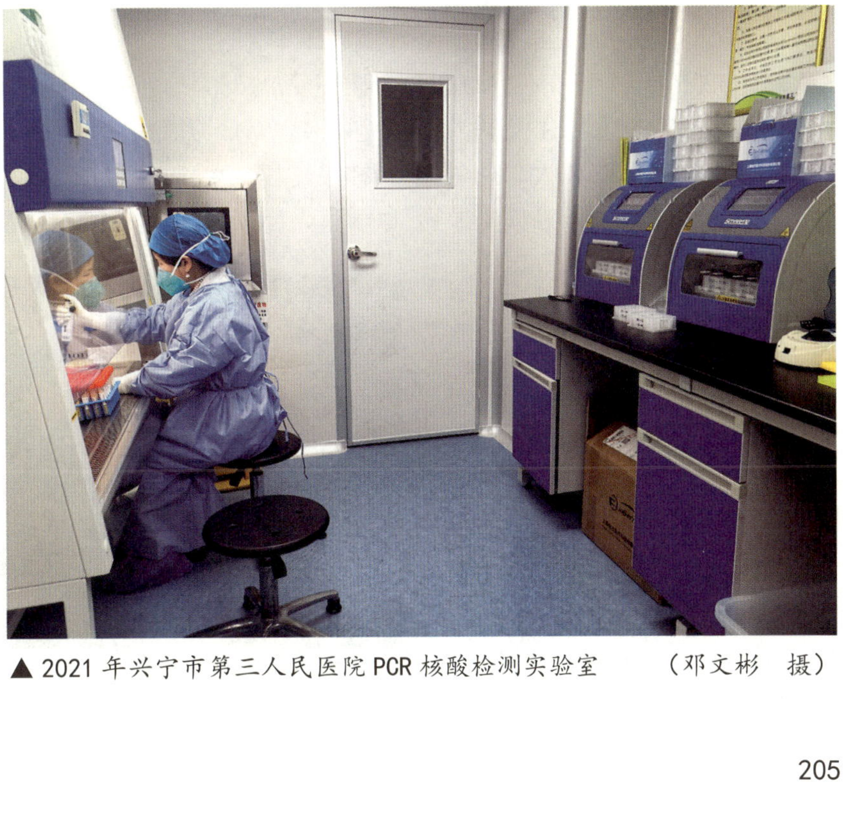

▲ 2021 年兴宁市第三人民医院 PCR 核酸检测实验室　　（邓文彬　摄）

25人。医院设有急诊科、门诊部、内儿科、呼吸内科、妇产科、普通外科、骨伤科、麻醉科等临床科室，设有检验科、医学影像科等医技科室，设有医院办公室、人事科、财务科、设备科等行政后勤科室，设有医务科、护理部、院感科等职能科室。

医疗服务 2021年，该院业务总收入7619万元，门诊就诊病人15.93万人，急诊就诊病人1.35万人，发热诊室就诊病人3820人。完成临床检验6.98万人次，生化检验3.6万人次，核酸检测12.03万人；电子胃镜250人，电子肠镜150人，心电图1.13万人，动态心电图287人，彩超B超2.83万人，CT检查8457人，放射科照片检查1.11万人，透视检查7540人，上消化道造影51人。血液透析181人、共1464人次。体检人数2.84万人。妇科门诊就诊2.4万人，全年接生数1487人，住院分娩率100%，成功抢救产妇大出血22人。理疗室就诊病人602人，总项次3235次。全院住院病人6640人，其中内科住院病人1579人，综合科1524人，外科住院病人841人，骨科住院病人950人，产科住院病人1746人；住院病人平均住院天数6.86天。全年抢救住院危急重病人95例，完成手术1386台次，其中二级手术1011台次、三级手术287台次，四级手术88台次、处理外科门急诊小手术900例。医院设立中医门诊，中医病房有13张床位，引进中药破壁饮片7种，在用中药总品规数343种。

卫生健康惠民 2021年，该院启用医疗电子票据管理平台，实现与财政、医保部门系统对接，按规定使用全国统一的医疗收费票据，以医疗收费电子票据为依据进行医保结算，实现医疗收费电子票据的一站式查询、真伪查验和报销入账，惠及患者及其家属8.75万人次。投入60万元，联合银行、互联网公司开展“一码就医”服务项目，患者通过医院微信服务号即可进行门诊预约挂号、门诊缴费、查看报告、缴交住院押金等，在院内放置2台多功能自助终端机。全年到院群众通过微信服务号进行门诊预约挂号4252人次、门诊缴费5.49万人次、缴交住院押金46人次。

（邓文彬）

【兴宁市第五人民医院】 2021年，兴宁市第五人民医院系属兴宁市水口镇中心卫生院升级改造医院，该院占地1.75万平方米，建筑面积2.15万平方米，新建门急诊住院综合楼、后勤保障综合楼和发热门诊楼。设置内科、外科、妇产科、儿科、口腔科、精神科、耳鼻喉科、眼科、急诊医学科、康复医学科、医学检验科、医学影像科、中医科、中西医结合科、预防保健科15个科室。全院干部职工140人，有专业技术人员132人，其中主任中医师1人，副主任医师5人，主治7人，其他医务人员119人。全年医疗业务收入1037.42万元，比上年增长92.2%。全年接诊5.62万人次，其中门诊5.54万人次，增长79.4%；收住院820人次，增长4.7%。

医共体建设 2021年，该院设置联合门诊室2间、联合病房3间、配备9张床位，用于接收内外科慢性病、急性期后的稳定期、需康复治疗的患者，由总院派综合科黄丽芬、普外科严晓东主任每周四驻点院内上班，共同开展病人住院查房和诊疗工作。是年，双向转诊105人次，门诊356人次。

妇幼保健 2021年，该院完成农村妇女“两癌”（宫颈癌、乳腺癌）免费筛查587人，初筛阳性92人，确诊宫颈癌2人；为农村待孕育龄妇女免费减补叶酸发放695人。儿童常规免疫接种6928针次。

公共卫生服务 2021年，该院完成14项基本公共卫生服务

▲2021年兴宁市第五人民医院全景图 （兴宁市第五人民医院提供）

任务。建立居民电子健康档案63519份，建档率89.7%；其中规范管理高血压3076人，健康管理率104%；糖尿病1207人，健康管理率102.6%；65岁老年人4336人，管理率61.2%；中医药健康管理4857人，管理服务率68.6%；结核病患者管理率100%；孕产妇建档292人，管理率100%；其中重性精神疾病373人，管理率100%；0—6岁儿童建档2575人，管理率97%；适龄儿童100%接种。全年举办各类健康教育知识讲座6场，参加人数2302人，设置健康教育宣传栏4个，发放宣传资料4650余份。开展卫生监督巡查200余次，报告率100%。全年无发生传染病与突发公共卫生事件。

中医药事业 2021年，该院首次推出“三伏贴”天灸疗法免费体验法活动，服务群众650多人次。推广应用针灸、拔罐、艾灸、贴耳、刮痧、推拿、放血疗法、熏蒸、耳穴治疗、中频治疗、红外线疗法技术11项中医适宜技术，服务群众2280人次。借助医共体平台，在兴宁市人民医院中医药创先帮扶下，组织开展免费义诊4次、发放健康教育处方等各类宣传材料2000余份，义诊人数1320人。

（陈治中　刘　丹）

【兴宁市中医医院】 2021年，兴宁市中医医院占地面积6407平方米，建筑面积1.14万平方米。开放病床219张，设有急诊、内、外、骨伤、妇、儿、肿瘤、五官、口腔、肛肠、皮肤、针灸、治未病13个临床科室，其中独立设置的科室有内一科、内二科（肿瘤科）、内三科和骨外科4个；医技科室有药剂科、检验科、放射科、医技功能科4个。有职工299人，其中在编200人，临聘99人；卫技人员254人，正高职称9人，副高职称52人，中级职称68人。全年门诊量108203人次，出院5854人次，手术490人次，医疗业务收入7809万元。

医疗服务 2021年，该院开展中医体检、体质辨识、经络检测及中医诊疗业务，提供13个临床协定膏方处方和个体化干预膏方制作服务，应用中医适宜技术8类23种。为患者提供中医特色服务，其中开展针刺疗法技术（耳穴压豆、穴位注射、穴位贴敷）3.29万人次；开展灸类疗法技术（艾条灸、艾箱灸）4125人次；开展药熨疗法（热奄包、封包、艾叶包、吴茱萸包、七子包）2.99万人次；开展敷熨熏浴类疗法［熏药、熏洗、足浴、冷热湿敷（打药酒）贴敷（双柏散）］1.27万人次。

科研教学 2021年，该院申报梅州市科技计划项目立项1项、梅州市医药卫生科研立项课题4项、梅州市科技计划项目结题1项。在国家级、省级医学杂志发表论文17篇。全年培训中医全科转岗、岗位、助理全科3+2等类型培训人员12人；全年接收进修生、实习生14人。加强基层中医药人才培养，开展基本公共卫生服务中医药健康管理项目专项督导20场次；组织业务骨干到各乡镇卫生院开展中医适宜技术指导培训班20场次；举办基本公共卫生服务中医药健康管理项目培训班1场次。

（肖国梅）

【兴宁市妇幼保健院】 2021年，兴宁市妇幼保健院升级改造后，总占地面积7200平方米、建筑面积1.28万平方米、建筑面积中业务用房面积9426平方米，开设200张病床。主要有产科、妇科、新生儿科、儿科、麻醉科、妇女儿童保健科、产后康复中心、门诊部（生殖健康科、阴道镜检查室）及检验科、医技科、药剂科等专业科室。在岗干部职工360人（含临聘人员122人），其中卫生技术人员282人，高中级专业技术职称140人（正高5人、副高47人、中级88人）。全年完成门诊诊疗19.23万人次，比上年增长11.5%，收治住院9627人次，下降0.2%，其中产科4230人次，下降17.5%，妇科2002人次，增长2.4%，新生儿科1696人次，下降13.1%，儿科1697人次，增长175.5%，施行大中手术2494例，下降11%，院内分娩数3994人，下降18%。抢救危重孕产妇36人次，成功率100%，抢救危重新生儿163人次，成功率98.2%。

医疗业务发展 2021年4月，该院启用产后康复中心。6月，派出技术骨干到广东省妇幼保健院妇科肿瘤化疗科进修学习。11月，医院开展2例妇科肿瘤手术并进行术后化疗，填补医院该项技术空白。8月，成立兴宁市妇幼保健院体检中心，推出各种体检套餐，全年完成2000多例体检项目。

医联体合作　2021年，该院继续与广东省妇幼保健院开展医联体业务合作，重点在生殖健康专科、乳腺专科、妇科肿瘤专科领域对医院进行技术支持、人才培训，开通双向转诊的绿色通道，提升医院医疗服务能力。

信息化建设再升级　该院投入60万元，对医院信息管理系统进行升级，实现信息化能够覆盖医院的基础业务运行。实施预约诊疗，规范诊疗行为，提高服务质量和效率，明显缩短病人等候时间。投入40多万元购置“云灾备”，用于加强医院医疗信息系统数据安全保障。

重大公共服务项目　2021年，兴宁市活产7131人，住院分娩率约100%，全市孕产妇系统管理6595人，7岁以下儿童6.77万人，纳入管理6.45万人；3岁以下儿童2.61万人，系统管理2.25万人。孕产妇死亡率、围产儿死亡率、婴儿死亡率、五岁以下儿童死亡率等所有监测指标数据都在妇女儿童发展规划纲要规定的范围之内。农村待孕育龄妇女免费减补叶酸发放3460人。免费婚检7300人，进行新生儿遗传代谢性疾病筛查6830人，进行新生儿听力筛查约6716例，孕产妇艾滋病病毒检测6904例，艾滋病毒感染率为0；梅毒检测6904例，梅毒孕产妇感染率0.2%；乙肝病毒检测6904例，乙肝病毒阳性率11.3%，所生婴儿免疫球蛋白注射率99.9%。完成对农村妇女宫颈癌检查8731例和乳腺癌检查8707例，宫颈癌早期诊断39例，乳腺癌早期诊断11例。

（朱丁婷）

【兴宁鸿惠医院】　2021年，兴宁鸿惠医院编制总床位188张，实际开放床位188张。全院聘用员工280人，其中专业技术人员191人，高级专业技术职称21人，中级专业技术职称21人。设有门诊部、急诊科、内科、血液透析中心、外科、创伤骨科、手足外科、妇产科、新生儿科、手术麻醉科、口腔科、眼科、康复理疗科、检验科、医技科等科室。

医疗业务　2021年，该院血液透析机增至24台，服务肾友7000人次；产妇分娩948人次，无痛分娩118人，导乐分娩21人；无痛胃肠镜700例。开设创伤骨科、手足外科专科。

专科联盟　该院与粤东医院签约肝病及胃肠外科专科联盟，粤东医院特派知名肝病专家、胃肠外科专家到医院坐诊及手术。

（罗雪丹）

■应急管理

【概况】　2021年，兴宁市推进安全生产责任落实，健全完善大应急大安全工作体系，开展应急管理、安全生产、防灾减灾救灾等各项工作。是年，兴宁市发生各类安全事故958起、死亡35人、伤703人，其中，发生道路交通事故581起、死亡34人、伤703人；火灾367起、死亡1人，无受伤；森林火灾10起，无伤亡。发生3起生产经营性道路交通事故（1死2伤），未发生其他生产安全事故，无工商贸事故，安全形势总体稳定。

【应急管理体系建设】　2021年，兴宁市发挥6个县级层面议事协调机构及指挥部的职能，统筹全市应急管理工作，完善基层应急管理机制，协助乡镇街道应急管理委员会工作平台的建设与运营，升级改造应急指挥中心，整合建成3套应急通信专用网络和指挥系统，升级改造应急管理视频会商系统和“三防”（防汛、防旱、防风）信息系统，并在全市配备卫星电话23部，完成全市县、镇、村三级移动5G大喇叭建设，实现县、镇、村三级联网连通；市镇两级有24个应急物资仓库。统筹全市应急救援力量建设，可协调救援力量有兴宁市应急综合救援队（50人），兴宁市防汛机动抢险一、二、三大队（队员500人），省防汛抢险民兵轻舟机动五大队兴宁分队（队员60人），各镇（街）均成立15人以上半专业应急队伍，并完善全市应急管理专家库名录和兴宁市应急救援协会建设；完成兴宁市总体应急预案和安全生产类、自然灾害类专项应急预案等10个预案的编制和修订。

【安全生产监督检查】　2021年，

兴宁市应急管理局办理行政审批事项346项，检查生产经营单位938家次，出动1915人次，发现隐患1452处，应整改隐患1419处，完成整改1368处，完成全市地下石灰石矿山安全整治、危化品和烟花爆竹及工贸行业综合整治任务；狠抓“打非治违”工作，立案查处36宗，行政处罚26宗，移送公安机关10宗（拘留11人，罚款500元），行政处罚金额共112.8万元，关闭矿山企业1家。

【森林防火灭火】 2021年，兴宁市加强森林防灭火工作，督促各镇（街）强化火源管控，落实野外用火的相关规定要求，对重要时段要求村干部、护林员和森林防火员在林区进行野外火源巡查，在林区各个入口值班值守，防止火源进入林区，减少火险隐患；加强森林防灭火基础建设，配齐配全森林防灭火人员和物资，编制市级《森林火灾应急预案》，严格值班值守，完善火情上报机制。是年，全市森林防灭火工作形势稳定，未发生较大以上森林火灾事故。

【防汛防旱防风】 2021年，兴宁市降雨量较少，受台风影响较小，汛期台风形势稳定，但全年防旱压力较大，部分镇街存在农作物受旱的情况。兴宁市加大抗旱资金投入，筹集90多万元用于购置抗旱物资设备；发动群众清淤疏浚河道；加强水源和用水管理，科学调度水源，强化部门联动，严格控制水库放水；加强对群众节约用水的宣传引导。

▲2021年5月12日，兴宁市开展防灾减灾日宣传咨询活动（汤建华　摄）

【防灾减灾救灾】 2021年1月，受冷空气南下影响，兴宁市受低温冷冻影响较为严重，威胁到受灾群众的生命财产安全，兴宁市应急管理局及时发放救灾物资，协同发改部门陆续向各镇人民政府、街道办事处及市直有关单位调拨应急帐篷、遮阳棚、折叠床等应急救灾物资；继续做好2021年度政策性农村住房保险续保工作，向市财政局申请下拨省级财政保费补贴和县级财政保费补贴125.93万元。

【应急管理宣传教育】 2021年，兴宁市应急管理局开展安全生产“五进”（进企业、进农村、进社区、进学校、进家庭）、应急演练等活动，普及各类灾害事故知识和防范应对技能，提升全民安全素质。全年发放各类宣传单36万多份，现场咨询人数3.6万人；组织开展《中华人民共和国安全生产法》贯彻宣传会、安全经营单位主要负责人和安全管理人员培训班等业务培训会，参训人数约1300人；做好应急预案的备案登记和应急预案演练工作。全年有70家企业的应急预案进行备案登记，并组织应急演练35次。

（汤建华）

▲2021年6月18日，兴宁市开展非煤矿山火灾事故应急演练活动（汤建华　摄）

■ 消防

【概况】 2021 年，兴宁市消防救援大队完成各类急难险重任务 826 起，开展火灾隐患治理和消防安全宣传工作，确保社会面火灾形势和队伍管理“双稳定”。大队及下辖福兴消防救援站历年获得省部级表彰 10 次，地市级表彰 4 次，58 人次受到省、市各级组织表彰奖励。大队获兴宁市委、市政府集体三等功 1 次，3 人次立个人三等功。大队连续 6 年获评全省基层建设标兵大队、福兴消防救援站连续 2 年获评全省基层建设标兵站，是粤东片区消防救援队伍唯一“双标兵”单位。

▲ 2021 年 12 月 14 日，G78 汕昆高速径义往梅州方向黄竹坪服务区附近路段发生交通事故，货车内 1 人被困。图为兴宁市消防救援大队成功解救被困人员 （张昊昊 摄）

【消防救援行动】 2021 年，兴宁市消防救援大队有消防车 16 辆，有地震、建筑物倒塌、水域、森林灭火 4 支专业救援队伍、1 支涉疫警情处置专业队伍，做好全市集中隔离场所的消防安全工作，配备个人防护、高空防护、森林灭火、水域救援、疫情处置等器材装备 300 余件。年内接警出动 826 起，火灾 772 起，抢险救援及社会救助 54 起，出动车辆 1320 辆次，出动指战员 6634 人次，抢救被困人员 32 人次，疏散被困群众 57 人次，抢救保护财产 202.02 万元。

▲ 2021 年 3 月 10 日，兴宁市消防救援大队对社会单位开展“双随机、一公开”消防安全检查 （高 龙 摄）

【火灾隐患排查】 2021 年，兴宁市消防救援大队保持火患整治高压态势，检查社会单位 449 家次，发现火灾隐患（违法行为）198 处，督促整改火灾隐患（违法行为）182 处，下发责令改正通知书 155 份、行政处罚决定书 35 份、临时查封决定书 7 份，责令“三停”（停止施工、停止使用或停产停业）单位 6 家，罚款 30.67 万元。

【消防工作管理】 2021 年，兴宁市提升消防安全综合治理水平，印发《兴宁市处置火灾事故预案》《实行镇街综合行政执法的公告》《兴宁市消防安全网格化管理实施方案》《兴宁市镇（街道）消防所创建工作方案》《市、镇（街道）领导干部消防安全“责任清单”和2021年度“工作清单”》，推进消防安全三年专项行动，重点突出抓好“三小”（小档口、小作坊、小娱乐场所）场所、出租屋（群租房）和电动自行车消防安全专项治理、居民自建住宅消防安全专项清查治理、消防安全宣传进企业、进农村、进社区、进学校、进家庭。全市20个镇（街）、1个工业园管委会挂牌成立消防所，召开消防执法能力培训会6次；联合9个行业监管部门召开消防安全“五化”（管理规范化、设施完好化、标识标准化、宣传普及化、处置专业化）管理达标创建工作现场会9场，共1200人次参加会议；结合实际，大队派出工作组实地指导156次。

【消防宣传】 2021年，兴宁市消防救援大队提供各类便民利民服务5072次，服务社会群众5万人次。结合应急科普教育基地，预约消防站开放156次，为1000家社会单位、2.3万人次自主开展消防培训提供便利。联合兴宁市广播电视台建立新媒体宣传沟通协调机制，播放消防宣传电视节目13期，推送上稿中央媒体1篇、省级媒体26篇、市级媒体45篇，开展“百车南粤万村行暨消防体验进农村（社区）”活动，将消防安全知识送到全市504个村（社区）。

（王苗苗）

■ 民族宗教事务

【概况】 2021年，兴宁市推进全市宗教领域治理体系和治理能力的现代化，提升民族宗教工作法治化、规范化、常态化水平，促进民族宗教领域的和谐稳定。全市有佛教、道教、天主教和基督教4大宗教，宗教团体4个（市佛教协会、市道教协会、市天主教爱国会、市基督教协会），依法登记的宗教活动场所80处，其中，佛教33处、道教10处、天主教2处、基督教35处，已备案宗教教职人员135人，各宗教信徒3.5万人。

【少数民族工作】 2021年，兴宁市继续加强对全市少数民族服务与管理，维护少数民族的合法利益，在户口迁移、子女入学、矛盾纠纷等方面给予帮助。对在兴的少数民族经商、务工人员进行统计，经商的有15人，务工的有120多人。7月，在福兴街道锦绣社区开展民族团结进步教育宣传月主题活动。9月，在兴宁市第一中学建立民族团结教育基地，组织开展民族团结进步主题教育活动4场次。

【民间信仰管理】 2021年，兴宁市做好民间信仰活动场所管理工作，是年，确定民间信仰活动场所34处，并下发民间信仰活动场所登记证，确定场所为规划管理试点2间。

【宗教事务管理】 2021年，兴宁市加强宗教场所七项制度的落实，尤其是安全和财务制度健全规范，加强检查督促，促进宗教场所的规范化管理。落实消防安全工作责任制。做好常态化疫情防控工作，有序恢复开放宗教活

▲2021年9月28日，2021年民族团结进步教育宣传月活动在福兴街道锦绣社区开展 （兴宁市民族宗教事务局提供）

动场所，从严控制大型宗教活动，严防发生聚集性疫情。协助有关部门依法查处宗教渗透活动和非法宗教活动。全年制止、查处和打击非法宗教活动3起。建立健全全市宗教工作三级网络两级责任制，将宗教工作纳入综合治理网络化服务体系。下放31项政务服务事项给各镇（街），形成主体在市（县）、延伸到镇、落实到村、规范到点的工作网络。加强宗教团体自身建设。8月，兴宁市佛教协会完成换届，选举产生佛教协会新一届领导班子。

▲ 2021年6月23日，兴宁市宗教活动场所消防安全专题培训暨消防应急演练在神光寺开展　（兴宁市民族宗教事务局提供）

【宗教界服务】 2021年，兴宁市坚持宗教的中国化方向，在宗教界深入开展“四进”活动，积极引导宗教与社会主义社会相适应。抓好基督教“长者之家”和佛教“慈光安养院”的慈善名片。是年，兴宁市宗教界为社会公益慈善捐款230万元。

【政策法规宣传】 2021年，兴宁市民族宗教事务局加强民族宗教政策法规宣传培训教育，开展《中华人民共和国民法典》学习活动、学习贯彻习近平总书记关于民族宗教重要指示和讲话精神、国家12部委下发的《关于进一步治理佛道教商业化问题的若干意见》，做好国务院《宗教事务条例》和《广东省宗教事务条例》宣传贯彻落实工作，印发《习近平总书记关于宗教问题和宗教工作系列重要论述摘编》和《宗教政策法规应知应会手册》《广东省宗教事务条例》和《民族宗教法规制度汇编》共2000份。4月，联合市委政法委等部门在文化广场联合举办民族政策、反对宗教极端化、抵御境外宗教渗透等宣传活动。6月，在神光寺举办全市宗教领域消防应急演练培训班，共100多人参加培训。11月，在市会展中心举办全市宗教政策法规暨财务培训班，统战部部分领导干部、各镇统战助理、各宗教活动场所负责人及财务人员近200人参加培训。

【神光山宗教文化园建设】 2021年，兴宁市神光山宗教文化园投入500多万元资金推进神灯广场和山门建设。

（罗稳基　刁　玲）

生态环境

■ 综述

【概况】 2021 年，兴宁市生态环境保护立足国家重点生态功能区、省生态发展区功能定位，以高水平保护推动高质量发展为主线，以协同推进减污降碳为抓手，深入打好污染防治攻坚战，力促生态环境质量持续改善，城市环境空气质量优良率 99.2%，优于梅州下达的控制目标要求。饮用水源地水质达标率 100%。国控监测断面水口水洋段平均水质Ⅲ类，达到控制目标要求。是年，兴宁市通过国家县域生态环境质量考核，获得中央生态转移支付资金 2.18 亿元。

【生态环境质量】 2021 年，兴宁市环境空气质量保持优良水平，有效监测天数 364 天，其中，优良天数 361 天，轻度污染 3 天，优良率 99.2%，空气质量综合指数为 2.55。PM2.5 平均浓度 21 微克 / 立方米，同比上升 23.5%；PM10 平均浓度 26 微克 / 立方米，同比下降 16.1%；O_3 平均浓度 118 微克 / 立方米，同比下降 2.6%；轻度污染天气较 2020 年增加 1 天。城市集中式饮用水水源地水质达标率 100%，水质保持在Ⅲ类水质以上；国考断面水口水洋水质年均值达Ⅲ类标准；县级跨界断面梅江畲江官埔水质 2021 年比 2020 年上升 8.3%，东江支流罗浮水 2021 年水质年均值达Ⅱ类标准。城市区域环境噪声昼间、夜间等效声级平均值分别是 56.4 分贝 (A)、48.2 分贝 (A)；城市道路交通噪声昼间、夜间等效声级平均值分别是 68.4 分贝 (A)、60.4 分贝 (A)。

【生态恢复】 2021 年，兴宁市对铁山嶂废弃矿区实施修复治理，主要包括矿区废水应急处置工程和废水处理站优化工程，通过源头废水碱化工程，对上游约 6000 立方米淋溶积液回填石灰中和，建立石灰滤床，降低万脚

▲ 2021 年 10 月 11 日，兴宁市领导带队到合水镇铁山嶂废弃矿区污水处理站调研 （郭志平　摄）

窝溪进入官田河前水中的重金属含量，提升废水处理能力和效果。监测结果显示，废水处理设施出水口重金属已全部达标；石马河汇入宁江前锰的浓度较之前有明显下降。投入 100 万元，在废弃矿区安装监测设备，对矿区泥石流实时监测。

【生态环境督察案件整改落实】 2021 年，中央环保督察组共交办兴宁市案件 31 批 140 件（含重复案件 42 件，实际案件 98 件，重点案件 13 件），涉及养殖污染案件 46 件，生态破坏案件 42 件，企业污染案件 28 件，屠宰场污染案件 8 件，噪声扰民案件 7 件，其他污染案件 9 件。兴宁市委、市政府高度重视，立即实行市领导包案制度，成立办理单位专班，从速从严查处各类违法违规行为，至年底，办结案件 132 件，结案率 94.3%；责令整改 79 宗（行政处罚 5 宗，累计罚款 22.52 万元），约谈 19 人，问责 21 人。

▲ 2021 年 9 月 22 日，梅州市生态环境局兴宁分局会同梅州环科所到白泡村废弃矿点整治开展前期准备工作 （陈　楠　摄）

■ 污染防治和减排

【农村生态环境整治】 2021 年，兴宁市 2429 个自然村成立村民理事会，全域推进农村人居环境整治，完成“三清三拆三整治”和行政村环境基础整治任务，全市村庄 100% 达到干净整洁村标准，40% 以上村庄达到美丽宜居村标准。建立健全村庄长效保洁管护机制，各镇（街道）聘请全日制保洁员，落实村庄环境卫生保洁制度、村级保洁员管理考核制度和保洁员亮证亮牌上岗制度等三项制度，完善村规民约，明确村民责任义务，实行“门前三包”制度，确保实现农村人居环境干净、整洁、有序。开展村庄清洁春季、夏季战役等系列行动，彻底清理农村生活垃圾、村内沟渠池塘淤积、村巷道乱堆乱放，全面推进畜禽圈养和粪污治理，确保做到村前巷尾清洁有序，房前屋后干净整洁，河塘沟渠清洁无臭，村庄美化靓化。加强农村人居环境整治暗访工作，聚焦农村人居环境突出问题，围绕落实责任、工作措施、整治成效、长效管护等，加强暗访力度，不断提高农村人居环境整治水平，巩固提升整治成效。加强农村生活垃圾管理，建成“一镇一站一村一点”并运营正常的情况下，农村垃圾收运处理已经基本做到日产日清，生活垃圾有效处理率达 100% 以上，村庄保洁覆盖率 100%。

【水污染防治】 2021 年，兴宁市开展集中式饮用水水源地环境问题整治，对已划定的 26 个饮用水水源保护区纳入巡查监管，开展新划定 6 个“千吨万人”饮用水源地规范化建设；对和山岩水库水源地保护区开展排查，完成 2 家养鸡场清拆工作。全力抓好宁江河水口水洋断面水质整治。开展流域范围内畜禽养殖、水产养殖、“散乱污”企业、河道采砂等涉水企业的排查整治，巡查涉水污染物排放污染源 46 个，关闭 3 个，整改 37 个，立案调查 3 家。强化罗浮水水质保护，对罗浮水流域范围进行排查监测，针对排查结果，开展相关整治工作。完成省农村生活污水治理民生实事办理15座任务；全面推进入河排污口排查，共对17条河流、20个湖库开展排查工作，累计排查河流472千米、湖库143千米，排查出入河排污口1899个。

【大气污染防治】 2021年，兴宁市开展涉VOCs（挥发性有机物）排放企业深度治理，督促重点监管企业金雁电工有限公司开展深度治理VOCs，开展大气污染防治奋战80天行动，对化工、工业涂装、包装印刷等企业废气排查。对兴宁城区及周边涉挥发性有机物工业企业，拉网式检查，确保废气治理设施正常运行。开展兴宁城区加油站油气回收检查，减少挥发性有机物产生，定期组织人员开展柴油车上路执法检查、用车大户入户调查、非道路移动执法、机动车检测站监督检查、砖瓦行业企业分级窑炉检查等工作。优先发展公共交通，推进新能源汽车在城市公交、出租汽车等领域的推广应用，全市有新能源纯电动公交车294辆，新能源出租车6部，新能源公交车充电桩46个，新能源出租车充电桩7个。严格落实建筑扬尘防治“6个100%”（工地周边100%围挡、物料堆放100%覆盖、出入车辆100%冲洗、施工现场地面100%硬化、拆迁工地100%湿法作业、渣土车辆100%密闭运输），并加强“扬撒漏”治理，工地、道路扬尘污染得到有效控制，对城区内40个建筑工地进行扬尘治理巡查工作，要求工地及周边道路、围挡清洗保洁，雾炮开启压尘，对土方开挖严格落实“6个100%”。开展“扬撒漏”、重型柴油车专项整治行动。统筹推进秸秆焚烧、垃圾禁烧。加强烟花爆竹燃放管控，扩大城区禁燃范围，减少大气污染，查处违法露天焚烧行为4宗，查破涉烟花爆竹违法犯罪案件11件。

【土壤污染防治】 2021年，兴宁市强化土壤污染重点监管单位规范化管理。协助上级开展重点行业企业土壤污染调查工作，督促对4家企业开展土壤地块调查，督促重点监管单位依法落实自行监测、隐患排查等要求，并将相关报告上传至广东省土壤环境信息平台，督促相关责任主体开展必要的污染成因排查、风险评估和风险管控工作。全年污染耕地安全利用率100%；污染地块安全利用率100%。

【固体废弃物管理】 2021年，兴宁市组织相关部门联合开展汽修行业危废规范化整治，逐渐规范汽修行业废机油的管理工作，一、二类汽修全部实现固废平台申报，在省固废平台信息系统注册申报的用户由34家增加到404家，完成2020年度危废申报281家，申报率96.6%。实现对固体废物的产生、贮存、转移、处置等各个环节实行全程监管。全年一般工业固废产生量21548.95吨，处置利用率100%；危险废物产生量2339.17吨，处置利用率97.2%；医疗废物产生量32.12吨，处置率100%；生活垃圾产生量18.27吨，无害化处理率100%、焚烧率31%。

【节能减排】 2021年，兴宁市对钢铁、水泥、电解铝、平板玻璃、造纸、印染、制革、铅蓄电池、铜冶炼、铅冶炼、陶瓷等重点行业开展全面排查。对7家造纸企业和2家水泥企业开展能耗限额和阶梯电价节能监察，核查企业能耗限额标准执行情况及综合电耗情况。定期公布超标排放的污染严重企业名单，检查本市纳入排污许可证管理的企业按期持证排污，完善污染源自动监控系统。对水泥粉磨站生产企业加强监督检查，按照生产许可的规定，指导企业规范生产，保证生产工艺，严格产品检验制度，保证产品质量。加强对工业企业技术改造普惠性事后奖补政策的宣传，引导工业企业积极开展数字化、网络化、智能化和绿色化技术改造，跟踪、服务指导企业及时进行技术改造投资项目备案，积极帮助企业争取省市级技改项目扶持资金，促进企业技术装备水平不断提升，实现产业优化升级。全年主要污染物化学需氧量减排3832.5吨，氨氮减排419.75吨，氮氧化物减排101.50吨，挥发性有机物减排25.94吨。

■环境监管

【生态环境监测】 2021年，梅州市兴宁生态环境监测站对饮用水水源、地表水、城市环境空气质量、声环境质量、酸雨等开展常规监测。全年水环境常规监测采样313个样品，获取监测分析数据1565个，出具监测报告203份，发出专项环境预警报告10份。对城区108个区域环境噪声点位及12个城市交通干线噪声进行昼间和夜间监测，历时20多天完成城市声环境质量监测。

【污染源监测】 2021年，梅州市兴宁生态环境监测站完成40家次污染企业的监督性监测，掌握污染物排放状况，协助梅州市生态环境监测站开展重点污染源的监测，每月2次对兴宁市污水处理厂进出水水质进行监测；每季度对兴宁市污水处理厂及参照国控污染源管理的黄泥坑垃圾填埋场、叶塘污水处理厂等国控企业进行比对监测，完成20次对镇村生活污水处理厂监测。

【环境执法】 2021年，梅州市生态环境局兴宁分局对涉及宁江水系水质稳定企业和规模化养殖业突击检查，开展饮用水水源保护专项行动，持续深入开展扬尘整治，强化春节期间烟花爆竹禁限放管控，强化工业污染源全面达标排放，深化固体废物污染防治，强化工业企业的事中事后监管，开展污染源日常环境监管随机抽查，加强中、高考期间施工工地等噪声查处，加强环境信访调查工作，严厉打击环境违法行为。全年出动执法人员2860人次，检查企业715家次，发出环境违法责令改正通知书42份，立案处罚案件3件，罚金合计23.2万元，关闭污染源2个，整改污染源11个；866家排污企业和186家建设项目列入广东省量化监管平台信息库，随机现场检查55家排污企业和30家建设项目；受理群众来电、来信、来访案件615件，处理率100%。按时完成2件政协提案的调查处理和答复工作。

【生态环境空间管控体系建设】 2021年，兴宁市贯彻落实梅州市“三线一单”（生态保护红线、环境质量底线、资源利用上线和生态环境准入清单）生态环境分区管控方案，推进规划环评、项目环评与“三线一单”成果衔接，划定生态保护红线511.47平方千米，占比24.6%；一般生态空间119.36平方千米，占比5.8%；生态空间630.83平方千米，占比30.4%。生态环境分区管控体系初步建立。

【环境事件应急处置】 2021年9月28日，兴宁市黄泥坑垃圾填埋场地下导水管破裂导致渗滤液外泄。事件发生后，兴宁市立即成立应急指挥部，开展应急监测，全天候24小时连续监测23个昼夜，制定应急监测方案20版次，出动车辆304次，监测船45次，监测采样916人次，报送手工应急监测数据117批次，水质自动监测数据253批次，共获得应急监测数据3000个，通过断源封堵、截污治污、严密监测，使污染源头得到有效控制，隐患得到有效化解，污染水体得到全面处置，周边群众生活饮水和下游梅江河取水未受影响，事件得到妥善处置，10月18日18时终止环境应急响应。

【生态环境宣传教育】 2021年，梅州市生态环境局兴宁分局联合辖区镇、创文办人员在新陂镇三新村开展“梅州市不留白色污染示范村”创建暨“美丽中国，我是行动者——不留白色污染”世界环境日主题宣传活动。联合林业、铁山渡田河省级自然保护区管理处人员在兴宁市明珠文化广场开展第28个“国际生物多样性日”主题宣传活动。开展世界环境日“人与自然和谐共生”主题活动，联合兴宁市新的社会阶层人士联合会、广东爱环净网络科技有限公司举办“人与自然和谐共生”为主题的活动。宣传生态环境保护各项工作，共派发宣传海报及宣传手册等5000份、环保袋1000个，推送梅州生态环境微信公众稿件共51篇。全年公开各类信息340条，公开重点领域环保信息230条。

（王志龙）

镇（街道）

■ 兴田街道

【概况】兴田街道位于市境西南300多平方千米的宁江盆地中部，是兴宁的政治、经济、文化中心。东连宁新街道，南接福兴街道，西连新陂镇，北临宁中镇，总面积14.86平方千米。2021年，辖16个社区和6个行政村，年末总人口149963人。耕地面积428公顷，水田面积343.33公顷。粮食种植面积574.33公顷，总产量3901吨，其中水稻种植面积（“两造”）547公顷，总产3809吨，水果种植面积10公顷，总产450吨。镇级财政预算内收入1.61亿元。

【基层党建】2021年，兴田街道抓党建，强领导。开展党史学习教育，制定方案和文件，成立领导小组，健全组织机构，通过自学、统一学、竞技学、现场学等多种学习方式，增强党员干部学习党史的积极性，激发学习党史的动力，开展“我为群众办实事”实践活动546场次。加强意识形态管理和提升专业技术能力，推进学习型党组织建设，全体干部纳入“学习强国”学习平台、学法考试平台、广东省干部培训网络学院学习队伍。深化街道体制改革和完善治理体系，推进乡镇机构改革，做好下放政务服务事项等承接工作。落实兴宁市委书记宋才华到兴田街道调研讲话精神，打造“四最”（党味最浓、党旗最红、党气最正、党的战斗堡垒最强）基层党组织，投入49万元改建兴田街道明珠社区党群服务中心，投入50万元打造兴田街道城北社区党群服务中心，为社区群众提供社保、民政、卫生健康等领域的政务服务，以及党务知识、政策咨询、图书阅读、课外学堂等特色便民利民服务。

【共建共治共享】2021年，兴田街道围绕共建共治共享理念，构建多方联动的区域化党建新格局。成立“兴田街道大工委”以及16个“社区大党委”，为5名“兴田街道大工委”兼职委员和45名“社区大党委”兼职委员颁发聘书，并与“兴田街道大工委”和“社区大党委”成员单位签订共建协议书，共同研究建设辖区内党的建设、经济发展、社会事业、社会治安、城市管理、社区服务等重大事项。设立中共梅州市商都大酒店有限公司支部委员会为梅州市“两新”组织党建工作示范点，加强社会组织在新型社会结构形态下的社会治理作用，以“两新”组织党建工作示范点为契机，推进非公有制企业党组织达标创优，以点带面推动街道“两新”组织党建工作质量整体提升。设立永泰社区为城市社区党建示范点，探索社区治理新模式，加强和改进社区党组织服务功能和社区党群服务中心服务水平，2021年，永泰社区为辖区1500户居民发放便民服务卡，服务内容包含业务咨询、电信网络诈骗信息举报、疫情防控服务、社情民意反映等，为辖区居民建立线上报单、线下清单的“微订单”服务模式，通过梳理“三张清单”（“资源清单”“需求清单”“服务清单”）为辖区居民提供社区服务30次，帮助

▲ 2021 年 12 月 22 日，兴田街道永泰社区开展大规模核酸检测演练

（兴田街道办事处提供）

辖区居民解决疏通下水道、水电维修、日常出行、疫情居家隔离服务等小事实事。做好新冠肺炎疫情常态化防控工作，通过悬挂横幅、发放宣传单、张贴宣传海报等多种方式宣传发动群众接种新冠疫苗，开展大规模核酸检测实战演练活动 2 场。

【重点项目建设】 2021 年，兴田街道加快推进城市扩容提质征地拆迁工作，XT2 地块征收完毕；XT3 地块征收 1.64 公顷，完成 57.8%；XT4 征收 5.07 公顷，完成任务数的 66.7%；XT5 地块征收 14.39 公顷，完成任务数的 93.8%；XT6 地块征收土地面积 3.70 公顷，完成任务数的 106%（按面积计算）。加快推进“一江两岸”旅游公路项目征地拆迁工作，完成土地丈量 6.86 公顷，已签约 3.38 公顷，移交土地 3.67 公顷，丈量房屋 26 座、签约 12 座、拆除 10 座。

【社会治安综合治理】 2021 年，兴田街道做好社会面治理，建设平安兴田，先后投入 300 多万元创建梅州市首个反诈主题公园，推动“无诈社区”建设，开展宣讲等活动 120 场次，印制宣传资料和宣传礼品 21 万份，推广注册“国家反诈中心”App 安装下载 34580 人，提高群众防骗、识骗、拒骗能力；印制发放禁毒宣传折页、物品 9850 份，开展禁毒“六进”宣传活动 45 场次，辖区内 24 名社戒社康人员的尿检率达到 100%，解除社区戒毒、社区康复人员 6 人，联合多部门对辖区内 30 多间 KTV、宾馆、酒吧等特殊场所不定期开展打击整治活动，在辖区内易制毒场所开展巡查排查活动 426 场次。核查发放精神障碍患者补助 356 名，签订监护责任书 356 份，定期了解在册精神障碍患者情况，全年没有发生精神障碍患者肇事肇祸事件。全年接市委政法委维稳室交办线索 30 件，接市信访局交办信访件（梅州民声、市领导接访日交办件、

▲ 2021 年 6 月 18 日，兴田街道在市实验中学开展“6·26”国际禁毒日宣传活动

（兴田街道办事处提供）

网访）13 件，综治维稳中心受理上访件 9 件，司法所受理案件 7 件，“12345”政府热线交办 75 件，共 116 件，其中 112 件已办结，办结率 97%，22 个村级综治工作站排查化解矛盾纠纷 286 宗。

【安全生产领域】 2021 年，兴田街道聚焦危险化学品、消防、道路运输、城市建设等重点行业领域，组织开展安全隐患专项整治行动，共检查经营单位 1260 家次，排查各类安全隐患 205 处，均完成整治，上报较大隐患 11 处，全部完成整改。推动网格员落实“敲门行动”，对“三小”（小档口、小作坊、小娱乐场所）场所排查 6255 家，出租屋排查 587 家，发现并整改隐患 3142 处，其中，团结路作为“三小”场所消防安全专项行动的整治试点，共有 133 家场所完成技防改造并安装联网型感烟探测报警器。做实“三防”责任，层层签订责任书，制定“三防”应急预案和村级“一页纸预案”，组织开展“三防”演练，充足应急救援物资及设备装备储备，加强对老旧危房、建筑工地等重点地段的隐患排查治理，加强防灾避险知识宣传，不断提高群众自救能力。

【乡村振兴】2021 年，兴田街道围绕“产业兴旺、生态宜居、乡风文明、治理有效、生活富裕”发展目标全面推动乡村振兴发展。开展“三清三拆三整治”农村人居环境整治，拆除危旧房乱搭乱建、违章建筑等 637 处，拆除非法违规商业广告、招牌 32 宗，6 个行政村 45 个自然村（20 户以上）“三清三拆三整治”全部通过市委农办督查组验收。加快推进建设生态宜居美丽乡村工程，推动“千村示范　万村整治”项目建设，以“美丽村屋”一联村枫树下李屋、洋岗村枫树围刘屋为标杆，以点带面建设“美丽村屋”，整体提升一联村刘屋片曾屋和万兴围、鹅三村灌水塘罗屋、鹅湖村李屋、洋岗村留福岭等村屋环境。管岭、一联、洋岗三村联动，集中发展生态休闲农业，打造“党建引领、生态振兴”的城郊乡村休闲旅游农业项目，发展“一村一品”产业，引导米寨村、管岭村着力打造艾草基地。

【民生实事】2021 年，兴田街道做好低保户、特困人员和事实无人抚养儿童、残疾人、困难退役军人、困难妇女儿童、高龄老人等特殊群体的申请、审核、发放、慰问和年审工作；为辖区 2650 户企业和 1.51 万户个体工商户做好登记注册业务；开展家庭教育指导活动 64 场；为 1246 名适龄妇女免费提供“两癌”（宫颈癌和乳腺癌）免费筛查，为 1000 名适龄妇女提供“两癌”免费保险，开展 18 场妇女“两癌”防治知识到村庄、到社区活动；创作一批深入人心的党史题材文艺作品，如客家锣鼓表演《欢庆》、音乐快板《姐妹欢喜转妹家》等，开展党史学习教育主题线上文艺演出 4 场。

（陈怡玲）

■ 宁新街道

【概况】宁新街道位于兴城东南，东连永和、坭陂，南靠刁坊，西邻兴田、福兴，北毗宁中，辖 12 个行政村和 8 个社区，总面积 29 平方千米。2021 年，年末总户数 16079 户，总人口 50830 人。有耕地 797 公顷，其中水田 714.5 公顷。粮食种植面积 1308.5 公顷，总产 8975 吨，其中水稻种植面积（“两造”）1217.7 公顷，总产 8676 吨；水果种植面积 13 公顷，总产 383 吨。公共财政预算本级收入 7666.82 万元，农村人均年纯收入 13240 元。

【重点项目建设】 2021 年，宁新街道围绕城市提质扩容和新中心城区项目建设，重点抓好城市一级开发十一、十二、十三地块土地房屋征收工作，全面推进宁江公园二期、新城大道、四馆一场、安置区 C 区、文峰二路等项目征拆，全年完成房屋丈量 69 户，签约 107 户，拆除 212 户，拆除面积约 3.9 万平方米，启动依法征收程序 11 户，通过依法程序促丈量促签约 4 户。是年，完成文峰二路全线土地征收；安置区 C 区二期实现净地交付；锦绣大桥于年初通车。

【乡村振兴】2021 年，宁新街道做好精准扶贫“回头看”工作，标识脱贫不稳定监测对象 140 户、196 人，光伏扶贫电站年度收益 24 万元。全域推进人居环境整治，清理巷道、乱堆乱放垃圾

120处，拆除危旧废弃房屋20多间、200多平方米，拆除乱搭乱建20多处、100多平方米，整治生活污水、水体污染30宗。为15户困难群众改建卫生户厕，卫生户厕普及率98%。投入40万元打造洋里村老蓝屋、阳光村陈屋祖屋“美丽村屋”并顺利通过验收。狠抓农村乱占耕地建房问题整治，制止违建行为15个，组织拆除各类违法建筑8宗。加快推进撂荒弃耕土地复耕复种工作，完成复耕复种面积27.55公顷。

【民生民利】2021年，宁新街道全面做好社会保障工作，完成2022年度医保缴费40964人，城乡居民养老保险领取待遇6752人。办理被征地农民社保10117人，计提金额9319万元。全年核减低保户18户，有475户享受低保。做好弱势群体帮扶工作，完成就业困难人员认定18人，为53名残疾人员配备辅助器具。加大村级基础设施建设力度，投入约60万元完成洋里村人民大厦至大塘唇屋背、吴屋门口至东沟、仁何解放围屋背三条村道升级改造；投入53.4万元，实施大圳村道路扩建改造工程；筹资19万元，铺筑大路村新村屋水泥硬底化道路约300米；筹资16万元，铺筑城南社区街背游屋水泥硬底化道路约200米；投入约30万元，实施村级冬修水利工程。

【文教卫生】2021年，宁新街道推进国家卫生城市、省县级文明城市工作，累计开展环境治理232次，清理垃圾1956吨，清除卫生死角1375处，清除“四害”滋生地295处，整改环境卫生脏乱差问题95个。联合网格挂钩单位，开展城市管理“网格化+门前三包”上街上路巡查劝导3283宗。加强精神文明建设，组织开展“星级文明户”评比活动，评选出235户文明户。大力支持教育发展，协助黄岭小学建设近300平方米家长等候区，保障文华二街交通通畅及师生出行安全；投入10多万元支持宁新中心小学等学校购买疫情防控物资。

【社会治安综合治理】2021年，宁新街道受理信访案件255件，办结245件，办结率96%。妥善解决寨仔小学改建宁新中心幼儿园、兴一广场西侧道路的群体纠纷，成功建设梅州首个“智慧社区”汇景花园，实现智慧门禁、防高空抛物监测等智慧社区信息系统运行。开展反电信网络诈骗、禁毒、普法宣传活动，发放资料1万余份，悬挂横幅50余条，大力推广“国家反诈中心”App下载，涉诈警情数、立案数实现环比下降。推进村级法律顾问制度落实，全年调解受理各类民间纠纷152起，调解金额265万元，提供法律咨询252件次，提供法律专业意见83件次，参与人民调解工作26件。

【平安建设】2021年，宁新街道坚持安全发展理念，排查重点场所隐患1287处，并督促相关责任人按时抓好整改落实。加快推进文峰一路消防安全标准化管理示范街建设，设立防火分隔207处，安装智慧感烟探测器279个，配置灭火器289个。投入20万元建设镇级应急指挥中心，投入8万元设立街道消防所、社区微型消防站。深化“消防安全进万家”活动，全年开展消防安全教育培训6次。加强食品安全管理，发出行政检查书120份，移交无合法来源医疗器械案1件，查出“两品一械”案件3件，完成“食安快线”App注册培训725户，注册率86.2%。常态化抓好疫情防控，宣传动员新冠疫苗接种。

【基层组织建设】2021年，宁新街道着力强化组织建设，完成街道20个村（社区）“两委”班子换届选举工作，选举产生156名“两委”干部。投入200多万元规范化建设曙光、茶都、商业城社区党群服务中心，实现对外办公。推进城市基层党建工作，对城南社区义尚街、培英小学、集庆楼、村址小公园实施“微改造”，打造城市基层党建示范街；以电力小区为示范点开展老旧小区改造；全年成立4个“两新”党组织，15个功能型小区党支部；聘任街道“大工委”兼职委员6人，社区“大党委”兼职委员37人，党建基础进一步夯实，认真落实“我为群众办实事”实践活动，组织开展民生问题大排查，全年解决群众“急难愁盼”问题22个。在隆重庆祝中国共产党成立100周年之际，为辖区254名老党员颁发“光荣在党50年”纪念章。

（廖梓添）

福兴街道

【概况】福兴街道位于宁江河西南岸，东连宁新、兴田，西邻五华转水，南毗刁坊，北靠新陂，广梅汕铁路、梅河高速、平兴高速、205国道、福兴大道、兴南大道、兴福路、省道225线纵横贯穿福兴，有国家AAAA级旅游景区——神光山国家森林公园，总面积34.94平方千米。2021年，辖10个行政村和4个社区，有山地1260公顷，耕地370.4公顷，其中水田359.13公顷。总户数10621户，户籍人口36384人。镇级财政预算收入9872.6万元。粮食种植面积686.67公顷，总产5150吨，其中水稻种植面积（“两造”）533.33公顷、总产量4000吨。水果种植面积4.67公顷、总产量70吨，茶叶种植面积2公顷、总产量3吨。

【基层党建】2021年，福兴街道结合党史学习教育，引导党员干部对党史、习近平总书记“七一”重要讲话精神、中共十九届六中全会精神进行深入学习。依托街道党校开展党员干部教育培训7场，开展各类宣讲培训活动63场次。通过村级换届，共选出支委82人，村委96人，“两委”干部年龄、学历、性别等结构都得到优化。加强城市党建，发挥辖区内“两新”党组织的行业优势，开展“双报到、双服务”党员志愿活动。推进福兴社区、兴南社区党群服务中心建设，提高社区服务水平，增强基层社会治理能力。

▲2021年6月29日，福兴街道全体领导、各村（社区）党组织书记到五里村黄粤兴红色文化教育基地开展党史学习教育系列活动

（福兴街道办事处提供）

【兴宁新城建设】2021年，福兴街道推进土地房屋征收工作，新增房屋丈量159户，结算162户，拆除98户，征收土地2.33公顷。全面完成宁江碧道、五里大黄屋项目用地征拆，加快新建市人民医院、兴福南路、企业置换地等项目征拆扫尾工作。

【乡村振兴】2021年，福兴街道做好加强脱贫人口防止返贫监测工作，对街道返贫致贫风险户2户持续跟进帮扶。统筹上级财政补助190万元，重振锦华村松山围米粉品牌，并完成试产，以试点带动各村（社区）发展壮大集体经济。结合复耕复种工作，在高田村连片流转2.67公顷耕地用于试点稻鱼共生项目。到户宣传土地流转复耕复种政策，引导农户依法自愿有序流转土地经营权，促进耕地合理流转。是年，福兴街道复耕23.13公顷，流转29.67公顷。落实河长制要求，投入9.4万元对辖区4条河流及山塘水库进行全面清除河道沿线垃圾和障碍物。严厉打击拆迁户赌博、非法融资等违法行为，防范重点领域金融风险，坚决守住不发生系统性风险底线。

【城乡环境综合整治】2021年，福兴街道出动2000多人次，开展“六乱”整治134次，取缔拆除各类占道经营、违法建筑64起，开展爱国卫生运动18次，城乡环境明显改善。投入16万元推进新城社区、兴南社区生活垃圾分类试点建设，建设生活垃圾分类投放亭，开展垃圾分类宣传志愿服务活动，提高居民对生活垃圾分类的意识，引导居民自觉参与垃圾分类工作。

【社会治安综合治理】2021年，福兴街道全面推进市域社会治理现代化，联合市直挂钩单位，对教师宿舍等5个无物业小区进行老旧小区改造。开展反诈工作，对辖区内群众逐户上门宣传，全年完成“国家反诈中心”App安装26289个、签订反诈告知书10563份。开展矛盾纠纷排查11次，接访群众来访123人次，上级交办信访案件98件，回复率100%，人民调解58件，调处53件，调处率92%。组织刷写各类法治宣传标语50多条，发放村民学法用法读本宣传材料2600多份，开展法治宣传教育活动14次，受教群众4万人次，解答法律咨询295件。

【文化卫生】2021年，福兴街道筹集奖教奖学基金121万元，建成足球场地2块，获得兴宁市“市长杯”足球比赛第三名。全年人口出生数365人。参与无偿献血120人，献血量2.95万毫升，免费“两癌”筛查249人。

【民生保障】2021年，福兴街道结合“我为群众办实事”实践活动的开展，重点解决福兴社区背街小巷污水管网、墨池村移民房群众饮水、大塘村公交车专线等问题。全年落实农村最低生活保障340户674人，五保户87人；落实医疗救助982人次，救助金额66.55万元；为18人提供临时救助4.8万元；为302人办理失地农民社会养老保险累计262.17万元，为1.53万人办理城乡居民养老保险，为2.78万人办理城乡居民医保。

（曾　嵘）

宁中镇

【概况】宁中镇位于兴宁市城区东北面，东连永和，南毗宁新，西邻兴田、新陂、叶塘，北与龙田、石马接壤。辖23个行政村和1个社区，总面积43.63平方千米。2021年，有山地面积1533.27公顷，耕地面积1242.67公顷，粮食种植面积1720.47公顷，总产1.17万吨，其中水稻种植面积（“两造”）1661.6公顷、总产量1.15万吨。水果种植面积92.47公顷、总产量2410吨，茶叶种植面积26.67公顷、总产量70吨。至年末，总户数10942户、35277人。镇级财政预算内收入3126.7万元。

【农业产业发展】2021年，宁中镇所种植水稻优质米占95%以上；插秧机插秧占40%左右，收割机收割水稻占90%以上。完成土地流转139.33公顷，完成复耕复种124公顷。打造丝苗米产业基地，支持梅州市绿粮农业科技有限公司在蔗糖村种植丝苗米；支持广东和山休闲农业旅游产业园有限公司发展铁皮石斛产业和柚果产业；支持广东兴红农林科技发展有限公司发展英红九号红茶产业。

【重点项目建设】2021年，宁中镇全面完成“一江两岸”堤路建设宁中段征拆任务，确保道路建设如期推进。保障跃速体育自行车生产基地项目用地，完成4.93公顷征地任务。推动梅州市重点项目广东·和山休闲农业旅游产业园建设发展，配合做好用地报批手续和土地规划调整，新门楼完成主体建设，杨梅园、鹰嘴桃园、柚园、枇杷园等基本建成，产业园雏形初现。

【乡村振兴】2021年，宁中镇紧密结合“美丽兴宁·美好家园”活动，开展村容村貌整治。先后拆除、改造危旧房屋1989间，拆除面积4.46万平方米。开展全域无垃圾行动，清理房前屋后和村巷道杂草杂物、积存垃圾824处；清理沟渠池塘溪河淤泥、漂浮物和障碍物312处。全面完成203个自然村人居环境综合整治、自然村的村巷道硬底化，实现村村通自来水工作，173个自然村实现污水收集，165个自然村实现生活污水处理。完成24个“美丽村屋”“美丽村道”的投资建设。无害化卫生户厕改造、新建任务全面完成，普及率100%；改造、新建卫生公厕29座。

【基础设施建设】2021年，宁中镇投入50万元对坪塘至凉新村与龙田鸡公桥村接壤的主村道1.2千米实施水泥路面拓宽至6米工程；投入90万元对和一村佰公下至甲背0.8千米自然村道路面实施拓宽至6米工程；投入20万元对石岭村至邹陶村主村道石岭村石牙塘段0.5千米实施拓宽至6米工程；投入40万元对鹅一主村道1.1千米进行加铺沥青路面工程；投入20万元对和山村龙角屋自然村道0.22千米实施水泥硬底化建设工程。

【基层组织建设】2021 年，宁中镇全年开展警示教育 4 次，组织镇纪检干部集中学习 12 次，其中参加市纪检专职干部培训 1 次。全年发展党员 12 名，至年底，有党员 1489 名。

【民生保障】2021 年，宁中镇对全镇 543 户共 1085 人低保对象严格做好审核把关，应保尽保；准时发放 123 户五保家庭、3 名孤儿基本生活保障资金，为 28 名重大疾病患者申请医疗救助。对全镇 959 名残疾人和 997 名高龄老人准时发放津补贴。宁中镇社会工作服务站、丝光村服务点、星民村服务点挂牌成立，匹配 7 名社会工作人员开展服务工作。

【社会治安综合治理】 2021 年，宁中镇受理各类案件 74 件，成功化解 74 件，化解率 100%。完成上级交办的信访案件 14 件，办结 14 件，办结率 100%。开展普法宣传 30 余次、村（居）法律顾问开展法治讲座 50 余场次、印发各种宣传单张 1.5 万份、受教育人员 1 万多人次。

（许晓敏）

刁坊镇

【概况】 刁坊镇位于兴宁市东南部，东临坭陂镇，南连五华县水寨、转水两镇，西接福兴街道办事处，北依宁新街道办事处。2021 年，辖 22 个行政村和 1 个社区，总面积 58.01 平方千米，其中山地面积 3068 公顷，耕地面积 1459.47 公顷，水田面积 1344.6 公顷。年末，总户数 12452 户，总人口 40063 人。全年实现工农业总产值 6.64 亿元，其中工业总产值 2.39 亿元，农业总产值 3.04 亿元；农村年人均收入 1.64 万元。是年，粮食总种植面积 2123.93 公顷，总产量 14659 吨，其中水稻种植面积（“两造”）2047.2 公顷、总产 14425 吨，水果种植面积 187.07 公顷、总产 3389 吨，茶叶种植面积 9.27 公顷、总产 32 吨，油茶种植面积 66.67 公顷、总产 142 吨。

▲ 2021 年 5 月 26 日，广东省国资委在刁坊镇调研梅龙高铁项目（刁坊镇提供）

【基础设施建设】2021 年，刁坊镇争取上级资金支持，投入 300 多万元，持续推进村村通自来水工程、落实崩岗水土保持整治工程；投入 300 多万元，稳步推进 14 个水库移民结余资金工程项目，实施 5 个小型水库大坝安全鉴定工程，项目全部竣工验收；投入 130 万元，完成生活垃圾中转站升级改造，改善刁坊镇生活垃圾压缩转运问题；投入 82 万元，完成刁坊镇金银村道路、路灯建设工程项目，解决周围群众出行难问题。

【重点项目建设】 2021 年，刁坊镇涉及土地房屋征收项目包括政府回收地块（毅德城段市政工程、毅德城物流园）、城市一级开发刁坊 2 地块项目、亲水公园二期、旅游通道项目和梅龙高铁征地拆迁等项目。至年底，毅德物流园项目、城市一级开发项目刁坊 2 地块均已进入扫尾阶段；旅游通道项目全部完成；完成安置房 31 栋和 32 栋交付及店铺交付前期准备工作；广弘农牧 30 万头生猪养殖项目建设新增租赁土地 24.33 公顷工作已完成，项目基础设施建设进度达到 60%。

【基层组织建设】2021 年，刁坊镇

党委深入学习贯彻习近平新时代中国特色社会主义思想，全面加强党的政治建设，落实党建三年行动计划，加强各领域基层党组织规范化制度建设，优化基层党组织设置。全面开展党史学习教育，践行“我为群众办实事”；获得梅州市优秀党务工作者表彰1人，获得兴宁市优秀党员称号2人，优秀党务工作者表彰3人；发放“光荣在党50年”纪念章145人；提拔任命9名青年干部充实股级干部队伍；举办村“两委”干部专题培训班，提升基层干部平均学历；深入整改2020年度述职评议查摆突出问题，全面巩固巡察反馈问题整改成效，针对巡察反馈26个问题，督促被巡察村（居）、职能部门落实整改责任，落实整改措施64条，修订完善制度机制11条。

【农村农业】2021年，刁坊镇粮食总种植面积2123.93公顷，总产量14659万吨。大力发展特色现代农业，培育致富带头人、种粮大户8户（人），引进农业企业2家，新增梅州沙田柚种植面积53.33公顷，完成复耕复种面积177.67公顷；推进产业发展，集约流转丢荒土地186.67公顷；引进天下粮仓农业公司打造“近郊式体验式”农业采摘基地；全力扶持壮大村集体经济，全镇22个村集体年收入全部达5万元以上，其中10万元以上村10个。

【人居环境整治】2021年，刁坊镇筹措资金500万元，完成圩镇人居环境提升工程；投入资金100多万元，新建一条圩镇交通疏导道路；推进兴宁市西沟“三镇十三村”连片美丽乡村示范区刁坊段项目。

【防返贫监测】2021年，刁坊镇加强与各村走访联系，巩固拓展脱贫攻坚成果，落实防止返贫监测对象10户36人，严格落实“四不摘”要求，重点关注大病、重病患者、重度残疾人、失能特困老年人等特殊群体，确保脱贫不返贫。

【民生民利】2021年，刁坊镇重点优抚对象异地结算医疗补助9人次共5232元；完成城乡妇女“两癌”免费检查284人；推进妇联各项工作，申请叶剑英助学金儿童4人；推进政务服务平台建设，全镇下载注册“粤商通”用户达600多户；推进“房地一体”农村不动产登记发证工作，完成全镇680户低保、五保、低收入家庭年审工作，完成残疾人“两项补贴”年度资格认定698人，完成精准康复系统录入和填写227人；做好银龄安康保险政府统保工作；加强镇辖敬老院、托老机构的软、硬件环境建设，成功办理救助申请约370人次；受理医疗救助21人次，临时救助23人次；受理慈善救济申请19件，累计发放金额超4万元。

【社会治安综合治理】2021年，刁坊镇制定《刁坊镇2021年度安全生产工作方案》，与企业签订安全生产和消防安全责任书，投入15万元采购应急物资，结合刁坊镇安全生产专项整治三年行动计划，全年共召开安全生产专题会议4次；在重大节假日期间，开展安全大检查，出动300多人次，开展安全检查30次，排查整改一般安全隐患11处，发出整改通知书8份，共摸查出395处“三小”场所（小档口、小作坊、小娱乐场所）和50处出租屋（群租房）；全年安装烟感户数90户，烟感数104个。

【文教卫生】2021年，刁坊镇开展“5·29”会员活动日暨卫生计生综合宣传服务活动、组织各村（居）委开展卫生健康宣传和关爱服务；结合疫情防控及病媒传染病防控实际，开展防疫宣传和重点场所消杀喷洒，开展爱国卫生月活动，成功创建广东省卫生镇；刁坊镇文化站创建省一级综合文化站通过检查验收；做好技校招生宣传工作，发放宣传资料1000份，完成招生34人；发放教育基金15万元；争取省级财政资金420万元，推进省级文物保护单位棣华围修缮维护工程。

（陈　慧　吴宇平）

坭陂镇

【概况】坭陂镇位于兴宁市中南部，东连新圩镇，西接刁坊镇、宁新街道，南邻五华县，北接永和镇。2021年，辖31个行政村和1个社区，总面积87.87平方千米，其中耕地面积2947.2公顷，水田面积2198.53公顷，山

▲图为 2021 年兴宁市坭陂镇圩镇人居环境提升项目工程东方村段（坭陂镇提供）

地面积 4004.87 公顷。粮食种植面积 3835 公顷，总产 2.67 万吨，其中水稻种植面积（“两造”）3682.93 公顷，总产 2.6 万吨，水果种植面积 319.73 公顷，总产 7154 吨，茶叶种植面积 1.33 公顷，总产 3 吨，油茶种植面积 13.33 公顷，总产 20 吨。年末总人口 80879 人。镇级财政预算内收入 3363.36 万元。

【重点项目建设】 2021 年，坭陂镇基本完成梅龙高铁坭陂镇段红线内约 26.67 公顷土地和房屋签约工作；多方筹资约 560 万元，对陂坊东路、陂坊西路 1.5 千米实施人车分流美化亮化工程，全力打造中心镇示范街道建设；着力推进“三镇十三村”新农村连片示范区，进行土地征收和青苗补偿工作；国家管网集团广东省天然气管网“县县通工程”梅州、五华、兴宁项目涉及该镇王村村，全长近 3 千米，征地约 3 公顷，已实现无障碍施工。

【基础设施建设】 2021 年，坭陂镇投入 138 万元在柑子村西沟河道打造休闲长廊；投入 34 万多元在湖柏村车头屋进行道路硬底化工程，方便群众出行；投入 16 万元对大新村 S226 线路口至村址路道两旁进行升级改造；投入 31 万元打井抽水解决群众饮水问题。

【乡村振兴】 2021 年，坭陂镇对已脱贫户、边缘易致贫户实行动态监测，重点对脱贫不稳定户、边缘易致贫户、新增特困户坚持“四个不摘帽”原则，持续开展生产、生活帮扶，安排帮扶预算经费 50 万元，实行兜底保障，防止规模性返贫。全镇 31 个村村集体经济收入全部达 5 万元以上，其中 16 个村村集体经济收入达 10 万元以上，占 51.6%。发挥本地资源优势和产业优势，谋划将坭陂镇打造成为东片养牛种玉米、西部养殖乳鸽、中部莲藕丝苗米齐头发展的农业产业发展格局，并以此带动相关的更多产业发展，促进镇村集体经济发展、环境美化提升和群众增收致富。在陂宁村引进公司承包 33.33 公顷撂荒土地进行玉米种植；在文东村、河心村将多年撂荒地，打造成莲藕基地。有 3 个村打造完成“一村一品”产业，上笃陂、东红村种植丝苗米，角塘村打造宝宁农牧科技公司养鸽基地。持续推进人居环境“三清三拆三整治”工作，投入约 13 万元整治

▲图为 2021 年坭陂镇陂宁村玉米种植基地（陂宁村委会提供）

沟渠 300 多米、拆除危旧老屋约 4000 平方米。稳步推进“千村示范、万村整治”项目 3 个，投入专项资金 60 万元；新农村建设 EPC 项目（涉及汤一、文德、文东、陂宁、上笃陂等村）完成项目验收。

【民生民利】 2021 年，坭陂镇城乡居民养老保险参保人数 28995 人；城乡合作医疗保险参保人数 57384 人；组织农村劳动力参加就业定点培训机构培训人数 40 人；为全镇 300 人次提供就业推介；为兴宁市技工学校输送学生 64 人。做好 1006 户低保户、248 名五保户、5 名孤儿等困难群体的管理和救助工作。广东社工“双百计划”坭陂镇社工站于 10 月实现 32 个村（社区）服务点全覆盖，并于 10 月 20 日举行 7 个服务点的挂牌仪式。

【文教卫生】 2021 年，坭陂中学本科线以上 31 人，本科人数和上线率继续位居全市农村完中前列。全年投入 8 万元在镇政府内院及周边、文化站、文化广场、农贸市场、圩镇主要道路等设置更新创文广告宣传栏 20 多块，在省道 225 线官陂路口至宣明村委的道路旁制作党史宣传学习广告牌 188 块。全镇各新时代文明实践所（站）共开展新时代文明实践主题活动 128 场。东红村获评兴宁市第二批“美丽家园”示范村，全镇获评兴宁市第二批“美丽家园”示范户 2 户，获评兴宁市“最美家庭”1 户，获评第五届“梅州市文明家庭”1 户，获评梅州市“孝老敬亲好媳妇”1 人。

是年，坭陂镇出生人口 779 人，出生率 9.12‰，婴儿出生性别比为 113.42（以女性为 100）；政策生育率 91.5%，上报死亡人口 509 人，人口自然增长率 3.16‰；全镇完成免费孕检 192 对；义务献血 309 人，累计献血量 6.44 万毫升；开展“银龄安康”活动，累计参保人数 13898 人，投保金额 16 万多元；开展“计生家庭意外伤害保险参保”活动，累计参保家庭户数 1219 户；开展“2021 年农村纯二女结扎户参加城乡居民基本医疗保险”活动，累计参保人数 372 人，投保金额 11 万多元；开展百岁老人慰问活动，发放慰问品 20 份；做好农村贫困妇女“两癌”筛查工作，为 626 名妇女提供免费筛查服务。

【社会治安综合治理】 2021 年，坭陂镇设置扫黑除恶专项斗争、打击打诈等内容的大型宣传牌 14 个；承办市扫黑办转办线索 3 条，均已办结并未发现有涉黑恶情况；举办形式多样的“六进”（进场所、农村、学校、社区、家庭、单位）宣传活动共 20 场，发放宣传彩页 5 万份，反诈宣传品 1 万份，并为 400 多名镇村干部定制反诈和断卡内容的手机彩铃；完成推广安装应用“国家反诈中心”App 人数 2.5 万人。受理各类矛盾纠纷 103 宗，成功调处 98 宗，调处成功率 95%；受理“12345”热线投诉 61 件，办结 58 件；受理广东省一体化信访信息系统转派案件 270 件，办结 268 件。加强对该镇在管精神病患者的监管。在辖区范围内没有发生制毒贩毒情况，每月开展禁毒宣传“六进”活动，举办禁毒宣传活动 26 场，发放禁毒宣传资料 5000 份。

【平安建设】 2021 年，坭陂镇全面推进“中心＋网格化＋信息化”建设。完成镇级和 32 个村居委的规范化建设，全面完成村级综治工作站视联网建设，实现镇、村全覆盖。全镇 178 名网格员对各自网格范围开展常态化巡查工作。在全镇 32 个村（居）委安装 5G 智慧广播大喇叭，构建互联互通共享共用的立体治安防控体系，推进“平安坭陂”建设。

【基层组织建设】 2021 年，坭陂镇完成镇村两级换届选举工作，依法依规选出新一届坭陂镇领导班子成员 17 人，选出村（居）委委员 208 人，支委委员 114 人，其中支委交叉村委 109 人。全年开展镇党委理论学习中心组专题学习 15 次，其中集中学习研讨 4 次；各级开展党史专题学习 96 次；基层党组织书记讲专题党课 101 次；基层党组织开展主题党日活动 99 次。是年，发展党员 15 人，上交党费 15.36 万元；全镇 32 个村（社区）党组织书记全部实现“三个一肩挑”[同时担任党组织书记、村（居）委会主任、村（社区）集体经济负责人]。

（刘　璟）

■ 龙田镇

【概况】 龙田镇位于兴宁市中部，东连石马镇，南接宁中镇，西邻叶塘镇，北界合水镇，距城区8千米。2021年，辖16个行政村和1个社区，总面积35.57平方千米，山地976.88公顷，耕地1481.6公顷，其中水田1098.8公顷。粮食种植面积1804.6公顷，粮食总产量1.24万吨，其中水稻种植面积（“两造”）1599.6公顷，总产1.16万吨，水果种植面积722.67公顷，总产1.1万吨，油茶种植面积46.67公顷，总产50吨。2021年末全镇总户数12498户、总人口43113人。镇级财政预算内收入2963.82万元。

【农业发展】 2021年，龙田镇在特色农业方面，扶持培育肉鸽产业龙头企业，形成以碧园、环陂等6个村连片为核心、全镇一半以上村都养殖肉鸽的产业发展布局，助力兴宁鸽入选广东省特色农产品优势区。果蔬种植方面，坪见沃柑基地粤和兴农业发展有限公司无核沃柑年产量约275万公斤，产值超5500万元，抢抓机遇成功出口泰国、新加坡等东南亚地区；丽溪村柚果扩种完成1.33公顷；投入近200万元建设龙盘金星蔬菜基地水利设施，推进千亩蔬菜基地建设。复耕复种方面，流转撂荒耕地74公顷，新增复耕面积66.67公顷。实施垦造水田项目，丽溪、碧园、环陂、鸡公桥、曲塘5个村完成土地集24.57公顷。

【工业发展】 2021年，龙田镇持续优化营商环境，实施镇领导联系服务挂钩企业制度，开展“扶企”“暖企”行动，深入企业一线及时掌握企业经营和经济运行情况，及时为企业纾困解难。支持民营企业创新发展，大力扶持龙江建材、新升科技、创兴电子等企业做强做大。是年，龙江建材及创强混凝土实现生产销售收入2.25亿元，全年上缴税收829万元；新升科技实现销售额3224万元，比上年增长39.5%，出口额约3035万元、上缴税收约27万元，获得公司专利8个，审查中有3个。落实“放管服”改革，新办照个体户313户，新办企业11户、新办理食品经营许可证业务156份。

【乡村振兴】 2021年，龙田镇推动巩固拓展脱贫攻坚成果同乡村振兴有效衔接，推进驻镇帮镇扶村工作，对照“两不愁三保障”及饮用水安全情况等标准进村入户全面排查，开展防止返贫动态监测和常态化帮扶工作。龙田镇新增5名驻镇帮镇扶村工作队成员、1名金融助理及1名志愿者。完成村集体经济组织选举，16个村实现村集体经济年收入5万元以上目标。结合村庄特点规划项目170多个，建立村级乡村振兴项目库。累计投入资金300多万元完成7个“千村示范、万村整治”第三期项目。

【基础设施建设】 2021年，龙田镇完成一江两岸堤路建设项目土地征收12.87公顷；签订房屋协议书户数为115户，拆除房屋户数为110户，路面建设5.7千米，安装防撞护栏4.4千米，龙田大桥到环陂段实现全线贯通。累计投入122万元实施县道270线、

▲2021年9月，“千村示范、万村整治”项目龙田镇高陂村田背钟屋“美丽村屋”工程建成全貌 （曾海兰 摄）

271 线实施单改双建设约 4.3 千米。筹资 270 万元实施石马河水陂村段沿河河道堤路路基建设。累计投入 500 多万元开展上坪塘水库除险加固，投入 220 多万元实施曲塘、蓼塘村移民项目建设，投入 3 万多元开展朱坑河坪见段河道清淤清障近 1 千米，路肩整治到 4.5 米宽。推动公共基础设施往村覆盖、往户延伸，新建公厕 2 间，完成一批道路硬底化、小广场建设、路灯安装等项目。

【民生民利】2021 年，龙田镇通过民生实事票决，选出并落实金星、龙盘村蔬菜基地水利设施建设工程、环陂村、鸡公桥村“美丽村道建设”项目，石壁村“美丽村屋建设”项目，金星村“两镇八村”延伸段—玉山围美化、亮化项目等民生实事建设项目。镇、村落实“我为群众办实事”民生项目 62 项。推进国家卫生镇创建工作，推进省级卫生镇复审，深化爱国卫生运动。做好民生保障，全年为低保户 555 户、1084 人累计发放低保金 396.92 万元；为 170 户特困人员发放供养费 181.21 万元，为 1116 名高龄老人发放补(津)贴 21.83 万元，为残疾人 1027 人发放“两项补贴”（困难残疾人生活补贴和重度残疾人护理补贴）248.90 万元，落实临时救助 12 人次、发放救助金 4.69 万元。推进就业创业，开展岗前培训和技能提升培训。

【文教卫生事业】2021 年，龙田镇被评为“广东省文明镇”、梅州市“十佳乡风文明镇”，镇级新时代文明实践示范所被评为省级示范所，全镇评选兴宁市星级文明户 398 户，获评梅州市道德模范提名 1 人。是年，17 个村(社区)均建立学雷锋志愿服务站、新时代文明实践站，行政村（社区）综合性服务文化中心建设达标率 35%。坚持优先发展教育事业，举办 2021 年奖教奖学表彰大会。2021 年龙田中学高考，进入本科线 17 人，春季高考公立大专院校录取 176 人，占比 78%，春季、夏季高考大专上线 343 人，上线率 100%。

【社会治安综合治理】2021 年，龙田镇重点推进扫黑除恶专项斗争、政法队伍教育整顿、防范电信诈骗等工作。推广下载注册“国家反诈中心”App 人数 23856 人，发放反电信诈骗宣传手册 1 万多份，制作大型广告牌 2 块，悬挂横幅 100 多条，张贴海报 6000 多份，与 17 个村（社区）和相关企业签订综治责任书。加强安全生产网格化管理，落实安全生产目标责任制，17 个村（居）签订《安全生产责任书》。推进“一村（社区）一法律顾问”工作。凉伞村被评为国家级“民主法治示范村（社区）”。

【基层组织建设】2021 年，龙田镇聚焦基层党建，实行党员领导干部领学带学督学，邀请市委宣讲团成员、致富能人等向镇村干部讲党课。全年开展“新时代文明实践活动·周一学习会”、党史学习教育等专题学习活动 13 场次，累计参学干部职工 1300 余人。创新“午间课堂”“党校现场教学点”“微党课”、党史党务知识竞赛等形式，利用镇委党校“1+N”现场教学点开展党课活动 17 场次，累积培训党员 1642 人次，各党支部开展专题学习 30 多场次。龙田镇党委获评“广东省优秀基层党组织”，4 人获得梅州和兴宁市优秀基层党务工作者、优秀党员表彰，曲塘村党支部、龙田镇中心卫生院党支部被评为“兴宁市先进基层党组织”，镇委党校成功申报第二批梅州市级镇街党校示范点。

（刁柳平）

■ 合水镇

【概况】合水镇位于兴宁市中北部，距市区 15 千米，东连石马，西接叶塘，南与龙田相邻，北靠黄陂、大坪，东北与梅县区西部交界；因“粤东明珠”合水水库坐落境内而得名合水，总面积 101.98 平方千米，是广东省“教育强镇”“广东省卫生镇”“兴宁市龙眼基地镇”和“茶叶基地镇”。2021 年，辖 21 个行政村、2 个社区和 1 个合水国有农场，年末全镇总户数 10307 户，总人口 37404 人。耕地面积 1067.87 公顷，水田面积 833.53 公顷。粮食种植面积 1417 公顷，总产量 9377 吨，其中水稻种植面积（“两造”）

▲2021 年合水镇新垦造的水田　　（合水镇提供）

1258.66 公顷，总产 8829 吨，水果种植面积 523.27 公顷，总产 8534 吨。镇级财政预算内收入 3386.4 万元。

【农业发展】2021 年，合水镇依托合水资源优势，推进农业产业强镇申报工作，大力发展富民兴村产业。培育壮大优势产业，支持力量农业公司深化与省农科院茶叶产业研究所的合作，打造生态茶园，公司被授予“广东省茶叶研究所科研示范基地”，其“官田翠玉”乌龙茶获评“梅州茶王”称号。发展特色农业，成功申报富和丝苗米、下官石斛 2 个“一村一品”项目，建设猕猴桃、无花果、石斛等产业基地。新垦造水田 113.33 公顷，完成拆旧复垦 12 公顷、撂荒土地复耕复种 146.67 公顷，开展病虫害绿色综合防治，防治面积 533.33 公顷，为特色产业高质量发展提供保障。发挥梅一客、品鲜农业、天华农业等新型农业经营主体引领作用，打造集观光休闲、田园采摘、农业体验等为一体的乡村旅游景点，推动产业融合发展。

【乡村振兴】2021 年，合水镇、村面貌不断改善。代表兴宁参加 2021 年梅州市《乡村振兴大擂台》PK 赛。一批 EPC 项目顺利实施，25 个节点项目进入收尾阶段。开展“三清三拆三整治”，21 个行政村均达到干净整洁村标准，其中罗陂、溪唇、富和、霞洞、龙东 5 个村达到美丽宜居村标准，富和村被评为梅州市百佳乡风文明村。聚焦“美丽城镇试点镇”创建工作，常态化开展“周四环境日”活动，深化实施“两美”行动，狠抓农村生活污水治理、“厕所革命”，卫生户厕普及率 100%。落实河（湖）长制、林长制，加强巡查监管整治，稳步推进铁山嶂废弃矿区生态综合治理修复工程。

【基层组织建设】2021 年，合水镇落实党委学习第一议题制度，组织集中学习 10 次。持续抓好“三会一课”“主题党日”活动，开展领导干部、党组织书记、先进典型上专题党课 23 次。发挥镇委党校基层党员教育阵地作用，开展“学习强国·周一课堂”23 期。开展党史学习教育，成立镇级宣讲团分赴各村（社区）开展专题宣讲，带领党员干部追忆入党初心、重温百年党史；组织党员干部赴合水革命烈士纪念碑开展“缅怀先烈 学党史 砥砺前行感党恩”主题教育活动，重温入党誓词；发挥新时代文明实践所阵地作用，组织广大干部观看红色革命史片；开展“我为群众办实事”实践活动，完成项目 150 项。完成镇级领导班子换届选举和村“两委”换届选举工作。培育入党积极分子 35 人、预备党员 13 人、党员转正 11 人。

▲2021 年，合水镇府前大道沥青罩面铺设　　　（合水镇提供）

【基础设施建设】 2021 年，合水镇投入约 150 万元完成府前大道沥青罩面工程，持续推进合水圩镇主街人行道升级改造工程。投入 500 万元建设龙东休闲广场。投入 100 万元升级改造龙北休闲公园，与富龙森林公园、龙东休闲广场串珠成链，为龙北社区、移民新村、龙东、下官、霞洞 5 个村 7000 多人提供休闲健身场所。投入 600 多万元，实施富和、霞洞、龙东村新农村连片示范建设工程，25 个节点项目建设进入收尾阶段。争取移民后期扶持资金 935 万元，实施富和、双溪、二三村自来水管网改造和富龙移民新村文体广场、排污建设工程，进一步完善富和、二三、明星、罗英村的道路、水利等基础设施。新建二三、四五村党群服务中心，已完成主体建设。全力配合做好市第二自来水厂扩建工程和“一江两岸”河堤公路（合水段）等重点项目建设。

【民生民利】 2021 年，合水镇做好低保、五保、事实无人抚养儿童、孤儿的申请审核工作，强化动态管理、完善系统数据，做到应保尽保。抓好“妇女之家”、合水社区“童心港湾”、合水学校留守儿童帮扶站等阵地建设，健全未成年人、妇女等弱势群体关爱服务体系。推广“银龄安康”“保尚保”等惠民保险，城乡居民医疗保险征缴任务完成率 94.8%。镇、村两级下乡慰问退役军人，实现走访联系全覆盖。开展各类志愿服务活动 27 次，累计服务时长约 680 小时。

【文教卫生】 2021 年，合水镇加强体育基础设施建设，霞洞村新建五人足球场、篮球场，龙东村新建体育公园。组织参加第七届“市长杯”足球赛。组织中国共产党成立 100 周年送戏下乡文艺演出、“五一”文艺演出、端午节包粽子等活动。继续加大教育投入力度，“梅州市兴宁合水镇教育发展基金会”获批成立，筹集捐款 460 多万元。完成原民办代课教师补贴公示发放工作，举行庆祝教师节暨奖教奖学表彰大会，表彰优秀师生 67 人。创建“国家卫生镇”，推进基本公共卫生和医疗服务工作。完成合水镇共青团、妇联换届选举工作。

【社会治安综合治理】 2021 年，合水镇加强和创新社会治理，“中心 + 网格化 + 信息化”有效落实，平安建设扎实有力，公众安全感和社会治安满意度明显提升。受理调处信访案件 19 件，调解成功率 100%。举行反邪教宣传活动 12 场，举行“六进”禁毒活动 26 场，举办“七进”反诈宣传教育 29 场。加强对 92 名安置帮教人员的管理。“国家反诈中心”App 下载率 113.1%，电信网络诈骗立案 8 宗、比上年下降 20%，涉电诈被抓获人员 2 人、下降 60%。培育文明乡风，罗陂村获评梅州市“美丽家园”示范村。

（李　杰　李锶华）

叶塘镇

【概况】 叶塘镇位于兴宁市西北部，东邻龙田镇、合水镇，南接新陂镇、五华县，西靠龙川县，北连大坪镇，是兴宁重点发展镇之一。总面积 166.81 平方千米，2021 年，辖 41 个行政村和 1 个社区，其中山地面积 6517 公顷、耕地面积3301.6公顷、水田面积2334.4公顷。粮食总种植面积4273.53公顷，总产2.98万吨，其中水稻种植面积（“两造”）4100.47公顷，总产2.92万吨。水果种植面积724.13公顷，总产1.36万吨；茶叶种植面积147.53公顷，总产124吨；油茶种植面积786.67公顷，总产812吨。年末，全镇总户数21292户，总人口82696人。全年实现工农业总产值7.45亿元，其中工业总产值3.68亿元、农业总产值3.78亿元；镇级财政预算内收入3709.73万元，农民人均纯收入12468元。

【重点项目建设】 2021年，叶塘镇完成东莞石碣（兴宁）产业转移工业园区项目征地面积6.63公顷，丈量房屋57座、签约90户，发放征地拆迁、房屋及附着物补偿款3507万元。完成兴宁市肉鸡产业融合示范园征地面积18.75公顷，发放房屋、迁移及安置补偿款1750万元。完成“一江两岸”河堤公路项目98户房屋丈量，发放征地拆迁、房屋及附属物补偿款3932万元。

【基础设施建设】 2021年，叶塘镇完成163个已联签的EPC总承包工程项目，进入验收结算阶段。完成“千村示范，万村整治”三期4个项目申报、建设、验收工作，项目投资合计80万元财政资金，撬动社会资金108万元，引导社会力量参与村庄建设，提升整体人居环境整治水平。投资669万元，完成核准18个新农村建设奖补项目，涵盖道路升级改造、整体环境整治提升、村桥修建、综合文体设施。投资413万元，完成91座奖补公厕的建设、验收工作。投入50万元，建成鸭池村人工湿地污水处理设施。完成叶塘圩镇环境提升工程项目招投标，并于12月开始动工，涵盖圩镇道路、建筑外立面、绿化和路面标识等项目工程提升。投入33.4万元对朱坑河、麻岭河、九莱口河、宁西沟河进行清淤、清飘工作。筹集48万元建设河西村水库移民房活动广场。完成危房改造2户，整治削坡建房风险点89户。

【文旅产业发展】 2021年，叶塘镇聘请广东客家文化创意研究院完成《兴宁市叶塘镇红色革命人物故居修复保护利用项目设计方案》，项目计划申请广东省红色遗址保护利用项目资金，分阶段打造“一园五故居”（叶塘镇人民公园，曾不凡烈士故居、胜青大光围——蓝胜青故居、蓝再韩故居、罗肇庆故居、张如心故居）。玖崇湖温泉小镇被列入广东省特色小镇管理清单名单，逍遥谷康养文体旅游项目成功申报梅州市重点项目，鸭池村获评广东省文化和旅游特色村，成功申报获批逍遥谷、好客都2家温泉民宿。新陂、叶塘“两镇五村”十里版画长廊项目成功落地，生态观光葡萄采摘园新增葡萄种植面积2.67公顷，“两镇五村”、磐安围、玖崇湖、叶南渔村、生态采摘园、龙腾东方等旅游节点串珠成链打造叶塘精品康养旅游线路初具成效。

【乡村振兴】 2021年，叶塘镇完成留桥村、洋陂村、群星村、新生村4个村土地集约及青苗清点工作，发放垦造水田项目资金375.1万元，完成垦造水田任务37.37公顷。通过动员大户承接，引导农户转包、租赁、代耕代种，引入“公司+基地+农户”模式等方法，完成集约流转撂荒土地面积196.81公顷，复耕复种面积617.2公顷。兴宁市乌池种养有限公司新增为广东省农业龙头企业，三口塘村兴宁市鑫龙腾绿色农业发展有限公司、乌池村兴宁市益民粮油加工有限公司成功申报“一村一品、一镇一业”建设项目，龙塘村沃柑种植项目第一年挂果产出25吨，2家“温泉漉菜”加工厂建成并投产。顺利对接乡村振兴驻镇帮镇扶村工作队，利用帮扶单位广东省药品监督管理局资源优势，与广州医药集团签订《乡村振兴仙草种植产业合作协议》，促进镇村农业优质量、高效益发展；争取市委、市政府重视支持，达成共建兴宁市医疗器械产业园意向。累计抚育森林800公顷，发放生态林补偿款94.94万元；处理中央环保督察组交办案件16件，责令24家养殖场整改。所有村集体经济收入达5万元以上。

【社会治安综合治理】 2021年，叶塘镇开展扫黑除恶专项斗争、反电信网络诈骗、普法、禁毒等宣传活动100余场，核查上级转办扫黑除恶线索3宗。全镇范围内下载安装注册“国家反诈中心”App超过4万人次，电信诈骗警情、立案数、财产损失金额比上年降幅均超过30%，其中财产损失金额比上年减少90多万元，镇户籍被各级公安机关抓获电信诈骗人数比上年降幅均超过40%。受理各类信访案件200多件，办结率95%，建立人民调解档案卷宗39宗，调解成功率100%。河西村入选2021年省“民主法治示范村（社区）”创建单位名单。

【基层组织建设】2021年，叶塘镇发展党员20人，其中大专以上学历5人。完成41个村和1个社区的村（社区）换届选举工作，产生新一届村（社区）党组织委员144人，其中书记42人、委员102人；新一届村（社区）成员224人，委员140人，“两委”干部的交叉任职率92.4%，实现42个村（社区）党组织书记“三个一肩挑”。完成镇党委、人大、政府换届选举工作，产生新一届叶塘镇领导班子成员17人。开展党史学习教育动员会、专题辅导报告会6场，祭奠革命烈士、主题教育等党史学习教育的活动4场，完成“我为群众办实事”实践活动项目17个。全镇基层党组织开展志愿服务活动200余场次，参与党员1000余人次。中共兴宁市叶塘镇机关支部委员会被授予“梅州市先进基层党组织”称号。

【安全生产】2021年，叶塘镇开展安全生产、消防安全宣传教育活动5场，组织消防安全、安全生产培训会议5次，开展消防安全演练3次，对校园周边、“三小场所”（小档口、小作坊、小娱乐场所）、加油站等507家场所开展安全、消防隐患排查，发出整改指令50余次，推进97家“三小场所”安装联网型感烟探测报警器。全年开展汛前、汛期水库、山塘、堤围安全巡查85次。排查森林防火隐患点1481宗，投入资金79.2万元，开设森林防火隔离带45千米，维护防火隔离带46千米。

▲2021年11月12日，叶塘镇足球队获得兴宁市第七届“市长杯”足球赛镇街组冠军 （戴宇宇 摄）

【文教卫生】2021年，叶塘镇足球队以7场全胜战绩获得2021年兴宁市第七届“市长杯”足球赛镇街组冠军。417户家庭被评选为兴宁市星级文明户，河西村、富祝村获评梅州市“百佳乡风文明村”。河西村磐安围、刘氏大夫第，群星村万安围，汤湖村胜公围，大路下村莲塘背肖屋，下洋村五翰堂，彭陂村翔安围被列入第一批梅州市客家围龙屋保护名录。注册成立梅州市叶塘教育发展基金会，发动首批捐款230万元，表彰优秀教师、学生151人，发放奖教奖学金10万元。301户家庭获“广东省健康家庭”的称号、上中村获得“广东省健康促进村”称号，北塘村、群星

▲2021年4月1日，叶塘镇在蓝胜青革命烈士基地举行“缅怀先烈学党史 砥砺前行铸党魂”清明祭奠革命烈士活动 （戴宇宇 摄）

村、三变村、汤湖村、大路下村、岳桥村、上岳村、甘塘村、大众村、留桥村10个村被授予“广东省卫生村”称号。为农村妇女提供免费“两癌”筛查561人次，全年参加无偿献血272人，献血量6.32万毫升。是年，全镇出生人口793人，出生率9.6‰，政策生育率91.3%，人口自然增长率2.4‰。

【民生民利】 2021年，叶塘镇城乡居民医保参保人数5.8万人，养老保险参保3217人，办理征地农民社保239人。全年提供医疗救助691人次，发放救助金额212.85万元；低保保障人口2359人，发放保障金852.41万元；特困保障人口321人，发放保障金311.72万元、照料费69.42万元。“广东兜底民生服务社会工作双百工程”叶塘镇社会工作服务站（点）挂牌，建成社会工作服务站1个与社会工作服务点10个，实现42个村（社区）服务全覆盖。完成镇级政务大厅的硬件设备和信息化系统升级改造，配齐42个村（居）委“粤智助”政府服务自助机，企业、群众更多事项实现“就近办、马上办”。

（戴宇宇）

新陂镇

【概况】新陂镇位于兴城西郊，东连兴田街道、宁中镇，南邻福兴街道，北接叶塘镇，西与五华县毗邻。总面积43.08平方千米，其中山地面积2066.67公顷，耕地面积1171.93公顷，水（旱）田面积986.73公顷。2021年，辖13个行政村和1个社区。粮食种植面积1651.07公顷，总产1.13万吨，其中水稻种植面积（“两造”）1525.2公顷，总产1.09万吨；水果种植面积121.4公顷，总产2833吨；油茶种植面积200公顷，总产83吨。年末全镇总户数11102户，总人口39065人，工农业总产值10.3亿元，其中工业总产值5.51亿元、农业总产值4.8亿元；财政总收入2160.6万元；农村人均年纯收入1.59万元。

【基础设施建设】 2021年，新陂镇完成乐仙村公路除险加固工程10千米，并新安装路灯80余盏；对福丰等5个村的10条村道安装警示桩、立警示标识等交通安全设施。投入145万元，顺利完成茶塘、福丰、家庄、三新等村的“美丽村屋”建设。基本完成8项民生票决实事。筹集630多万元实施圩镇提升改造工程。

【重点项目建设】 2021年，新陂镇推进市静脉产业园无障碍施工和社会稳定工作，确保园区一期生活垃圾焚烧发电项目顺利建设完成，并如期投入运营；继续做好广东泰歌科技能源有限公司新建成品油分销油库及配套设施的扫尾工作；做好广东天然气“县县通”工程分输站征地丈量等前期工作。

【乡村振兴】2021年，新陂镇对全镇脱贫对象共359户819人进行全面查漏补缺，做好防返贫动态监测工作；以“电子商务进农村”为抓手，充分利用华新电商中心、恒昇围田园综合体等扶贫产业项目进一步拓宽农产品销售渠道，壮大村集体经济；发挥驻镇帮镇扶村工作队“组团结对帮扶”优

▲2021年，新陂镇农田复耕复种后毛豆丰收　（新陂镇提供）

▲2021 年，新陂镇家庄村美丽村屋建设情况　（新陂镇提供）

势，结合“万企兴万村”行动，以村民自筹、财政投入 80 万元撬动社会资金 200 多万元，完成茶塘村、福丰村、家庄村、三新村的“千村示范，万村整治”工程。全年完成复耕复种 132 公顷。成功打造优质稻种植与加工专业镇、丝苗米专业镇，推进“一村一品、一镇一业”项目，先声村种植油茶 266.67 公顷、福庆村种植沉香和柚树 66.67 公顷、乐仙村种植油茶和柚树 53.33 公顷、新金村和新元等 5 个村种植丝苗米 133.33 公顷、华新村和上长岭村稻蔬轮作 33.33 公顷、福民村生产腐竹远销香港和深圳等珠三角城市、茅塘村水产养殖年产量达梅州前列。依托新陂叶塘“两镇五村”乡村振兴连片示范区优势，在麻岭河（新陂段）打造“一河两岸”农业产业景观带、华新村发展“鱼菜共生基地”，推动特色农业和文旅产业融合发展。

【人居环境整治】 2021 年，新陂镇以“两美”行动为抓手，投入 260 多万元开展“三清三拆三整治”，聘请 42 个保洁员负责 13 个村日常环境卫生保洁，成功创建“广东省卫生镇”。加强农房管控和乡村风貌提升，拆除违建 6 宗、复耕复绿违法用地面积约 4800 平方米，开展削坡建房安全隐患排查和农村建房施工安全巡查工作。严格落实河长制，投入 17.6 万元对镇域河道进行管护和组织人员开展清漂管护 20 余千米。

【生态环境建设】 2021 年，新陂镇开展“绿满新陂”行动，开设防火带 18 余千米，竖立森林防火宣传牌 30 余块，投资 8 万多元购置防火装备，加强森林防灭火队伍的培训和演练，全年无山火发生；落实整改中央生态环保督察交办案件 2 件，查处毁林案件 4 件。推进污水处理设施建设，完成三新、华新、上长岭、先声 4 个村的污水处理管网建设；加强对饮用水源地及工业企业废水处理设施运行情况、偷排、漏排污水现象的监测监管；开展镇域河流的水质达标整治、农村面源污染治理，做好禁止露天焚烧秸秆和生活垃圾工作。

【普惠社会民生】 2021 年，新陂镇开展疫情防控应急演练 2 次；推进疫苗接种工作，至年底，接种新冠疫苗第 1 剂的 3—11 周岁人群覆盖率 86.6%、12—17 周岁 130%、18—59 周岁 76%、60 周岁以上 87%。健全社会保障体系，为 452 名重度残疾人购买医疗保险，为低保残疾人发放生活津贴 181 元 / 月、重度残疾人护理补贴 243 元 / 月，为 3 名持证精神残疾人发放门诊基本药物治疗和住院治疗补助，为 22 名低视力残疾人适配辅具产品，为 17 名困境残疾儿童开展救助服务；做好退役军人服务保障工作，走访慰问优抚对象。

【社会治安综合治理】 2021 年，新陂镇开展安全生产检查 300 余次，排查安全隐患 120 处。成功调处纠纷 208 宗；投入资金 11 万元，常态化开展禁毒宣传工作，每月定期对 115 名在册吸毒人员进行尿检；做好精神障碍患者监管工作，发放 2021 年上半年监护人与协助监护人补助金 6.19 万元；开展反邪教宣传活动 112 场；抓好校园及周边安全专项整治行动，办结信访案件 35 件。

【行政服务效能】 2021 年，新陂镇不断提升行政服务效能，结合党史学习教育、“我为群众办实事”活动，开展反电信诈骗宣传、禁毒知识宣传、环境卫生大整治 30 余次，解决群众愁难急盼问题大小 100 余件。加大“粤省事”“粤政易”“粤工会”“粤商通”等粤字号信息平台的推广应用力度；深化政务服务“一网通办”建设，提升“互联网 + 政务”服务水平，解决联系服务群众“最后一公里”问题。全年公开政务信息 600 余条，办理网站群众诉求 30 余件、办理“12345”市民热线 110 余件。

【综合行政执法改革】 2021 年，新陂镇做好综合行政执法改革试点工作，加强执法资源整合，完善执法机构，规范审批服务和监管行为，落实网格监管责任。全年受理各类商事主体登记事项 273 项，发放食品经营许可 167 份，受理投诉举报 16 宗，查处各类案件 12 件，罚没入库 76.54 万元，其中行政处罚案件 5 件，行政强制案件 6 件，移交司法部门 1 件。

【基层组织建设】 2021 年，新陂镇完成 14 个村（社区）的换届，选举产生 103 名“两委”干部。先后召开中共新陂镇第十七次代表大会、新陂镇第十七届人民代表大会，依法选举产生新一届镇党委书记、副书记和党委委员 9 名及新一届镇人大、政府领导班子 8 名。完成一轮对全镇 14 个村（社区）阵地建设提升、检查和督导等工作，发现问题 30 余例，逐条提出整改意见，问题全部完成整改。全年发展党员 12 人，转正党员 9 人。规范党费收缴使用管理，全年上交党费 13 万余元。发挥镇委党校作用，举办党员干部培训班 12 期，培训 1100 多人次。

（丘伟科）

■ 永和镇

【概况】永和镇位于兴宁市东部，东邻径南镇、西连宁新街道、宁中镇，南靠坭陂镇、新圩镇，北接石马镇。距市区约 10 千米，205 国道、梅河高速、兴畲高速贯穿其中，交通便利，地理位置优越。总面积 109.63 平方千米，其中山地面积 9086.77 公顷。2021 年，辖 24 个行政村和 1 个社区。粮食种植面积 2388.8 公顷，总产 1.63 万吨，其中水稻种植面积（“两造”）2247.67 公顷，总产 1.58 万吨。年末总户数 12070 户，总人口 45069 人，全年生产总值 6.58 亿元，比上年增长 4%；工业总产值 4.14 亿元，增长 3.2%；镇级财政收入 814 万元。

【重点项目建设】 2021 年，永和镇完成梅龙高铁（永和段）的征拆任务，为梅龙高铁无障碍施工提供用地保障。推进仁里村田园综合体红色旅游项目，流转土地 41.67 公顷，复耕复种约 20 公顷，投入资金约 2000 万元。逐步推进熙和湾•客天下花灯文化特色小镇、205 国道、东环大道等安置区项目。做好工业园区服务管理工作，支持民营企业创新发展。是年，永和工业园区实现总产值 4095 万元，税收 472 万元，带动就业 581 人。

【农业农村经济】2021 年，永和镇发放耕地地力保护补贴 181.1 万元。稳步推进农村集体产权制度改革，完成全镇 24 个经济联合社和 488 个经济社农村集体产权制度改革工作，确认经济组织成员 10881 户 43130 人。推进省委巡视整改、连片大于 1 公顷图斑撂荒耕地复耕复种面积 208.91 公顷，年内完成复耕复种面积 177.26 公顷，完成率 84.8%，其中连片 1 公顷图斑撂荒耕地 37.13 公顷。打造“一村一品，一镇一业”，有熙和集团、辰丰谷物、勤丰生态种养等 8 个农业龙头企业和老社茶叶种植专业合作社、永湖养殖专业合作社 2 个省级示范社发展。有三枫村和林场村茶叶、蓝排村沙田柚、廉峰村丝苗米、大成村莲藕、新寨村板栗南瓜等一批独具特色的乡村致富产业，带动群众增收。

【宜居建设】 2021 年，永和镇推进美丽圩镇攻坚行动，实施美丽圩镇升级改造第一期工程，完成供水管、排污管、雨水管、人行道铺设和道路硬底化等工程。投入 70 万元安装太阳能路灯解决三枫村、华峰村群众夜间出行难问题。完成沙坪村扩宽村道建设约 800 米。完成华岭村“千村示范、万村整治”道路拓宽约 700 米，夜明村新建“美丽村道”1.05 千米。完成自然村农村无害化卫生户厕和公厕的排查整治，整改问题户厕 7 户。开展农村人居环境整治“三清三拆三整治”回头看工作，完成“三清理”2770 处（间），“三拆除”4114 处（间）

▲2021年，永和镇“瑾瑜故里·红色大成”乡村旅游特色村建设情况（永和镇提供）

64846.9平方米，“三整治”520宗。村庄保洁覆盖面和垃圾处理率达到100%，145个自然村全部纳入垃圾收运处理体系。落实河长制工作要求，对笃陂河（永和段）、兴江河、三枫河开展“五清四乱”专项整治行动，镇村巡河次数超1000人次。5个“美丽村屋”和1个“美丽村道”奖补项目竣工并通过验收。办结中央环保督察交办案件11件，办结率100%。遏制土地违法行为，年内发出制止通知书48份，依法拆除违法建筑1处。抓好卫片执法整改，共整治图斑点22个。全面开展农村削坡建房风险排查整治工作，完成84户农村削坡建房风险点综合治理。

【安全生产】2021年，永和镇组织应急、派出所、市场监管等部门对辖区内企业定期开展安全生产大检查和消防安全夜查等行动，排查整治“三小”场所（小档口、小作坊、小娱乐）275家，安装智慧消防智能无线烟感340个；排查企业、烟花爆竹经营部、在建施工等88家次，查出安全隐患18处，其中当天整改14处，限期整改4处，隐患整改率100%。组织开展中小学生防溺水、消防、交通等校园安全活动。联合永和中心小学组织开展消防应急、应急疏散等演练活动，林业部门组织扑火队员开展灭火应急演练，提高队伍应急处置能力和应急管理意识。

【社会保障】2021年，永和镇全面落实临时救助工作，开展低保、五保核查，动态调整低保、五保人员。全年发放低保资金580.5万元，五保资金220万元；支出医疗救助金23万元、救助困难群众253人次。做好退役军人临时救助、特困退役军人慰问工作，发放慰问金及补助。推进城乡居民医保缴纳，养老保险参保缴费等工作。全面落实被征地农民养老保障工作，完成84名被征地农民养老保险缴纳。

【平安建设】2021年，永和镇加强社会管理和重点整治工作，开展“反电诈”宣传活动，抓实抓细精神障碍患者救治救助和服务管理。全年受理上级部门交办、转办信访案件21件，群众来访43宗，“12345”政府热线75宗，共计139宗，办结127宗。

【生态旅游】2021年，永和镇人文底蕴深厚，红色旅游资源丰富。镇内有国家AAAA级旅游景区熙和湾客乡文化旅游产业园、明珠养生山城、鸡鸣山风景区、鹅峰山旅游景区、麒麟寺、张瑾瑜烈士故居、夜明古驿道、新寨“梅一客”农业体验园等资源，重点打造“瑾瑜故里·红色大成”“驿道古风·夜明胜境”“乐享农耕·新寨人家”等乡村旅游特色村。

【法治政府建设】2021年，永和镇推进乡镇体制改革工作，做好法治政府建设，自觉接受人大监督及社会各界舆论监督，充分采纳群众意见建议，涉及民生实事4条。做好政府信息公开和政务公开工作，高标准完成村级换届审计工作。加大对《中华人民共和国国家安全法》《中华人民共和国民法典》及生态环境保护、自然资源、信访条例、禁毒打假、打击电信诈骗等方面法律法规的宣传，举办法治讲座2次、禁毒宣传24次，防范电信网络诈骗宣传12次，扫黑除恶集中宣传活动6次，组织专项校园安全隐患排查3次，累计发放各类宣传资料3万多份，接受群众咨询1500多人次。

【数字乡村建设】2021年，永和镇发挥驻镇帮镇扶村工作队资源优势，结合日常工作需要，在基层党建、森林防火、疫苗接种、疫情防控等乡镇治理的痛点难点方面认真探索解决方案，开发并部署首期镇区和13个村的“沃视通”流动党员管理系统、镇政府饭堂“订餐宝”系统、森林防护“沃哨所”系统、智慧烟感等多个项目。同时探讨智慧农旅、农业田园综合体智能化、数字化应用，联合广东大鹏湾现代化农业科技有限公司，实现大棚种植水肥智能化、农场管理数字化，着力打造永和镇仁里村田园综合体智能化典范模式。

（李天文）

■径南镇

【概况】径南镇位于兴宁市东部山区，东邻梅县南口，南接新圩镇，北靠石马镇，西连永和镇。总面积141.92平方千米，山地面积1.04万公顷。2021年，辖24个行政村和1个社区，耕地面积1302公顷，水田面积1233.87公顷，粮食种植面积2232.2公顷，总产1.47万吨，其中水稻种植面积（“两造”）1992.33公顷，总产1.38万吨。水果种植面积913.07公顷、总产3.49万吨，茶叶种植面积779.6公顷、总产1125吨，油茶种植面积700公顷、总产1346吨。年末总户数9862户、总人口33876人；镇级财政预算内收入2231.93万元。

【农业发展】2021年，径南镇发挥茶叶协会、茶叶技术协同创新中心等茶叶团体的示范效应，带动茶农新增茶叶种植面积53.33公顷、改造老旧茶园153.33公顷；举办茶叶产品展销会，引导新洲村茶叶加工厂建成投产，共申报广东省茶叶“一村一品、一镇一业”项目4个。全年复耕复种面积237.91公顷，耕地播种面积稳步增加；加大良种良育、科学管理和农业机械推广运用力度，全年粮食产量1.52万吨，比上年增产90吨；柚子产量1.2万吨，增产638吨。

【基础设施建设】2021年，径南镇压实河长制，推进全域供水工程，加快推进“村村通”自来水和嶂肚里水库除险加固工程，加强4大河流管护工作，备齐备足7家水库防汛物资，完成7宗水库大坝安全鉴定。实施道路生命防护工程5千米，修复路基下陷点4处，划设道路标线6千米，树立交通标志牌15个。

【重点项目建设】2021年，径南镇采取挂点督办、个案专理等措施，挂图作战，全面交付建设用地。对涉及高铁建设矛盾纠纷，通过包案化解、集中整治、连片整改等办法，保障项目方无障碍施工，年末已完成辖区沿线桥墩混凝土浇筑、路基土方开挖（奠基），隧道掘进斜进顺利出土。

【乡村振兴】2021年，径南镇开展防返贫监测和帮扶工作“回头看”行动，为2户（2人）无劳力致贫返贫风险户落实最低生活保障、购买城乡居民医疗保险和“保尚保”，并每人补助600元。驻镇帮镇扶村工作队累计走访25个村（居）、6家企业、2个社会团体，先后建立“我为群众办实事”服务清单、编制《径南镇乡村振兴三年规划》和“五年规划”、捐赠爱心书屋19个、重点帮扶相对贫困户4户。以山、水、田、园、路、居风貌提升和环境综合治理为抓手，完成农房风貌改造提升104户，规划建设乡村振兴十村联动示范带项目，带动全镇茶、果、米、酒等特色农业发展。

【基层组织建设】2021年，径南镇着力提高党组织和组织工作覆盖面，撤销富荣实业有限公司党支部，成立华顺矿业和月形山乡村旅游有限公司党支部2个；全面推行党组织星级化管理考核模式，升级党校教学设备和基层党员活动设施，开展基层党组织达标创优活动；创新“三会一课”模式，落实“四议两公开”、联席会议等制度，完善党员民主评议机制，建立健全组织工作监督制度；举办主题党日活动，培养入党积极分子60人、发展党员16人；广泛开展党员互助活动，慰问老党员235人、帮助困难党员208人；深入实施南粤党员先锋工程，开展党员志愿活动1350人次。

【民生保障】2021年，径南镇完成社保扩面征缴、城乡居民医疗保险和养老保险征缴任务，加强敬老院服务体系建设，健全留守老人、留守妇女、留守儿童、残疾人关爱保障机制，全年受理低保对象660户1413人、五保对象185人，资助重度残疾人

▲ 2021 年 5 月 1 日，径南镇“茶果飘香·醉美径南”“五一”系列活动启动仪式在径南镇东升村举行（张　东　摄）

546 人，弱势群体应保尽保、应助尽助。

【文教卫生】 2021 年，径南镇筹资 100 多万元完善教育教学设施，筹集 534 万元成立径南教育发展基金会，径心中学创新实行封闭式管理；加强基层文体场所建设，设立文化分馆，举办客家山歌、杯花舞培训；提高村医疫情防控、院感管理技能，健全预检分诊、疑似病人转运后送等防控机制，对 104 名重点地区来（返）径南人员严格落实健康申报和居家隔离措施；积极引导群众接种新冠疫苗，定期组织大清理、大扫除，监督指导活禽经营门店“1110”制度落实，开展爱国卫生运动和除“四害”活动，倡导红白喜事小办、简办。

【生态旅游】 2021 年，径南镇聚力 旅游小镇建设，加大基础设施建设力度，新建游客服务中心、停车场，完善公共厕所和景观标志标线等公共配套设施，提升景区田、林、路、水、居的观赏品位，加快宝山寨旅游区创建国家 AAA 级旅游景区。兴建旅游大道，支持富荣“云山谷”旅游景区、珍珠红诚意酒城旅游区创建国家 AAA 级旅游景区。加强区域沿线道路和水体美化、净化、绿化、亮化，打造先锋、双梧特色水岸生态景观带和“乡村一日游”精品路线。发挥文化联结作用，做活农旅文章，成功举办“茶果飘香·醉美径南”“五一”系列活动，接待游客 5 万多人次，拉动旅游消费 800 多万元。

【社会治安综合治理】 2021 年，径南镇广泛开展反电信网络诈骗活动和开展警治联勤和联村联防等“平安守护”行动，实施重大社会矛盾和积案化解攻坚行动，受理信访案件 167 件，社会矛盾纠纷调处率达 99% 以上，社会秩序保持和谐稳定。深入开展安全生产领域专项整治行动，共排查突出安全生产隐患 25 处，落实整改措施 56 条，安全生产形势稳定向好。常态化推进交通安全劝导活动，开展汽车摩托大检查和道路交通安全专项整治行动，查扣无证、未年审、报废车辆 10 辆。持续开展环境问题整治攻坚行动，办结环保案件 11 件，化解涉及环境民事纠纷 15 宗，完成大天然养殖场搬迁。

（叶文娟）

新圩镇

【概况】 新圩镇位于兴宁市南部宁江下游，东邻梅县区畲坑，北连永和、径南，西靠坭陂，南接水口，是省级工艺专业镇、广东省卫生镇、兴宁市工艺基地镇。总面积 117.79 平方千米。2021 年，辖 19 个行政村和 1 个社区，有山地面积 6530.93 公顷，耕地面积 1734.6 公顷，其中水田面积 1469.47 公顷，旱畲地面积 265.13 公顷。年末总户数 1.31 万户，总人口 4.47 万人。是年，工业总产值 1.56 亿元，公共财政收入 2809.68 万元，比上年增长 12.9%，其中本级财政收入 441.55 万元，上级补助收入 2242.38 万元，完成财政税收 441.55 万元。粮食播种面积 2255 公顷，粮食总产量 1.54 万吨。

【工农业生产】 2021 年，新圩镇深入开展暖企行动，实施镇领导挂钩联系企业制度，通过走访调研、指导服务企业100余次，及时收集反映企业的存在问题并加以解决。鼓励和支持工艺企业“走出去”，利用各类交流平台，有计划地组织工艺企业参加各类展销会、博览会和国际经贸洽谈会，进一步擦亮工艺专业镇的特色招牌，当年全镇工艺企业产值实现1.53亿元。贯彻落实支农惠农强农政策，做好政策性水稻保险和耕地地力保护补贴的分户登记清册工作，进行水稻种植试验示范和农业新技术推广工作，做好水稻优良品种宣传推广和农作物病虫害调查、预测、宣传和防治等工作。

【乡村振兴】 2021年，新圩镇发挥支部书记、党员和队组长“一线哨点”的作用，动态监测脱贫户，多举措帮扶1户有劳力的脱贫不稳定户提高家庭人均年收入。不断改善农村人居环境，围绕夯实乡村振兴的基础，在19个行政村全域推进农村人居环境整治，持续推进美丽宜居乡村项目建设工作，108个创建新农村示范村和EPC项目基本完工，投入约175万元用于建设新农村建设奖补项目，投入116万元实施村道硬底化、绿化亮化工程，投入59万元完成双头村自来水管网铺设工程。扶持发展特色优势产业，在持续壮大四季美、盛之源等原有大户的基础上，充分借助驻镇帮扶工作队的资源优势，吸引邹亿、秋实等一批有实力的企业落户新圩。推进撂荒土地复耕复种，完成省委巡视整改和撂荒图斑复耕复种280公顷，培育种植十九香丝苗米、南药、毛豆、玉米、西瓜、莲藕等连片特色农业产业，其中鲤湖村积极引进大户发展西瓜种植基地14.33公顷，推动产业发展。积极培育“一村一品、一镇一业”特色农业产业，成功申报双头（黑皮鸡枞菌）、虎洞（油茶树）、新里（丝苗米）“一村一品、一镇一业”项目建设，构建“公司+合作社+农户”模式，将增加村级集体收入、土地利用、增加劳动力链接在产业上。推进驻镇帮镇扶村工作，在梅州市供电局帮扶资金的支持下，步东村、蓝二村、茶星村光伏产业项目完成主体工程建设，实现并网接电，预计每年可增加12.5万元的村集体收入，工作队帮助本地企业与喜多多超市对接，帮助盛之源、四季美等企业的农产品上架喜多多超市，向帮扶单位推销当地农产品，合计投入消费帮扶资金60万元。投入40多万元建设一个高标准镇级乡村振兴人才驿站，搭建引才聚才育才和服务人才的平台，促进各类人才投身乡村建设。同时与嘉应学院林风眠美术学院签订人才战略合同，充分借助高校人才、师资、技术、平台等优势，培训各类型优秀人才65人，各类新型农民11人，创业致富人才2人。

【基础设施建设】 2021年，新圩镇不断优化圩镇环境，投入100多万元加强圩镇管理、卫生保洁工作。结合党史学习教育“我为群众办实事”活动，投入80万元对新圩卫生院停车场进行升级改造，规划建设50多个车位，免费提供群众使用。新农村连片示范村项目稳步推进，“三镇十三村”新农村连片示范区新圩段在推进中，完成新里村石公围3千米村道硬底化工程，新圩镇宁江大桥至蓝布大桥段农村公路改造工程进入施工阶段。

【生态建设】 2021年，新圩镇完成中央森林抚育及省级碳汇林抚育面积1192.33公顷。做好森林防火工作，严格落实森林防火网格化责任，加大野外用火巡查

▲2021年，新圩镇鲤湖村西瓜种植基地情况　　（新圩镇提供）

管控，开展应急演练，广泛宣传引导，悬挂横幅标语35条，出动广播宣传车320余次，发放宣传资料1.5万份。坚决打好污染防治攻坚战，按时办结中央督查案件5件。做好宁江河水口水洋断面水质监测，提升对饮用水源地的保护建设，投入50万元完善黎陂寨自来水厂生产生活配套设施。

【民生民利】2021年，新圩镇完成城乡居民医疗保险缴费人数21812人，累计报销金额500多万元，城乡居民养老保险缴费人数3337人，领取养老金人数5697人，完成医疗救助初审工作40人，救助金额10多万元。为698户低保、五保户发放低保救助资金595.4万元，为1017位80周岁以上老人发放高龄津贴11万元，为32户困难对象发放临时救助金额4万元，为残疾人、农村留守儿童、孤儿等发放津贴补贴。做好优抚优待及双拥工作，为110名重点优抚对象和124名60周岁农村籍退伍军人发放抚恤和生活补助147.91万元，为18名临时困难救助对象发放救助1.01万元。成立新圩镇教育发展基金，筹集资金530多万元。

【社会治安综合治理】2021年，新圩镇加大矛盾隐患排查化解力度，完善重大矛盾纠纷隐患稳控和调处机制，共调解纠纷61宗，调解成功率100%。开展禁毒铲毒、全民反诈、防范处置非法集资等活动，开展全民反诈“六进”宣传活动24场，大型户外宣传活动1场，推广安装“国家反诈中心”App1.2万个。开展安全生产和消防安全执法检查行动100余次，检查各类生产经营单位（场所）380家，发现隐患487处，督促现场整改462处，限期整改25处，共完成整改487处，整改率100%。开展“元旦、春节”“五一”“中秋、国庆”等专项检查行动，对辖区重点企业、食品药品、生活用品、节日产品等进行针对性的监督检查。开展“地条钢”专项整治、学校食堂专项整治、婴幼儿化妆品专项整治、保健食品经营专项整治、成品油市场专项整治等工作，检查学校食堂8家，发现隐患问题10起；检查食品流通单位20家，发现隐患15起；检查餐饮服务单位15家，发现隐患12起，所有安全隐患整改完毕。强化土地资源执法，全面落实动态巡查责任制，坚持预防为主和查处相结合的方针，发放《责令停止土地资源违法行为通知书》31份，拆除违章建筑8处共912平方米，完成4个图斑整治工作，核实补充图斑77宗。

【基层组织建设】2021年，新圩镇推进党史学习教育和中国共产党成立100周年活动，深入开展“我为群众办实事”21件。利用“学习强国”学习平台、“兴宁党建”微信公众号、党员远程教育、镇党委党校等平台加强对党员的培训教育。完成村（社区）“两委”换届工作，选举产生“两委”班子成员121人，年龄、学历实现“一降一升”，19个村（社区）实现“三个一肩挑”，“两委”干部交叉任职率97%。每年打造1至2个党建示范点，以点带面全面提升基层党组织组织力。

（张俊导）

■ 水口镇

【概况】水口镇位于兴宁市最南端，是兴宁的南大门，东邻梅县畲江镇，西连五华县河东镇、水寨镇，南靠丰顺县，北接新圩镇，总面积228.85平方千米，是广东省首批规划的中心镇之一。2021年，辖38个行政村和1个社区，有耕地面积2499.1公顷，水田面积1925.1公顷；粮食种植面积3303.2顷，总产2.22万吨，其中水稻种植面积（“两造”）3006.7公顷，总产2.11万吨；水果种植面积446.7公顷，总产1.97万吨；茶叶种植面积79.8公顷，总产153吨。年末总户数24245户，总人口82561人。全镇财政总收入6107.22万元，其中工商税收入657.77万元。

【基础设施建设】2021年，水口镇投入150万元完成兴华路、水口二桥至岐岭下等道路亮化、绿化。投入约30万元完成圩镇红绿灯路口升级工程，完成省道225线（二期）工程。推进投资914万元的中心镇圩镇人居环境提升项目工程建设。投入约120万元完成彭洞村道路硬底化约2千米。投入852万元推进宋声乡道427线道路拓宽、单改双升级

▲2021年1月2日，水口商会成立（水口镇提供）

改造工程9.6千米。投入3200多万元完成邹洞自来水厂升级改造工程，增设管网43千米；投资500万元推进官岭村黄桐坑自来水厂建设。投资60万元完成光夏村农村民居外立面改造提升。39个村（社区）“粤智助”自助终端查询全覆盖，打通政务服务“最后一公里”。

【重点项目建设】2021年，水口镇全面完成梅县综合保税区、梅州市国际无水港等29.53公顷征地拆迁工作；完成广梅园征地拆迁131.33公顷；承办广东省天然气管网“县县通”工程（梅州—五华—兴宁段）项目启动仪式现场会，完成土地征收约22公顷；宋声农业生态旅游项目土地流转6公顷，种植果木13.33公顷，完成占地0.73公顷的龙谷农林科研所主体工程，完成苏区大道建设；完成前锋红色文化旅游基地项目土地流转8公顷、园林培植1.33公顷，周边配套设施建设顺利推进。

【乡村振兴】2021年，水口镇坪畲（优质稻）、水洋（金柚）2个村被评为省级“一村一品”专业村。完成38个村“万企帮万村”对接任务；全面推进撂荒耕地复耕复种和粮食生产工作，完成复耕复种345.07公顷，完成粮食生产任务2200公顷，其中，水东村连片流转耕地2.67公顷。推进梅州柚种植，承办兴宁市乡村振兴（梅州柚扩种）现场会，依托冠诚生态农业，完成梅州柚千亩标准化连片示范基地建设，水洋、东升村完成连片种植186.67公顷。加强省级工艺专业镇建设，新球工艺、榆通工艺、盛华工艺、昌盛工艺4家工艺品规上企业年营业额1.2亿元，税收1000万元。是年，水口商会成立。

▲2021年6月28日，兴宁市党史教育馆在水口镇光夏村建成开放
（水口镇提供）

【基层组织建设】2021年，水口镇完成镇、村两级换届选举工作，配齐配强领导干部队伍。完成545名正常离任村干部的信息采集和发放离任补助。开展庆祝中国共产党成立100周年系列活动，慰问老党员、困难党员共135名，发放“光荣在党50周”纪念章197枚。位于小丰村总投资365万元的邓逸凡将军故居修缮及陈列布展项目顺利动工，兴宁市党史教育馆开馆；刘光夏革命烈士纪念馆获评首批“梅州市党员教育基地”；光夏村获评首批“广东省红色村党建工程示范点”；河口村党群服务中心获评“梅州市先进基层党组织”。

【民生实事】2021年，水口镇举

办第二届水口镇奖教奖学颁奖大会，发放教育奖励金67万元。完成免费孕前优生健康检查262人、农村妇女“两癌”筛查523人，落实计划生育“四项奖扶”政策，扎实开展“银龄安康行动”。强化基本民生保障，核查完善全民参保养老数据库25571人，全民参保率100%。开展五保、低保、医救、临救、孤儿、高龄补助等工作，累计发放资金1055万元。是年，挂牌成立水口镇社会工作服务站和井下村社会工作服务点，成功创建国家示范型退役军人服务站。引进公益基金捐资助学，挂牌成立“红棉汇希望学校”，对口帮扶宋声学校。

【平安水口】 2021年，水口镇深入开展矛盾纠纷排查，从源头上预防和化解社会矛盾，排查矛盾纠纷113宗、成功化解106宗，信访372件、答复367件。投入约11万元排查治理交通安全隐患12处。投入105万元完成削坡建房风险点整治93处。推进半专业扑火队伍建设，投资75万元完成森林防火隔离带建设约93千米，维护隔离带约35千米。是年，完成兴宁市镇级消防所示范点建设。

（彭芊芊　钟秀文）

■ 罗浮镇

【概况】 罗浮镇位于兴宁市最北部，东江河上游的东部，地处粤赣两省三县交界地区，北与江西省寻乌县接壤，西南与龙川县相接，东南与罗岗镇相邻，境内有兴宁最高峰阳天嶂，省道226线贯穿而过，距兴宁市区56千米，总面积约274平方千米，约占兴宁市的1/7。是广东省中心镇，全国重点镇，著名的红色苏区镇，兴宁重要的油茶生产基地。2021年，辖25个行政村和1个社区；山地面积2.15万公顷，耕地面积2667.1公顷，水田面积2405公顷；粮食种植面积3156公顷，总产2.11万吨，其中水稻种植面积（“两造”）2983公顷，总产2.05万吨；水果种植面积342公顷，总产1.31万吨；茶叶种植面积8.6公顷，总产9吨；油茶种植面积3666公顷，总产1545吨。年末总户数11527户、总人口47495人。全年镇级财政预算内收入2614万元。

【生态环境建设】 2021年，罗浮镇强化森林防灭火各项措施，完善森林防灭火各项制度和方案，加大人员装备物资投入，镇半专业应急扑火队由上年10人增加至32人，全年投入120多万元用于新建和维护防火隔离带项目，新建防火隔离带70多千米，维护防火隔离带60多千米。全面落实林长制建设，加强铁山渡田河省级自然保护区保护力度，镇林业部门协助上级完善界桩、界碑安装，保护区内安装红外监测相机100多个。推进东江水质保护，全面落实河长制，完成罗浮镇东江水系水质保护综合整治工程项目、镇级及以下集中式饮用水水源地专项整治行动。认真落实中央环保督察反馈问题整改，完成第二轮中央生态环境保护督察案件整改销号4宗，依法处置污染环境问题20宗。加强生态建设，完成省级自然保护区人类活动点核查整治、林地违法图斑核查整治、打击乱伐盗砍林木专项行动，完成中央森林抚育项目工程613公顷，推进废弃稀土矿点生态修复工程。

▲兴宁最高峰——罗浮镇阳天嶂　（罗浮镇提供）

【基础设施建设】 2021年，罗浮镇加快推进河惠莞高速公路麻布岗出口至罗浮连接线（兴宁段）和省道226线大桥头裁弯取直建设项目。完成司城大道两边绿化建设工程和圩镇内主要街道路面沥青铺设。推进中小河流治理和水库除险加固。

【基层组织建设】 2021年，罗浮镇完成镇、村（社区）“两委”换届，村（社区）“两委”成员184人，其中大专及以上学历42人，35周岁以下干部31人，村“两委”班子成员平均年龄46岁；完成镇级换届16人，大专学历2人，大学学历14人，镇领导班子平均年龄39周岁。开展党委理论学习中心组学习13次，发挥镇党校作用，全年举办培训班6期，培训人数2200人次。全年吸收入党积极分子41人、吸收发展对象17人、预备党员转正15人。庆祝中国共产党成立100周年，为115名党员颁发“光荣在党50年”纪念章。

【民生保障】 2021年，罗浮镇积极宣传和落实救助、兜底保障政策，按时发放低保补贴671.4万元、特困供养资金150.5万元、护理补贴13万元、老人津贴29.5万元，全年发放残疾人津贴92万余元、重度补贴205万余元。全镇在册事实无人抚养儿童和孤儿43人，发放金额61.9万元，其中，2021年新增事实无人抚养儿童和孤儿7人。投入26万多元完成镇敬老院办公及生活居住环境升级改造工作。

【社会治安综合治理】 2021年，罗浮镇推进“平安罗浮”建设，做好“平安万家”项目创建工作。推进矛盾纠纷调处工作，全年调处各类矛盾纠纷116宗。持续推广“国家反诈中心”App安装注册及防电信诈骗宣传工作，下载安装超1万多人次，涉罗浮籍电诈人员及电诈警情较上年实现双下降。全力抓好森林防灭火、消防、地质灾害、建筑施工、道路交通等安全生产各项工作，深入推进安全隐患排查治理。

（曾志雄）

■ 罗岗镇

【概况】 罗岗镇位于兴宁市北部，东临黄陂、黄槐，西连龙川县，南接大坪，北靠罗浮，总面积148.5平方千米。2021年，辖30个行政村和1个社区，山地1.27万公顷、水田1733.33公顷；水稻种植面积（“两造”）2127公顷，总产量1.47万吨；玉米种植面积20.6公顷，总产68吨；油茶种植面积1000公顷，总产60吨。年末总户数14445户、总人口74957人。全镇财政总收入3821.58万元，比上年提高25.3个百分点；财政一般预算收入106.77万元，提高73个百分点。

【基层组织建设】 2021年，罗岗镇组织开展专题学习12次，专题研讨8次，班子为党员干部上党课60余次。完成班子建设，完成村（社区）“两委”换届选举，选出31个村（社区）“两委”干部180人，成员平均年龄45岁，35岁以下和中专以上学历的年轻干部大幅增加。严把入党关键卡口，把牢政审关，将实地考察和大数据排查相结合，清查发展对象是否“污点”，坚决杜绝“带病入党”的现象。全年新增入党申请人56人，培养积极分子46人，吸收预备党员20人。对十八大以来发展和进入支部的300多名党员进行全面审视，对照问题落实整改。以党史学习教育和纪律学习教育活动为契机，敦促各党组织常态化开展纪检教育、学习教育活动，学习省、市关于违反中央八项规定精神典型问题的通报，观看警示教育宣传片。全面开展党史学习教育，开展“我为群众办实事”实践活动，解决道路、水利和环境卫生等群众最关注的17件民生实事。

【农业经济发展】 2021年，罗岗镇坚持红绿产业交织发展，积极探索产业振兴新路径，联合天河区驻镇帮镇扶村工作队，发挥基层党组织带头致富的战斗堡垒作用，推广富强村“党建+产业”发展模式，以村支委雁群领航，带动村委及各基层社团组织形成群雁效应，通过搭借扶贫政策、入股分红、搭建农产品销售桥梁，制定农产品销售方案等形式，打造良性循环经济模式。聚合资金、土地、人力等资源，建成溪东和

▲2021年9月10日，兴宁市举办庆丰收·感党恩——2021年兴宁市“中国农民丰收节”《孙愈说法》进罗岗高陂活动 （罗岗镇提供）

柿子坪6.67公顷莲藕种植基地，扩大霞岚村木耳种植产业规模，成功把霞岚澳洲坚果推向市场，创建甘字品牌的富强甘薯、高陂丝苗米和元潘油茶等特色农产品品牌。将徐坑红色教育基地、高南寨中共特委地下交通站、福胜烈士广场、源清村鬼子岩等红色教育点和黄龙寨森林公园、美丽乡村高陂村农耕文化旅游、溪美一河两岸等相结合，融合打造面积20多平方千米的“六村联动”示范休闲区，不断完善元潘特色鱼生饮食、溪美温泉等配套第三产业，初步建成镇域一日游红色旅游精品路线。依托“一引两推两借”的工作模式，即：引导乡贤反哺家乡捐资捐物，推动土地流转和壮大优势产业获取土地出租“红利”，借力助镇帮镇扶村帮扶单位渠道和“双区”建设利好政策，拓宽农产品销售渠道，多举措增强村集体收入，全面完成全镇30个村集体收入达5万元以上的目标，实现村集体收入和周边群众就业“双带动”“双增长”。

【乡村振兴】2021年，罗岗镇严格落实“四个不摘”，建立防止返贫监测和帮扶机制，紧盯全镇脱贫稳定户842户、2428人，组织文教旅体、人社、民政等部门，研讨防返贫工作方案，确保贫困户不会因贫、因病等原因出现返贫情况。42个EPC项目总投入资金1870.3万元，已全部完工。投入844万元开展生态宜居美丽乡村的新农村奖补项目建设、“三清三拆三整治”和建立卫生长效保洁机制等工作。2021年8个“千村示范、万村整治”项目中已完成7个项目建设，溪东综合文体广场、溪庄美丽村屋、联东美丽村道等项目全面完工。元潘油茶、霞岚坚果、富强甘薯、溪东莲藕4个项目成功进入“一村一品”项目库。全年完成复耕复种面积177.77公顷，其中连片流转复耕面积47.52公顷。

【民生实事】2021年，罗岗镇发放参加城乡居民养老保险15725人次，完成城乡居民养老保险年审认证8878人次。低保、五保补贴230多万元，老龄津贴补助款18.5万元，残疾人两项补贴约340万元。依照“不错保一户，不漏保一人”原则，全面完成980户低保户、特困户进村入户见面核查工作。完成正常离任村干部材料认定、核实119人。完成30个经联社，511个经济合作社，16011户成员共71318人的界定工作。9月，邀请广东广播电视台新闻频道《孙愈说法》栏目到高陂村开展“庆丰收·感党恩”——2021年兴宁市“中国农民丰收节”《孙愈说法》进乡村活动，现场以讲解、畅谈、分享等方式与罗岗镇的乡民们一同学习《中华人民共和国乡村振兴促进法》。

【安全生产】2021年，罗岗镇做好维护安全发展和社会稳定工作，办理个体工商户设立、变更、注销登记213户，办理食品经营许可证申请、换证、变更、注销231户，立案查处市场监管类案件2件，年报完成率100%。冷链食品检查、市场监管领域质量检查等工作有序开展。成功举办罗岗镇机关干部森林防灭火应急集训、实战应急演练。全年开展各类安全生产隐患排查625次，排查大小各类安全隐患301处，整改率100%。森林防火网格化管理体系不断健全，严格落实专职扑火队员24小时值班制，加强野外违章用火和人员失火引起的处罚力度。

【农村环境建设】 2021年，罗岗镇处理包括中央督查案件、市热线电话、群众电话信访等投诉问题13宗，组织开展整改“回头看”，加强后续监管。抓好老旧房屋拆除、玉米秸秆清理、垃圾秸秆禁烧、改厕、农村面源污染整治等重点工作，全面清理卫生死角积存的各类垃圾，整治柴草乱堆乱放、河道沟渠杂草杂物和乱搭乱建的养殖窝棚、柴草棚，帮助贫困户清扫整理杂物、废弃物和农具、生活用品。

【社会治安综合治理】 2021年，罗岗镇加强打击电信网络新型违法犯罪工作力度，组织宣传活动20多场，发放打击治理电信诈骗宣传折页5000多份，创建宣传微信群119个共10184人，协助群众安装“国家反诈中心”App逾8000人次，签订《兴宁人民拒绝参与电信网络诈骗承诺书》1.5万份，发放“四书”（防范电信网络诈骗责任书、防范电信网络诈骗承诺书、防范电信网络诈骗风险告知书、财务人员防范电信网络诈骗责任书）、“断卡”行动等宣传单6万多份。加强扫黑除恶专项斗争工作，设立大型宣传牌8个，专题宣传栏10个，悬挂宣传横幅30多条，发放宣传折页等产品7000多份。开展宣传禁毒教育、矫戒防治等工作，印制发放禁毒宣传折页、物品2万多份，举办大型活动4场，开展进社区、进学校、进企业等“六进”宣传活动30多场次，其中，“我为群众办实事·禁毒反诈齐亮剑”——禁毒反诈宣传进校园活动，提高罗岗镇青少年学生的识毒、防毒和防诈能力。

▲2021年11月11日，罗岗镇举办我为群众办实事·禁毒反诈齐亮剑——罗岗开展禁毒反诈宣传进校园活动 （罗岗镇提供）

【行政建设】 2021年，罗岗镇完成市镇两级人大换届选举工作，办理人大议案、建议15件，办复率100%。主动公开政府信息总数79条，其中新闻动态类35条、通知公告25条、其他信息19条，“罗岗发布”微信公众号发布212条。监测收集舆情22条，通过开展调查，并进行详细答复。

【文教卫生】 2021年，罗岗镇在溪美文明实践站开展“学党史、感党恩、跟党走”百镇千村巡回宣讲活动和“喜迎国庆节·我的中国梦”爱国教育主题活动。举办梅州市罗岗教育发展基金会奖教奖学表彰会，为2021年中、高考中取得突出业绩的优秀学校、教师和考取名校的优秀罗岗学子颁发奖教奖学金16.6万元。持续开展艺术写生活动，邀请梅州市老年摄影家协会至罗岗采风，擦亮罗岗文化乡镇名片。

（王　颖）

链接：“断卡”行动

“断卡”行动是为了打击电信诈骗和其他违法行为而实施的行动，主要断的是违法出租、出借的手机卡和银行卡，银行卡包括个人银行卡、对公账户、结算卡，另外还有非银行支付机构账户，即微信、支付宝等第三方支付。

黄槐镇

【概况】 黄槐镇地处兴宁市北部，与梅县区梅西镇、平远县石正镇、江西省寻乌县交界，距兴宁城区44千米，省道225线穿镇而过。辖12个行政村和1个社区，圩镇建成面积 1.1 平方千米，镇域总面积 93 平方千米，有林地面积 7720 公顷，耕地面积 693 公顷，其中水（旱）田面积 581 公顷。粮食面积 867 公顷，总产 5774 吨，比上年增长 2.9%，其中水稻种植面积（“两造”）770 公顷，总产 5410 吨，增长 3.6%；水果种植面积 55 公顷，总产 2324 吨；茶叶种植面积 6.5 公顷，总产 12 吨；茶油种植面积 660 公顷，总产 220 吨。年末，户籍人口 8516 户 34750 人，镇级财政收入 1923.52 万元。

▲图为 2021 年黄槐镇镇标广场　（巫小姗　摄）

【基层组织建设】 2021 年，黄槐镇扎实开展党史学习教育，开设 3 个党史学习教育专题培训班、举办 30 多场宣讲活动。顺利完成镇村两级换届工作，依法选举产生新一届镇领导班子成员；选优配强村“两委”班子，新班子平均年龄 46 岁，大专及以上学历占比大幅提高，实现学历升结构优年龄降目标。乡村振兴驻镇帮镇扶村工作队进驻黄槐镇，成立临时党支部，并选派 2 名队员分别到集体经济薄弱村槐西村、软弱涣散村双下村担任第一书记，以党建引领乡村振兴。禾村村党支部获评“梅州市先进基层党组织”。在中国共产党成立 100 周年之际，颁发“光荣在党 50 周年”纪念章 80 枚。

【乡村振兴】 2021 年，黄槐镇累计投入约 1500 万元，大力实施乡村振兴战略。建设镇标广场，沿主干道两侧种植槐树，提升镇域辨识度，加强圩镇路段绿化亮化美化提升；持续推进黄槐河“一河两岸”休闲绿道建设，提升“微小节点”，打造连片示范带；完成双下村沿河两岸河堤改造，实施下宝龙枫树下道路硬化、亮化项目以及禾村南山下休闲广场建设项目。推进“千村示范、万村整治”项目，高标准完成三期“美丽村屋”“美丽村道”建设项目并通过验收。发展村支柱产业，全面消除集体经济收入 5 万元以下的村。推广农行金融助力乡村振兴政策，在工作队驻地设立金融服务点，解决经营资金短缺难题。

【镇村环境治理】 2021 年，黄槐镇镇村环境治理再上新台阶。全面推进“两违”乱象整治，查处制止乱占耕地建房 2 宗，拆除违法建筑 3 宗。加强农村削坡建房风险点整治工作，全年 71 户整治任务全面竣工。开展农村厕所革命，做好配套设施，全年完成 30 座公厕的建设任务。推进生态环境保护，全面落实“河长制”工作，投入约 60 万元，开展常态化河道管护，坚决做好抓“五清”治“四乱”，主河道清淤、清漂、清障共 12 千米。推进“林长制”工作，健全镇村两级森林扑火队伍，组建 18 人应急分队，并聘请 30 多名护林员，加强森防力量。妥善做好环境污染投诉案件查处工作，累计受理各类投诉案件 19 件次。加强矿产资源保护，完成 4 个裸露矿口的封堵，严防关闭煤矿死灰复燃和发生盗窃矿井设备的违法行为。

【精神文明建设】 2021 年，黄槐镇加强乡风文明建设，投入约 70 万元，沿主干道安装新时代文明宣传灯牌。举办“道德模范”“文明户”等评选活动，成功申报评选“第 6 届梅州市自强不息好少年”1 人、“梅州文明家庭”1 户、“兴宁好人”1 人、“最美家庭户”2 户、“兴宁市星级文明户”417 户。开展庆祝中国共产党成立 100 周年系列活动，派出 1 名选手参加兴宁市“学党史颂党恩 • 巾帼展新姿”主题演讲比赛并获三等奖，组织干部观看红色电影《生死坚守》《长津湖》。组织开展志愿活动 36 次，参与森林防火、“两美”行动、创文创卫、疫情防控等工作。

【安全生产】 2021 年，黄槐镇全面落实安全生产责任制，严格落实“一岗双责”。开展防范安全风险工作检查，全年开展“打非治违”专项行动 5 次，排查出安全隐患 15 处，现场整改 10 处，发出整改指令（执法文书）5 份，全部得到整改落实。全力加强隐患排查治理工作。先后组织生产经营单位安全生产排查治理 24 次，排查出安全隐患 115 处，现场整改 95 处，发出整改指令（执法文书）20 份并整改落实。认真贯彻落实食品药品安全工作要求，定期开展食品药品监督检查。

【民生事业】 2021 年，黄槐镇结合“我为群众办实事”项目，通过对各村（社区）进行调研，收集、整理出 10 大类 34 项民生实事，推动一批民生实事落实。完成农村电网升级改造项目，解决用电高峰期用电难问题。建成 2 个公共充电桩，满足群众充电需求。实施村村通自来水工程，新建供水管网 20 千米，新建水厂进入试运营阶段。实施“一河两岸”提升项目，对黄槐河槐东至禾村段约 5 千米河岸进行提升改造，建设休息亭、休闲广场和完善配套设施，打造“微景点”。推进土地流转、复耕复种工作，完成复耕复种和粮食生产工作任务。

▲ 2021 年 10 月 18 日，黄槐镇开展禁毒反诈宣传活动 （巫小姗 摄）

【文教卫生】 2021 年，黄槐镇丰富群众精神文化生活，举行 2 场客家戏剧百村行的文艺表演、开展纪念“三八”国际妇女节 111 周年素质拓展活动、组建一支 16 人的足球队参加市长杯足球赛等。实施教育发展项目，筹集教育发展基金用以奖教奖学。巩固“广东省卫生镇”创建工作成果，完善镇村垃圾收运体系，实现垃圾日产日清。是年，成功创建“广东省卫生村”4 个，“健康素养村”1 个、“健康素养家庭”323 户。开展免费孕前优生检查 78 人，为 213 名妇女提供免费“两癌”筛查服务。疫情防控有力有序，压实“四方责任”，加强自主排查，落实防控措施；全力以赴抓好疫苗接种工作，落实镇村干部网格化责任，2021 年全镇维持低风险地区防控等级，疫情防控形势总体稳定。

【社会治安综合治理】 2021 年，黄槐镇持续深化“平安黄槐”创建活动，加强全民禁毒工作，以禁毒宣传栏、各村文体广场和学校为阵地，深入开展禁毒宣传活动 30 多场，覆盖 1600 多人；常态化开展易制毒场所排查巡查工作，定期走访吸毒人员。全面开展全民反诈工作，累计开展专题宣传活动 20 多场，“国家反诈中心”App 推广安装数 9000 多人。强化矛盾纠纷化解，全年接访 63 人次，受理来访案件 26 件，调处 24 件；处理网络信访 7 宗、政府热线“12345”43 件（宗），受理案件均依时办结。

（巫小姗）

■ 黄陂镇

【概况】 黄陂镇位于兴宁市东北部，东邻梅县石坑镇，西连罗岗及大坪镇，南邻合水镇，北接黄槐镇。境内有省道 225 线和平兴高速公路，其中省道 225 线贯穿全镇，平兴高速公路途经14个村，附设1个黄陂出口。2021年，辖28个行政村和1个社区。总面积127.52平方千米，有山地面积9066.7公顷，耕地面积1533.3公顷，水田面积1200公顷。粮食种植面积1666.4公顷，总产1.12万吨，其中水稻种植面积（“两造”）1546.7公顷，总产1.09万吨。水果种植面积125.9公顷，总产4940吨；茶叶种植面积39公顷，总产59.25吨；油茶种植面积2073.3公顷，总产1100吨。至年末，总户数15119户，总人口74370人；公共财政预算收入2913.69万元，农村居民人均纯收入14287元。

【农业生产】 2021年，黄陂镇加快土地流转利用，加强撂荒耕地复耕复种工作，推进梅州柚扩种工作，重点打造特色农产业。全年完成复耕复种任务86.6公顷；建成3个梅州柚种植基地，柚果种植面积60公顷；协助省级农科院资环所实施土地改良试验、示范工作，改良40公顷水稻种植；协助市农业农村局完成10个村的二类耕地治理工作。

【基础设施建设】 2021年，黄陂镇实施新农村建设项目，完成“美丽村屋”项目11个、“美丽村道”项目2个；完成建设新农村示范村奖补项目5个，实施工程总额1888万元的奖补项目共91个；完成合同投资额5036万元的8个村五方联签确认EPC项目共92个。实施水利扶持项目，实施投资总额1202.77万元的水库移民后续扶持资金项目共9个，完成集中式供水工程1个、道路修复工程2个。协调推进自来水村村通项目建设，实现全镇正常供水。投资约300万元，利用村村通扩网或建设小型集中供水工程，推进全域自然村供水工作。发挥伟泓教育基地联结带动作用，完善路灯、路网及沿途风貌提升等基础设施建设，带动解决黄陂镇法治宣传教育、学生教育训练基地场地问题。实施环境综合治理与修复项目，建立农村污水处理设施运维管理体系，加强对已建成的镇级及2个村级生活污水处理设施的维护，协调加快2个在建村级污水处理设施的管网铺设。

【行政执法】 2021年，黄陂镇对非禁养区发出整改告知书35份，已全部整改。落实卫片执法图斑整治工作，加强违法用地巡查监管，对新增违法占耕用地“零容忍”，大力整治卫片图斑，复耕图斑17处，复耕0.87公顷，复绿山地7处1.08公顷。完成黄陂镇138个存量违法图斑的现场核查录入工作；协助开展国土空间规划调整、农用地土地价值调查、房地一体登记等工作。

【社会保障】 2021年，黄陂镇完成城乡居民医疗保险参保数51083人、城乡社会养老保险参保数5321人。完成技校招生任务数51人，认真落实“粤菜（客家菜）师傅”工程。全年新增就业人数130人，扶持创业15人。落实残疾人“两项补贴”工作，发放残疾人生活津贴，验收通过50户残疾人家居无障碍改造。及时做好1360名老人高龄津贴发放工作，做好新增5户事实无人抚养儿童保障工作，医疗救助655人，救助资金52万元，镇级临救28人，救助资金36084元。

【乡村振兴】 2021年，黄陂镇推进乡村产业振兴，发展壮大油茶特色产业，打响黄陂油茶品牌。争取上级“一村一品”资金123万元用于伟丰油茶基地、桂丰源油茶基地产业发展。争取扶持壮大甘一村集体经济收入共190万元，用于投资深化瑞丰源油茶基地产业发展。全镇柚果种植面积60公顷，丝苗米种植6.67公顷，3.33公顷芋荷种植并深化品牌加工，南药白芨、巴戟种植面积为28.67公顷；鼓励发展小型手工业、加工厂，促进扩大电子加工厂、兴盛玩具厂及来料加工厂等企业发展，带动剩余劳动力就近就业。加强返贫动态监测和帮扶，每季度召开防返贫监测有关工作会议，落实党委政府主要领导每年至少遍访易返贫对象1次以上，村支部书记每年至少遍访监测对象2次工作机制。

【生态建设】 2021年，黄陂镇以“一河两岸”休闲健身带、S225沿线乡村公路带、黄陂运河沿线人居环境带为抓手，加大农村人居环境整治工作力度，打造乡

▲ 2021 年黄陂镇龙溪村“一河两岸”休闲健身绿道　　（黄陂镇提供）

村振兴亮点。对“一河两岸”20千米进行节点打造，统筹500万元新农村资金建设黄石村、径口村新农村建设示范点，其中，在黄石村黄陂河陂头打造亲水湾观光水车、水渠和六角亭、对唱山歌台、文化长廊等沿河景点，打造兴宁版“云水谣”；实施径口村农村风貌提升项目5个，打造黄陂美丽宜居示范村，“扮靓”农村风貌。完善农村公路路网带，做好路网发展规划，加强S225沿线“六乱”整治，巩固提升S225线“亮化”“美化”工程，打通并完善28个村环村公路建设，实现路网四通八达。

【文教事业】 2021年，黄陂镇举行第二届奖教奖学基金大会，表彰优秀教师和考生195人，奖励约20万元。升级改造黄陂镇综合文化站，在圩镇增设镇综合文化站分站。黄陂镇文化分馆联合兴宁市文广电旅游局、兴宁市山歌剧演艺中心，在线上举办《梅州市庆祝中国共产党成立100周年文化惠民演出兴宁市黄陂镇专场》。国庆期间，在黄石村网红河举办文艺晚会，丰富群众文化生活。

【平安黄陂】 2021年，黄陂镇处理信访案件及“12345”政府服务热线93宗，司法调解矛盾纠纷175宗。解除社区矫正11人、刑满释放人员16人、安置帮教37人，实现无漏管、无脱管、无重新违法犯罪现象发生。进行镇村综治网格优化，调整148名网格员、78个网格。落实186名精神障碍患者的监管、补助工作。全镇各村均完成心理咨询室挂牌，配置基本办公室条件。全年举办禁毒宣传活动53场，参加人数4500人次。加强打击治理电信诈骗工作力度，镇级与29个村（社区）签订打击治理电信网络新型违法犯罪责任书，对全镇18—45周岁人群进行摸排统计，对辖区内的58名涉诈重点人员进行管控。制订并发放9000多份《关于对举报电信诈骗违法犯罪线索予以奖励的通告》。完成“国家反诈中心”App注册数，全年举办3场大型反诈宣传活动，反诈宣传“七进”活动60多场，参与人数5000多人。建立黄陂镇消防所，常态化开展安全隐患排查、整治工作。

【基层组织建设】 2021年，黄陂镇成功完成镇村班子换届，合理做好村（社区）“两委”干部职数规划，选出113名支委委员、147名村委委员，并开展村书记、村干部岗前培训，深化头雁引领，巩固村级换届选举工作成果。10月，完成镇级换届选举工作，优化镇领导班子结构，选出17名乡镇领导班子。

（戴瑞华）

■ 大坪镇

【概况】 大坪镇位于兴宁市西北部，东邻黄陂镇，南连叶塘镇，西接龙川县，北靠罗岗镇，圩镇距兴宁市区29千米。全镇总面积187.09平方千米，山地面积1.18公顷，耕地面积2800公顷，水田面积2255公顷。2021年，辖37个行政村和1个社区。粮食种植面积3733.33公顷，总产2.42万吨，其中水稻种植面积（“两造”）3586.67公顷、总产量2.69万吨。水果种植面积213.33公顷、总产量3200吨，茶叶种植面积40公顷、总产量6吨。至年末，总户数19117户，总人口 75676 人。镇级财政预算收入 4561.43 万元。

▲ 2021 年，兴宁市大坪镇润丰品牌示范基地遴选为 2021 年广东丝苗米品牌示范基地（大坪镇提供）

【基层组织建设】 2021 年，大坪镇完成换届选举，选举产生 221 名村（社区）“两委”干部和 118 名监委成员，38 个村（社区）党组织书记实现 100%“三个一肩挑”，“两委”干部交叉任职率 93.5%。完成 5 个村级党群服务中心改（扩）建。提升打造镇委党校教育阵地，设立罗屏汉故居红色教学点、黄坑村乡村振兴教学点、潭坑村现代农业教学点，成功创建梅州市镇街党校示范点。许杰浩获评“梅州市优秀党务工作者”，罗志雄获评“梅州市优秀共产党员”。

【红色阵地】 2021 年，大坪镇争取梅州、兴宁支持罗屏汉故居红色教育基地项目建设资金 1280 多万元；实施罗屏汉出生地久安围和黄文杰故居修缮、十二肩岭南粤古驿道活化提升、“屏汉大道”建设及屏汉河景观提升等项目，完成教礼、大坪两个高速出口至罗屏汉故居长约 20 千米红色精品路线亮化，推动罗屏汉故居门前连片 13.33 公顷田地流转，统一规划打造莲花观赏区、丝苗米示范区和蔬菜种植区。7 月，罗屏汉故居获评“梅州红十景”、梅州市党员教育基地。

【乡村建设】 2021 年，大坪镇继续推进乡村基础设施建设，实施省道 226 线教礼高速出口至圩镇 17 处裁弯取直，完成圩镇老街 200 多米柏油路面改造，方便群众出行。争取水库移民后扶项目资金 870 多万元，实施兰塘、陶坑、上河岭、大东、潭坑、友联等村道路建设、路灯亮化、河道治理项目，坪洋水巷街改道实现建成通车，完成“屏汉大道”、十二肩岭南粤古驿道北出口、罗岗路口等土地流转，打通红色旅游路线交通瓶颈。

▲ 2021 年 4 月 20 日，大坪镇休闲零食豆干“逗乐大菽”投产仪式暨品牌发布会在兰亭村举办（翁明杰 摄）

【产业发展】 2021 年，大坪镇投入 60 多万元有效解决部分撂荒地耕作条件差、灌溉难问题，完成撂荒耕地复耕复种 206.67 公顷，新增柚果种植 80 公顷。成功申报“广东省‘一镇一业’专业镇（丝苗米）”，岭河村（茶叶）、黄坑村（金柚）申报为省级“一村一品、一镇一业”专业村，大坪润丰品牌示范基地遴选为 2021 年广东丝苗米品牌示范基地，成功举办“第二届高山红薯开挖节”。引进“梅一客”食品公司建成农产品深加工 SC 标准化工厂，创建“逗乐大菽”休闲零食豆干品牌；

布骆包子豆腐制作技艺传习所揭牌成立。

【文教事业】 2021年，大坪镇奖教奖学基金池突破500万元，大坪籍学子考上985大学本科和研究生的共有7人，考上重点高中的学生有106人，实现新突破；《兴宁市大坪镇志》通过终审验收，电影《生死坚守》上映并列为党史学习教育重要教材，举办“学百年党史·讲红色故事”百姓宣讲比赛、“重温红色文化，牢记建党初心”主题活动。罗新辉获评广东省优秀共产党员、2021年第二季度敬业奉献“梅州好人”，坪光村钟进英获评梅州市“孝老爱亲道德模范”，朱坑村黄颖珍获评2021年度梅州市“最美妇联执委”。

【生态建设】 2021年，大坪镇持续巩固乡村人居环境整治工作成效，全部村庄达到干净整洁村标准；发动社会资金150多万元、争取上级资金120万元，共投入270多万元实施6个“千村示范、万村整治”项目；统筹用好涉农工作资金，实施朱坑河碧道、伯公坳景观提升等美化绿化亮化工程和环境整治项目；积极配合上级部门实施上大塘村、坪中村清洁型小河流域治理项目，共清理河道约16千米，镇域水景观、水环境、水生态持续改善。

【社会治理】 2021年，大坪镇承办广东省2021年度禁种铲毒踏查行动启动仪式，完成“国家反诈中心”App下载注册2.6万人次。开展《中华人民共和国民法典》、“12·4”国家宪法日等主题普法活动，挂村律师共提供服务68次，参与调解35宗，解答法律问题110余个，提供各类法律意见25件，审查合同38份，举办法治讲座150余次，成立诉讼服务站；大坪派出所获评“梅州市公安机关传承红色基因示范单位”，列为梅州市2021年红色“枫桥式公安派出所”重点培养对象。完成新冠疫苗接种4.5万针次，核酸检测6200多人次。完成11个水库安全鉴定、228户中高风险削坡建房户和7处地质灾害点整治。

（李佳玲　罗炜婷）

■石马镇

【概况】 石马镇位于兴宁市东北部，东邻径南及梅县南口镇，西连龙田镇、合水镇，南毗永和镇、宁中镇，北接梅县石坑镇，总面积105.75平方千米。2021年，辖26个行政村和1个社区，有耕地面积873.67公顷，水田面积835.33公顷，山地面积8149.6公顷；粮食种植面积1675.53公顷，总产1.15万吨；水稻种植面积（“两造”）1584.53公顷，总产1.12万吨。至年末，总户数9642户，总人口37481人；农业总产值4.34亿元，比上年增长5.5%；财政总收入2149.71万元，增长5%；农村人均可支配收入2.11万元。

【基础设施建设】 2021年，石马镇建成新群村生活污水分散处理设施，投入100多万元实施生活垃圾运转及公厕管护；投入80多万元建设保障居民饮用水工程，升级镇级水质净化厂并投入运行；投入300多万元推进敬老院改扩建工程；投入100多万元建设石马公共汽车站；实施道路硬底化、美化、亮化工程13个。

▲2021年，石马镇乡村振兴示范带建设——洋门村三眼桥段

（刘海阳　摄）

【乡村振兴】 2021年，石马镇对接驻镇帮镇扶村工作队的各项工作，健全防返贫工作机制，帮扶4户返贫风险户，坚决守住不发生规模性返贫的底线。投入2700多万元实施石马镇乡村振兴示范带建设，清理修筑圩镇排水系统，开展圩镇人居环境建设；开展“三清三拆三整治”工作，拆除危房旧房2900平方米，15个“千村示范万村整治”项目已通过验收9个，获评2021年度广东省乡村治理“百镇千村”示范镇。发放种粮补助金128.45万元，完成撂荒土地复耕复种107.77公顷、柚果扩种6.33公顷；依托名峰、泰狮等龙头企业大力发展梅州柚、油茶、铁皮石斛等精致高效农业；依托“六村联动”示范带建设，串联三眼桥、石马柚园、何天炯故居、石马公园等景点发展乡村特色旅游。

【生态环境保护】 2021年，石马镇严格落实“河长制”“林长制”，投入80多万元开展河道清理和保护。发放生态公益林补偿金110多万元，做好年度森林抚育项目，严厉打击滥砍盗伐林木行为；调整完善镇级应急队及护林员队伍，投入100万元完善镇村两级防灭火设备，开展森林防灭火演练3次。持续打好污染防治攻坚战，抓实抓细畜禽养殖污染、农业面源等整治工作，分类整治畜禽养殖场19间，完成3件中央环保督察案件整改工作。

【民生民利】 2021年，石马镇组织开展农村劳动力技能培训2次，培训各类劳动力300多人、转移就业170多人。落实城乡居民最低生活保障制度，定期走访慰问低保户726户1397人、特困人员148人；对接城乡居民临时救助、紧急救助等政策，开展临时救助、紧急救助9人次3.7万元，发放老龄补贴1000人次20多万元，不断健全特殊人群服务管理体系。全面规范村（居）委会建设，建成秀水、新群2个社会工作点。

【文教卫生】 2021年，石马镇成立镇教育基金会，动员乡贤开展捐资助学活动，为93名优秀学生颁发助学奖金；投入170万元新建镇级标准7人制足球场，镇足球队进入2021年度市长杯8强；投入30多万元对“何天炯故居”进行重新修缮布展；组织“送戏下乡”2场次、“送影下乡”160场次；发挥新时代文明实践所作用，利用镇文化站、村农家书屋积极培育良好家风、文明乡风、淳朴民风。

【社会综合治理】 2021年，石马镇落实安全生产责任制，强化宣传引导，围绕消防安全等12方面开展隐患排查，排查整改较为突出安全隐患12个；开展普法宣传工作，开展法治专题讲座6场次、法治宣传教育活动10场次，发放宣传册1万多份；成立镇综合行政执法队，整治违法用地等违法行为，开展扫黑除恶专项斗争，严厉打击电信网络诈骗行为；做好矛盾纠纷排查化解、社矫人员教育管控等工作，调解矛盾纠纷265宗（其中疑难复杂案件112件），涉及金额335.85万元，调处成功率100%；建成公共法律服务工作站1个、公共法律服务工作室27个。

【基层组织建设】 2021年，石马镇完成镇级党代、人大换届选举工作，新提拔年轻班子成员7人；完成各村（社区）党支部换届工作，实现“三个一肩挑”，村（社区）“两委”成员平均年龄42岁，中专及高中以上文化120人。建立健全村（社区）“两联席会议”、“四议两公开”、“两委”干部述职评议考核制度。投入230多万元升级改造镇级、马上村、虎石村、新石村党群服务中心，投入30多万元新建三联村党群服务中心。以下庄村为试点，推行“沃视通”基层党建视频系统，为流动党员和行动不便的老党员提供更便捷的村级组织生活。按计划高标准发展党员，培养积极分子32人，吸收预备党员11人。推动实施关心关爱党员群众活动，慰问困难党员群众200多人、扶助党员11人。

（林珊珊）

附 录

2021年兴宁市国民经济和社会发展统计公报

2021年，在市委、市政府的正确领导下，我市坚持以习近平新时代中国特色社会主义思想为指导，认真落实省委、省政府“1+1+9”工作部署和梅州市委“123456”思路举措，抢抓“双区”建设、乡村振兴、老区苏区振兴发展等战略机遇，统筹疫情防控和经济社会发展，扎实做好“六稳”“六保”等各项工作，攻坚克难、奋力拼搏，全力构建“一城一廊一带”发展格局，加快“工贸新城·智慧兴宁”建设，取得了经济发展稳中向好、社会民生保障有力的良好局面，做到了“十四五”开好头、起好步。

一、综合

经济发展稳中向好。根据梅州市地区生产总值统一核算结果，2021年兴宁市地区生产总值为196.32亿元，同比增长8.8%，两年平均增长4.5%，在梅州各县（市、区）中排位第一。其中：第一产业增加值52.37亿元，同比增长6.2%，两年平均增长3.9%；第二产业增加值33.50亿元，同比增长15.3%，两年平均增长2.8%；第三产业增加值110.45亿元，同比增长8.2%，两年平均增长5.9%。三次产业结构比重为26.67 ：17.07 ：56.26。

二、农业

农业生产稳定发展。2021年，全市种植业发展稳定。全年粮食种植面积64.58万亩，比上年增长0.03%；全年粮食总产量29.35万吨，比上年增长2.75%；其中稻谷总产量28.40万吨，比上年增长2.76%；花生产量4585吨，比上年增长0.57%；蔬菜产量81.83万吨，比上年增长2.9%；茶叶产量2794吨，比上年增长1.9%；水果产量17.86万吨，比上年增长3.5%；柚子产量8.0万吨，比上年增长4.2%。

畜牧业产品总量增幅较大。全年肉类总产5.94万吨，比上年增长6.3%。其中全年肉猪出栏50.65万头，比上年增长28.4%；产出猪肉3.68万吨，同比增长28.4%；出栏家禽2470万只，比上年增长22.4%；禽肉产量2.12万吨，比上年增长5.7%。

渔业产量下降。全年水产品产量1.66万吨，比上年下降4.4%。

三、工业

规模以上工业生产形势向好。2021年，全市完成工业总产值84.24亿元，完成工业增加值21.59亿元。其中：规模以上工业企业完成工业总产值71.43亿元，同比增长28.3%，两年平均增长16.3%；完成规模以上工业增加值18.10亿元，同比增长26.8%，两年平均增长10.5%；完成产业园区增加值9.20亿元，同比增长24.0%，两年平均增长8.9%。

四、固定资产投资

固定资产投资负增长。2021年，兴宁市固定资产投资同比下降3.1%，两年平均增长16.8%。其中：房地产完成投资同比增长30.3%，两年平均增长 29.0%；项目投资同比下降 19.0%，两年平均增长 9.4%；工业投资同比下降 47.2%，两年平均增长 -12.3%。

五、交通运输和邮政

交通建设成效明显，交通运输发展稳定。交通等基础设施不断完善。梅龙高铁设兴宁南站，率先完成土地征收任务，保障工程提速建设。平兴高速、兴华高速建成通车，动工建设河惠莞高速麻布岗出口至罗浮连接线。新建和改造省道225线火车站至水口段、甘罗线梯子岭等1050公里国省县乡道。成功创建省级“四好农村路”示范县，实施农村公路安全防护工程1360公里，实现所有行政村通客车。全年完成公路旅客周转量 0.8810 亿人公里，比上年下降 63.6%。公路货物周转量 18.66 亿吨公里，比上年增长 6.4%。

2021 年邮政业务总量 1.23 亿元，比上年下降 48%。

六、国内贸易和市场物价

消费市场情况。2021 年，全市实现社会消费品零售总额 104.02 亿元，同比增长 2.7%，两年平均增长 -2.1%。批发业实现销售额 50.90 亿元，零售业实现销售额 55.71 亿元，分别比去年上涨 14.0% 和 15.7%；住宿业实现销售额 1.23 亿元，餐饮业实现销售额 7.08 亿元，分别比去年上涨 14.1% 和 19.0%。

物价保持平稳。全年居民消费价格总水平上涨 0.1%，商品零售价格指数上涨 1.8%。分类别看：交通和通信类上涨 3.4%；衣着类上涨 1.5%；医疗保健类上涨 0.9%；食品烟酒类上涨 0.1%；教育文化和娱乐类上涨 0.1%；居住类持平；生活用品及服务类下降 1.8%。

七、对外经济贸易和旅游业

对外贸易发展情况。2021 年，我市实现贸易进出口总额 6.60 亿元，同比增长 9.3%，两年平均增长 -0.5%。其中：出口总额 5.88 亿元，同比增长 18.7%，两年平均增长 0.7%。进口总额 7241 万元，同比下降 33.5%，两年平均增长 -9.0%。实际利用外资 1029 万元，同比增长 918.8%，两年平均增长 243.9%。

旅游业发展情况。全年旅游接待总人数达 271 万人次，比上年增长 28.4%，全年实现旅游收入 19.21 亿元，比上年增长 50.8%。

八、财政、金融

财政收支情况。2021 年，全市累计实现一般公共财政预算收入 10.65 亿元，同比增长 3.0%，两年平均增长 2.1%；一般公共财政预算支出 69.13 亿元，同比下降 3.9%，两年平均增长 0.2%。金融运行稳健。2021 年，全市金融机构各项存款余额 399.0 亿元，比年初增长 5.2%，其中城乡居民储蓄存款余额 333.9 亿元，比年初增长 10.1%。金融机构各项贷款余额 255.2 亿元，比年初增长 7.0%。存贷比为 64.0%，比年初提高 1.1 个百分点。

九、人口

全市人口状况。2021 年全市人口出生率 9.25‰，死亡率 4.07‰，自然增长率 5.18‰。公安部门统计户籍人口为 115.66 万人。

注：1. 本公报各项统计数据均为初步统计数。

2. 公报中生产总值、各产业增加值和工业总产值、农业总产值绝对数按现价计算，增长速度按可比价计算。

在市委十三届十五次全会上的报告

（2021 年 9 月 8 日）

兴宁市委书记 宋才华

这次会议的主要任务是，坚持以习近平新时代中国特色社会主义思想为指导，深入学习贯彻习近平总书记“七一”重要讲话和对广东系列重要讲话、重要指示批示特别是关于横琴、前海开发开放的重要论述精神，认真贯彻落实省委十二届十四次全会、梅州市委七届十一次全会和全省推动老区苏区全面振兴发展工作会议的部署要求，牢牢把握横琴、前海开发开放的重大机遇，深化落实国务院《关于新时代支持革命老区振兴发展的意见》，总结上半年工作，安排下半年任务，动员全市上下守正创新、接续奋斗，全力构建“一城一廊一带”发展格局，加快“工贸新城·智慧兴宁”建设，奋力谱写兴宁新时代振兴发展新篇章。

7月1日，在庆祝中国共产党成立100周年大会上，习近平总书记发表重要讲话，立足中国共产党百年华诞的重大时刻和“两个百年”历史交汇的关键节点，回望光辉历史、总结宝贵经验、擘画光明未来，充分体现了习近平总书记深远的战略思维、强烈的历史担当、真挚的为民情怀，为我们向着全面建成社会主义现代化强国的第二个百年奋斗目标迈进，指明了前进方向、提供了根本遵循。省委、梅州市委相继召开全会，对深入学习贯彻习近平总书记“七一”重要讲话精神进行再部署再推动。我们要进一步提高政治站位，以高度的政治自觉、思想自觉和行动自觉，用心用情用功推动习近平总书记重要讲话精神在兴宁落地生根、结出丰硕成果。

一、胸怀国之大者，在服务融入“两个合作区”建设中谱写新一轮改革发展新篇章

习近平总书记、党中央高度重视、非常关心横琴、前海合作区建设，在建党100周年之际，习近平总书记亲自主持审定“两个合作区”建设方案，为在新征程上加快横琴、前海发展擘画美好蓝图，给予全面支持，更为“两个合作区”建设指明了发展方向。省委、梅州市委专门召开全会，研究提出建设、对接、融入等具体措施。我们要自觉把兴宁工作融入全国全省发展大局，融入“两个合作区”建设的重大战略之中。

（一）必须深刻认识重大意义，准确把握推动“两个合作区”建设的战略意图。建设横琴粤澳深度合作区、前海深港现代服务业合作区，是以习近平同志为核心的党中央，立足中华民族伟大复兴战略全局和中国特色社会主义事业发展大局，作出的重大决策部署，是习近平总书记一手缔造的改革开放典范，精彩演绎、有力彰显了习近平总书记思想的强大真理力量和实践伟力。我们要深刻领悟、准确把握，推动“两个合作区”建设，是习近平总书记、党中央推进“一国两制”伟大实践的重大战略部署，是应对世界百年未有之大变局的重大战略部署，是服务构建新发展格局的重大战略部署，是用横琴、前海两个“点”撬动粤港澳大湾区整个“面”，赋予广东的新的重大机遇、新的重大使命。我们要站位全局、主动融入，切实将思想和行动统一到党中央战略部署和省委、梅州市委工作要求上来，把握“两个大局”，牢记“国之大者”，以高度的政治判断力、政治领悟力和政治执行力，在服务融入中体现兴宁担当，在对接合作中展现兴宁作为。

（二）必须抓住用好重大机遇，清醒认识服务融入“两个合作区”建设的大局大势。党中央《横琴粤澳深度合作区建设总体方案》《全面深化前海深港现代服务业合作区改革开放方案》，为建设好“两个合作区”明确了总体要求，提供了组织、政策、法治等各方面支持，必将推动“两个合作区”进一步释放强劲发展动能，形成强大的辐射带动效应。省委专门提出建立联动传导机制，强调要强化改革联动传导、创新联动传导、产业联动传导以及市场联动传导，推动“两个合作区”建设实实在在惠及广东全省全域，实现全省受益、各地共享、人人有份。我们要清楚认识到，服务融入“两个合作区”建设，是我们把生态优势转化为发展优势的重大机遇，是我们强化与“双区”“双城”紧密联系的重大机遇，是我们主动对标、学习借鉴先进经验的重大机遇。我们要抓住用好这一机遇，用情融入、用心服务、用力推动，让“双区”“双城”利好叠加的“化学反应”“乘数效应”，推动兴宁实现提效破局、跨越发展，努力在主动融入服务“两个合作区”建设中实现“各美其美、美美与共”。

（三）必须借力借势全面对接，全力抓好服务融入“两个合作区”建设的使命任务。服务融入“两个合作区”建设，我们机遇当前、责任当前，必须要充分利用“两个合作区”在新发展格局中内联外通的关键节点作用，乘势而起，起而行之，在主动对接、主动支持、主动服务中持续深化改革开放、拓展新的发展空间，不断加快我市绿色发展、高质量发展步伐。

一要在体制机制上促联通。要坚持以改革为主动力，对标对表合作区建设，在产业链融合发展、民生服务供给、生态环境等方面谋划一批系统集成、协同高效的重点改革举措，建立完善与服务融入“双区”“双城”一体的体制机制，打通兴宁苏区与大湾区的软联通。要积极学习借鉴“两个合作区”开发建设的先进经验，在深化“数字政府”“放管服”改革等方面抓好复制推广，积极破除妨碍生产要素市场化配置和商品服务流通的体制机制障碍，打造更加高质高效、富有吸引力的营商环境。

二要在产业互补上强联动。要充分借力前海合作区现代服务业、高技术产业、先进制造业等优势，在发展我市互联网产业、装备制造业、新一代电子信息产业等方面加强对接、借才引智，高质量引进落户一批大项目、优质项目。要充分依托横琴“买全球、卖全球”国际高品质消费博览会平台，强化市场协同联动，推动兴宁鸽、丝苗米等优质生态产品走进湾区、走向世界，让湾区后方大农场效益更高、品牌更响。要充分叠加澳门中医药品牌享誉全球和兴宁中草药种植基础扎实的优势，在做强做大南药种植、中药研发生产等大健康产业上优势互补，谋求与粤澳中医药技术产业园的合作，擦亮兴宁中医药品牌。要充分发挥生态环境优势，积极与“两个合作区”共同探索建立生态产品交易市场，推进林业碳汇交易；深入挖掘利用红色资源，着力发展文化旅游产业，建设好最美后花园、最优体验场、最佳康养地，让绿水青山转化为金山银山。

三要在交流合作上优服务。坚持以“横琴就是要促进澳门经济适度多元化发展，前海就是要依托香港、服务内地、面向世界”为方向，发挥好兴宁旅居海外的华侨50多万人的“华侨之乡”优势，强化兴宁商会等社团的桥梁纽带作用，依托梅州综合保税区、梅州跨境电商综合试验区和梅州国际无水港等平台，加强科技交流合作，推动人才往来互通，深化文化相融共进，推进服务业、民生领域等合作，吸引更多华侨华人新生代和海归到兴宁投资创业，高质量推进“三进一出”，增强新生代对祖国的政治认同、文化认同、情感认同。

二、聚力开局起步，尽锐出战推动今年各项工作取得新成效

今年以来，我市坚持以习近平新时代中国特色社会主义思想为指导，立足新发展阶段、贯彻新发展理念、融入新发展格局、推动高质量发展，认真落实省委“1+1+9”工作部署和梅州市委“123456”思路举措，加快推动“一城一廊一带”和“工贸新城·智慧兴宁”建设，脱贫攻坚取得全面性胜利，同全国人民一道步入了全面小康社会，兴宁苏区振兴发展取得新成效。上半年，实现地区生产总值86.77亿元、比增9.0%。1—7月，完成固定资产投资42.08亿元、比增23.8%，社会消费品零售总额56.98亿元、比增9.7%，一般公共预算收入6.32亿元、比增10.3%。今年以来，我们突出抓好“十项重点工作”。

第一，我们高标高质抓好学习教育。始终坚持第一议题学习习近平总书记思想，深入开展党史学习教育，突出领导带头、党员示范、全面覆盖，学深悟透习近平总书记在党史学习教育动员大会和“七一”重要讲话精神，举办丰富多彩的庆祝建党100周年系列活动，建成兴宁市党史教育馆并举办党史专题展，推动“我为群众办实事”实践活动市级101个项目扎实开展，全市党员干部赓续红色血脉，热情高涨、干劲十足。

第二，我们持之以恒抓强党的建设。始终坚持贯彻落实新时代党的建设总要求和新时代党的组织路线，全面启动新一轮基层党建三年行动计划，全面完成村（社区）“两委”换届，市、镇两级换届工作扎实推进，城市基层党建示范市建设全面深化。纵深推进全面从严治党，今年以来共立案246件，党纪政务处分134人，省委巡视反馈意见整改工作高质量落实，政法队伍教育整顿任务全面完成，政治巡察实现全覆盖，意识形态领域安全平稳，全面彻底肃清李嘉、万庆良恶劣影响成果持续巩固，政治生态更加风清气正。

第三，我们一刻不松抓牢疫情防控。牢固树立“万无一失，一失万无”的底线思维，按照“外防输入、内防反弹”的要求，抓实抓细人、物、环境同防，加强重点人群排查、集中隔离管理、高风险岗位防控、应急调查处置、防院感等工作，顺利完成疫苗接种阶段任务。自去年2月8日以来全市无新增确诊病例，疫情防控有力有效，保障了全市经济社会发展。

第四，我们集中力量抓实项目建设。始终坚

持项目为王、实干为上，践行“四个一”工作法，抢抓国务院《关于新时代支持革命老区振兴发展的意见》机遇，精准对接中央投资方向，中央预算内投资下达项目 8 个共 1.11 亿元，地方政府债券下达项目 3 个共 5.98 亿元；全面谋划对接项目，181 个老区苏区项目推动实施 77 个，38 个省市重点正式项目加快推进，圆满举办总投资 112.51 亿元的 45 个项目集中签约、动工、竣工活动，其中工业项目 26 个、总投资 77.47 亿元，为高质量发展注入强劲动能。

第五，我们一以贯之抓深改革创新。始终坚持把改革创新放在突出位置，持续优化营商环境，67 项重点改革事项、“放管服”“数字政府”改革扎实推进，“交房即交证”服务大力推行。扎实做好“六稳”工作，全面落实“六保”任务，推动传统产业转型升级，互联网产业园建设扎实推进，国家级电子商务进农村综合示范项目完成建设、通过国家绩效评价及复评并获评“优秀”等次，今年 1—7 月，新认定科技型中小企业 9 家，完成工业投资 9.31 亿元、技改投资 1.61 亿元，实现规上工业总产值 38.16 亿元、比增 38.3%，外贸进出口总额 2.77 亿元、比增 1.5%，全市经济发展态势良好。

第六，我们融合发展抓活乡村振兴。始终坚持农业农村优先发展，挂牌成立市乡村振兴局，驻镇帮镇扶村工作全面进驻对接，推动巩固拓展脱贫攻坚成果同乡村振兴有效衔接。大力推进乡村建设，“三清三拆三整治”任务全面完成，违法用地整治全部落实，高标准建成石马镇“六村联动”乡村振兴连片示范区，成为新的网红打卡点，获省、梅州市的充分肯定。着力夯实乡村产业基础，率先在全省出台扶持肉鸽产业发展若干措施，兴宁肉鸽产业园建成投产，丝苗米省级现代农业产业园基本建成，“青香优 19 香”达到超级稻目标产量，全面完成 5193 亩历史承诺垦造水田任务，完成撂荒土地复耕复种 3.9 万亩、柚果扩种 5000 亩，兴宁香米、兴宁鸽入选广东省特色农产品优势区，我市被推介为全国农村创业创新典型县。持续深化供销合作社综合改革，全面实施农业社会化服务惠农工程，率先在粤东西北地区建设冷链物流项目基地。突出产业融合，全面启动广东省全域旅游示范区创建，不断丰富“红色游”产品供给，全面升级生态“绿色游”，乡村振兴文章越做越好。

第七，我们标本兼治抓严生态保护。始终坚持生态优先、绿色发展，围绕打造“生态涵养发展带”，加大环保设施建设，静脉产业园一期、9 个镇级污水处理厂、15 个镇级污水管网、65 个村级污水处理站及配套污水管网等建成使用，全面完成东排沟黑臭水体整治。持续打好污染防治攻坚战，狠抓工业污染、畜禽养殖污染、农业面源等专项治理，全市饮用水源水质达标率 100%，城市空气质量优良率 98.29%，兴宁大地天更蓝、水更碧、土更净，生态底色越来越亮眼。

第八，我们不遗余力抓紧基础建设。始终坚持抓基础、补短板，主动适应城市发展和治理的需要，积极回应人民群众对美好生活的向往，锦绣大桥建成通车，梅龙高铁、“一江两岸”河堤公路加快建设，河惠莞高速麻布岗出口至罗浮连接线公路工程启动，城市交通扩网提速；宁江公园一期建成使用，老旧小区改造、棚户区改造、市环境综合治理与修复项目、第二自来水厂产能扩建与输水复线等工程基本建成，基础设施布局日益合理，城市能级持续提升，生活环境更加宜居。

第九，我们用心用情抓细民生实事。始终坚持“小切口”推动“大变化”，以百姓需求为出发点和落脚点，稳步推进年度十项民生实事落实落地，持续抓好创文创卫、平安高考、交通安全、“厕所革命”等民生实事，深入实施“粤菜师傅”“广东技工”“南粤家政”三项工程，城镇新增就业 2410 人；新建、改扩建中小学（幼儿园）8 间，全面完成镇（街）20 所中心幼儿园独立建制工作，大力推进市高级技工学校创建技师学院；扎实推进全国基层中医药工作先进单位创建，加快建设新建市人民医院；行政村通自来水实现全覆盖，群众的获得感、幸福感不断提升。

第十，我们统筹兼顾抓稳安全发展。始终坚持以大概率思维应对小概率事件，全力防风险、保安全、护稳定，深入开展非煤矿山、道路交通、城镇燃气、食品药品等重点领域专项整治和“三防”工作，以实际行动保兴宁一方平安。龙田镇羊岭村获2020年度全国综合减灾示范社区。多措并举化解隐性债务，政府性债务风险总体安全可控。市域社会治理现代化工作扎实推进，打好建党100周年安保维稳主动仗，狠抓信访积案化解、矛盾纠纷调处，强力推动扫黑除恶专项斗争，严厉打击电信诈骗等违法犯罪行为，创建“无诈社区”“反诈主题公园”，实现警情、案件、财产损失“三下降”，社会治安形势持续稳定向好。同志们，这些成绩的取得，离不开以习近平同志为核心的党中央举旗定向、掌舵领航；离不开省委和梅州市委的坚强领导、鼓舞激励；更离不开全市各级各部门的奋发有为、难中求成，社会各界的广泛参与、和衷共济。在此，我代表市委，向所有为经济社会发展作出贡献的干部群众和社会各界人士表示衷心的感谢！

成绩来之不易，问题不容忽视。在充分肯定成绩的同时，我们也要清醒地认识到存在的问题和不足：我们城乡发展不协调、不均衡的问题仍然突出；推进传统产业转型升级和新兴产业引进培育还需下更大功夫；财政收支压力仍然较大；少数干部能力素质、工作作风与新征程还不相适应。对此，我们必须高度重视，认真加以解决。

三、笃志砥砺奋进，奋力书写下半年工作新篇章

风劲帆满心笃志，砥砺奋进正当时。下半年，全市上下要继续保持高度负责的态度，采取精准务实的举措，提振真抓实干的劲头，按照省委十二届十四次全会和梅州市委七届十一次全会的部署要求，积极抢抓国务院《关于新时代支持革命老区振兴发展的意见》和全省推动老区苏区全面振兴发展工作会议机遇，积极对接服务“双区”和“两个合作区”建设等重大区域战略，巩固拓展经济社会向上向好发展态势，抓紧“十四五”各项重大战略部署的推进实施，加快今年重点工作的推进落实，确保全面完成今年各项目标任务，以优异成绩迎接市第十四次党代会胜利召开。具体来说，重点要在“六高”方面攻坚发力。

（一）在高水平构建现代产业体系上攻坚发力。紧扣全市工业发展“十四五”规划的思路方向，按照年初预定的目标，围绕加快构建“1331”工业发展新体系，狠抓企业增资扩产、招商引资、服务保障、政策落实、安全生产，力争今年底实现园区工业总产值、规上工业增加值、税收总额比去年同期翻一番。

着力提升科创平台能级。深入实施创新驱动发展战略，将引导支持企业增资扩产作为提升企业创新能力的重要抓手，鼓励企业向产业链上下游拓展，全力支持金雁电工、拓展盈辉等企业加大技改力度，力争今年新增国家高新技术企业2家、梅州市级以上工程技术研究中心3家。做强工业振兴主平台，加快完善广州天河（兴宁）产业转移工业园基础设施，全力推动标准厂房二期今年底全面竣工、三期年底前动工建设，引导推动更多企业、项目入驻集聚发展，力争打造成创新企业的孵化器和中小企业的加速器。

着力提升产业链竞争力。对标省打造20个产业集群发展战略和梅州构建“5311”绿色产业体系，积极发展与资源禀赋相适宜的产业，改造提升传统产业，培育发展低碳产业和绿色经济，做大做强装备制造业主导产业，做精做优生态特色食品、现代轻工纺织、生物医药与健康三个特色产业，培育壮大新一代电子信息、新材料、新能源三个新兴产业，努力打造具有核心竞争力的特色优势产业集群。大力发展“总部经济”，加大对75家规上工业企业、25家高新技术企业和29家科技型中小企业的扶持力度，力争今年全市规上工业增加值增速10%以上、新培育年产值亿元以上企业2家、“小升规”企业5家。

着力提升项目争引质量。抓住用好地方政府专项债发行，高质量谋划储备项目，落实“要素跟着项目走”工作机制，抓好181个原中央苏区振兴发展重大项目、310个兴宁市“十四五”规划重大项目、32个在建重点项目和“三个一批”在建项目建设进度，重点加快互联网产业园、纺织面料、跃速体育等项目建设，确保重点签约项目尽快落地，实现“当年落户、当年动工、当年投产”的目标。加快推进76个国家重大项目库2022年储备项目前期工作，推动6个未开工重点项目尽快开工，切实扩大有效投资。扭紧“两新一重”，重点在科技、产业、健康医疗、环保、交通和乡村振兴等领域，精准谋划、储备、引进一批高质量项目，争取将更多项目纳入国家和省“大盘子”。大力开展招商选资，立足我市产业发展实际，确定招商主攻方向，做好延链、补链、强链文章，力争完成招商引资70亿元以上的目标任务。

着力提升企业发展环境。强化服务保障，结合“我为群众办实事”实践活动深入开展暖企行动，坚持以企业为中心、以企业需求为导向，充分发挥好轻骑服务队作用，着力解决企业关注的政策、资金、要素保障等“痛点”“堵点”“难点”问题，推动“个转企、小升规、规改股、股上市”，形成小企业铺天盖地、大企业顶天立地的格局。强化政策落实，坚决兑现政府对企业的承诺，全面推动减税降费、产业扶持、金融支持等扶企惠企政策落实落地，营造“尊商、亲商、爱商、安商、扶商”浓厚氛围，厚植企业发展信心。强化安全生产，落实企业安全生产主体责任，加强日常监督管理，提升防范应对能力，确保实体经济平稳、健康、快速发展。

（二）在高起点构建对外开放格局上攻坚发力。在对接支持服务“双区”“双城”“两个合作区”建设中找准定位，把握重大机遇，借鉴先进经验，立足比较优势，以“改革之力”“开放之窗”展现兴宁“发展之势”。

深化更深层次改革。以深化“放管服”改革为统领，加大重点领域改革创新力度，抓好67项重点改革事项、“数字政府”改革、广东省数字乡村发展试点县等工作，大力推进土地、技术、数据等要素市场配置改革。复制推广广州深圳“一网通办”“一网通管”的经验做法，不断释放改革发展动能。

创造更优营商环境。牢固树立“崇商重企”理念，在全社会大力营造尊重企业家、崇尚企业家、爱护企业家、支持企业家的浓厚氛围，构建“亲”“清”新型政商关系，不断激发市场主体活力。深挖“互联网+政务服务”潜能，建立高效便捷的政务服务体系，大力推行“双容双承诺”行政审批制度，持续提升企业群众办事的体验度、便利度和满意度。

激发更大消费潜力。坚持全方位开放发展，发挥“华侨之乡”优势，抓好区域合作，扩大对外贸易，不断完善产业链、供应链体系，畅通生产、流通、分配、消费等经济循环。充分发挥国家级电子商务进农村综合示范市（县）作用，规划建设兴宁快递物流园区，推进兴宁工艺外贸基地、传统商贸物流转型升级，引导商超、店铺、农产品加工销售企业带货直播，培育发展跨境电商、夜间经济、网红经济等新业态，推动全市名特优新农产品畅销湾区、走出国门。

（三）在高标准推动乡村全面振兴上攻坚发力。坚持农业农村优先发展，统筹推进农村各项事业建设，做好脱贫攻坚衔接文章、镇村协同文章、城乡融合文章，把农业农村基础打得更牢，把“三农”领域短板补得更实，把乡村建设得更美。抓实驻镇帮镇扶村。建立健全驻镇帮镇扶村工作机制，聚焦十大工作任务，充分利用驻镇帮镇扶村工作队的资源、力量、智慧，积极引导社会力量参与，做好巩固拓展脱贫攻坚成果同乡村振兴有效衔接，推动全市乡村振兴工作继续走在梅州前列。强化服务保障，为驻村工作队工作生活创造便利条件。

推动农业高质高效。按照“一县一园、一镇一业、一村一品”现代农业产业体系建设要求，培育一批农业特色小镇、产业发展特色村，大力发展加工农业、休闲农业、观光农业、体验农业，让田园变庄园、民房变民宿、劳作变体验。大力推进高标准农田建设、复耕复种、柚果种植等工作，重点完成连片15亩以上撂荒耕地复耕复种，筹办好梅州（兴宁）鸽业全产业链大会暨“兴宁鸽”产业发展大会，持续推进丝苗米产业园、肉鸽产业园、酒文化产业园提质增效，提高丝苗米、兴宁鸽、南药种植等农业优势产业的规模和效益，让产业基础更加扎实。

推进乡村宜居宜游。全力推进实施乡村建设行动，深入开展“两美”行动，健全农村人居环境长效保洁管理机制，加强农房管控和乡村风貌提升，持续抓好圩镇建设、“四好农村路”“厕所革命”、污水处理、集中供水等工作，重点推进“刁坊、坭陂、新圩”三镇美丽乡村连片示范项目建设，不断改善农村人居环境。精心打造一批乡村旅游精品线路，发展休闲农庄、精品民宿等高端业态，全力推动一、二、三产业融合发展。

促进农民富裕富足。深入开展“千企帮千镇、万企兴万村”行动，完善乡村产业链条和农企利益联结模式，不断发展壮大村级集体经济。实施“新型农民返乡、本土人才回乡、技术人员下乡”计划，深入推进“粤菜师傅”“广东技工”“南粤家政”三项工程，鼓励引导高素质人才返乡创业，全面助推乡村振兴，促进农民富裕富足。

（四）在高效能促进城乡融合发展上攻坚发力。以省县级文明城市、国家卫生城市创建为抓手，通过路网、管网、绿化、亮化、美化等基础设施的提升，营造环境优美、道路畅通的宜居宜业宜游城市环境，满足人民群众对美好生活的向往。

统筹推进城市提质扩容。加快老旧小区改造、农贸市场升级改造、宁江公园、“四馆一场”等建设步伐，谋划开展迎宾大道东、青眼塘等人行道改造工程建设，加强城区小巷综合治理，优化公共停车场、旅游厕所等公共服务配套设施，提升城市功能品质。深入推进智慧城市建设，扎实推进数字化城市管理信息系统建设项目，持续加大5G基站建设力度，提升城市精细化管理水平。全面贯彻落实全省交通强省建设大会部署，整合现有道路资源，加快推动梅龙高铁、高铁南站站场项目和高铁干线路网及站前综合广场项目、河惠莞高速公路麻布岗出口至兴宁罗浮连接线工程等建设，力争“一江两岸”河堤公路今年国庆前建成通车。

压茬推进创文创卫工作。紧紧围绕“今年创建省县级文明城市实地考察综合得分90分以上，排名全省前五；创建国家卫生城市顺利通过各级考评验收”的目标，坚定必胜信心、强化责任担当，加快补齐基础设施短板，全面改善城区“脏乱差”现象。加大宣传曝光力度，及时推广典型经验。对落实网格责任不力，创建工作排名倒数的坚决进行曝光，凝聚创建合力。加强精神文明建设，坚持举旗帜、聚民心、育新人、兴文化、展形象，定期开展理论宣讲，大力推进思想道德建设，培育文明乡风、良好家风、淳朴民风。

加快推进文旅体融合发展。按照梅州市委推动文化生态产业化的思路，不断发展文化事业，繁荣文化生态。发挥文化之乡和老区苏区优势，全面推进全域旅游示范区创建工作，有序推动兴宁市游客服务中心和旅游大数据中心建设，促进古民居保护、文化、旅游互相融合。加快6个文旅重点项目建设，建好神光山康养旅游产业园。把红色资源保护作为基础性工程抓紧抓实，深化红色资源开发利用，强化红色资源教育功能，推进刘光夏、罗屏汉、邓逸凡、张如心、黄文杰等名人故居和十二肩岭古驿道的活化利用，打造爱国主义教育基地、红色旅游基地、党史教育基地，建设红色精品线路和红色小镇。深入挖掘兴宁的历史遗存、革命遗址、名人故居等资源，融合客家文化、客家美食等元素，积极打造“兴宁八景”“兴宁红八景”“兴宁文八景”“兴宁名八居”“兴宁十里版画长廊”，积极挖掘打造文化艺术博物馆，加快2个“粤书吧”和1个“两中心融合”建设，加大非遗保护传承发展，全方位展现兴宁自然风光、民俗文化、人文风情、特色美食。开展全民健身活动，谋划建设1个综合性体育馆，探索打造品牌赛事。完善文化旅游体育基础设施建设，深入推进文体旅融合，实现旅游牵线、文化体育搭台、消费唱戏、经济发展。

（五）在高质量建设省生态发展区上攻坚发力。我们正处在经济发展的加速期、上升期，在推动高质量发展的“快车道”中，持续保持良好生态尤为重要。

树牢生态理念。增强生态文明理念，强化节约意识、环保意识、生态意识，推动在发展中保护、在保护中发展，使“绿水青山就是金山银山”的理念融入血脉、植入灵魂。高标准推进碳达峰、碳中和，推动绿色低碳技术创新、产业转型升级和清洁生产，构建以产业生态化和生态产业化为主体的生态经济体系。

扛起生态责任。全面落实“党政同责、一岗双责”，以责任防线守住环保底线。制定“十四五”

生态发展规划，建立长效机制，强化规划管控、环境监管、执法检查和责任落实，用最严格制度、最严密法治保护生态环境，坚决制止和严惩各种破坏生态环境的行为。

狠抓生态保护。深入开展蓝天、碧水、净土保卫战，坚决打好打赢污染防治攻坚战。全面落实河长制，高质量推进万里碧道建设，严格饮用水源地保护，推进主要江河的生态修复，重点治理城乡污水排放，确保省考断面水质全部达标。全面推行林长制，大力实施碳汇造林、公益林建设、退耕还林等重大生态项目，做好治绿、护绿、增绿、用绿文章，以“林长制”实现“林长治”。抓好第二轮中央生态环保督察工作，坚决抓好中央环保督察交办信访案件的整改工作，确保及时高质量整改到位；持续推进静脉产业园建设，抓好地质灾害治理以及铁山嶂矿区生态修复综合治理工程建设，加强水污染治理、土壤污染防治、畜禽养殖专项整治等工作，持续提升生态环境质量成色。

（六）在高品质创建幸福生活家园上攻坚发力。坚持“江山就是人民，人民就是江山”的执政理念，深入开展好“我为群众办实事”实践活动，用情用心用力解决好群众“急难愁盼”问题，让人民群众获得感成色更足、幸福感更可持续、安全感更有保障。

坚决抓紧抓牢疫情防控。强化做好疫情防控工作的政治意识，进一步压实属地、部门、单位和个人的“四方责任”，发挥镇村“三人小组”和大数据作用，做实做细重点地区、重点场所管控排查，推进常态化各项防控举措不折不扣落实到位。健全疫情监测预警、应急演练处置等工作机制，提升核酸检测能力，稳妥做好疫苗接种工作，实现“应接尽接”，全力构筑群体免疫屏障。持续推动教育医疗均衡发展。持续办好年度十件民生实事。严格落实中办、国办《关于进一步减轻义务教育阶段学生作业负担和校外培训负担的意见》，确保“双减”工作有效推进。扎实推进全国基层中医药工作先进单位创建、医共体建设，传承发展中医药事业，探索推广“医养结合”新型养老模式，大力改善医疗服务和健康养老水平。特别要用好新增债券，加快兴宁市高级技工学校创建技师学院、梅州市卫生职业技术学校、新建市人民医院等项目建设，确保如期建成使用。全面做好基本民生保障。全面落实“促进就业九条”3.0版，坚持减负、稳岗、扩就业等多措并举，最大限度用好金融支持、援企稳岗等政策，加快恢复和稳定就业。稳步提高基本养老、医疗、工伤、生育及失业保险参保率，积极推进城乡新型社会救助体系建设，加大困难群众救助、临时救助、慈善救助等帮扶力度。做好退役军人工作，推进“双拥共建”，促进军民融合。

加快建设平安法治兴宁。坚持发展和安全并重这一重大原则，实现高质量发展和高水平安全的良性互动。全面落实维护国家安全主体责任，坚决防止西方敌对势力渗透破坏活动，切实筑牢政治安全稳定屏障。密切关注企业债务违约、非法集资、工资拖欠、房地产等经济运行突出风险，持续加强财政预算绩效管理，稳妥化解隐性债务，确保不发生系统性金融风险。严格落实安全生产责任制，深入推进安全生产专项整治三年行动，做好“三防”工作，强化建筑施工、燃气、地质灾害隐患点等大排查大整治，坚决防止重特大安全事故发生。持续加强和创新社会治理，抓好基层社会矛盾排查化解，常态化开展扫黑除恶，严厉打击电信诈骗、网络赌博等违法犯罪活动，把各种矛盾问题和不安全、不稳定因素化解在小、处置在早，不断提高人民群众的安全感和满意度。

四、践行初心使命，从严从实全面加强新时代党的建设

迈向新征程，我们要认真学习领会习近平总书记“七一”重要讲话精神，以史为鉴、开创未来，一以贯之落实好新时代党的建设总要求和新时代党的组织路线。

（一）党的政治建设要再加强。持之以恒把党的政治建设摆在首位，在任何时候、任何情况下都旗帜鲜明讲政治抓政治，增强“四个意识”、坚定“四个自信”、做到“两个维护”。严格执行省委坚决落实“两个维护”十项制度机制，落实落细“第一议题”制度，切实用习近平总书记思想统揽兴宁一切工作，以思想伟力贯穿全部实践。持续巩固深化全面彻底肃清李嘉、万庆良恶劣影响成果，严守“五个必须”，杜绝“七个有之”，做到“三个决不允许”，确保政令畅通、令行禁止。始终抓紧抓牢意识形态，不断深化“三好一正”，巩固社会主义意识形态的主导地位。

（二）党史学习教育要再深入。聚焦聚力学习贯彻习近平总书记“七一”重要讲话精神这一重要政治任务，持续抓好学习研讨、宣传宣讲，不断深化对党史的系统把握，推动党史学习教育走深走实。传承弘扬伟大建党精神和苏区精神，进一步挖掘用好红色资源，不断深化革命传统教育，持续正本清源、固根守魂，始终保持共产党人政治本色。抓住学史力行这个根本落脚点，把在党史学习教育中感悟的真理力量转化为办实事、开新局的实际行动，深入推进“我为群众办实事”实践活动，在振兴发展的新征程中展现新担当、新作为。

（三）基层组织建设要再提升。深入推进新一轮加强党的基层组织建设三年行动计划，紧扣今年“完善组织体系开启新征程”主题，聚焦增强政治力、提升组织力，把每一个基层党组织都建设成为凝心聚力的坚强战斗堡垒。始终坚持大抓基层的鲜明导向，重点加强对新换届村“两委”班子的指导培训，更好落实抓党建促乡村振兴各项任务。突出抓好城市基层党建示范市建设，健全市、街道、社区党组织三级联动机制，推进单位党建、行业党建、区域党建共驻共建、互联互动。继续做好“两新”组织党建工作，积极发挥党员先锋模范作用，引导广大基层党员干部主动投身乡村振兴、疫情防控、基层社会治理、中央环保督察交办问题整改等工作一线，在实干担当中更好奉献发展、服务群众。

（四）干部队伍建设要再强化。下半年是市镇换届的关键期，要树立鲜明正确的用人导向，把政治标准摆在首位，坚持德才兼备、以德为先、任人唯贤，真正把忠诚实干担当的优秀干部选出来。严肃换届纪律和组织人事纪律，稳妥处理好换届与经济社会改革发展、疫情防控等工作的关系，教育引导党员干部正确对待进退留转，确保换届期间思想不散、秩序不乱、工作不断。加强干部培养历练，积极选派年轻干部到改革发展主战场、维护稳定第一线、服务群众最前沿“墩苗”“淬火”，让他们加快成长、堪当大任。要加强人才引育工作，落实落细人才政策，精准对接产业发展、企业所需，补齐高端人才短板。

（五）正风肃纪反腐要再抓严。坚决扛牢抓实全面从严治党主体责任，把“严”的主基调长期坚持下去。扎实开展好“纪教月”活动，深化党章党规党纪教育，筑牢党员干部拒腐防变思想防线。严格落实中央八项规定及其实施细则精神，驰而不息改进作风。坚定不移推进反腐败斗争，重拳狠治侵害群众利益的“微腐败”，一体推进“三不”机制建设。深化政治巡察，加强对“一把手”和领导班子的监督，继续抓好省委巡视反馈意见整改落实工作。坚持严管与厚爱相统一，把“三个区分开来”落到实处，激发党员干部干事创业的热情和劲头，营造风清气正的政治生态。

同志们，一切伟大成就都是接续奋斗的结果，一切伟大事业都需要在继往开来中推进。让我们更加紧密地团结在以习近平同志为核心的党中央周围，在省委、梅州市委的坚强领导下，同心同向齐发力、苦干实干加油干，为加快构建“一城一廊一带”发展格局，建设“工贸新城·智慧兴宁”，为梅州苏区振兴发展实现步步高、为广东“走在全国前列、创造新的辉煌”作出兴宁新的更大贡献！

在中国共产党兴宁市第十四次代表大会上的报告

（2021 年 10 月 26 日）

兴宁市委书记 宋才华

中国共产党兴宁市第十四次代表大会，是在“两个一百年”奋斗目标历史交汇期，在兴宁全面进入“十四五”发展关键时期，召开的一次十分重要的会议。大会的主要任务是：高举习近平新时代中国特色社会主义思想伟大旗帜，深入贯彻落实习近平总书记“七一”重要讲话和对广东系列重要讲话重要指示批示精神，回顾总结我市第十三次党代会以来的发展成就，展望兴宁发展的光明前景，选举产生中国共产党兴宁市第十四届委员会和纪律检查委员会，动员全市各级党组织和广大党员干部，牢记嘱托、感恩奋进，走好生态优先、绿色发展之路，全面开启兴宁现代化建设新征程。

一、回顾总结过去五年的工作

五年风雨担使命，五年征程砺初心。市第十三次党代会以来，面对经济下行压力加大的严峻形势，面对转型升级带来的剧烈阵痛，面对新冠肺炎疫情造成的空前冲击，市委始终坚持以习近平新时代中国特色社会主义思想为指导，坚决贯彻党的十九大和十九届二中、三中、四中、五中全会精神以及习近平总书记对广东系列重要讲话重要指示批示精神，认真落实省委“1+1+9”工作部署和梅州市委“123456”思路举措，团结带领全市广大党员干部群众，直面大战大考、锐意攻坚克难，“一城一廊一带”发展格局渐次成形，“工贸新城·智慧兴宁”迈出坚实步伐，与全国人民一道步入了全面小康社会，实现“十三五”规划圆满收官，“十四五”规划顺利开局，为开启全面建设社会主义现代化新征程奠定了坚实基础。

——五年来，我们坚持党要管党、从严治党，党的建设更有成效。始终坚持把党的政治建设摆在首位，旗帜鲜明讲政治，严格执行省委坚决落实“两个维护”十项制度机制，良好政治生态和干事创业环境不断巩固。政治立场更加坚定。始终坚持第一议题学习习近平总书记重要讲话和重要指示批示精神，扎实开展“两学一做”学习教育、“不忘初心、牢记使命”主题教育、党史学习教育，持续开展“大学习、深调研、真落实”活动，推动习近平新时代中国特色社会主义思想在兴宁深入人心、落地生根。全市党员干部“四个意识”更加牢固、“四个自信”更加坚定、“两个维护”更加自觉。政治生态更加清朗。坚决全面彻底肃清李嘉、万庆良恶劣影响，牢记“五个必须”，杜绝“七个有之”，政治生态得到全面净化和修复。持之以恒纠“四风”树新风，持续整治群众身边腐败和作风问题，立案1395件1395人、党纪政务处分1253人；省委巡视反馈意见整改工作高质量落实，政法队伍教育整顿取得阶段性显著成效，市委巡察实现全覆盖。高质量推动融媒体中心建设，意识形态领域安全平稳。基层堡垒更加牢固。全面完成党的基层组织建设三年行动计划，大力实施基层党组织“头雁工程”，市委党校新建教学楼、市党史教育馆建成使用，镇(街)党校和村（社区）党群服务中心实现全覆盖，城市基层党建示范市建设全面深化，打造各领域市级党建示范点47个，龙田镇党委获评广东省先进基层党组织。坚持正确选人用人导向，镇村两级换届圆满完成，高素质专业化干部队伍建设持续加强。

——五年来，我们坚持发展为要、产业为先，发展势头更显强劲。始终坚持发展第一要务不动摇，把握机遇、乘势而上，着力抓产业、兴产业，经济转型迈出坚实步伐，全市经济发展质量和效益得到全面提升。全市地区生产总值从2016年的156.25亿元增加到2020年的179.17亿元，累计增长14.7%；实现公共财政预算收入53.18亿元、社会消费品零售总额475.43亿元，年均分别增长0.7%、6.9%。园区发展动能加强。标准厂房首期、污水处理厂、安置区、“六横六纵”市政道路等建成使用，累计实现园区工业总产值140亿元、规上工业增加值37.53亿元、税收8.13亿元，园区承载能力不断增强、集聚效应不断提升。传统产业优化升级。坚持以供给侧结构性改革为主线，大力推动装备制造、特色食品、轻工纺织业等传统产业优化升级，全市规上企业76家，产值亿元以上企业14家，其中5亿元以上企业2家。新兴产业蓬勃发展。全面推动产业转型和结构优化调整，大力发展电子信息、互联网、新能源等新兴产业，出台加快互联网产业发展措施，高水平承办两届梅州互联网大会，互联网产业园建设扎实推进，省农业科技园区申报成功，国家级电子商务进农村综合示范项目取得明显成效，全市专利授权数累计2001件、高新技术企业达到25家、科技型中小企业达到37家。项目争引硕果累累。抢抓老区苏区发展机遇，谋划实施储备项目680个、投资总额2762亿元；

争取中央预算内投资、地方专项债券等资金项目26个、20.03亿元。累计招商引资项目104个、投资总额476.4亿元，其中亿元以上项目75个，进一步筑牢了高质量发展的基础。

——五年来，我们坚持深化改革、创新引领，改革开放更具活力。始终坚持以改革破难题、以创新强支撑、以开放激活力，最大限度激发全社会创新创业动力。对外开放持续拓展。制定出台全面支持、服务融入“双区”“双城”行动方案，加快建设梅龙高铁、河惠莞高速麻布岗出口至罗浮连接线公路等工程，全情服务梅州综保区、无水港和跨境电商综试区建设，广梅园小学投入使用。全面落实“三进一出”工程，累计完成外贸进出口总值4.91亿美元、实际利用外资1163.55万美元。深化改革持续推进。党政机构、乡镇（街道）体制改革全面完成，农村集体产权制度、“放管服”改革、“无费市”创建工作稳步推进。“数字政府”建设持续优化，行政审批事项申请材料精简37.47%，承诺办理时限提速62.64%。创新活力持续增强。深入实施高新技术企业树标提质行动，国有“僵尸企业”全面出清，成立梅州市首个电商网红创业孵化基地，在全省首创启动客货“三级物流”配送体系建设，入选省数字乡村发展试点名单，被推介为全国农村创业创新典型县，成功创建国家中小企业公共服务示范平台、国家备案众创空间，实现梅州地区国家级科技企业孵化器“零”的突破。累计完成技改投资11.02亿元，实施省级科技计划项目22项。农旅融合持续发展。大力发展现代农业、大健康产业和文旅体育产业，全面启动广东省全域旅游示范区创建，成功举办两届花灯文化旅游节，“兴宁古驿道客家人文自然风光线路”获评省级乡村旅游精品线路，熙和湾评为国家AAAA级景区，全市累计接待旅游总人数2173.6万人次、旅游总收入173.48亿元。成功举办两届农民丰收节，组织企业参加省农博会、天河帮扶展销会等农业展会，为大湾区提供更多的优质生态产品和服务。

——五年来，我们坚持生态优先、绿色发展，城乡建设更富质感。始终坚持“绿水青山就是金山银山”理念，以城带乡、协调并进，推动城乡面貌日新月异，生态底色日益靓丽。城市建设全面提质。加快南部新城建设，主城区建成区面积扩大到28.51平方公里，城镇化率提升至41.47%。新建兴宁大道、北环大道、锦绣大桥，完成省道225线火车站至水口段一级拓宽，“一江两岸”河堤公路加快建设，获评“四好农村路”省级示范县；福兴和宁新安置区、齐昌三所学校、锦绣学校、宁江公园（一期）、第二自来水厂扩建及管网配套等民生工程建成使用，图书档案馆、老旧小区改造全面推进，4G网络覆盖率、光纤通达率达100%。乡村振兴全面推进。全面完成5193亩历史承诺垦造水田任务，高标准农田建设和撂荒土地复耕复种工作扎实推进。农村人居环境全面提升，龙田合水“两镇八村”、新陂叶塘“两镇五村”、石马“六村联动”成为网红打卡点，“三清三拆三整治”、农村危房改造、农村公厕建设任务全面完成，实现村村通客车、行政村供水全覆盖，90%以上村庄达到干净整洁村标准。农业产业竞争力全面提升，打响丝苗米、兴宁鸽品牌，“19香”丝苗米创世界纪录，丝苗米省级现代农业产业园基本建成，兴宁肉鸽产业园建成投产并入选2021年首批省级特色产业现代农业产业园，“兴宁鸽”入选全国名特优新农产品名录，“兴宁茶油”获批国家地理标志证明商标。生态环境全面向好。全面落实“河长制”“林长制”，市静脉产业园、市污水处理厂提标扩容工程、16座镇级污水处理厂、77座村级污水处理站及配套管网设施建成使用。启动县级国家森林城市建设工作，全市森林覆盖率67.14%、林地绿化率99.06%，集中式饮用水水源地水质达标率100%，蓝天、碧水、净土三大保卫战取得新成效。

——五年来，我们坚持以人为本、共建共享，民生福祉更为殷实。始终坚持把增进民生福祉作为工作标尺，每年将80%以上财政支出投向民生领域，人民群众获得感、幸福感、安全感不断提升。脱贫攻坚全面胜利。全市贫困人口11109户、27529人全部脱贫，58个省定贫困村全部摘帽。挂牌成立市乡村振兴局，驻镇帮镇扶村工作全面进驻对接。社会事业持续改善。累计投入10多亿元新建、改扩建中小学（幼儿园）18间，新增优质学位2.8万多个，全面完成镇（街）20所中心幼儿园独立建制，城区初中“大班额”问题全面解决，成功创建省推进教育现代化先进市；市技工学校升格为高级技工学校。全国基层中医药工作先进单位、省（市）卫生镇村创建扎实推进，全面完成卫生“两基”示范镇创建，新建和改造村卫生站429个，新建市人民医院项目加快建设，市第五人民医院、市第三人民医院改扩建项目等投入使用，成功创建省卫生城市，获评2018—2020年全国计划生育优质服务先进单位。累计建成足球场地291块，校园足球蓬勃发展。文明新风深入人心。国家卫生城市、省县级文明城市创建工作全力推进，镇级综合文化站、村级综合性文化服务中心实现全覆盖，“一村一文化活动中心”项目入选全省首批“广东省公共文化服务体系示范项目”。兴宁竹板歌入选国家级非遗名录。加大对罗屏汉、刘光夏、邓逸凡等名人故居保护修复及活化利用，国家重大革命历史题材电影《生死坚守》成功上映并获良好反响。基础保障扩面提质。织密扎牢民生兜底保障，困难群体救助水平和城乡低保、城乡特困人员基本生活保障标准逐年提高，城乡居民基本养老保险、基本医疗保险实现全覆盖。累计筹资13.14亿元解决机关事业单位养老保险基金补充、“僵尸企业”出清补偿等历史遗留问题。“粤菜师傅”“广东技工”“南粤家政”三项工程深入推进，带动新增城镇就业18123人，城镇失业率常年控制在3.5%以内，城乡就业形势持续向好。

——五年来，我们坚持夯实基础、筑牢防线，安全基石更加牢固。始终坚持系统观念，统筹发展和安全两件大事。疫情防控有力有效。坚持人民至上、生命至上，压实“四方责任”，强化全链条、闭环式管理，大力推进疫苗接种，疫情防控工作取得阶段性成果。法治建设纵深推进。深化司法执法体制改革，“一村（社区）一法律顾问”实现全覆盖，505个村级法治文化广场建成使用，495个村创建为“省级民主法治村（社区）”，成立全省首个县级社区矫正中心，获评全国信访工作“三无县”，径南陂蓬村建成全国首个“智慧村居法律服务公共平台”，新圩石崖村、龙田凉伞村获评国家级“民主法治示范村（社区）”。社会大局持续稳定。全面落实维护国家安全主体责任，政治安全屏障持续筑牢。打击电信网络诈骗、禁毒等取得显著成果，扫黑除恶专项斗争圆满收官，成功打掉3个黑社会性质组织团伙、6个恶势力犯罪集团、60个涉恶团伙。严格落实安全生产责任制，扎实开展非煤矿山、道路交通等重点行业重点领域专项整治，市公安局获评全省唯一县级城市道路交通管理示范点。多措并举防范化解政府隐性债务，全市债务风险总体安全可控。

——五年来，我们坚持总揽全局、协调各方，民主政治更加完善。始终坚持党的全面领导，定期听取市人大常委会、市政府、市政协、市法院、市检察院党组工作汇报，扎实开展党委（党组）书记落实管党治党主体责任述职评议考核，党建工作主体责任进一步压紧压实。支持人大、政协依法依章程履职，人大监督有效加强、政协提案成果转化率大幅提升。多党合作、民族宗教、民营经济等各领域统战工作创新推进。爱国统一战线持续巩固壮大，工会、共青团、妇联、工商联等群团组织作用进一步发挥，老干部、关心下一代、党校、档案、机要、保密等工作卓有成效。党管武装、国防教育取得新进展，退役军人服务站实现镇村全覆盖，连续八届获评省“双拥模范城”。

回顾过去五年，我们的奋斗历程波澜壮阔。这是习近平新时代中国特色社会主义思想光辉指引和习近平总书记对老区苏区人民如山似海般深情大爱的结果；是党中央和省委、梅州市委高瞻远瞩、坚强领导的结果；是兴宁历届班子接续发力、赓续奋斗的结果，是全市各级党组织和广大党员干部群众风雨同舟、团结拼搏的结果；是广州天河对口帮扶、倾情相助的结果，是兴宁外出乡贤和社会各界鼎力支持、共襄盛举的结果，更凝结着各位代表和同志们的智慧和汗水。在此，我代表十三届市委，向所有为兴宁经济社会高质量发展付出艰辛努力、作出重要贡献的同志们、朋友们，表示衷心感谢，并致以崇高敬意！

回顾过去五年，积累的经验弥足珍贵。我们深刻体会到：只有坚持党的领导，在思想上政治上行动上同以习近平同志为核心的党中央保持高度一致，才能始终做到破浪前进、行稳致远；只有坚持人民至上，把群众对美好生活的向往作为奋斗目标，才能始终做到汇聚合力、同向同行；只有坚持解放思想，把握新发展阶段、贯彻新发展理念、融入新发展格局，才能始终做到破解瓶颈、跨越赶超；只有坚持改革创新，打破利益藩篱、优化营商环境，才能始终做到激发活力、抢占先机；只有坚持初心使命，传承红色基因、赓续红色血脉，才能始终做到充满力量、攻坚克难。回顾过去五年，存在的问题不容忽视。我们必须清醒地看到，兴宁的发展还面临着一些问题：经济总量不大、结构不优、质量不高现状仍未得到根本转变，财政负担仍然较重；工业园区基础设施、功能配套有待进一步完善；重点领域关键环节改革任务还很艰巨，服务效能、文明素养还有待进一步提高；生态环境治理任务依旧繁重，以城带乡、城乡统筹还需进一步加大力度；干部担当作风仍有待加强等。对此，我们必须高度重视，切实加以解决。

二、今后五年的指导思想和奋斗目标

习近平总书记“七一”重要讲话，发出了向第二个百年奋斗目标迈进的动员令。今后五年，是兴宁全面振兴发展的重要历史窗口期、战略机遇期。在新的赶考路上，我们要深入贯彻“新思想”、主动适应“新形势”、奋力担当“新使命”，在把握大局大势中开创新局。

随着粤港澳大湾区的虹吸效应日益增强、梅州市内兄弟县区的加快发展，我们面临“不进则退，慢进亦退”的形势越发严峻。机遇和挑战都是不断变化的，但我们面临的机遇仍大于挑战，将迎来大有可为的四大发展机遇：一是国家加快构建“双循环”新发展格局、加快推进共同富裕和“双区”“两个合作区”建设战略部署纵深推进，省委构建“一核一带一区”区域发展格局、梅州打造“五星争辉”市域发展格局，为我市加快开放发展带来重大机遇。二是国家推动碳达峰、碳中和部署，新一轮科技革命和产业变革深入发展，梅州市一体推进创新驱动发展和构建“5311”绿色产业体系工作部署，为我市加快产业转型发展带来重大机遇。三是国家全面推进乡村振兴，大力支持革命老区全面振兴发展，我市集老区苏区、北部生态发展区、省际边界地区“三区叠加”于一身，为加快基础设施建设、保障和改善民生带来重大机遇。四是经过“十三五”发展，我市交通区位优势日益凸显，即将进入高铁时代，经济实力不断增强，社会环境和谐稳定，园区内生动力初步形成，南部新城彰显生机，我们在风险考验和发展历练中积累了丰富经验，全市广大干群精神振奋、干劲十足，由量变到质变的势能正加快形成，为我市加快全面振兴发展带来重大机遇。发展时不我待、机遇稍纵即逝。我们必须本着对历史负责、对人民负责的态度，抢抓机遇、乘势而上、奋发有为，用发展统一思想，用发展凝聚力量，用发展破解难题，在现代化建设新征程中全力跑出兴宁高质量发展的加速度，努力干出无愧于时代、无愧于人民、无愧于历史的业绩！

今后五年，全市工作的指导思想和总体要求是：高举中国特色社会主义伟大旗帜，坚持以习近平新时代中国特色社会主义思想为指导，全面贯彻落实党的十九大和十九届二中、三中、四中、五中全会精神，深入贯彻落实习近平总书记“七一”重要讲话和对广东系列重要讲话重要指示批示精神，统筹推进“五位一体”总体布局，协调推进“四个全面”战略布局，把握新发展阶段、贯彻新发展理念、融入新发展格局，以推动高质量发展为主题，以改革创新为动力，以满足人民日益增长的美好生活需要为根本目的，认真落实省委“1+1+9”工作部署和梅州市委“123456”思路举措，紧紧围绕打造“一城一廊一带”发展格局、建设“工贸新城·智慧兴宁”，坚持生态优先、绿色发展，赓续前行、奋勇攻坚，全力当好梅州生态发展主力军，奋力谱写兴宁现代化建设新篇章。

按照这一总体要求，综合考虑当前的发展基础和发展形势，接下来五年我们的主要工作思路是“112345”，即贯穿“一条主线”，坚持“一个融入”，打造“两张名片”，守住“三大底线”，强化“四大赋能”，实现“五大提升”。

贯穿“一条主线”就是要把贯彻落实习近平新时代中国特色社会主义思想，特别是把学习贯彻习近平总书记对广东系列重要讲话重要指示批示精神，贯穿到全市今后五年各项工作始终，推动党中央决策部署和省委、梅州市委工作要求在兴宁落到实处。

坚持“一个融入”就是要抓住用好“双区”“双城”“两个合作区”和省际边界区建设的重大机遇，积极拥抱“高铁”时代，加强规划对接、产业对接、政策对接，争取省和广州天河区更多支持，推动兴宁苏区加快振兴发展。

打造“两张名片”就是要打造兴宁苏区红色名片、文化生态名片。深入挖掘利用原中央苏区的政策红利，积极争引项目资金加快发展。保护利用好兴宁丰富的客家文化资源、红色文化资源，打造教育强市、文化强市、旅游强市。

守住“三大底线”就是要守住生态保护底线，保护好绿色家园。守住安全发展底线，努力实现更高质量、更有效率、更为安全的发展。守住民生保障底线，持续富裕兴宁人民、幸福兴宁人民。

强化“四大赋能”：就是要强化“数字赋能”“改革赋能”“强基赋能”“城市赋能”。

“数字赋能”就是瞄准新兴产业发展方向，积极承接粤港澳大湾区战略性产业梯度转移和科技成果落地，共建互联网与数字经济产业，利用互联网带动我市工业、农业、旅游、康养、文创等产业融合创新发展。

“改革赋能”就是持之以恒将改革进行到底，充分借鉴“双区”“双城”先进改革经验，持续放大改革红利和政策红利，助力推进经济社会高质量发展。

“强基赋能”就是顺应“双循环”发展大势，积极谋划推进现代化交通、通信、能源、水利、环保等基础设施建设，谋划打造省际廊道示范带，不断改善和夯实发展条件，为兴宁全面振兴聚势赋能。

“城市赋能”就是坚持以城带乡，文明共建共享，大力发展工业经济、城市经济、乡村经济，狠抓城乡环境改善、文明素质提升、内需消费激发，深入推进健康森林、美丽湿地、绿色村庄等建设。

实现“五大提升”就是要聚焦高质量发展主题，持续发力，久久为功，实现经济质量、城乡融合、生态建设、社会文明、社会治理五大提升：经济质量大提升。经济发展质量和效益稳步提高，经济发展速度高于梅州市平均水平。全市生产总值年均增长 6.5% 以上，人均主要经济指标与全国、全省平均水平的差距明显缩小。“工贸新城”建设取得新进展，到 2025 年三次产业结构调整为 20 ∶ 25 ∶ 55。“智慧兴宁”建设取得新成效，科技创新对经济社会发展的引领和支撑作用明显提升。

城乡融合大提升。建设大交通、促进大发展、提升大融合，全面融入珠三角 1.5 小时交通圈，外联内畅的综合交通运输体系基本形成。中心城区进一步提质扩容，全市常住人口城镇化率提高到 46.47% 以上。城乡融合发展体制基本建立，乡村振兴全面推进，乡村建设行动取得明显成效，农村基层基础不断强化，美丽乡村和特色小镇精彩纷呈，乡村面貌发生显著变化。

生态建设大提升。人与自然和谐共生理念成为普遍实践，城乡环保基础设施逐步完善，城市污水处理率达到 100%。绿色生产方式和生活方式加快形成，森林覆盖率进一步提高，耕地保有量保持稳定，空气、水体、土壤等环境质量主要指标处于全省前列。

社会文明大提升。传承兴宁文脉，社会主义核心价值观深入人心，人民群众思想道德素质、科学文化素质和身心健康素质明显提高，机关作风和服务效能明显提升，人民群众精神文化生活日益丰富，客家文化荣誉感、认同感、归属感不断提高。

社会治理大提升。党内法规得到严格遵守，政府职能进一步转变，司法公信力明显提高，平安兴宁、法治兴宁建设水平全面提升。市域社会治理现代化加快推进，应急管理体系和能力更加完善，发展安全保障更加有力。

三、今后五年的主要工作

蓝图催人奋进，实干铸就未来。我们必须完整、准确、全面贯彻新发展理念，努力走出一条彰显兴宁特色的现代化发展之路，切实把习近平总书记对老区苏区的关心关怀转化为推动兴宁振兴发展步步高的生动实践。未来五年，我们要围绕“112345”工作思路，知责于心、担责于身、履责于行，坚定不移实施好“八大工程”，奋力在新征程中创造新辉煌。

（一）坚定不移实施产业提升工程，建设更高水平的现代产业体系。坚持把发展经济着力点放在实体经济上，加快构建“1331”工业发展新体系，力争至2025年规上工业增加值达到40亿元，年产值50亿元以上产业1个、年产值30亿元以上产业2个。

着力建强工业振兴主平台。紧紧抓住广州天河（兴宁）产业转移工业园这一关键，拓展发展空间，提升发展能级，打造兴宁城市副中心。强基础，积极融入梅州高新区“一区多园”建设，推进省际边界发展起步区建设，强化道路、网络、能源和给排水等综合保障，加快智慧园区建设，持续提升园区承载力。强联动，突出产城融合，建好园区公共服务配套，充分发挥兴宁城镇人口近50万的优势，全力打通城区北部人口集聚区与园区的快速通道，开通加密以园区为枢纽的城郊公交线路，让城区劳动力优势转化为园区发展的强大红利。强引领，加快总投资13.26亿元的园区整体城镇化建设项目（标准厂房），招商选资更多工业项目向标准厂房集中，做活做旺“微园区”，以标准厂房“一子动”带动园区“满盘兴”。强集聚，围绕现有园区电子信息、现代轻工纺织、生态特色食品等产业片区，大力实施强链补链行动，加快推进苏区产业园电子信息制造业基地建设，做大做强产业集群。主动对接广梅园、综保区、无水港，打造梅兴华丰产业集聚带重要工业基地。力争到2025年，园区工业总产值达100亿元以上，全市工业增加值50%在园区产生，实现园区税收超5亿元。

着力提升产业企业竞争力。牢牢抓住企业这个主体，围绕做强装备制造一个主导产业，做优生态特色食品、现代轻工纺织、生物医药与健康三大特色产业，培育发展新一代电子信息、新材料、新能源三大新兴产业，持之以恒在抓增资、引企业、优服务上用心用力。实施本地企业“原地倍增”计划，推动赐裕鞋业、跃速生产基地等工业项目加快建设，鼓励立讯精密、拓展盈辉等企业扩大再生产，引导富农生物等企业积极上市发展，加快培育一批专精特新企业。增强链式招商思维，引进一批投资强度大、带动能力强、科技含量高的产业项目和优质企业。发挥轻骑服务队作用，健全从项目签约到开工、建设、投产全过程的“一站式”“保姆式”服务机制，全力推动实现“当年签约、当年动工、当年投产、当年上规”。

着力打造创新发展新高地。深入实施创新驱动发展战略，促进各类创新要素向企业集聚，推动企业智能化改造和数字化转型，支持企业建设产学研协同创新平台。坚持党管人才，深入实施人才强市战略，强化人才引育体系建设，鼓励引导更多兴宁在外大学生回乡创业就业。高标准构建互联网产业平台，加快互联网产业园建设，承办好梅州互联网大会，大力发展“互联网＋”产业新业态，推动打造粤东北地区互联网产业发展高地和数字经济创新示范区。

（二）坚定不移实施融入湾区工程，打造更具活力的开放发展环境。我们要全力支持，全情融入，主动接受“双区”“双城”“两个合作区”的辐射带动，加快形成更高更优开放发展环境。持续抓好深化改革。建立完善服务融入“双区”的体制机制，着力推动制度创新，促进人员、货物等各类要素高效便捷流动。加快营商环境“接轨”，深入实施“放管服”、数字政府等改革，优质高效服务各类市场主体投资兴业。构建“亲”“清”新型政商关系，大力营造尊重企业家、崇尚企业家、爱护企业家、支持企业家的浓厚氛围，推动兴宁服务、天天进步。

持续推动互联互通。深入对接国务院和省支持革命老区振兴发展政策，加大现代交通、水利、环保等基础设施项目争引力度，全力推进“十四五”310项总投资1348.5亿元的重大项目建设。保障梅龙高铁2024年建成通车，加快推动高铁南站站场和高铁干线路网及站前综合广场建设。谋划建设汕昆高速畲江至兴宁段北延线高速公路、加快推进河惠莞高速公路麻布岗互通出口至罗浮连接线公路建设，推动省道S226线罗浮至新陂公路以及龙田至石马公路改建等项目尽快落地；扎实推进一江两岸河堤公路建设，力争到2025年实现旅游公路乡镇全覆盖。加快5G、工业互联网、大数据中心等新型基础设施建设。深化广州天河与兴宁对口帮扶，全面加强两地在消费扶贫、公共服务、民生供给等领域的合作。主动承接“双区”先进制造业转移，主动对接梅州跨境电商综试区，积极组织企业参加“广交会”“进博会”，持续推动“三进一出”。

持续发展康旅服务。全力推动全域旅游创建，加强旅游服务设施建设，持续办好花灯文化旅游节，着力打造“一园三组团多线路”旅游产业布局。“一园”，即提升打造神光山国家森林公园，加快市全域旅游游客服务中心和旅游大数据中心建设，将“一园”建设成为全市全域旅游的主核心。“三组团”，即重点打造三个特色旅游组团。东部以广东明珠养生山城为重点，融合径南东升村、云山谷等，打造生态康养旅游组团；中部以熙和湾客乡文化旅游产业园为核心，融合客家民俗文化、特色饮食文化等，打造文化休闲旅游组团；北部以玖崇湖温泉度假小镇为带动，串联新陂叶塘“两镇五村”示范区、大坪红色文化旅游特色小镇、石马人文生态旅游特色小镇等，打造乡村度假旅游组团。“多线路”，即打造一批南北呼应的红色精品旅游线路、乡村特色旅游线路、生态文化精品线路、特色饮食体验线路，形成各美其美、美美与共的全域特色旅游目的地。

（三）坚定不移实施城市提质工程，建设更高品质的梅州副中心城市。将城市发展的重心落在提升城市品质上，坚持不懈做美城市形象、做好城市配套、做强城市经济，增强中心城区的吸引力、承载力和带动力，打造更加宜居宜业宜游的兴宁。

加快提升城市形象气质。强化规划刚性约束，合理布局生产、生活、生态空间，实行建筑风貌和容积率挂钩管理，提升建筑美感和城市品位。统筹国土空间资源，强化政府对土地资源的调控管理，实现城市发展的社会效益、经济效益、生态效益相统一。深入挖掘兴宁老街、古城墙、两海会馆等历史文化建筑，在有效保护中适度开发，构筑鲜明城市符号，打造古香古色古韵的气质兴城。

加快补齐城市功能短板。树立经营城市理念，大力推进南部新城建设，推动房地产市场平稳健康发展，不断提高群众居住的舒适度、便利度和安全性。持续完善城市交通，推动城市道路、运输系统、智慧出行等软硬件建设与高铁综合客运枢纽紧密衔接。持续完善城市配套，加快城乡一体化水资源配置石壁水库增效扩容改造工程建设、管网配套设施、“四馆一场”、地下综合管廊、老旧小区改造等项目建设，实施城市内涝整治项目。加快智慧城市建设，构建“大城管”工作格局，全面提升城市“绿化、亮化、美化、净化”水平，让城市更智慧、更规范、更顺畅。

加快推进全域文明创建。紧紧围绕“三年内成功创建省县级文明城市”目标，以志在必得的决心、创建团队的专心、久久为功的恒心、创建过程的开心，全力抓好“省县级文明城市”“国家卫生城市”创建工作。全力推动文明村镇、文明单位、文明家庭、文明校园创建，抓实环境改善、基础建设、素质提升，抓常理想信念教育、思想道德建设、文明风尚培育，持续推进城市生活垃圾分类工作，激发全民共创、积极参与的热情，打造向上向善向美的文明兴城。

加快繁荣城市产业经济。强化消费带动，提升教育、医疗、养老、金融等服务供给质量，打造一批叫得响的特色街区商圈。强化服务业带动，全力推动研发设计、电子商务、金融保险、现代物流等向专业化延伸，医养、旅游、餐饮等向高品质升级。强化城市旅游消费集聚力，大力发展夜间经济和假日经济，建设城市旅游街区和消费集聚区，打造活力产业兴城。

加快圩镇纽带节点建设。充分发挥圩镇联结城乡作用，重点推进坭陂、水口、罗浮中心镇建设，加强圩镇道路、生活垃圾和污水处理、环境绿化等建设，提升镇区教育、医疗等公共服务水平，促进“以城带镇促村”一体发展。规划建设兴宁快递物流园区，全覆盖构建电子商务进农村物流网，擦亮兴宁电商品牌。

（四）坚定不移实施乡村振兴工程，建设生态宜居美丽新农村。坚持把乡村振兴战略作为新时代“三农”工作总抓手，深挖农业农村这个“富矿”，提振农村经济活力，开创乡村全面振兴新局面。

巩固脱贫攻坚成果。扎实开展驻镇帮镇扶村工作，健全防止返贫动态监测和帮扶机制，推动产业扶贫向特色产业提质增效转变。推进“万企兴万村”行动，动员乡贤企业家和工商资本参与乡村振兴。大力发展壮大村集体经济，鼓励农村集体经济以出租、合作、入股等方式，推动土地经营权向种养大户、合作社、农业企业等流转，促进农业适度规模经营，力争到2023年底基本实现全市村级集体经济收入达10万元以上。

建设美丽宜居乡村。将全域旅游理念和元素融入美丽乡村建设，实施农村人居环境整治提升五年行动，稳步推进环境美、田园美、村庄美、庭院美“四美”乡村建设，加快推进“四沿”示范带及省际边界线农房管控和风貌提升试点建设，建立“有制度、有标准、有队伍、有经费、有督查”的“五有”长效管护机制。推动乡村基础设施建设一体化发展，实现农村集中供水全覆盖。大力推进美丽乡村连片示范项目建设，每个镇（街）每年规划建设1至2个示范点，以点带面，连线成片，打造具有客家特色的兴宁版“富春山居图”。

培育壮大特色农业。大力实施品种改良、品质提升、品牌打造“三品”工程，发挥好丝苗米产业园、肉鸽产业园和酒文化产业园带动作用，深入推进“一村一品、一镇一业”项目建设，做大做强兴宁鸽、丝苗米、梅州柚、单丛茶、油茶等优势产业，大力推动牛大力、沉香、石斛、艾草等中药材种植加工。积极创建“兴宁单丛茶”国家地理标志，办好梅州（兴宁）鸽业全产业链大会暨“兴宁鸽”产业发展大会。大力推进撂荒耕地复耕复种、高标准农田建设，打造一批智慧农业应用示范基地。大力发展特色农产品精深加工，继续办好农特产品展销会，打造湾区“米袋子”“菜篮子”“果盘子”“茶罐子”“油瓶子”。力争到2025年，肉鸽产业产值达20亿元，丝苗米产值达14亿元，梅州柚产值达10亿元。

（五）坚定不移实施生态提升工程，建设更高颜值的美好家园。贯彻落实习近平生态文明思想，突出全地域生态建设、全系统生态保护、全要素价值实现，促进经济社会发展全面绿色转型，让兴宁大地青山常在、绿水长流、空气常新。

共同抓好大保护。严格国家重点生态功能区产业准入，构筑粤东北生态安全屏障。以创建“国家森林城市”为契机，全面推行林长制，高标准推进林业重点生态工程建设，加快实施国家储备林项目，稳定提升生态环境承载力。认真落实国家碳达峰、碳中和部署要求，狠抓能耗“双控”，因地制宜布局发展光伏发电和储能项目，加快能源结构调整优化，全面打造“天蓝、地绿、水清”的美丽家园。

协同推进大治理。深入打好污染防治攻坚战，抓好中央生态环保督察问题整改，从严执行畜禽养殖禁养区、限养区、适养区的规定。实施山水林田湖草沙一体化生态保护修复，重点抓好铁山嶂废弃矿区生态修复。强化扬尘、餐饮油烟、露天焚烧、烟花爆竹燃放等污染管控。全面落实河长制，发挥好市镇村三级污水处理设施作用，推进城镇生活污水管网全覆盖，加快实现全流域长治久清。加强饮用水水源地保护，强化宁江水质保护。加强土壤环境分类管理，有序开展土壤环境风险评估和治理修复。

积极构建大制度。坚持把制度约束作为最严厉的管控，严格落实领导干部自然资源资产离任审计、生态环境损害赔偿和责任终身追究等制度，健全完善全社会共同参与环境治理的责任体系。积极探索绿水青山转化为金山银山的有效路径，做好我市东江流域省内生态保护补偿试点工作，建立完善生态环境损害赔偿制度，积极对接全国市场推进排污权、用能权、用水权、碳排放权市场化交易，让良好生态为高质量发展赋能。

（六）坚定不移实施文化铸魂工程，建设更高质量的文化名城。苏区精神是我们最强的动力之源。我们要坚定文化自信，深入挖掘红色文化、客家文化，以文化人，凝心铸魂，让兴宁人民在多姿多彩的精神文化生活中共享幸福美好。

坚决抓牢意识形态。坚持党管意识形态不动摇，深入实施习近平新时代中国特色社会主义思想传播工程。严格落实意识形态工作责任制，牢牢把握正确舆论导向，加强对新闻媒体、社会文艺、互联网等重点领域意识形态建设的监督管理，深入开展“三好一正”工程。持续深入抓好“四史”教育，广泛开展兴宁苏区革命史宣传，传承弘扬伟大建党精神和苏区精神，将红色基因融入血脉。

大力营造文明新风。加强社会主义精神文明建设，深入践行社会主义核心价值观。弘扬文明乡风，发挥新时代文明实践所（站）作用，持续推进移风易俗，以乡风文明推动乡村和谐。培育良好家风，引导党员干部群众从党的百年奋斗史中汲取崇德治家、廉洁齐家、勤俭持家的精神养分。涵养淳朴民风，加强公民思想道德建设，大力弘扬社会公德、职业道德、家庭美德、个人品德，凝聚社会发展正能量。

持续繁荣文化生态。深入实施文化惠民工程，全面加强市融媒体中心等主流媒体建设，建强覆盖市、镇、村的公共文化基础设施，建立健全政府向社会力量购买公共文化服务机制。深入推进客家文化生态保护实验区建设，积极打造版画展示培训体验基地和十里版画长廊，用足用好罗屏汉等名人故居和十二肩岭古驿道等红色革命遗址，策划创作一批红色文艺作品，积极谋划打造“兴宁八景”“兴宁红八景”“兴宁文八景”，依托全市历史遗存、革命遗址以及客家民俗、美食等非物质文化实施一批文化产业项目，增强兴宁特色历史文化吸引力和影响力。开展全民健身活动，配合做好梅州“足球特区”创建工作，将兴宁打造成为有思念、有味道、有故事、有活力的向往之城。

（七）坚定不移实施民生保障工程，建设更高水准的幸福和谐兴宁。江山就是人民，人民就是江山。推动发展成果普惠共享，切实把群众的幸福感、获得感、安全感作为干部的成就感。

大力提升就业和社会保障水平。深入实施“粤菜师傅”“广东技工”“南粤家政”三项工程，促进更高质量和更加充分就业。千方百计拓宽居民劳动和财产性收入渠道，保持收入与经济同步增长，分阶段促进共同富裕。健全覆盖全民、统筹城乡、公平统一、可持续的多层次社会保障体系。全面落实社会救助、社会福利、慈善事业、优抚安置等制度，保障妇女、未成年人合法权益和残疾人基本权益，健全退役军人工作体系和保障制度。

努力办好人民满意教育。全面贯彻党的教育方针，统筹推进学前教育普及普惠、义务教育优质均衡、普通高中教育优质多样特色化发展。办好每个镇（街）1 至 2 所规范化幼儿园，谋划建设文峰片区学校，推动城镇学校扩容增位，切实解决“大班额”和便捷入学问题。全力推动市高级技工学校创建技师学院、梅卫职校创建广东省重点中职学校。发挥梅州市首家中小学生示范性综合实践基地作用，推动素质教育和思政教育守正创新。持续深化教育综合改革，严格落实义务教育阶段“双减”工作，建设高质量专业化教师队伍，全方位激活我市教育事业的生机和活力。

全力推进健康兴宁建设。加快优质医疗资源扩容和区域均衡布局，支持市人民医院创建“三甲”医院，推进新建市人民医院、市中医医院、市妇幼保健院项目建设；深化医药卫生体制改革，加快民营三甲医院建设，推进紧密型县域医共体建设，推动形成多元化办医格局，让人民群众享有公平可及的健康服务。传承创新发展好中医药事业，力争在 2022 年创建成为全国基层中医药工作先进单位。积极应对人口老龄化，认真落实三孩生育政策及其配套支持措施，大力发展普惠托育服务体系，加快构建居家社区机构相协调、医养康养相结合的养老服务体系，促进人口长期均衡发展。

（八）坚定不移实施安全发展工程，建设更高水平的平安稳定兴宁。认真贯彻总体国家安全观，把安全发展贯穿经济社会发展各领域和全过程，在法治轨道上持续推进治理体系和治理能力现代化，让人民群众享有更加稳定安宁的社会环境。

统筹抓好各类安全。始终把维护国家政治安全放在第一位，加强国家安全宣传教育，坚决制止非法宗教活动。突出抓好经济安全，积极防范化解地方政府债务风险，确保金融安全、稳健和规范运行。严格落实安全生产责任制，扎实推进安全生产专项整治三年行动计划，严防安全生产事故。加快完善应急管理体系，提高防灾减灾抗灾救灾能力。推动食品药品安全高水平治理。常态化开展扫黑除恶斗争，巩固提升政法队伍教育整顿成果，持续深化司法体制改革，严厉打击黄赌毒、黑拐骗、电信诈骗等违法犯罪，织密织牢社会安全网。

提升疫情防控能力。始终把人民生命安全和身体健康放在第一位，落实“四方”责任，推进常态化疫情防控各项措施不折不扣落到实处。推动疾病预防控制体系改革，建立完善稳定的公共卫生投入机制。健全重大疫情防控机制，强化突发公共卫生事件应急体系建设，提高应对突发公共卫生事件能力。

全面加强社会治理。坚持和发展新时代“枫桥经验”，落实梅州创建全国市域社会治理现代化试点城市建设工作，持续深化“两代表一委员”工作机制，动员和引导群众参与社会治理，打造社区治理共同体。健全矛盾纠纷排查调处三级网络联动机制，推动信访积案化解，促进更高效能的社会治理，实现平安共建、融合共治、成果共享。持续深化依法治市。推动法治兴宁、法治政府、法治社会一体建设，强化法治宣传，大力实施“八五”普法，增强全民法治观念，在全社会形成办事依法、遇事找法、解决问题用法、化解矛盾靠法的良好法治环境。强化公共法律服务，规范法律援助、“一村（社区）一法律顾问”制度，构建覆盖城乡、便捷高效、均等普惠的市镇村三级公共法律服务体系。

四、全面加强党的建设，为奋进新征程提供坚强的政治保证

奋进“十四五”，启航新征程，在实现第二个百年奋斗目标的新长征路上，全市各级党组织和广大党员干部要严格落实新时代党的建设总要求，大力弘扬伟大建党精神，践行初心、担当使命，推进全面从严治党向纵深发展，以高质量党建领航兴宁现代化建设。

（一）进一步树牢鲜明旗帜，让理想信念引领奋斗征程。把坚持党性原则、坚持正确政治方向摆在首位，深入学习贯彻习近平新时代中国特色社会主义思想和习近平总书记重要讲话重要指示批示精神，切实用习近平总书记思想统揽兴宁一切工作，以思想伟力贯穿全部实践。严格执行省委坚决落实“两个维护”十项制度机制，持续巩固全面彻底肃清李嘉、万庆良恶劣影响成果，不断增强“四个意识”、坚定“四个自信”、做到“两个维护”，牢记“国之大者”，不断提高政治判断力、政治领悟力、政治执行力。

（二）进一步建强干部队伍，让担当实干融入精神血脉。坚持党管干部原则，坚持正确选人用人导向，建立在重大任务、重大斗争一线立体察人、知事识人机制，统筹做好年轻干部、女干部、党外干部的培养和储备，常态化开展机关与基层干部交流，全方位提升“八大本领”“七大能力”，建设忠诚干净担当的高素质干部队伍。加大干部考核管理，让有为的人有位、让无为的人让位，做到干部能上能下。严格落实“三个区分开来”要求，为敢担当的干部担当，为敢负责的干部负责，为敢干事的干部撑腰，充分激发和保护干部队伍干事创业的积极性、创造性。

（三）进一步夯实基层基础，让战斗堡垒更加坚强有力。全面贯彻落实新时代党的组织路线，牢固树立大抓基层的鲜明导向，完善上下贯通、执行有力的组织体系。深入推进新一轮党的基层组织建设三年行动计划，统筹推进各领域党建工作，打造党味最浓、党旗最红、党的基础设施最完善、党的战斗力最强的基层党组织。抓好城市基层党建示范市建设，深化落实街道“大工委”、社区“大党委”工作机制，推动“双报到”“双服务”工作常态化有效开展。坚持党建引领基层治理，深入实施南粤党员先锋工程，充分发挥基层党组织战斗堡垒和党员先锋模范作用。

（四）进一步强化党风政风，让风清气正成为鲜明底色。把严的主基调长期坚持下去，坚定不移推进反腐败斗争，一体推进不敢腐、不能腐、不想腐。严格落实中央八项规定及其实施细则精神，驰而不息纠治“四风”。严格落实党风廉政建设责任制，抓好廉洁教育，以抓住“关键少数”来管住“绝大多数”。强化政治监督、日常监管，深化运用监督执纪“四种形态”，完善党内问责机制，对不敢担当、作风漂浮、推诿扯皮的坚决予以问责。全面贯彻巡视巡察方针，持续深化政治巡察，推进基层正风肃纪反腐常态化，坚决惩治基层“微腐败”，坚决破除群众办事“中梗阻”，营造风清气正的政治生态。

（五）进一步深化同心同向，让苏区振兴成为共进目标。充分发挥市委总揽全局、协调各方作用，集中精力把方向、管大局、作决策、保落实。落实党领导人大、政府、政协、纪委监委、法院、检察院等制度，切实把党的领导贯穿所有机构履行职责全过程，推动各方面协调行动。加强和创新党的统战工作，支持民主党派、工商联、无党派人士积极发挥作用，认真做好民族宗教、外事侨务、港澳和对台工作，积极构建大统战工作格局。加强总工会、共青团、妇联等群团组织建设，发挥教育引导联系服务群众的重要作用。坚持党管武装，巩固和发展军政军民团结的大好局面。

各位代表、同志们，伟大的时代赋予我们光荣使命，崇高的事业召唤我们开拓奋进。站在新的历史起点上，兴宁现代化建设的壮丽画卷已经徐徐展开，让我们更加紧密地团结在以习近平同志为核心的党中央周围，高举习近平新时代中国特色社会主义思想伟大旗帜，不忘初心、牢记使命，乘势而上、砥砺前行，为奋力谱写兴宁现代化建设新篇章而努力奋斗！

在市委十四届二次全会上的报告

（2022 年 1 月 19 日）

兴宁市委书记 宋才华

一、2021 年工作回顾

2021 年是党和国家历史上具有里程碑意义的一年。一年来，市委深入学习贯彻习近平新时代中国特色社会主义思想和习近平总书记对广东重要讲话、重要指示批示精神，按照省委“1+1+9”工作部署和梅州市委工作安排，感恩奋进、破难攻坚，同全国人民一道步入了全面小康社会，顺利开启全面建设社会主义现代化国家新征程，实现“十四五”良好开局。主要工作成效体现在六个方面。

（一）发展思路更加明晰。市委科学谋划“十四五”经济社会发展，为兴宁实现第二个百年奋斗目标如何开局起步，作出了行动规划。召开市第十四次党代会，选出了新一届市委，明确了今后五年“传承红色基因，奋进生态之路，全面开启兴宁现代化建设新征程”的目标任务。坚定落实梅州市第八次党代会部署，全市党员干部狠抓发展第一要务的意识牢固树立，全面激发内生动力的信念更加坚定，干字当头真抓实干的勇气充分激发，兴宁苏区发展的历史方位更加清晰，发展的战略定位更加精准，发展的目标指向更加明确。

（二）经济发展稳中提质。坚定不移贯彻新发展理念，统筹抓好疫情防控和经济社会发展，预计全年实现地区生产总值 192.4 亿元、比增 5.9%，社会消费品零售总额 105.28 亿元、比增 3.9%，固定资产投资 87.1 亿元、比增 3%，一般公共预算收入 10.65 亿元、比增 3%。全年累计新增减税降费 1.02 亿元。产业发展提质增效，总投资 112.5 亿元的 45 个项目集中签约动工竣工和总投资 17.62 亿元的 11 个工业项目集中签约，新签约合同项目 17 个，计划投资总额 107.52 亿元。全年完成规上工业总产值 71.43 亿元、比增 32.7%，预计完成规上工业增加值 17.8 亿元、比增 25%。园区承载力不断提升，标准厂房首期、二期建成使用，实现园区工业总产值 38 亿元、比增 31.11%，税收 1.56 亿元、比增 47.45%。金雁电工产值达 11 亿元，成为首家产值超 10 亿元的工业企业。重点项目建设扎实推进，全年争取资金项目 17 个、16.3 亿元。商贸文旅加快发展，互联网产业园加快建设，国家级电子商务进农村综合示范项目完成建设，广东省全域旅游示范区创建工作全面启动。

（三）乡村振兴扎实推进。巩固拓展脱贫攻

坚成果同乡村振兴有效衔接有序推进，20个驻镇帮镇扶村工作队全部进驻。大力推进复耕复种工作，全面完成历史承诺垦造水田任务，粮食生产稳中有进。率先在全省出台扶持肉鸽产业发展若干措施，兴宁肉鸽产业园建成投产并入选省级特色产业现代农业产业园，“兴宁单丛茶”获国家地理标志证明商标，农业科技园区入选省农业科技园区建设名单，兴宁香米、兴宁鸽入选省特色农产品优势区。建成石马镇“六村联动”乡村振兴连片示范区，径南镇“十村联动”乡村振兴连片示范项目、罗屏汉红色教育基地扎实推进；100%村庄达到干净整洁村标准，农村无害化卫生户厕建设普及率达100%，行政村通自来水实现全覆盖。

（四）城乡面貌明显改善。大力推进南部新城建设，梅龙高铁、河惠莞高速麻布岗出口至罗浮连接线兴宁段、“一江两岸”河堤公路、老旧小区改造、棚户区改造、宁江公园二区等工程加快建设。扎实开展省县级文明城市、国家卫生城市创建工作，推动数字化城管建设，城市精细化管理水平不断提高。启动推进石壁水库增效扩容改造工程，完成第二自来水厂扩建及取水点迁建、宁江河碧道兴南大桥至兴宁大桥段工程建设。全面落实河（湖）长制、林长制，全市森林覆盖率67.14%，林地绿化率99.06%。狠抓中央环保督察整改和省生态环境保护监察办反馈问题整改，铁山嶂废弃铁矿区综合治理项目有序推进，市静脉产业园实现试运行。9个镇级污水处理厂、15个镇级污水管网、74个村级污水处理站及配套污水管网建成使用，累计铺设污水管网306.38公里，全面完成东排沟黑臭水体整治，全市饮用水源地水质达标率100%，空气质量优良率99.1%。

（五）社会事业全面进步。用心用情保障和改善民生，“粤菜师傅”“广东技工”“南粤家政”三项工程有效实施，带动就业创业3300人，城镇登记失业率控制在3.5%以内。市高级技工学校创建技师学院一期工程动工建设，完成锦绣学校二期、华南师范大学附属广梅园小学等7个新改扩建项目建设和20所镇（街）中心幼儿园独立建制工作，全年增加学位8150个。成功承办线上“中国新兴版画运动九十周年——全国版画作品展”活动，兴宁竹板歌入选第五批国家级非遗项目名录。新建市人民医院项目完成主体建设，创建全国基层中医药工作先进单位和建设紧密型县域医共体工作扎实推进。疫情防控工作有力有效。坚持在发展稳定中化解各类风险矛盾，完成年内隐性债务“清零”目标，安全生产形势持续稳定向好。市域社会治理现代化稳步推进，严厉打击电信诈骗等违法犯罪行为，“扫黑除恶”实现常态化制度化，全市社会大局保持和谐稳定。

（六）党的建设持续加强。严格执行省委坚决落实“两个维护”十项制度机制，党史学习教育工作深入推进，深入学习贯彻习近平总书记“七一”重要讲话和党的十九届六中全会精神，扎实开展庆祝建党100周年系列活动和“我为群众办实事”实践活动，市党史教育馆建成使用，全市党员干部“四个意识”更加牢固、“四个自信”更加坚定、做到“两个维护”更加坚决。基层党建三年行动计划有效落实，城市基层党建示范市建设加快推进，市镇村三级换届全面完成，干部队伍素质得到全面提升。深化改革全面推进，乡镇街道体制改革全面完成，省级数字乡村发展试点工作成效明显。全市意识形态领域安全平稳。坚持不懈推进党风廉政建设和反腐败斗争，持续巩固肃清李嘉、万庆良恶劣影响成果，省委巡视反馈意见整改工作高质量落实，政治巡察实现全覆盖，政法队伍教育整顿取得初步成效。全面加强对人大、政府、政协、法院、检察院、武装、群团等工作的领导，全市团结奋进的良好局面不断巩固。

在看到成绩的同时，我们也要清醒地认识到我市存在的困难和不足：一是经济总量不大、工业发展质量不高，经济平稳发展的不确定性因素依然较多；二是重大项目储备不足、投资拉动能力较弱，教育医疗、城市管理、城乡面貌等领域还存在不少短板弱项；三是化解各类风险任务重，财政收支不平衡等问题仍然突出；四是干部敢于担当作为、突破要素瓶颈、创新推动发展的能力水平有待提升。这些困难和问题，我们必须高度重视，勇于面对，认真加以解决。

二、深入学习贯彻党的十九届六中全会精神

党的十九届六中全会是我党历史上具有里程碑意义的重要会议。全会通过的《中共中央关于党的百年奋斗重大成就和历史经验的决议》，是马克思主义纲领性文献，是中国共产党人新时代的政治宣言、行动指南。省委专门召开十二届十五次全会，审议通过了《中共广东省委关于深入学习贯彻党的十九届六中全会精神的决定》，对全省的学习贯彻工作作了全面部署。梅州市委八届二次全会对深入学习贯彻落实党的十九届六中全会精神进行了再动员、再部署、再落实。近段时间来，市委深入学习贯彻党的十九届六中全会精神，掀起了学习宣传贯彻热潮。下一步，我们要继续深入开展“大学习、深调研、真落实”，学懂弄通做实党的十九届六中全会精神，弘扬伟大建党精神，增加历史自信、增进团结统一、增强斗争精神，为实现第二个百年奋斗目标而不懈努力。

一要学深悟透，坚定不移做“两个确立”的忠诚拥护者、“两个维护”的坚定践行者。“两个确立”是党的十九届六中全会的突出历史贡献、是党的十八大以来最重要政治成果，对新时代党和国家事业发展、对推进中华民族伟大复兴历史进程具有决定性意义。我们必须深刻领会，党的十八大以来，党和国家事业取得历史性成就、发生历史性变革，根本在于习近平新时代中国特色社会主义思想的科学指引，在于以习近平同志为核心的党中央的坚强领导，在于习近平总书记作为党中央的核心、全党的核心掌舵领航。我们要深刻把握“两个确立”的决定性意义，不断从党的百年奋斗历程中汲取智慧和力量，任何时候都要站稳党性立场、增强政治意识，切实把“两个确立”真正转化为做到“两个维护”的思想自觉、政治自觉、行动自觉，始终在思想上政治上行动上同以习近平同志为核心的党中央保持高度一致。

二要凝心聚魂，不断提高政治判断力、政治领悟力、政治执行力。全市党员干部特别是领导干部，要坚定不移用习近平新时代中国特色社会主义思想武装头脑、指导实践、推动工作，自觉做到党中央提倡的坚决响应、党中央决定的坚决执行、党中央禁止的坚决不做。我们在确定工作思路、工作部署、政策措施时，要自觉同党的理论和路线方针政策对标对表、及时校准偏差，党中央作出的战略决策必须无条件执行，确保不偏向、不变通、不走样。要认真学习贯彻习近平总书记关于广州大规模迁移砍伐城市树木、严重破坏自然生态和历史文化风貌的重要批示精神，坚持树立正确政绩观，决不做自以为领导满意却让群众失望的蠢事，决不搞劳民伤财的“形象工程”“政绩工程”，切实把人民群众的获得感幸福感安全感当作我们干部的成就感，努力涵养“功成不必在我”的精神境界和“功成必定有我”的责任担当。

三要知行合一，以更加昂扬的姿态投身新时代兴宁振兴发展。习近平总书记在中央经济工作会议上，对当前经济发展面临的形势作出了“三重压力”的重大判断，对重大理论和实践问题作了深刻阐述，要求坚持稳字当头、稳中求进。梅州市委马正勇书记在梅州市委八届二次全会上，要求我们充分认识实现共同富裕的长期性和紧迫性，加强对实现共同富裕的思想引领和路径探索。我们要解放思想，抢抓发展机遇，增强发展信心，做到自力更生，狠抓发展第一要务，全面激发内生动力，坚持在保护中发展、在发展中保护，紧扣实体经济发展，主动对接“双区”“两个合作区”建设的辐射带动，积极谋划建设粤闽赣苏区省界改革试验区，深刻领会好老区苏区、“特殊类型地区”等国家和省政策精神，在“怎么用”“怎样用好”上下功夫，挖掘自身潜力，积极争引各类资金和项目，脚踏实地把兴宁经济“蛋糕”做大，让全市经济社会发展始终沿着习近平总书记、党中央指明的方向坚定前行。

三、2022 年工作安排

2022 年是党的二十大召开之年，是实现“十四五”规划、开启全面建设社会主义现代化国家新征程的重要一年。兴宁今后发展面临的挑战和机遇，市第十四次党代会作了系统分析和全面研究。我们要深化认识、准确把握，积极抢抓战略机遇，沉着应对困难挑战，扎实办好兴宁的事情，为党的二十大胜利召开营造平稳健康的经济环境、国泰民安的社会环境、风清气正的政治环境。

今年工作的总体要求是：以习近平新时代中国特色社会主义思想为指导，全面贯彻落实党的十九大和十九届历次全会以及中央经济工作会议精神，深入贯彻习近平总书记对广东系列重要讲话和重要指示批示精神，按照习近平总书记赋予广东的使命任务要求，弘扬伟大建党精神，加强党的全面领导和党的建设，坚持稳中求进工作总基调，完整、准确、全面贯彻新发展理念，全面深化改革开放，坚持创新驱动发展，推动高质量发展，认真落实省委“1+1+9”工作部署和梅州市委“狠抓发展第一要务、全面激发内生动力，推动梅州苏区加快振兴共同富裕”的工作安排及2022年的工作要求，扎实推进实体经济、乡村振兴、生态文明、城区提质扩容、重点民生建设，统筹疫情防控和经济社会发展，统筹发展和安全，继续做好“六稳”“六保”工作，推动经济稳健提升，保持社会大局稳定，以优异成绩迎接党的二十大胜利召开。

今年全市发展目标是：地区生产总值增长6%，一般公共预算收入增长5%，全体居民人均可支配收入增速与经济增速基本同步。这些指标经市委常委会研究，认为符合中央经济工作会议和梅州市委八届二次全会精神，更是兴宁加快振兴发展的需要。我们一定要坚定信心、鼓足干劲，坚定不移实施好市党代会提出的产业提升、融入湾区、城市提质、乡村振兴、生态提升、文化铸魂、民生保障、安全发展等“八大工程”，重点做好五个方面工作。

（一）集中资源要素，致力做强实体经济。经济发展的根基在实体、在产业。我们要以制造业高质量发展为主攻方向，做好增资扩产、招商选资、服务保障、政策落实、安全生产等工作，建设更高水平的现代产业体系。

做优园区经济。以广州天河（兴宁）产业转移工业园为依托，通过进一步扩园方式来谋划打造粤闽赣苏区省界改革试验区（兴宁片区），推动形成以医疗器械制造、生态特色食品和装备制造为主导产业。近期重点推进医疗器械产业园项目建设，借势借力省药监局、省医药企业管理协会，着力把医疗器械产业打造成兴宁经济发展的支柱产业。深化与广州天河产业共建，持续推进兴宁·天河创新产业园建设，启动标准厂房三期建设，加快完善园区配套设施，尽快打通城区北部人口集聚区与园区的快速通道，引导更多工业项目向标准厂房集中、更多企业进园集聚发展。做大产业集群。坚持一手抓现有企业增资扩产，一手抓招商引资，做大做强装备制造、互联网、生态特色食品、现代轻工纺织等优势产业，发展壮大医疗器械、新一代电子信息、新材料、新能源等新兴产业，推动机电、工艺、酿酒等传统产业转型升级。实施企业“倍增计划”，把土地、资金、人才等要素优先用在“打粮食”的项目上，培育一批“专精特新”企业。大力支持金雁电工、海思智能、兴盛玩具、拓展盈辉等企业增资扩产，加快推动互联网产业园、跃速生产基地、广弘农牧等项目建设，引导富农生物等龙头企业上市发展，推动“兴宁鸽”等特色食品加工产业集聚发展，加快引进企业与云山汽车合作发展新能源产业。坚持“用户思维”，深入实施“放管服”“数字政府”等改革，推进政策“瘦身”，推行“母亲式”服务，进一步优化营商环境。加大招商引资力度，积极承接大湾区资金、技术、产业转移，着力引进龙头型、强链补链延链项目，提升产业集聚效应，打造经济发展新增长极。力争全年实现规上工业增加值增速8%、工业投资13亿元。育强创新主体。深入实施科技型中小企业培育工程，加大惠企政策落实力度，加强政银企的有效对接，支持引导金融更好服务实体经济。发挥国家级科技企业孵化器作用，加强产学研协同创新平台建设，鼓励企业加大研发投入、产学研合作、人才引进和成果转化力度，促进各类创新要素向企业集聚，力争认定高新技术企业5家、科技型中小企业30家。

扩大有效投资。充分发挥有效投资在扩大内需中的关键作用，全力推进重点项目建设。加快梅龙高铁、高铁南站站场和高铁干线路网及站前综合广场、河惠莞高速公路麻布岗互通出口至罗浮连接线公路、“一江两岸”河堤公路等重大交通项目建设，积极跟进梅州兴宁南站至汕尾高铁项目规划各项工作，谋划济广高速（平兴段）兴宁罗浮镇支线、省道S226兴城到罗浮、S228龙田至石马以及S333甘砖至罗岗升级改造、S239赤巷口至锦绣大桥段改造等工程，大力实施“四好农村路”建设，不断改善交通区位条件，打通“断头路”“瓶颈路”。加快布局5G、工业互联网、大数据中心、新能源汽车充电桩等“新基建”。全面落实“六稳”“六保”政策，推动政策措施直达企业、个体工商户、就业人员，激发各类市场主体活力。引导房地产业良性循环和健康发展。主动顺应消费升级趋势，大力发展夜间经济、小店经济、节会经济，培育壮大消费新模式新业态。

（二）凝聚各方力量，致力推动乡村振兴。围绕梅州“乡村振兴走在全省前列”的目标，强化市镇村三级书记责任，突出上下联动、内外互动，抓好农业农村领域的综合改革，焕发乡村振兴活力。

大力发展特色农业。全力抓好粮食生产和重要农产品供给，抓好复耕复种和柚果扩种工作，推进高标准农田建设，打造一批智慧农业应用示范基地，探索建设1至2个乡村产业社区。大力实施品种改良、品质提升、品牌打造和标准化生产“三品一标”行动，深入推进“一村一品、一镇一业”项目建设，发挥好丝苗米产业园带动作用，全力推进肉鸽产业园建设，扎实推进申报单丛茶、油茶省级现代农业产业园，做大做强兴宁鸽、丝苗米、梅州柚、单丛茶、油茶、沃柑等优势产业。大力发展特色农产品精深加工，推动牛大力、沉香、石斛、艾草等中药材种植加工，全覆盖构建电子商务进农村物流网，不断拓展农产品销售渠道。

巩固拓展脱贫攻坚成果。发挥驻镇帮镇扶村工作队作用，健全防止返贫动态监测和帮扶机制，坚决守住不发生规模性返贫的底线。大力发展壮大村集体经济，依靠产业基础和资源禀赋，结合撂荒地复耕复种政策，引进投资规模大、产业融合度高、带动能力强的农业市场主体，培育一批引领农民创业致富的带头人，全方位促进农民增收和村集体经济发展，推动70%以上的行政村实现村级集体经济收入达10万元以上。

打造客家特色乡村。深入开展农村人居环境整治提升五年行动，重点推进厕所革命、生活污水处理、村容村貌提升。大力推进重点镇村“四沿”示范带及省际廊道美丽乡村示范带建设，每个镇（街）规划建设1至2个示范点。继续实施“千企帮千镇、万企兴万村”和“千村示范、万村整治”行动，动员乡贤企业家和工商资本参与乡村振兴，在碧桂园集团的支持下，全力抓好径南镇“十村联动”乡村振兴示范项目建设，扎实做好宣传发动、党员行动、拆改联动、项目带动、资金撬动“五篇文章”，推动在道路提升、中小河流治理、农房风貌管控、乡村产业建设、乡风文明塑造等方面集中打造，形成古镇与良田共存、产业与乡村共兴的乡村新貌。

（三）突出生态宜居，致力促进城乡融合。加快实施新型城镇化和乡村振兴战略，有效推动城乡规划布局、基础设施、要素配置全面融合，用心打造高品质的梅州副中心城市。

提升城市功能品质。树立正确政绩观，坚持以人民为中心的发展思想做好城市建设、历史文化保护传承等方面的工作，合理布局生产、生活、生态空间。加强智慧城市建设，持续完善城市配套，谋划建设“高铁新城”及文峰片区义务教育学校、民营三甲医院，加快石壁水库增效扩容改造、管网配套设施、“四馆一场”、地下综合管廊和老旧小区改造等项目建设，实施城市内涝整治项目，加大城区污水管网建设，持续推进城市精细化管理，全面提升城市“绿化、亮化、美化、净化”水平，让城市更智慧、更规范、更顺畅。

加快圩镇纽带建设。充分发挥圩镇联结城乡、辐射农村和促进县域经济发展的作用，重点推进坭陂、水口、罗浮中心镇建设，以改善农村人居环境为抓手，延续圩镇、乡村历史文脉，在保留地形地貌、传统民居、老树古树的基础上，加强圩镇道路、农房改造、生活垃圾、污水处理和环境绿化等建设，提升镇区教育、医疗、农贸市场等公共服务水平，促进“以城带镇促村”一体发展。全力厚植生态底色。深入打好污染防治攻坚战，狠抓中央生态环保督察问题整改，从严执行畜禽养殖禁养区、限养区、适养区的规定，持续推进农村污水治理。大力实施山水林田湖草沙一体化生态保护，以钉钉子的精神抓好铁山嶂废弃矿区生态修复，确保2023年底全面完成。认真落实国家碳达峰、碳中和部署要求，严格落实河（湖）长制、林长制，加强合水水库、和山岩水库等饮用水水源地保护，持续推进县级国家森林城市创建工作，坚决守护好兴宁的绿水青山。

（四）聚焦文明素养，致力建设文化名城。持续推进物质文明和精神文明协调发展，全力抓好省县级文明城市、国家卫生城市创建工作，深入开展“无信访”创建活动，推动信访积案化解、工作作风转变、文明素养提升，进一步弘扬文明乡风、培育良好家风、涵养淳朴民风。全面推进省全域旅游示范区创建工作，推动兴宁市游客服务中心建设。发挥文化之乡和老区苏区优势，推进刘光夏、罗屏汉、黄文杰、邓逸凡、张如心等名人故居和十二肩岭古驿道等红色资源的活化利用，打造红色精品路线。加大非遗保护传承发展。传承和弘扬中华优秀传统文化，扎实推进镇村志编修工程。开展全民健身活动，积极配合梅州建设全国足球重点城市，谋划建设综合性体育馆，探索打造品牌赛事。

（五）紧盯民生福祉，致力实现共同富裕。聚焦人民群众关切，深化“我为群众办实事”实践活动，满腔热情为群众办实事、解难事，走好新时代党的群众路线，创造更多看得见、摸得着、体会得到的共同富裕成果。

强化就业优先政策。推进省“促进就业九条3.0”和“粤菜师傅”“广东技工”“南粤家政”三项工程的贯彻实施，深入实施人才“扬帆计划”，促进更高质量和更充分就业。全年城镇登记失业率控制在3.5%以内。

完善社会保障体系。坚持应保尽保，构建覆盖全民、统筹城乡、公平统一、可持续的多层次社会保障体系。积极应对人口老龄化，认真落实三孩生育政策及其配套支持措施，补齐农村养老服务短板。健全完善分层分类的社会救助体系，统筹做好社会福利、慈善事业、优抚安置等工作。健全退役军人工作体系和保障制度。

推动教育优质发展。加快提升镇（街）中心幼儿园的软硬件建设，完成坜陂中学迁建等项目建设，扩大优质学位供给，健全城区“幼升小”升学机制。大力支持市高级技工学校创建技师学院，加快梅卫职校创建省级重点中职学校工作进度。全面落实立德树人根本任务，持续深化教育综合改革，认真落实“双减”政策，重视家庭教育，促进素质教育与劳动实践教育相得益彰。推动兴宁一中争创一流高中，建设一批特色普通高中。稳妥推进第二轮教师“县管校聘”工作，实施师研“双强”提升工程，建设高质量专业化教师队伍。

推进“健康兴宁”建设。慎终如始做好常态化疫情防控，多措并举推进新冠疫苗接种工作，全力筑牢“外防输入、内防反弹”防线。完成新建市人民医院建设搬迁任务，推动创建“三甲”医院，扎实推进慢性病防治院、福兴街道社区卫生服务中心整体搬迁项目建设。深化医药卫生体制改革，统筹推进“三医”联动，持续推进紧密型医共体建设，加快补齐基层医疗卫生服务短板，拓展乡村医生选人用人渠道。传承创新发展好中医药事业，力争完成全国基层中医药工作先进单位创建任务。

强化市域社会治理。统筹发展和安全，贯彻总体国家安全观，深入推进维护政治安全、社会矛盾治理专项行动，防范化解各类风险隐患。巩固深化扫黑除恶斗争、政法队伍教育整顿成果，加强“雪亮工程”建设，加大黄赌毒、黑拐骗、电信诈骗等违法犯罪打击整治力度，配合做好梅州创建全国市域社会治理现代化试点合格城市工作。扎实推进安全生产专项整治三年行动，统筹做好生产、消防、交通、食品药品等安全监管工作，加快建立与现代化相适应的防灾减灾救灾和应急处置体系。深入开展平安兴宁、法治兴宁创建活动，广泛开展普法宣传教育，确保全市社会大局持续稳定。抓好国防动员、兵役征集和民兵后备力量建设，创新推动双拥共建，争创全国“双拥模范城”。

四、全面加强新时代党的建设

推动兴宁苏区加快振兴、共同富裕，关键在党，关键在人。要弘扬伟大建党精神，全面落实新时代党的建设总要求和新时代党的组织路线，为兴宁各项事业发展提供坚强政治和组织保障。

（一）始终把党的政治建设摆在首位。旗帜鲜明讲政治抓政治，胸怀“两个大局”、心系“国之大者”，严格执行省委坚决落实“两个维护”十项制度机制，推动习近平总书记、党中央的决策部署在兴宁落地落实。严明严守政治纪律和政治规矩，持续巩固肃清李嘉、万庆良恶劣影响成果，不断提高政治判断力、政治领悟力、政治执行力，始终做到对党绝对忠诚。

（二）坚持用党的创新理论武装头脑。强化习近平新时代中国特色社会主义思想理论武装，持续深化“大学习、深调研、真落实”，深入学习贯彻党的十九届六中全会精神，巩固拓展党史学习教育成果，教育引导全市党员干部自觉增强“四个意识”、坚定“四个自信”、做到“两个维护”。紧紧围绕“党的二十大胜利召开”这一目标，严格落实意识形态工作责任制，全面加强重点领域管理、重点舆情监控引导，及时有效防范化解各种风险，确保意识形态领域绝对安全。

（三）持续把党的基层基础夯实夯牢。全面实施新一轮加强党的基层组织建设三年行动计划，打造党味最浓、党旗最红、党的基础设施最完善、党的战斗力最强的基层党组织。深入推进抓党建促乡村振兴和城市基层党建示范市建设，狠抓基层党组织标准化规范化建设，力争在各领域打造一批标准化标杆化党建示范点、在径南镇打造农村党建示范带，全面创建“一村（社区）一品牌”的党建新亮点。严格执行领导干部驻点普遍联系群众制度，坚持和完善选派驻村第一书记制度，持续整顿软弱涣散基层党组织，进一步筑牢上下贯通、执行有力的组织体系。

（四）聚力把干部队伍建设抓强抓实。抓好换届后的领导干部作风建设，在加强思想淬炼、政治历练、实践锻炼、专业训练上狠下功夫，建设高素质专业化干部队伍。建立健全干部担当作为激励保护机制，把在实体经济、乡村振兴、维护稳定等基层一线接受重大斗争实践检验的干部用起来，以实绩论英雄、凭实绩用干部，全面激励干部在狠抓发展要务中勇担当、善作为。落实“一把手抓第一资源”责任，探索制订人才引进“一行业一策”，精准对接、精准服务，形成重才惜才、育才用才的良好环境。

（五）坚决把正风肃纪反腐推向深入。始终坚持“严”的主基调，压紧压实“两个责任”“一岗双责”，一刻不停推进党风廉政建设和反腐败斗争。严格落实中央八项规定及其实施细则精神，大力整治群众身边的不正之风和腐败问题。一体推进“不敢腐、不能腐、不想腐”，精准运用监督执纪“四种形态”，重点加强对“一把手”和领导班子的监督，全面开展好新一届市委巡察工作。常态化开展廉政教育、警示教育，引导党员干部明大德、守公德、严私德，永葆清正廉洁的政治本色。

同志们，美好蓝图催人奋进，振兴使命重于泰山。让我们更加紧密地团结在以习近平同志为核心的党中央周围，在梅州市委的坚强领导下，团结带领全市党员干部群众，真抓实干、勇毅前行，展现新作为、干出新气象，奋力推动兴宁苏区加快振兴、共同富裕，以优异成绩迎接党的二十大胜利召开！

政府工作报告

——在兴宁市第十六届人民代表大会第一次会议上

（2021 年 11 月 16 日）

兴宁市市长　洪国华

过去五年的工作回顾

市十五届人大一次会议以来的五年，是兴宁发展进程中极不寻常的五年。五年来，市政府在上级和市委的坚强领导下，在市人大、市政协的监督支持下，坚持以习近平新时代中国特色社会主义思想为指导，全面贯彻落实党的十九大和十九届二中、三中、四中、五中全会精神，深入学习贯彻习近平总书记对广东系列重要讲话、重要指示批示精神，坚持生态优先、绿色发展，抢抓机遇，真抓实干，拼搏进取，经济发展和社会事业取得全面进步，同全国人民一道步入了全面小康社会。

五年奋进，经济实力不断壮大。2016 年底至今年，预计生产总值从 156.2 亿元增至 192.2 亿元，年均增长 3.6%；社会消费品零售总额从 79.7 亿元增至 105.3 亿元，年均增长 6.4%；金融机构存款、贷款余额分别从 287.3 亿元、119.7 亿元增至 385 亿元、266 亿元，年均分别增长 6.8%、24.4%。预计五年累计完成固定资产投资 368.32 亿元，一般公共预算收入 52.79 亿元，进出口总额 4.81 亿美元。规上企业从 51 家增至 77 家，年均增长 5.2 家；限上商贸企业从 11 家增至 19 家，年均增长 1.6 家；市场主体从 42959 家增至 64549 家，年均增长 4300 多家；共签约引进项目 83 个，计划总投资 480.87 亿元，落地建设 76 个，其中投（试）产 46 个。2020 年底的居民人均可支配收入 23365 元，比 2016 年底增加 5095 元，年均增长 6.34%。各项经济社会发展指标在合理区间，发展质量稳步提升，发展后劲持续增强，发展势头越来越好。

五年实干，产业质效稳步提升。完善了招商引资、园区建设、实体经济、互联网发展等政策措施，共减免税费 8.8 亿元，发放风险资金增信贷款 2.92 亿元，落实我市扶持实体经济发展奖励 3240 万元，完成工业投资 106.23 亿元，推动产业提质增效发展。预计今年规上工业总产值达 65 亿元、规上工业增加值达 15.12 亿元。工业园区累计完成固定资产投资 66.9 亿元、收储土地 1500 多亩，建成变电站、污水处理厂、安置区一二期、标准厂房首期二期、市政道路等基础设施。扎实做好水口工业园土地调规征收工作，高效完成广梅园、综保区、无水港兴宁区域 4300 多亩征拆任务。互联网产业园动工建设，国家级电子商务进农村综合示范县项目在国家复评中获评优秀，我市入选省数字乡村发展试点。实施广东明珠养生山城、玖崇湖温泉小镇等 10 个旅游重点项目，全面启动“省全域旅游示范区”、国家森林县级城市创建工作，新增国家 AAAA 级景区 1 个，打造省级乡村旅游精品线路 1 条，旅游接待总人数、总收入年均分别增长 5%、4.6%。农业增加值年均增长 6.2%，粮食年产量稳定在 29 万吨左右，“19 香”丝苗米年亩产创世界新纪录，“兴宁鸽”入选全国名特优新农产品名录，“兴宁茶油”注册为国家地理标志证明商标。

五年耕耘，城乡面貌显著改善。城市建设高标准推进。供应土地 3000 多亩，中心城区建成区扩大到 28.51 平方公里，城镇化率提高到 41.47%。新建兴宁大道、北环大道、锦绣大桥等城市路网，完成宁江公园（一区）、望江狮水闸拆除重建、第二自来水厂扩建等重大设施建设，实施了一大批市政污水处理管网、供水管网、市场等配套工程。建成棚户区安置住房 5129 套，完成“三旧”改造 640 亩，改造老旧小区 6 个。城区清扫保洁、智慧交通等机制不断完善，生活垃圾分类稳步实施，数字化城管中心正式启用，成功创建省卫生城市，获省县级文明城市提名。乡村振兴高质量实施。建成丝苗米省级现代农业产业园，肉鸽产业园入选省级特色产业现代农业产业园建设推荐名单。创建省级以上“一村一品、一镇一业”专业镇 4 个、专业村 30 个，其中全国示范镇、村各 1 个。新增省级以上农（林）业龙头企业 24 家，培育新型职业农民 739 人，金鸽养殖专业合作社获评国家级示范社。全面兑现 5193 亩历史承诺垦造水田任务，建设高标准农田 11.87 万亩，拆旧复垦 3514.36 亩，撂荒土地复耕复种 4.32 万亩。基本完成“三清三拆三整治”，改造农村危房 5618 户，建设农村公厕 1379 座，农村生活垃圾无害化处理率达 100%，实现村村通自来水行政村全覆盖，90% 以上村庄达到干净整洁村标准、40% 以上村庄达到美丽宜居村标准。龙田合水“两镇八村”、新陂叶塘“两镇五村”、石马“六村联动”成效显现，启动“刁坊、坭陂、新圩”三镇连片示范建设和 6 个圩镇改造提升工程。农房管控和乡村风貌提升工作扎实推进。413 个行政村在“万企帮万村”行动中完成村企对接。驻镇帮镇扶村工作全面启动。农业农村综合改革深入实施。

五年拼搏，三大攻坚战取得决定性成果。脱贫攻坚全面胜利。在天河区和省直、梅州市直相关单位的大力支持下，“三保障”政策全面落实，产业扶贫、就业扶贫、消费扶贫扎实开展，累计投入各类帮扶资金6.33亿元，实施帮扶项目12.45万个，建档立卡贫困户11109户27529人全部脱贫退出，58个贫困村全部脱贫摘帽。我市的“村村联动”带贫益贫经验作为产业扶贫典型在全省推广。生态保护持续加强。污染防治攻坚战顺利收官，连续5年全市空气质量优良率达97%以上、饮用水水源地水质达标率100%，基本消除城市黑臭水体。355件各级环保督察案件实现办结。完成污水处理厂提标扩容，建成运行镇级污水处理厂16座、村级处理站77座，实现镇级污水处理设施建制镇全覆盖。静脉产业园一期点火运行，黄泥坑垃圾填埋场应急抢险及环境提升工程、建筑余泥渣土临时受纳场投入使用，整治了10个镇级垃圾填埋场。关闭畜禽养殖场（点）1000多家，完成农业面源污染治理8.46万亩。启动实施总投资4.76亿元的铁山嶂废弃矿区生态综合治理修复工程。落实河（湖）长制，抓好“清四乱”“五清”工作，完成中小河流治理203公里、生态清洁型小流域综合治理10.7平方公里，建成总长17.63公里碧道。推行“林长制”，完成碳汇造林15.87万亩、森林抚育103万亩，森林覆盖率达67.14%。风险防范化解有力。坚持生命至上，举全市之力织密织牢“外防输入、内防反弹”防线，累计投入1.2亿多元，全力做好重点人群排查、联合检疫、隔离管控、核酸检测、医疗救治等工作，2020年2月8日以来全市无新增确诊病例；毫不松懈抓好常态化疫情防控，公共卫生服务体系不断完善，疫苗接种工作扎实有序，防疫形势稳固向好。压实安全生产责任制，食品药品安全、道路交通安全、森林防灭火、应急管理等工作扎实有力，安全生产形势总体平稳。全力化解政府隐性债务，债务风险总体安全可控。大力打击非法集资等违法犯罪，金融监管不断加强。全力防范化解各类重大风险和社会矛盾，政治安全和社会大局持续稳定。

五年开拓，发展基础持续夯实。交通等基础设施不断完善。梅龙高铁设兴宁南站，率先完成土地征收任务，保障工程提速建设。平兴高速、兴华高速建成通车，动工建设河惠莞高速麻布岗出口至罗浮连接线。新建和改造省道225线火车站至水口段、甘罗线梯子岭等1050公里国省县乡道。成功创建省级“四好农村路”示范县，实施农村公路安全防护工程1360公里，实现所有行政村通客车。迁建市自来水第二水厂取水点，实施了一批水库除险加固、水土保持等工程。完成新一轮农村电网改造，新建叶塘220千伏和径南110千伏变电站，新改建中低压线路8282公里。实现所有自然村光纤网络全覆盖。天兴冷链物流中心建成运营。重点改革成效良好。深化商事制度改革，扎实推进“双随机、一公开”监管，市场准入便利化和监管水平不断提升。“一门式一网式”等改革和“数字政府”建设深入推进，行政审批服务事项一窗受理率达91.28%、可网办率92.74%，办理时限提速62.64%，不动产登记、工程建设项目审批制度等重点改革推向纵深。出清16家国有“僵尸企业”。完成黄槐农电体制改革。创新驱动成果显著。累计完成技改投资11.02亿元，高新技术企业达25家，新培育高新技术产品75个，新认定科技型中小企业37家，创建省级以上众创空间4家、省级以上工程技术研究中心9个，规上企业设立研发机构比例从11.76%提高至36.23%。获批建设省级农业科技园区。新增专利授权数2001件、申请数3484件。

五年倾情，民生福祉全面增进。累计完成民生投入276.45亿元，占一般公共预算支出的84.86%，年均增长6%。每年十件民生实事均完成年度目标。共新增城镇就业2.25万人，技能晋升1.67万人，“粤菜师傅”等三项工程培育专技人才1.64万人，城镇登记失业率控制在3.5%以内。困难群体救助水平和特困人员基本生活保障标准逐年提高，城乡低保标准比2016年底分别提高315元、216元，社会保险综合参保人数达60.58万人、年均增长4%，医疗保险基本实现全覆盖。累计投入约28亿元完善医疗卫生设施。新建市人民医院项目将在今年底建成主体工程，完成市第五人民医院等5个强基项目。卫生

"两基"示范镇创建工作全面完成，新建和改造村卫生站429个。创建省卫生镇11个、省卫生村426个。全国基层中医药工作先进单位创建工作扎实开展。累计投入约12亿元加大教育优质资源供给。新改建锦绣学校等18所学校（幼儿园），新增优质学位2.8万多个，实现"省义务教育标准化学校"全覆盖，城区初中阶段"大班额"问题基本解决。获评"省推进教育现代化先进市"。中高考成绩稳居梅州前列。整合梅卫职校和成人中专学校，市技工学校创建为高级技工学校。"一村一文化活动中心"入选省首批示范项目，综合性文化服务中心所有镇村全覆盖。客家文化（梅州）生态保护实验区建设扎实开展，兴宁竹板歌入选国家级非遗名录。大坝里运动场完成升级改造，建设足球场地291块，积极配合梅州推进足球特区创建工作，青少年足球、蹦床等在国家、省级赛事中屡获佳绩。退役军人服务中心（站）星级示范达标个数和优秀率居梅州前列。实现省双拥模范城"八连冠"。建成覆盖市、镇、村、自然村的四级人民调解网络体系，调解成功率99.8%。实现"省级民主法治村（社区）"全覆盖，创建国家级示范村2个。"七五"普法获评优秀。市公安局3次被评为全省执法质量考评优秀县级公安机关。扫黑除恶专项斗争成效显著，全民禁毒工程扎实开展，"雪亮工程"实现村级全覆盖，严厉打击电信诈骗等违法犯罪，"平安兴宁"建设成效明显。

五年笃行，自身建设不断加强。扎实开展"两学一做"学习教育、"不忘初心、牢记使命"主题教育、党史学习教育，认真做好巡视反馈问题整改，狠抓党风廉政建设，纵深推进全面从严治党。全面完成党政机构改革，基本完成乡镇街道体制改革，持续深化事业单位改革，政府职能配置更加健全、行政体系更加完善。严格执行重大行政决策程序，自觉接受市人大及其常委会、市政协和社会监督，办理人大议案、建议169件，政协提案523件，办复率100%、基本满意和满意率100%。坚持正风肃纪反腐，严格落实中央八项规定精神，强化行政监察、审计监督和绩效评估，严肃查处一批失职渎职、不作为乱作为干部，政治生态更加风清气正。

各位代表！五年勤勉奋斗，换得春华秋实。在全市上下的共同努力下，我市经济社会各项事业亮点纷呈，先后荣获"全国农业创业创新典型县""2018—2020年全国计划生育优质服务先进单位""全国信访工作三无县"等称号，搭建了全国首例"智慧村居法律服务公共平台"，创建了梅州首个国家级科技企业孵化器、梅州首个国家中小企业公共服务示范平台，获评省唯一的"县级城市道路交通管理示范点"，在全省率先成立县级社区矫正中心，在粤东西北地区率先建设冷链物流基地，福兴街道人民调解委员会获评全国模范调解委员会，龙田镇成为梅州首个入选全国农业产业强镇建设名单的乡镇。我们高标准举办了客商大会、互联网大会、花灯文化节、农民丰收节、农特产品展销会等重大活动，有力推进了"三好一正"，兴宁的知名度、美誉度和影响力不断提升。我们坚持以人为本，解决了社保旧欠、兜底养老、历史债务等问题，有序化解"问题楼盘"等历史遗留难题。与此同时，妇女儿童、残疾人、民族宗教、外事侨务、打私打假、老区建设、工会、人防、气象、统计、档案、保密、慈善等各项事业都取得长足发展。

五年风雨兼程，成绩来之不易。这得益于上级党委政府和兴宁市委的坚强领导，得益于市人大、市政协的大力支持，得益于全市广大干部群众的团结拼搏。在此，我代表市政府，向各位代表、政协委员，向各民主党派、人民团体、无党派人士，向奋斗在各条战线上的广大干部群众，向驻兴宁单位、驻兴宁部队、武警官兵、公安干警和消防救援指战员，向天河区对口帮扶、驻镇帮镇扶村工作队员，向所有关心支持兴宁发展的港澳台同胞、海外侨胞和社会各界人士，表示衷心的感谢并致以崇高的敬意！

各位代表！五年辛勤付出，经验弥足珍贵。一是必须始终坚持党的全面领导，不断增强"四个意识"、坚定"四个自信"、做到"两个维护"，确保各项工作沿着正确方向前进。二是必须始终坚持完整、准确、全面贯彻新发展理念，围绕高质量发展主题，坚定不移走好生态优先、绿色发展的路子。三是必须始终坚持务实重干，推动改革稳定发展工作往实里走、往深里做。四是必须始终坚持人民至上，把为民造福作为最重要的政绩。五是必须始终坚持依法行政，确保政府工作在法治轨道上行稳致远。

五年大力实践，问题必须重视。一是发展压力较大。经济总量小，人均 GDP 全省倒数，一般公共预算收入、规上工业增加值等主要经济指标增速低于梅州平均水平，财政收支矛盾较为突出。二是产业质量不够高。主导产业不突出，新产业新业态发展较慢。工业规模偏小、创新能力不强，2020 年规上工业增加值仅占梅州的 5.6%，高新技术企业数量仅占梅州的 10.3%。三是公共服务不均衡。城乡发展不平衡不充分问题突出，教育医疗、文化体育、养老托幼等公共配套不够完善、服务水平不高，城镇化水平偏低。城乡管理不够精细，“创文”“创卫”工作在梅州靠后。四是要素制约较大。重大项目储备不足，工业项目偏少，投资拉动能力还不够大。用地难、融资难、人才少等“瓶颈”难题仍未有效解决。生态环境容量日益趋紧。五是各类风险不容忽视。安全生产、环境保护、社会治理等领域还存在不少短板弱项。疫情衍生风险仍然存在。低生育率、人口老龄化问题凸显。六是政府工作水平有待提高。一些政府部门和工作人员抓谋划、抓落实、抓攻坚、抓统筹的本领还不过硬，“中梗阻”“推挡绕”等现象仍然存在，政务效能有待提升，营商环境有待优化。

各位代表！艰难方显勇毅，磨砺始得玉成。我们一定要总结发扬经验，直面问题挑战，全力攻坚克难！我们坚信，有习近平新时代中国特色社会主义思想的引航定向，有省和梅州市的关心厚爱，有天河区的帮助支持，有市委的坚强领导，有良好的区位优势、交通优势和资源优势，有善作善成的干部队伍，有 110 多万勤劳智慧的兴宁人民，我们一定能够创造出不负时代、不负韶华、不负人民的新业绩！

今后五年的总体目标和重点任务

今后五年，是我国全面建设社会主义现代化、向第二个百年奋斗目标进军的起步期，是我市加快高质量发展、全面振兴发展的攻坚期。市第十四次党代会对我市今后五年的工作进行了系统谋划和全面部署，明确提出了“112345”的工作思路和“八大工程”的具体措施。我们要在上级和市委的坚强领导下，进一步增强政治意识、机遇意识、担当意识、斗争意识和进取意识，撸起袖子加油干，扑下身子抓落实，奋力开创兴宁高质量发展新局面，推动兴宁苏区振兴发展步步高。

今后五年，政府工作的指导思想是：坚持以习近平新时代中国特色社会主义思想为指导，全面贯彻落实党的十九大和十九届二中、三中、四中、五中、六中全会精神，深入贯彻落实习近平总书记“七一”重要讲话和对广东系列重要讲话、重要指示批示精神，把握新发展阶段，贯彻新发展理念，融入新发展格局，以推动高质量发展为主题，以深化供给侧结构性改革为主线，以改革创新为根本动力，以满足人民日益增长的美好生活需要为根本目的，认真落实省委“1+1+9”工作部署和梅州市委“123456”思路举措，按照市第十四次党代会部署，坚持稳中求进，坚持系统观念，坚持生态优先、绿色发展，统筹抓好稳增长、促改革、调结构、惠民生、防风险、保稳定各项工作，全力打造“一城一廊一带”发展格局，加快建设“工贸新城·智慧兴宁”，当好梅州生态发展主力军，在现代化建设新征程中奋力谱写壮丽的发展新篇章！

今后五年，政府工作的总体目标是：力争全市生产总值年均增长 6.5%；一般公共预算收入年均增长 5%；常住人口城镇化率提高至 46.47% 以上；经济实力稳步增强，生态环境持续优化，改革开放不断深化，治理效能全面提升，民生福祉更加殷实，扎实推动共同富裕，全体居民人均可支配收入增长与经济增长同步，人均主要经济指标与全国、全省平均水平的差距明显缩小。

蓝图已绘就，关键在落实。今后五年，政府工作的重点任务是紧紧围绕高质量发展主题，奋力开创“七个新局面”：

一、聚力构建现代产业体系，奋力开创经济发展新局面

坚持发展实体经济不动摇，壮大产业集群，

提升产业质效，优化产业结构，加快建立现代产业体系，增强高质量发展主动力。

推动工业提档进位。建强产业集群。坚持“产业兴市、项目为王、园区为母、企业第一”的发展理念，着力构建“1331”工业新体系，做强装备制造业，做优生态特色食品、现代轻工纺织、生物医药与健康产业，发展新一代电子信息、新材料、新能源产业，推动传统产业转型升级，壮大新兴产业，力争至2025年，新增年产值30亿元以上产业2个、年产值50亿元以上产业1个，第二产业在三次产业结构的比重提高10个百分点，努力打造粤东北地区特色工业城市。做强工业园区。按“扩园万亩”预期规划扩展空间，持续推进标准厂房建设，加快完善能源供应、安置区、道路、学校、医院、商住小区等配套设施，引导企业进园集群发展，实施创新型智慧园区建设，优化园区管理服务机制，强化亩产效益评价，力争至2025年园区工业总产值达100亿元以上、税收超5亿元，全市一半的工业增加值在园区产生。扶强骨干企业。实施企业“倍增计划”，推动“个转企”“小升规”“规上市”，促进中小微企业“专精特新”发展，支持重点企业增资扩产，引导龙头企业上市发展，力争至2025年，新培育规上企业30家，新增年产值超5亿元企业10家，规上工业增加值突破40亿元。育强创新主体。加大研发投入、产学研合作、人才引进和成果转化力度，促进各类创新要素向企业集聚，力争到2025年，技改投资、工业投资年均分别增长8%、10%，高新技术企业达32家以上、科技型中小企业达45家以上，规上企业设立研发机构比例提高至55%，创建一批省级以上企业技术中心、众创空间，争取建立院士工作站和重点实验室。

推动服务业提速升级。壮大互联网产业。建成互联网产业园，引进一批智能制造、5G通信等企业集聚发展，大力发展工业互联网，巩固发展农村电子商务，广泛应用数字技术，全域普及5G，办好梅州互联网大会，做大数字经济，力争到2025年，互联网产业的经济增长贡献率达30%以上，努力打造粤东地区互联网产业发展高地和数字经济创新示范区。壮大现代服务业。建成综合物流园、苏区产业园仓储物流中心等现代商贸物流项目，完善城乡物流配送网络，打造粤闽赣边区商贸物流中心。深化运用“互联网+”，培育发展金融保险、教育服务、设计研发等配套服务业，集聚发展现代商贸、商务、商业新业态，争取新培育限上商贸企业12家。壮大文旅康养产业。高水平创建省全域旅游示范区，完善提升游客服务中心、旅游大数据中心等基础设施，发展红色旅游、生态旅游、文化旅游、乡村旅游、养生养老等产业，评选推介“兴宁八景”“兴宁红八景”“兴宁文八景”“兴宁名八居”，打造多元旅游业态。提升打造神光山国家森林公园，支持重点旅游景区景点提质升档，加强革命遗址的保护利用，创建一批省级以上旅游景区、红色小镇、特色镇村和精品线路，串珠成链打造东部生态康养、中部文化休闲、北部乡村度假三个旅游组团，努力建设具有客家特色的山水生态旅游城市。

推动农业提标增效。大力推进“一村一品、一镇一业”项目建设，谋划创建丝苗米国家级现代农业产业园，加快建设肉鸽省级现代农业产业园和省级农业科技园，力争扩种8.85万亩梅州柚，改造9万亩低质低产油茶，申报“兴宁单丛茶”国家地理标志，加快广弘农牧生猪养殖等项目建设，做大做强丝苗米、兴宁鸽、柚果、油茶、茶叶、生猪等富农兴村产业，力争到2025年，兴宁鸽、丝苗米、梅州柚产业产值分别达24亿元、14亿元、10亿元以上，努力打造湾区“米袋子”“菜篮子”“果盘子”“茶罐子”“油瓶子”。大力推动品种培优、品质提升、品牌打造和标准化生产，发展精深加工、休闲农业等业态，打造名特优新产品5个、粤字号农产品15个，争创“国家农产品质量安全县”。大力发展铁皮石斛、牛大力、艾草等中药材种植加工，壮大林下经济。办好农民丰收节、农特产品展销会、鸽业大会等特色活动，丰富营销助农、消费惠农、金融扶农等措施，推动特色农副产品走出围龙。

二、聚力建设“三宜”城市，奋力开创新型城镇化新局面

坚持“三生”融合理念，优化城市格局，完

善城市功能，提升城市品质，促进城乡融合，努力打造宜居宜业宜游的梅州副中心城市。

推进提质扩容。强化落实重点功能区规划布局，谋划将工业园区及叶塘镇周边打造为兴宁城市副中心，规划建设“高铁新城”，至2025年底城市建成区扩大5平方公里、城市人口增加5万人，常住人口城镇化率提高5个百分点。全面建成“一江两岸”河堤公路，完成官汕路妇幼保健院至洋里段、兴田二路商贸城十字路口至党校段等道路拓宽改造工程，提高城市道路通达水平。推进“四馆一场”、宁江公园二区、地下综合管廊等项目建设，加快完善市场、停车场、绿地、绿道、公厕等公共设施。完成15个老旧小区改造，实施“三旧”改造680亩以上，谋划推进一批城市微改造项目，加快城市更新。抓好城市风貌塑造，改造提升一批特色商业街区，打造若干特色文化街区。推进“智慧兴宁”十大工程，提高城市精细化管理水平。持续开展“两美”行动和爱国卫生运动，深化精神文明创建九大行动，强化治脏、治乱、治污、治涝、治堵、治安，涵育文明新风，力争三年内成功创建省县级文明城市、国家卫生城市。树牢经营城市理念，加强市场化配置和运作，积极拓展城市资产收益。

推进设施完善。加快城乡基础设施一体化，持续完善路、水、电、气、网等基础设施。确保梅龙高铁2024年建成通车，建设兴宁南站站前广场和快速干线，全面融入珠三角1.5小时交通圈。建成河惠莞高速麻布岗出口至罗浮连接线，谋划实施汕昆高速畲江至兴宁段北延线、济广高速黄陂高速出口至罗浮连接线等项目；推进省道226线罗浮（省界）至新陂段改建、龙田至石马公路改建等工程，改造升级200多公里国省道，实现国道一级公路里程“翻两番”、高等级省道里程“翻一番”，三级及以上县道占比超50%，旅游公路乡镇全覆盖，争创国家级“四好农村路”示范县。推进石壁水库增效扩容、老城区供排水升级改造、中小河流治理、水库除险加固清淤等水利工程建设，保障供水安全，提高灾害防御能力。配合完成省天然气“县县通工程”，推动管道燃气扩网增量，推进新一轮电网升级改造和新一代信息通信网络建设，打造更高品质的燃气、电网、信息等服务体系。

推进融合发展。高质量编制县镇两级国土空间总体规划，优化提升镇村规划。抓好圩镇改造提升，打造一批美丽小城镇示范点。支持中心镇、重点镇集约集中开发，提质发展特色产业，壮大镇域经济。深入推进扩权强镇，持续向基层放权赋能。完善多元化投资机制，健全城乡建设用地统一市场，促进城乡公共资源合理配置。加快形成县域统筹规划布局、市镇村功能衔接互补的公共服务体系，提升城乡公共服务均等化和可及性，促进农村转移人口就近就地城镇化。

三、聚力乡村全面振兴，奋力开创“三农”工作新局面

坚持农业农村优先发展战略，促进农业高质高效、乡村宜居宜业、农民富裕富足，加快推进农业农村现代化。

稳固脱贫成果。严格落实“四个不摘”要求，稳定现行帮扶政策体系，完善防止返贫监测和帮扶机制，强化兜底保障，抓好扶贫资产管理使用，坚决守牢不发生规模性返贫底线。深入开展驻镇帮镇扶村工作，大力实施“千企帮千镇、万企兴万村”行动，推动更多资源向乡村集聚，推进巩固拓展脱贫攻坚成果同乡村振兴有效衔接。

保障粮食安全。建设高标准农田9.16万亩，抓好水田垦造、拆旧复垦，在2023年底前将可复耕的撂荒耕地全部复耕复种到位，确保粮食、禽畜、蔬菜、水产等重要农产品稳产保供。落实最严格的耕地保护制度，全面推行“田长制”，狠抓耕地保护监督执法，严厉打击非法占用耕地建房行为，坚决遏制耕地“非农化”、防止“非粮化”。到2025年，全市耕地保有量保持在46.72万亩以上，年均粮食种植面积稳定在65万亩以上、产能30万吨左右。

发展农村经济。壮大新型农业经营主体，力争新培育省级以上农业龙头企业10家、专业示范社6个。大力实施“乡村工匠”等工程，积极培育高素质“新农人”。推广农机、农技、农资服务，健全农业保险体系，完善供销平台，加快构建以生产、供销、信用为主线的公共农业社会化服务体系。扎实推进农村土地“三权分置”和“三变”改革，推广土地股份合作试点，完成“房地一体”农村不动产登记发证，推动流转土地集约规模发展。全面开展农村集体产权制度改革，探索农村集体经营性建设用地入市制度，多渠道盘活农村集体资产资源，深入开展促进农村集体增收专项行动，力争今年底基本消除年收入5万元以下的集体经济薄弱村，2023年底基本实现全市村级集体经济收入超过10万元。

建设精美乡村。开展农村人居环境整治提升五年行动，以农村“厕所革命”“污水革命”“垃圾革命”为主抓手，推进“千村示范、万村整治”工程建设，实现所有自然村集中供水、垃圾处理设施、村道硬底化、物流节点和新一代信息网络全覆盖。开展“四美”乡村建设行动，狠抓农房管控和风貌提升，以“四沿”和圩镇为重点加快农村民居外立面提升改造，因地制宜建设“四小园”，高质量打造“美丽村屋”“美丽村道”。按4A级景区标准改造提升“两镇五村”示范片区，全面建成石马“六村联动”、“刁坊、坭陂、新圩”三镇美丽乡村示范片，谋划实施黄槐黄陂多村联动、沿罗岗河大坪罗岗段等美丽乡村示范片（带）项目，全域建设生态宜居美丽乡村。大力培育文明乡风淳朴民风，推动乡村善治。

四、聚力厚植生态优势，奋力开创生态文明建设新局面

坚决践行“两山”理念，打好蓝天、碧水、净土保卫战，确保环境质量主要指标全省领先，实现美丽与发展共赢。

加强环境保护。落实生态环境保护责任清单，坚决完成环保督察问题整改。加强“散乱污”企业整治，强化建筑工地、道路扬尘、露天焚烧、烟花爆竹燃放和餐饮油烟废气管控，确保城市空气质量优良天数比例保持在98%以上。接续推进环境综合治理与修复项目，加快市、镇、村生活污水处理设施全覆盖，至2025年污水处理率达100%。突出抓好合水水库等饮用水源水质保护和宁江河水质整治，确保地表水、集中式饮用水源水质、国省考断面水质稳定达标。严格落实河（湖）长制，持续开展河湖“清四乱”“五清”行动，高质量推进“万里碧道”建设，实现水环境长治久清。建设静脉产业园二期项目，完成城区垃圾中转站改造，全面推行垃圾分类，积极创建“无废城市”。抓好农业面源、畜禽和水产养殖污染治理，优先保护耕地和饮用水水源地土壤环境。加快实施铁山嶂等矿区治理修复工程，到2025年，新增矿山恢复治理面积50公顷，绿色矿山比例达100%。

筑牢生态屏障。强化“面上共抓保护、点上高效开发”的发展导向，严格落实“三线一单”，科学划定“三区三线”，抓好山水林田湖草沙一体化生态保护修复，完成自然保护地整合优化。全面落实“林长制”，加强东江、韩江上游水源涵养林和湿地生态系统保护，推进国家储备林建设，完成森林抚育50万亩，建设高质量水源涵养林2.5万亩，确保森林覆盖率稳定在67%以上，力争2024年建成县级国家森林城市。强化林业资源保护利用，新开设防火隔离带2000公里，建设一批国家森林小镇、森林康养基地。加强自然资源执法监管，严惩违法行为，确保重要生态空间的生态功能不降低、面积不减少、性质不改变，自然资源资产总量有增长。

促进绿色发展。落实碳达峰、碳中和部署，强化能耗“双控”，坚决遏制“两高”项目盲目发展，加快高耗能行业绿色化改造和园区循环化改造，发展光伏发电、绿色建筑等新能源新材料产业，推行清洁生产，淘汰落后产能，稳步提高能源综合生产能力，完成单位GDP能耗下降目标任务。坚持集约节约用地，加大批而未供和闲置土地处置力度，推进低效产业用地再利用。巩固挖掘林业生态优势，做好东江流域省内生态保护补偿试点工作，积极对接碳汇交易。深入开展绿色学校、绿色社区、绿色家庭、绿色出行等创建活动，大力建设节约型机关，积极创建节水型城市。

五、聚力深化改革开放，奋力开创合作共赢新局面

坚持实施扩大内需战略，深化供给侧结构性改革，用好国内国际两个市场、两种资源，大力推进“三进一出”。

畅通内外循环。聚焦“两新一重”和补短板强弱项，强化资金、用地等要素保障，抓好重点项目的储备和建设，加大基础设施和公共服务投入，激发民间投资，力争固定资产投资年均增长10%。深入实施“乡贤回乡投资兴业工程”，推进领导招商、平台招商、以商招商、产业链招商，着力引进投资大、带动力强的产业项目，力促引进项目（企业）“当年签约、当年动工、当年投产、当年上规”，积极畅通产业循环。推动线上线下消费融合发展，提振商贸、餐宿、文旅等传统消费，培育休闲、康养等服务消费，带动镇村消费，搞活夜间经济、假日经济，力争社会消费品零售总额年均增长7%，大力促进市场循环。主动融入梅州综保区、跨境电商综试区，谋划建设工艺产业园等外贸基地，培育跨境电商等新业态，鼓励特色产品、优势产业“走出去”，不断壮大出口主体，到2025年实现进出口总额突破6.67亿元。

全面深化改革。围绕构建更有效市场、打造更有为政府，持续深化“放管服”改革，推进政务服务便民化、涉企服务便利化、政府治理数字化、政务监管标准化，实现“兴宁服务、天天进步”，努力打造懂企业、懂市场的政府。全面实行政府权责清单制度，深化市属国企、土地管理等改革，推进政府职能转变。加快“数字政府”建设，强化市镇（街）两级政务服务中心“三集中三到位”管理，用好“粤政易”等平台，推进更多事项“就近办、指尖办、马上办、一网通办”。大力创建“无费市”，推进“交地即发证、交房即交证”等重大改革，推动一般企业投资项目、工程建设项目审批、不动产登记等办理效率走在梅州前列。深化商事制度改革，强化市场监管，严厉打击制假售假等违法行为，加强知识产权保护，完善市场信用体系，推动市场环境更加公平有序。加强诚信政府建设，坚持科学决策，狠抓跟踪落实，注重考核评价，持续健全“政府承诺+社会监督+失信问责”机制。全面落实减税降费等惠企政策，健全企业落户、建设、发展全过程“一站式”服务机制，以“母亲式”服务助推企业发展，争取新登记市场主体2万家。

强化开放协作。深化与天河区的合作共建，充分借助天河区的资本、项目、人才、技术、机制等优势，在园区建设、社会事业、消费帮扶等领域开展更深层次合作，实现互惠共赢发展。主动参与融入“双区”“双城”和“两个合作区”建设，积极承接产业转移，加强在经贸、交通、文旅、生态等方面的互联互动，高水平打造湾区最美后花园、最佳康养地、最优体验场。推进省际边界发展起步区建设，积极拓展与汕潮揭、海西区和江西寻乌、河源龙川等周边地区的交流合作，推动区域协同发展。积极服务梅兴华丰产业集聚带建设，做好兴宁区域征拆工作。

六、聚力增进民生福祉，奋力开创共建共治共享新局面

坚持以人民为中心，将八成以上财力用于民生建设，让人民群众的获得感成色更足、幸福感更可持续、安全感更有保障。

强化社会保障。谋划办好各年度十件民生实事。优先稳就业，大力实施“粤菜师傅”“广东技工”“南粤家政”三项工程，力争城镇新增就业1.9万人以上，城镇登记失业率控制在3.5%以内。推动各类兜底政策应享尽享、各项社会保险应保尽保，到2025年社会保险参保人数突破63万人，实现城乡居民养老保险全覆盖。深化医疗保障制度改革，持续完善基本医疗保险救助、医保支付、医药服务供给、门诊共济保障等机制。加快推动社会工作服务站（点）覆盖所有镇（街）村（居），加大留守儿童、残疾人等特殊群体的关爱救助力度，发展社会福利和慈善事业，促进特殊教育优质融合发展。推广医养康养、社区居家等养老服务，积极应对人口老龄化。强化三孩生育政策配套衔接，促进人口长期均衡发展。坚持“房住不炒”，科学有序释放土地空间，保持房地产市场健康平稳发展。完成棚户区改造1070套，扎实做好农村危房改造工作。

繁荣社会事业。推进教育振兴。谋划实施文峰片区学校等新改建项目，至2025年至少新增2000个幼儿园公办学位、5000个义务教育公办学位和1200个普通高中公办学位，不断优化教育资源配置、改善办学条件，解决义务教育阶段“大班额”问题。深化教育改革创新，实施“新强师工程”，大力培育名教师、名校长、名班主任，提高教学质量，推动基础教育高质量发展，至2025年，九年义务教育巩固率保持在95%以上，80%以上普通高中建成“省一级学校”。落实“双减”政策，坚持“五育”并举，全面推进素质教育。确保市高级技工学校成功创建技师学院、梅卫职校成功创建省重点中职学校，实现职业教育新突破。建设健康兴宁。力争新建市人民医院在2022年投入使用并启动创“三甲”工作，市第五人民医院在2023年成功创建“二甲”医院，实施市中医院、慢性病防治院、福兴街道社区卫生服务中心等迁建项目，规范化升级改造一批乡镇卫生院（社区卫生服务中心），加强专业人才引进培育，至2025年，力争每千人医疗机构床位提高至5.08张，每千人口拥有执业（助理）医师数、注册护士数分别提高至2.8人、3.5人。推动中医药传承创新发展，力争2022年成功创建全国基层中医药工作先进单位。深化“三医联动”等改革，推进县域医共体运行。发展文体等事业。全面完成文化馆、图书馆总分馆和服务点建设，打造版画展示培训体验基地和十里版画长廊，大力开展文化惠民工程，提升公共文化服务水平。深入推进客家文化生态保护实验区建设，抓好革命遗址、名人故居的修缮利用，加强非物质文化遗产的传承保护，力争国家级文保单位实现零的突破。做好“左联”文化弘扬工作。促进文旅融合发展，助力梅州创建“东亚文化之都”。谋划建设1个综合性体育馆，深入开展全民健身活动。大力发展足球青训，配合梅州做好足球特区创建工作。办好梅州市第十届运动会。健全退役军人服务保障体系，抓好国防动员，深化双拥共建。做好第五次全国经济普查工作。推动妇女儿童、民族宗教、外事侨务、老区建设、统计、气象、方志、档案、保密等工作上新台阶。

创新社会治理。坚持“五治”融合，推进治理体系和治理能力现代化。创新发展新时代“枫桥经验”，健全多元化矛盾纠纷化解协调机制，压实首接首办责任，完成市群众信访诉求综合服务中心标准化建设，实现公共法律服务工作站（室）所有镇（街）、村（社）全覆盖，有序化解信访积案。推动扫黑除恶常态化，严厉打击违法犯罪，完善立体化智能化社会治安防控体系，推进市域社会治理现代化，建设更高水平的平安兴宁。深入开展“八五”普法，抓好民法典等法律法规的宣传实施。建强用好融媒体中心，有力推进“三好一正”。大力践行社会主义核心价值观，加强家庭家教家风建设，营造良好社会风尚，提高社会治理效能。

统筹发展和安全。慎终如始抓好常态化疫情防控，完善重大疫情防控救治机制，持续巩固拓展疫情防控成果。全面贯彻落实总体国家安全观，防范化解重点领域重大风险，力争2022年成功创建国家安全发展示范城市。强化财政预算绩效管理，严格管控政府债务，稳妥化解债务风险。加强金融监管，依法打击非法金融活动。加强网络安全保障体系和能力建设，守牢意识形态阵地。抓牢抓实安全生产，系统防范化解道路交通安全风险，强化食品药品安全、消防安全、校园安全、森林防火等工作，完善应急管理体系，提高防灾减灾救灾及综合应急能力，坚决维护安全稳定。

各位代表！面对新时代新征程新任务，我们要始终把政治建设摆在首位，学思践悟习近平新时代中国特色社会主义思想，坚持和加强党的全面领导，深入推进模范机关建设，增强“四个意识”、坚定“四个自信”、做到“两个维护”，不断提高政治判断力、政治领悟力、政治执行力，大力建设人民满意政府，奋力开创政府工作新局面。

我们将坚持依法行政，建设法治政府。持续深化行政体制改革，进一步构建职责明确、依法行政的政府治理体系。深化政府学法活动，规范公正文明执法，加强行政复议、行政应诉等工作，依法依规推进政府工作。严格执行民主集中制和重大行政决策程序，自觉接受人大法律监督、政协民主监督、监察监督，强化审计监督和政务公开，高质量办好建议、提案，提升政府工作科学化、民主化、法治化水平。

我们将坚持担当实干，建设高效政府。把求真务实贯穿工作全过程，注重谋实事、摸实情、出实招、求实效，用成果说话，以实绩论英雄。发扬斗争精神，勇于担苦、担难、担重、担险，动真碰硬，善作善成。推行项目化工作法，着力抓重点、破难点、创亮点、争试点，推动工作高质高效开展。落实“三个区分开来”，凡是有利于党和人民的事，就大胆干、坚决干。政府工作人员要勤学苦练，不断增强本领、增长才干。

我们将坚持人民至上，建设服务政府。牢记初心使命，以百姓心为心，多问计于民、问需于民、问效于民，多为群众办好事、做实事、解难事，用心用力便民惠民，全情全意扶企暖企，以政府的“用心指数”赢得群众的“满意指数”、企业的“发展指数”和市场的“活跃指数”。

我们将坚持严管自律，建设廉洁政府。以永远在路上的执着抓好党风廉政建设，强化“一把手”和领导班子监督，推动“一岗双责”见人见事，严防廉政风险。深入开展党章党规党纪教育等活动，大力纠治“四风”，严密制度、严肃教育、严惩腐败，一体推进不敢腐、不能腐、不想腐。政府工作人员要明大德、守公德、严私德，知敬畏、存戒惧、守底线，争当一心为公、一身正气、一尘不染的好干部。

各位代表！奋斗路正长，行者方致远！让我们在上级和市委的坚强领导下，凝心聚力，砥砺奋进，勇毅前行，加快打造“一城一廊一带”发展格局、建设“工贸新城·智慧兴宁”，全力当好梅州生态发展主力军，不断开创高质量发展新局面，再创千年齐昌新辉煌！兴宁明天必将更美好！

政府工作报告

——在兴宁市第十六届人民代表大会
第二次会议上
（2022 年 3 月 8 日）
兴宁市市长 洪国华

一、2021 年工作总结

过去一年，市政府在上级和市委的坚强领导下，在市人大、市政协的监督支持下，坚持以习近平新时代中国特色社会主义思想为指导，坚决贯彻落实习近平总书记、党中央决策部署，按照上级和市委部署要求，全力统筹疫情防控和经济社会发展，同全国人民一道步入了全面小康社会，实现“十四五”良好开局。

（一）经济运行持续向好。积极主动应对经济下行、疫情等影响，千方百计做好“六稳”“六保”工作，推动经济稳定发展。全年实现地区生产总值 196.3 亿元、比增 8.8%，增速梅州第一。28 个省市重点项目超额完成年度投资任务，带动固定资产投资完成 81.98 亿元。全面落实各项促消费政策措施，实现社会消费品零售总额 104 亿元、比增 2.7%。支持重点外贸企业开辟新市场、新业态，完成进出口总额 6.6 亿元、比增 9.3%。坚持开源和提质并举，完成地方一般公共预算收入 10.65 亿元、比增 3%，税收收入占比 56.8%。金融服务实体经济力度加大，存贷比达 64%。大力帮助企业纾困解难、激发活力，累计新增减税降费 1.21 亿元，新登记市场主体 6835 家。政府债务、金融风险防范化解有力，完成年内隐性债务“清零”目标，上市公司风险化解工作取得阶段成效。

（二）产业发展持续增效。工业规模不断壮大。坚持“扶小、培大、育强”并重，推动装备制造等主导产业加快发展，我市获评全省 2020 年度制造业发展情况较好的县（市）。完成规上工业总产值 71.43 亿元、比增 28.3%，两年平均增长达 16.34%；规上工业增加值 18.1 亿元、比增 26.8%，增速梅州第一。新增规上企业 6 家、总数达 79 家，新培育产值亿元以上企业 4 家、总数达 15 家。金雁电工成为我市首个年产值超十亿元的工业企业，成为梅州唯一入选省制造业 500 强的企业。引进合同项目 17 个、计划总投资 107.52 亿元，其中工业项目 11 个。园区建设日益完善。完成固定资产投资 6.68 亿元，共收储土地 1000 多亩，“六横六纵”路网基本建成通车，23.6 万平方米的标准厂房建成使用，兴宁·天河创新产业园、安置区二期等项目加快建设。新进园企业 14 家、计划总投资 21 亿元，海思智能、天兴冷链等 10 家企业建成投产，园区工业总产值比增31%、税收比增39.2%。特色农业加快发展。丝苗米省级现代农业产业园全面建成并通过省级验收；在全省率先出台扶持肉鸽产业发展若干措施，肉鸽产业园入选省级现代农业产业园。“兴宁单丛茶”获国家地理标志证明商标，兴宁香米、兴宁鸽入选省特色农产品优势区。新增大湾区“菜篮子”生产基地4个、省级农业龙头企业2家。新建高标准农田2.69万亩，撂荒耕地复耕复种5.45万亩，水田垦造、拆旧复垦有序开展，粮食安全保障有力，农业总产值比增8.3%。现代服务业方兴未艾。互联网产业园加快建设，国家级电子商务进农村综合示范项目全面建成，省级特色乡村发展试点县工作扎实推进，新增限上商贸流通企业5家。创建省全域旅游示范区工作全面启动，旅游集散中心、“十里版画长廊”等项目扎实推进，熙和湾等7个重点文旅项目完成投资6.86亿元，带动文旅产业提速发展，全市累计接待游客、旅游总收入分别比增28.4%和50.8%。

（三）城乡面貌持续改善。城镇建设扎实推进。锦绣大桥建成通车，完成第二自来水厂扩建及取水点迁建，棚户区改造、“四馆一场”、宁江公园二期等工程进展顺利。改造老旧小区5个，实施“三旧”改造114亩。完成永泰路人行道改造等6个市政项目，改造农贸市场2个。启动6个圩镇提升改造工程。“六乱”整治成效明显，垃圾分类有序推行，数字化城管平台建成使用，省县级文明城市、国家卫生城市创建工作扎实推进，“美丽梅州·美好家园”三年行动总成绩排名梅州第二。农村人居环境不断提升。农房管控和乡村风貌提升工作全面推进，实施“千村示范、万村整治”项目100个，自然村集中供水实现全覆盖，列入省民生实事的15个自然村生活污水治理项目全面完成，农村生活垃圾无害化处理率达100%，整治削坡建房风险点1812户。全面完成“三清三拆三整治”，全部村庄达到干净整洁村标准，55%以上村庄达到美丽宜居村标准。石马镇“六村联动”新农村连片示范项目高标准建成，径南镇乡村振兴“十村联动”、“刁坊、坭陂、新圩”三镇美丽乡村连片示范项目启动实施。

（四）发展环境持续提升。基础设施逐步完善。梅龙高铁建设提速，河惠莞高速麻布岗出口至罗浮连接线（兴宁段）、“一江两岸”河堤公路、“四好农村路”等项目扎实推进。水库除险加固、崩岗治理、碧道建设等工程稳步实施，完成中小河流治理13.2公里、生态清洁型小流域综合治理16平方公里。省天然气管网“县县通工程”项目建设有序。黄槐电网升级改造全面完成。新建5G基站266座，实现充电桩乡镇全覆盖。生态环境整体向好。全面落实河（湖）长制，完成河湖“四乱”整改销号6宗、小水电清理整改退出1宗。水口水洋国控断面连续达标，全市饮用水源地水质达标率100%。全面推行林长制，完成造林5733亩、森林抚育22.7万亩，县级国家森林城市加快创建。工业源、移动源污染等治理有效，烟花爆竹、建筑扬尘等管控有力，城市环境空气质量优良率99.2%。山水林田湖草沙一体化保护和修复项目获3.77亿元中央资金支持，铁山嶂废弃矿区生态综合治理修复项目扎实推进，静脉产业园一期投入运营，新铺设城乡污水管网73.68公里。中央环保督察交办案件结案率96.4%。改革创新步伐加快。“放管服”改革、“数字政府”建设成效显著，行政许可事项时限压减率达95.05%，“互联网+监管”事项覆盖率梅州排名第一，全面实现投资审批事项线上并联办理，工程项目审批、“交房即交证”“不动产登记+金融”等改革稳步开展。新培育高新技术企业5家，新认定科技型中小企业14家，新增梅州市级以上工程技术研究中心4家、省“专精特新”中小企业2家。获批建设省农业科技园区。拓展盈辉成为我市首个参与国家标准制定的企业。

（五）民生保障持续加强。民生投入稳步增长。全年民生支出60.82亿元，占一般公共预算支出的87.78%。十件民生实事23项具体任务全面完成，办成779个“我为群众办实事”项目。脱贫成果巩固提升。防止返贫动态监测和常态化帮扶工作扎实有效，驻镇帮镇扶村顺利开展，所有行政村实现村级集体经济年收入达5万元以上。保障体系不断完善。底线民生、社会救助等标准逐步提高，医疗保险基本实现制度内全覆盖，企业职工养老保险、失业保险、工伤保险覆盖率稳步提高。“粤菜师傅”“广东技工”“南粤家政”三项工程完成培训3174人，城镇新增就业4050人，城镇登记失业率控制在3.5%以内。社会事业全面进步。20所镇（街）中心幼儿园实现独立建制；完成锦绣学校二期等7个新改扩建项目，新增学位8150个；创建技师学院一期工程动工建设，创建省级重点中职学校进度加快。新建市人民医院项目完成主体建设；全国基层中医药工作先进单位创建工作扎实推进。文化馆总分馆实现全覆盖，竹板歌入选国家非遗项目名录，新增省级非遗项目3个、省级文保单位2个。大坝里体育场升级改造全面完成，建成社区体育公园2个。国防动员、拥军优属等工作有效落实，全国示范型退役军人服务站达标数量居梅州前列。第七次全国人口普查工作顺利完成。民族宗教、外事侨务、妇女儿童、青少年、残疾人、档案、方志等工作取得新成绩。社会治理有力有效。常态化疫情防控有力，重点人群、重点场所、重点环节等防控措施精准有力，3周岁以上人群疫苗接种覆盖率81.97%。市普法办荣获2016—2020年全国依法治理创建活动先进单位，“打造司法‘云’时代”成为我省2021年唯一入选全国《数字乡村建设指南1.0》的案例。群众信访诉求综合服务中心揭牌运行。市公安局“梅安2021”专项行动考核梅州第一。电信网络诈骗犯罪高发态势得到明显遏制。“雪亮工程”持续推进，安全生产、食品药品安全、消防安全、扫黑除恶等工作有效开展，社会大局和谐稳定。

一年来，我们坚持加强政府自身建设，纵深推进全面从严治党，深入开展党史学习教育，深刻领悟“两个确立”的决定性意义，增强“四个意识”、坚定“四个自信”、做到“两个维护”，不断提高政治判断力、政治领悟力、政治执行力。坚持向市委、市人大及其常委会报告工作，向市政协通报情况，高质量办理建议、提案。扎实开展市政府学法活动，加大政务公开，强化审计、财政监督和整改，自觉接受各类监督，法治政府建设不断深化。乡镇体制等改革深入推进，政府治理体系不断完善。严格落实中央八项规定及其实施细则精神，大力树新风、纠“四风”，政府作风持续转变。

各位代表！过去一年的成绩来之不易，这得益于上级和市委的坚强领导，得益于市人大、市政协的大力支持，得益于全市上下的团结拼搏。在此，我代表市政府，向全市广大干部群众，向各位人大代表、政协委员，向各民主党派、人民团体、无党派人士，向对口帮扶的天河区、驻镇帮镇扶村各工作队，向驻兴宁单位、驻兴宁部队、武警官兵、公安干警和消防救援指战员，向关心支持兴宁发展的港澳台同胞、海外侨胞和社会各界人士，表示衷心的感谢并致以崇高的敬意！

同时，我们也清醒认识到，当前兴宁经济社会发展面临不少问题和困难。一是发展质效有待提高。经济总量小、人均水平低；产业结构不够合理，实体经济发展还不够快，二产占比偏低；教育、医疗等公共服务有待完善，城乡配套服务与群众期望还有差距。二是发展动力有待增强。重大投资不足，固定资产投资同比下降；消费、外贸还未恢复至疫情前水平，增速不够高；企业自主创新能力不够强。三是发展保障有待强化。企业用地难、融资难等问题凸显；“三保”压力大，财政收支矛盾突出；干部作风仍需改进，营商环境仍需优化；等等。对此，我们要迎难而上，拿出有力措施，切实加以解决。

二、2022年工作安排

2022年是党的二十大召开之年，是新一届政府的开局之年。做好今年工作，必须扛起使命担当，狠抓发展第一要务，突出实体经济、乡村振兴两个重点，务实重干、拼搏进取，千方百计把经济搞上去，在推动兴宁苏区加快振兴、共同富裕征程中开好局、起好步。

今年政府工作的总体要求是：以习近平新时代中国特色社会主义思想为指导，全面贯彻落实党的十九大和十九届历次全会以及中央经济工作会议精神，深入贯彻习近平总书记系列重要讲话、重要指示批示精神，弘扬伟大建党精神，坚持稳中求进，完整、准确、全面贯彻新发展理念，全面深化改革开放，坚持创新驱动发展，推动高质量发展，认真落实省委“1+1+9”工作部署和梅州市委工作安排，按照市第十四次党代会、市委十四届二次全会的工作要求，围绕“112345”工作思路和“八大工程”具体抓手，统筹疫情防控和经济社会发展，统筹发展和安全，继续做好“六稳”“六保”工作，推动经济社会发展稳中向好，以优异成绩迎接党的二十大胜利召开。

今年的主要预期目标是：地区生产总值增长6%；固定资产投资增长8%；规上工业增加值增长8%；社会消费品零售总额增长5%；进出口总额增长2%；地方一般公共预算收入增长5%；全体居民人均可支配收入增速与经济增速基本同步；城镇登记失业率控制在3.5%以内；完成上级下达的节能减排降碳约束性指标任务。

重点抓好如下工作：

（一）发力实体经济，提升发展能级

壮大工业产业。全面落实工业发展“十四五”规划，加快构建工业产业发展新体系，力争完成规上工业增加值20亿元、工业投资14亿元。突出打造主导产业，优化资源配置，完善我市扶持政策，做大做强装备制造业，做精做优生态特色食品、现代轻工纺织、生物医药与健康等特色产业，培育壮大医疗器械、新一代电子信息、新材料、新能源等新兴产业，力争装备制造业产值达30亿元以上。聚焦培育龙头企业，加快金雁电工3万吨特种漆包线、跃速体育产业园等重大项目建设，支持海思智能、兴盛玩具、辰浩医疗、联康药业等企业增资扩产、提质增效，引导富农生物等龙头企业上市发展，辐射带动产业集聚。实施企业“倍增计划”，引导中小微企业做强做优，力争新增6家规上企业、2家产值亿元以上企业。

夯实园区平台。抢抓《国务院关于新时代支持革命老区振兴发展的意见》等重大政策机遇，全力做好粤闽赣苏区改革开放创新发展试验区兴宁片区规划和产业发展规划，推动试验区规划建设落地见效。积极贯彻《广东省推动医疗器械产业高质量发展实施方案》，在全省率先与省药监局共建计划总投资50亿元、规划用地780亩的医疗器械产业园，全力打造经济发展新引擎。加快标准厂房三期、安置区三期等项目建设，完善园区小学、医院、商住小区等配套设施，力争园区固定资产投资增长30%。新收储土地300亩以上，健全园区土地节约集约和项目退出机制，强化亩产效益评价。坚持企业入园、产业集聚，争取新引进10家以上企业进园发展，力争园区工业总产值和税收均增长30%。

强化招商引资。深入实施“乡贤回乡投资兴业工程”，完善以商招商、共建招商等机制，力争引进合同项目12个以上、计划总投资70亿元以上。突出延链补链强链，大力引进关联度高、竞争力大、带动能力强、综合效益好的先进制造业、战略性新兴产业项目。聚焦招大引强，瞄准500强企业、央企国企、上市公司、大型民营企业等，努力引进重大投资项目。压实招商项目“五个一”机制，推行全周期全链条的“母亲式”“一站式”服务，力促引进项目（企业）“当年签约、当年动工、当年投产、当年上规”，提高资金到位率、开工率和投产率。

发展现代服务业。聚力发展数字经济，力争完成互联网产业园主体建设，发展工业互联网，壮大互联网产业。提质发展文旅产业，加快推进省级全域旅游示范区建设，建成旅游集散中心、旅游大数据中心，完善提升旅游配套设施，培育发展红色旅游、生态旅游、文化旅游、乡村旅游、康养旅游等业态，打造旅游精品线路。引导明珠养生山城等景区提档升级，力争新创建2家国家AAA级景区。落实各级促消费政策措施，扩大汽车、家电、餐饮、文旅等传统消费，培育发展信息服务、智能终端等新型消费。加快省数字乡村发展试点项目建设，发展“客运＋快递＋镇村电商物流服务站点”配送模式，实现物流快递“村村通”，带动镇村消费。发展现代商贸新业态，推进农贸市场、商业街区改造提升，搞活夜间经济、假日经济。

（二）聚焦项目投资，增强发展动力

扩大重点领域投资。用好上级政策，争取各方支持，着力扩大交通、水利、电网、能源、信息等领域投资。全力保障梅龙高铁兴宁段建设，力争年内贯通所有隧道，完成投资5.89亿元。启动高铁南站站前综合广场和快速连接线项目，加快河惠莞高速公路麻布岗出口至罗浮连接线（兴宁段）建设，争取“一江两岸”河堤公路6月底建成通车，实施省道S226线妇幼保健院至洋里段、省道S239线赤巷口至锦绣大桥段改造工程，推进“四好农村路”提档升级，力争完成交通投资5.1亿元。谋划济广高速（平兴段）罗浮镇支线高速公路、省道S226线兴城至罗浮、省道S333线黄陂甘专至罗岗圩镇段改建、水口三桥等项目。推进15宗水库除险加固、6宗中小河流治理、2宗碧道建设，实施石壁水库增效扩容改造及和山岩、和山水库清淤等工程，抓好生态清洁型小流域综合治理，力争完成水利投资11.41亿元。实施500千伏五华（兴宁）输变电配套线路等重大输电工程，新改建中低压线路99千米，力争完成电网改造投资6000万元。配合完成省天然气管网“县县通工程”建设，发展光伏发电。加快新能源汽车充电桩等新型基础设施建设，实现5G网络城区全覆盖。

抓好重大项目建设。树立强烈的抓重大项目意识，力争用大项目引领大发展。抢抓省财政5年新增210亿元支持老区苏区振兴发展、省支持梅州创建革命老区高质量发展示范区等重大机遇，加强重大项目的谋划建设。用“抢”和“争”的姿态，做深做细做实项目前期工作，全面完成省市重点项目年度投资任务，更大力度争取中央预算内投资等资金支持。完善重大工程项目总指挥部机制，加强重大项目全过程的跟踪管理服务，形成“开工一批、建设一批、投产一批、引进一批、储备一批”的良好态势。

加强要素服务保障。全面强化用地、用工、融资、审批等保障，倾斜支持“打粮食”项目。加大征地拆迁和土地收储力度，用地指标优先支持重大项目，50%以上的县级新增建设用地计划指标用于产业项目。全面落实减税降费等惠企政策，用好风险信贷补偿基金，促进政银企对接，引导金融机构创新服务，提高金融服务实体经济、支持重点项目的能力。全力争取债券、政策性银行贷款等资金支持，统筹用好各类资金，注重绩效评价管理，保障重点项目建设。深化“暖企”行动，大力帮助企业项目纾困解难。

（三）推进城乡统筹，夯实发展基础

振兴乡村产业。抓好“一村一品、一镇一业”项目建设，加快广弘农牧、宝宁农牧等项目进度，组织径南镇创建全国“农业产业强镇”，努力打造一批产业强村，探索建设1—2个乡村产业社区。各镇街要聚力打造1个具有一定规模、联农带农结合紧密的产业群。加快肉鸽省级现代农业产业园建设，申报创建油茶、单丛茶省级现代农业产业园。用工业化理念抓农业，大力发展精深加工，推动第一产业向第二、三产业延伸。推广农机、农技、农资服务，强化金融、保险支持，壮大新型农业经营主体。实施“三品一标”提升行动，打造粤字号农产品5个。强化粮食安全，新建高标准农田1.5万亩，撂荒耕地复耕复种1.96万亩，持续推进水田垦造，坚决制止耕地“非农化”、防止耕地“非粮化”。发挥产业益农带农富农作用，扎实推进驻镇帮镇扶村，深入开展“千企帮千镇、万企兴万村”行动，健全防返贫动态监测和帮扶机制，坚决守住防止规模性返贫的底线。深化农村集体产权制度改革，推动土地集中流转，促进适度规模经营，壮大农村集体经济，实现70%以上行政村集体年收入达10万元以上。

建设美丽镇村。推进重点镇村“四沿”示范带和省际廊道美丽乡村示范带建设，加快径南镇乡村振兴“十村联动”连片示范项目建设，建成“刁坊、坭陂、新圩”三镇连片示范项目。深入开展“九大攻坚战”和农村人居环境整治提升五年行动，继续实施“千村示范、万村整治”项目，实现所有自然村通硬化路，巩固农村集中供水、污水治理、垃圾处理、厕所革命等成果，完善通信、物流和助农服务等设施，因地制宜建设“四小园”，实现60%以上村庄达到美丽宜居村标准。全域推进农房管控和乡村风貌提升，加强农村宅基地审批管理，加快农村民居外立面改造提升，完成削坡建房和经营性自建房整治任务。大力开展美丽圩镇建设攻坚行动，全面完成圩镇人居环境整治，所有圩镇达到宜居圩镇标准，2个以上圩镇达到示范圩镇标准。

推进城镇建设。加快完成国土空间总体规划编制，科学划定“三区三线”，优化城镇空间布局，加快南部新城建设。推进城市更新，加快棚户区改造、宁江公园二期、老城区供排水升级改造（一期）等项目建设，改造23个老旧小区，连片化集聚化开展“三旧”改造，谋划在城区北部、南部各建设1个综合肉菜市场，提升一批道路、公厕、管网、停车场等设施，着力化解交通拥堵、城市内涝、“马路拉链”、停车难等问题。加快完善数字化城管平台，推进城市运行“一张网”，提高城市精细化管理水平。扎实推进创建省县级文明城市、国家卫生城市工作。积极推进扩权强镇，支持中心镇、重点镇、专业镇建设。健全城乡融合发展机制，畅通城乡人才、土地、金融等要素流通渠道，促进农业转移人口市民化。注重加强历史文化保护传承，科学做好城乡规划、建设和管理。

（四）巩固生态优势，厚植发展底色

狠抓环境治理。立足国家重点生态功能区、省生态发展区定位，深入打好大气、水、土壤污染防治攻坚战。突出抓好工业污染、扬尘污染、移动源污染的治理，严格管控烟花爆竹燃放和露天焚烧，开展城区餐饮行业油烟废气专项整治，确保空气质量优良率优于上级要求。全面落实河（湖）长制，抓好宁江河、合水水库等水质保护，完成饮用水水源整治任务，确保考核断面水质顺利达标。巩固东排沟水体水质治理成果，彻底消除劣V类水体。建成高铁新城污水处理厂，完善城镇污水处理管网。开展农村生活污水治理攻坚，完成上级下达的150个自然村生活污水治理任务。抓好农业面源污染治理，加强建设用地、重点企业土壤环境监管。实施黄泥坑垃圾填埋场封场工程，启动静脉产业园厨余垃圾处理厂项目，推进9座城区垃圾中转站改造，谋划在城区南部新建1座垃圾中转站，推动60%以上城区村（社区）基本建成生活垃圾分类示范片区，加强固体废物的安全处置，积极创建“无废城市”。抓好第二轮中央环保督察反馈问题整改，更大力度查办生态环境信访问题。

严抓生态保护。强化落实生态环境保护“一岗双责”，实行市、镇、村三级环境监管网格化管理。严格落实“三线一单”生态环境分区管控要求，加强自然资源和环境执法监管，抓好耕地质量提升及安全利用示范区建设。全面落实林长制，推进县级国家森林城市建设，实施新造林7300亩、森林抚育5.7万亩，配合做好梅州国储林项目建设，完成省南岭山地森林项目（兴宁段）造林绿化工程，整合优化自然保护地。加快实施山水林田湖草沙一体化保护和修复项目，加快推进铁山嶂废弃矿山生态修复综合治理工程，全面完成地质灾害防治三年行动计划任务。

大抓绿色发展。强化能耗“双控”，严格项目审批，全面落实排污许可“一证式”管理，把好企业项目审批关、准入关、监管关，坚决遏制“两高”项目盲目发展。强化资源节约和循环利用，推进重点领域、重点行业节能降碳，加快产业绿色化改造，推行清洁生产，发展绿色产业。深入开展绿色系列创建行动，倡导绿色低碳。

（五）深化改革创新，激扬发展活力

抓好重点改革。坚持“用户思维”，做好审批“减法”和服务“加法”，努力打造懂市场、懂企业、懂群众的政府。持续推进“放管服”改革，推动一般企业投资项目、工程建设项目审批、不动产登记等办理效率走在梅州前列。全面推行“证照联办”、告知承诺制等改革举措，加强市场监管和知识产权保护，完善市场信用体系，抓好质量强市工作，激发市场活力，争取新登记市场主体7000家。加快“数字政府”建设，深化政务服务事项“一窗受理”“一网通办”，力争年底前实现行政审批事项网上受理率、办结率、高频政务事项全流程线上办理率“三个100%”。推进资源资产价值化，力争在矿产资源、水资源开发方面率先突破。探索建立生态资源及生态产品价值核算方法体系。加快城投、园投公司实体化运作，支持依法参与资源资产价值化、基础设施、实体经济、公共服务等项目。持续深化乡镇街道体制、综合行政执法等改革，抓好财政、教育、卫生等改革，提高政府治理能力。加强政企沟通交流，大力构建“亲”“清”政商关系，不断优化营商环境。

强化创新驱动。加大科研投入，建好创新平台，加快省级农业科技园区建设，力争创建3个梅州市级以上工程技术研究中心、1个省级众创空间。发挥企业创新主体作用，深化产学研合作，促进科技成果转化，推动中小微企业“专精特新”发展，力争认定5家高新技术企业、30家科技型中小企业，规上工业企业建立研发机构比例达43%。支持企业开展技术改造、设备更新，力争完成技改投资3亿元，推动8家规上企业实现数字化转型。完善人才引进、培育、留用机制，落实中长期青年发展规划，大力实施“青梅计划”，推进技工教育大发展，加强职业技能培训，引导高层次人才、专业技术人才向产业、向乡村流动集聚。

扩大开放合作。深化与天河区的合作共建，用足用好驻镇帮镇扶村工作队资源，集聚爱心乡贤力量，赋能产业建设、乡村振兴、民生发展。积极融湾入湾，高水平打造湾区的“米袋子”“菜篮子”“果盘子”“水缸子”“茶罐子”。主动对接梅州综保区、综试区等平台，大力发展跨境电商，拓展多元市场，努力增加机电、工艺等出口销量，多渠道做大外贸规模，力争完成进出口总额6.7亿元以上。加强与江西寻乌等周边地区的交流合作，探索在省际边界交通设施提升、美丽乡村示范带建设方面先行先试。

（六）增进民生福祉，共享发展成果

加强社会保障。优先稳就业，大力推进“粤菜师傅”等三项工程，促进重点群体就业创业，力争完成职业技能培训3000人以上、城镇新增就业4000人以上。强化低保兜底保障，完善社会救助、社会福利、慈善事业等制度，织密社会保障网。加快实施“双百工程”，实现全市镇（街）社会工作服务站全覆盖、困难群众和特殊群体社会工作服务全覆盖。推进基本医疗保障、失业保险省级统筹和企业职工基本养老保险全国统筹工作，抓好社会保险扩面征缴工作。完善药品采购、医药服务价格形成机制，减轻群众用药和就医负担。落实三孩生育政策，做好妇女、儿童、青少年关爱服务，支持普惠性托幼、养老服务发展，依法保护未成年人和残疾人权益。坚持“房住不炒”，科学有序释放土地空间，保持房地产市场健康平稳。

发展优质教育。大力推动基础教育高质量发展，积极开展全国义务教育优质均衡县（市）创建工作。完成宁新中心幼儿园改扩建工程，推进碧桂园等住宅小区配套幼儿园建设工作，巩固提升学前教育“5080”攻坚成果。健全城区“幼升小”升学机制。完成宁江中学扩建、坜陂中学迁建等工程，推进叶塘工业园学校等新建工作，谋划建设文峰片区学校，力争新增义务教育学位2000个。推动兴宁一中争创一流高中，推动普通高中教育优质特色发展。促进职业教育提质培优，加快省级重点中职学校、技师学院的创建进度。建成教师发展中心，推进第二轮教师“县管校聘”工作，实施师研“双强工程”，提高教师队伍水平。落实“双减”政策，规范校外培训，重视家庭教育，抓好实践锻炼，加强义务教育阶段学校课后服务。支持特殊教育、开放教育、社区教育发展。

建设“健康兴宁”。慎终如始做好常态化疫情防控，科学精准落实各项防控措施，加快健全公共卫生服务和应急体系，不断巩固拓展疫情防控成果。力争新建市人民医院在年底完成搬迁，开展创“三甲”工作；推进慢性病防治院和福兴、宁新街道社区卫生服务中心迁建工作。推动中医药事业传承创新发展，力争完成全国基层中医药工作先进单位创建任务。深化“三医联动”改革，加快县域医共体建设。广泛开展爱国卫生运动、全民健身活动，提升群众身体素质和健康水平。

打造文化强市。推进客家文化（梅州）生态保护实验区建设，建成图书档案馆，加快美术馆建设，抓好文保单位、名人故居等的保护修缮，推动国家级文保单位申报工作，推进非遗保护传承发展，建成“十里版画长廊”。加强刘光夏、罗屏汉、邓逸凡故居等革命遗址的活化利用，建设一批红色村，打造红色旅游精品线路。抓好华南教育历史研学基地、南粤古驿道等项目建设，开展“东亚文化之都”系列推广活动。推进镇村志编修工作。深入实施文化惠民、文艺“双精”工程，加强精神文明建设。完善足球场地、社区体育公园等基础设施，深化体教融合，促进足球青训发展，推进梅州创建全国足球发展重点城市、建设足球特区工作。

强化社会治理。落实总体国家安全观，推进市域社会治理现代化，力争成功创建国家安全发展示范城市。深化平安兴宁建设，完善社会治安防控网络，推动扫黑除恶长效常治，严厉打击违法犯罪，狠抓禁毒、反电诈工作，强化意识形态和网络安全。加强安全生产、食品药品安全、道路交通安全、消防安全、校园安全、森林防火等工作，提升防灾减灾救灾和综合应急救援能力。严格管控政府债务，依法依规支持上市公司化解风险，从严打击非法集资等非法金融活动。开展“无信访”创建活动，着力将纠纷化解在基层、化解在萌芽状态，稳妥化解信访积案，有序解决问题楼盘等历史遗留问题。加强国防动员和民兵后备力量建设，做好拥军优属、退役军人优抚安置等工作，争创全国“双拥模范城”。做好民族宗教、外事侨务、老区建设、统计、气象、方志、档案、保密等工作。

办好民生实事。根据上级安排，结合我市实际，我们拟订了2022年十件民生实事的12个候选项目，请各位代表审议并票选出今年的十件实事，我们将全力办好。同时，常态化开展“我为群众办实事”实践活动，努力解决好群众的急难愁盼问题。

各位代表、同志们，新时代呼唤新担当，新征程需要新作为。今年是新一届政府的履新之年，我们要牢固树立正确的政绩观，做到忠诚干净担当，努力建设让人民满意的法治政府、高效政府、阳光政府、廉洁政府、有为政府。一要加强政治建设。旗帜鲜明讲政治，增强“四个意识”、坚定“四个自信”、坚决拥护“两个确立”、做到“两个维护”。巩固拓展党史学习教育成果，提高政治判断力、政治领悟力、政治执行力。坚决贯彻落实上级和市委决策部署，确保政令畅通、令行禁止。二要坚持依法行政。深化法治政府建设，做到科学民主依法决策，严格规范公正文明执法。坚持重大事项向市委、市人大及其常委会报告和向市政协通报，办好建议、提案。强化审计整改，加强政务公开，自觉接受监督。深入推进“八五”普法。三要善于真抓实干。把求真务实贯穿政府工作全过程，注重摸实情、谋实事、出实招、求实效，干就干好，善作善成。发扬临难不避、担当负责的精神，更好发现和解决问题、防范和化解风险。深入开展“大学习、深调研、真落实”，不断解放思想、提升能力、创新工作。驰而不息纠“四风”、转作风，让敢为、善为、有为蔚然成风。四要恪守清正廉洁。纵深推进全面从严治党，加强党风廉政建设，支持开展巡视巡察，持之以恒正风肃纪反腐。严格落实中央八项规定及其实施细则精神，强化预算编制和绩效评价，把有限的财力用在发展经济和改善民生上，以政府的“紧日子”换取群众和企业的好日子。

各位代表、同志们，凝心聚力鼓干劲，踔厉奋发启新程！让我们在上级和市委的坚强领导下，只争朝夕，真抓实干，笃行不怠，为推动兴宁苏区加快振兴、共同富裕而努力奋斗，以优异成绩迎接党的二十大胜利召开！

兴宁市乡村振兴驻镇帮镇扶村工作方案

2021年7月21日
由兴市明电〔2021〕50号文印发

为贯彻落实《中共广东省委办公厅广东省人民政府办公厅关于印发〈广东省乡村振兴驻镇帮镇扶村工作方案〉的通知》和《中共梅州市委办公室梅州市人民政府办公室关于印发〈梅州市乡村振兴驻镇帮镇扶村工作方案〉的通知》部署要求，结合兴宁乡村振兴实际，市委、市政府决定在全市开展驻镇帮镇扶村工作，全面推进乡村振兴。现制定如下方案。

一、目标要求

坚持以习近平新时代中国特色社会主义思想为指导，全面贯彻党的十九大和十九届二中、三中、四中、五中全会精神，按照省委省政府“1+1+9”、梅州市委市政府“123456”工作部署和兴宁市委市政府工作要求，立足新发展阶段，贯彻新发展理念，构建新发展格局，以推动高质量发展为主题，以巩固拓展脱贫攻坚成果、全面推进乡村振兴为目标，坚持共同富裕方向，把镇村、作为乡村振兴支持重点，开展“党政机关＋企事业单位＋科研力量”组团式驻镇帮镇扶村工作，结合实施乡村建设行动，分类分级帮扶，把乡镇建设成为服务农民的区域中心。2021 年，脱贫攻坚成果持续巩固，乡村建设行动全面启动，美丽宜居村建设进一步深化，农民收入增速高于全省平均水平，农村社会保持和谐稳定。力争到 2022 年，全市脱贫攻坚成果进一步巩固拓展，镇村同建同治同美取得显著成效；到 2025 年，脱贫攻坚成果巩固拓展，农村低收入人口分类帮扶机制逐步完善；乡村产业、生态宜居美丽乡村建设、乡风文明水平、农村基层组织建设等方面取得较大进展，农民收入增速继续高于全省农民平均水平，村集体经济年收入超过 15 万元。到 2027 年，乡村振兴取得战略性成果，镇村落后面貌实现根本改变；到 2035 年，农业高质高效、乡村宜居宜业、农民富裕富足目标总体实现，基本实现梅州要求的“百镇千村”振兴目标，乡村基本实现现代化。

二、帮扶方式

（一）实施驻镇帮镇扶村。将全市 17 个镇分为两类。第一类重点帮扶镇，即综合实力较弱的 12 个镇，由省直单位帮扶 4 个、广州市帮扶 6 个、梅州市帮扶 2 个。对省际边界镇、重点革命老区所辖镇予以重点支持。第二类巩固提升镇，即综合实力相对较强的 5 个镇，由市委相关单位，市直和省属、梅属驻兴相关单位组团帮扶，给予政策和资金上的支持。（责任单位：市委组织部、市乡村振兴局、各镇党委政府）

（二）实施组团结对帮扶。结对帮扶工作与领导干部定点联系镇、脱贫攻坚期间定点帮扶关系相衔接，统筹整合“千企帮千镇”、“万企兴万村”、农村科技特派员等资源，深入开展“党政机关＋企事业单位＋科研力量”组团结对帮扶。其中，市委相关单位，市直和省属、梅属驻兴相关单位组团结对帮扶的 5 个巩固提升镇，每个镇安排 1 个党政机关单位作为组团驻镇帮扶牵头单位，安排 4 个市级单位或省属、梅属驻兴单位作为组团驻镇帮扶成员单位。（责任单位：市委组织部、市乡村振兴局、各镇党委政府）

（三）组建驻镇帮扶工作队。组建驻镇帮扶工作队，协调推进巩固拓展脱贫攻坚成果和乡村振兴工作。结合被帮扶镇需求，选派优秀干部、年轻干部驻镇帮扶，原则上每个工作队不少于 5 人，每 3 年轮换一次，采取分批次滚动轮换方式进行。驻镇帮扶工作队队长必须是中国共产党正式党员，市直和省属、梅属驻兴单位组团的由牵头单位副科级以上干部担任，挂任被帮扶镇党委副书记；队员原则上应为中共党员，由组团各单位在编人员担任。向创建乡村振兴示范村、红色村、集体经济薄弱村、软弱涣散村等重点村持续选派驻村第一书记，并兼任驻镇帮扶工作队队员。（责任单位：市委组织部、市乡村振兴局、各镇党委政府）

三、主要任务

（四）提升脱贫攻坚成果水平。将“十四五”时期作为我市巩固拓展脱贫攻坚成果同乡村振兴有效衔接的过渡期，落实“四个不摘”要求，保持现行帮扶政策、资金支持、帮扶力量总体稳定。落实好教育、医疗、住房、饮水等民生保障普惠性政策和产业、就业等发展类政策，健全防止返贫动态监测和帮扶机制，行业部门定期比对推送预警信息，镇、村常态化走访核查，巩固“两不愁三保障”成果，对脱贫不稳定户、边缘易致贫户，以及因病因残因灾因意外事故等刚性支出加大或收入大幅缩减导致基本生活出现严重困难户分层分类及时落实帮扶政策，逐步提升农村低收入人口生活保障水平，守牢不发生规模性返贫底线。健全农村低收入人口主动发现、定期核查、动态调整机制，实施社会救助，完善养老保障和儿童关爱服务；立足“未贫先防”“扶防结合”的要求，继续探索以“防贫保险”为核心的精准防贫工作机制，构建“多保联动”保险防贫体系，健全防返贫救助责任保险和基本医疗保险、大病保险、医疗补充保险、医疗救助等多重保障制度体系。实施“粤菜师傅”“广东技工”“南粤家政”和“农村电商”“乡村工匠”“高素质农民”培育等工程，继续对脱贫村、脱贫人口开展产业帮扶、就业帮扶、消费帮扶，持续做好脱贫人口小额信贷、村级光伏扶贫电站、公益岗位帮扶和信息化建设；健全帮扶项目与低收入群众参与挂钩机制、产业园区吸纳劳动力就业管理机制，对就业特别困难的人员通过公益性岗位进行托底安置。做好扶贫产业项目后续帮扶，规范加强扶贫资产管理。通过持续施策，增强脱贫工作的延续性，做到为脱贫人口扶上马、送一程。［责任单位：各镇党委政府，市教育局、市科工商务局、市民政局、市财政局、市人力资源社会保障局、市住房城乡建设局、市水务局、市农业农村局（市乡村振兴局）、市卫生健康局、市医保局、市残联、人民银行兴宁市支行、市供销社］

（五）提升镇村公共基础设施水平。着力实施乡村建设行动，把改善提升镇村人居环境和公共基础设施水平作为着力点和突破口，促进乡村宜居宜业，全面加快推进乡村振兴工作。以镇域为基本单元，强化规划对乡村建设的引领作用，完善乡村水、电、路、气、邮政通信、广播电视、物流、防灾减灾等基础设施，健全城乡基础设施统一规划、统一建设、统一管护机制。以镇政府驻地和中心村为重点，梯次推进生活污水治理，因地制宜推进农村厕所革命，改造提升农贸市场和农产品集散中心，因地制宜打造特色街区，全面优化提升人居环境，增强吸引投资、集聚要素、辐射带动、融合创新的能力。优化市政公用设施建设及公共基础设施配套，完善镇级公共供水、农村集中供水安全保障。建立健全农村公共基础设施管护体制，提升农村公共基础设施管护水平。推进乡镇智慧化改造，建立快速反应、高效办事的政务服务平台和整合资源、融合创新的公共资源产权交易平台。结合农村电网升级改造、农村住房质量提升、镇“三旧”改造等工程，开展美丽乡村风貌提升行动和绿化美化亮化行动，建设绿道、碧道、休闲公园，改造提升景观风貌，推进镇村同步整治、同步建设、互联互通、融合发展。发动群众筹集资金，认真开展“千村示范·万村整治”美丽村屋等奖补项目建设。在“四沿”区域打造具有各自地域特征的沿线连片美丽乡村示范带，在村民住宅房前屋后因地制宜打造“四小园”，对村内存量农房进行微改造和新建农房风貌塑造，建设一批具有客家特色的精品乡村风貌带，打造一批示范镇、精品村、精品路线。（责任单位：各镇党委政府，市委宣传部、市发展改革局、市科工商务局、市财政局、市自然资源局、市住房城乡建设局、市交通运输局、市水务局、市农业农村局、市文化广电旅游体育局、市政务服务数据管理局、梅州市生态环境局兴宁分局、广东电网兴宁供电局、邮政公司兴宁市分公司）

（六）提升镇域公共服务能力。围绕把镇建设成为服务农民的区域中心，统筹优化配置教育、医疗、文化等公共资源，强化服务农民功能。推动珠三角地区和梅州优质的教育文化、医疗卫生等资源倾斜支持被帮扶镇，引导珠三角地区、梅州企业到被帮扶镇开展合作办学，建设医疗卫生共同体，帮扶改善镇村基本办学条件和医疗卫生服务条件，推动义务教育、学前教育优质均衡发展，镇村公共卫生服务、公共文化服务均等化供给。鼓励探索建设具备全托、日托、临时照料、上门服务等综合功能的农村区域性服务中心，妥善解决好农村妇女、老人、儿童“三留守”问题。实施“广东兜底民生服务社会工作双百工程”，实现全市社会工作服务站（点）100%覆盖、困难群众和特殊群体社会工作服务100%覆盖。加强镇村党群服务中心和政务服务终端建设，完善镇村组网格化管理机制，优化镇村法律顾问服务机制，开展智慧乡村、平安乡村、文明家庭创建。加强精神文明建设，挖掘提炼乡村历史文化、农耕文化、红色文化、人文底蕴，加强传承保护和合理适度活化利用，弘扬体现乡土特色和时代精神的乡村文化。（责任单位：各镇党委政府，市委组织部、市委宣传部、市教育局、市公安局、市民政局、市司法局、市人力资源社会保障局、市农业农村局、市文化广电旅游体育局、市卫生健康局、市医保局、市政务服务数据管理局、市妇联）

（七）提升农民增收水平。坚持市场化方向，深入推进现代农业产业体系建设，以市镇为基本单元，发挥当地资源禀赋优势，共建农文旅深度融合型产业园区，引导劳动密集型产业、农村二三产业在镇村融合发展，优化打造镇域产业发展集聚区，因地制宜发展特色小城镇，提升圩镇集聚辐射能力、镇域经济发展水平，推动城乡融合发展。打造“一县一园、一镇一业、一村一品”现代农业产业体系，充分发挥现代农业产业园、龙头企业、专业合作社、产业基地、致富带头人等示范带动作用，培育乡村美丽经济、生态、康养娱乐、休闲旅游等新产业、新业态，注重脱贫村与面上村、脱贫户与农户一体考虑协同推进，建立紧密联农带农利益联结机制，推进乡村特色产业持续、稳定、高质量发展。继续推进“村村联动”“农光互补”、农旅结合、“粤菜师傅”工程“四个模式”，通过产业园区带动、龙头企业带动、致富能人带动“三个带动”，打通技术链、打通利益链、打通销售链“三个链条”，接续做好产业扶贫；推动“产业扶贫”向“产业振兴”转变。重点实施“五个一”工程，打造一个主导产业突出、规模效益明显、产业链条较全、综合竞争力较强的优势特色产业集群，引进一批发展后劲足、带动能力强的龙头企业，建设一个集科技、农机装备、金融等服务要素于一体的社会化综合服务体，完善一套吸纳农户积极参与乡村产业发展的利益联结机制，培育一批引领农民创业致富的带头人，以产业带动就业，健全就业服务精准对接平台，稳定转移就业存量，拓展新增就业增量，落实以工代赈、扶贫车间、公益岗位等政策，优先吸纳农村低收入人口就地就近就业创业。进一步强化消费帮扶，激活农村消费市场。组团帮扶单位要加大特色农产品宣传推广力度，深入开展农产品进机关、进校园、进社区活动，大力开拓乡村消费市场。建立集吸引游客体验、品尝特色美食、促进产品销售、推广地域品牌、提供旅游服务等于一体的三产融合综合体，促进刺激消费，继续推动快递电商下乡进村入户，积极畅通农产品销售渠道，建立直销网络和工作体系，依托粤港澳大湾区大市场、广东东西部扶贫协作产品交易市场、网上直播带货等线上线下销售平台，实现供需互补、购销两旺。探索宅基地所有权、资格权、使用权“三权分置”，支持具备条件的镇发展绿色生态经济和新型农村集体经济。（责任单位：各镇党委政府，市科工商务局、市人力资源社会保障局、市住房城乡建设局、市农业农村局、市文化广电旅游体育局、市市场监管局、市供销社）

（八）提升抓党建促乡村振兴水平。深入实施基层党建三年行动计划，强化镇党委在推进乡村振兴中的作用。巩固和加强行政村党组织领导地位，推动落实村级各类组织向村党组织报告工作制度和村级重大事项决策“四议两公开”制度。大力加强农村基层干部队伍建设，推动实施农村干部能力素质提升行动和“人才下乡、干部返乡、能人回乡”计划。持续推动发展壮大村级集体经济，增强村级组织服务群众能力。切实加强党组织对乡村治理的领导，深化乡村治理，以建设“平安之乡”为抓手，持续探索兴宁“枫桥经验”，加快推进基层社会治理现代化；探索“中心＋网格化＋信息化”“一核三元”“一带一法四参与”等基层治理模式，健全党组织领导下的自治、法治、德治相结合的乡村治理体系。推进扫黑除恶常态化，建立防范和整治“村霸”问题长效机制，扎实做好抓党建促农村宗教治理工作。探索创新乡村德治有效实现形式，充分发挥工青妇等群团组织作用，引导新乡贤积极参与乡村治理，用好村规民约，营造共建共治共享乡村治理新格局。（责任单位：各镇党委政府，市委组织部、市委政法委、市科工商务局、市公安局、市民政局、市司法局、市人力资源社会保障局、市农业农村局、市总工会、团市委、市妇联）

四、保障措施

（九）加强组织领导。各级要将驻镇帮镇扶村工作纳入本地区工作重点任务研究部署落实。建立市与广州市天河区党政主要负责同志定期互访和联席会议制度，研究部署乡村振兴结对帮扶工作；结对帮扶双方签署乡村振兴结对帮扶协议，制定帮扶计划。组团各单位每年召开党组会议或班子会议专题研究帮扶工作，主要负责同志要到被帮扶镇调研对接，协调推动有关工作。市相关职能部门要建立完善乡村振兴驻镇帮镇扶村队伍选派、资金筹集使用监管、工作评估考核等配套措施，细化落实各项举措。市组织和乡村振兴部门要做好帮扶干部的日常管理工作，加强关心关爱。［责任单位：市委组织部、市委农办（市农业农村局、市乡村振兴局）、市财政局、各镇党委政府］

（十）加强规划引领。各镇党委、政府要按照市、镇“一盘棋”规划和主体功能区定位要求，系统谋划、科学编制镇域乡村振兴规划。坚持分类指导和差异化发展相结合，根据镇经济发展情况、自然条件和群众需求，统筹布局生产、生活、生态空间，完善镇域优势主导产业和乡村特色农产品发展计划，美丽乡镇和生态宜居美丽乡村建设计划，农田水利、交通物流、美丽农村路等基础设施和公共服务提升计划。坚持问题导向，以提升公共基础设施和基本公共服务水平为重点，因地制宜发展壮大乡村产业，聚力提升镇村风貌，整镇打造区域品牌。立足新型城镇化实际，遵循客观规律，统筹兼顾镇村近期建设和长远发展关系，整体规划，扎实有序推进乡村振兴。有关部门要充分发挥政策资源优势，加大乡村发展用地、农田水利建设、生态环境保护等政策支持力度，形成推进乡村振兴规划落地落实的合力。（责任单位：各镇党委政府，市发展改革局、市自然资源局、市住房城乡建设局、市交通运输局、市水务局、市农业农村局、梅州市生态环境局兴宁分局）

（十一）加强资金保障。按照省、梅州市要求，2021—2025 年全市 17 个镇平均每个镇每年 2000 万元的标准筹集资金，由省级、广州市、梅州市和本级按照 6 ：3 ：0.5 ：0.5 比例分担，作为帮镇扶村主要资金保障，重点用于支持巩固拓展脱贫攻坚成果和衔接推进乡村振兴、发展富民兴村产业、提升镇村公共基础设施水平和公共服务能力，其中省级和梅州市级部分按照涉农资金要求管理。市将严格按照分担比例和有关规定落实帮镇扶村财政专项资金，建立多元化的投入机制，鼓励根据财力增长情况逐步增加帮扶资金投入。筹集的帮镇扶村资金由市结合各镇面积、人口、行政村数、脱贫人口数以及沿交通线、沿边界线、沿旅游景区、沿城市郊区“四沿”区位等因素统筹使用。土地出让收入、发行一般债券和专项债券要优先支持乡村振兴。探索金融支持乡村振兴机制，着力提升镇村金融服务水平，鼓励金融机构建立完善服务乡镇的工作机制，更好满足乡村振兴多样化、多层次的金融需求。鼓励通过“6•30”广东扶贫济困日活动等平台，广泛发动社会力量捐赠支持整市整镇、多镇连片推进乡村振兴，深入开展“千企帮千村”“万企兴万村”行动。各镇要统筹用好管好涉农资金、帮扶资金，用好用活金融服务乡村振兴政策，引导更多金融和社会资本投入。［责任单位：市财政局、市民政局、市自然资源局、市住房城乡建设局、市交通运输局、市农业农村局（市乡村振兴局）、市工商联、人民银行兴宁市支行、各镇党委政府］

（十二）加强人才支持。建立健全人才帮扶机制，借力天河—兴宁结对帮扶，组织开展党政机关年轻干部互派锻炼，促进两地干部思路互动、观念互通、素质互进、作风互鉴。结合“三支一扶”、农村科技特派员派驻、青少年健康成长“两帮两促”、高校毕业生志愿服务乡村振兴行动等，按照要求落实每个镇派驻农村科技特派员，为每个驻镇帮扶工作队安排“三支一扶”人员、高校毕业生志愿者参与帮镇扶村工作，有组织、规模化引导高校毕业生、青年退役军人投身乡村振兴。强化涉农院校、科研院所科技支撑作用，巩固推广“院地合作”模式，深入实施农村科技特派员和特聘农技员制度，市有关单位要积极开展乡村振兴业务技能培训，组织农业科技、教育医疗、规划设计、旅游文创等年轻专业技术人员驻镇帮镇扶村。（责任单位：市委组织部、市科工商务局、市人力资源社会保障局、市教育局、团市委、市退役军人事务局、市农业农村局、市卫生健康局、市自然资源局、市住房城乡建设局、市文化广电旅游体育局、各镇党委政府）

（十三）加强监督考核。各镇党委政府承担巩固拓展脱贫攻坚成果、全面推进乡村振兴主体责任，各帮扶单位及驻镇帮扶工作队承担帮扶责任。各镇、市相关单位和省属梅属驻兴单位要与市委农村工作领导小组签订帮扶责任书，明确帮扶目标任务、责任要求。制定驻镇帮镇扶村的任务清单和建设目标，建立一年一评估、五年总结验收机制。各镇各部门要将驻镇帮镇扶村工作纳入实施乡村振兴战略年度进展情况，每年向市委、市政府报告。驻镇帮扶成效作为实施乡村振兴战略实绩考核重要内容，考核结果作为干部选拔任用、评先奖优的重要参考。［责任单位：市纪委监委、市委组织部、市委宣传部、市委农办（市农业农村局、市乡村振兴局）、市审计局、各镇党委政府］

兴宁市扶持肉鸽产业发展的若干措施（试行）

2021 年 8 月 11 日
由兴市府〔2021〕35 号文印发

兴宁是农业大县、生态发展区，近年来深入贯彻乡村振兴发展战略，坚定不移走生态优先、绿色发展之路，大力发展农业产业，特别是善于借力、精准发力、广聚合力把肉鸽产业作为乡村振兴和扶贫产业项目的重点进行培育，逐步建设和完善集“种鸽养殖—鸽苗供应—商品鸽养殖—肉鸽加工—品牌营销”于一体的产业化生产链条，形成了龙头带动、农户参与、共性平台支撑的集群发展格局，全市肉鸽产业得到了快速发展。为进一步促进我市肉鸽产业持续稳定健康发展，结合当前我市肉鸽产业发展实际，制定本措施。

一、总体思路

以习近平新时代中国特色社会主义思想为指导，深入学习贯彻习近平总书记关于“三农”工作的重要论述精神，认真贯彻落实梅州市委七届九次会议关于做大做强“兴宁鸽”产业要求，全面贯彻新发展理念，着力构建新发展格局，坚持高质量发展，以市场需求为导向，推进产业链形成和整合，壮大发展兴宁市特色鸽产业，打造出“叫得响、有影响的‘粤字号’区域公用品牌”，让“兴宁鸽”冲出围龙、飞向全国，为兴宁加快乡村振兴发展步伐提供坚实的产业支撑。

二、基本原则

（一）坚持市场导向原则。政府引导，创造发展条件，指导组织化建设，鼓励合作经营，推动特色产业发展。以市场需要为导向，建立健全肉鸽管理服务体系，强化行业发展的指导与管理，营造养鸽业发展的良好氛围，确保肉鸽产业的正确发展方向。

（二）坚持适度规模原则。综合考虑我市资源条件、市场需求、投入能力和养殖用途等，引导传统分散养殖向适度规模转变，取得最佳规模效益。

（三）坚持生态养殖原则。统筹考虑我市生态环境，因地制宜优化产业布局，树立保护生态环境理念，把养鸽生产与生态建设统一起来，构建养鸽业可持续发展体系。

（四）坚持三产融合原则。合理优化产前、产中、产后各环节要素配置，整体提升产业发展层次和质量，通过市场带加工，逐步完善产、加、销一体化产业模式。

（五）坚持企业带动原则。实行“行业协会＋公司＋合作社＋家庭农场＋种养大户＋农户”六位一体的发展模式，围绕“抓龙头、建基地、创品牌、带农户、促增收”思路，充分发挥龙头企业的带动引领作用，大力发展肉鸽生产、加工和流通，促进农业提质增效，带动提升产业整体素质。

三、发展目标

实现养殖数量稳步增长，产业布局基本合理，产业链条进一步完善，技术含量有效提高，饲养环境明显改善，产业效益显著提升。创新产品和营销模式，取得明显经济、社会和生态效益。基本解决产业发展小而散，脆而弱，难成规模等问题。

四、适用范围

本措施适用于我市从事肉鸽产业养殖、研发、加工、销售的各类企业、组织、养殖户以及扶持我市肉鸽产业的专业服务机构。

五、重点工作

（一）科学合理做好产业规划布局。充分发

挥政府规划引导整合作用，统筹规划，针对兴宁市肉鸽产业基础、气候条件等，因地制宜、科学合理地选择、确定和安排肉鸽产业项目，形成地方特色、区域优势。把“兴宁鸽”培育成为支持“双区”发展“五子登科”的重要产品，打造成一县一品、一县一园的重要品牌。

（二）推进肉鸽适度规模化和标准化生产。鼓励支持“行业协会 + 公司 + 合作社 + 家庭农场 + 种养大户 + 农户”六位一体的发展模式，通过资金入股、种鸽代养、农光互补等举措积极开展产业扶贫，有效带动贫困户脱贫致富。大力推进养鸽标准化，建立标准化的鸽舍，重点装备自动饮水、自动喂料、自动清粪、专门的笼具、鸽蛋孵化、降温保温等设施设备，改善肉鸽养殖过程中的饲料浪费、人力短缺和生产效率低下等问题，推动肉鸽产业的规模化和标准化进程，进而提升行业的竞争力。

（三）创新推动肉鸽产业化和销售体系建设。加强对肉鸽等营养价值的舆论宣传和消费引导，大力推广肉鸽饮食文化，举办“兴宁鸽饮食文化节”等活动。结合“客家菜师傅”工程开发“全鸽宴”“鸽子养生菜”等特色菜品，让“一鸽胜九鸡”理念深入人心，培养肉鸽消费习惯，挖掘肉鸽潜在市场，扩大肉鸽消费群体，增强肉鸽消费信心；强化市场对接，加强与大湾区的大型批发市场、连锁超市等的对接沟通，积极争取兴宁肉鸽产品上架大湾区市场，端上大湾区餐桌；拓宽销售渠道，利用各大网络销售平台进行产品直销，大力拓宽肉鸽产品销售渠道，将产品直接送达消费终端。

（四）建立肉鸽良种繁育体系。按照《中华人民共和国畜牧法》的要求，规范种鸽的生产、经营行为，杜绝无证经营、从根本上解决品种混杂的问题。种鸽场应采用科学、先进的管理、繁育、饲养技术，与有关科研院所、高校等技术部门合作，开展育种工作，建立与区域化生产相配套的良种繁育体系，增强供种能力，提高品种质量。

（五）强化生物安全体系建设。加强疫病的防控工作，落实防疫接种免疫制度、鸽舍和环境的卫生消毒制度，推进死病肉鸽和病害肉鸽产品的无害化处理，做好鸽场的生物安全防控，树立“以防为主、防治并重”的原则，从而降低疫病发生。

六、扶持措施

（一）扶持规模化标准化肉鸽养殖。在非禁养区内，证照齐全并在直联直报系统备案的肉鸽养殖企业，按当年度产地检疫证统计数量，年出栏量达 3 万羽、5 万羽、10 万羽、20 万羽、30 万羽（含本数）以上的，分别给予一次性产业扶持 3 万元、5 万元、10 万元、15 万元、20 万元。肉鸽养殖企业年出栏 30 万羽（含本数）以上，且被评定为广东省现代化美丽牧场的，给予一次性产业扶持 100 万元。

（二）扶持兴宁鸽种业发展。以兴宁鸽命名培育出的新品种，通过国家鉴定机构鉴定的，给予培育企业一次性奖励 300 万元；对取得广东省祖代以上（含祖代）认定的种鸽场，一次性奖励 50 万元；对取得广东省父母代认定的种鸽场，一次性奖励 10 万元。

（三）支持肉鸽养殖场（户）疫病防控。每年统筹安排 50 万元购买消毒防护物资，统筹发放，支持肉鸽年出栏 1 万羽（含本数）以上的养殖场（户）的疫病防控工作。

（四）扶持标准化肉鸽屠宰场（厂）和肉鸽冷链体系建设。对证照资质齐全，建设项目经相关部门验收通过，年屠宰量达 1000 万羽（不含本数）以上的肉鸽屠宰场（厂），给予一次性产业扶持 50 万元。对证照资质齐全且冷链设施建设经相关部门验收通过的，对每个设计容积达 100 立方米以上的冷库，给予一次性补助 8 万元；对每辆容积达 10 立方米以上的冷链配送车，给予一次性补助 5 万元。

（五）支持培育鸽产业农业经营主体。对鸽产业农业经营主体，评为国家级、省级农业龙头企业的，分别给予一次性产业扶持 100 万元、30 万元；评为梅州市级、兴宁市级农业龙头企业的，分别给予一次性 5 万元、3 万元奖励；评为国家级、省级、梅州市级、兴宁市级农民合作社示范社的，分别给予一次性 10 万元、5 万元、2 万元、

1万元奖励；评为国家级、省级、梅州市级、兴宁市级示范家庭农场的，分别给予一次性5万元、3万元、1万元、0.5万元奖励。

（六）支持发展“一村一品、一镇一业、一县一园”兴宁鸽产业集群。打造以肉鸽为主导产业的示范村、农业产业强镇、肉鸽产业园，对认定为肉鸽产业“一村一品、一镇一业”国家级示范专业镇、专业村的分别给予一次性20万元、10万元奖励；认定为肉鸽产业“一村一品、一镇一业”省级专业镇、专业村的分别给予一次性10万元、5万元奖励，用于扶持“兴宁鸽”产业发展。

（七）支持兴宁鸽品牌建设。获粤港澳大湾区“菜篮子”生产基地、粤港澳大湾区“菜篮子”产品加工企业、“广东省农产品出口示范基地”等省级以上评定的，给予一次性10万元奖励；获评为广东省“菜篮子”基地、粤字号农业品牌的，给予一次性5万元奖励；对认定为全国、广东省名特优新农产品的，每个产品分别给予一次性10万元、3万元奖励；对取得无公害、绿色、有机认证农产品的企业，每个产品分别给予一次性1万元、2万元、3万元奖励；对成功注册地理标志证明商标、获评农产品地理标志的企业或社团组织，给予一次性产业扶持15万元。

（八）鼓励支持肉鸽产业创业创新。统筹安排各类资金，支持肉鸽企业创业创新。对认定为国家级、省级、梅州市级创业创新示范基地、众创空间、科技孵化器的肉鸽企业，分别给予一次性10万元、5万元、2万元奖励。对认定为国家级、省级星创天地的肉鸽企业，分别给予一次性5万元、3万元奖励。

（九）扶持肉鸽企业信息化基础建设。引导支持和补贴肉鸽企业“上网触电”，鼓励企业建立独立的电商应用平台销售兴宁鸽产品。对企业采用电子商务平台销售兴宁鸽产品，年销售额达到200万元、500万元、1000万元的，分别一次性给予3万元、5万元、10万元奖励；对在我市年纳税额达到20万元以上的肉鸽电商企业，给予企业对地方贡献部分的15%的额度奖励，最高不超过20万元。

（十）结合乡村振兴扶持肉鸽产业发展。对重点养殖肉鸽的镇、村，其房屋外立面改造、农村“四小园”建设、“千村示范、万村整治”、村内道路硬底化等优先安排奖补项目，支持项目镇、村基础设施建设，完善肉鸽养殖企业的配套设施。充分发挥肉鸽养殖企业带贫益贫作用，在保证其肉鸽产品质量安全的前提下，优先将其肉鸽系列产品推荐录入省扶贫产品认定名录，并优先推荐入驻广东扶贫馆、东西部协作交易市场梅州馆以及在广州天河区商业街建立的兴宁扶贫产品展销中心等扶贫销售平台，进一步拓展肉鸽产品的消费扶贫渠道。

七、保障措施

（一）为推进我市肉鸽产业发展，成立兴宁市肉鸽产业发展工作领导小组。由分管市领导任组长，成员由市农业农村局、市科工商务局、市市场监管局、市财政局、市税务局、市人力资源社会保障局等单位主要负责同志组成。领导小组下设办公室，办公室设在市农业农村局，办公室主任由市农业农村局主要负责同志兼任。

（二）市农业农村局负责牵头组织措施实施，各职能部门配合落实。

（三）市财政局负责资金保障，扶持奖励资金从省级涉农资金中统筹安排。对同一项目、同一事项，如我市已出台其他相关奖补措施，按照从高不重复的原则予以支持；对已获得同类扶持奖励补贴的申报主体不重复奖励补贴；另有规定的除外。

（四）对全市经济社会发展具有战略性意义、产业带动性强、科技含量高、地方经济贡献大的重大肉鸽产业项目，实施“一企一策”，经市委、市政府研究确定后，另行制定扶持政策。

（五）企业、组织、个人和机构当年度发生侵权、欺诈、商业贿赂、较大安全生产事故、产品质量事故等违法行为的，取消当年度享受扶持政策的资格。对以虚假资料等方式骗取扶持资金的，将依法追回扶持资金；涉嫌犯罪的，移送司法机关处理。

本措施由市农业农村局负责解释，自印发之日起施行，有效期2年。

兴宁市镇（街道）志、村志编修工作方案

2021 年 12 月 31 日
由兴市府办函〔2021〕89 号文件印发

为深入贯彻落实国家、省、梅州市地方志事业发展规划纲要，根据《广东省地方志工作条例》《中共广东省委办公厅、广东省人民政府办公厅关于进一步加强新时代地方志工作的通知》《兴宁市国民经济和社会发展第十四个五年规划和二〇三五年远景目标纲要》等文件精神，传承和弘扬优秀传统文化，更好地服务新型城镇化和乡村振兴建设，有序推进镇（街道）志、村志编修工作，特制订本方案。

一、重要意义

党的十八大以来，习近平总书记多次对地方志工作作出重要指示批示，强调相关单位要“高度重视修史修志”，强调全社会全民族要“以史为鉴”。地方志作为记录人民生产生活及社会文明进步的一种重要史籍，包容百科、纵贯古今、覆盖全域，是了解一地历史文化的重要文献。新时代地方志不仅要服务国家战略，成为中华优秀传统文化传承发展、乡村振兴等国家战略实施中的重要组成部分，而且要充分反映地情，发掘历史文化资源，为地方经济和社会建设服务。做好镇（街道）志、村志编修工作，全面盘点本地地理、历史、经济、风俗、文化、教育、物产、人物等状况，有利于从前人奋斗历程中汲取能量、激发人民群众建设家园的热情和干劲，有利于发挥志书记述历史、传承文明、服务当代、垂鉴后世的作用。

二、指导思想

以习近平新时代中国特色社会主义思想为指导，牢固树立“四个意识”、坚定“四个自信”、做到“两个维护”，践行社会主义核心价值观，坚持辩证唯物主义和历史唯物主义的立场、观点和方法，以传承和弘扬中华优秀传统文化为目标，总结地方发展历史经验，彰显镇（街道）、村特色，全面客观地反映镇（街道）、村的历史与现状，凝聚兴宁文化软实力，增强兴宁文化归属感，为经济社会文化的高质量发展提供历史智慧和现实支撑。

三、目标任务

2021 年全面启动镇（街道）志编修工作，推动有条件的村开展村志编修。至 2025 年，全市 20 个镇（街道）修志完成过半，2028 年全面完成。村志编修至 2028 年争取完成 30 部以上，列入中国传统村落名录（名单见附件）的村全部完成村志编修。

四、基本原则

依法治志。严格遵守《地方志工作条例》《广东省地方志工作条例》及相关史志工作规范；记述民族、宗教、政法、军事、外事等方面内容必须审慎，要主动征求主管部门意见，严格履行审查验收程序。

质量第一。认真贯彻中国地方志指导小组《地方志书质量规定》、《广东省地方志行文规范》及国家和省有关出版印刷规定，坚持质量第一，正确处理质量与进度的关系。

因地制宜。量力而行、尽力而为，先易后难、先点后面，以镇带村、以点带面，有计划、有步骤地稳妥实施。

修用并举。搞好修志成果转化，拓宽用志领域，创新用志手段，形成修用结合、良性互动机制。

五、工作要求

各镇（街道）、村要结合各自实际，制订镇（街道）志、村志编修工作方案，并上报市地方志办公室备案。市地方志办公室负责组织全市镇（街道）志、村志编修工作，明确总体思路和实施步骤，做好组织发动、统筹规划、业务指导、志稿评审、审查验收、归档备案等工作任务。

承编单位要树立精品意识，坚持思想性、资料性、著述性有机统一，系统、翔实记述镇（街道）、村的发展历程、地方特色和时代特征，切实做到观点正确、体例严谨、内容全面、资料详确、特色鲜明、记述准确、文字精练、印制规范。要建立健全志书质量保障体系，严格实行承编责任制和主编负责制，落实好三级评审制度，规范编审程序，从严审核把关，确保志书质量。

体例上，要坚持志体，横排门类，纵述史实，述而不论。志书名称要冠以规范的行政区域名称，在本行政区域名称前冠以上一级行政区域名称。以本行政区域为记述范围，越境不书。不随意突破志书的上限和下限，严格控制上溯或下延，本次镇（街道）志、村志编修采用通志体。

内容上，要记述完整，横不缺要项，纵不断主线；详略得当，重点突出；反映事物基本特征，记述有深度。坚持详今略古，重点记述 1949 年后的发展历史和现状，尤其是改革开放以来的重大变化和发展成就。突出个性特点，避免千志一面。鼓励创新，对于历史特性、时代特点、地方特色等个性内容的记述，可以适当打破常规。

资料上，要全面系统、真实准确。反映事物发生、发展过程的资料连贯完整，人、事、物、时间、地点、过程等要素齐备；注重使用原始资料，重要资料来源注明出处，有歧义但不可或缺的资料，要一并收录。

行文上，要严谨朴实、简洁流畅。使用规范的现代语体文记述，文字、数字、数量和单位、标点符号的用法等符合国家有关出版规定；使用规范汉字，用词概念准确，符合现代汉语语法规范；时间、空间概念表述准确具体，指代明确。

六、保障措施

（一）加强组织领导。要坚持党委领导、政府主持、方志机构组织实施、社会参与的工作机制，上下联动、各方支持，科学规划、分步实施。由市政府成立兴宁市镇（街道）志、村志编修工作领导小组，组长由分管地方志工作的市领导担任，成员由相关职能单位和部门负责人组成，领导小组下设办公室，由地方志办公室主任兼任主任。领导小组办公室负责组织发动、统筹规划，成立修志业务指导组负责镇（街道）志、村志编修工作的具体业务指导，以及工作的推进与督查等各项工作事宜。镇（街道）、村要成立镇（街道）志、村志编纂委员会，组建编写班子，负责资料搜集、篇目设计、志稿撰写、内部评审等工作。成立市审查验收委员会对镇（街道）志进行审查验收，经审查验收后的镇（街道）志方可公开出版。为加强镇（街道）志编纂质量及编修工作的协调和统一，由兴宁市镇（街道）志、村志编修工作领导小组办公室统一封面格式，冠以“兴宁市镇（街道）志丛书”名称，由有资质的文化公司排版后，进行公开出版。列入中国传统村落名录的村编修的村志，冠以“兴宁市传统村落村志丛书”名称，经市审查验收委员会审查验收后，进行公开出版。镇（街道）志、村志出版后，需向兴宁市镇（街道）志、村志编修工作领导小组办公室提交电子版和纸质书籍备案。

（二）强化修志保障。市地方志办公室按《兴宁市国民经济和社会发展第十四个五年规划和二〇三五年远景目标纲要》要求，细化镇（街道）志、村志编修方案，制订相关工作实施细则。兴宁市镇（街道）志、村志编修工作领导小组办公室要选强配齐人员队伍，加强业务指导和规范管理，及时研究解决编修过程中遇到的问题，依法纠正和查处不规范的修志行为。镇（街道）、村要把镇（街道）志、村志编修作为文化建设的重要任务，纳入财政规划，提供必要的人力、物力、财力支持。

（三）财政奖补措施。市政府已将镇（街道）志、村志编修工作纳入《兴宁市国民经济和社会发展第十四个五年规划和二〇三五年远景目标纲要》，为保证工作的质量与进度，实行下列奖补措施：1. 2023 年前完成公开出版的镇（街道）志，给予承编单位奖补 20 万元；2. 2025 年前公开出版的镇（街道）志，奖补 15 万元；3. 2028 年前出版的镇（街道）志，奖补 12 万元。4. 2028 年前率先完成出版的 20 部一般村志，奖补 5 万元；列入“兴宁市传统村落村志丛书”并于 2025 年前公开出版的 10 部村志，奖补 8 万元。

2021 年中共兴宁市委、市委办公室主要文件一览表

表 20

名称	发文日期	文号
中共兴宁市委关于制定国民经济和社会发展第十四个五年规划和二〇三五年远景目标的建议	2021 年 5 月 10 日	兴发〔2021〕1 号
中共兴宁市委关于表彰兴宁市优秀共产党员、优秀党务工作者和先进基层党组织的决定	2021 年 6 月 30 日	兴发〔2021〕4 号
中共兴宁市委　兴宁市人民政府关于表彰 2020 至 2021 学年度教育先进集体和先进个人的通报	2021 年 9 月 1 日	兴发〔2021〕5 号
中共兴宁市委关于调整市委领导班子成员和相关领导分工的通知	2021 年 11 月 25 日	兴发〔2021〕7 号
中共兴宁市委 2020 年度市委班子工作总结	2021 年 1 月 20 日	兴委〔2021〕3 号
中共兴宁市委关于 2020 年抓党建工作情况报告	2021 年 1 月 22 日	兴委〔2021〕5 号
中共兴宁市委　兴宁市人民政府关于兴宁市 2020 年法治政府建设年度报告	2021 年 1 月 30 日	兴委〔2021〕9 号
中共兴宁市委关于召开十三届十二次全会的情况报告	2021 年 2 月 3 日	兴委〔2021〕12 号
中共兴宁市委关于安排梅州市领导来兴宁指导创建省县级文明城市工作的请示	2021 年 3 月 8 日	兴委〔2021〕14 号
中共兴宁市委关于支持电影《生死坚守》宣传发行工作的请示	2021 年 3 月 10 日	兴委〔2021〕15 号
中共兴宁市委关于同意设立中共兴宁市招商和企业服务中心党组的批复	2021 年 3 月 22 日	兴委〔2021〕16 号
中共兴宁市委关于同意设立中共兴宁市二轻集体企业联社党组的批复	2021 年 3 月 22 日	兴委〔2021〕17 号
中共兴宁市委 兴宁市人民政府关于邀请梅州市领导出席国家重大革命历史题材电影《生死坚守》全国首映礼活动的请示	2021 年 4 月 13 日	兴委〔2021〕23 号
中共兴宁市委关于设置中共兴宁市委政策研究室的请示	2021 年 4 月 14 日	兴委〔2021〕24 号
中共兴宁市委关于乡镇领导班子职数安排的请示	2021 年 5 月 13 日	兴委〔2021〕30 号
中共兴宁市委　兴宁市人民政府关于赴东旭集团考察的情况报告	2021 年 5 月 29 日	兴委〔2021〕32 号
中共兴宁市委关于兴宁市镇党政正职调整的请示	2021 年 6 月 21 日	兴委〔2021〕33 号
中共兴宁市委关于同意召开中国共产党罗岗镇第（十五）次代表大会的通知的批复	2021 年 7 月 8 日	兴委〔2021〕37 号
中共兴宁市委关于同意召开中国共产党永和镇第（十六）次代表大会的通知的批复	2021 年 7 月 8 日	兴委〔2021〕38 号
中共兴宁市委关于同意召开中国共产党合水镇第（十五）次代表大会的通知的批复	2021 年 7 月 8 日	兴委〔2021〕39 号
中共兴宁市委关于同意召开中国共产党水口镇第（十五）次代表大会的通知的批复	2021 年 7 月 8 日	兴委〔2021〕40 号
中共兴宁市委关于同意召开中国共产党新陂镇第（十七）次代表大会的通知的批复	2021 年 7 月 8 日	兴委〔2021〕41 号

续表 20

名称	发文日期	文号
中共兴宁市委关于同意召开中国共产党叶塘镇第（十五）次代表大会的通知的批复	2021 年 7 月 8 日	兴委〔2021〕42 号
中共兴宁市委关于同意召开中国共产党大坪镇第（十六）次代表大会的通知的批复	2021 年 7 月 8 日	兴委〔2021〕43 号
中共兴宁市委关于同意召开中国共产党罗浮镇第（十五）次代表大会的通知的批复	2021 年 7 月 8 日	兴委〔2021〕44 号
中共兴宁市委关于同意召开中国共产党坭陂镇第（十五）次代表大会的通知的批复	2021 年 7 月 8 日	兴委〔2021〕45 号
中共兴宁市委关于同意召开中国共产党径南镇第（十五）次代表大会的通知的批复	2021 年 7 月 8 日	兴委〔2021〕46 号
中共兴宁市委关于同意召开中国共产党石马镇第（十五）次代表大会的通知的批复	2021 年 7 月 8 日	兴委〔2021〕47 号
中共兴宁市委关于同意召开中国共产党宁中镇第（十五）次代表大会的通知的批复	2021 年 7 月 8 日	兴委〔2021〕48 号
中共兴宁市委关于同意召开中国共产党黄槐镇第（十二）次代表大会的通知的批复	2021 年 7 月 8 日	兴委〔2021〕49 号
中共兴宁市委关于同意召开中国共产党黄陂镇第（十五）次代表大会的通知的批复	2021 年 7 月 8 日	兴委〔2021〕50 号
中共兴宁市委关于同意召开中国共产党新圩镇第（十二）次代表大会的通知的批复	2021 年 7 月 8 日	兴委〔2021〕51 号
中共兴宁市委关于同意召开中国共产党刁坊镇第（十六）次代表大会的通知的批复	2021 年 7 月 8 日	兴委〔2021〕52 号
中共兴宁市委关于同意召开中国共产党龙田镇第（十六）次代表大会的通知的批复	2021 年 7 月 8 日	兴委〔2021〕53 号
中共兴宁市委关于召开中国共产党兴宁市第十四次代表大会的请示	2021 年 7 月 23 日	兴委〔2021〕55 号
中共兴宁市委关于同意设立市、镇两级人大换届选举工作领导机构的批复	2021 年 7 月 23 日	兴委〔2021〕56 号
中共兴宁市委关于兴宁市乡镇领导班子换届人事安排方案的请示	2021 年 7 月 29 日	兴委〔2021〕57 号
中共兴宁市委关于传达学习贯彻习近平总书记在庆祝中国共产党成立 100 周年大会上的重要讲话精神的情况报告	2021 年 8 月 11 日	兴委〔2021〕60 号
关于兴宁市领导班子换届人选考察对象建议名单的请示	2021 年 8 月 23 日	兴委〔2021〕62 号
中共兴宁市委关于兴宁市领导班子换届人事安排初步意见的请示	2021 年 9 月 3 日	兴委〔2021〕64 号
中共兴宁市委关于同意兴宁市第十六届人民代表大会代表候选人名单的批复	2021 年 9 月 7 日	兴委〔2021〕65 号
中共兴宁市委关于召开十三届十五次全会的情况报告	2021 年 9 月 14 日	兴委〔2021〕66 号
中共兴宁市委关于同意政协兴宁市第十五届委员会委员名额的批复	2021 年 9 月 17 日	兴委〔2021〕67 号

续表 20

名称	发文日期	文号
中共兴宁市委关于同意政协兴宁市第十五届委员会港澳委员人选的批复	2021 年 9 月 17 日	兴委〔2021〕68 号
兴宁市静脉产业园项目推进情况报告	2021 年 9 月 28 日	兴委〔2021〕69 号
中共兴宁市委关于兴宁市领导班子换届人事安排建议方案的请示	2021 年 9 月 30 日	兴委〔2021〕70 号
中共兴宁市委关于兴宁市纪委领导班子换届人事安排建议方案的请示	2021 年 9 月 30 日	兴委〔2021〕71 号
中共兴宁市委关于确定兴宁市出席中国共产党梅州市第八次代表大会代表候选人预备人选的情况报告	2021 年 10 月 13 日	兴委〔2021〕73 号
关于中共兴宁市第十四次党代会选举结果报告	2021 年 10 月 28 日	兴委〔2021〕77 号
关于中共兴宁市委十四届一次全会选举的情况报告	2021 年 10 月 28 日	兴委〔2021〕78 号
中共兴宁市委关于召开中国共产党兴宁市第十四次代表大会的情况报告	2021 年 11 月 3 日	兴委〔2021〕81 号
中共兴宁市委 兴宁市人民政府关于 2021 年度食品安全工作情况的报告	2021 年 11 月 15 日	兴委〔2021〕84 号
中共兴宁市委关于兴宁市出席梅州市第八届人民代表大会代表选举结果的报告	2021 年 11 月 19 日	兴委〔2021〕86 号
中共兴宁市委关于兴宁市人大第十六届一次全会、政协兴宁市第十五届一次全会选举情况的报告	2021 年 11 月 19 日	兴委〔2021〕87 号
中共兴宁市委关于兴宁市十六届人大一次会议、兴宁市政协十五届一次会议召开情况的报告	2021 年 11 月 23 日	兴委〔2021〕88 号
中共兴宁市委 兴宁市人民政府关于“中国新兴版画运动九十周年——全国版画作品展”的情况报告	2021 年 12 月 7 日	兴委〔2021〕90 号
中共兴宁市委关于市委领导班子成员和相关领导分工调整的备案报告	2021 年 12 月 9 日	兴委〔2021〕92 号
兴宁市委、市政府关于对兴宁市消防救援大队记集体三等功的决定	2021 年 12 月 9 日	兴委〔2021〕93 号
兴宁市关于农村人居环境整治三年行动验收发现问题整改落实的情况汇报	2021 年 12 月 17 日	兴委〔2021〕94 号
中共兴宁市委 兴宁市人民政府 关于 2021 年度乡村振兴战略实施情况报告	2021 年 12 月 29 日	兴委〔2021〕95 号
中共兴宁市委办公室 兴宁市人民政府办公室关于成立兴宁市社区矫正委员会的通知	2021 年 2 月 4 日	兴委办〔2021〕1 号
中共兴宁市委办公室关于成立市委政法队伍教育整顿领导小组的通知	2021 年 3 月 8 日	兴委办〔2021〕2 号
中共兴宁市委办公室关于调整兴宁市创建省县级文明城市工作领导小组成员和成立 12 个创建工作部的通知	2021 年 4 月 6 日	兴委办〔2021〕3 号
中共兴宁市委办公室关于调整兴宁市关心下一代工作委员会组成人员的通知	2021 年 5 月 31 日	兴委办〔2021〕6 号

续表 20

名称	发文日期	文号
中共兴宁市委办公室　兴宁市人民政府办公室关于调整兴宁市突发事件应急委员会的通知	2021 年 6 月 22 日	兴委办〔2021〕7 号
中共兴宁市委办公室关于调整市委、市人大常委会、市政府、市政协、市纪委领导挂钩联系镇（街道）工作安排的通知	2021 年 9 月 9 日	兴委办〔2021〕10 号
中共兴宁市委办公室 兴宁市人民政府办公室关于调整兴宁市国家重点生态功能区县域生态环境质量考核领导小组成员的通知	2021 年 10 月 22 日	兴委办〔2021〕13 号
中共兴宁市委办公室关于调整市委反腐败协调小组成员的通知	2021 年 11 月 1 日	兴委办〔2021〕14 号
中共兴宁市委办公室关于调整中共兴宁市委巡察工作领导小组成员的通知	2021 年 11 月 25 日	兴委办〔2021〕15 号
中共兴宁市委办公室关于调整市委、市人大常委会、市政府、市政协、市纪委领导挂钩联系镇（街道）工作安排的通知	2021 年 12 月 1 日	兴委办〔2021〕17 号
中共兴宁市委办公室 兴宁市人民政府办公室关于调整市安全生产委员会组成人员的通知	2021 年 12 月 23 日	兴委办〔2021〕21 号
关于调整中共兴宁市委办内部控制基础性评价工作领导小组的通知	2021 年 12 月 23 日	兴委办〔2021〕22 号
中中共兴宁市委办公室 兴宁市人民政府办公室关于印发《兴宁市 2020 年度生态环境保护责任暨污染防治攻坚战考核实施方案》的通知	2021 年 1 月 15 日	兴市明电〔2021〕1 号
兴市明电〔2021〕2 号中共兴宁市委办公室 兴宁市人民政府办公室关于加强市领导挂钩督导镇街做好春节期间新冠肺炎疫情防控工作的通知	2021 年 1 月 18 日	兴市明电〔2021〕2 号
中共兴宁市委办公室　兴宁市人民政府办公室关于市领导率队开展安全生产、消防及森林防灭火工作督导检查的通知	2021 年 1 月 18 日	兴市明电〔2021〕3 号
中共兴宁市委办公室 兴宁市人民政府办公室关于成立兴宁市推进新时期产业工人队伍建设改革协调小组的通知	2021 年 1 月 20 日	兴市明电〔2021〕4 号
中共兴宁市委办公室 兴宁市人民政府办公室印发《兴宁市落实〈新时期产业工人队伍建设改革实施方案〉责任分工方案》的通知	2021 年 1 月 20 日	兴市明电〔2021〕5 号
中共兴宁市委办公室　兴宁市人民政府办公室关于印发《2020 年兴宁市药品安全责任评价方案》的通知	2021 年 1 月 20 日	兴市明电〔2021〕6 号
中共兴宁市委关于成立落实省委第十三巡视组反馈意见整改工作领导小组的通知	2021 年 1 月 29 日	兴市明电〔2021〕7 号
中共兴宁市委办公室关于印发《落实省委第十三巡视组反馈意见整改工作领导小组办公室工作方案》的通知	2021 年 1 月 29 日	兴市明电〔2021〕8 号
中共兴宁市委办公室关于成立农村集体经济组织换届选举工作领导小组的通知	2021 年 2 月 4 日	兴市明电〔2021〕9 号
中共兴宁市委办公室　兴宁市人民政府办公室关于 2021 年市委、市人大常委会、市政府、市政协领导班子成员开展暖企服务行动工作的通知	2021 年 2 月 24 日	兴市明电〔2021〕10 号

续表 20

名称	发文日期	文号
中共兴宁市委办公室 兴宁市人民政府办公室关于开展春耕生产复耕复种及柚果扩种工作调查督导的通知	2021 年 3 月 9 日	兴市明电〔2021〕13 号
中共兴宁市委办公室 兴宁市人民政府办公室关于做好《兴宁年鉴（2021）》组稿工作的通知	2021 年 3 月 12 日	兴市明电〔2021〕14 号
中共兴宁市委办公室 兴宁市人民政府办公室关于成立梅州市第十四届中学生运动会筹备委员会的通知	2021 年 3 月 16 日	兴市明电〔2021〕15 号
中共兴宁市委办公室关于印发《中共十三届兴宁市委第十轮巡察及“回头看”工作方案》的通知	2021 年 3 月 17 日	兴市明电〔2021〕16 号
中共兴宁市委关于印发《落实全面从严治党党组织主体责任和纪检监察组织监督责任清单》的通知	2021 年 3 月 17 日	兴市明电〔2021〕17 号
中共兴宁市委办公室 兴宁市人民政府办公室关于印发《兴宁市2021 年度重点项目责任分工安排表》的通知	2021 年 3 月 19 日	兴市明电〔2021〕18 号
中共兴宁市委办公室关于加强调研课题统筹推动调研成果转化运用的通知	2021 年 3 月 24 日	兴市明电〔2021〕19 号
中共兴宁市委办公室 兴宁市人民政府办公室关于印发《兴宁市“南粤家政”工程高质量发展实施方案》的通知	2021 年 3 月 29 日	兴市明电〔2021〕20 号
中共兴宁市委办公室 兴宁市人民政府办公室关于印发《兴宁市2021 年督查检查考核计划表》的通知	2021 年 3 月 29 日	兴市明电〔2021〕21 号
中共兴宁市委办公室 兴宁市人民政府办公室关于 2020 年度全市安全生产责任制和消防工作考核情况的通报	2021 年 3 月 31 日	兴市明电〔2021〕23 号
中共兴宁市委办公室 兴宁市人民政府办公室关于印发《中共兴宁市委十三届十二次全会重点工作责任分工安排表》的通知	2021 年 4 月 1 日	兴市明电〔2021〕25 号
中共兴宁市委办公室 兴宁市人民政府办公室关于开展全市土地卫片执法工作督查指导的通知	2021 年 4 月 7 日	兴市明电〔2021〕27 号
中共兴宁市委办公室 兴宁市人民政府办公室关于兴宁市 2020 年度生态环境保护责任暨污染防治攻坚战考核的通报	2021 年 4 月 8 日	兴市明电〔2021〕28 号
中共兴宁市委办公室 兴宁市人民政府办公室印发《兴宁市关于强化知识产权保护的实施方案》的通知	2021 年 4 月 8 日	兴市明电〔2021〕29 号
中共兴宁市委办公室 兴宁市人民政府办公室关于认真做好市政协十四届六次会议重点提案办理工作的通知	2021 年 4 月 13 日	兴市明电〔2021〕30 号
中共兴宁市委办公室 兴宁市人民政府办公室关于印发《兴宁市领导工作经费管理制度》的通知	2021 年 4 月 13 日	兴市明电〔2021〕31 号
中共兴宁市委办公室关于印发《市委常委会 2021 年度基层党建重点项目研判安排》的通知	2021 年 4 月 25 日	兴市明电〔2021〕32 号
中共兴宁市委办公室印发《兴宁市关于进一步加强退出领导岗位干部管理的暂行办法》的通知	2021 年 5 月 10 日	兴市明电〔2021〕34 号
中共兴宁市委办公室 兴宁市人民政府办公室关于印发《〈兴宁年鉴〉供稿工作评价办法（试行）》《〈兴宁年鉴〉供稿工作评价指标及评分细则》的通知	2021 年 5 月 10 日	兴市明电〔2021〕35 号

续表 20

名称	发文日期	文号
中共兴宁市委办公室 兴宁市人民政府办公室关于印发《2021 年兴宁市打击治理电信网络诈骗犯罪专项工作总体方案》的通知	2021 年 5 月 17 日	兴市明电〔2021〕36 号
中共兴宁市委办公室关于印发《中共兴宁市委进一步落实全面从严治党主体责任清单》的通知	2021 年 5 月 25 日	兴市明电〔2021〕38 号
中共兴宁市委办公室关于印发《兴宁市贯彻落实〈广东省加强党的基层组织建设三年行动计划（2021—2023 年）〉工作方案》的通知	2021 年 5 月 25 日	兴市明电〔2021〕39 号
中共兴宁市委办公室印发《关于巩固深化“不忘初心、牢记使命”主题教育成果的具体措施》的通知	2021 年 5 月 25 日	兴市明电〔2021〕40 号
中共兴宁市委办公室 兴宁市人民政府办公室关于调整兴宁市离退休干部帮扶工作领导小组组成人员的通知	2021 年 5 月 28 日	兴市明电〔2021〕41 号
中共兴宁市委办公室关于调整市委离退休干部工作委员会组成人员的通知	2021 年 5 月 31 日	兴市明电〔2021〕42 号
中共兴宁市委办公室 兴宁市人民政府办公室关于成立兴宁市创建“广东省全域旅游示范区”工作领导小组的通知	2021 年 6 月 22 日	兴市明电〔2021〕44 号
中共兴宁市委办公室 兴宁市人民政府办公室关于印发《兴宁市创建“广东省全域旅游示范区”实施方案》的通知	2021 年 6 月 22 日	兴市明电〔2021〕45 号
中共兴宁市委办公室关于印发《市委、市人大常委会、市政府、市政协、市纪委领导班子成员挂钩联系乡镇换届工作安排方案》的通知	2021 年 6 月 30 日	兴市明电〔2021〕46 号
中共兴宁市委办公室 兴宁市人民政府办公室关于成立兴宁市文化市场管理工作领导小组的通知	2021 年 7 月 2 日	兴市明电〔2021〕47 号
中共兴宁市委印发《关于加强和改进城市基层党建工作三年行动计划实施方案（2021—2023）》的通知	2021 年 7 月 2 日	兴市明电〔2021〕48 号
中共兴宁市委办公室 兴宁市人民政府办公室印发《关于推动兴宁市“粤菜师傅”工程高质量发展实施方案》的通知	2021 年 7 月 21 日	兴市明电〔2021〕49 号
中共兴宁市委办公室 兴宁市人民政府办公室关于印发《兴宁市乡村振兴驻镇帮镇扶村工作方案》的通知	2021 年 7 月 21 日	兴市明电〔2021〕50 号
中共兴宁市委办公室 兴宁市人民政府办公室关于印发《兴宁工业“七个一”工作实施方案》和《兴宁市工业产业轻骑服务队工作方案》的通知	2021 年 7 月 19 日	兴市明电〔2021〕51 号
中共兴宁市委办公室关于成立中共兴宁市第十四次代表大会筹备工作领导小组的通知	2021 年 8 月 3 日	兴市明电〔2021〕52 号
中共兴宁市委办公室关于印发《2021 年全市开展纪律教育学习月活动的意见》的通知	2021 年 8 月 5 日	兴市明电〔2021〕53 号
中共兴宁市委办公室关于做好中共兴宁市第十四次代表大会代表选举工作的通知	2021 年 8 月 13 日	兴市明电〔2021〕54 号
中共兴宁市委办公室 兴宁市人民政府办公室关于印发《兴宁市全面推行林长制工作方案》的通知	2021 年 8 月 17 日	兴市明电〔2021〕55 号
中共兴宁市委办公室 兴宁市人民政府办公室印发《兴宁市关于加快构建政策体系培育新型农业经营主体的实施意见》的通知	2021 年 8 月 18 日	兴市明电〔2021〕56 号

续表 20

名称	发文日期	文号
中共兴宁市委办公室 兴宁市人民政府办公室关于印发《兴宁市贯彻落实〈关于新时代加快完善社会主义市场经济体制的意见〉重要任务分工方案》的通知	2021 年 8 月 26 日	兴市明电〔2021〕57 号
中共兴宁市委办公室 兴宁市人民政府办公室关于 2020 年度全市食品安全工作评议考核结果的通报	2021 年 8 月 26 日	兴市明电〔2021〕58 号
中共兴宁市委办公室 兴宁市人民政府办公室印发《兴宁市关于中央第四生态环境保护督察组驻广东省期间综合协调工作方案》的通知	2021 年 8 月 26 日	兴市明电〔2021〕59 号
中共兴宁市委办公室 兴宁市人民政府办公室关于调整兴宁市环境保护督察整改工作领导小组机构及成员名单的通知	2021 年 8 月 27 日	兴市明电〔2021〕60 号
中共兴宁市委办公室 兴宁市人民政府办公室关于印发《兴宁市开展市直单位权责清单梳理编制工作实施方案》的通知	2021 年 8 月 30 日	兴市明电〔2021〕61 号
中共兴宁市委 兴宁市人民政府印发《关于实现巩固拓展脱贫攻坚成果同乡村振兴有效衔接的实施方案》的通知	2021 年 9 月 7 日	兴市明电〔2021〕62 号
中共兴宁市委办公室关于成立兴宁市农村发展党员违规违纪问题排查整顿工作领导小组的通知	2021 年 9 月 17 日	兴市明电〔2021〕65 号
中共兴宁市委办公室 兴宁市人民政府办公室关于成立兴宁市镇（街道）志审查委员会的通知	2021 年 10 月 8 日	兴市明电〔2021〕66 号
中共兴宁市委办公室 兴宁市人民政府办公室关于做好市群众信访诉求综合服务中心进驻工作的通知	2021 年 10 月 13 日	兴市明电〔2021〕67 号
中共兴宁市委办公室 兴宁市人民政府办公室关于印发《兴宁市进一步深化供销合作社综合改革打造为农服务生力军实施方案》的通知	2021 年 11 月 23 日	兴市明电〔2021〕69 号
中共兴宁市委办公室关于调整市委保密委员会成员的通知	2021 年 11 月 29 日	兴市明电〔2021〕70 号
中共兴宁市委 兴宁市人民政府印发《关于全面实施预算绩效管理的实施意见》的通知	2021 年 12 月 2 日	兴市明电〔2021〕71 号
关于调整兴宁市新型冠状病毒肺炎疫情工作领导小组成员的通知	2021 年 12 月 6 日	兴市明电〔2021〕72 号
关于调整《兴宁市防控新型冠状病毒感染的肺炎疫情指挥部工作方案》的通知	2021 年 12 月 6 日	兴市明电〔2021〕73 号
关于印发《市委常委挂点联系学校思想政治教育及意识形态工作调整方案》的通知	2021 年 12 月 16 日	兴市明电〔2021〕74 号
中共兴宁市委关于调整落实省委第十三巡视组反馈意见整改工作领导小组的通知	2021 年 12 月 22 日	兴市明电〔2021〕75 号
关于调整兴宁市医疗卫生共同体管理委员会的通知	2021 年 12 月 23 日	兴市明电〔2021〕76 号
中共兴宁市委办公室 兴宁市人民政府办公室关于调整兴宁市民族宗教工作协调领导小组成员的通知	2021 年 12 月 23 日	兴市明电〔2021〕77 号
中共兴宁市委办公室 兴宁市人民政府办公室关于认真做好 2022 年元旦春节期间有关工作的通知	2021 年 12 月 31 日	兴市明电〔2021〕78 号

2021 年兴宁市人民政府、市政府办公室文件一览表

表 21

名称	发文日期	文号
兴宁市人民政府关于征收新陂镇福丰等村集体土地的土地征收启动公告	2021 年 1 月 29 日	兴市府〔2021〕1 号
兴宁市人民政府关于征收叶塘镇教礼等村集体土地的土地征收公告	2021 年 2 月 1 日	兴市府〔2021〕2 号
兴宁市人民政府关于印发兴宁市兴田街道西郊社区（地块 XT5、XT6）房屋征收补偿安置方案的通知	2021 年 2 月 5 日	兴市府〔2021〕3 号
兴宁市人民政府关于征收兴宁市兴田街道西郊社区（地块 XT5、XT6）房屋决定的公告	2021 年 2 月 5 日	兴市府〔2021〕4 号
兴宁市人民政府关于农用地转为建设用地的公告	2021 年 2 月 18 日	兴市府〔2021〕5 号
兴宁市人民政府关于印发兴宁市产业转移工业园标准厂房管理办法（试行）的通知	2021 年 2 月 26 日	兴市府〔2021〕6 号
兴宁市人民政府关于印发兴宁市国土空间规划委员会章程的通知	2021 年 3 月 11 日	兴市府〔2021〕7 号
兴宁市人民政府关于印发兴宁市国民经济和社会发展第十四个五年规划和二〇三五年远景目标纲要的通知	2021 年 3 月 25 日	兴市府〔2021〕8 号
兴宁市人民政府关于实行镇街综合行政执法的公告	2021 年 3 月 29 日	兴市府〔2021〕9 号
兴宁市人民政府关于向乡镇街道下放政务服务事项的公告	2021 年 4 月 12 日	兴市府〔2021〕10 号
兴宁市人民政府关于征收宁中镇新塘等村集体土地的土地征收启动公告	2021 年 4 月 25 日	兴市府〔2021〕11 号
兴宁市人民政府关于征收叶塘镇龙坪等村集体土地的土地征收公告	2021 年 5 月 6 日	兴市府〔2021〕13 号
兴宁市人民政府关于征收黄陂镇振光村属下集体土地的土地征收公告	2021 年 5 月 6 日	兴市府〔2021〕14 号
兴宁市人民政府关于征收叶塘镇岳桥等村集体土地的土地征收启动公告	2021 年 5 月 24 日	兴市府〔2021〕16 号
兴宁市人民政府关于征收水口镇布头等村集体土地的土地征收启动公告	2021 年 5 月 24 日	兴市府〔2021〕17 号
兴宁市人民政府关于征收叶塘镇大众等村集体土地的土地征收启动公告	2021 年 5 月 24 日	兴市府〔2021〕18 号
兴宁市人民政府关于公布实施兴宁市新一轮城镇土地定级与基准地价的公告	2021 年 5 月 27 日	兴市府〔2021〕19 号
兴宁市人民政府关于公布实施兴宁市集体建设用地和农用地基准地价成果的公告	2021 年 5 月 27 日	兴市府〔2021〕20 号

续表 21

名称	发文日期	文号
兴宁市人民政府关于公布兴宁市标定地价成果的公告	2021 年 5 月 27 日	兴市府〔2021〕21 号
兴宁市人民政府关于高考期间实行环境噪声管制和交通管制的通告	2021 年 6 月 2 日	兴市府〔2021〕22 号
兴宁市人民政府关于征收水口镇前锋等村集体土地的土地征收启动公告	2021 年 6 月 4 日	兴市府〔2021〕23 号
兴宁市人民政府关于征收水口镇布头等村集体土地的征地补偿安置公告	2021 年 6 月 18 日	兴市府〔2021〕24 号
兴宁市人民政府关于征收宁中镇新塘等村集体土地的征地补偿安置公告	2021 年 6 月 24 日	兴市府〔2021〕25 号
兴宁市人民政府关于征收水口镇博溪等村集体土地的土地征收公告	2021 年 7 月 5 日	兴市府〔2021〕26 号
兴宁市人民政府关于印发兴宁市国有土地上房屋征收与补偿管理办法的通知	2021 年 7 月 5 日	兴市府〔2021〕27 号
兴宁市人民政府关于印发兴宁市国有土地上房屋征收工作规则等文件的通知	2021 年 7 月 5 日	兴市府〔2021〕28 号
兴宁市人民政府关于征收叶塘镇岳桥等村集体土地的征地补偿安置公告	2021 年 7 月 5 日	兴市府〔2021〕29 号
兴宁市人民政府关于征收叶塘镇大众等村集体土地的征地补偿安置公告	2021 年 7 月 5 日	兴市府〔2021〕30 号
兴宁市人民政府关于征收水口镇前锋等村集体土地的征地补偿安置公告	2021 年 7 月 5 日	兴市府〔2021〕31 号
兴宁市人民政府关于划定新建梅州至龙川铁路（兴宁段）安全保护区范围的公告	2021 年 7 月 29 日	兴市府〔2021〕32 号
兴宁市人民政府关于公布规范性文件清理结果的公告	2021 年 8 月 2 日	兴市府〔2021〕33 号
兴宁市人民政府关于印发兴宁市工业发展“十四五”规划的通知	2021 年 8 月 11 日	兴市府〔2021〕34 号
兴宁市人民政府关于印发兴宁市扶持肉鸽产业发展的若干措施（试行）的通知	2021 年 8 月 11 日	兴市府〔2021〕35 号
兴宁市人民政府关于做好我市 2020 年退役士兵安置工作的通知	2021 年 8 月 19 日	兴市府〔2021〕36 号
兴宁市人民政府关于征收刁坊镇罗坝等村集体土地的土地征收启动公告	2021 年 9 月 7 日	兴市府〔2021〕37 号
兴宁市人民政府关于在兴宁城区进行防空警报试鸣的通告	2021 年 9 月 8 日	兴市府〔2021〕38 号
兴宁市人民政府森林防火禁火令	2021 年 9 月 27 日	兴市府〔2021〕39 号
兴宁市人民政府关于征收坭陂镇黄垌村集体土地的土地征收启动公告	2021 年 11 月 17 日	兴市府〔2021〕40 号

续表 21

名称	发文日期	文号
兴宁市人民政府关于印发兴宁市产业转移工业园标准厂房管理办法的通知	2021 年 12 月 8 日	兴市府〔2021〕42 号
兴宁市人民政府关于新建梅州至龙川铁路项目（兴宁市段）的土地征收公告	2021 年 12 月 15 日	兴市府〔2021〕43 号
兴宁市人民政府关于印发兴宁市加强瓶装液化石油气安全管理工作实施方案的通知	2021 年 12 月 29 日	兴市府〔2021〕44 号
兴宁市人民政府关于公布第九批兴宁市（县）级文物保护单位的通知	2021 年 12 月 31 日	兴市府〔2021〕45 号
兴宁市人民政府办公室关于印发《兴宁市优秀运动员教练员和体育后备人才输送单位奖励办法》的通知	2021 年 4 月 12 日	兴市府办〔2021〕1 号
兴宁市人民政府办公室关于印发兴宁市深化农村公路管理养护体制改革实施方案的通知	2021 年 6 月 4 日	兴市府办〔2021〕2 号
兴宁市人民政府办公室关于印发兴宁市紧密型县域医疗卫生共同体建设实施方案的通知	2021 年 8 月 9 日	兴市府办〔2021〕3 号
兴宁市人民政府办公室关于印发兴宁市 60 周岁以上老人、中小学生、残疾人、现役军人、驻兴部队家属等群体免费乘坐客运车辆实施方案的通知	2021 年 12 月 3 日	兴市府办〔2021〕5 号
兴宁市人民政府办公室关于延长兴宁市消防救援队伍职业保障实施细则（试行）有效期的通知	2021 年 12 月 17 日	兴市府办〔2021〕7 号
兴宁市人民政府办公室关于兴宁市城乡规划委员会更名为兴宁市国土空间规划委员会的通知	2021 年 1 月 18 日	兴市府办函〔2021〕3 号
兴宁市人民政府办公室关于印发 2021 年度市政府常务会议学法计划的通知	2021 年 1 月 20 日	兴市府办函〔2021〕5 号
兴宁市人民政府办公室关于公布第十五批兴宁市农业龙头企业和 2020 年监测不合格取消兴宁市农业龙头企业名单的通知	2021 年 2 月 4 日	兴市府办函〔2021〕6 号
兴宁市人民政府办公室关于印发兴宁市国省道交通安全文明示范路创建活动实施方案的通知	2021 年 4 月 6 日	兴市府办函〔2021〕13 号
兴宁市人民政府办公室关于印发兴宁市创建国家级电子商务进农村综合示范项目国有资产管理制度（暂行）的通知	2021 年 4 月 12 日	兴市府办函〔2021〕14 号
兴宁市人民政府办公室关于印发兴宁市红火蚁防控应急预案的通知	2021 年 4 月 22 日	兴市府办函〔2021〕15 号
兴宁市人民政府办公室关于印发兴宁市人民政府 2021 年度重大行政决策事项目录和兴宁市人民政府 2021 年度重大行政决策听证事项目录的通知	2021 年 4 月 26 日	兴市府办函〔2021〕18 号

续表 21

名称	发文日期	文号
兴宁市人民政府办公室关于公布行政规范性文件制定主体清单的通知	2021 年 4 月 26 日	兴市府办函〔2021〕19 号
兴宁市人民政府办公室关于同意建立兴宁市实施“广东兜底民生服务社会工作双百工程”联席会议制度的函	2021 年 5 月 17 日	兴市府办函〔2021〕25 号
兴宁市人民政府办公室关于印发兴宁市殡葬管理工作联席会议制度的通知	2021 年 6 月 4 日	兴市府办函〔2021〕31 号
兴宁市人民政府办公室关于梅州市政协七届五次会议第 20210127 号提案会办意见的函	2021 年 6 月 15 日	兴市府办函〔2021〕35 号
兴宁市人民政府办公室关于梅州市政协七届五次会议第 20210077 号提案答复的函	2021 年 6 月 15 日	兴市府办函〔2021〕34 号
兴宁市人民政府办公室关于梅州市七届人大八次会议第 20210047 号代表建议会办意见的函	2021 年 6 月 15 日	兴市府办函〔2021〕33 号
兴宁市人民政府办公室关于严格控制广东华威化工股份有限公司永和镇新寨村储存仓库区外部安全距离内规划建设的通知	2021 年 6 月 18 日	兴市府办函〔2021〕38 号
兴宁市人民政府办公室关于印发兴宁市畜禽养殖发展规划（2021—2025 年）的通知	2021 年 6 月 18 日	兴市府办函〔2021〕39 号
兴宁市人民政府办公室关于印发兴宁市宁新街道文峰一路 2021 年梅州市政府挂牌督办火灾高风险区域整治工作方案的通知	2021 年 7 月 7 日	兴市府办函〔2021〕48 号
兴宁市人民政府办公室关于严格控制泰歌油库及泰歌油库铁路专用线外部安全距离内规划建设和禁止燃放烟花爆竹的通知	2021 年 7 月 22 日	兴市府办函〔2021〕53 号
兴宁市人民政府办公室关于印发兴宁市全面推行证明事项告知承诺制工作实施方案的通知	2021 年 8 月 2 日	兴市府办函〔2021〕54 号
兴宁市人民政府办公室关于印发兴宁市镇（街道）消防所创建工作方案的通知	2021 年 10 月 25 日	兴市府办函〔2021〕66 号
兴宁市人民政府办公室关于印发兴宁市基层自建房质量安全监管实施方案的通知	2021 年 11 月 20 日	兴市府办函〔2021〕68 号
兴宁市人民政府办公室关于印发兴宁市旅游景区玻璃桥等高风险项目安全管理工作方案（试行）的通知	2021 年 11 月 26 日	兴市府办函〔2021〕70 号
兴宁市人民政府办公室关于公布第十六批兴宁市农业龙头企业和 2021 年监测不合格取消　兴宁市农业龙头企业名单的通知	2021 年 12 月 1 日	兴市府办函〔2021〕76 号
兴宁市人民政府办公室关于印发兴宁市镇（街道）志、村志编修工作方案的通知	2021 年 12 月 31 日	兴市府办函〔2021〕89 号

2021 年度获厅级以上荣誉的先进单位名单

2021 年度兴宁市获省部级以上荣誉的先进单位一览表

表 22

获奖单位（部门）	授称年月	授予单位	荣誉名称
合水镇龙东村	2021 年 1 月	中共广东省全面依法治省委员会办公室	广东省民主法治示范村（社区）
兴宁市人民检察院	2021 年 1 月	检察日报社	全国检察新媒体作品三十佳
龙田镇羊岭村	2021 年 3 月	国家减灾委员会、应急管理部、中国气象局、中国地震局	2020 年度全国综合减灾示范社区
兴宁市公安局刑事侦查大队	2021 年 4 月	公安部	全国扫黑除恶专项斗争成绩突出集体
龙田镇	2021 年 6 月	中共广东省委	广东省先进基层党组织
兴宁市业余体育学校	2021 年 9 月	国家体育总局	2017—2020 年度全国群众体育先进单位
龙田镇凉伞村	2021 年 10 月	中华人民共和国司法部、中华人民共和国民政部	国家级“民主法治示范村（社区）”
兴宁市统计局	2021 年 10 月	广东省第七次全国人口普查领导小组	广东省第七次全国人口普查先进集体
兴田街道办事处	2021 年 10 月	广东省第七次全国人口普查领导小组	广东省第七次全国人口普查先进集体
兴宁市高级技工学校（兴宁市电商示范基地）	2021 年 11 月	农业农村部乡村产业发展司	全国农村创业创新园区（基地）
兴宁市人民检察院	2021 年 11 月	最高人民检察院	第十届全国检察机关“文明接待室”
兴宁市普法办公室	2021 年 12 月	中央宣传部、司法部、全国普法办	2016—2020 年“全国依法治理创建活动先进单位”

2021 年度兴宁市获省直部门表彰的先进单位一览表

表 23

获奖单位（部门）	授称年月	授予单位	荣誉名称
兴宁市人民检察院	2021 年 1 月	广东省人民检察院	广东省检察院信息直报点先进单位
兴宁市福兴消防救援站	2021 年 2 月	广东省消防救援总队	2020 年度基层建设标兵站
兴宁市消防救援大队	2021 年 2 月	广东省消防救援总队	2020 年度基层建设标兵大队
广东省梅州兴宁支行党支部	2021 年 6 月	中国建设银行总行党委	先进基层党组织
中国银行股份有限公司梅州兴宁支行	2021 年 6 月	中国银行股份有限公司广东省分行	先进基层党组织
兴宁市龙田镇	2021 年 6 月	广东省委宣传部、广东省文明办	广东省新时代文明实践示范所
中国电信股份有限公司兴宁分公司	2021 年 6 月	中国电信股份有限公司广东分公司	脱贫攻坚先进集体
兴宁市合水镇霞洞村	2021 年 8 月	广东省林业局	广东省森林乡村
兴宁市龙田镇高陂村	2021 年 8 月	广东省林业局	2020 年度省级森林乡村

续表 23

获奖单位（部门）	授称年月	授予单位	荣誉名称
兴宁市大坪镇	2021 年 9 月	广东省农业农村厅	广东省“一镇一业”专业镇（丝苗米）
兴宁市合水镇富和村	2021 年 9 月	广东省农业农村厅	广东省“一村一品、一镇一业”专业村（丝苗米）
兴宁市合水镇下官村	2021 年 9 月	广东省农业农村厅	广东省“一村一品、一镇一业”专业村（铁皮石斛）
兴宁市大坪镇岭河村	2021 年 9 月	广东省农业农村厅	广东省“一村一品、一镇一业”专业村（茶叶）
兴宁市大坪镇黄坑村	2021 年 9 月	广东省农业农村厅	广东省“一村一品、一镇一业”专业村（金柚）
兴宁市宁中镇蔗塘村	2021 年 9 月	广东省农业农村厅	广东省“一村一品、一镇一业”专业村（丝苗米）
兴宁市径南镇东升村	2021 年 9 月	广东省农业农村厅	广东省“一村一品、一镇一业”专业村（李果）
兴宁市径南镇新洲村	2021 年 9 月	广东省农业农村厅	广东省“一村一品、一镇一业”专业村（茶叶）
兴宁市径南镇陂蓬村	2021 年 9 月	广东省农业农村厅	广东省“一村一品、一镇一业”专业村（油茶）
兴宁市新圩镇崇上村	2021 年 9 月	广东省农业农村厅	广东省“一村一品、一镇一业”专业村（丝苗米）
兴宁市水口镇坪畲村	2021 年 9 月	广东省农业农村厅	广东省“一村一品、一镇一业”专业村（优质稻）
兴宁市水口镇水洋村	2021 年 9 月	广东省农业农村厅	广东省“一村一品、一镇一业”专业村（金柚）
兴宁市永和镇廉峰村	2021 年 9 月	广东省农业农村厅	广东省“一村一品、一镇一业”专业村（丝苗米）
兴宁市永和镇蓝排村	2021 年 9 月	广东省农业农村厅	广东省“一村一品、一镇一业”专业村（金柚）
兴宁市罗浮镇岩前村	2021 年 9 月	广东省农业农村厅	广东省“一村一品、一镇一业”专业村（油茶）
兴宁市黄槐镇槐东村	2021 年 9 月	广东省农业农村厅	广东省“一村一品、一镇一业”专业村（油茶）
兴宁市新陂镇茅塘村	2021 年 9 月	广东省农业农村厅	广东省“一村一品、一镇一业”专业村（草鱼）
龙田镇坪见村	2021 年 9 月	广东省农业农村厅	广东省“一村一品、一镇一业”专业村（沃柑）
宁中镇宁中社区	2021 年 9 月	广东省司法厅	民主法治示范村（社区）
叶塘镇河西村	2021 年 9 月	广东省司法厅	民主法治示范村（社区）
大坪镇润丰品牌示范基地	2021 年 10 月	广东省农业农村厅	2021 年广东丝苗米品牌示范基地
兴宁市人民检察院	2021 年 11 月	广东省人民检察院	广东省新时代“五好”基层院建设先进单位
武警梅州支队兴宁中队	2021 年 12 月	武警广东省总队	集体三等功
中共兴宁市委老干部局	2021 年 12 月	中共广东省委组织部、中共广东省委老干部局、广东省人力资源和社会保障厅	广东省老干部工作先进集体

2021年度兴宁市获梅州市级表彰的先进单位一览表

表24

获奖单位（部门）	授称年月	授予单位	荣誉名称
永和镇武装部	2021年1月	梅州市国防动员委员会	梅州市先进基层武装部
中共兴宁市叶塘镇机关支部委员会	2021年7月	中共梅州市委	梅州市先进基层党组织
永和镇新寨村党支部	2021年7月	中共梅州市委	梅州市先进基层党组织
兴宁市司法局党总支部委员	2021年7月	中共梅州市委	梅州市先进基层党组织
中共广东精维进电子有限公司支部委员会	2021年7月	中共梅州市委	梅州市先进基层党组织
水口镇河口村党群服务中心	2021年7月	中共梅州市委	梅州市先进基层党组织
黄槐镇禾村村党支部	2021年7月	中共梅州市委	梅州市先进基层党组织
武警梅州支队兴宁中队党支部	2021年7月	武警广东省总队梅州支队	先进基层党组织
武警梅州支队兴宁中队	2021年12月	武警广东省总队梅州支队	“四铁”先进单位

2021年度获厅级以上荣誉的先进个人名单

2021年度兴宁市获省部级以上荣誉的先进个人一览表

表25

单位	姓名	授称年月	授予单位	荣誉名称
兴宁市人民检察院	石思强	2021年2月	最高人民检察院	“建好建强新时代基层检察院”主题调研征文活动中获三等奖
梅州市金绿现代农业发展有限公司	陈伟波	2021年4月	广东省委实施乡村振兴战略领导小组	广东乡村振兴先进一线工作者
兴宁市第一中学	陈建聪	2021年5月	中华全国总工会	全国五一劳动奖章
龙田镇	李美容	2021年6月	中共广东省委农村工作领导小组	2019—2020年脱贫攻坚突出贡献个人
龙田镇	张榆源	2021年6月	中共广东省委农村工作领导小组	2019—2020年脱贫攻坚突出贡献个人
新陂镇	苏剑辉	2021年6月	中共广东省委农村工作领导小组	2019—2020年脱贫攻坚突出贡献个人
新陂镇	张祖波	2021年6月	中共广东省委农村工作领导小组	2019—2020年脱贫攻坚突出贡献个人
石马镇	林文美	2021年6月	中共广东省委农村工作领导小组	2019—2020年脱贫攻坚突出贡献个人
石马镇	陈天辉	2021年6月	中共广东省委农村工作领导小组	2019—2020年脱贫攻坚突出贡献个人
叶塘镇	肖雷鸣	2021年6月	中共广东省委农村工作领导小组	2019—2020年脱贫攻坚突出贡献个人

续表 25

单位	姓名	授称年月	授予单位	荣誉名称
广东电网有限责任公司梅州兴宁供电局	李　杰	2021 年 6 月	中共广东省委农村工作领导小组	2019—2020 年脱贫攻坚突出贡献个人
兴宁市烟草专卖局（分公司）	钟妙军	2021 年 6 月	中共广东省委农村工作领导小组	2019—2020 年脱贫攻坚突出贡献个人
大坪镇	罗新辉	2021 年 6 月	中共广东省委	广东省优秀共产党员
广东电网有限责任公司梅州兴宁供电局	钟浩文	2021 年 6 月	中共广东省委	广东省优秀共产党员
国家统计局兴宁调查队	彭　燕	2021 年 6 月	国家统计局广东调查总队	优秀共产党员
龙田镇凉伞村	廖南龙	2021 年 7 月	中华人民共和国退役军人事务部	“老兵永远跟党走·党旗飘扬在心中”知识竞赛一等奖
兴宁市统计局	曾东球	2021 年 10 月	广东省第七次全国人口普查领导小组办公室	广东省第七次全国人口普查先进个人
兴宁市统计局	刘信昌	2021 年 10 月	广东省第七次全国人口普查领导小组办公室	广东省第七次全国人口普查先进个人
兴宁市统计局	李路琳	2021 年 10 月	广东省第七次全国人口普查领导小组办公室	广东省第七次全国人口普查先进个人
坭陂镇人民政府	刘　欢	2021 年 10 月	广东省第七次全国人口普查领导小组	广东省第七次全国人口普查先进个人
兴宁市统计局	叶幸林	2021 年 12 月	广东省第七次全国人口普查领导小组办公室	金牌讲师
中国电信股份有限公司兴宁分公司	李彦强	2021 年 12 月	中国电信集团有限公司	劳动模范

2021 年度兴宁市获省直部门表彰的先进个人一览表

表 26

单位	姓名	授称年月	授予单位	荣誉名称
兴宁市人民检察院	郑晓燕	2021 年 1 月	广东省人民检察院	省检察院信息直报点优秀信息员
兴宁市消防救援大队	吴增鑫	2021 年 2 月	广东省消防救援总队	2020 年度个人嘉奖
市公安局指挥中心	李洪波	2021 年 2 月	广东省公安厅	全省 110 优秀先进个人
市公安局刑事侦查大队	练志明	2021 年 3 月	广东省公安厅	“新时代南粤刑侦之星”提名奖
市公安局	张远平	2021 年 4 月	广东省委平安广东建设领导小组	2018—2019 年全省平安建设先进工作者
市看守所	杨庆文	2021 年 5 月	广东省公安厅	全省公安监管部门抗击新冠肺炎疫情工作表扬先进民警
兴宁市福兴消防救援站	陈俊林	2021 年 6 月	广东省消防救援总队	2021 年度优秀党务工作者
国家统计局兴宁调查队	彭燕	2021 年 6 月	国家统计局广东调查总队	优秀共产党员
中国电信股份有限公司兴宁分公司	宋裕军	2021 年 6 月	中国电信股份有限公司广东分公司	脱贫攻坚先进个人

续表 26

单位	姓名	授称年月	授予单位	荣誉名称
梅州市金绿现代农业发展有限公司	陈伟波	2021 年 7 月	广东省科协技术厅	优秀农村科技特派员
市公安局罗浮派出所	刘宇辉	2021 年 7 月	广东省公安厅	个人二等功
兴宁市人民检察院	李林凌	2021 年 7 月	广东省人民检察院	第三批全省检察业务尖子
兴宁市高级技工学校	罗宇辉	2021 年 9 月	广东省教育厅	南粤优秀教师
兴宁市人民检察院	李红琼	2021 年 9 月	广东省人民检察院	第二届全省未成年人检察业务竞赛能手
中国电信股份有限公司兴宁分公司	李彦强	2021 年 9 月	中国电信股份有限公司广东分公司	劳动模范
兴宁市高级技工学校	李伟苑	2021 年 10 月	广东省人力资源和社会保障厅	广东省新职业技术技能大赛优胜奖
兴宁市高级技工学校	张岸明	2021 年 11 月	广东省总工会、广东省教育厅	第三届广东省中小学青年教师能力大赛三等奖
兴宁市人民检察院	李红琼	2021 年 11 月	广东省人民检察院	在第十五届广东省法学会检察学研究会年会获三等奖
兴宁市人民法院	卢红辉	2021 年 11 月	广东省高级人民法院	最美基层法官
兴宁市总工会	朱选红	2021 年 12 月	广东省总工会	城市困难职工解困脱困工作中作出重要贡献个人

2021 年度兴宁市获梅州市级表彰的先进个人一览表

表 27

单位	姓名	授称年月	授予单位	荣誉名称
中共兴宁市直属机关工作委员会	刘绍宏	2021 年 7 月	中共梅州市委	梅州市优秀党务工作者
刁坊镇周兴村民委员会	罗国彬	2021 年 7 月	中共梅州市委	梅州市优秀党务工作者
坭陂镇人民政府	刘金灵	2021 年 7 月	中共梅州市委	梅州市优秀党务工作者
坭陂镇人民政府	陈新茂	2021 年 7 月	中共梅州市委	梅州市优秀党务工作者
永和镇人民政府	黄勇华	2021 年 7 月	中共梅州市委	梅州市优秀党务工作者
罗浮镇	刘金灵	2021 年 7 月	中共梅州市委	梅州市优秀党务工作者
大坪镇	许杰浩	2021 年 7 月	中共梅州市委	梅州市优秀党务工作者
新陂镇	李振新	2021 年 7 月	中共梅州市委	梅州市优秀党务工作者
兴宁市水口镇人民政府	黄志勇	2021 年 7 月	中共梅州市委	梅州市优秀党务工作者
大坪镇	罗志雄	2021 年 7 月	中共梅州市委	梅州市优秀共产党员

续表 27

单位	姓名	授称年月	授予单位	荣誉名称
市公安局法制大队	谢汉越	2021 年 7 月	中共梅州市委	梅州市优秀共产党员
兴宁市人民检察院	廖远辉	2021 年 7 月	中共梅州市委	梅州市优秀共产党员
广东华威化工股份有限公司	潘天洪	2021 年 7 月	中共梅州市委	梅州市优秀共产党员
兴宁市水口镇人民政府	刘　丹	2021 年 7 月	中共梅州市委	梅州市优秀共产党员
兴宁市人民政府办公室	高远光	2021 年 7 月	中共梅州市委	梅州市优秀共产党员
中共兴宁市委政法委员会	刘伟林	2021 年 7 月	梅州市扫黑除恶专项斗争领导小组	梅州市扫黑除恶专项斗争先进个人（2018—2020 年）
兴宁市人民检察院	李红琼	2021 年 7 月	中共梅州市委	2019—2020 年度梅州市平安建设先进个人
武警梅州支队兴宁中队	郑广斌	2021 年 12 月	武警梅州支队	三等功
武警梅州支队兴宁中队	郑广斌	2021 年 12 月	武警梅州支队	“四有”优秀警官
武警梅州支队兴宁中队	陈　俊	2021 年 12 月	武警梅州支队	“四有”优秀士兵
武警梅州支队兴宁中队	易章禹	2021 年 12 月	武警梅州支队	“四有”优秀士兵
武警梅州支队兴宁中队	吴　江	2021 年 12 月	武警梅州支队	“四有”优秀士兵
武警梅州支队兴宁中队	刘智彬	2021 年 12 月	武警梅州支队	“四有”优秀士兵
武警梅州支队兴宁中队	何春发	2021 年 12 月	武警梅州支队	“四有”优秀士兵
武警梅州支队兴宁中队	满嘉琪	2021 年 12 月	武警梅州支队	“四有”优秀士兵
武警梅州支队兴宁中队	龚　正	2021 年 12 月	武警梅州支队	“四有”优秀士兵
武警梅州支队兴宁中队	兰　毅	2021 年 12 月	武警梅州支队	“四有”优秀士兵
武警梅州支队兴宁中队	杨少泽	2021 年 12 月	武警梅州支队	嘉奖
武警梅州支队兴宁中队	吴　江	2021 年 12 月	武警梅州支队	嘉奖
武警梅州支队兴宁中队	李军霖	2021 年 12 月	武警梅州支队	嘉奖
武警梅州支队兴宁中队	何春发	2021 年 12 月	武警梅州支队	嘉奖
武警梅州支队兴宁中队	满嘉琪	2021 年 12 月	武警梅州支队	嘉奖
武警梅州支队兴宁中队	龚　正	2021 年 12 月	武警梅州支队	嘉奖
武警梅州支队兴宁中队	兰　毅	2021 年 12 月	武警梅州支队	嘉奖

索引

说明

一、本索引采用主题分析方法，款目按汉语拼音字母（同音字按声调）顺序排列。
二、文中的类目题、分目题、次分目题用黑体字标明，其余用宋体字排印。
三、索引款目后的数字表示内容所在的页码，数字后面的拉丁字母（a、b、c）表示栏别（即版面的三栏）。
四、同一主题的内容在文中多次出现的，在其款目后用不同的页码标明。
五、本索引对“大事记”“年度关注”及“附录”等篇不做内容主题分析。

汉语拼音索引

A

B

C

D

E

F

G

H

J

K

L

M

N

P

Q

R

S

T

W

X

Y

Z

表格索引